Peter Cloos
Die Inszenierung von Gemeinsamkeit

Beiträge zur Kinder-
und Jugendhilfeforschung

Herausgegeben von Thomas Rauschenbach

Peter Cloos

Die Inszenierung von Gemeinsamkeit

Eine vergleichende Studie zu Biografie,
Organisationskultur und beruflichem Habitus
von Teams in der Kinder- und Jugendhilfe

Juventa Verlag Weinheim und München 2008

Der Autor

Peter Cloos, Dr. phil., Jg. 1965, ist Professor für die Pädagogik der frühen Kindheit am Fachbereich Erziehungs- und Sozialwissenschaften der Stiftung Universität Hildesheim.

Seine Arbeitsschwerpunkte sind Elementarpädagogik, Kinder- und Jugendhilfeforschung und Qualitative Forschungsmethoden.

Die vorliegende Arbeit wurde 2004 in einer Langfassung an der Universität Kassel unter dem Titel „Biografie und Habitus. Ethnografie sozialpädagogischer Organisationskulturen" als Dissertation eingereicht.

Bibliografische Information der Deutschen Nationalbibliothek

Die Deutsche Nationalbibliothek verzeichnet diese Publikation in der Deutschen Nationalbibliografie; detaillierte bibliografische Daten sind im Internet über http://dnb.d-nb.de abrufbar.

Das Werk einschließlich aller seiner Teile ist urheberrechtlich geschützt. Jede Verwertung außerhalb der engen Grenzen des Urheberrechtsgesetzes ist ohne Zustimmung des Verlags unzulässig und strafbar. Das gilt insbesondere für Vervielfältigungen, Übersetzungen, Mikroverfilmungen und die Einspeicherung und Verarbeitung in elektronischen Systemen.

© 2008 Juventa Verlag Weinheim und München
Umschlaggestaltung: Atelier Warminski, 63654 Büdingen
Umschlagfoto: Wolfgang Schmidt, Ammerbuch
Druck nach Typoskript
Printed in Germany

ISBN 978-3-7799-1116-6

Inhalt

1. Einleitung 7
2. Profession und Professionalisierung 11
   2.1 Perspektiven der Professionsforschung 12
   2.2 Soziale Arbeit als Profession 15
   2.3 Professionalität der Kinder- und Jugendhilfe
       im empirischen Blick 24
   2.4 Professionstheoretische Grundlagen 33
       2.4.1 Die Macht der Profession 33
       2.4.2 Das Mandat der Profession 34
       2.4.3 Der Nimbus der Profession 36
       2.4.4 Das Wissen der Profession 37
       2.4.5 Habitus und Profession 40
       2.4.6 Organisation und Profession 42
   2.5 Vom Nutzen professionsbezogener Bestimmungen 47
3. Das Forschungsprogramm 53
   3.1 Ethnografische Feldforschung 57
   3.2 Narrative Interviews und Habitusrekonstruktion 64
   3.3 Datenerhebung und -auswertung 67
4. Die Jugendwerkstatt „Goldstraße" 73
   4.1 Der Zugang zum Feld 76
   4.2 Ethnografische Bewegungen durch Zeit und Raum 89
       4.2.1 Die raum-zeitliche Struktur des Tages 90
       4.2.2 Gemeinsame Zeit-Räume 94
       4.2.3 Separierte Zeit-Räume 104
       4.2.4 Die Organisation von Zeit und Bewegung 120
       4.2.5 Innen- und Außenräume 128
       4.2.6 Aushandlungsarenen um Gemeinsamkeit
              und Differenz 143
   4.3 Paul Fröhling: „Machen und durchhalten" 150
   4.4 Hannes Klein: „Anpacken" 172
   4.5 Kurzportraits 190
       4.5.1 Carolin Weber: „Kampf um Anerkennung" 190
       4.5.2 Martin Lange: „Beruflicher Aufstieg" 193
       4.5.3 Anja Schell: „Sozialpädagogik mit Biss" 197
   4.6 Das Team: Gemeinsamkeit und Differenz 197

5. Kindertageseinrichtung „Spielkiste"...203
　5.1 Der Zugang zum Feld..206
　　5.1.1 Die Einsozialisation ins Feld..211
　　5.1.2 Geschichte und Vertrautheit erlangen.........................215
　　5.1.3 Zusammenfassung...219
　5.2 Ethnografische Bewegungen durch Raum und Zek.................221
　　5.2.1 Die raum-zeitliche Struktur des Tages........................221
　　5.2.2 Die Begrenztheit des Raumes......................................224
　　5.2.3 Differenzierungsformen des Spiels..............................225
　　5.2.4 Takt und Rhythmus...227
　　5.2.5 Zwischenfazit: Die Mitarbeiterinnen im
　　　　　Raum- und Zeitgefüge...230
　　5.2.6 Innen- und Außenraum..234
　　5.2.7 Planen und Reflektieren..240
　5.3 Ida Winter: Mehr überlegen, weniger basteln........................243
　5.4 Natalie Breddemann: Einiges geschafft..................................267
　5.5 Kurzportraits..279
　　5.5.1 Wie Isa Bella Erzieherin wurde...................................279
　　5.5.2 Hatice Gül: Der berufliche Einstieg als Erzieherin.......282
　5.6 Das Team: Gemeinsamkeit und Differenz..............................283
　　5.6.1 Die Inszenierung von Gemeinsamkeit.........................283
　　5.6.2 Die Herstellung von Differenz....................................287

6. Die Inszenierung von Gemeinsamkeit und die
Herstellung von Differenz...295
　6.1 Organisationskultur...296
　6.2 Beruflicher Habitus und Biografie..303
　6.3 Beruflich-habituelle Unterschiede...308
　6.4 Biografie, Habitus und Organisationskultur: Ein Modell........313

7. Literatur..317

8. Anhang..333

1. Einleitung

> *„Die Untersuchung von Kultur ist ihrem Wesen nach unvollständig.
> Und mehr noch, je tiefer sie geht, desto unvollständiger wird sie.
> Es ist eine eigenartige Wissenschaft: gerade ihre eindrucksvollsten
> Erklärungen stehen auf dem unsichersten Grund, und der
> Versuch, mit dem vorhandenen Material weiter zu gelangen,
> führt nur dazu, dass der eigene und fremde Verdacht,
> man habe es nicht recht im Griff, immer stärker wird.
> Das aber – und das Plagen schlauer Leute mit dummen
> Fragen – kennzeichnet einen Ethnografen"*
>
> (Geertz 1997, S. 41).

Wie handeln MitarbeiterInnen in der Kinder- und Jugendhilfe, wie organisieren sie ihren beruflichen Alltag und welche Bedeutung erlangen dabei qualifikationsbezogene Unterschiede? Disziplinär wurde sich zwar stets mit diesen Fragen beschäftigt, es wurde jedoch selten versucht, sie auch empirisch zu beantworten. Zwar liegt bereits eine große Anzahl an Studien zu einzelnen Berufsgruppen vor, die Unterschiede zwischen diesen Berufsgruppen gerieten kaum in den Blick, obwohl sich die Kinder- und Jugendhilfe als ein Handlungsfeld vorstellt, in dem MitarbeiterInnen mit sehr unterschiedlichen beruflichen Profilen tätig sind.

Die im Folgenden vorzustellende Studie nähert sich professionstheoretisch dem beruflichen Alltag in der Kinder- und Jugendhilfe an, indem eine ethnografische Beobachtungsperspektive eingenommen wird. Dabei sind die empirischen Suchbewegungen von folgenden Thesen motiviert: Erstens wird angenommen, dass die bislang vorliegenden professionstheoretischen Annahmen nicht ausreichen, um berufliches Handeln in der Kinder- und Jugendhilfe angemessen beschreiben zu können, auch wenn sie gleichzeitig eine Vielfalt von Hinweisen und Kategorien zur empirischen Rekonstruktion habitueller Unterschiede liefern. Zweitens wird davon ausgegangen, dass berufliches Handeln nur unter Berücksichtigung einer organisationskulturellen Perspektive angemessen erfasst werden kann. Wegweisend war hier die These, dass Organisationen nicht nur Kultur haben, sondern Teil der Kultur sind (vgl. auch Klatetzki 1993). Drittens wird zugrunde gelegt, dass die Konzentration auf biografieanalytische Erhebungsmethoden den Forschungsblick verengt und der Zugang zum Gegenstandsfeld eines ethnografischen Blickwinkels bedarf.

Berücksichtigung findet viertens, dass „sich im Rahmen der sozialen Arbeit Teilberufe im Berufsfeld entwickelt (haben), für die angenommen werden kann, dass sie sich hinsichtlich der Wissens- und Könnensprofile der Berufsrollenträger deutlich unterscheiden" (Bommes/Scherr 2000, S. 244). In diesem Sinne wird die Kinder- und Jugendhilfe als ein Berufssystem aufgefasst, in dem konkurrierende Berufsgruppen operieren. Dies berücksichtigend werden in die Untersuchung explizit MitarbeiterInnen mit unterschiedlichen Berufsabschlüssen einbezogen. Da sich das berufliche Handeln in den unterschiedlichen Arbeitsfeldern der Kinder- und Jugendhilfe erheblich voneinander unterscheidet, werden zusätzlich verschiedene Handlungsfelder untersucht: Verglichen wird hier das Handeln in einer Kindertageseinrichtung mit dem Berufsalltag in einer Jugendwerkstatt.

Der ethnografische Blick auf diese Einrichtungen interessiert sich insbesondere dafür, wie die MitarbeiterInnen im raum-zeitlichen Gefüge der Organisationen ihren Alltag organisieren und wie hierbei Unterschiede zwischen den einzelnen MitarbeiterInnen reproduziert werden oder neu entstehen. Dabei fokussiert die Untersuchung weniger das so genannte Kerngeschäft professioneller Arbeit – also die direkte Interaktion zwischen AdressatInnen und Professionellen und die hier deutlich werdenden Arbeitsbeziehungen. Dies wird eine nachfolgende ethnografische Studie thematisieren (vgl. Cloos/Köngeter/Müller/Thole 2007). Von Interesse ist hier die Organisation des Alltags bzw. die Kultur des Organisierens: Erst über die grundlegende Untersuchung des organisationskulturellen Gefüges der beiden Einrichtungen war es möglich, die habituellen Unterschiede der MitarbeiterInnen präzise zu beschreiben. So wurde untersucht, welche Aufgaben die MitarbeiterInnen übernehmen, wie sie sich in der jeweiligen Einrichtung bewegen, wie sie miteinander sprechen und wie sie sich dem Ethnografen gegenüber als Team präsentieren.

Bei der ethnografischen Beobachtung der beiden Teams in den Einrichtungen „Spielkiste" und „Goldstraße" ging es weniger darum, etwas Fremdes und Unbekanntes präsentieren zu können. Im Sinne der Konzeptionierung einer Ethnografie des Innlands geht es hier weniger um das Verstehen fremder Kulturen, sondern um das Befremden der eigenen Kultur (vgl. Hirschauer/Amann 1997). Im Gegensatz zu dem gewöhnlich starken Interesse qualitativer Forschung an besonders interessanten und ausgefallenen Fällen, an der Exotik des Fremden und Außergewöhnlichen haben hier der ‚gewöhnliche' Alltag, das Unspektakuläre und das so genannte ‚Normale' besonders interessiert. Das Ziel, eine vergleichende Ethnografie von MitarbeiterInnen in der Kinder- und Jugendhilfe durchzuführen, wäre durch zu viel Exotik möglicherweise auch zu stark irritiert worden. Die ethnografischen Beobachtungen sind in kein Abenteuerbericht oder eine Reise ins Ungewisse. Der pädagogische Alltag erscheint hier nicht spektakulär und außergewöhnlich. Vieles, was hier beobachtet wird, scheint nicht nur alltäglich, sondern auch bekannt zu sein. Aber gerade der Alltag bietet die Chance, das hinter dem „Gewöhnlichen" Liegende zu entdecken. In diesem Sinne wird ein Handlungsfeld im eigenen Land betrachtet, das durch Theorie, Forschung und Praxis mehr oder weniger bekannt erscheint.

Der zentrale Untersuchungsfokus der Studie liegt auf den Differenzen zwischen den beruflich tätigen Mitgliedern dieses Handlungsfeldes. Zur Erhebung dieser Unterschiede bildete das Habituskonzept, das auf die kultursoziologischen Studien Pierre Bourdieus zurückgeht, eine empirische Ausgangsbasis, über die der Professionsbegriff erweitert werden konnte. Hier wurde an vorliegende Studien zu beruflich-habituellen Unterschieden von MitarbeiterInnen in der Sozialen Arbeit angeknüpft, die auch aus methodologischer Sicht die Verknüpfung von Habitusrekonstruktion, Biografieforschung und Deutungsmusteranalyse plausibel aufzeigen konnten. Die Untersuchung versucht das Verhältnis von Biografie, Organisationskultur und beruflichem Habitus präziser als bisher zu fassen.

Die vorliegende Studie wurde in erheblichen Teilen erst durch die Förderung des „DFG-Graduiertenkollegs Jugendhilfe im Wandel" in Dortmund und Bielefeld sowie durch die Landesgraduiertenförderung NRW ermöglicht. Das Graduiertenkolleg und seine Mitglieder bildeten einen exzellenten Diskussionszusammenhang und damit einen idealen Nährboden für die Entwicklung und Ausarbeitung dieser Studie. Insbesondere in Phasen der intensiven Rekonstruktionsarbeit war es wichtig, ZuhörerInnen und GesprächspartnerInnen zu haben, mit denen im Gespräch die eigenen Gedanken neu sortiert werden konnten. Hierfür möchte ich insbesondere Ernst-Uwe Küster, Ulrike Loch und Claudia Wegener danken, die ebenfalls durch Korrekturen, Anregungen und kritische Einwände maßgeblich daran beteiligt waren, dass die Studie immer wieder vorangetrieben wurde. Hieran mitgewirkt haben auch die Mitglieder der Kasseler „Forschungswerkstatt". Für Korrekturen möchte ich Sarina Ahmed, Davina Höblich und Nina Geis und für weitere kritische Anmerkungen insbesondere Tim Rietzke und Petra Ziegler danken. Thomas Rauschenbach möchte ich ganz besonders dafür danken, dass er die Publikation dieses Buches ermöglichte. Er und Werner Thole haben wesentlich dazu beigetragen, dass sich aus den ersten Überlegungen Stück für Stück eine Kontur herausschälte, an der zu arbeiten es mir immer mehr Freude bereitete. Friedrich Ortmann und Jutta Wiesemann haben schließlich auf dem letzten Wegstück dazu beigetragen, dass auch der letzte Schliff gelingen konnte.

Ohne die Bereitschaft der MitarbeiterInnen in den hier untersuchten Einrichtungen hätte die Studie gar nicht erstellt werden können. Dafür, dass sie sich gesprächsbereit, offen und geduldig zeigten, mich am Geschehen teilnehmen ließen und sich nicht scheuten, aus ihrem Leben zu erzählen und von ihren Erfahrungen zu berichten, bin ich ihnen ganz besonders dankbar. Zu besonderem Dank bin ich meinen Eltern verpflichtet, die dieses Forschungsprojekt in vielerlei Hinsicht unterstützt haben. Danken möchte ich ausdrücklich meinen ‚sozial- und frühpädagogischen LehrerInnen' Hans-Jürgen Hörder, Brigitte Schroeder, Kurt Mansfeld, Klaus Beck und Brigitte Grandt, weil sie in mir das Interesse und die Freude an der sozialpädagogischen Arbeit geweckt und gefördert haben. Ohne sie wäre ich womöglich einen ganz anderen Weg gegangen.

Letztendlich gilt der größte Dank Claudia Wegener und meinen Söhnen Kjell, Milan und Paul: Sie haben ein hohes Maß an Geduld aufbringen müssen. Durch ihr Lachen und ihre Freude haben sie mich immer wieder zur Weiterarbeit ermuntert.

2. Profession und Professionalisierung

Am Anfang des Forschungsprojektes stellte sich die Frage, auf welcher professionstheoretischen Basis beruflich-habituelle Profile in der Kinder- und Jugendhilfe untersucht werden können und wie mit der Ausdifferenziertheit vorliegender professionstheoretischer Bestimmungen umzugehen sei. Zunächst hätte es aus pragmatischer Sicht sinnvoll erscheinen können, angesichts der Vielzahl der vorhandenen Entwürfe *eine* idealtypisch konturierte Professionstheorie zu Grunde zu legen und die erhobenen Daten subsumtionslogisch vor dem Hintergrund eines ausgewählten Professionsmodells zu prüfen. Dies hätte jedoch den grundlegenden Annahmen qualitativen Forschens, also dem Prinzip der Offenheit nicht entsprochen. Als „Strategie der Geltungsbegründung"[1] qualitativer Daten galt es eine Theorietriangulation zu verfolgen (Flick 2000, S. 309), die sich offen zeigt für die unterschiedlichsten professionstheoretischen Annahmen. Theoretische Konzepte werden dabei als Teil des Kontextwissens des Forschers aufgefasst und neben anderen Daten als ein wesentlicher Fundus betrachtet, der „nicht nur die Sensitivität der Theoriebildung erhöht, sondern eine Fülle von Möglichkeiten liefert, um Vergleiche anzustellen" (Strauss 1994, S. 36 f.). Die Analyse der vorliegenden professionstheoretischen Entwürfe diente im Forschungsprozess also nicht der Hypothesenbildung mit dem Ziel der Hypothesenprüfung, sondern zur Formulierung von offenen Fragen und der Kennzeichnung von Themenspektren und Problemfeldern.

Fritz Schütze stellt fest, dass die „Debatte über die Frage, ob Sozialarbeit eine Profession sei, (...) oft unter der Unklarheit darüber (leidet), welcher Begriff von Profession und Professionalität zugrundegelegt wird" (Schütze 1992, S. 135). Folgt man dieser These, dann erscheint es sinnvoll, den Professionsbegriff einer genaueren Untersuchung zu unterziehen (vgl. Kap. 2.1). Während im ersten Abschnitt die professionstheoretischen Entwürfe einer ersten Analyse und Sortierung unterzogen werden, rekapituliert das nachfolgende Kapitel die professionsbezogene Diskussion innerhalb der Sozialen Arbeit. Hierbei steht die Frage im Vordergrund, ob SozialpädagogInnen überhaupt für sich in Anspruch nehmen können, – ähnlich wie Ärzte, Geistliche und Rechtsanwälte – als eine Profession zu gelten (vgl. Kap. 2.2). Auf Basis dieser Analyse werden in einem zweiten Schritt zentrale professionstheoretische Kategorien vorgestellt, die sich im Laufe des Forschungsprozesses im Sinne von „Sensitizing Concepts" als besonders bedeutsam herausgestellt haben. Im Sinne der neueren Fassungen der Groun-

---

1 Zitate werden nachfolgend der neuen deutschen Rechtschreibung angepasst.

ded Theory (vgl. hierzu Strauss 1994; Strübing 2004) wurden diese gegenstandsbezogen und empirisch dicht am erhobenen Material als sensibilisierende Konzepte hinzugezogen, ohne dass dabei einer Subsumtionslogik gefolgt wurde. Sie haben dazu beigetragen, den forschenden Blick und den Rekonstruktionsprozess zu inspirieren (vgl. Kap. 2.3). Das anschließende Kapitel fragt schließlich nach dem Stand der Professionalität der Sozialen Arbeit bzw. der Kinder- und Jugendhilfe aus empirischer Perspektive und legt einen Fokus auf die zentralen Berufsgruppen der ErzieherIn, der SozialarbeiterIn bzw. der SozialpädagogIn (vgl. Kap. 2.4). Auf Basis der bis dahin erlangten Erkenntnisse werden dann in Kapitel 2.5 Schlussfolgerungen für die empirische Analyse beruflich-habitueller Unterschiede gezogen.

2.1 Perspektiven der Professionsforschung

Als Professionen werden zumeist gehobene Berufe mit einer akademischen Ausbildung angesehen, die eine spezielle Expertise und eine abgegrenzte Kompetenzdomäne bezogen auf einen spezifischen, gesellschaftlich relevanten Problembereich für sich reklamieren können. Bei der Bearbeitung dieses Problembereichs werden den Professionen im Vergleich zu anderen Berufen besondere Gestaltungsspielräume und die autonome Kontrolle „in zentralen Fragen ihrer Entwicklung (z. B. der Ausbildung, der ethischen Standards der Berufsausübung)" zugesprochen (Heiner 2004, S. 15). Zudem geschieht die Bearbeitung des Problembereiches unter Ungewissheitsstrukturen, weil die Bearbeitung als kaum technisierbar und damit als professionalisierungsbedürftig angesehen wird. Diese an spezifischen Professionsmerkmalen ausgerichtete Beschreibung hat sich im Laufe der Diskussion als unterkomplex erwiesen und wird im Folgenden einer kritischen Analyse unterzogen.

Soziologische Gegenstandsbestimmungen
Als Ausgangsbasis professionstheoretischer Bestimmungsversuche können innerhalb der Soziologie funktionalistische Theoriebildung und merkmalstheoretische Modelle angesehen werden. Funktionalistische Analysen betrachteten die „funktionale Spezifität" (Parsons 1939, S. 167) des professionellen Komplexes in der Gesellschaft (vgl. Parsons 1968, S. 545). Bei der merkmalstheoretischen Suche ging es vor allem um die Bestimmung hervorstechender Merkmale einer Profession. Hierbei wurden insbesondere die klassischen Professionen als Berufe besonderen Typs in den Blick genommen und mit anderen Berufen verglichen. Im Zuge gesellschaftlicher Ausdifferenzierungsprozesse und der Etablierung neuer Berufsgruppen wurde versucht, die Merkmale der klassischen Professionen auch auf andere Berufe anzuwenden. Hierbei stand die Frage im Vordergrund, welchen Grad der Professionalisierung der jeweils untersuchte Beruf erreicht hat. Insbesondere in den 1970er Jahren galt in dieser Theorietradition die Verwissenschaftlichung der jeweiligen berufsförmigen Praxis und die Etablierung einer wis-

senschaftlichen Disziplin als Möglichkeitsbedingung für die Annäherung an die idealtypischen Merkmale einer Profession. Kritik an den so genannten ‚trait-Modellen' der Professionen (vgl. Olk 1986, S. 18) wurde zum einen aus machttheoretischer (vgl. u. a. Larson 1977; Daheim 1992) und zum anderen aus interaktionistischer Perspektive formuliert (vgl. Glaser/Strauss 1974; Freidson 1979; Schütze 1992). Machttheoretische Modelle interessierten sich vor allem dafür, wie Professionen ein Zuständigkeitsmonopol für die autonome Ausübung ihres Berufes erreichen können. Interaktionistische Vergewisserungen nahmen schon früh Berufe und Berufssysteme empirisch in den Blick und untersuchten dabei nicht nur die Kernberufe, sondern vielmehr auch gesellschaftliche Felder und Institutionen wie z. B. die Medizin im Krankenhaus. Sie standen damit in der Tradition des feldforschenden Zugangs der Chicagoer Soziologen. Im Vordergrund stand hier nicht die Merkmalsbestimmung, sondern die empirische Erschließung berufsethisch-normativer, expertenhaft-rationaler und problematischer Aspekte professionellen Handelns.

Der knappe Überblick über professionstheoretische Überlegungen zeigt, dass innerhalb der Theoriestränge sehr unterschiedliche Fokussierungen auf verschiedene Gegenstandsebenen vorgenommen werden. Im Fokus sind mit unterschiedlicher Gewichtung Personen, Interaktionen, Organisationen, Arbeitsfelder, Berufsgruppen und Berufssysteme im Zusammenhang mit handlungsfeldspezifischen, sozialpolitischen und gesellschaftlichen Bedingungen professionellen Handelns. Zuweilen geraten dabei alle Perspektiven in den Horizont der Analysen, ohne dass die jeweiligen Beziehungsebenen genau bestimmt werden. Die Studien bewegen sich zwischen der Betrachtung einzelner Professioneller und deren Biografie und einem breiten Fokus auf gesamte Berufssysteme – wie das Feld der Medizin.

Insgesamt ist, wenn man von eher systemtheoretischen Analysen absieht (vgl. u. a. Stichweh 1999), ein Blickrichtungswechsel von den gesellschaftlichen Bedingungen der Herausbildung professioneller Berufssysteme hin zu einem Interesse an den Kernaktivitäten mehr oder weniger professionalisierter Berufe im Rahmen face-to-face bezogener Interaktion zu beobachten. Prägnant zusammengefasst könnte man dies als Perspektivwechsel von der Professionstheorie hin zur Theorie professionellen Handelns markieren. Kennzeichen der aktuellen Diskussion innerhalb der Erziehungswissenschaft ist folglich, dass sie „in den Mikrobereich pädagogischen Handelns" vordringt und anstrebt, die Binnenstrukturen und die Logik pädagogischen Handelns zu analysieren (Dewe/Ferchhoff/Radtke 1992b, S. 12). Im Fokus stehen hier insbesondere die Professionellen-KlientInnen-Interaktionen, Berufsbiografien und die Deutungsmuster der beruflich Tätigen.

Zum einen führte der hier angedeutete Perspektivenwechsel zu einer Professionalisierung des Professionsdiskurses, indem die unterschiedlichen Facetten des Professionsbegriffes kaleidoskopisch weiter erschlossen werden konnten. Zum anderen erzeugten die jeweiligen theoretischen und empirischen Orientierungen bei der Betrachtung des Gegenstandes Profession aber auch je spezifische Blickwinkel unter Ausblendung anderer Perspektiven. Instruktiv ist die Unterscheidung von Ewald Terhart (1999, S. 152), der betont, dass auf kollektiver Ebene Professionalität „eine bestimmte historisch-gesellschaftliche Entwicklung voraus(setzt), auf individueller Ebene lässt sich Professionalität als berufsbiografisches Entwicklungsproblem verstehen. Vermittelnd zwischen beiden Ebenen steht die Kultur eines bestimmten Berufsbereichs, die entscheidend dazu beiträgt, ob und inwieweit sich professioneller Status und professionelles Handeln durchsetzen". Professionelles Handeln kann so nur auf der Folie der verschiedenen professionstheoretisch bedeutsamen Ebenen empirisch erfasst werden: Auf der Ebene subjektiver Entwürfe und Deutungsmuster im Rahmen individueller Berufsbiografien, der zu beobachtenden Situationen, Interaktionen und Handlungen, der organisationskulturellen und (berufs-)feldspezifisch relevanten Handlungsbedingungen sowie der gesellschaftlichen Einflussfaktoren auf die Konstitution von beruflich-habituellen Profilen.

Profession, Professionalität und Professionalisierung
Bereits 1964 hat Wilensky die Frage gestellt: Ist jeder Beruf eine Profession? Damit setzte er sich kritisch mit der berufssoziologischen Diskussion um die so genannten neuen Professionen auseinander. Es stand zur Debatte, ob im Zuge gesellschaftlicher Differenzierungsprozesse auch an andere Berufe die Kriterien der klassischen Professionen angelegt werden können (vgl. Wilensky 1964) und ob mithilfe der berufssoziologischen Unterscheidung zwischen Arbeit, Beruf und Profession weiteren Berufen der Status einer Profession zugesprochen werden kann. Mit dieser Tradition hat sich auch Freidson (1979) kritisch beschäftigt und definitorische Schwierigkeiten abgeleitet: Er stellt fest, dass das Wort Profession „zugleich bewertenden und beschreibenden Charakter" hat (Freidson 1979, S. 6). Hieraus ergibt sich das Problem, dass die Beschreibung eines Berufes als Profession nicht nur empirische Erkenntnisse erzeugt, sondern immer gleichzeitig auch die Position eines Berufes im Berufssystem statuspolitisch bewertet, weil über den Professionsbegriff die jeweils untersuchte Berufsgruppe von anderen Berufsgruppen unterschieden werden kann. Diese beiden Facetten des Professionsbegriffs können um eine dritte Kategorie erweitert werden: Professionstheoretische Vergewisserungen haben sich nicht nur mit Fragen nach dem Stand der Professionalität einer Berufsgruppe beschäftigt, sondern schließen häufig Fragen nach den Bedingungen, Möglichkeiten und Strategien der Professionalisierung an.[2]

---

2 Unabhängig davon, zu welchen Schlüssen professionsanalytische Bemühungen kamen, inwieweit Soziale Arbeit als Profession bzw. der Stand ihrer Professionalität zu bewerten ist, waren diese immer auch darauf ausgerichtet, das Professionalisierungsprojekt Soziale Arbeit voranzutreiben (vgl. Kap. 2.2).

Dem Professionsbegriff kann somit ein „Projekt- bzw. Entwicklungscharakter" zugeschrieben werden. Die Beschreibung eines Berufes als Profession bewertet immer gleichzeitig auch die Position eines Berufes im Berufssystem. Professionstheoretische Vergewisserungen schließen darüber hinaus Fragen nach den Bedingungen, Möglichkeiten und Strategien der Professionalisierung an. Es geht hier also um die Frage nach der Entwicklung der Profession. Es kann idealtypisch[3] zwischen einer die Professionen und Berufsgruppen (empirisch oder theoretisch) fundiert *beschreibenden Professionstheorie*, zwischen einer *Professionalisierungstheorie*, die insbesondere die Möglichkeiten der Entwicklung einer Profession in den Blick nimmt, und einer *professionspolitisch* inspirierten Theorie, die ein starkes Interesse an statuspolitischen Fragen entwickelt, unterschieden werden.

In den vorliegenden professionsbezogenen Analysen ist der bewertende, beschreibende oder projektbezogene Charakter des Professionsbegriffs mit unterschiedlicher Gewichtung miteinander verwoben. Aufgehoben sind diese drei Charakteristika insbesondere in idealtypischen Professionskonstruktionen, in denen idealtypisch Merkmale bestimmt werden, die Professionen von anderen Berufen abgrenzen und deren gesellschaftliche Position bestimmen. Die idealtypische Perspektive beinhaltet somit auch, dass zum einen die Profession selber darum bemüht sein muss, sich dem idealtypischen Bild anzunähern. Zum anderen kann sie über den Professionsbegriff den nicht vollständig professionalisierten Berufsgruppen eine Zielperspektive in Richtung der zu erreichenden Professionsmerkmale anzeigen.[4]

2.2 Soziale Arbeit als Profession

Im Folgenden wird zunächst die Frage aufgeworfen, mit welchem Fokus im Feld Sozialer Arbeit professionsbezogene Bestimmungen vorgenommen werden. Die Wahl der jeweiligen Perspektive ist entscheidend dafür, welche Antwort auf die Frage, ob Soziale Arbeit eine Profession ist, gefunden wird. Es zeigt sich, dass die Diskussion zum Stand der Professionalität Sozialer Arbeit in weiten Teilen statuspolitisch motiviert ist. Deutlicher theo-

---

3   Diese drei Unterscheidungen sind idealtypisch, weil diese in der professionsbezogenen Theorie und Empirie immer aufgehoben sind.
4   Dieter Nittel (2002) stellt die Vorteile einer differenztheoretischen Betrachtungsweise vor. Mit dem Ansatz, „der die Entkopplung der Kategorien *Profession – Professionalisierung – Professionalität* intendiert, könnte der positive Effekt erzielt werden, Vermischungen auf der Ebene des Gegenstandsbezugs (Struktur versus Prozess) und des Verwendungszusammenhangs (Theoriebildung versus berufspolitische Verwertung) zu umgehen" (ebd., S. 253; i. O. kursiv). In diesem Sinne schlägt er vor, die Erwachsenenbildung nicht als Profession, sondern als Berufskultur zu kategorisieren und stringent das zu rekonstruieren, was die beruflichen Akteure unter Professionalität verstehen. Als vorteilhaft sieht er an, dass – ohne den Rückgriff auf den Professionsbegriff – die Rekonstruktion von Professionalität möglich wird. Professionalität versteht er dann als „Synonym für ‚gekonnte Beruflichkeit'" (ebd., S. 256).

retisch ausgerichtet und empirisch motiviert ist jedoch die Bestimmung einer reflexiven Sozialen Arbeit.

Gegenstandbestimmungen Sozialer Arbeit als Profession
Ausgehend von der Unterscheidung zwischen einer beschreibenden Professionstheorie, einer Professionalisierungstheorie, die insbesondere die Möglichkeiten der Entwicklung einer Profession in den Blick nimmt, und einer professionspolitisch inspirierten Theorie können die im Feld Sozialer Arbeit vorliegenden professionsbezogenen Überlegungen idealtypisch fünf verschiedene Schwerpunktsetzungen zugeordnet werden. Neben dem ersten Schwerpunkt, der die professionellen Handlungsmethoden in den Blick nimmt und weitgehend an Professionalisierungsfragen interessiert ist (1), findet sich ein breiter Strang an professionspolitischen Überlegungen, die zwar professionstheoretisch inspiriert sind, ihre Argumentationen jedoch weitgehend vor dem Hintergrund statuspolitischer Erwägungen entfalten (2). Hiervon zu unterscheiden sind vor allen Dingen theoretisch interessierte Arbeiten (3) und empirische bzw. historische Studien (4). Darüber hinaus ist ein weites Feld an eher praxisbezogenen und erfahrungsgesättigten Studien zu finden (5).

(1) *Methodenentwicklung*: Den geschichtlich ältesten Strang professionsbezogener Überlegungen bildet die Suche nach einer Professionalisierung der Handlungsmethoden sozialarbeiterischer Praxis. Der Bogen kann hier gespannt werden von Alice Salomon und ihrem Buch „Soziale Diagnose" (vgl. Salomon 1926) über die Etablierung der klassischen Methoden der sozialen Einzelfallhilfe, sozialen Gruppenarbeit und Gemeinwesenarbeit, über Fragen sozialpädagogischer Kasuistik und „Sozialpädagogisches Können" (vgl. Müller 2006) bis zu den neueren Überlegungen einer stärkeren Implementierung und besseren Übersetzung qualitativer Forschungsmethoden als Handlungsmethoden in die sozialarbeiterische Praxis (vgl. Schütze 1994; Jakob 1998; Lindner 2000; Giebeler u. a. 2007).[5]

(2) *Professionspolitische Überlegungen*: Als „Statuspolitik" war die professionsbezogene Diskussion stets bemüht, „über Statuserhöhung und Prestigezuwachs eine entsprechende soziale und ökonomische Niveauerhöhung zu erreichen" (Otto/Utermann 1973, S. 11). Aus berufssoziologischer Sicht sind solche berufspolitischen Interessen Ausdruck von Kämpfen um die Position im Berufssystem (vgl. Freidson 1979; Beck/Brater/Daheim 1980).

---

5   Auch wenn die professionsbildende Kraft der Methodenentwicklung zuweilen angezweifelt und die wissenschaftliche Beschäftigung mit diesen Themen zum Teil vernachlässigt wird (vgl. Galuske 2007), genügt an dieser Stelle zunächst der Hinweis, dass aus professionstheoretischer Sicht der geschichtlichen Herausbildung, der ausbildungsspezifischen Einübung und der anschließenden Beherrschung und Verwendung „mächtiger" Methoden zur Problemanalyse und -bearbeitung eine prominente Stellung zugewiesen wird (vgl. u. a. Freidson 1979; Schütze 2000; zum Verhältnis von Professionalisierung und Methoden vgl. auch Müller 2002).

Insbesondere die Diskussion der 1970er Jahre orientierte sich im Zuge der Etablierung sozialarbeiterischer Studiengänge und Studienschwerpunkte an den klassischen Professionen, denen bestimmte Merkmale zugeschrieben werden. Die Zielperspektive einer professionalisierten Sozialen Arbeit war dementsprechend die Annäherung an die Merkmale klassischer Professionen über die Verwissenschaftlichung der sozialarbeiterischen Praxis und die Etablierung einer wissenschaftlichen Disziplin. Dementsprechend mussten sich die professionstheoretischen Vergewisserungen Sozialer Arbeit ebenso wie die klassische Professionssoziologie dem Einwand aussetzen, „ein veraltetes Professionsideal der freien Berufe zu mystifizieren und als Theorie zu rechtfertigen, was primär eine Statusinteressen und -privilegien verteidigende Ideologie sei" (Oevermann 1999, S. 71). Die sich hieran anschließende Expertenkritik (vgl. Illich 1979; Niemeyer 1984) setzte gegen das Ideal der sich selbst kontrollierenden, autonom entscheidenden Profession das Bild der sanften Kontrolle (vgl. Peters/Cremer-Schäfer 1975). In der radikaleren Variante wurde Soziale Arbeit unter „kapitalistischen Produktionsbedingungen" als Reproduktions-, Sozialisations-, Kompensations-, Oppressions- und Disziplinagentur identifiziert (Hollstein 1973, S. 205 ff.). Fortan zielten weitere Überlegungen dahin, durch den „Abschied vom Experten" (vgl. Olk 1986) wider die Überprofessionalisierung der Sozialen Arbeit nicht die Autonomie der Profession, sondern die der Lebenspraxis durch die Unterstützung von Selbsthilfe zu stärken (vgl. Marzahn 1982). Einer eher professionspolitischen Semantik folgen auch solche Studien, die professionelle Autonomieansprüche gegen neo-liberale Umstrukturierungsprozesse im Feld Sozialer Arbeit zu verteidigen suchen.

(3) *Professionstheoretische Überlegungen*: Von diesen statuspolitischen Betrachtungen zu unterscheiden sind professionstheoretisch ausgerichtete Überlegungen, die eher daran interessiert sind, Fragmente zu einer Professionstheorie zu entwickeln (vgl. Schütze 1999; Merten/Olk 1999). Solche Überlegungen sind zum Teil gespeist aus der Auseinandersetzung mit anderen Professionstheorien, aus geschichtlichen Rekonstruktionen und empirischen Erkenntnissen. Einzuordnen sind hier auch an Professionalisierungsfragen sich ankoppelnde Diskussionen, ob Soziale Arbeit als ein gesellschaftliches Funktionssystem beschrieben werden kann (vgl. u. a. Weber/ Hillebrand 1999; Bommes/Scherr 2000; Kleve 1997).

(4) *Geschichtliche und empirische Rekonstruktionen*: Während die klassische funktionalistische Berufs- und Professionssoziologie eher daran interessiert war, theoretisch geleitete Professionsmodelle ohne empirische Prüfung ihrer Bedingungen zu entwerfen, bildete sich insbesondere angeregt durch interaktionistische Forschungstraditionen (vgl. Hughes 1984; Strauss 1994) eine Professionsforschung im Kontext Sozialer Arbeit heraus (vgl. Schütze 1992, 1999, 2000). Die vorliegenden professionsbezogenen empirischen Analysen unterscheiden sich in ihren methodologischen und methodischen Grundausrichtungen, ihren Forschungsperspektiven und Gegen-

standsfeldern erheblich. Im Mittelpunkt stehen u. a. Fragen zur Qualifikation und zur Aus-, Fort- und Weiterbildung sowie zum Verhältnis von Biografie, Studium und Beruf. Untersucht wird die berufliche Einsozialisation von BerufsnovizInnen und die Herausbildung eines beruflichen Habitus. Demgegenüber liefern Ethnografien Sozialer Arbeit Rekonstruktionen von Organisationsformen und Handlungsfeldern. Zunehmend wird sich auch mit der Frage nach den im beruflichen Handeln bedeutsam werdenden Paradoxien beschäftigt (vgl. Schütze 2000). In diesem Zusammenhang sind auch Fragen nach der anhaltenden formalen Verberuflichung, Verfachlichung und Akademisierung zu nennen, wie sie bspw. in der Kinder- und Jugendhilfestatistik zum Ausdruck kommt (vgl. u. a. Rauschenbach/Schilling 1997). Darüber hinaus hat in den letzten Jahrzehnten eine sozialpädagogisch-historische Forschung zunehmend an Gewicht gewonnen. Dort, wo sich die Soziale Arbeit ihrer historischen Wurzeln erinnert, Kontinuitäten und Diskontinuitäten aufdeckt und sich ihrer KlassikerInnen bewusst wird (vgl. u. a. Niemeyer 1998; Thole/Galuske/Gängler 1998), schwingen ebenfalls professionstheoretische Fragen implizit oder explizit mit.

(5) *Erfahrungsgesättigte Überlegungen und praxeologische Empirie*: Daneben ist ein weitaus diffuseres Feld professionsbezogener Vergewisserungen zu identifizieren, in dem sich zum Teil wenig systematisch auf professionsspezifische Fragestellungen bezogen wird. Die Analysen speisen sich manchmal aus den eigenen Erfahrungen der AutorInnen oder stehen im Zusammenhang mit benachbarten Diskursen, z. B. über Dienstleistung, Qualitätsentwicklung oder die Ökonomisierung Sozialer Arbeit. Hier stehen Fragen nach den fachlichen Standards und der Evaluation ihrer Wirksamkeit genauso auf der Agenda wie die Suche nach „neuen Labels" für die Soziale Arbeit. Die Diskussion um Qualität hat hier eine gewisse Prominenz erlangt. Sie konnte trotz zunehmender empirischer Überprüfungen ihrer Qualitätsentwürfe kein theoretisch fundiertes Modell hervorbringen, das professionalisierungstheoretisch auch interessant erscheinen könnte (vgl. Thole/Cloos 2000a).

Ist Soziale Arbeit eine Profession?
Bereits am Anfang des letzten Jahrhunderts hat Abraham Flexner die Frage aufgeworfen, ob Soziale Arbeit eine Profession sei und dies eindeutig mit nein beantwortet. Diese standespolitisch bedeutsame, aber theoretisch und empirisch nur unzureichend entscheidbare Frage hat zuweilen die Professionalisierungsdiskussion der Sozialen Arbeit beherrscht. Innerhalb der Debatte kann zwischen folgenden Positionen unterschieden werden (vgl. im Folgenden Riemann 2000):

- Aufgrund unüberwindbarer struktureller Grenzen der Professionalisierung kann Soziale Arbeit keine Profession werden.
- Soziale Arbeit ist eine Semi-Profession, weil sie nur teilweise Merkmalen klassischer Professionen entspricht. Die Eingebundenheit in verwaltungs-

technische Abläufe und staatliche regulierte Organisationen verhindert dabei die Herausbildung von Autonomie in den Berufsvollzügen und gegenüber anderen Berufen. Aus systemtheoretischer Sicht operiert Soziale Arbeit organisationsförmig entlang der Logiken anderen Funktionssysteme und nimmt hier eine mediale Stellung ein, ohne ein gesellschaftliches Kernproblem wie etwa Gesundheit zu bearbeiten. Der Problembezug „soziale Probleme" bleibt dabei diffus (vgl. u. a. Stichweh 1999).
- Die Professionalisierung der Sozialen Arbeit ist auf einem Kontinuum zwischen Beruf und Profession noch nicht vollständig erreicht. Sie befindet sich auf dem Weg der Professionalisierung. Prinzipiell ist es möglich, den Status einer Profession zu erreichen.

Diese drei Positionen gehen insgesamt von einem defizitären Professionalisierungsgrad aus (Defizitthese). Im Gegensatz hierzu liegt der Differenzthese die Annahme zu Grunde, dass sich im Zuge gesellschaftlicher Modernisierung im zwanzigsten Jahrhundert zunehmend Berufe herausgebildet haben, die „die Folgekosten des gesellschaftlichen Modernisierungsprozesses, (...) die Paradoxien und die Dialektik der Moderne" (Gängler/Rauschenbach 1986, S. 169) vorwiegend nicht freiberuflich und mit einem geringeren Autonomiegrad in den Berufsvollzügen zu bearbeiten haben. Diese Berufe waren „statt dessen *von vornherein* Bestandteil der Arbeitsteilung und Kontrollhierarchie formaler Organisationen" (Olk 1986, S. 38; i. O. kursiv). Unter dem Schlagwort „alternative Professionalität" sprach Thomas Olk davon, „alternative Verläufe von Professionalisierungsvorgängen konzeptionell vorzusehen", um diese dann im Einzelnen empirisch rekonstruieren zu können (Olk 1986, S. 40).

Sozialpädagogische Statuspolitik?
Mit der Frage, ob Soziale Arbeit eine Profession sei, ist zum einen immer auch – außenwirksam – professionsbezogene Interessenpolitik verbunden, die dazu beitragen soll, den Status des Berufsstandes gegenüber anderen Berufsgruppen und gegenüber politisch motivierten Deprofessionalisierungsabsichten zu sichern. Zum anderen zielt die Diskussion um den Status – nach innen wirkend – auf die Sicherung oder Verbesserung der Professionalität des eigenen Berufsstandes. Hans-Uwe Otto bemängelte z. B. 1972, die sozialpädagogische Praxis greife noch vornehmlich „auf ein vorwissenschaftliches Gesellschaftsbild" zurück und vertraue zumeist „auf den so genannten gesunden Menschenverstand" (Otto 1972, S. 419). Im Kern könne das sozialpädagogische Handeln als ein „symptomatisches Zeichen (...) für die unkritische Gesamtverfassung der Sozialarbeit" gelesen werden. Das hier favorisierte Professionalisierungskonzept setzte auf einen kritisch-reflektierenden Prozess der „konsequenten Umsetzung von systematischem Wissen in praktisches Handeln" (Otto 1972, S. 418; vgl. auch Thole/Cloos 2000a). Fünfunddreißig Jahre später sind zwar die Einschätzungen innerhalb der Professionalisierungsdiskussion anders nuanciert, die Professiona-

lisierungsbedürftigkeit der sozialpädagogischen Praxis bleibt jedoch weiterhin Kernpunkt der Analysen. Der wissenschaftlichen Beschäftigung mit der Profession wird weiterhin die Aufgabe zugeschrieben, das Professionalisierungsprojekt voranzutreiben. Dabei wird die Professionalisierung der Sozialen Arbeit kaum mehr vorwiegend als Verwissenschaftlichung der berufsförmigen Praxis Sozialer Arbeit verstanden.

„Die ‚klassische' Professionalisierung erscheint aus dieser Sicht weder denkbar noch sinnvoll. Einem expertokratischen zweckrationalen Wissen (…) wird im Folgenden ein diskursives Wissen entgegengesetzt, das nicht nur wissenschaftlich, sondern immer auch sozialkulturell und lebenspraktisch rückzubinden ist an die situativen Bedingungen der sozialen Handlungsvollzüge und Handlungsprobleme. (…) Im Zentrum professionellen Handelns steht also nicht das wissenschaftliche Wissen, sondern die Fähigkeit der diskursiven Auslegung und Deutung von lebensweltlichen Schwierigkeiten und Einzelfällen mit dem Ziel der Perspektiveneröffnung bzw. einer Entscheidungsbegründung unter Ungewissheitsbedingungen" (Dewe/Otto 2002, S. 179).

Die Grundlage für diese professionstheoretischen Bestimmungen ist dabei jedoch immer noch die Frage, „inwieweit eine Professionalisierung der Sozialen Arbeit politisch und wissenschaftlich umgesetzt und durchgesetzt werden kann" (ebd.). Die Professionalisierungsdiskussion interessiert sich weiterhin für statusbezogene Fragen der sozialpolitischen Durchsetzung und disziplinären Unterfütterung von Professionalität. Dabei steht im Zentrum der Überlegungen immer wieder die Ausbildung der Sozialen Arbeit und das Bemühen, an der Schnittstelle von Disziplin und Profession das Professionalisierungsprojekt voranzutreiben (vgl. Wigger 2000). Im Rahmen der Diskussion stehen sich dabei zwei Positionen gegenüber. Während die einen eine Professionalisierung der Sozialen Arbeit disziplingesteuert durch Verwissenschaftlichung der Praxis, Methodenentwicklung oder Ausweitung des disziplinären Wissens anstreben, betonen die anderen, dass „Profession und Professionalisierung (…) für die Disziplin Forschungsthemen und Gegenstand von Theorieanstrengungen, aber nicht verantwortlich zu gestaltende Aufgaben" sind (Wigger 2000, S. 306).

Im Zusammenhang mit der Hoffnung, dass die Professionalisierung der sozialarbeiterischen Praxis disziplinär gesteuert werden kann, konzentriert sich die Diskussion weiterhin auf Wünschbarkeiten. Neben einer Fülle von *Professionalisierungs*ansätzen sind jedoch nur sehr wenige Versuche einer empirisch und theoretisch begründeten sozialpädagogischen *Professions*theorie zu finden, die tatsächlich die Binnen- und Strukturlogiken sozialpädagogischen Handelns rekonstruieren kann und ein integratives, die verschiedenen Perspektiven verbindendes theoretisches Fundament aufweist. Dies scheint auch aufgrund der sukzessiven Ausdifferenzierung der Handlungs- und Bezugsfelder zunehmend schwieriger zu bewerkstelligen.

Reflexive Soziale Arbeit
Verschiedene Versuche der Bestimmung einer „Reflexiven Sozialen Arbeit" zeigen eine deutlichere professionstheoretische Kontur als Modelle, die weitgehend statuspolitisch oder professionalisierungstheoretisch angelegt sind. Roland Merten und Thomas Olk weisen darauf hin, dass „in der expansiven Veralltäglichung der Hilfeangebote (...) Soziale Arbeit *reflexiv*" wird (Merten/Olk 1999, S. 605; i. O. kursiv). Auch im Zuge der medialen Aufbereitung und Verbreitung von sozialpädagogischen Wissensbeständen ist ein Trend der Protoprofessionalisierung zu beobachten, der „durch (sozial-)wissenschaftlich mehr oder minder gut vorinformierte Klienten und Klientinnen" (ebd.) ausgelöst wird, die die ExpertInnenrolle des Professionellen neu konturieren.[6] Dieses auf der NutzerInnenseite zu beobachtende Moment kann als eine bedeutende jedoch noch nicht hinreichende Begründung für eine reflexive Sozialpädagogik angesehen werden. Drei Argumentationslinien lassen sich in diesem Zusammenhang unterscheiden: eine stärker modernisierungstheoretisch gefasste (1), eine eher strukturtheoretisch gefasste (2) und eine deutlich professionsempirisch entwickelte Theorie einer reflexiven Sozialen Arbeit (3).

(1) Modernisierungstheoretisch lassen sich im Anschluss an Ullrich Beck (1986) Momente einer reflexiven Sozialen Arbeit disziplin- und professionsbezogen beschreiben. Ausgelöst durch einfache Modelle der Expertenkritik (vgl. u. a. Illich 1979)[7] und die kritischen Einwände gegen eine Oppressionsinstanz Soziale Arbeit (vgl. Hollstein 1973) setzten Diskussionen an, die die Gefahren sozialpädagogischen Handelns reflexiv als Risiken der Professionalisierung umkodierten und eine einfache Kolonialisierungsrhetorik ablehnten (vgl. Gängler/Rauschenbach 1986; Rauschenbach 1999). Soziale Arbeit wurde sich zunehmend ihrer eigenen Risiken und Folgeprobleme bewusst (vgl. auch Niemeyer 1999).

Dies ging einher mit der Aufweichung der Wissenschaftskonzeption Sozialer Arbeit als Anwendungswissenschaft und der Reklamation einer eigenständig konturierten sozialpädagogischen Forschung (vgl. u. a. Rauschenbach/Thole 1998), mit der Etablierung von Grundlagenforschung und einer Neubewertung des wissenschaftlichen Aufgabenspektrums. Indem Soziale Arbeit zunehmend über die Folgen ihres Handelns nachdenkt und sich als Wissenschaft beim Beobachten beobachtet, werden Momente einer reflexiven Sozialpädagogik deutlich. Dies geht einher mit der Forderung nach einer „Distanz zu geschlossenen Theoriekonzepten" (Thole 2002, S. 54) und der Etablierung einer Theoriebildung, die „die Aufgabe zu bewältigen" hat,

---

6 Zur soziologischen Begründung einer reflexiven Moderne und dem damit verbundenen Wandel der Expertenrolle (vgl. Beck 1986; Hitzler/Honer/Maeder 1994; Beck/Giddens/Lash 1996).
7 Kritische Überlegungen zu einer einfachen Expertenkritik wurden insbesondere von Olk (1986) und Niemeyer (1984) formuliert.

„die Grundvokabeln der Theorie über empirische Beobachtungen zu filtrieren sowie darüber hinaus die Annahme einer Differenz zwischen erster und zweiter Moderne sozialpädagogisch zu kontextualisieren" (ebd., S. 52). Soziale Arbeit ist als Disziplin und als berufsförmige Praxis in doppelter Weise in den reflexiven Modernisierungsprozess eingebunden:

> „Einerseits ist sie selbst ‚Opfer' dieser Veränderungen, beispielsweise nicht mehr nur mit einem gesellschaftlich marginalisierten ‚Klientel' konfrontiert, sondern auch mit neuen, bisher ihr unbekannten AdressatInnengruppen und so nachdrücklich aufgefordert, ihr Angebot dementsprechend zu erweitern. Zugleich und andererseits ist sie aber auch ‚Mit-Gestalterin' einer Entwicklung, in deren Mittelpunkt eine ‚Entzauberung' der klassischen industriekapitalistischen Grundkonstanten steht. Obwohl selbst betroffen und verunsichert von den risikobeladenen gesellschaftlichen Freisetzungs- und Individualisierungsprozessen, sind die MitarbeiterInnen in den Handlungsfeldern der Sozialen Arbeit zugleich aber weiterhin aufgefordert, Hilfs-, Unterstützungs- und Bildungsleistungen zu organisieren und durchzuführen. Dabei erfahren sie allerdings täglich, dass diese nicht mehr ohne weiteres normativ begründbar sind, sondern unter den Bedingungen einer sich enttraditionalisierenden Gesellschaft allein noch kommunikativ und heuristisch akzentuiert werden können" (Thole 2002, S. 45).

Die reflexive Moderne betrifft die berufsförmige und die wissenschaftliche Praxis zugleich, weil die Problemdefinitionen flüssig werden und zunehmend weniger eindeutig zu kodifizieren sind. Damit werden auch ‚alte' Weisheiten und Sicherheiten, eine vermeintliche professionelle Identität und die für die Herausbildung von Identität bedeutsame Bezug zu einer disziplinären Heimat immer fragwürdiger. Hierdurch gewinnt neben dem Wissen das Nicht-Wissen „als Medium ‚reflexiver Modernisierung'" (vgl. Beck 1996, S. 296) an Bedeutung (vgl. Thole 2002, S. 52; Homfeldt/Schulze-Krüdener 2000).

(2) Deutlich *professionalisierungs*theoretischer gefasst ist das Modell einer reflexiven Sozialpädagogik von Hans-Uwe Otto und Bernd Dewe. Sie legen ihren Überlegungen das von Ulrich Oevermann entwickelte Modell der stellvertretenden Deutung zugrunde und entwickeln dies weiter:

> „Professionen bilden eine Institutionalisierungsform der Relationierung von Theorie und Praxis, in der wissenschaftliche Wissensbestände praktisch-kommunikativ in den Prozess der alltäglichen Organisation des Handelns und der Lösung hier auftretender Probleme fallbezogen kontextualisiert werden. Wenn man die Figur einer ‚Vermittlung' nicht in Anspruch nimmt und statt mit Einheit mit Differenz von Wissensformen operiert, lässt sich eine Position beziehen, von der aus das Verhältnis von wissenschaftlichem Wissen und beruflichem Können neu konzipiert werden kann. (…) Zu suchen wäre also nicht der Strukturort der Vermitt-

lung von Theorie und Praxis, wie U. Oevermann zu entnehmen war (…), sondern der im institutionellen Kontext Handelnde nimmt an der professionellen Organisation einer bereits organisierten Praxis teil; durch Retention, d. h. die Überführung bewährter Praxen in Routinen auf der Basis von Reflexion, d. h. das Überdenken problematisch gewordener Lösungsstrategien" (Dewe/Otto 2002, S. 193).

Reflexivität bedeutet hier mit anderen Worten die ‚positive' Habitualisierung des professionellen Handelns (vgl. Wagner 1998) „durch eine Steigerung der Begründungsverpflichtung" (Oevermann 1999, S. 124).

(3) Ansätze einer nicht idealtypisch geleiteten, sondern eher empirisch begründeten Professionstheorie pädagogischen Handelns wurden insbesondere von Fritz Schütze in Form der „Paradoxien professionellen Handelns" entwickelt (vgl. Schütze 2000).[8] Auch wenn Fritz Schütze dies nicht ausdrücklich postuliert, so ist dieser Ansatz möglicherweise auch als Ausdruck einer reflexiven Professionstheorie zu lesen, weil hier dem Paradoxen und Brüchigem, dem Widersprüchlichem und Prozesshaften jenseits der Belehrung sozialpädagogischer Praxis ein prominenter Ort zugesprochen wird. Fritz Schütze hat für das Sozialwesen insgesamt fünfzehn verschiedene Paradoxien empirisch rekonstruieren können, wie z. B. das „pädagogische Grunddilemma: exemplarisches Vormachen und die Gefahr, den Klienten unselbständig zu machen" (ebd., S. 78). Dabei ist zu beachten, dass bei anderen Professionen ähnliche und gleiche Paradoxien ausfindig zu machen sind. In den unterschiedlichen Handlungsfeldern Sozialer Arbeit können jedoch jeweils verschiedene Paradoxien mit unterschiedlicher Gewichtung wirksam werden. So sind für die offene Kinder- und Jugendarbeit sicherlich ganz andere Paradoxien bedeutsam als in der Sozialarbeit beim ASD oder in der Schule (vgl. auch Helsper 1999).

Zusammenfassend lässt sich die Entfaltung der Diskussion der Professionstheorie innerhalb der Sozialen Arbeit als Entwicklung ‚von der einfachen Modernisierung zur reflexiven Modernisierung der Professions- und Professionalisierungstheorie' beschreiben. Dieser Wandel lässt sich insbesondere dadurch kennzeichnen, dass die Folgen der Professionalisierung zunehmend in den Blick genommen werden und sich eine Vielfalt von unterschiedlichen Ansätzen, Zugangsweisen und Deutungsvarianten ausdifferenziert hat. Die Professionalisierungsdiskussion hat sich selbst professionalisiert und ist aus den Kinderschuhen ihrer Anfänge herausgetreten.

---

8 Daneben ist ein weites Feld an empirischen Untersuchungen zu nennen, die mehr oder weniger theoretisch gehaltvoll neue Erkenntnisse zu einer Professionstheorie liefern. Zu nennen sind hier die Versuche einer Theorie Sozialer Arbeit bzw. Sozialpädagogik, die professionstheoretische Bestimmungen vornehmen (vgl. u. a. Winkler 1988). Zum Stand theoretischer Vergewisserungen (vgl. auch Flösser u. a. 1998; Merten/Olk 1999; Rauschenbach/Züchner 2002; Thole 2002).

2.3 Professionalität der Kinder- und Jugendhilfe im empirischen Blick

Professionsbezogene empirische Studien im Feld Sozialer Arbeit leisten im Sinne der in Kap. 2.1 vorgenommenen Unterscheidung zwischen Professions- und Professionalisierungstheorie insgesamt nicht durchgehend auch einen Beitrag zur Entwicklung einer Professionstheorie Sozialer Arbeit. Hier stehen weniger Fragen nach den konstitutiven Bedingungen eines spezifischen Professionstypus sozialpädagogischen Handelns auf der Agenda (vgl. jedoch Heiner 2004; Cloos/Köngeter/Müller/Thole 2007). Vielmehr rücken immer wieder Bestimmungen des Professionalisierungsgrades des Feldes und die je individuelle Professionalität der Berufsangehörigen in den Mittelpunkt. Eine Eingrenzung auf das Handlungsfeld der Kinder- und Jugendhilfe kann an diesem Befund im Wesentlichen nichts ändern, zumal hier auch hier die Frage nach der Professionalität der unterschiedlichen Berufsgruppen im Vordergrund steht.

Auf Basis der statistisch ausgewiesenen quantitativen Ausweitung an Einrichtungen und Personal kann in Zusammenhang mit der Sozialen Arbeit und insbesondere der Kinder- und Jugendhilfe durchaus von einer Erfolgsgeschichte gesprochen werden (vgl. Rauschenbach 1999).[9] Unbeantwortet bleibt jedoch die entscheidende Frage, in welcher Form sich die disziplinären Professionalisierungsanstrengungen in der Praxis manifestieren, wie professionell also die in der Praxis tätigen MitarbeiterInnen handeln. Angeregt durch die Verwendungsforschung (vgl. Böhm/Mühlbach/Otto 1989; zusammenfassend Beck/Bonß 1989; Lüders 1991) rückten im letzten Jahrzehnt empirische Studien die Frage nach den typischen Konstitutionsformen sozialpädagogischer Fachlichkeit und Professionalität stärker ins Zentrum ihrer empirischen Aufklärungen (vgl. u. a. Ludewigt/Otto-Schindler 1992a,b; Klatetzki 1993; Heinemeier 1994; Kurz-Adam 1995, 1997; Nagel 1997; Thole/Küster-Schapfl 1997; Ackermann/Seeck 1999; Wolf 1999; Cloos 1999a, 2001; Riemann 2000; Küster 2003; Hanses 2004; Nadai u. a. 2005; Cloos/Köngeter/Müller/Thole 2007). Die vorliegenden Studien bewegen sich im Spannungsfeld von Einzelfallbeschreibungen sowie typenbildenden und zuweilen theoriegenerierenden Gesamtbetrachtungen. Dabei werden unterschiedliche theoretische Annahmen und forschungsleitende Fragestellungen zugrunde gelegt.

So wurden biografische Wege in sozialpädagogische Berufe arbeitsfeldunspezifisch, aber unter Rückgriff auf bestimmte Themenstellungen mit eher exemplarischem Charakter untersucht, wie z. B. „subjektive Laufbahnen" in den SozialarbeiterInnenberuf (vgl. Heinemeier 1994) oder der Lebensab-

---

9 Die voranschreitende Professionalisierung Sozialer Arbeit kann jedoch über den gestiegenen Verberuflichungs- und Akademisierungsgrad lediglich strukturell und formal bestimmt werden.

schnitt der Statuspassage in den Beruf (vgl. Nagel 1997). Im Gegensatz dazu sind Studien zu finden, die sich auf spezielle Arbeitsfelder beschränken und durch die geringe Anzahl der Fälle einen eher exemplarischen Charakter behalten (Ludewigt/Otto-Schindler 1992a,b). Andere arbeitsfeldbezogene Untersuchungen versuchen durch ein theoretical sample die im jeweiligen Feld vorzufindenden professionellen Typen theoretisch gesättigt zu erfassen (vgl. Thole/Küster-Schapfl 1997; Ackermann/Seek 1999). Neuere empirische Studien richten ihr Augenmerk ethnografisch auf einzelne Organisationen bzw. Einrichtungen, entweder aus kultursoziologischer Perspektive in Form einer Dichten Beschreibung einer Jugendhilfeorganisation (vgl. Klatetzki 1993), in interaktionistischer Tradition auf die Arbeit in einer sozialpädagogischen Familienberatungsstelle (vgl. Riemann 2000) oder in Weiterführung älterer ethnografischer Berichte aus der offenen Kinder- und Jugendarbeit in Form eines dichten ethnografischen Berichtes der Arbeit in einem Jugendhaus (vgl. Küster 2003).

Abbildung 1: Empirische Ausrichtung neuerer professionsbezogener qualitativer Studien

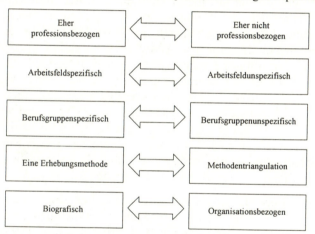

So unterschiedlich die untersuchten Felder so verschieden sind auch die Fragestellungen der jeweiligen Untersuchungen. Mehr oder weniger professionsbezogene empirische Untersuchungen nehmen entweder arbeitsfeldspezifisch oder unter Einbeziehung mehrerer Arbeitsfelder spezifische Berufsgruppen oder auch unterschiedliche Berufsgruppen entweder mit biografischer oder organisationsbezogener Perspektive anhand einer Untersuchungsmethode oder mit Hilfe einer Methodentriangulation in den Blick.

Im Folgenden werden einige professionsbezogene Forschungsergebnisse mit dem Ziel vorgestellt, eine erste professionsbezogene Grundlage für das weitere empirische Vorgehen zu entwickeln. Dabei wird der Fokus auf d[ie] in der Kinder- und Jugendhilfe bedeutsamsten Berufsgruppen – die Erz[ie]herInnen und SozialpädagogInnen bzw. SozialarbeiterInnen – gelenkt.

ErzieherInnen

1982 erläuterte Gerhard Mayer-Vorfelder, ehemaliger Kultusminister des Landes Baden-Württemberg, auf einem CDU-Kreisparteitag in Schwäbisch-Gmünd unmissverständlich sein Bild von ErzieherInnen: „Man solle ihm erklären, weshalb man für den Beruf der Kindergärtnerin den Realschulabschluss brauche. Die können dann zwar unheimlich psychologisch daherreden, sind aber nicht in der Lage, ein Kind auf den Topf zu setzen" (Mayer-Vorfelder 1982). 16 Jahre später bescheinigen Tietze u. a. (1998) dem Kindergarten allenfalls (Prozess-)Qualität „im Bereich ‚gehobener Mittelmäßigkeit'" (Tietze u. a. 1998, S. 351). Die Fachlichkeit von ErzieherInnen „als tragende Säule des pädagogischen Geschehens" (Dippelhofer-Stiem/Kahle 1995, S. 29) in Kindertageseinrichtungen steht kontinuierlich seit den 1970er Jahren auf dem Prüfstand, insbesondere seitdem sich die politische Diskussion auch vermehrt mit Fragen der Bildung von Kindern in Kindertageseinrichtungen befasst.

Trotz anhaltender Kritik und stetiger Reformbemühungen im Elementarbereich erfuhr der ErzieherInnenberuf nach der Zeit der Bildungsreform auf wissenschaftlicher Seite im Rahmen von empirischer Forschung nur punktuell Beachtung. Infolgedessen liegen aus dem Zeitraum bis Anfang der 1990er Jahre neben historischen Analysen vorwiegend praxisorientierte Beiträge sowie Veröffentlichungen vor, in denen individuelle Erfahrungen expliziert werden oder sich dem Thema ErzieherInnen eher essayistisch angenähert wird. Die größte Zahl der Veröffentlichungen fokussiert dabei auf die Situation im Arbeitsfeld der Kindertageseinrichtungen und widmet sich – zumeist engagiert – der Frage nach dem Stand der Fachlichkeit.[10] Seit den 1990er Jahren ist jedoch auch das empirische Interesse an der Berufsgruppe der ErzieherInnen gewachsen, sodass hier einige Befunde insbesondere bezogen auf die ErzieherInnenausbildung zusammengefasst werden können.

Die bisherigen Befunde zeigen auf, dass die ErzieherInnen gegenüber der eigenen Ausbildung eine ambivalente Haltung einnehmen und ihr insgesamt wenig gute Noten bescheinigen (vgl. Fthenakis u. a. 1995). Ihr wird allgemein nur mittelmäßige Qualität bezogen auf die Vermittlung von Wissen und Können für die Bewältigung der beruflichen Aufgaben beigemessen. Sie scheint dabei vorwiegend auf die „Kernbereiche" erzieherischer Tätigkeit vorzubereiten (1). Ausreichende Wissensressourcen vermag die

Ausbildung den AbsolventInnen jedoch durchgängig nicht bereitzustellen (2). Strittig ist auch, ob die fachschulische Qualifikation so etwas wie ein Berufsbewusstsein bei den ErzieherInnen befördern kann (3).

(1) Die FachschulabsolventInnen fühlen sich „besonders für die allgemeinen Aufgaben des Berufsalltags gut gerüstet" (Andermann/Dippelhofer-Stiem/Kahle 1996, S. 149). Die an Fachschulen befragten SchülerInnen geben überwiegend an, dass sie bezogen auf die Allgemein- und Persönlichkeitsbildung „umfangreiche fachliche Kenntnisse" erwerben (Dippelhofer-Stiem 1999, S. 87). Genügend vorbereitet sehen sich die AbsolventInnen von Fachschulen für „die anstehende Kleingruppenarbeit, für die Arbeit mit den Kindern im allgemeinen sowie für die Kooperation mit den KollegInnen" (ebd.). Je mehr sich die Arbeit von der beruflichen Bewältigung alltäglicher Probleme in der Kindergartengruppe allerdings entfernt, desto unvorbereiteter fühlen sich die AbsolventInnen. Bezogen auf krisenhafte Situationen mit Kindern, auf die Integration von Behinderten, auf die Arbeit mit so genannten verhaltensauffälligen Kindern und im Besonderen bezogen auf die Zusammenarbeit mit Eltern und anderen Erwachsenen außerhalb der Einrichtung, mit Behörden und anderen Institutionen werden die Vorbereitungsqualitäten der Ausbildung insgesamt als niedrig eingeschätzt (vgl. Fthenakis u. a. 1995, S. 179). Der Unterricht an Fachschulen kann ErzieherInnen anscheinend insoweit nicht auf die Praxis vorbereiten, als dass erfahrungsbezogene alltägliche Deutungen durch die Ausbildung verunsichert werden können und den Ausbildungsinhalten für die Bewältigung des Berufsalltags eine besondere Stellung zugesprochen wird (vgl. Ludewigt/Otto-Schindler 1992). Erfahrungen aus der Kindheit und Jugend stellen auch nach Ausbildungsabschluss einen wichtigen Bezugsrahmen für die Deutung und Bearbeitung beruflicher Stresssituationen und die Entwicklung pädagogischer Orientierungen dar. Den Handwerkskoffer, den die Ausbildung in Form von Arbeitstechniken – aufgefüllt mit nur wenigen theoretischen Versatzstücken – anbietet, wird als nicht ausreichend empfunden.

Bezogen auf die Kindertageseinrichtungen wird insbesondere darauf verwiesen (vgl. insbesondere Dippelhofer-Stiem/Kahle 1995; Fthenakis u. a. 1995; Tietze u. a. 1998), dass die veränderten gesellschaftlichen Rahmenbedingungen des Aufwachsens von Kindern und Jugendlichen und die sich hierdurch verändernde elementarpädagogische Praxis neue, wachsende Anforderungen an die Kompetenzen von ErzieherInnen stellt. Die empirischen Befunde legen nahe, dass ErzieherInnen es als Belastung empfinden, wenn Anforderungen jenseits der pädagogischen Kernaktivitäten – der direkten pädagogischen Interaktion mit Kindern – zu bewältigen sind.

(2) Das in der Ausbildung für ErzieherInnen vermittelte Wissen ist nur in geringem Maße „durch Wissenschaftlichkeit ausgezeichnet" (Hoppe 1993, S. 114). „Die Befassung mit abstrakten Zusammenhängen" glaubt „nur jede Vierte gut, fast jede Zweite nur zum Teil gelernt zu haben" (Dippelhofer-

Stiem 1999, S. 87). Die Auseinandersetzung mit theoretischem bzw. wissenschaftlich generiertem Wissen kommt somit in der ErzieherInnenausbildung zu kurz. Die Vorstellungen der ErzieherInnen bezüglich der durch Ausbildung zu erwerbenden Qualifikationen und Kompetenzen verdeutlichen, dass an erster Stelle soziale Qualifikationen als wichtige Voraussetzungen im Hinblick auf die Erfordernisse der Berufspraxis angesehen werden: „Erst in zweiter Linie kommt (...) auch inhaltliches Wissen zum Tragen: generelle Kenntnisse über kindliche Entwicklungsprozesse (...) sowie die Fähigkeit zur kritischen Analyse von Ergebnissen und Situationen" (Andermann/Dippelhofer-Stiem/Kahle 1996, S. 146).

(3) Bezüglich der Grundlegung eines beruflichen Habitus wird festgehalten, dass das „Berufsbewusstsein wohl über eine gleichsam ‚institutionalisierte Mütterlichkeit' (...) hinausgeht" (Andermann/Dippelhofer-Stiem/Kahle 1996, S. 147), wie Zern (1980) noch für die 1980er Jahre festgestellt hat. Empirisch lässt sich zeigen, „dass – wenn gleich persönliche Kompetenzen etwas schwerer wiegen – die im Verlauf von Aus- und Fortbildung erworbene fachliche Qualifikation einen unverzichtbaren und unübersehbaren Bestandteil des professionellen Selbstbildes (...) der pädagogischen Fachkräfte darstellt" (Dippelhofer-Stiem/Kahle 1995, S. 105). Jedoch, so lautet das ernüchternde Ergebnis, „schlägt sich eine qualitativ zufriedenstellende Berufsvorbereitung nicht im Sinne wachsender fachlicher Kompetenz nieder. (...) Erzieherinnen, die ihre Ausbildung positiv beurteilen, erleben nicht weniger Schwierigkeiten und Belastungen im Berufsfeld als jene, deren Urteil negativ ausfällt" (Dippelhofer-Stiem/Kahle 1995, S. 168). Zudem verliert „das theoretische Wissen und die Anwendung von Fachkompetenz mit zunehmender Distanz zur Ausbildungsschule an Relevanz für das pädagogische Handeln" (Frey 2003, S. 216).

Die wenigen vorliegenden qualitativen Studien zu ErzieherInnen bestätigen die quantitativ erhobenen Befunde. Ludewigt/Otto-Schindler (1992a) stellen auf der Basis von sechs narrativen Interviews mit ErzieherInnen eines Sprachheilzentrums fest, dass die Befragten als wesentliche Grundlage des beruflichen Handelns die eigenen Berufserfahrungen bezeichnen. Den Teams in der untersuchten Einrichtung messen die Forscherinnen für die Herausbildung beruflicher Kompetenz und fachlicher Wissensressourcen eine hohe Bedeutung zu. In einer eigenen Studie konnten – basierend auf der qualitativ orientierten Rekonstruktion dreier biografisch-narrativer Interviews (vgl. Cloos 1999a, 2001) – erste Erkenntnisse zu beruflichen Habitualisierungen von ErzieherInnen gewonnen werden, die über die vorliegenden Befunde quantitativer und qualitativer Untersuchungen hinausgehen. Die Ergebnisse der Studie zeigen auf, dass die befragten ErzieherInnen weitgehend kompetent handeln,

- bei der Planung des beruflichen Alltags, der Durchführung pädagogischer Angebote und der Unterstützung in alltäglichen Problemsituationen;

- sich fähig zeigen, den Berufsalltag und darüber hinaus ihre eigene Berufsgeschichte zu reflektieren;
- sich zumeist sicher behaupten in der direkten pädagogischen Arbeit mit Kindern und Jugendlichen und in der Teamarbeit mit ihren KollegInnen.

Es konnte jedoch aufgezeigt werden, dass aufgrund der berufsfeldspezifischen Rahmenbedingungen auf den befragten ErzieherInnen ein großer Professionalisierungsdruck lastet, der durch die von ihnen kritisierte mangelnde fachschulische Berufsvorbereitung verstärkt zu werden scheint. Die in der Studie befragten ErzieherInnen können somit nur bedingt als umfassend ausgebildete ExpertInnen für Fragen der Erziehung, Bildung, Unterstützung und Hilfe gelten, verfügen sie jenseits der direkten pädagogisch-reflektierten Arbeit mit Kindern und Jugendlichen über nur geringe Kompetenzen zur reflexiven Durchdringung von Erziehungs- und Bildungsmaßnahmen, der weiträumigen Planung und Vernetzung ihrer Tätigkeit in Einrichtungen der Kinder- und Jugendhilfe. Es deutet sich hier an, dass das Projekt einer „Professionalisierung" des ErzieherInnenberufs an immense Grenzen stößt,

- weil die in der Kindheit, Jugend und vorberuflich gewonnenen Erfahrungen durch die ErzieherInnenausbildung nur in geringem Maße verunsichert werden können und damit in der Berufspraxis einen bedeutsamen handlungsleitenden Ressourcenpool in Form von alltagspädagogischen Handlungsmaximen darstellen;
- weil die schulisch vermittelten und in der Berufspraxis zur Geltung kommenden Verfahren – Kreativtechniken, psychologisch orientierte Methoden etc. – sowie die persönlichen Alltagskompetenzen der Empathie, Kommunikations- und Motivationsfähigkeit usw. besonders in Krisensituationen und bei neuen, die pädagogische Kernarbeit mit Kindern und Jugendlichen überschreitenden Anforderungen nicht ausreichen, einen allseits gelingenden Berufsalltag zu garantieren;
- weil der weitgehend ausbleibende Rückgriff auf wissenschaftliches Wissen, unzureichende Fähigkeiten zur reflexiven Durchdringung des Alltags und ein lückenhaftes berufliches Fachwissen zur Konsequenz haben, dass berufliche Unsicherheiten nicht genügend abgefedert werden können;
- weil diese beruflichen Unsicherheiten und Wissensdefizite nur ansatzweise über die nur vage formulierten (Weiter-)Qualifizierungskonzepte fachlich unterfüttert werden;
- weil die Nichtbeachtung berufsständisch organisierter Unterstützungssysteme und die fast gänzlich ausbleibende Anbindung an Instanzen der Theoriebildung und Forschung einer geht mit durchweg ambivalenten habituellen Verortungen zur eigenen Fachkultur.

Zusammengefasst erweist sich die gängige Anwendung des Begriffes „Professionalität" im Zusammenhang mit dem ErzieherInnenberuf als problematisch erweist. Weder berufssoziologisch noch im Kontext neuerer professionstheoretischer Überlegungen und Erkenntnisse der Sozialen Arbeit und der Erziehungswissenschaft (vgl. u. a. Dewe/Ferchhoff/Radtke 1992a; Combe/Helsper 1999) kann davon ausgegangen werden, dass der ErzieherInnenberuf die Kriterien professioneller Tätigkeiten erfüllt. Angesichts dieser Befunde werden weitere Felderkundungen die Frage zu klären haben, welches fachliche Profil von ErzieherInnen auch im Vergleich zu anderen Berufsgruppen zu identifizieren ist.

SozialpädagogInnen/SozialarbeiterInnen

Im Zuge der Implementierung sozialpädagogischer und sozialarbeiterischer Studiengänge an deutschen Hochschulen wuchs auch das empirische Interesse an den Berufsgruppen innerhalb Sozialer Arbeit (vgl. Skiba 1969; Lingesleben 1968; Helfer 1971; Kniechewski 1978; Blinkert u. a. 1979; vgl. im Folgenden Thole/Cloos 2000a, b). Während sich die frühen Studien zu SozialarbeiterInnen vorwiegend auf das Fremd- und Selbstbild der SozialarbeiterInnen sowie deren beruflichen Rahmenbedingungen konzentrieren, wechseln die darauf folgenden empirischen Arbeiten die Blickrichtung. Angeregt durch die politisch motivierte theoretische Diskussion der 1970er Jahre stehen im Zentrum der Untersuchungen die Frage nach der gesellschaftlichen Funktion Sozialer Arbeit zwischen Hilfe und Kontrolle (vgl. Peters/Cremer-Schäfer 1975). Hier kam man zu dem Schluss, dass SozialarbeiterInnen eher als „sanfte Kontrolleure" typisiert werden können.[11]

Diese Studien kommen zu dem Schluss, die Professionalisierung der Praxis Sozialer Arbeit sei als unvollständig zu identifizieren. Dies wird mit einem defizitären Fremdbild, d. h. geringer gesellschaftlicher Anerkennung, mit einem unscharf definierten gesellschaftlichen Auftrag, mangelnden organisatorischen Berufsbedingungen, einer geringen Autonomie der Berufsvollzüge und der Eingebundenheit in Verwaltung und Organisationen begründet. Zudem wird ein nicht ausreichend rationalistisch geprägtes Berufsverständnis, das sich eher an Hilfe, Fürsorglichkeit und alltäglichen Kompetenzen ausrichtet, ausgewiesen. Zudem basiere die sozialarbeiterische Praxis auf nicht ausreichenden bzw. falschen theoretischen Grundlagen und es fehle ihr an einer angemessenen berufsständischen Organisation.

Die Ergebnisse dieser an klassischen Professionskriterien ausgerichteten Forschung wurde entgegengehalten, dass „das als Anspruch zur Ausbildung konstitutiv zugrunde gelegte Modell eines steuerbaren Transfers von wissenschaftlichen Wissen in berufspraktische Zusammenhänge wenig tragfähig" ist (Flösser u. a. 1998, S. 233). Sich anschließende empirische Studien zeichneten sich dadurch aus, dass sie sich nicht mehr an klassischen Merkmalen von Professionen orientierten, sondern die Binnenlogik professionel-

---

11 Stephan Wolff (1983) jedoch rekonstruiert die Sozialarbeit als „Produktion von Fürsorglichkeit", das heißt: Sozialarbeit kann – im Gegensatz zu den oben erwähnten Studien – weder als Kontrolle noch als Helfen, sondern als ein Prozess verstanden werden, der gesellschaftlich ausgerichtet Fürsorglichkeit produziert.

len Handelns und insbesondere die Deutungs- und Handlungsmuster biografisch in den Blick nahmen.

Trotz erheblicher Diskrepanzen verdeutlichen die eher biografietheoretischen bzw. am Habituskonzept angelehnten Studien (vgl. Heinemeier 1994; Thole/Küster-Schapfl 1997; Ackermann/Seeck 1999; Nagel 1997), mit welchem Wissen und Können die in der Sozialen Arbeit Tätigen ihren beruflichen Alltag abstützen. Folgt man den vorliegenden Ergebnissen, dann kann Fachlichkeit und Professionalität zumindest aus biografischer Perspektive als eine Figur begriffen werden, die sich nicht erst während der Ausbildung und dem Studium konstituiert und in der anschließenden beruflichen Tätigkeit dann vollends ausbuchstabiert. Vielmehr signalisieren die vorliegenden Studien, dass „die in der Kindheit und Jugend gesammelten Erfahrungen einen vorberuflichen Ressourcen-Pool bereitstellen, auf den bei der Ausgestaltung des beruflichen Alltags zurückgegriffen werden kann" (Thole/Küster-Schapfl 1997, S. 42). Erfahrungen und Idealvorstellungen vom Beruf (vgl. Heinemeier 1994; Thole/Küster-Schapfl 1997; Ackermann/Seeck 1999) werden in Erzählungen von MitarbeiterInnen der Sozialen Arbeit häufig mit den derzeitigen Erfahrungen abgeglichen, an heutige Deutungsmuster angekoppelt und bilden damit, mal mehr, mal weniger ausgeprägt, eine konstitutive Hintergrundfolie bei der fachlichen Verortung im Berufsfeld. Somit sind die Wissens- und Erfahrungsressourcen vorrangig lebensweltlich und biografisch angehäuft und die beruflichen Kompetenzen weitgehend alltagspraktisch und kaum wissenschaftlich abgesichert (vgl. Thole/Küster-Schapfl 1997, S. 60; Ackermann/Seeck 1999, S. 205). Somit erscheint das in der Praxis zur Anwendung kommende Wissen kaum mit dem durch die Fachhochschul- und Universitätsausbildung vermittelten Wissenspool kompatibel zu sein (vgl. Thole/Küster-Schapfl 1997, S. 218).

Für die ‚Professionellen', mit jeweils unterschiedlicher Ausprägung in den verschiedenen Arbeitsfeldern Sozialer Arbeit, scheint die Nutzung von Methoden und Techniken nicht-sozialarbeiterischer Herkunft und der Verweis auf Kodes aus Recht und Verwaltung die Möglichkeit bereitzuhalten, das Dilemma des vorgefundenen geringen professionellen Rückgriffs auf Wissensressourcen erziehungs- und sozialwissenschaftlicher Provenienz zumindest in der Weise zu lösen, als dass das eigene Handeln an Figur gewinnt (vgl. Kurz-Adam 1997; Thole/Küster-Schapfl 1997).

Nahezu kongruent mit den Befunden aus den 1970er Jahren (vgl. Otto 1972) kann für die 1990er Jahre festgestellt werden, dass es an einer gesellschaftlichen Gegenstandsbestimmung Sozialer Arbeit fehlt. Gleichwohl ist für die ‚Professionellen' in den Handlungsfeldern der Sozialen Arbeit kein gemeinsamer, das berufliche Feld der Sozialen Arbeit präformierender Habitus zu identifizieren, der als „System von Grenzen" (Bourdieu 1992, S. 33) den beruflichen AkteurInnen „ein Gespür für die Stellung, den Platz, an dem man steht" bereitstellt (Bourdieu 1997, S. 110). Angesichts der Vielfalt an Orientierungsmöglichkeiten können SozialpädagogInnen und SozialarbeiterInnen im Gegensatz zu den klassischen Professionen das „Praktisch-Werden" ihrer berufsorientierten Kompetenzen über nur schwach normierte oder ritualisierte Schablonen abstützen.

Der geringe Bezug auf wissenschaftliches Wissen und die starke Betonung biografischen Wissens mag auch mit den empirisch beobachtbaren Qualifizierungswegen von SozialarbeiterInnen und SozialpädagogInnen zusammenhängen. Das Studium, von den AkteurInnen zuweilen als „Notnagel" konzipiert und manchmal als „Sinnquelle" idealisiert, ermöglicht den Professionellen eine paradoxale Festlegung der optionalen Vielfalt (vgl. Heinemeier 1994, S. 210). Die Motivation, ein Studium sozialpädagogischer Prägung aufzunehmen, kann sich dabei in eher zertifikationsorientierten Karrierevorstellungen ausdrücken oder auch durch die Erwartung an die Möglichkeit der eigenen Selbstverwirklichung durch Studium und Beruf geprägt sein (vgl. Ackermann/Seeck 1999): als Möglichkeit der Befreiung von Erwartungen anderer, als akzeptablen Ausweg aus Orientierungsproblemen und Entscheidungsdilemmata und als Sicherheits- und Auffanglinie nach Erfahrungen des Scheiterns (vgl. Heinemeier 1994; Nölke 2000). Unklare Vorstellungen über Perspektiven des Berufes – gekoppelt an die Ungewissheit, im Bereich der Sozialpädagogik auch tätig zu werden – gehen einher mit einer großen „Offenheit im Hinblick auf die Schwerpunktsetzung" im Studium (Ackermann/Seeck 1999, S. 203). Die biografischen Vorerfahrungen und vorberuflich gewonnenen Interpretationsfolien beruflichen Handelns können im Studium weder „verunsichert, neu modelliert oder aber innovativ so angereichert werden, dass die dadurch veranlassten Verunsicherungen die Zuführung von Wissen herausforderten" (Thole/Küster-Schapfl 1997, S. 47 f.).

Eine entgegengesetzte Typik weisen Studienbiografien auf, bei denen die Befragten „im Zuge ihrer Studienzeit sowohl die Gelegenheit nutzten, ihre biografischen Wurzeln zu reflektieren und aufgrund der dort gesammelten Erfahrungen ihren Deutungshorizont zu modifizieren und zu erweitern als auch über eine Auseinandersetzung mit fachrelevanten Diskursen eine disziplinäre Heimat zu finden" (Thole/Küster-Schapfl 1997, S. 48). Wird dabei das Studium als Chance zur Verunsicherung und die Statuspassage in den Beruf als Berufsrisiko interpretiert, wird die „Bewältigung dieses Risikos (…) zu einem eigenständigen Unternehmen mit entsprechenden Handlungsstrategien. (…) Die Ausbildung stellt sich dar als Ressource, die es zu bewirtschaften gilt. (…) Weiterbildung und Fortbildung gelten als unabdingbar für eine längerfristige Risikobewältigung. (…) Man ordnet sich mit dieser Situationsdefinition der Berufsgruppe zu und versteht sich als Angehöriger der Profession" (Nagel 1997, S. 94).

2.4 Professionstheoretische Grundlagen

Im Folgenden werden professionstheoretische Aspekte vorgestellt, die in der vorliegenden empirischen Untersuchung beruflich-habitueller Profile in der Kinder- und Jugendhilfe im Sinne von „Sensitizing Concepts" (vgl. hierzu Strauss 1994; Strübing 2004) eine besondere Bedeutung erlangt haben. Leitend war dabei die Frage, welche Erkenntnisse professionstheoretische Überlegungen für die Untersuchung unterschiedlicher Berufsgruppen innerhalb eines Arbeitsfeldes liefern können. Hier musste sich weitgehend auf soziologische Bestimmungen bezogen werden, weil (sozial-)pädagogische Professionsbestimmungen sich mit dieser Frage zumeist nicht auseinander gesetzt haben.

2.4.1 Die Macht der Profession

Auf Basis der Kritik an funktionalistischer und merkmalstheoretischer Professionstheorie wurden machttheoretische Modelle entwickelt, die sich insbesondere dafür interessierten, wie Professionen ein Zuständigkeitsmonopol für die autonome Ausübung ihres Berufes erreichen können. Sie kritisierten die bisherigen Ansätze, weil sie Autorität, Kontrolle und Macht nicht als sich aus den Arbeitsvollzügen ergebende Kategorien betrachten. Entsprechend dieser Überlegung galt es, die geschichtliche „Genese professioneller Vorrechte und Kontrollchancen, (…) Strategien der Durchsetzung von (Zuständigkeits-)Monopolen" innerhalb und außerhalb dieser formalen Organisationen zu rekonstruieren, „die mit Hilfe des Einsatzes von Machtressourcen gegen widerstreitende Interessen erkämpft und durch staatliche Lizenzierung abgesichert werden" (Olk 1986, S. 28; i. O. kursiv).

Instruktiv für die nachfolgende empirische Untersuchung sind die Überlegungen von E. Freidson, der in seiner Untersuchung „Der Ärztestand" (1979; im Original 1970) die Organisation der Medizin in der damaligen USA analysiert. Neben geschichtlichen Überlegungen zur Herausbildung von Professionen interessiert er sich vorwiegend für die Art und Weise, wie sich die Medizin organisiert. Er beschreibt die Medizin als eine Form der Arbeitsteilung, d. h. die Ärzte selber schaffen sich ein spezifisches System der Integration verschiedenster zum Teil paraprofessioneller Berufe. Diese Berufe streben selber die Professionalität an. Sie sind den Professionellen unterstellt. „Medizin", schreibt er, ist „vor allen Dingen ein Beruf und dann auch gelegentlich eine Profession" (Freidson 1979, S. 8).

Als wesentliches Merkmal der Profession hebt er ihre Autonomie hervor, während paraprofessionelle bzw. paramedizinische Berufe im Gegensatz zu den Ärzten keine Autonomie erlangen. Freidson interessiert sich insbesondere dafür, wie Professionen diese Autonomie erlangt haben und weiterhin sichern. Er stellt dabei fest, dass die Profession ihre autonome Stellung nur durch die Protektion einer Eliteschicht der Gesellschaft erlangen kann. Die

Zusicherung der autonomen Stellung kann nur gelingen, wenn die jeweilige Profession die Elite von ihrem Wert für die Gesellschaft überzeugen kann. Die Protektion ist auch notwendig, weil die an die Profession angekoppelten Paraprofessionen ebenfalls Autonomie anstreben und durch gesellschaftliche Veränderungen neue Berufsgruppen entstehen, die die gleichen Rechte für sich beanspruchen. Im Berufssystem entstehen folglich immer wieder Machtkämpfe um die Sicherung und den Erwerb eines autonomen, durch Eliten abgestützten Status.

Dienlich ist der Profession dabei, dass sie das Wesen grundlegender Begriffe gesellschaftlicher Probleme (z. B. Krankheit) durch die „professionelle Geisteshaltung und die Organisation der professionellen Arbeit" beeinflusst (Freidson 1979, S. 23). Dienlich ist auch, dass sie spezifische esoterische Methoden, esoterisches Wissen und auch eine spezifische Kultur herausbildet, die einen herausragenden Kompetenzvorsprung gegenüber anderen Berufen sichert und dementsprechend lange Ausbildungen einrichtet. Dies alles nützt einem Berufsstand jedoch nichts, wenn er das Monopol einer Profession erlangen will. Entscheidend für Freidson ist, dass der Berufsstand die Kontrollautonomie über seine Methoden, Ausbildung, seine Normen erlangt bzw. zugesprochen bekommt. Diese Kontrolle wird durch berufsständische Organisationen gesichert, durch das System der Arbeitsteilung und Integration um Autonomie strebender Berufsgruppen. Solange die Profession frei bleibt von der Bewertung und Kontrolle durch andere Berufsgruppen, ändert sich nach Freidson nichts am professionellen Charakter. Bei praktizierenden Professionen kommt im Gegensatz zu den gelehrten Professionen das Problem hinzu, dass sie sich immer wieder gegen die Versuche der Laien-Klienten wehren müssen, ihre Autonomie anzufechten. Sie sind auf die Beliebtheit und das Vertrauen der Klienten und ihre Mitwirkung angewiesen. Durch die spezifische Organisiertheit der Ärzteschaft wird jedoch die Beibehaltung des alleinigen Rechts zur Beurteilung erreicht.

2.4.2 Das Mandat der Profession

Ähnlich wie die im vorherigen Abschnitt dargestellte Position interessiert sich die symbolisch-interaktionistische Forschungstradition für die Unterschiede zwischen einzelne Berufsgruppen. In dieser Tradition wird nicht davon ausgegangen, dass Professionen als homogene Berufsgruppe über eine gemeinsame Identität und einen sie bestimmenden zeitlich stabilen Kern verfügen. Wandlungsprozesse von Professionen werden im Sinne eines Prozessmodells durch einzelne widerstreitende Segmente innerhalb einer Profession ausgelöst. Auf Basis einer Mindest-‚Struktur' bilden sich in den unterschiedlichen Segmenten verschiedene Muster heraus, wie die professionellen Aufgaben zu erfüllen, welche Tätigkeitsmerkmale dominant, welche Methoden und Techniken vorzuziehen sind und wie und in welchem Maße überhaupt eine KlientInnenbeziehung eingegangen werden soll. Innerhalb der Segmente gibt es zudem unterschiedliche Auffassungen darüber, wer als Kollegin bzw. Kollege zu bezeichnen ist, also wer zum Berufsstand dazu gehört. Die organisatorische Steuerung von Professionen geschieht zusätzlich nicht auf Basis eines einheitlichen Berufsverbandes, sondern durch eine Vielzahl unterschiedlichster in Machtkämpfe verwickelter Interessenverbände, die es nicht vermögen, kontinuierlich ein gemeinsames Bild der Profession in die Öffentlichkeit zu tragen.

Als wesentliche Abgrenzung zu anderen professionstheoretischen Modellen gelten in der Tradition des Symbolischen Interaktionismus Charakteristika von Professionen nicht „in erster Linie als globale evolutionsgeschichtliche Ergebnisse eines Rationalisierungsprozesses" (Schütze 1992, S. 138). In Kritik am Strukturfunktionalismus wird eine „idealisierende Sichtweise und Darstellung des professionellen Handelns und der professionellen Berufsinstitutionen" abgelehnt (Schütze 1999, S. 186). Im Gegensatz zum Strukturfunktionalismus geht es nicht um das funktional in der beruflichen Praxis notwendig Erscheinende, sondern um das Zerbrechliche, um die Paradoxien und Fehler des professionellen Handelns. Der Symbolische Interaktionismus interessiert sich für die „Irritationen der professionellen Identität durch das Gefangensein in die systematischen Fehler bei der Arbeit einschließlich der entsprechenden Selbstvergewisserungs-, Selbstreflexions- und Selbstkritikverfahren" (Schütze 1999, S. 187). Dabei wird nicht davon ausgegangen, dass Professionen in ihren Handlungsweisen, Wissensbeständen etc. anderen Berufsgruppen grundsätzlich immer etwas voraus haben.

Dieser Blick auf Professionen entspringt wesentlich auch einem empirischen Interesse, das weniger die Makroprozesse der gesellschaftlichen Hervorbringung von Professionen, sondern vielmehr die Binnenlogiken professionellen Handelns fokussiert. Ergebnis der empirischen Beobachtungen ist die These, dass Professionen über einen von der Laienwelt abgegrenzten Orientierungs- und Handlungsbereich verfügen, in dem qua gesellschaftlichem Mandat und Lizenzierung mit Orientierung auf das KlientInnenwohl Dienstleistung erbracht wird. Zumindest ist die Beziehung zu den KlientInnen von der Idee geleitet, dass sie freiwillig ist und auf wechselseitigen Interessen beruht. Professionen besitzen das Mandat zur „Verrichtung besonderer Leistungen der Problembewältigung und zur Verwaltung ihr übertragener besonderer gesellschaftlicher Werte" und die Lizenz, „dem betroffenen Klienten, Patienten, Schüler (…) im Interesse der von ihm gesuchten und geschätzten Dienstleistung Unannehmlichkeiten, Schmerz und/oder begrenzten Schaden zuzufügen, deren Abwägung mit Vorteilen der Dienstleistung oftmals problematisch ist" (Schütze 1999, S. 191).

In diesem Sinne stellen Professionen zu den KlientInnen einen prekären, immer wieder gefährdeten Vertrauenskontrakt her. Riskant ist diese Beziehung durch das Wissens- und Machtgefälle und durch unterschiedliche Sichtweisen zum Klientenwohl. Somit ist prinzipiell von einem Wissensvorsprung der Professionellen auszugehen, der auf „wissenschaftlichen Erkenntnisquellen und Analyseverfahren" beruht (Schütze 1999, S. 184). Somit ist der Handlungsbereich der Professionen auch auf eine wissenschaftliche und anwendungsbezogene höhersymbolische Teil-Sinnwelt bezogen. „Die Kundgaben der Klienten werden unter den Sinnwelt-Gesichtspunkten der Profession anders und tiefer interpretiert, als das in der alltagsweltlichen Existenzwelt der Fall ist" (Schütze 1992, 136). Dabei werden „die Problembestände der Profession in generalisierten Typenkategorien und Kategorien von Prozessmechanismen der Entfaltung dieser erfasst" (Schütze 1999, S. 183). Hierfür bedeutsam ist, dass die Professionellen im Zuge ihrer Ausbildung und der beruflichen Einsozialisation – mit erwartbaren Rollenmustern, Karrieregängen, Statuspassagen – eine spezifisch biografisch gewonnene professionelle Identität entwickeln (vgl. ebd., S. 185). Ausgestattet mit diesem Wissen wenden Professionelle mächtige Analyse- und Handlungsverfahren an, die wissenschaftlich fundiert und dem Laien nicht unbedingt zugänglich sind. Die Verfahren dienen dazu, allgemeine wissenschaftliche und der höhersymbolischen Teilsinnwelt der Professionellen entspringende Deutungen auf den alltagsweltlich fundierten Einzelfall zu beziehen.

„Bei der Anwendung der professionellen Analyse- und Handlungsverfahren auf die konkrete Projekt- und Fallproblematik" (ebd., S. 137) kommt es immer wieder zu systematischen Fehlern und Paradoxien professionellen Handelns (vgl. auch Schütze 2000), die grundsätzlich nicht aufgehoben werden können. Die Abarbeitung der Paradoxien geschieht oft fehlerhaft, z. B. durch Verschleierung. Paradoxien und Fehlerpotentiale ergeben sich dadurch, dass Professionelle mit den KlientInnen eine handlungsschematische Ablaufstruktur der Fallbearbeitung aushandeln, und dadurch dass professionelles Handeln nicht ausschließlich autonom von gesellschaftlichen Organisationsstrukturen erfolgt. Eine Profession ist damit einerseits in hoheitsstaatliche und organisationsspezifische Bedingungen eingebunden, weil sie diese „für die Steuerung ihrer komplexen Arbeitsabläufe nutzt" (Schütze 1999, S. 185). Andererseits besteht permanent die Gefahr, dass diese Rahmenbedingungen das Handeln einschränken und kontrollieren.

2.4.3 Der Nimbus der Profession

Professionelle zeichnen sich als Professionelle aus, indem sie ihre Professionellenrolle kompetent inszenieren können und über eine „Kompetenzdarstellungskompetenz" verfügen (vgl. Pfadenhauer 2003). Das ihnen zugewiesene gesellschaftliches Mandat zur exklusiven Bearbeitung eines spezifischen Problembereichs (vgl. auch Klatetzki 2005, S. 263) beinhaltet nicht gleichzeitig, dass die jeweilige Profession immer auch über die spezifische Problemlösungskompetenz verfügt. Zumindest muss sie glaubhaft darstellen, dass sie z. B. via wissenschaftlicher Ausbildung und spezifischer Methoden über diese Kompetenz verfügt. So kommt Michaela Pfadenhauer

(1998, S. 291; i. O. kursiv) zu dem Schluss: „Professionalität ist jedoch, was immer ‚wirklich' damit gemeint sein mag, keine unmittelbar sichtbare Qualität (eines Akteurs) bzw. ein historischer Zustand (z. B. bestimmter Berufsgruppen), der mittels ‚objektiver' Indikatoren beschrieben werden könnte, sondern ein über ‚Darstellungen' rekonstruierbarer *Anspruch*, (des einzelnen und/oder der Gruppierung). Inszenierungstheoretisch betrachtet erscheint Professionalität folglich als ein spezifisches Darstellungs*problem*". Die Berufsgruppe inszeniert ihre herausgehobene Stellung symbolisch u. a. durch eine höher-symbolische Fachsprache, Berufstracht und räumliche Arrangements. Sie kulturviert einen Nimbus des Professionellen. Kulturelle Autorität erlangt sie, indem sie durch die „Bezugnahme auf abstrakte wissenschaftliche Wissenssysteme (…) bestehende Probleme und Aufgaben (re-)definiert und neue Probleme und Aufgaben erzeugt (…). Es ist diese Kapazität der symbolischen Definition und Erzeugung von Problemen, die die Professionellen in die Lage versetzt, ein möglichst exklusives Anrecht auf die Bearbeitung dieser Probleme zu reklamieren" (Klatetzki 2005, S. 262).

2.4.4 Das Wissen der Profession

Auch wenn sich Professionstheorien in vielen Punkten unterscheiden, so stellen sie überwiegend fest, dass im Umfeld der Profession auf der disziplinären Seite ein mehr oder weniger präzise abgegrenztes wissenschaftliches Feld vorzufinden ist. Professionen, die nicht – in welcher Form auch immer – disziplinär ‚angekoppelt' sind, sind dementsprechend kaum vorstellbar. Professionstheoretische Vergewisserungen beschäftigen sich somit auch mit der Frage, wie sich jeweils das Verhältnis von Disziplin und Profession ausgestaltet. In diesem Zusammenhang interessieren auf wissenschaftlicher Seite immer auch anwendungsbezogene Fragen. Es geht hier um Transferproblematiken der Übersetzung wissenschaftlichen Wissens in die Praxis und um die Suche nach angemessenen Methoden der Wissensvermittlung in der Ausbildung. In der klassischen Professionstheorie wird das Verhältnis von Profession und Disziplin darüber bestimmt, dass Professionen disziplinär vermitteltes Wissen verwenden. Hierüber werden sie von anderen Berufen unterschieden. Mitunter stellt sich dabei das Problem, dass die Disziplin und Profession in einem hierarchischen Verhältnis zueinander betrachtet werden, weil wissenschaftlichem Wissen als einer Wissensform neben anderen dabei die größte Bedeutung für die Herausbildung von Professionalität zugesprochen wird. Der Grad der Professionalisierung hängt dabei von dem Stand der jeweiligen wissenschaftlich generierten und angewendeten Wissensbestände ab. Somit liegt hier ein einfach konturiertes Transferverständnis zu Grunde.

Unterschiedliche Modelle versuchten das Problem des Transfers von wissenschaftlichem in praxisbezogenes Wissen einzuholen. Zum einen wurde vermutet, es sei „durch kommunikative Prozesse und didaktische Operationen" zu bewältigen (Dewe/Ferchhoff/Radtke 1992c, S. 72). Zum anderen wurde ein „Verhältnis der wechselseitigen Bereicherung" (ebd.) von Wissenschafts- und Praxiswissen favorisiert. Andere gingen davon aus, Wissenschaftswissen sowie handlungsbezogenes Praxiswissen seien zwei strukturell unterschiedliche Wissensformen. Hierbei wurde vorausgesetzt, dass „Praxis nicht als ein verdorrtes Feld aufzufassen ist, das von der Wissenschaft zu bewässern wäre" (ebd., S. 74). Zusätzlich wurde hervorgehoben, dass der Transformationsvorgang beim Anwender von Wissen *„in keiner Weise mehr* von der Wissenschaftsseite her zu beeinflussen" sei. Der Umgang mit den wissenschaftlichen Wissensangeboten folge dabei „jeweils spezifischen, situativ-pragmatischen Regeln" (ebd., S. 77 f.; i. O. kursiv).

Das Verhältnis von Theorie und Praxis bzw. Wissen und Können als ein Transfer- und Transformations-Problem zwischen Sender (Wissenschaft) und Empfänger (PraktikerIn) – stellen Dewe/Ferchhoff/Radtke (1992c, S. 80) fest – „endet in einem Paradox, welches erst auflösbar wird, wenn das zweistellige Sender-Empfänger-Modell zur Dreistelligkeit erweitert wird." Professionelles Wissen als dritte Figur in einem alternativen, verwendungstheoretisch begründeten Professionsmodell wird aufgefasst „als ein eigenständiger Bereich *zwischen* praktischem Handlungswissen, mit dem es den permanenten Entscheidungsdruck teilt, und dem systematischen Wissenschaftswissen, mit dem es einem gesteigertem Begründungsdruck unterliegt" (ebd., S. 81; i. O. kursiv). Es wird angenommen, „dass eine direkte Anwendung im Sinne eines wie immer sozialtechnisch verfeinerten Transfers wissenschaftlichen Wissens in die berufliche Handlungspraxis zur Optimierung praktischer Problemlösungen nicht funktionieren kann" (ebd., S. 80). Das hier entwickelte Modell geht von der Relationierung verschiedener Wissens- und Urteilsformen aus. Letztendlich bilden beruflich Handelnde als Ausdruck von Professionalität eine „Institutionalisierungsform der Relationierung von Theorie und Praxis" heraus (ebd., S. 82). Die verschiedenen Schnittstellen unterschiedlichster Wissensformen und -domänen, die Umstände des erfolgreichen in Beziehung-Setzens verschiedener Urteilsformen, das Ereignis der Relationierung selbst, bleibt jedoch in der black box des professionell Handelnden verborgen.

Thomas Klatetzki (1993) geht im Zusammenhang mit der sozialpädagogischen Praxis von unterschiedlichen Wissensdomänen aus, die im professionellen Handeln bedeutsam werden. Damit wird das dreistellige Modell aus Wissenschaft-, Praxis- und Professionswissen um weitere Wissenskomponenten erweitert. Dabei beruft sich der Autor auf die Philosophie Wittgensteins und benutzt die Metapher der Stadt, „die eine Verräumlichung von Wissen vor das geistige Auge treten lässt. In dem man Wissen mit Hilfe der Metapher der Stadt betrachtet, lassen sich einzelne Wissensgebiete in Analogie zu verschiedenen Stadtteilen sehen" (Klatetzki 1993, S. 52 f.). Klatetzki grenzt sich damit radikal von dem bipolaren Wissensmodell ab. „Die

Anwendung von Wissen, und das heißt professionelles Handeln, ist damit der Bewohnung oder dem Besuch verschiedener Stadtteile vergleichbar. Unterschiedliche Orte, die zu unterschiedlichen Zeiten aufgesucht werden, führen zu verschiedenen Handlungen" (ebd., S. 56).

Doch welche konkreten verschiedenen Wissensdomänen in welcher konkreten Kombination Ausdruck eines professionell ausgeübten Berufes sind, darüber geben die hier diskutierten verschiedenen Modelle nur in geringem Maße Auskunft: Wissen als Machtakkumulator im Feld der sozialen Berufe, ExpertInnenwissen als Störfaktor in lebensweltlich situierten dialogischen Beziehungen zwischen Berufstätigen und AdressatInnen, methodisches Wissen als Faktor zur Steigerung von Handlungskompetenz, biografisches Wissen zur reflexiven Absicherung der eigenen Persönlichkeit, Praxiswissen als beruflich erworbenes Know-how oder wissenschaftliches Wissen als Grundlage professionellen Handelns – die Frage, mithilfe welcher Wissensformen in welcher Kombination die Bewältigung der Anforderungen im beruflichen Alltag gelingt, bleibt ungeklärt.

Zumindest fraglich wird, ob auch das wissenschaftliche Wissen tatsächlich für sich eine Problemlösungskompetenz beanspruchen kann. Aus symbolisch-interpretativer Sicht hat es „vor allem eine symbolische, keine technische Funktion. Das schließt nicht aus, dass Professionelle auf Basis von Wissenschaft auch Probleme lösen (…). Wesentlich ist aber: Die Rechte und der Status von Professionellen in Organisationen stammen aus anderen Quellen, nämlich dem Umstand, dass diese Berufsgruppen das Privileg haben, in Verbindung mit einer höheren symbolischen Ordnung zu stehen, zu der die Laien keinen Zugang haben" (Klatetzki 2005, S. 261).

Im Zusammenhang mit den Überlegungen zur Herausbildung einer Wissensgesellschaft (vgl. Wilke 1998) lässt sich feststellen, dass der berufliche Vollzug in Organisationen aufgrund der gestiegenen Anforderungen im zunehmenden Maße wissensbasiert operieren muss. Wissensarbeit in diesem Sinne umfasst „Tätigkeiten (…), die dadurch gekennzeichnet sind, dass das erforderliche Wissen nicht einmal im Leben durch Erfahrung, Initiation, Lehre, Fachausbildung oder Professionalisierung erworben und dann angewendet wird. Vielmehr erfordert Wissensarbeit im hier gemeinten Sinn, dass das relevante Wissen kontinuierlich revidiert, permanent verbesserungsfähig angesehen, prinzipiell nicht als Wahrheit, sondern als Ressource betrachtet wird und untrennbar mit Nicht-Wissen gekoppelt ist, sodass mit Wissensarbeit spezifische Risiken verbunden sind" (Wilke 1998, S. 161). Dies schließt ein, dass die nicht-technisierbaren und nicht-routinisierbaren Arbeitsaufgaben insgesamt in Organisationen wachsen und diese sich auch zunehmend an der Form professioneller Organisationen orientieren (vgl. Heisig 2005, S. 32 f.).

Die gestiegene Anforderung reflexiven Umgangs mit verschiedenen Wissensformen bedeutet nicht gleichzeitig auch, dass das gesamte vorhandene

Wissen reflexiv durchdrungen und bearbeitet werden kann. Die Diskussion um das Wissen der Professionellen scheint zuweilen zu vernachlässigen, dass Wissen unterschiedliche Grade der Verfügbarkeit aufweist. Wissen ist in großen Teil als inkorporiertes und habitualisiertes Wissen Ausdruck einer routinisierten Praxis. „Durch häufiges und regelmäßiges Miteinandertun bilden sich gemeinsame Handlungsgepflogenheiten heraus, die sich zu kollektiven Handlungsmustern und Handlungsstilen verdichten und (…) Handlungszüge sozial erwartbar werden lassen" (Hoerning 2001, S. 49).

2.4.5 Habitus und Profession

Die Überlegungen zum Verhältnis von Wissen und Profession haben gezeigt, dass ein Großteil des professionellen Wissens als praktisches Wissen eingeübt ist. Auch Ulrich Oevermann verweist in Zusammenhang mit der Kunstlehre der stellvertretenden Deutung auf ihre habituelle Einübung (vgl. Oevermann 1999, S. 123). Ausdruck eines in der Ausbildung und im Beruf erworbenen professionellen Habitus, der eben nicht allein durch theoretische Aneignung von Wissen erlangt werden kann, ist eine Steigerung der Begründungsverpflichtung gegenüber der naturwüchsigen Praxis. In diesem Sinne kann der Habitus als ein Konstrukt der Vermittlung von pädagogischer Theorie und Praxis verstanden werden.

Mit Bezug auf Ulrich Oevermann (1999) und Pierre Bourdieu (1982) versucht Hans-Josef Wagner (1998, S. 169) das Habituskonstrukt für eine pädagogische Professionalisierungstheorie positiv zu wenden: „Während es Bourdieu in erster Linie darum geht, die Funktionsweise eine negativ besetzten, weil un- bzw. vorbewussten und machtstabilisierenden Habitus durch Bewusstmachung aufzubrechen, um so einen rationalen Diskurs aufgeklärter Subjekte zu ermöglichen, geht es in unserem professionalisierungstheoretischen Kontext darum, die Konstitution eines positiven Habitus zu beschreiben, der es erlaubt, die wissenschaftliche und verstehende Komponente im pädagogischen Handeln so zu berücksichtigen, dass eine angemessene Vermittlung von Theorie und Praxis gelingt."

Unter Bezug auf das Konzept der stellvertretenden Deutung wird der Habitus zu einem bewussten Wissen und Können durch habituelle Einübung, sodass der latente Sinn in der Interaktion mit den AdressatInnen, KlientInnen, SchülerInnen etc. durch den Einsatz von Abkürzungsstrategien teils intuitiv verstanden werden kann. Für die Pädagogik formuliert Wagner das u. a. folgendermaßen: „Der zu Professionalisierende muss lernen, den objektiven Sinn der praktischen Interaktionen in seinem spezifischen pädagogischen Feld in subjektiv intentionale Repräsentanz zu überführen und aufgrund dieser Erkenntnis einen Aufklärungsprozess in Gang setzen versuchen" (ebd., S. 43). In diesem Sinne soll der positive Habitus dazu führen, das Latente „pädagogischer Interaktionen" und „die durch negative habituelle Verhaltensweisen geprägte Praxis" aufzuklären (ebd.).

Im Sinne von Bourdieu lässt sich der Habitus jedoch weder irgendwie positiv oder negativ als Kompetenz oder Nicht-Kompetenz, noch lässt er sich konkret als Vermittlung von ‚Theorie' und beruflicher Praxis fassen. Auch hat sich Bourdieu immer wieder skeptisch gezeigt, inwiefern der Habitus reflexiv bewusst gemacht und gebrochen werden kann, weil er nur „höchst bruchstückhaft" diskursiv verfügbar ist (Bourdieu 1982, S. 283). Als reflexiv bewusster Habitus verliert der Begriff seine genuine Verwobenheit mit Kultur, Kollektivität und kulturellen Feldern, denn hier „besteht ein unauflösliches Komplementärverhältnis" (Schwingel 1998, S. 69). In diesem Sinne hat man keinen Habitus und ist auch nicht Herr des eigenen Habitus. „Was der Leib gelernt hat, das besitzt man nicht wie ein wiederbetrachtbares Wissen, sondern das ist man" (Bourdieu 1987, S. 135).

Vielmehr ist der Habitus grob gefasst das „Dispositionssystem sozialer Akteure" (Schwingel 1998, S. 53), das Wahrnehmungs-, Denk- und Handlungsschemata hervorbringt und als „Erzeugungsprinzip" (Bourdieu 1982, S. 278) sozialer Praxisformen gedacht werden muss. Zentral ist dabei im Sinne einer Dialektik von objektiven und einverleibten Strukturen die Unterscheidung von „externen, objektiven Strukturen sozialer Felder, (…) internen Habitusstrukturen und (…) – gleichsam als ‚Synthese' des Aufeinandertreffens von Habitus und Feld – die (wiederum externen) Praxisformen" (Schwingel 1998, S. 70). Dabei folgt die Habitustheorie keinem deterministischem Prinzip, weil innerhalb des Dispositionssystems die Hervorbringung von sehr unterschiedlichen Praxisformen denkbar ist.

Der Habitus ist bis hin zu spezifischen Körperhaltungen und -bewegungen einverleibt. Insofern sich die habituellen Praxisformen bewähren, brauchen die AkteurInnen ihre Wahrnehmungs-, Denk- und Handlungsschemata nicht in Frage zu stellen, denn „vom Standpunkt des sozialen Akteurs aus liegt die entscheidende, praxisrelevante Eigenschaft von Wissen und Denken nicht in deren ‚Objektivität' oder ‚Wahrheit', sondern in ihrer Ökonomie und Praktikabilität. Solange die eingelebte (…) Erfahrung der sozialen Welt und die ihr zugrunde liegenden Schemata nicht durch neue Erfahrungen in Frage gestellt werden, kann sich die Alltagsvernunft in ihrer Abgestimmtheit auf die momentanen Zustände und Erfordernisse der Praxis wohlweislich einrichten" (Schwingel 1998, S. 74).

Folgt man diesen Überlegungen, dann braucht der berufliche Habitus für das (sozial-)pädagogische Handeln nicht unbedingt positiv gewendet werden, denn professionstheoretisch ist anzunehmen, dass Berufe im Sinne von Praktikabilität spezifische Methoden und Praktiken der Wahrnehmung und Deutung hervorbringen, die im jeweiligen Feld angemessen erscheinen. Die habituellen Schemata orientieren sich dabei nicht allein an alltagsweltlichen Schemata, sondern, – wie Schütze (1999) und andere feststellen – auch an einer höhersymbolischen Teilsinnwelt, die die Reflexion des (beruflichen) Alltags zum Gegenstand beruflichen Handelns macht. Im sozialen Raum sind durchaus Felder zu finden, in denen ganz unterschiedliche Strategien zur Geltung kommen, weil auf unterschiedliche Kapitalformen zurückgegriffen wird. Der Clou des Habituskonstrukts ist jedoch, dass selbst in den intellektuellen Feldern die eigenen Strategien, habituellen Ausformungen und „feinen Unterschiede" nicht immer eindeutig reflexiv durchdrungen werden können, weil sie einverleibt und einsozialisiert sind (vgl. Bourdieu 1992, S. 155 ff.).

Zusammengefasst reicht es nicht aus, den beruflichen Habitus als eine idealtypische professionalisierungstheoretische Figur zu fassen. Vielmehr sollte dieser Begriff professions*theoretisch* konzeptionalisiert werden, damit er empirisch von Nutzen sein kann. Somit reicht es auch nicht aus, den beruflichen Habitus als eine „Institutionalisierungsform der Relationierung von Theorie und Praxis" (ebd., S. 82) durch die Relationierung unterschiedlicher Urteilsformen (vgl. auch Dewe/Otto 2001, 2002) von praktischem, wissenschaftlichem Regelwissen und Professionswissen zu fassen. Hierüber ist noch wenig über die jeweilige Verfügbarkeit, Inkorporation und den praktischen Sinn (vgl. Bourdieu 1993) des jeweiligen Wissens ausgesagt. Auszugehen ist davon, dass im beruflichen Habitus nur mehrere Felder in Form von Habitusformationen aus unterschiedlichen Sphären wirksam werden können, wie z. B. der Klassenhabitus, der Habitus einer jeweils spezifischen Berufskultur, die beruflich-habituelle Kultur eines spezifischen Arbeitsfeldes und die habituelle Kultur der jeweiligen Organisationen.

Da Berufssysteme insgesamt als das Aufeinandertreffen unterschiedlichster Habitusformationen aufzufassen sind und hier unterschiedliche Berufsgruppen zusammenkommen, ist von einer Vielfalt der habituellen Homogenitäten auszugehen, die wiederum unterschiedlichste widerstreitende Wahrnehmungs-, Deutungs- und Handlungsschemata hervorbringen. Soziale Felder und auch berufliche Felder – im Anschluss an machttheoretische Professionsbeschreibungen – können nicht nur als Spiel- und Praxisfelder, sondern als Kampffelder betrachtet werden (vgl. Schwingel 1998, S. 91), in denen strategisch gekämpft wird. Strategisch bedeutet jedoch im Sinne von Bourdieu „nicht die intentional ausgeführte, den subjektiven Berechnungen eines erfolgsorientierten Subjekts entspringende strategische Handlung, sondern die vom praktischen Sinn des Habitus generierte strategische Praxis" (Schwingel 1998, S. 91).

2.4.6 Organisation und Profession

Das Verhältnis von Organisation und Profession stellt sich als weitaus komplexer dar, als in der überwiegenden Zahl der bislang vorliegenden ‚sozialpädagogischen' Literatur dargelegt. Zugrunde gelegt wird hier häufig das klassische professionssoziologische Ideal des freien Berufes, das unterstellt, dass Organisation und Profession kaum zu einander passen und Organisation die Herausbildung von Professionalität verhindert, oder zumindest schmälert. Diesem Verständnis vom Verhältnis von Organisation und Profession liegt nicht nur eine verkürzte Rezeption professionstheoretischer Forschung, sondern auch ein insgesamt nur kaum organisationssoziologisch geschulter Blick zugrunde.[12]

Angelehnt an die Debatte um die Semi-Professionalität Sozialer Arbeit wird immer wieder die These „einer tendenziellen Unvereinbarkeit von professioneller und organisatorischer Handlungsrationalitäten" vertreten (Flösser u. a. 1998, S. 231; vgl. auch kritisch hierzu Ortmann 1994). Diese These geht von zwei Prämissen aus:

- Sie geht von den Annahmen klassischer Organisationssoziologie aus, die Zweckrationalität als das herausragendes Merkmal von Organisationen beschreibt. Gegen die Unvereinbarkeitsthese[13] ist einzuwenden, dass kaum mehr von deterministischen Organisationsmodellen, die Zweck-Mittel-Kausalitäten operationalisieren, ausgegangen werden kann (1).

- Sie geht von den Annahmen klassischer Professionstheorie aus, die einer Berufsgruppe dann ein hohes Maß an Professionalität zuspricht, wenn berufliches Handeln über weitgehende autonome Spielräume verfügt. Als Ideal professioneller Berufsausübung gilt hier der freie Beruf und die Selbstkontrolle durch die Profession. Das idealtypische Professionskonstrukt autonomer Professionalität erscheint jedoch immer weniger brauchbar, da z. B. der Anteil der Professionen wächst, die in bürokratische Organisationen eingebunden sind (vgl. Olk 1986, S. 40) (2).

(1) Der zweckrationale Ansatz basiert überwiegend auf Max Webers Bürokratietheorie, in dem im Kontrast zu traditionellen Formen der Verwaltung der Idealtypus eines gewandelten bürokratischen Systems in der modernen Gesellschaft anhand von hervorstechenden Merkmalen grundgelegt wird, die funktional eine Lösung für Problem- oder Schwachstellen darstellen, die früher in Verwaltungssystemen immanent enthalten waren. Für Max Weber, der sich bei der Untersuchung von bürokratischen Systemen vorwiegend für das Verhältnis von Autorität und Herrschaft in Organisationen interessierte und deshalb auch einen spezifischen Blick auf diese entwickelte,

---

12 Dies wird auch ersichtlich in den einschlägigen Handbüchern und Handlexika der Sozialen Arbeit und der Kinder- und Jugendhilfe. Organisation wird hier auf theoretischer Basis kaum Aufmerksamkeit zuteil. Neben deskriptiven, sekundäranalytischen und quantitativ ausgerichteten Betrachtungen von Organisations- und Trägerstrukturen in der Kinder- und Jugendhilfe und Entwürfen zur konzeptionellen Ausrichtung von Jugendhilfeorganisationen, z. B. an dem Paradigma der Lebenswelt- oder Dienstleistungsorientierung, ist Organisation in den letzten Jahren insbesondere in den Debatten um Qualität, Organisationsentwicklung und Management thematisch in den Aufmerksamkeitsfokus gerückt (vgl. hierzu kritisch u. a. Thole/Cloos 2000a; für die Kinder- und Jugendhilfe u. a. Merchel 1998; Müller 1998).

13 Eine andere Variante stellt hier die von Illich (1979) dargestellte Expertenkritik dar, die sich insbesondere auch gegen die professionellen Organisationen richtete und in der Sozialpädagogik bisweilen dankbar aufgenommen wurde.

sind moderne bürokratische Systeme durch rationale Herrschaft gekennzeichnet, die sich in einer festen Aufgabenteilung, in Amtshierarchie, in einem allgemeinen Regelsystem, in einer Trennung von Person und Amt, in einer Personalauswahl auf Grundlage von Qualifikationen und in der Konzeptionalisierung von Berufen als Laufbahn ausdrückt. Max Weber jedoch hat auch auf die dysfunktionalen Folgen einer überwiegend zweckrationalen Ausrichtung des ‚ehernen Gehäuses' der Bürokratie, „aus dem der Geist gewichen ist" (May 1997, S. 21), verwiesen. Diese Kritik Webers wurde jedoch zuweilen gerade bei der Forschungstradition, die sich auf den Weberschen zweckrationalen Ansatz bezog, wenig berücksichtigt. N. Luhmann (1992, S. 165) hebt in diesem Zusammenhang hervor:

„überwiegend findet man organisationstheoretische Forschung orientiert an rationalitätstheoretischen Prämissen. Entweder führt der Forscher selbst eigene (…) Rationalitätsvorstellungen ein und prüft, wie weit Organisationen in Struktur und Operation diesen Vorstellungen genügen. Die Kritik der Organisation hat dann das Ziel, das Rationalitätsniveau anzuheben. (…) Oder der Forscher nimmt an, die Organisation selbst strebe nach Rationalität. Sie verstehe sich selbst als ein System, das sich an Zielen orientiere, dafür geeignete Mittel auswähle und ein solches Programm gegen etwaige Widerstände über einen formalen Herrschaftsapparat durchzuführen versuche. Dann mag die Forschung sich für die aus diesem Anlass entstehende ‚informale Organisation', für Widerstände, für ‚perverse Effekte', für Pathologien, für Dysfunktionen oder Diskrepanzen zwischen deklarierten und wirklichen Zielen interessieren."

Einwände gegen Organisationen als rationale Gebilde sind vielfältig hervorgehoben worden und beziehen sich insbesondere auf das nicht einfach zu bestimmende Verhältnis von übergeordneten rationalen Zielen und dem kulturell geprägten Alltag in Organisationen (vgl. May 1997, S. 23; Becker/Küpper/Ortmann 1992, S. 90 f.). Kritisiert wurde auch, dass Rationalitätsvorstellungen vorwiegend die normative Struktur der Organisationen in den Blick nehmen und somit eine Theorie der menschenlosen Organisationen entworfen werde, in der viel über die Regeln und Normen aber kaum etwas über das konkrete Verhalten der Mitglieder der Organisationen ausgesagt wird. Die Grundannahme ist hierbei: Organisation funktioniert auf der Basis von guter Planung und vernünftigen Entscheidungen. Diese deterministische Zweck-Mittel-Ketten operationalisierende Sichtweise auf Organisationen kann tatsächlich wenig darüber aussagen, inwieweit die normativ vorgegebenen Ziele und Werte auch tatsächlich das Verhalten der Organisationsmitglieder steuern. Sie gehen von einfachen Prämissen über das Verhältnis von formaler Organisationsstruktur und den Sichtweisen und Verhaltensmustern der in ihnen handelnden Akteure aus.

Im Zuge der Kritik an den Rationalitätsvorstellungen wurde jedoch Rationalität als Merkmal von Organisationen nicht gänzlich aufgegeben. Thomas May stellt z. B. fest, dass „Organisationen nicht nur im gegenseitigen Vergleich, sondern auch intern verschiedene Formen der Rationalität beinhalten können" und dass in Organisationen „eine Vielzahl an Zielen und Realitätskonstruktionen vorhanden (sind), die u. a. auch mit unterschiedlichen Mitteln verfolgt werden" (May 1997, S. 24). Im Anschluss an die Kritik an zweckrationalen Ansätzen wurde das organisatorische Entscheidungsverhalten eher als ein „muddling through" bezeichnet (vgl. Bardmann 1994, S. 34). Aus mikropolitischer Perspektive scheint in Organisationen das Leben zu toben (vgl. Küpper/Ortmann 1992b, S. 7).

„Weit von jenem anämischen Gebilden entfernt, die in der althergebrachten Forschung unter dem Namen ‚Organisationsstruktur' ihr schattenhaftes Dasein fristen und von oben bis unten vermessen werden, sind sie in Wirklichkeit die Arenen heftiger Kämpfe, heimlicher Mauscheleien und gefährlicher Spiele mit wechselnden Spielern, Strategien, Regeln und Fronten. Der Leim, der sie zusammenhält, besteht aus partiellen Interessenkonvergenzen, Bündnissen und Koalitionen, (…) vor allem aber: aus machtvoll ausgeübtem Druck und struktureller Gewalt; denn wer wollte glauben, dass dieses unordentliche Gemenge anders zusammen- und im Tritt gehalten werden könnte?"

Im Vordergrund der Überlegungen steht nicht mehr die Frage, wie Organisationen im funktionalistischen Sinne aufrecht erhalten werden. Es geht vielmehr um die Betrachtung von Dysfunktionen und Fragmentierungs- und Differenzierungsprozessen sowie um die Bildung von Gegenkulturen in Organisationen. Zumindest verliert hier die formale Organisationsstruktur für das Verhalten der Organisationsmitglieder seine strukturierende Kraft.

Organisationskulturelle Ansätze haben die veränderte Sichtweise auf Organisationen aufgenommen und weiterentwickelt. Sie speisen ihre Konzepte von Organisationen aus verschiedenen soziologischen Kulturkonzeptionen. Sie berücksichtigen das, was Organisationstheorie nur in Maßen bei ihrer Konzeptionalisierung von Organisationen einbezogen hat: das Verhältnis von Organisation und Kultur. In diesem Sinne sind Organisationen nicht als rationale Gebilde, sondern – als Teil der Kultur – vielmehr als Kulturen des Organisierens zu betrachten. Ausgangsthese ist hier: Organisation hat nicht (auch) Kultur oder sollte eine spezifische manageriell hergestellte Kultur haben, sondern Organisationen sind (Teil der) Kultur (vgl. u. a. Dülfer 1991b, S. 6). Mit diesem Blick auf Organisationen löst sich auch die vermeintliche Unvereinbarkeit von Organisation und Profession auf.

„Unterstellt wird aus interpretativ-soziologischer Sicht, dass die organisatorischen Bedeutungs- und Verständigungsrahmen nicht einfach existieren oder vorgegeben sind, sondern permanent von den Akteuren eines Organisationssettings geschaffen, institutionalisiert und legitimiert werden. Analytisch lässt sich der Begriff Organisationskultur bestimmen als die kontextspezifische organisatorische Konstruktion von Wirklichkeit, als ein zeichenhaft-symbolisch vermitteltes Netz von Sinnbestimmungen, Deutungsmustern und Wirklichkeitskonstruktionen" (Franzpötter 1997, S. 59 f.).

(2) In gängigen theoretischen Fassungen des Verhältnisses von Profession und Organisation, wird Organisation zumeist mit Bürokratie und Administration gleichgesetzt. Betrachtet wird also nur ein Teil der Organisation, der zusätzlich weitgehend deterministisch bestimmt wird. Die Überlegungen münden dann in normative Vorstellungen, die idealtypisch konstatieren, dass weniger Bürokratie und mehr professionelle Autonomie höhere Professionalität garantieren. Eine einfache Entgegensetzung von Profession und Organisation müsste also einer differenzierteren Betrachtungsweise weichen, die auch die jeweiligen Bedingungen in den unterschiedlichen Handlungsfeldern berücksichtigt und das organisierende Handeln selbst in den Blick nimmt. Zum einen sind dann organisationsspezifische Vorgaben abhängig von allgemeinen rechtlichen Vorgaben. Die Organisation steht in einem spannungsreichen Verhältnis zu diesen externen AkteurInnen, aber auch zu den internen Organisationsabteilungen, -akteuren, -diskursen. Zum anderen erfüllen die professionellen Organisationsmitglieder selbst nicht nur bürokratische Vorgaben, sondern sind in hohem Maße selbst AkteurInnen von Verwaltung und Bürokratie (vgl. auch Thole/Küster-Schapfl 1997).

Dies wird in Teilen auch von Ansätzen bestätigt, die sich nicht mit den Professionellen als Freiberufler, sondern mit professionellen Organisationen beschäftigen. Professionelle Organisationen befassen sich mit nicht-routinisierbaren, unbestimmten und aktiven Arbeitsaufgaben (vgl. Klatetzki 2005, S. 253 f.). Die Bearbeitung dieser Probleme ist nicht durch bürokratische Vorgaben festgelegt und wird auch nicht zentralisiert von denen verantwortet, die die Vorschriften für die Arbeit bestimmen, sondern liegt „bei den einzelnen Professionellen an der ‚front line' (…), mit der Folge, dass die Organisation eine flache, horizontale Form annimmt, die idealtypisch als eine egalitäres, polykratisches Kollegium beschrieben worden ist" (ebd., S. 254). Prinzipiell wird bei diesem idealtypischen Bild professionelles Handeln und bürokratische Rationalität weitgehend losgelöst voneinander betrachtet, ohne dass es zu einer differenzierten Beschreibung des Verhältnisses von formalen Organisationsstrukturen, von bürokratischen und professionellen Handlungsrationalitäten kommt.

Ergänzt werden kann, so Thomas Olk (1986, S. 38), dass im Rahmen der Sozialen Arbeit als wohlfahrtsstaatlich mit-konstituierte Profession „formale Organisation (…) die Möglichkeitsbedingung für professionelle Autonomie ist, da sie die Berufsangehörigen mit denjenigen Ressourcen versorgt, die sie für die Ausübung ihrer Berufsvollzüge benötigen." In diesem Sinne stehen den Professionellen innerhalb der Organisationen nicht nur Ressourcen und Instrumente zur Selbstkontrolle zur Verfügung, vielmehr stellt die Organisation selber die Möglichkeitsbedingung professioneller

Berufsausübung dar. Er weist jedoch auch darauf hin, dass „formale Organisationen (…) zur Sicherung ihrer Kontrollstrukturen an der Aufrechterhaltung von Gewissheit konstitutiv interessiert" sind (ebd., S. 38) und ergänzt: „Auch in diesen Fällen ist der Autonomiespielraum, der den Angehörigen einer spezifischen Profession eingeräumt wird, keine ‚objektive Größe', sondern Gegenstand von andauernden machtgestützten Konflikt- und Aushandlungsprozessen" (ebd., S. 39).

Diese Konflikte und Aushandlungen sind jedoch weniger innerhalb der einzelnen Professionellenkollegien zu verorten, denn andere Professionellengruppen und aufstrebende (semi-professionelle) Berufsgruppen sowie AkteurInnen, die an der Herstellung von Gewissheit interessiert sind, versuchen die Privilegien und Rechte der Profession in Frage zu stellen. Auf der Ebene der professionellen Kollegien ergibt sich jedoch dass Problem, dass sie einerseits „die Handlungsautonomie der Einzelnen sicherstellt" und andererseits „Schwierigkeiten mit der Regelung von Konflikten und der Ausübung von Kontrolle hat. (…) Als Folge dieser Situation werden in der kollegialen Organisationsform Konflikte vermieden und/oder unter den Teppich gekehrt (Douglas 1978). Das Problem bei der Vermeidung von Konflikten ist, dass diese latent weiterbestehen und zur Bildung von Fraktionen und damit tendenziell zu Spaltungen innerhalb der Gruppe der Professionellen führen" (Klatetzki 2005, S. 273).

2.5 Vom Nutzen professionsbezogener Bestimmungen

Im Folgenden wird in zwei Schritten auf Basis der Analyse professionsbezogener Studien und vor dem Hintergrund der vorgenommenen professionstheoretischen Überlegungen Schlussfolgerungen für die eigene empirische Untersuchung beruflich-habitueller Profile in der Kinder- und Jugendhilfe gezogen. Zunächst lässt sich feststellen, dass das weitverzweigte Feld Sozialer Arbeit respektive der Kinder- und Jugendhilfe, das Spektrum unterschiedlicher Arbeitsfelder, Berufsgruppen und institutioneller Netzwerke unter professionstheoretischen Fragestellungen bisher empirisch nicht umfassend kartografiert werden konnte. Es mangelt an Arbeitsfelder und Berufsgruppen vergleichenden Studien, die nicht nur empirische Daten und Erkenntnisse zu einzelnen Problembereichen liefern, sondern auch vorliegende theoretische Vergewisserungen in stärkerem Maße zu unterfüttern vermögen. Somit bleiben Ergebnisse des überwiegenden Teils der hier zitierten Studien nur mittelbar für die gesamte Kinder- und Jugendhilfe relevant.

(1) Ausgehend von der Annahme, Kennzeichen von voll entwickelten Professionen sei die Herausbildung einer professionsbezogenen Identität und die Anwendung von wissenschaftlichem Regelwissen, wird mitunter die Frage gestellt, inwieweit die Ausbildung oder das Studium eine professionelle Identität auch durch die Vermittlung wissenschaftlicher Sinnangebote herausbilden kann. Diese Frage scheint bisweilen im Zentrum einiger Stu-

dien zu stehen und damit auch das Bemühen, an der Schnittstelle von Theorie und Praxis, von Disziplin und Profession das Professionalisierungsprojekt voran zu treiben (vgl. Wigger 2000). Gleichsam wird auch die Frage aufgeworfen, inwieweit die Disziplin die Profession in dem Sinne mit einer wissenschaftlichen Theorie versorgen kann, dass sie eine „disziplinäre und identitätsvermittelnde Heimat anbietet und darüber hinaus das heterogene Berufsbild ‚vernetzt'" (Thole/Küster-Schapfl 1997, S. 269). Schließlich wird auch erkundet, inwieweit die Profession selber den Berufsangehörigen, das anbieten kann, was die Ausbildung und die Disziplin möglicherweise nicht zu vermitteln vermag. Kritisch merkt hierzu Lothar Wigger (2000, S. 306) an: „Aber selbst sozialpädagogische Autoren, die um die Differenz von Disziplin und Profession und die Notwendigkeit einer differenzierten Relationierung wissen, argumentieren zum Teil noch mit wechselseitigen Zuständigkeiten und Verantwortlichkeiten und mit letztlich problematischen Identitätsannahmen."

Nimmt man die Ergebnisse der Verwendungsforschung ernst, dann muss bezogen auf das Wissen der Professionellen festgestellt werden, dass weder die Ausbildung noch die Disziplin in dem Sinne einheitsstiftend wirken kann, dass sie eine berufliche Identität im Sinne einer Profession herausbildet. Die vorliegenden Studien scheinen damit die Ergebnisse der Verwendungsforschung nur noch einmal zu bestätigen: In den rekonstruierten Deutungsmustern der beruflich Handelnden wird dem vorberuflichen biografisch angehäuften Erfahrungswissen und dem durch die berufliche Sozialisation erworbenen Professionswissen eine weitaus höhere Bedeutung beigemessen als dem wissenschaftlichen Regelwissen. Die Befunde legen nahe, dass die MitarbeiterInnen in der Sozialen Arbeit auch tatsächlich kaum auf wissenschaftlich generierte Wissensangebote zurückgreifen. Wigger (2000, S. 304) merkt an, dass die „Erwartung einer beruflichen Identität von einem Studium (…) die Transformationen des Habitus in den verschiedenen, institutionell geprägten biografischen Phasen (vgl. auch Thole/Küster-Schapfl 1997, S. 34 ff.)" verkennt. Berücksichtigt man Klatetzkis (1993) Figur der multiplen Wissensdomänen (vgl. Kap. 2.4.4), dann scheinen die beruflich Handelnden in der Sozialen Arbeit auf unterschiedlichste Wissensformen zurückgreifen zu können, die sie im Laufe der Biografie erworben haben. Das komplizierte Relationierungsverhältnis unterschiedlicher Wissensformen scheint durch die Studien dann jedoch noch nicht ausreichend ausgelotet zu sein, wenn zuweilen der Eindruck erweckt wird, dass die wissenschaftlichen ForscherInnen – pointiert formuliert – sich zu sehr in die Suche nach den verloren gegangen wissenschaftlich generierten Wissensressourcen verstricken. Das Ergebnis solcher Anstrengungen kann dann nur diejenigen enttäuschen, die neben der Forschung die Produktion und Lehre dieses Wissens betreiben.

(2) Kritisch anzufragen ist auch, ob die Studien sich zu sehr auf das Wissen der beruflich Handelnden konzentrieren und damit Aspekte, die für die

Herausbildung beruflich-habitueller Orientierungen bedeutsam sind, aus dem Blick geraten. Interaktionistisch ausgerichtete Studien (vgl. Riemann 2000) und ethnografische Felderkundungen haben insbesondere auch den Blick auf das Verhältnis von beruflich-habituellen Orientierungen und Organisationsformen beruflichen Handelns gelenkt. Die hier vorliegenden Studien konnten aufzeigen, dass neben der Untersuchung von biografischen Verläufen und professionellen Deutungsmustern auch die Erkundung von Arbeitsbögen und Handlungsroutinen im beruflichen Alltag Wissen über das berufliche Handeln offen legt.

(3) In den vorliegenden Studien werden teils Professionskriterien an das empirische Material und die gewonnenen Ergebnisse angelegt, ohne diese explizit zu benennen. Auch wenn zuweilen angemerkt wird, aus professionstheoretischer Sicht könne kein Kriterium als ein herausstechendes Merkmal einer Profession identifiziert werden, werden bei der Diskussion der Ergebnisse genau diese Kriterien wieder herangezogen. Zu fragen ist, ob nicht die wissenschaftlich ausgebildeten, die hermeneutisch geschulten oder die (sozial-)politisch engagierten PraktikerInnen zumindest implizit ein Leitbild abgeben, mit Hilfe dessen das rekonstruierte Material schlussendlich bewertet wird. Zumindest in diesem Punkt fallen die Ergebnisse der sensibel erschlossenen Fallrekonstruktionen und die mit Blick auf die Professionalisierung Sozialer Arbeit erarbeiteten Schlussfolgerungen zuweilen auseinander (vgl. Wigger 2000).

(4) Kritisch anzumerken ist, dass sich bislang ein Großteil der vorliegenden, deutlich professionsbezogenen Studien auf die Rekonstruktion von Interviewmaterial konzentriert. Folgt man jedoch der Annahme, dass die vielfach aufgeschichteten Wissensbestände der Professionellen größtenteils in routinisierten Handlungen eingebunden werden und diese folglich als latente Hintergrundfolie von den sozialpädagogischen AkteurInnen inkorporiert werden und nicht abgefragt werden können, dann erscheint es gewinnbringend mittels ethnografischer Verfahren und Methodentriangulation diese verdeckten Wissensbestände zu rekonstruieren und zu entschlüsseln. Ethnografische Verfahren wie z. B. die Teilnehmende Beobachtung in Verbindung mit anderen rekonstruktiven Verfahren der Datenerhebung und -interpretation können gewährleisten, dass über eine dicht angelegte Feldstudie das sich noch in den Anfängen befindende Projekt der empirischen Suche nach der habituellen Verankerung von Professionalität im Feld der Kinder- und Jugendhilfe weitere Präzisierungen erfährt.

(5) Ein Blick in die theoretische Diskussion zeigt, dass professionsbezogene Gesamtbetrachtungen Sozialer Arbeit nur in geringem Maße den hohen qualifikationsbezogenen Differenzierungsgrad des Personals in der Sozialen Arbeit bzw. in der Kinder- und Jugendhilfe berücksichtigen (vgl. Rauschenbach 1999; Cloos/Züchner 2005). Auch die erhebliche Ausdifferenzierung der Handlungsfelder, ihre sehr unterschiedlichen Binnenlogiken

und professionellen Anforderungen und Ausformungen wurde in der professionsbezogenen Theorie kaum beachtet. Verwunderung lösen insbesondere dann professionstheoretische Bestimmungen aus, wenn sie Vermutungen zum Professionalisierungsgrad des gesamten Berufssystems anstellen, ohne die unterschiedlichen hier vorfindbaren Berufsgruppen und Arbeitsfelder zu berücksichtigen. Der hier zu identifizierende blinde Fleck innerhalb der Theoriebildung erzeugt Diffusität, insbesondere dann, wenn zum Beispiel das berufliche Handeln eines Handwerksmeisters in der Jugendberufshilfe untersucht werden soll. Kann dieser aufgrund seiner Qualifikation wissenschaftliches Regelwissen und Fallverstehen in der stellvertretenden Deutung sinnvoll zusammenbringen, ohne dass er über wissenschaftliches Regelwissen verfügt? Handelt er laienhaft, fachlich oder professionell?

Zur Unterscheidung von einzelnen Berufsgruppen auch in der Kinder- und Jugendhilfe können merkmalstheoretische Modelle keine verlässlichen, empirisch und theoretisch abgesicherten Merkmalsbeschreibungen liefern. Auch wenn sich weitgehend von professionsbezogenen trait-Modellen der Bestimmung von Professionsmerkmalen verabschiedet wurde, kommt die derzeitige Professionstheorie nicht ohne Merkmalsbestimmungen aus, die einen Berufsstand von anderen abgrenzen. Verabschiedet wurde sich jedoch von der Erstellung langer Merkmalskataloge und auch von der Hoffnung, die herausragenden Merkmale der Professionen eindeutig bestimmen zu können. Professionsbezogene Forschungsprojekte stehen also vor dem Dilemma, dass die Kriterien als unbestimmbar gelten, was genau als professionell zu bezeichnen und wie Professionalität zu erreichen ist. Unter kritischer Berücksichtigung von H. Hartmanns (1972) Thesen ist davon auszugehen, dass durchaus unterschiedliche Mischungsverhältnisse von Kategorien in den jeweiligen Berufsgruppen festzustellen sind. Wird dieser Überlegung gefolgt, dann hätten die Rekonstruktionen zum Ziel, die Bedeutung einzelner Kategorien in Verbindung mit anderen Kategorien, mit anderen Worten: das jeweilige Mischungsverhältnis zu untersuchen.

Somit erweist sich auch die Frage, ob Soziale Arbeit eine Profession ist, oder einige Berufsgruppen des Handlungsfeldes der Kinder- und Jugendhilfe den Professionen und andere den einfachen Berufen zuzuordnen sind, für die empirische Untersuchung beruflich-habitueller Profile als problematisch, weil sich eindeutige, homogene Kriterien für Professionalität weder empirisch noch theoretisch eindeutig herleiten lassen. Legt man die vorhergegangenen Überlegungen zu Grunde[14], kann es auch nicht mehr darum gehen, den Professionalisierungsgrad eines gesellschaftlichen Handlungsfel-

---

14 Wird die Frage nach der Professionalität eines gesamten Handlungsfeldes gestellt, wird ein Kategorienfehler begangen, denn jedes beruflich organisierte gesellschaftliche Handlungsfeld liegt ein Berufssystem zugrunde, in dem unterschiedlichen Berufsgruppen verschiedene Aufgaben zugeteilt werden und in dem diese Berufsgruppen jeweils um ihre statuspolitische und gesellschaftliche Anerkennung kämpfen.

des wie der Kinder- und Jugendhilfe zu messen. Diese Frage ist jedoch weiterhin professionspolitisch, oder besser: berufspolitisch brisant, wenn wenn es darum geht, sich von konkurrierenden Berufsgruppen abzugrenzen.

Um zu verhindern, dass empirische Forschung innerhalb der Sozialen Arbeit und der Kinder- und Jugendhilfe antritt, die Professionalität des eigenen Berufsstandes zu legitimieren, sollten hier empirische Vorhaben grundsätzlich beachten, dass mit dem Begriff der Profession die drei Ebenen Bewertung, Beschreibung und Entwicklung eng verwoben sind. Somit können idealtypisch drei Ausrichtungen einer Theoriebildung unterschieden werden: eine beschreibende Professionstheorie, eine Professionalisierungstheorie und eine professionspolitische Theorie. Damit stellt sich auch die Frage nach dem empirischen ‚Umgang' mit diesen Kategorien, also nach den deskriptiven, normativen und innovativen Gehalten einer empirischen Rekonstruktion. Zum einen kann hieraus abgeleitet werden, dass bei der Einbeziehung professionstheoretischer Überlegungen und bei der Analyse der Daten immer auch beachtet werden sollte, wann beschrieben oder bewertet wird und wann der Entwicklungsaspekt zugrunde gelegt wird. Mit anderen Worten: Die Rekonstruktionen und Fallanalysen, die entwickelten Kategorien und die eigenen theoretischen Entwürfe sind dahingehend zu prüfen, ob sie das empirisch gewonnene Material vor dem Hintergrund eines standespolitisch interessierten oder idealtypisch rekonstruierten Professionsmodells *bewerten*. Dementsprechend sollte auch geprüft werden, ob der unabdingbar hervortretende eigene, zuweilen berufsethisch unterfütterte oder aus der eigenen beruflichen und wissenschaftlichen Erfahrung gesättigte Maßstab, was man selber als professionell und gelingend bewertet, bei der Datenanalyse und -aufbereitung ungeprüft einfließt. In der Rolle eines pädagogischen Forschers gilt ist dementsprechend, die eigene pädagogische Kultur im Sinne von Klaus Amann und Stefan Hirschauer (1997) zu befremden.

Vor dem Hintergrund dieser Überlegungen ist kritisch anzufragen, ob es sinnvoll ist, die Professionalität der Kinder- und Jugendhilfe an vorliegenden Professions- bzw. Professionalisierungsvorstellungen, an den Modellen klassischer Professionen, an Idealvorstellungen professionellen Handelns (Oevermann 1999), an systemtheoretischen Bestimmungen (vgl. Stichweh 1999) oder an einer reflexiven Sozialpädagogik (vgl. Dewe/Otto 2001) zu ‚prüfen'. Die Orientierung an diesen Idealmodellen hätte möglicherweise zur Folge, dass der Kinder- und Jugendhilfe „allenfalls notorische Professionalisierungsdefizite" bescheinigt werden können (Olk 1986, S. 40). Eine Umkehrung des Blickwinkels ermöglichen die in der Tradition der professionsbezogenen Analysen der Chicago School und ihrer Nachfolger wie Anselm Strauss (1994; vgl. auch Schütze 2000; Riemann 2000) entworfenen alternativen Modelle der Untersuchung von Professionen. Hier wird die Frage grundgelegt, *wie* einzelne Berufsgruppen in der Kinder- und Jugendhilfe nach gesellschaftlicher Anerkennung streben und welche ethisch-normativen, expertenhaft-rationalen *und* problematischen Aspekte sich in der alltäglichen, beruflichen Handlungspraxis identifizieren lassen.

Diese professionsempirische Ausrichtung ist eingebettet in einen Wandel der professionsbezogenen Diskussion innerhalb der Sozialen Arbeit insgesamt, die unter dem Titel „Von den Merkmalsbestimmungen zu den Binnenlogiken professionellen Handelns" beschrieben werden kann. Dieser Wandel hat jedoch zuweilen zur Folge, dass das „professionalisierungsbedürftige Handeln" (vgl. Oevermann 1999) und damit auch das Arbeitsbündnis zwischen Professionellen und AdressatInnen in den Mittelpunkt des Interesses rückt. Dies beinhaltet die Gefahr, dass Dimensionen und Tätigkeiten nicht beachtet werden, die für die Untersuchung beruflichen Handelns in der Kinder- und Jugendhilfe als höchst bedeutsam betrachtet werden können. Im Sinne einer symbolisch-interaktionistischen Professionsforschung gilt es jedoch potentiell das gesamte Bündel der Tätigkeiten, die von den beruflichen AkteurInnen verrichtet werden, empirisch im Blick zu haben, weil nicht auszuschließen ist, dass jenseits vom professionalisierungsbedürftigem Handeln beruflich-habituelle Kategorien zur Unterscheidung von beruflichen Profilen zu entdecken sind.

Für das empirische Vorhaben bedeutet dies, dass der zu untersuchende Einzelfall somit erst vor der Folie der verschiedenen Ebenen der subjektiven Entwürfe, der zu beobachtenden Interaktionen und Handlungen, der institutionellen und feldspezifischen Handlungsbedingungen sowie der gesellschaftlichen Einflussfaktoren auf die Konstitution von Professionalität eine empirische Bedeutung erlangt. Dabei ist zu berücksichtigen, dass jede Perspektive in der anderen aufgehoben sein kann, d. h.: Auf der Subjektebene der sozialpädagogisch Handelnden und Deutenden interessiert nicht nur die individuelle Genese beruflichen Wissens und Könnens, sondern u. a. auch typische Handlungs- und Interaktionsmuster, die rollenspezifische Eingebundenheit der Person in die zu beobachtende Organisation, die berufs- und gesellschaftspolitischen Orientierungen, mit anderen Worten: der gesamte berufliche Habitus im Vergleich zu anderen beruflich-habituellen Profilen.

3. Das Forschungsprogramm

Das Forschungsprojekt versteht sich als qualitativ-rekonstruktive, ethnografische Professionsforschung der Kinder- und Jugendhilfe. Im Blickfeld des Forschungsvorhabens liegen die alltäglichen Berufspraxen von MitarbeiterInnen in Einrichtungen der Kinder- und Jugendhilfe vor dem Hintergrund der individuellen biografischen, ausbildungsspezifischen und organisationskulturellen Genese beruflich-habitueller Orientierungen unter besonderer Berücksichtigung der vorzufindenden Vielfalt an unterschiedlichen Berufsbiografien und Qualifikationsprofilen. Von Interesse sind nicht allein diejenigen, die formal über eine einschlägige sozialpädagogische Qualifikation verfügen, sondern insbesondere auch diejenigen, die ohne einschlägige Qualifikation in der Kinder- und Jugendhilfe tätig sind: eine Mitarbeiterin in einer Kindertageseinrichtung ohne Ausbildung, ein Handwerker und eine Ernährungswissenschaftlerin in der Jugendberufshilfe, ein Künstler in der Jugendarbeit usw. Dabei nimmt der kontrastive Vergleich beruflich-habitueller Profile einen zentralen Stellenwert ein. Es geht hier also darum, durch den Vergleich neue professionsbezogene Erkenntnisse zum beruflichen Handeln zu gewinnen.

Die forschungsleitenden Fragestellungen lauten dementsprechend: Welche beruflich-habituellen Profile von MitarbeiterInnen sind in der institutionell geformten Praxis der Kinder- und Jugendhilfe vor dem Hintergrund unterschiedlicher Qualifikationsprofile und berufsbiografischer Wege in verschiedenen Arbeitsfeldern vorzufinden? Auf der Grundlage welcher Wissens-, Könnens- und Erfahrungsressourcen strukturieren die MitarbeiterInnen ihren pädagogischen Alltag unter den Bedingungen organisationskultureller Verfasstheit beruflichen Handelns? Damit wird auch die Frage nach der Bedeutung von Ausbildung für die Herausbildung beruflich-habitueller Profile thematisch. Theoretisch bezieht sich das Forschungsprojekt auf professionsbezogene Theoriebildung und Forschung. Der Fokus der Studie liegt dabei jedoch nicht auf den Entwicklungsmöglichkeiten und Entwicklungswünschbarkeiten einer Profession Soziale Arbeit. Die Untersuchung nimmt vor allen Dingen die beruflichen Praktiken in den Blick. Damit wandelt sich auch der forschungsbezogene Blick auf Profession und Professionalität. Denn hier steht nicht mehr die Frage im Mittelpunkt, ob das Handeln als professionelle Praxis zu gelten hat, sondern welchen Binnenlogiken und Handlungsmustern es folgt. Im Blick der Studie sind damit der empirisch rekonstruierbare berufliche Habitus der beruflichen AkteurInnen und die damit verbundenen klassifizierbaren Praktiken, die in Auseinandersetzung mit den Handlungsfeldern erzeugt werden (vgl. Bourdieu 1982). Im

Vordergrund der Untersuchung steht die Frage, wie MitarbeiterInnen in der Kinder- und Jugendhilfe ihren beruflichen Alltag organisieren und nach welchen beruflichen Praktiken sie sich unterscheiden lassen. Damit wird sich auf praxistheoretische Bestimmungen (vgl. Reckwitz 2003) im Rahmen eines „Practical Turn in Contemporary Theory" (vgl. Schatzki u. a. 2001) bezogen, ohne dass jedoch der Blick allein auf das konkrete Handeln und nicht mehr auf die mit dem Handeln verwobenen Deutungspraxen gerichtet wird.

Unter Berücksichtigung der Annahme, dass sich beruflich-habituelle Profile nicht nur vor dem Hintergrund der jeweiligen Biografie (vgl. Thole/Küster-Schapfl 1997), sondern insbesondere unter den Bedingungen organisationskultureller Verfasstheit beruflichen Handelns beschreiben lassen, wird somit die theoretische Perspektive organisationssoziologisch erweitert und um das Konzept der Organisationskultur ergänzt (vgl. Franzpötter 1997; Klatetzki 1993; May 1997). In Fortführung sozialpädagogischer Forschungsarbeiten zu beruflich-habituellen Profilen in der Sozialen Arbeit (vgl. u. a. Thole/Küster-Schapfl 1997; Ackermann/Seeck 1999) wird durch die Berücksichtigung des Bourdieuschen Habituskonzeptes (vgl. u. a. Bourdieu 1982) eine spezifische Variante professionsbezogener Forschung gewählt, die über die biografische Genese beruflicher Orientierungen und Erfahrungen hinaus die beruflich-kulturelle Eingebundenheit des beruflichen Handelns und Deutens in den Blick nimmt.

Diesen Überlegungen folgend nahm im skizzierten Forschungsvorhaben der kontrastive Vergleich beruflich-habitueller Profile in verschiedenen Arbeitsfeldern einen zentralen Stellenwert ein. Die auf die Forschungsfrage abgestimmte Triangulation verschiedener Methoden zur Datengewinnung stellt eine Besonderheit im Feld professionsbezogener Forschung dar, denn der Gegenstand ‚berufliches Handeln' sollte nicht nur erfragt, sondern insbesondere auch im beruflichen Alltag in den vorfindbaren institutionellen Rahmungen erschlossen werden.

Insgesamt wurden in zwei Einrichtungen aus zwei verschiedenen Arbeitsfeldern der Kinder- und Jugendhilfe intensive Feldbeobachtungen über mehrere Wochen durchgeführt: in einer Kindertageseinrichtung und einer Einrichtung der Jugendberufshilfe. Als vergleichende ethnografische Organisationskulturforschung konzipiert, wurden insgesamt vier Erhebungsmethoden ausgewählt: das narrative Interview – das um einen Leitfaden ergänzt wurde –, die Teilnehmende Beobachtung, die Aufzeichnung von Teamsitzungen sowie die Sammlung von Dokumenten und Artefakten. Datenbasis waren somit mehr als vierhundert eng geschriebene Seiten Beobachtungsprotokolle, sieben 1½- bis 2½-stündige autobiografisch-narrative Interviews mit den in den Einrichtungen tätigen MitarbeiterInnen und vier transkribierte Teamsitzungen. Im Sinne der Grounded Theory (vgl. Strauss 1994) entstand die Möglichkeit eines permanenten Vergleichs durch die

Einbeziehung divergierendere Arbeitsfelder, durch die Fokussierung verschiedener formaler Qualifikationen und durch die Triangulation unterschiedlicher Erhebungsmethoden. Das Forschungsdesign erlaubte auf diese Weise eine Verhältnisbestimmung von Biografie, Organisationskultur und beruflichem Handeln und Deuten und ermöglichte die Bestimmung unterschiedlicher beruflich-habitueller Profile.

Abbildung 2: Forschungsgegenstand und Erhebungsmethoden

Forschungsgegenstand	*Zentrale Erhebungsmethode*
Biografie	Narratives Interview mit Leitfaden
Berufliches Handeln und Deuten	Teilnehmende Beobachtung
Organisationskultur	Aufzeichnungen von Teamsitzungen Dokumente, Artefakte etc.

⇩ ⇩

Beruflicher Habitus	Ethnografische Feldforschung „Dichte Beschreibungen"

Angesichts der Methodentriangulation konnte das Augenmerk auf folgende fünf Schwerpunkte gerichtet werden:

- auf Biografieverläufe, insbesondere entlang der vorberuflichen, ausbildungsspezifischen und beruflichen Statuspassagen[15];
- auf beruflich-habituelle Profile als Verschränkung biografischer Erfahrungen, ausbildungsbezogener Wissens- und Könnensressourcen und der Inkorporation von Feldregeln innerhalb eines strukturierten Systems von Grenzen;
- auf die darin eingelagerten Deutungsmuster;
- auf soziale Praktiken und Arbeitsbögen;
- und auf die raum-zeitlich strukturierte Organisationskultur als berufliche Sozialisationsinstanz und kollektiver beruflicher Rückhalt.

Die Teams aus den Arbeitsfeldern Kindertageseinrichtungen und Jugendberufshilfe wurden mit dem Ziel ausgewählt, einen Vergleich zu ermöglichen.

---

15 In der „Spielkiste" wurden von den fünf Mitarbeiterinnen drei und in der Jugendwerkstatt „Goldstraße" von insgesamt elf MitarbeiterInnen vier Personen interviewt. Darüber hinaus wurden vier Interviews mit MitarbeiterInnen durchgeführt, deren Einrichtungen nicht beobachtet wurden: Zwei MitarbeiterInnen aus einem Jugendzentrum eines öffentlichen Trägers (Künstler und Erzieherin), ein türkischer Ingenieur, der ebenfalls in der offenen Kinder- und Jugendarbeit tätig ist, und ein Lehrer einer Einrichtung der Erzieherischen Hilfen. Die Erhebung der Interviews diente der Bereitstellung von Kontrastfällen. Auch wenn die Interviews ausgewertet wurden, sind sie aus Platzgründen hier nicht mehr aufgenommen worden.

Im Sinne eines minimalen Vergleichs wurden zwischen der Jugendwerkstatt „Goldstraße" und der Kindertageseinrichtung „Spielkiste" ähnliche Bedingungen vorgefunden: Bei beiden Einrichtungen lag die Information vor, hier werde die Arbeit ‚besonders gut' verrichtet und arbeite das Team schon seit längeren Jahren ohne viele Auseinandersetzungen zusammen. Im Sinne des maximalen Vergleichs liegt eine erhebliche Differenz der Arbeitsfelder „Kindertageseinrichtungen" und „Jugendberufshilfe" hinsichtlich des unterschiedlichen Alters der Zielgruppen, des gesetzlich verankerten Mandats und der differierenden Arbeitskonzepte vor.

Bei der Suche nach geeigneten Einrichtungen ergaben sich jedoch Schwierigkeiten, Zugang zu erhalten, da explizit nach Einrichtungen gesucht wurde, in denen MitarbeiterInnen mit unterschiedlichen Qualifikationsprofilen beschäftigt sind. Die Suche nach einer Einrichtung der Hilfen zur Erziehung scheiterte, nachdem bei telefonischen und persönlichen Anfragen dem Forscher immer wieder mitgeteilt wurde, dass MitarbeiterInnen ohne einschlägige sozialpädagogische Ausbildung in den jeweiligen Einrichtungen nicht tätig seien, obwohl solche MitarbeiterInnen über die Kinder- und Jugendhilfestatistik durchaus ausgewiesen sind (vgl. Statistisches Bundesamt, verschiedene Jahrgänge). In den beiden untersuchten Einrichtungen, der Jugendwerkstatt „Goldstraße" und der Kindertageseinrichtung „Spielkiste", konnten jeweils Teams mit sehr unterschiedlichen formalen Qualifikationen vorgefunden werden.

Tabelle 1: Qualifikationen der MitarbeiterInnen

Formale Qualifikation	*Anzahl*	*Arbeitsfeld*
Ohne Ausbildung	1	Kindertageseinrichtung
Kinderkrankenschwester	1	Kindertageseinrichtung
Erzieherin	3	2 Kindertageseinrichtung/ 1 Offene Kinder- und Jugendarbeit
Köchin	1	Kindertageseinrichtung
SozialpädagogIn/SozialarbeiterIn	3	Jugendberufshilfe
Meister	3	Jugendberufshilfe
Ernährungswissenschaftlerin	1	Jugendberufshilfe
LehrerIn	3	2 Jugendberufshilfe/1 Heimerziehung
Verwaltungskraft	1	Jugendberufshilfe
Künstler	1	Offene Kinder- und Jugendarbeit
Ingenieur	1	Offene Kinder- und Jugendarbeit

Bislang liegen für die Kinder- und Jugendhilfe keine Studien vor, die professionstheoretisch auch MitarbeiterInnen in den Blick nehmen, die über keine einschlägige sozialpädagogische Ausbildung verfügen bzw. nicht den sozialpädagogischen Kernberufen – KinderpflegerIn/SozialassistentIn, ErzieherIn, SozialpädagogIn/SozialarbeiterIn und Diplom-PädagogIn (mit Studienrichtung Sozialpädagogik) – zugerechnet werden können. Dies mag verwundern, weil sie einen nicht unerheblichen Anteil des Personals stellen (vgl. Cloos/Züchner 2005). Im Sinne von vergleichenden Professionsstudien (vgl. u. a. Kurz-Adam 1997; Nölke 2000) und in Anlehnung an eine vergleichende Berufssoziologie (vgl. u. a. Freidson 1979; Luckmann/Sprondel 1972) werden diese Berufsgruppen in die Forschung einbezogen, um den professionsbezogenen Blick durch Kontraste schärfen zu können. In der Untersuchung wurden folgende Berufsgruppen berücksichtigt:

Bei der *Datenrekonstruktion und -interpretation* sollen jenseits einer „romantischen" Hermeneutik (vgl. zur Kritik Gadamer 1965, S. 280), die sich vorwiegend für das „Verstehen", für den Nachvollzug subjektiv gemeinten Sinns interessiert, auf der Grundlage der hier beschriebenen Erhebungsmethoden dichte Deskriptionen des (sozialpädagogischen) Handelns und der Deutungsprozesse der MitarbeiterInnen in Organisationskulturen der Kinder- und Jugendhilfe generiert werden. Hinweise zur Interpretation geben – neben den vorliegenden Forschungsarbeiten zu MitarbeiterInnen in der Kinder- und Jugendhilfe – zur Auswertung des Interviewmaterials Fritz Schütze (1983), zu den im Feld erlangten Daten und zum ethnografischen Schreiben (u. a. Hildenbrand 1984; Hirschauer/Amann 1997) sowie zur theoriengenerierenden Dateninterpretation Anselm Strauss (1994). Methodologisches Schlüsselelement zur Dateninterpretation ist der kontrastive Vergleich von MitarbeiterInnen mit unterschiedlichen Berufsbiografien und Qualifikationsprofilen in unterschiedlichen Feldern im Sinne des Theoretical Samplings (vgl. Strauss 1994).

Die erhobenen und transkribierten Interviews wurden rekonstruiert und Portraits der befragten MitarbeiterInnen erstellt. Daraufhin erfolgte eine Dichte Beschreibung der untersuchten Einrichtungen entlang organisationskulturell bedeutsamer Faktoren. Auf Basis der Beschreibung der raum-zeitlichen Realisierungsstrukturen von beruflich-habituellem Handeln wurden erste Fallvergleiche erstellt.

3.1 Ethnografische Feldforschung

Die Ethnografie nimmt mittlerweile eine zunehmend bedeutendere Stellung innerhalb sozialwissenschaftlicher bzw. erziehungswissenschaftlicher Forschung ein. Dies lässt sich auch über die Situation erklären, dass „Forschung angesichts des Aufbrechens der traditionellen Forschungskonzepte und des Verlustes der einheitsstiftenden Methoden ihre Voraussetzungen und Ingredienzien neu ausloten muss" (Lüders 1996, S. 27). Die Hinwendung zur Ethnografie verweist damit auch auf die Suchbewegungen qualitativer Forschung, angemessene Methoden und Theorien als Handhabe für die Erforschung veränderter gesellschaftlicher Bedingungen zu finden. Mit wachsender Akzeptanz qualitativer Verfahren wurde die Ethnografie auch zunehmend methodologisch abgesichert. Christian Lüders (2000, S. 385) weist darauf hin, dass der Begriff der Teilnehmenden Beobachtung zunehmend durch den Begriff Ethnografie abgelöst wird und dass damit „veränderte konzeptionelle Akzentsetzungen einher gehen". Grob lässt sich mit diesem Wandel der Blickwechsel von einer Erhebungsmethode zu einem Forschungsprogramm anzeigen. Welche Vorteile hat es jedoch, sich diesem Forschungsprogramm zu bedienen? Die Antwort liegt auf der Hand: Forschung hat hierdurch die Möglichkeit, dabei (gewesen) zu sein:

> „Das Desiderat der Gleichörtlichkeit ergibt sich zum einen unter der theoretischen Annahme, dass das (kultur)soziologisch Relevante sich nur unter situativen *Präsenz*bedingungen zeigt. Im Gegensatz zu Meinungen ‚im Kopf' und biografischen Erlebnissen in rekonstruktiven Erzählungen lokalisiert die Ethnografie den soziologischen Gegenstand in den *situierten, öffentlichen* Ausdrucksformen gegenwärtiger kultureller Ereignisse (…). Aus dieser Perspektive ist es mehr als erstaunlich und symptomatisch für eine empirische ‚Wasserscheu' soziologischer Forschung, dass man sich zahllose Gedanken über die ‚verzerrende' Präsenz des Beobachters in der Forschungssituation gemacht hat, aber kaum einen über die mögliche Absenz des interessierenden Geschehens aus ihr" (Amann/ Hirschauer 1997, S. 22; i. O. kursiv).

Die Möglichkeit, dabei gewesen zu sein und am Geschehen teilgenommen zu haben, eröffnet zunächst die Chance, Interpretationen einer beruflichen Praxis durch die TeilnehmerInnen des Feldes nah am Geschehen zu erfassen. Im Gegensatz zu qualitativem Interview und quantitativer Erhebung können hier entlang der praktischen Erfordernisse und situativen Settings Interpretationen der Teilnehmenden erfasst werden, die das konkrete Handeln erläutern, begründen oder reflektieren, insbesondere auch jenes Wissen, das den Handelnden in der Regel als nicht besonders erwähnenswert erscheint.[16]

Ethnografische Forschungsstrategien haben aber nicht nur den Vorteil, dass Interpretationen nah am Geschehen erfasst werden können: Es geht auch darum, „unter Reflexion des vorgängigen eigenen alltäglichen Verstehens,

---

16 Anne Honer (1994, S. 92; i. O. kursiv) stellt in ihrer Studie zu den Heimwerkern fest, dass diese „eigentlich nie, jedenfalls nie ‚von sich aus' die *Details* ihrer Arbeiten, also z. B. einzelne Arbeitsschritte schilderten". Wenn alltägliches Wissen über selbstverständlich durchgeführte Praktiken von den Handelnden nicht thematisiert wird, weil sie sich ihres Wissens gar nicht bewusst sind oder dieses erst gar nicht für erwähnenswert halten (vgl. Hitzler 1993), dann reichen Interviews nicht aus, um ein umfassendes und komplexes Bild von dem zu erforschenden Feld zu erlangen.

natürliche ‚settings' zu beschreiben, um Alltagserklärungen und Alltagshandeln *verstehen* zu können" (Honer 1994, S. 87; i. O. kursiv). Hier kann die Perspektive der zu Untersuchenden angeeignet werden, auch wenn das „aufgrund der prinzipiellen Unzulänglichkeit des fremden Bewusstseins (der ForscherInnen gegenüber den zu Erforschenden) eben bestenfalls ‚typisch' gelingen kann" (Hitzler/Honer 1988, S. 501). Der Nachvollzug, das Verstehen und die Aneignung einer prinzipiell fremden Perspektive durch die Möglichkeit des gemeinsamen Erlebens in Form des Typischen erweist sich als ein Vorteil ethnografischer Feldforschung.

Darüber hinaus kann Ethnografie insbesondere das inkorporierte Wissen einer routinisierten Praxis in den Blick bekommen, indem sie das Handeln der FeldteilnehmerInnen beobachtet. Damit liegt der Fokus der Ethnografie auf den im Feld zu beobachtenden sozialen Praktiken. „Eine Praktik *besteht* aus bestimmten routinisierten Bewegungen und Aktivitäten des Körpers" (Reckwitz 2003, S. 290; i. O. kursiv). Weil diese Praktiken vorwiegend routinisiert vollzogen werden, sind sie nicht vordergründig intentional, sondern wissensbasiert. Sie basieren auf implizitem Durchführungswissen (vgl. auch Breidenstein 2006, S. 16 f.). „Jede Praktik und jeder Komplex von Praktiken – vom Zähneputzen bis zur Führung eines Unternehmens (…) – bringt sehr spezifische Formen eines praktischen Wissens zum Ausdruck und setzt dieses bei den Trägern der Praktik voraus" (Reckwitz 2003, S. 292). Dabei beziehen sich soziale Praktiken auf die konkret vorhandenen Artefakte, die als Partizipanden von Praktiken betrachten werden können (vgl. Hirschauer 2004), und auf den sozialen Raum. Beispielhaft konkretisiert sich dieser raumbezogene Blick in den spezifischen Platzierungspraktiken von Personen in einem Raum (vgl. Löw 2001). Ethnografische und raumsoziologische Studien haben auf die Bedeutung dieser Frage für das pädagogische Handeln hingewiesen (vgl. Wolff 1983; Löw 2003).

Soziale Praktiken werden im Rahmen von Ethnografie jedoch nicht als isolierte kleine soziale Einheiten, sondern als sequentiell und simultan (vgl. Wagner-Willi 2004) geordnete Abfolgen von Praktiken untersucht. Das Konzept der Handlungsbögen fasst sequentiell aufeinander folgende Praktiken, die sinnhaft miteinander verknüpft sind, zusammen. Es fand als eine Zentralkategorie innerhalb der Grounded Theory zunehmend Berücksichtigung. Schließlich wurde es systematisch in eine „Theorie der sequentiellen Organisation von Arbeit und der situativ ausgehandelten Arbeitsteilung" eingebunden (Schütze 1987, S. 541). Damit kommen die „sequentiellen Prozessstrukturen der Arbeitsverrichtungen, die Verknüpfung der einzelnen Arbeitsschritte als Realisierungen der notwendigen Komponenten des Gesamt-Arbeitsbogens, die Verteilung der einzelnen Arbeitskomponenten und der sie realisierenden Kleinschritte auf die beteiligten Akteure unterschiedlicher Berufe sowie die damit verbundene strukturelle Arbeitsteilung innerhalb und zwischen den Berufen und das entsprechende Verantwortlichkeitsprofil in den Blick" (ebd.).

Fasst man die Überlegungen zusammen, dann ist es durch ethnografische Feldforschung möglich,

- erstens nah am Geschehen die Deutungen und Narrationen der beruflich Handelnden zu erfassen;
- zweitens eine Perspektivübernahme zu vollziehen;
- drittens nicht nur die Deutungen, sondern auch die Praktiken selber und das in ihnen inkorporierte Wissen in den Blick zu bekommen;
- viertens Artefakte und den sozialen Raum und die damit verbundenen Nutzungsweisen zu erfassen;
- fünftens nicht nur einzelne Deutungen und Praktiken, sondern das jeweils untersuchte Feld dicht zu beschreiben.

Während das methodologische Programm eine zunehmende Ausarbeitung erfahren hat, sind im deutschsprachigen Raum der Forschungsprozess und die konkrete Umsetzung des Programms im Sinne von praktischen Handreichungen (vgl. Girtler 2001) nur aspekthaft und kaum systematisch und methodologisch abgesichert beschrieben worden.[17] Die Bemühungen konzentrieren sich hauptsächlich auf die „Rolle des teilnehmenden Beobachters", die „Phasen des Forschungsprozesses" (Lüders 2000, S. 386 f.) und die Form der Literarisierung (vgl. u. a. Wolff 1986). Die breiten methodologischen Debatten insbesondere in den USA wurden im deutschsprachigen Raum nur selten zur Kenntnis genommen.

Damit stellt sich in ethnografischen Forschungsprojekten derzeit das Problem, dass nicht ausreichend Wissen darüber besteht, wie die Daten konkret zu erheben und zu analysieren sind und der sich gegenseitig abwechselnde Prozess der Datenerhebung und -analyse methodisch bewerkstelligt und kontrolliert werden kann. Vorliegende Ausarbeitungen zur Ethnografie und entsprechende empirische Arbeiten geben kaum Hinweise, in welcher Weise im Feld Daten zu gewinnen sind und die gewonnenen Daten sowie die in Feldprotokollen festgehaltenen Beobachtungen analysiert werden können (vgl. Merkens 1992, S. 216; Lüders 2000, S. 399; vgl. jedoch Hildenbrand 1984). Hinzu kommt ein „Mangel an Forschungspraxis" (ebd., S. 384) und ein Defizit an Ergebnissen und methodischen Vergewisserungen pädagogischer und sozialpädagogischer Ethnografie (vgl. auch Zinnecker 2000). Das

---

17 Vgl. u. a. Hildenbrand (1984); Hopf/Weingarten (1979); Friebertshäuser (1997); Legewie (1991); Gerdes (1979); Lamnek (1995); Knoblauch (1996, 2001); Kalthoff (1997); Lueger (2000); Wolff (2000); Bachmann (2002). Auch in der Erziehungswissenschaft sind zunehmend Ansätze zu einer ethnografischen Forschung zu erkennen (vgl. Zinnecker 2000; Cloos/Thole 2006). Auch wenn mittlerweile einige Konzeptionalisierungen von Jugendhilfeforschung im Speziellen oder sozialpädagogischer Forschung im Allgemeinen vorgelegt wurden (vgl. u. a. Flösser u. a. 1998; Rauschenbach/Thole 1998), ist neben der Publikation von Einzelfallstudien (vgl. u. a. Klatetzki 1993; Wolff 1983; Küster 2003) die Erarbeitung eines Programms zur sozialpädagogischen oder Jugendhilfeethnografie bislang ausgeblieben (vgl. jedoch Thole/Cloos/Küster 2004; Klatetzki 2003).

Defizit nur in geringem Maße formulierter Hinweise und Anleitungen zur Erhebung und Analyse von Felddaten spitzt sich zu in der Bezeichnung der Ethnografie als ‚Kunstlehre'. Damit bedürfen EthnografInnen einer praktischen Einübung und Vermittlung durch erfahrene Forschende, die u. a. in Forschungswerkstätten die Einübung in die zu erlernenden Kunstfertigkeiten ermöglichen (vgl. zur Konzeption von Forschungswerkstätten u. a. Schütze 1994; Jakob 1998).

„Nicht die ‚Logik der Forschung', sondern die komplexe Pragmatik des Erfahrungsfeldes erfordert Verhaltens- und Beobachtungsweisen, die sich an dessen gelebter Ordentlichkeit entwickeln müssen. Insofern ist die Ethnografie keine kanonisierbare und anwendbare ‚Methode', sondern eine opportunistische und feldspezifische Erkenntnisstrategie. Ethnografien sind nicht regulative, sondern *mimetische* Formen empirischer Sozialforschung. (...) Alle vorweg vorstellbaren und geplanten Zurichtungen von Beobachtungssituationen wie die Festlegung von Zeiteinheiten, Auswahl von Akteuren, Lokalitäten, Ereignistypen, Dokumentformen, Fragestellungen, Gesprächsleitfäden und Begriffen bergen diesem tastenden Vorgehen gegenüber das Risiko einer von Beginn an inadäquaten Methodisierung der ethnografischen Erfahrung. Die teilnehmende Beobachtung beginnt stattdessen mit einer scheinbar trivialen und ‚unmethodischen' Ausgangsfrage: ‚What the hell is going on here?'" (Amann/Hirschauer 1997, S. 20; i. O. kursiv).

Wenn Ethnografie als eine *„flexible, methodenplurale kontextbezogene Strategie"* (Lüders 2000, S. 389, i. O. kursiv) aufgefasst wird und diese nicht allein die Teilnehmende Beobachtung als Erhebungsmethode zum Ausgangspunkt der Dateninterpretation nimmt, stößt man auf methodologisch kaum geklärte Fragen nach der Angemessenheit der Triangulation. Die neuere Debatte um Triangulation betrachtet diese nicht als eine „Strategie der Validierung", sondern als eine Möglichkeit „zu einer Verbreiterung der Erkenntnismöglichkeit über einen Forschungsgegenstand" (Flick 1992, S. 23) bzw. als „Strategie, Erkenntnisse durch die Gewinnung weiterer Erkenntnisse" zu gewinnen (Flick 2000, S. 311). Unter Berücksichtigung der Annahme, dass theoretische Modelle, die jeweiligen Datenerhebungsverfahren und methodologischen Prämissen jeweils den „Gegenstand, der mit ihr erforscht bzw. abgebildet werden soll, auf spezifische Weise konstituier(en)" (Flick 1992, S. 17), zielt Triangulation darauf ab, „als Ergebnis kein einheitliches, sondern eher ein kaleidoskopartiges Bild zu erhalten" (Köckeis-Stangl 1982, S. 363).

Helga Kelle (2001, S. 193) hat an diesem Ansatz kritisiert, dass „der Einsatz von mehreren Methoden nicht per se als besser gelten kann als die Konzentration auf ein methodisches Verfahren." Sie fragt nach, ob durch Triangulation die Schwächen einzelner Perspektiven und Methoden tatsächlich aufgehoben werden können: „Das heißt, mit der Synthetisierung von

Datensorten bearbeitet man nicht nur konstruktiv deren Schwächen, sondern handelt sich auch neue, eben an die neue ‚Gattung' gebundene Darstellungsprobleme ein" (ebd., S. 202). Auf Basis dieser Überlegungen plädiert sie dafür, „die Anwendung unterschiedlicher theoretischer Perspektiven und methodischer Verfahren innerhalb eines Forschungsprojektes als Produktion von verschiedenen Relevanzzusammenhängen zu begreifen, die füreinander Relevanzkontexte darstellen, sich aneinander reiben und nicht notwendig zur Übereinstimmung gebracht werden können. Nicht theoretische Sättigung, sondern eine prinzipiell unabschließbare Kontextuierung spezifischer Forschungszugänge und -gegenstände wäre hier das Modell der analytischen Verdichtung. Man kann sich auf diese Weise bei (...) komplexen Gegenständen (...) durch verschiedene Methoden die Möglichkeit sichern wollen, durch Collage deren Bilder zu evozieren. Die Collage als Produkt folgt dem ästhetischen Prinzip, die Eigenständigkeit ihrer Bestandteile und damit die Konstruktionsweise des Werkes vorzuführen" (ebd., S. 206).

Helga Kelles Vorschlag der Collage erweist sich für die Forschungspraxis ethnografischer Feldforschung nicht als hinreichend befriedigend, weil auch die Collage schlussendlich mehrere Bilder zu *einem* Bild zusammenfügt, das als Dichte Beschreibung den LeserInnen plausibel erscheinen muss. Die EthnografInnen treten hier – folgt man den Überlegungen zur Krise der Repräsentation – nur scheinbar in ihrer Rolle als AutorInnen und starke DokumentatorInnen zurück (vgl. Mohn 2002).

Ethnografie als Forschungsstrategie bleibt ein anspruchsvolles Verfahren, in dem die Art und Weise der Triangulation ein hohes Maß an Reflexivität der Forschenden erfordert und ständige Bemühungen der Überprüfung der gewählten Perspektiven und Methoden bei ständiger Gefahr des Scheiterns nach sich zieht. Die Probleme, die sich durch Triangulationen ergeben, können im Sinne einer Paradoxie ethnografischen Forschens nie ganz aufgehoben werden. Inwieweit die jeweils gewählte Triangulation als gelungen angesehen werden kann, gilt es im Forschungsprozess gegenstandsbezogen nachzuzeichnen und methodisch zu kontrollieren. Eine Festlegung der Triangulation als Validierungsstrategie, als Möglichkeit der Perspektivenerweiterung oder auch als Möglichkeit der Collage würde die Engführung einer Forschungshaltung (vgl. Strauss 1994) bedeuten, die gerade den ständigen Vergleich zum methodischen Programm erhebt. Dem Problem wurde zum einen dadurch begegnet, dass bei der Auswertung der Daten – den Gütekriterien der Qualitativen Sozialforschung folgend (vgl. Steinke 2000) – die teilweise zeitlich parallel erhobenen Materialsorten mit unterschiedlichen Erhebungsverfahren und je spezifischen Relevanzhorizonten getrennt voneinander ausgewertet und erst in einer anschließenden theoretischen Generalisierung zusammengeführt wurden. Zweitens wurden Datenerhebungs- sowie Datenauswertungsmethoden ausgewählt, deren methodologische Programme auf gleichen oder ähnlichen Forschungstraditionen beruhen (wie z. B. narratives Interview und Grounded Theory) (Between-Method-Triangulation) und die im Sinne der Theorien-Triangulation ähnliche erkenntnislogische und theoretische Hintergründe aufweisen.

Ethnografische Organisationskulturforschung
Ethnografische Feldforschung rückt „üblicherweise die jeweilige Kultur und die darin eingelagerten Wissensbestände und -formen in das Zentrum der Aufmerksamkeit" (Lüders 2000, S. 390). Während in der Kulturanthropologie und der Ethnologie zumeist außerhalb des westlichen Kulturraums gelegene Kulturen untersucht werden, hat sich in der Sozialwissenschaft eine „Ethnografie des Inlands" (Rutschky, zitiert nach Zinnecker 2000, S. 382) entwickelt, die weiterhin von der grundsätzlichen „Fremdheit" der Lebenswelt der Untersuchungspersonen und den lebensweltlichen Differenzen der Forschenden und den zu Erforschenden ausgeht (vgl. Hirschauer/ Amann 1997). Sie ist „eine ‚mikroskopische' Methode zur Untersuchung überschaubarer soziokultureller Einheiten" (Legewie 1993, S. 189) in der Gestalt von Szenen, Cliquen oder auch Organisationen.

Ein interpretativer (vgl. Kühl/Strodtholz 2002) und teilweise ethnografischer Blick (vgl. u. a. Bachmann 2002) auf Organisationen entwickelte sich insbesondere im Zusammenhang mit der These, dass Organisationen nicht nur eine Kultur haben (sollten), sondern (Teil von) Kultur sind (vgl. auch von Rosenstiel 2000, S. 234). Dieser Ansatz „begreift ‚Organisationskultur' als eine ‚root metaphor' (vgl. Smircich 1983), als einen *‚Schlüssel' zum Verständnis der Organisationswirklichkeit*" (Bardmann 1994, S. 344; i. O. kursiv) und entstand in Abgrenzung zu vorherrschenden zweckrationalistischen Konzepten von Organisationen. „Die Organisationskulturforschung nimmt ihren Ausgangspunkt mit der Einsicht, dass (…) Zweckrationalität selbst wiederum einen Mythos in der Praxis und der Theorie von Organisationen darstellt" (May 1997, S. 14). Hier äußerte sich die Enttäuschung über die „mangelhafte Bestätigung von Zusammenhangsbehauptungen zwischen Variablen der Organisationsstrukturtheorien" (ebd., S. 17).[18]

Der interpretativ-soziologische Ansatz zur Beschreibung von Organisationskultur nach Reiner Franzpötter (1997) versteht Organisationskultur in Anlehnung an Clifford Geertz als ein individuell hervorgebrachtes „Geflecht von Bedeutungen, in denen Menschen ihre Erfahrungen interpretieren und nach denen sie ihr Handeln ausrichten" (Geertz 1983, S. 99). Hier richtet sich der Blick des Forschers auf

---

18 An dieser Stelle soll noch einmal grundlegend das Missverständnis ausgeräumt werden, dass das Organisationskulturkonzept – zumindest in den Varianten, die hier berücksichtigt werden – als „ein Veredelungsverfahren für die Welt von Organisationen" betrachtet wird (May 1997, S. 14). Die Förderung und Entwicklung von Kultur in Organisationen als Managementstrategie beinhaltet ein vollkommen anders gelagertes Konzept von Organisationskultur.

"die Prozesse der Herstellung, Aktivierung und Tradierung von Bedeutungs- und Verständigungsrahmen (‚frames') (...) durch die organisatorische Ereignisse, Handlungen und Institutionen sinnhaft interpretiert werden. (...) Unterstellt wird aus interpretativ-soziologischer Sicht, dass die organisatorischen Bedeutungs- und Verständigungsrahmen nicht einfach existieren oder vorgegeben sind, sondern permanent von den Akteuren eines Organisationssettings geschaffen, institutionalisiert und legitimiert werden. Analytisch lässt sich der Begriff Organisationskultur bestimmen als die kontextspezifische organisatorische Konstruktion von Wirklichkeit, als ein zeichenhaft-symbolisch vermitteltes Netz von Sinnbestimmungen, Deutungsmuster und Wirklichkeitskonstruktionen. (...) Eine konkrete Organisationskultur lässt sich als eine sozial anerkannte, symbolisch vermittelte *Wirklichkeitsinterpretation* darstellen, die in Wechselwirkung mit der Organisationsumwelt in der täglichen Handlungspraxis eines Organisationssettings entsteht und dem Handlungsgeschehen durch habitualisierte und institutionalisierte Deutungsmuster, Überzeugungen, Grundannahmen, Gefühle und Selbstverständlichkeiten *Struktur* verleiht" (Franzpötter 1997, S. 59 f.; i. O. kursiv).

In diesem Sinne werden Organisationskulturen bezüglich der in ihnen zu beobachtenden Symbole, Ideologien, Rituale und habitualisierten Ausdrucksformen untersucht. Organisationskulturen produzieren und reproduzieren sich durch Interaktion und Kommunikation ständig neu. Sie schaffen einen gemeinsamen Erfahrungshorizont, eine kollektive Wissensbasis, die – vermittelt über spezifische Habitusformen – distinktiv im ständigen Kampf um Definitionen neu hergestellt wird. Distinktion innerhalb von Organisationskulturen – nach innen und nach außen gerichtet – findet ihren Ausdruck in Prozessen des Ein- und Ausschlusses über „Status, Macht, Reputation und Identität" (Franzpötter 1997, S. 63).

3.2 Narrative Interviews und Habitusrekonstruktion

Einen Weg, die in Organisationskulturen konkurrierenden Habitusformen zu rekonstruieren, stellen biografische Interviews dar, die die biografisch aufgeschichteten habituellen Orientierungen der Organisationsmitglieder sichtbar machen. Grundsätzlich orientiert sich das hier angewandte methodologische und theoretische Gerüst zur Erhebung und Auswertung von biografisch-narrativen Interviews an dem von Schütze (1983) ausgearbeiteten Forschungsprogramm. „Lern- und Bildungsprozesse, das Gewordensein eines Subjekts, sind in ihrer Vollständigkeit am ehesten aus der lebensgeschichtlichen Erzählung einer Person erfassbar" (Ecarius 1998, S. 129). Die biografischen Erzählungen werden hier als individuelle Rekonstruktions- und Interpretationsleistungen von sozialer Wirklichkeit aufgefasst, die in mehreren Deutungsschichten „die Wechselwirkung von Vergangenem, Gegenwärtigem und Zukünftigem" präsentieren (Fischer-Rosenthal/Rosenthal

1997, S. 138). Ohne dass die textgewordene Form der biografischen Erzählung mit der „gelebten Wirklichkeit verwechselt" (ebd.) werden darf – hier somit auch nur eine Realität zweiter Ordnung zu interpretieren ist –, gelten die Erzählungen der Befragten als eine die Wirklichkeit sinnvoll strukturierende Rekonstruktions- und Deutungsleistung, die die „sequentiell geordnete Aufschichtung größerer und kleinerer in sich geordneter Prozessstrukturen" offenbart (Schütze 1983, S. 284). Es geht hier also darum, „den einzelnen Menschen in seinen sinnhaften-interpretativ vermittelten Bezügen zur alltäglichen Lebenswelt ebenso zu verstehen wie in seinem biografischen Gewordensein. Die Dimensionen der Prozessualität und Historizität erhalten dadurch eine besondere Bedeutung" (Marotzki 1995, S. 58). Biografie konturiert sich besonders deutlich entlang der durchschrittenen Statuspassagen, der erlebten Konflikte und Brüche, weil hier latente Handlungsroutinen sichtbar werden können.

Biografie wird hier vorwiegend betrachtet als Berufsbiografie, die schon lange vor der Aufnahme der Tätigkeit in der Kinder- und Jugendhilfe begonnen hat, die immer auch Aspekte zukünftiger Lebensplanung beinhaltet und darüber hinaus in die ‚privaten' lebensweltlichen Zusammenhänge der Befragten eingebettet ist. Angenommen wird hier, dass die Berufsbiografie an zwei Faktoren gekoppelt ist: an berufskulturelle und an organisationskulturelle Aspekte.

Berufskultur „bezeichnet die für einen bestimmten Beruf bzw. für ein Berufsfeld typischen Wahrnehmungsweisen, Kommunikationsformen und langfristigen Persönlichkeitsprägungen derjenigen Personen, die in diesem Beruf arbeiten. Jeder Beruf bzw. Berufsbereich weist (in unterschiedlichem Ausprägungsgrad und unterschiedlicher Binnendifferenzierung) eine solche Berufskultur auf, die insofern also kein individuelles, sondern ein kollektives Phänomen darstellt. Gleichwohl ist sie natürlich keine unbeeinflussbare, autonome Größe unabhängig von den einzelnen Berufsinhabern bzw. -inhaberinnen, sondern wird von diesen mitgetragen, mitgestaltet und fortgeschrieben. Darüber hinaus ist eine Berufskultur nicht allein von innen her, vom Berufsfeld und den Berufsinhabern selbst, sondern auch von außen her, das heißt durch die sie umgebende gesellschaftliche Kultur geprägt" (Terhart 1999, S. 452 f.).

Berufskultur kann jedoch nicht monolithisch aufgefasst werden, weil sie erhebliche Binnendifferenzierungen aufweist. Möglicherweise – das ist jedoch nicht Gegenstand der Untersuchung – kann kaum von einer gemeinsamen Berufskultur im Zusammenhang mit Sozialer Arbeit gesprochen werden, zumindest was die Herausbildung eines gemeinsamen Habitus betrifft (vgl. Thole/Küster-Schapfl 1997). Beruflich-habituelle Profile bilden sich entlang der Berufs- und Organisationskultur heraus. Bernd Dewe fasst dies für die Erwachsenenbildung folgendermaßen zusammen:

„Diese Professionalität ist nun nicht schlichtweg durch eine institutionalisierte sowie fachlich spezialisierte Ausbildung auf wissenschaftlicher Grundlage allein zu erwerben, an deren Ende die Beherrschung eines Fachwissens samt des dazugehörigen beruflichen Methodenrepertoires steht (...). Sie ist auch das strukturelle, das heißt intersubjektiv gültige und in Form von habituellen Orientierungen sich Geltung verschaffende Resultat einer eingeübten Praxis, die sich neben sozialwissenschaftlich-pädagogischer Analysefähigkeit vor allem durch Intuition, Empathie und professionelles Können auszeichnet" (Dewe 1999, S. 743 f.).

Auch wenn mittlerweile einige Versuche vorliegen, den beruflichen Habitus einzelner Berufsgruppen zu rekonstruieren (vgl. z. B. aus geschichtlicher Perspektive für den modernen Künstler Ruppert 1998) und im Bereich Sozialer Arbeit und der Kinder- und Jugendhilfe erste Versuche von Habitusrekonstruktionen vorgenommen wurden, erweist sich die Verbindung aus Biografieanalyse und Habitusrekonstruktion als ein noch unvollständiges Programm (vgl. Ackermann/Seeck 1999; Thole/Küster-Schapfl 1997; Schweppe 2002). Auch das von Bourdieu entworfene Habituskonzept gibt nur wenige Hinweise auf seine konkrete berufliche Verfasstheit (vgl. u. a. Bourdieu 1982).

Über den Habitus als das „Gespür für die Stellung, den Platz, an dem man steht", als den „sense of one's place" (1982, S. 110), verortet sich das Individuum als BesitzerIn erworbener Kapitalsorten[19] (vgl. ebd., S. 62), als „aktiv handelnder Akteur" (ebd.) in gesellschaftlichen Feldern, die auch als Berufsfelder gefasst werden können. Anhand des Gesamtvolumens, der Zusammensetzung der Kapitalformen und deren Entwicklung in der Zeit (vgl. ebd., S. 107) sind die AkteurInnen oder Gruppen innerhalb des sozialen Raumes, innerhalb sozialer Felder positioniert. Das soziale Feld als ein „relativ autonomes Universum spezifischer Beziehungen" (ebd., S. 68) ist somit nur denkbar, wenn die zeitlichen Faktoren der sozialen Positionierung, also die historisch-gesellschaftliche Entwicklung und soziale Laufbahn (vgl. ebd., S. 111) des Individuums mitgedacht werden: Weil Bourdieu hier die zeitlich-biografische Perspektive sozialer Positionen betont, wird die Theorie von Habitusformationen und sozialen Feldern somit auch für die Biografieforschung interessant. Die Art der Beziehung zwischen (objektiven) sozialen Wandlungsprozessen und (individuellen) Veränderungsoptionen im Lebenslauf gibt Auskunft über die sozialräumliche Position des Individuums als Teil von Gruppen und sozialen Feldern. Der Beruf ist in diesem Sinne ein „zuverlässiger und sparsamer Indikator" (Bourdieu 1997, S. 108), eine wichtige Konstante zur Bestimmung von Positionen im sozia-

---

19 Bourdieu benennt insgesamt vier Kapitalsorten: das ökonomische und das kulturelle Kapital, das soziale bzw. Bildungskapital sowie das symbolische Kapital, „die Form, die die verschiedenen Kapitalarten, einmal als legitim anerkannt und wahrgenommen, annehmen" (Bourdieu 1997, S. 107).

len Raum. „Offenbar sind berufliche Habitusformen genauso greifbar wie klassenspezifische" (Hradil 1989, S. 126). In Anlehnung an St. Hradil wird sich hier auch vorwiegend auf die berufliche Perspektive habitueller Positionierungen bezogen. Somit wird es möglich, über das Habituskonstrukt auch die beruflichen Positionierungen von MitarbeiterInnen in der Kinder- und Jugendhilfe im Berufsfeld in Abgrenzung zu anderen Feldern zu bestimmen.

3.3 Datenerhebung und -auswertung

Die Datenerhebung ist in erheblichem Maße abhängig von den lokal vorgefundenen Bedingungen, dem institutionellen Gepräge und der jeweiligen Situation, von der Bereitschaft der MitarbeiterInnen und den Regeln des Feldes. Maßgeblich sind hier die Regeln, die durch die MitarbeiterInnen festgelegt und von den ForscherInnen mit den MitarbeiterInnen ausgehandelt werden. Bei der Feldteilnahme dieses Forschungsprojektes wurden nur Daten gesammelt, die direkt aus dem Feld stammen, nicht jedoch Daten, die aus einer Außenperspektive das Feld in den Blick nehmen, wie sie z. B. von ExpertInnen, die das Feld kennen, zu erhalten sind.

Grundlage für das erfolgreiche Sammeln von Daten ist, „dass möglichst viele und vielfältige aktuelle und sedimentierte Äußerungs- und Vollzugsformen einer zu rekonstruierenden (Teil-)Wirklichkeit erfasst und interpretativ verfügbar gemacht werden sollen" (Honer 1994, S. 88). Gefragt ist hier also eine Grundhaltung der Forschenden, die erst einmal alles im Feld als beachtenswert ansieht und später den Blick fokussiert. Dabei wurde in dieser Studie eine Strategie des ständigen Wechsels des Beobachtungs- und Teilnahmemodus angewendet. Dies verlangte vom Ethnografen ein ständiges Hin- und Herpendeln:

- Zum einen galt es, die Konzentration auf einzelne Phänomene, Themen und MitarbeiterInnen zu richten und zum anderen musste auch immer wieder das Gesamtgeschehen in den Blick bekommen werden.
- Auf der einen Seite wurde den Bewegungsmustern und Rhythmen der einzelnen MitarbeiterInnen gefolgt und auf anderen Seite ein eigener Beobachtungsrhythmus entwickelt.
- Immer wieder hielt sich der Ethnograf an zentralen Angelpunkten auf, sucht aber auch ‚Nischen' auf, in denen möglicherweise etwas passiert, was er nicht erwartet hat.
- Er war gefordert bei der Ansprache der MitarbeiterInnen äußerste Enthaltsamkeit zu zeigen und abzuwarten, was sie ihm mitteilen. Er musste sie jedoch auch mit spezifischen Aspekten seines Forschungsinteresses direkt konfrontieren.
- In der Rolle des Beobachters wartete er ab, was geschah und war in der Teilnehmerrolle immer wieder auch gefordert, durch eigene Aktivität direkt auf das Geschehen im Feld Einfluss zu nehmen.

- Er pendelte zwischen Teilnehmender Beobachtung und beobachtender Teilnahme hin und her.
- Er stellte sich mal ‚dumm' (vgl. Hitzler 1986) und musste, wollte er seine Glaubwürdigkeit als pädagogischer Forscher nicht verlieren, mehr oder weniger kluge Fragen stellen.

Von einer direkten Aufzeichnung des pädagogischen Geschehens im Feld durch direkte ‚Mitschriften' in Form von Tonbandaufzeichnungen, Videoaufnahmen o. Ä. wurde mit Ausnahme der Aufzeichnung von vier Teamsitzungen abgesehen.[20] In der Kindertageseinrichtung standen die Mitarbeiterinnen diesem Verfahren sehr skeptisch gegenüber und in der Jugendwerkstatt hätte die laute Geräuschkulisse in den Werkstätten die Transkription von Tonbandaufnahmen unmöglich gemacht.

Die insgesamt sieben erhobenen narrativ-biografischen Interviews in den untersuchten Einrichtungen[21] fokussierten die Biografien vor dem Hintergrund der individuellen Berufsgeschichte. Sie wurden am Ende der jeweiligen Phasen der Feldteilnahme durchgeführt, weil somit gewährleistet werden konnte, dass die Erfahrung der intensiven Gesprächssituation und die mögliche Preisgabe von sehr Persönlichem kaum mehr negativen Einfluss auf die Feldteilnahme haben konnten. Vermutet wurde, dass es den Mitarbeiterinnen nach der Präsentation ihrer Lebensgeschichte Schwierigkeiten bereiten könnte, weiterhin beobachtet zu werden, weil zum Teil intimste Kenntnisse über ihr Leben und ihre Einstellungen erlangt wurden. In diesem Zusammenhang wurde auch überlegt, dass bei gleichzeitiger Teilnahme im Feld die Bereitschaft sinken könnte, Biografisches zu erzählen. Bei einer Durchführung der Interviews zu Beginn der Feldteilnahme hätte der leitfadengestützte dritte Teil der Interviews möglicherweise die Mitarbeiterinnen dazu veranlasst, das Interesse des Forschers zu lenken und die Offenheit des Zugangs zu stören, weil dieser z. B. auch das Wissen und Können der in der Ausbildung erworbenen Qualifikationen abfragt.

Die Interviews wurden auf Wunsch der MitarbeiterInnen in den Räumen der Jugendwerkstatt bzw. der Kindertageseinrichtung durchgeführt. Die Durchführung der Interviews am Arbeitsplatz in einem Projekt, welches das berufliche Handeln in den Blick nimmt, hatte zur Folge, dass sich die Interviewten bei der Erzählung ihrer Lebensgeschichte mehr oder weniger stark auf ihre berufliche Lebensgeschichte konzentrierten. Dies entsprach der Konzeptionalisierung der Interviews als eine auf die Berufsgeschichte fo-

---

20 Die Aufnahme von Teamsitzungen ermöglichte, nah am Geschehen organisationskulturelle Bedingungen, Gemeinsamkeiten und Unterschiede herauszuarbeiten. Die ausführlichen Rekonstruktionen dieser Teamsitzungen wurden aus Platzgründen ausgelassen und sind zu finden bei Cloos (2004, 2006).
21 Aus Platzgründen werden hier nur vier der sieben Rekonstruktionen abgebildet. Zusätzlich wurden vier weitere Interviews erhoben, ohne dass in den Einrichtungen der Befragten Feldteilnahmen durchgeführt wurden.

kussierende Befragung. Um jedoch den Erzählhorizont nicht noch deutlicher auf die Berufsgeschichte zu konzentrieren, wurde ein möglichst offener Erzählstimulus gewählt, der schon in anderen Forschungsprojekten geprüft werden konnte und sich weitgehend an den Vorgaben von F. Schütze (1983) orientiert. Der Stimulus ermöglichte den Befragten, selbst zu entschieden, welchen Fokus sie auf die Lebensgeschichte legen. Nach einer kurzen, immer gleich gestalteten Einleitung, in dem die Interviewten noch einmal über den Ablauf des Interviews informiert und auf die Anonymisierung der Daten hingewiesen wurden, schloss sich folgende Frage an:

Ich möchte gern wissen, wie Ihr bisheriges Leben verlaufen ist. Erinnern Sie sich bitte zurück an die Zeit, als Sie noch ganz klein waren und erzählen Sie mir von da an bis heute ausführlich Ihr Leben. Ich sage erst mal gar nichts und höre Ihnen zu.

Nachdem die Interviewten ihre durch den Interviewer nicht unterbrochene Ersterzählung selbst mit einer deutlich konturierten „Erzählkoda" (Schütze 1983, S. 285) beendet hatten, wurde der Nachfrageteil des Interviews angeschlossen. Hier galt es, den lebensbiografisch präsentierten roten Faden der Ersterzählung aufzugreifen, dabei jedoch „undeutliche, nicht plausible, lediglich angedeutete, also nicht ausformulierte oder widersprüchlich erscheinende Erzählteile und Unstimmigkeiten aufzuklären" (Thole/Küster-Schapfl 1997, S. 29), ohne dass jedoch dabei die Narration der Interviewten in eine argumentierende Sprechweise überwechseln sollte. Die Nachfragen sollten dementsprechend „wirklich narrativ" (Schütze 1983, S. 285) sein. Nachdem die Lebensgeschichte der Interviewten Stück für Stück noch einmal durchgegangen worden war, wurde die Möglichkeit eröffnet, das Leben durch folgende Fragen zu bilanzieren.

„Wenn Sie noch einmal alles zusammenfassen, also Ihr Leben, das Sie mir erzählt haben: Wie sehen Sie dann Ihr Leben bis heute?"

„Wie denken Sie, wird Ihr Leben weitergehen?"

An die Bilanzierungsphase wurde der Teil des Interviews angeschlossen, in dem die Interviewten aufgefordert wurden, sich auch argumentativ der eigenen Biografie zu nähern (vgl. Marotzki 1995, S. 63). Der Leitfaden, der für diesen Interviewteil erarbeitet wurde, beinhaltete 55 Fragen in acht Themenkomplexen und nahm insbesondere das beruflich-habituelle Profil der MitarbeiterInnen in den Blick. Die Fragen des Leitfadens wurden nur gestellt, soweit diese noch nicht im Interview angesprochen und befriedigend beantwortet werden konnten. Darüber hinaus enthält der Leitfaden Fragen zu den persönlichen Daten der Interviewten.

Erst über die empirische Erschließung der jeweiligen Organisationskulturen lassen sich zutreffende Aussagen über beruflich-habituelle Profile von MitarbeiterInnen in der Kinder- und Jugendhilfe anstellen, die über biografische Rekonstruktionen, Selbsteinschätzungen etc. hinaus gehen. Biografisch-narrative Interviews mit beruflich Handelnden liefern andere Daten als Teilnehmende Beobachtungen. Sie können vorwiegend die biografische Verfasstheit beruflichen Handelns erfassen. Auch durch die Ergänzung eines Leitfadens kann nicht die Komplexität der beruflichen Praxis erhoben werden. Darüber hinaus veranlasst die Interaktionsform Leitfadeninterview im Zusammenspiel mit den kognitiven Figuren des Erzählens die Befragten dazu, Verkürzungsformen hervorbringen (vgl. Schütze 1984), die nicht selten in Deutungsmuster münden, die die für die Interviewten bedeutsamen Aspekte pointieren, karikieren und zuspitzen. Mit anderen Worten: Der berufliche Habitus ist organisationskulturell verfasst und kann auch nur in seiner organisationskulturellen Verfasstheit beobachtet werden.

Abbildung 3: Fragenkomplexe des leitfadengestützten Interviewteils

Personaldaten
Fragen zu vorberuflichen Erfahrungen
Fragen zur Ausbildung/zum Studium
Fragen zum Übergang Ausbildung/Studium Beruf
Fragen zur Arbeit mit Kindern und Jugendlichen
Fragen zur Arbeit in der Einrichtung und im Team
Fragen zur (Zusammen-)Arbeit mit anderen Einrichtungen, mit dem Träger und zur Arbeit mit Eltern etc.
Fragen zur gesellschaftlichen Funktion des Berufes
Fragen zum Wissen, Können und beruflichen Habitus

Die hierfür geeignete Methode ist die Teilnehmende Beobachtung, bei der das im Feld Beobachtete und Erfahrene retrospektiv vorwiegend in Beobachtungsprotokollen festgehalten wird. Im Gegensatz zu narrativen Interviews, deren Erhebung in vielfältigen Publikationen beschrieben und methodisch diskutiert wurde, gibt die vorliegende Literatur nur wenige Hinweise, wie Beobachtungsprotokolle zu schreiben sind (vgl. Lüders 2000, S. 398)[22], auch wenn das Beobachtungsprotokoll als eines der wichtigsten Arbeitsmaterialien von EthnografInnen angesehen werden kann (vgl. Hildenbrand 1984, S. 10).

„Im Gegensatz zu audiovisuellen Aufzeichnungstechniken, die das interaktive Geschehen registrierend konservieren, handelt es sich bei Beobachtungsprotokollen um das Ergebnis eines ‚Transformationsprozesses' mit dem ein in sich sinnhaft strukturiertes, in situ organisiertes soziales

---

22 Hinweise finden sich jedoch u. a. bei Lofland (1979b); Hildenbrand (1984); Bachmann (2002).

Geschehen substituiert wird durch eine typisierende, narrativierende, ihrerseits deutende Darstellung ex post' (Bergmann 1985, S. 308), also um eine ‚rekonstruierende Konservierung' (ebd.)" (Lüders 2000, S. 396).

Das Protokollieren als „Brücke zwischen der Arbeit des Ethnografens als aktiv Beobachtendem und Teilnehmendem im Feld auf der einen und seiner Arbeit als Analysierendem auf der anderen Seite" (Hildenbrand 1984, S. 11) ist weniger ein Abbild des Beobachteten als die Deutung des Beobachteten durch Selektion, Interpretation etc. Deshalb wurde auch unterstellt, dass das Protokoll mehr über den Protokollanten als über die im Text beschriebene Wirklichkeit verrät. Dem kann entgegengehalten werden, dass jede Aufzeichnung immer eine Interpretation von Wirklichkeit darstellt und auch die Aufzeichnung durch Video und Audiogeräte nicht nur den Blick- und Hörhorizont einschränkt, sondern immer wieder auch technische Einschränkungen beinhaltet (vgl. auch Kelle 2001).

Bereits am Anfang der Feldbeobachtungen wurde ein auf das jeweilige Feld abgestimmtes mehrfach geschichtetes Protokollierungsverfahren entwickelt, das erlaubte, möglichst viel des Beobachteten und Erinnerten sprachlich zu fixieren.

(1) Während der Beobachtungen zog sich der Forscher mehrere Male am Tag kurz zurück, um Notizen zu erstellen. Die Notizen konzentrierten sich auf den Ablauf der Ereignisse und auf besondere Erlebnisse. Dabei wurden kurze Stichworte als Hinweise zur Konservierung der Erinnerung gemacht.

(2) Auf der Fahrt nach Hause wurden Beobachtungen, Reflexionen und erste theoretische Überlegungen sowie Hinweise für die weitere Beobachtung auf Tonband aufgezeichnet.

(3) Zumeist abends oder einen Tag später wurde auf der Basis der Notizen und Tonbandprotokolle ein Beobachtungsprotokoll verfasst, das dann im Laufe der Zeit immer wieder ergänzt wurde. Unterschiedlich gekennzeichnet sind hier Passagen, die Berichte zum Beobachteten beinhalten und solche, die das Beobachtete reflektieren und in Memo-Form erste theoretische Überlegungen einbinden. Hier wurden auch Überlegungen angestellt, welche Daten in folgenden Beobachtungen noch erhoben werden müssen und auf welche Situationen der Aufmerksamkeitshorizont gerichtet werden soll. Die vorangegangenen theoretischen Überlegungen und vorläufigen Kodierungen konnten hier noch einmal überdacht und dichter gefasst werden.

(4) Nach einer ersten Protokollierung des Erinnerten, die dem Zeitstrom der Erinnerung folgte, wurden die Protokolle systematisch nach Themen und dem sequentiellen Ablauf des Geschehen sortiert. Auf diese Weise wurde versucht, eine auch intersubjektiv nachvollziehbare dichte, sequentiell geordnete Beschreibung des Geschehens zu fixieren.

(5) Für die Verwendung in der vorliegenden Publikation wurden die Texte noch einmal sprachlich überarbeitet und teilweise inhaltlich verdichtet, ohne den Sinngehalt besonders zu verändern.

Bei der Interpretation der Beobachtungsprotokolle wurde eine mehrschichtige Strategie verfolgt. Zunächst wurden die Protokolle des Erstkontakts mit den Einrichtungen und das Protokoll des ersten Tages der Teilnehmenden Beobachtungen einer extensiven Rekonstruktion unterzogen. Danach wurden – entlang der jeweils zu bearbeitenden Forschungsfragen – einzelne ausgesuchte Szenen rekonstruiert. Im Zuge dieser Rekonstruktionen schälten sich erste Thesen und Kategorien heraus, die im Zuge der Durchsicht des Gesamtmaterials mit weiteren ‚Fällen' kontrastiert und somit verdichtet oder auch ‚fallen' gelassen wurden. Parallel hierzu musste ein genauer Kenntnisstand des gesamten Materials durch ständiges Lesen in den Protokollen erreicht werden. Erst nach der zunehmenden Verdichtung der Thesen und Kategorien wurden diese mit weiteren Datensorten, z. B. Interviewrekonstruktionen, konfrontiert.

Die Daten, die in den ersten Tagen des Feldzugangs gesammelt werden konnten, ermöglichten durch die extensive Interpretation weitreichende Erkenntnisse über die organisationskulturelle Verfasstheit beruflichen Handelns. Ähnlich wie bei der Interpretation der ersten Sätze einer Stegreiferzählung konnten anhand der ersten Protokolle weitreichende Hypothesen erstellt und grundlegende Muster herausgearbeitet werden. Dabei erlaubte die Rekonstruktion der Formen, wie die Feldzugänge gewährleistet werden und der beobachteten beruflich-habituellen Positionierungen der einzelnen MitarbeiterInnen, erhebliche Rückschlüsse auf beruflich-habituelle Profile. Insbesondere Selbstcharakterisierungen in Form von beruflich-habituellen Positionierungen konnten als sichere Datenquelle zur Rekonstruktion dieser Profile gelten. Unter Selbstcharakterisierung wird hier ein narrationstheoretisches Element der Verdichtung biografischer Erfahrungsaufschichtung in Form einer Zuschreibung zentraler Eigenschaften verstanden, über die ErzählerInnen in zentrale, beruflich bedeutsame biografische Rahmungen einführen. In diesem Sinne dienen Selbstcharakterisierungen auch als Hilfsmittel zur Konstruktion der eigenen Lebens- und Berufsgeschichte. Sie dienen der beruflich-habituellen Positionierung und Distinktion gegenüber anderen beruflich Handelnden, als identitätsstiftende inkorporierte Verortung im gegliederten Berufssystem. Dies gilt zum einen im Hinblick auf narrative Interviews, die mit Berufstätigen geführt wurden, und zum anderen insbesondere bezogen auf die Selbstverortungen der beobachteten BerufsrollenträgerInnen zu Beginn der jeweiligen Feldbeobachtungen.

4. Die Jugendwerkstatt „Goldstraße"

Die Jugendwerkstatt „Goldstraße" ist eine Einrichtung für Jugendliche, die – laut SGB VIII, Kinder- und Jugendhilfegesetz § 13 – „zum Ausgleich sozialer Benachteiligungen oder zur Überwindung individueller Beeinträchtigungen in erhöhtem Maße auf Unterstützung angewiesen sind" (BMFSFJ 2005, S. 51). Die Jugendwerkstatt liegt nahe dem Zentrum einer großen Ruhrgebietsstadt und besteht seit fast zwanzig Jahren. Wie auch bei anderen Jugendwerkstätten beschränkt sich das Angebot nicht allein auf Angebote aus dem Spektrum der Kinder- und Jugendhilfe. Dementsprechend umfasst sie berufsvorbereitende Lehrgänge nach dem Landesjugendplan in den Bereichen Holz, Metall und Hauwirtschaft und eine Ausbildungswerkstatt für Fräser und Zerspanungsmechaniker, die aus Mitteln der Bundesagentur für Arbeit nach §244, SGB III finanziert wird. Damit ist die Jugendwerkstatt „auch den Handlungslogiken von Finanzierungsinstrumenten außerhalb der Jugendhilfe" unterworfen (Frank 2001, S. 606).

Jugendwerkstätten bieten den Jugendlichen Hilfen an, „die ihre schulische und berufliche Ausbildung, Eingliederung in die Arbeitswelt und ihre soziale Integration fördern" (BMFSFJ 2005, S. 51). Dieser mehr als dreifache Auftrag verfolgt „den Anspruch, ihre Zielgruppen nicht nur in beruflicher und allgemein bildender Hinsicht zu fördern, sondern sie vor allem auch persönlich zu stabilisieren und zu ihrer sozialen Integration beizutragen" (Frank 2001, S. 605). Dabei stellt sich aber das Problem, dass bei einem erheblichen Teil der Jugendlichen das Ziel der Überführung in eine Ausbildung bzw. in den ersten Arbeitsmarkt nicht erreicht werden kann. Mit zunehmender Jugendarbeitslosigkeit und wachsendem Ausbildungsplatzmangel wird dieses Problem zum „Orientierungsdilemma" (Galuske 1993), insbesondere dann, wenn Jugendwerkstätten – wie häufig – die berufsvorbereitenden Angebote in ihrer Arbeit überbetonen und sich als „Brücke zur Arbeitswelt" verstehen (vgl. auch Frank 2001, S. 610), sie kein ausgewogenes Verhältnis zwischen Arbeitsmarkt- und Lebensweltorientierung in ihrer Angebots- und Maßnahmepalette herstellen (vgl. Galuske 1993). Konkret und zielorientiert bedeutet die Arbeitsmarktorientierung eine Vermittlung der Jugendlichen in eine betriebliche oder außerbetriebliche bzw. Sonderausbildung (z. B. nach SGB II §§ 240 ff.) oder direkt in den Arbeitsmarkt, z. B. als Jungarbeiter ohne Qualifikation. Zudem stellt sich die Arbeitsmarktorientierung häufig nur bedingt als direktes Ziel der Überführung in den Arbeitsmarkt einer einzelnen Einrichtung heraus. Im Verbund mit anderen Maßnahmen der Jugendsozialarbeit bzw. der Sozialen Arbeit und der Arbeitsförderung wird häufig zunächst eine ‚Überführung' in andere (weiterführende) Maßnahmen angestrebt, sodass hier Maßnahmekarrieren vorzufinden sind, die eben nur mittelbar die Überführung in den Arbeitsmarkt anstreben.

Tabelle 2: Die MitarbeiterInnen der „Goldstraße" (I)

Name	Paul Fröhling	Anja Schell	Carolin Weber	Petra Mildes	Martin Lange
Alter	48	36	38	39	41
In der KJH tätig seit	23 J.	unbekannt	7 J.	unbekannt	17 J.
In der Jugend-Werkstatt tätig seit	18 J.	unbekannt	3 J.	unbekannt	17 J.
Formale Qualifikation	Soz.arb. (FH), Schlosser, Ausbildereignungsprüfung,	Sozialpädagogin (FH), Erzieherin, Freizeitpäd.	Sozialpädagogin (FH)	Lehrerin	Modelltischler
Position im Team	Leiter, Sozialarb., Anleiter	stellv. Leiterin, Sozialpädagogin	Sozialpädagogin		Anleiter
Zuständigkeit	Ausbildung Metall	Berufsvorbereitung Metall	Berufsvorb. Holz/Hauswirtschaft	Stützunterricht Berufsvorbereitung	Berufsvorbereitung Holz
Beschäftigungsverhältnis	Angestellter	Angestellte	Angestellte	Angestellte	Angestellter
Umfang der Planstelle	1	½	1	25 Std.	1
Interview	ja	nein	ja	nein	ja
Abkürzung	PF	AS	CW	PM	ML

In jedem arbeitsmotivierenden Arbeitsbereich der Jugendwerkstatt „Goldstraße" können acht Jugendliche mitarbeiten; im Ausbildungsbereich sind zwölf Arbeitsplätze vorhanden. In der Jugendwerkstatt sind neben einer Reinigungskraft zehn MitarbeiterInnen beschäftigt; das Team ist multidisziplinär zusammen gesetzt. Jedem Arbeitsbereich ist ein/e SozialpädagogIn, ein/e WerkanleiterIn bzw. ein Ausbilder und ein/e (Stütz-)LehrerIn zugeordnet. Für die Verwaltungsarbeit ist eine Verwaltungsfachkraft angestellt.

Tabelle 3: Die MitarbeiterInnen der „Goldstraße" (II)

Name	Hannes Klein	Evelyn Rühl	Ernst Meister	Gerd Pröß	Otto Krauß
Alter	45	48	38	57	55
In der KJH tätig seit	12 J.	16 J.	½ J.	unbekannt	0 J.
In der Jugend-Werkstatt tätig seit	6 ½ J.	14 J.	½ J.	unbekannt	5 J.
Formale Qualifikation	Automechaniker, Industriemeister	Ökotrophologin	Meister	Berufsschullehrer	Verwaltungsfachkraft
Position im Team	Anleiter	Anleiterin	Anleiter		
Zuständigkeit	Berufsvorbereitung Metall	Berufsvorbereitung Hauswirtschaft	Ausbildung Metall	Stützunterricht, Ausbildung Metall	Verwaltung
Beschäftigungsverhältnis	Angestellter	Angestellte	Angestellter	Angestellter	Angestellter
Umfang der Planstelle	1	1	1	½	¾
Interview	ja	nein	nein	nein	nein
Abkürzung	HK	ER	EM	GP	OK

In der Jugendwerkstatt „Goldstraße" wurden in einem Zeitraum von fast vier Monaten Teilnehmende Beobachtungen durchgeführt. Dabei wurden in der Regel mindestens dreimal in der Woche jeweils an einem vollen Arbeitstag Beobachtungen vorgenommen. In dieser Zeit wurden zwei Teamsitzungen mit dem Tonband aufgezeichnet, zwei Teamsitzungen protokolliert und am Ende der Feldbeobachtungsphase vier biografisch-narrative Interviews durchgeführt. Insgesamt liegen Beobachtungsprotokolle in einem Umfang von über 300 Seiten vor.

4.1 Der Zugang zum Feld

Ein Bekannter verhilft zum Kontakt mit dem Geschäftsführer und pädagogischen Leiter der Jugendwerkstätten in „Großstadt". In dem Telefongespräch mit dem Geschäftsführer erläutere ich kurz das Forschungsvorhaben und erkläre, dass ich eine Einrichtung mit einem spezifischen MitarbeiterInnenprofil benötige. Der Geschäftsführer wählt die Jugendwerkstatt „Goldstraße" aus und fügt hinzu, dass dort sehr gute Arbeit geleistet werde. Ihm ist es wichtig, dass die Untersuchung in einer Einrichtung durchführt wird, die vorbildhaft die Leistungen der jugendsozialarbeiterischen Dachorganisation nach außen darstellen kann. Er schlägt vor, dass er mit dem Leiter der Werkstatt, Paul Fröhling, telefoniert und ihm von dem Forschungsvorhaben erzählt. Im Anschluss könne ich dann Paul Fröhling anrufen und mit ihm das Weitere besprechen. Der Kontakt wird hier also auf der höchsten hierarchischen Ebene angesetzt. In dem kurzen Telefongespräch mit Paul Fröhling wird auf das Telefonat mit dem Geschäftsführer verwiesen und in knapper Form das Vorhaben beschrieben. Es wird ein Termin vereinbart, bei dem die Einrichtung kennen gelernt und das Forschungsvorhaben vorgestellt werden kann.[PJu23]

Die folgenden Abschnitte folgen der Reihenfolge des ersten Protokolls, das im Anschluss an das Vorgespräch mit Paul Fröhling angefertigt wird. Die zeitliche Reihenfolge der Erlebnisse und Erfahrungen wird hierbei im Wesentlichen nicht durchbrochen, wenn man von einigen Auslassungen absieht. Die Sequentialität der Erlebnisse bleibt also als Datum, das es zu interpretieren gilt, erhalten. Ziel ist hier, an die beobachtete Einrichtung heranzuführen und den Erfahrungsprozess in seiner zeitlichen Abfolge nachvollziehbar zu machen. Grundlegend ist hier die Annahme, dass es möglich ist, schon aus dem ersten Protokoll elementare organisationskulturell bedeutsame Aspekte herauszuarbeiten. Deutlich werden diese darüber, wie sich die MitarbeiterInnen und ihre jeweilige berufliche Rolle inszenieren (vgl. Pfadenhauer 2003) und wie sich das organisationskulturelle Gefüge der Einrichtung dem Ethnografen erschließt.

Hereinkommen
Ich fahre zu dem mit Paul Fröhling verabredeten Vorbesprechungstermin in der Jugendwerkstatt „Goldstraße". Von einer Hauptstraße biege ich ab in die Vogelsiedlung. Mehr- und Einfamilienhäuser aus den 50ern und 60ern. Dann Gewerbebetriebe. Ein Schild weist mir den Weg auf den Hof, auf dem sich neben anderen Betrieben auch die Jugendwerkstatt „Goldstraße" befindet. Ich habe zwei Möglichkeiten, in die Einrichtung zu gelangen. Zum einen führt eine Treppe hoch in das obere Stockwerk der Einrichtung. Zum anderen gibt es einen Zugang zu den Werkstätten durch ein geöffnetes Tor. Ich schaue durch das Tor in die Werkstatt hinein und sehe mehrere Leute in einem Vorraum herumstehen. Ich entscheide mich dann, die Treppe hoch zu gehen, benutze also den „offiziellen Eingang". Dies ist auch gleichzeitig der Eingang, auf den mich Paul Fröhling in unserem Telefonat hingewiesen hat. Ich gehe also die Treppe hoch und klingele. Nachdem mir aber nicht aufgemacht wird, steige ich wieder die Treppe hinab.[PJu]

---

23 Ausschnitte aus Interviews, Teamsitzungen und von Protokollen Teilnehmender Beobachtungen sind im Text in kleinerer Schriftgröße als der Fließtext wiedergegeben. Es wird am Ende jeweils gekennzeichnet, um welche Datenquelle es sich handelt ([PJu] = Protokoll Jugendwerkstatt). Kursiv gesetzte Passagen basieren auf im Nachhinein erstellten Theoretischen Memos und Materialverdichtungen. Die Transkriptionsregeln von Interaktionsprotokollen werden im Anhang erläutert (vgl. Tab. 6–8).

Beim Eintritt ins Feld – vorbei an einer Wohnsiedlung, hinein in ein Gewerbegebiet – wird der Ethnograf zunächst von einem Schild auf einen Hof gelenkt. Dort befinden sich – wie der Beobachter feststellt – noch weitere Betriebe: Die Jugendwerkstatt scheint in ‚guter Gesellschaft' zu sein, d. h. hat einen Platz zwischen weiteren Betrieben gefunden. Auf dem Hof scheint der Ethnograf die Jugendwerkstatt schnell gefunden zu haben, beim Weg hinein muss jedoch noch eine Schwelle überwunden werden, weil der richtige Eingang gefunden werden muss. Die Werkstatt hat, so entdeckt er, zwei Zugangsmöglichkeiten. Den weniger offiziell erscheinenden Weg durch das Werkstatttor wählt er nicht aus, zumal ihn der Einrichtungsleiter im Telefonat auf den offiziellen Weg hingewiesen hat.[24] Dieser ist wohl für Fremde nicht sofort zu finden, muss durch einen Hinweis im Telefonat vorbereitet werden und ist erst zu erreichen, wenn eine Treppe erklommen ist. Dort ist auch eine Klingel und ein kleines Hinweisschild zu sehen. Während das Schild vor dem Hof öffentlichkeitswirksam für die Werkstatt wirbt, muss der Fremde – auf dem Hof angelangt – den Zugang zum Büro des Einrichtungsleiters erst finden.[25] Es liegt hier architektonisch also ein Format vor, das für Werkstätten durchaus üblich ist: Ein funktional notwendiges großes Tor zieht beim Zugang die Aufmerksamkeit auf sich. Die Werkstatt scheint räumlich das Zentrum zu sein. Den Büros – sie sich im oberen Stock befinden – kommt hier architektonisch eher eine Randstellung zu.

Der Ethnograf orientiert sich zunächst in dem vorgefundenen Format und erschließt es im Zuge des Zugangs. Irritiert wird er jedoch durch eine Wartezeit, die nach seinem Klingeln entsteht. Dass er nicht geduldig wartet und die Treppe wieder hinuntersteigt, deutet auf seine Ungeduld angesichts der neuen Situation hin. Möglicherweise zeigt er sich unsicher, ob sein Kommen wirklich erwartet wird, und steigt die Treppe wieder herunter. Vielleicht ist die Zeitspanne des Wartens gar nicht lang und erscheint nur dem Wartenden als zu lang. Vielleicht braucht es tatsächlich ein wenig Zeit, bis in der Einrichtung das Klingeln an der Tür realisiert wird. Wird an dieser Tür nicht häufig geklingelt, ist der für das Türöffnen Zuständige an diesem Tag nicht im Dienst oder ist dieser zu diesem Zeitpunkt in Aktivitäten eingebunden, aus denen er sich nicht sofort lösen kann?

Als ich wieder unten bin, geht oben die Türe auf. Ein Mann im Blaumann steht in der Tür. Wir gucken uns an, nicken uns zu, und ich gehe wieder hoch. Ich gebe ihm die

---

24 Erst im Nachhinein wird deutlich, dass es in dieser Einrichtung vollkommen untypisch ist, den offiziellen Eingang zu benutze. Weder die MitarbeiterInnen, noch die Jugendlichen und auch nicht die BesucherInnen, die zumeist die Einrichtung gut kennen, benutzen diesen Eingang. Sie betreten die Einrichtung durch das Werkstatttor, das immer offen steht und zumindest symbolisch nach außen hin eine gewisse Offenheit der Einrichtung symbolisiert.

25 Diese kurze Episode symbolisiert die Hürde, die dem Ethnografen zunächst auferlegt ist. Erst muss der offizielle Weg beschritten werden, bevor in den darauf folgenden Tagen das offene Werkstatttor ohne Klingeln benutzt werden kann.

Hand, stelle mich vor und sage: „Es tut mir leid, ich bin ein bisschen zu spät". „Ja macht nichts, ist nicht schlimm", sagt der Mann, bei dem ich vermute, dass es sich um Paul Fröhling handelt. Wir gehen durch einen Flur.[PJu]

Die Tür wird von Paul Fröhling, dem Einrichtungsleiter, und nicht von einer ‚Empfangsdame' oder einem Sekretär geöffnet. Eine Zugangsschwelle zum Leiter, z. B. in Form von Vorzimmern, muss also nicht überwunden werden. Auch die erste Interaktion lässt solche Zugangsschwellen nicht erkennen: Während die Förmlichkeit eher vom Ethnografen ausgeht („ich gebe ihm die Hand"), er sich vorstellt und sich für das Zu-spät-Kommen entschuldigt, antwortet Paul Fröhling mit einem informellen „ja macht nichts". Das Maß an Formalität der Begrüßung durch den Ethnografen wird nicht aufgegriffen und auch nicht durch Höflichkeitsfloskeln weitergeführt. Warum die erste Interaktion beendet wird, bleibt unklar. Mehrere Möglichkeiten stehen hier offen: Paul Fröhling möchte schnell „zur Sache" kommen, der Flur ist kein Ort für ein Gespräch über ein Forschungsprojekt, das Gespräch braucht daher einen stärker formalen Rahmen oder der Leiter ist gerade mit etwas anderem beschäftigt. Auf dem Weg registriert der Ethnograf nebenbei einige Bilder.

Der enge Flur verfügt über mehrere Türen. An den Wänden hängen Bilder von Angeboten, die wahrscheinlich die Jugendwerkstatt mit ihren Jugendlichen durchgeführt hat.[PJu]

Neben der grundlegenden Architektur des Flurs („eng", „mehrere Türen"), die im Protokoll knapp beschrieben wird, sind die Bilder an den Wänden, jedoch andere Dinge nicht erwähnenswert. Die Bilder werden sofort als Ablichtungen von „Angeboten" identifiziert und damit pädagogisch konnotiert. Der Fokus der Beschreibung liegt auf der Aktivität der Jugendwerkstatt, von der angenommen wird, diese habe diese Angebote durchgeführt. Die auf den Fotos abgelichteten Jugendlichen scheinen kaum von Interesse zu sein. Thesenartig kann hier formuliert werden, dass der Blick des Protokollanten den Angebotscharakter der Jugendwerkstatt fokussiert und die Bedeutung von gemeinsamen Erlebnissen, die ‚nach innen' zur Identifikation der Jugendlichen mit der Einrichtung beitragen können und ‚nach außen' die Bedeutung des gemeinsamen Erlebnisses für das pädagogische Handeln präsentieren. Zusätzlich wird über die Fotos an den Wänden, die aus unterschiedlichen Jahren stammen, die Geschichte der Einrichtung visuell erfahrbar.

Paul Fröhling sagt: „Ich bin dann noch mit einem Jugendlichen dran, was am Computer erklären". Am Ende des Flurs biegen wir links ab in ein Büro. Hinter einem Schreibtisch sitzt ein Jugendlicher, den ich begrüße. Paul Fröhling: „Ich mach das noch eben fertig". Er erklärt dem Jugendlichen etwas am Computer. Wie mir dann im Anschluss erklärt wird, verfügt die Einrichtung über eine Homepage. Auf der Homepage können sich die Jugendlichen selbst vorstellen. Paul Fröhling gibt dem Jugendlichen eine Broschüre, Kopien DIN A4, und sagt zu ihm: „Nimm das mal mit nach Hause, das kannst du dir zu Hause mal angucken, da sind die ganzen Befehle drin, lese dir das mal durch". Wir verabschieden den Jugendlichen.[PJu]

Bevor das verabredete Gespräch beginnen kann, muss Paul Fröhling zunächst sein Vorhaben mit einem Jugendlichen zu Ende führen. Er weist ihn in die Gestaltung von Webseiten ein. Die Interaktion mit dem Jugendlichen wird mit dem Hinweis beendet, er könne Kopien nach Hause mitnehmen, mit deren Hilfe die Steuerungsbefehle zur Webgestaltung gelernt werden können. In der sich anschließenden Interaktion mit dem teilnehmenden Beobachter wird der Hintergrund der Interaktion mit dem Jugendlichen erläutert. Die jugendlichen AdressatInnen der Einrichtung haben die Möglichkeit, sich auf der Homepage der Einrichtung darzustellen.

Im Protokoll zeigt sich also, dass Paul Fröhling neben seiner Leitungstätigkeit auch mit der Betreuung der Jugendlichen beauftragt ist. Der Blaumann, den der Einrichtungsleiter dabei trägt und für die Einweisung in die Webgestaltung weniger funktional erscheint, deutet weniger auf das Outfit eines Einrichtungsleiters, sondern vielmehr auf das eines Handwerkers hin. Es zeigt sich also, dass Paul Fröhling auch in den Werkstätten der Einrichtung arbeitet, er also eine Mehrfachfunktion innehat.[26]

Paul Fröhling demonstriert dem Ethnografen einen hohen Aktivitätsgrad, denn der angekündigte Besuch hindert ihn nicht, noch vorher einen Jugendlichen in PC-Kenntnisse einzuweisen. Er hat nicht auf den Besuch gewartet, sondern ist mit seinen Aktivitäten fortgefahren. Gleichzeitig hat aber der Besucher Vorrang: Die Einführung des Jugendlichen wird zügig abgeschlossen. Hierbei wird darauf gesetzt, dass dieser mit Hilfe der Broschüre sich selbstständig Kenntnisse aneignet und sich für die weitere Arbeit an der Webseite vorbereitet. Somit wird deutlich, dass der Fokus der pädagogischen Arbeit nicht allein an werkpädagogischen Zielen des Erlernens von hauswirtschaftlichen und handwerklichen Kompetenzen in der Metall- oder Holzwerkstatt bzw. in Hauswirtschaft ausgerichtet ist. Hier wird ein Jugendlicher mit Kenntnissen und Fertigkeiten vertraut gemacht, die „extrafunktional" sind. Zudem werden vermutlich mit der Präsentation der Jugendlichen auf der Internetseite der Jugendwerkstatt pädagogische Ziele verfolgt: Zum einen haben die Jugendlichen die Möglichkeit, sich selbst zu präsentieren. Zum anderen präsentieren sie sich als Mitglieder einer Gruppe und als Maßnahmeteilnehmer einer Jugendwerkstatt. Diese Präsentationsmöglichkeiten eröffnen die Chance, im Rahmen von Identitätsarbeit die eigene Position kenntlich zu machen und gleichzeitig als Teil einer Gruppe oder Gemeinschaft zu gelten.

Hinzu kommt, dass sich auch die Jugendwerkstatt nach außen hin positioniert: Sie stellt sich als Einrichtung dar, in der nicht allein die Leistungen und die Angebotspalette als Maßstab gelten, über die die Organisation beur-

---

26 Im Laufe des Gesprächs bestätigt sich dies: Paul Fröhlings Planstelle sieht nur 25% seiner Arbeitszeit für die Leitung der Einrichtung vor. Daneben ist seine Stelle hauptsächlich für die sozial- und werkpädagogische Betreuung von Jugendlichen ausgewiesen. Dies bedingt, dass Paul Fröhling des Öfteren die Kleidung wechselt.

teilt werden soll. Vielmehr zählt hier die persönliche Position jedes einzelnen Organisationsmitglieds. Die Organisation verfolgt nicht, dem klassischen Bild von bürokratischen Organisationen entsprechend, personenunabhängig ihre eigenen Ziele, sondern wird ausgefüllt von Personen mit eigenen Interessen. In diesem Sinne stellen sich auch die einzelnen MitarbeiterInnen mit ihren persönlichen Interessen und Vorlieben auf der Homepage vor.

Paul Fröhling fragt mich: „Wollen sie einen Kaffee, wollen wir uns jetzt hinsetzen und uns unterhalten oder sollen wir mal rumgehen?" Nach einer kurzen Pause: „Ach dann gehen wir erst mal rum, dann zeige ich das alles erst mal." Ich antworte: „Ja klar, einverstanden."[PJu]

Zunächst schlägt Paul Fröhling vor, entweder sich zu „unterhalten" oder „rumzugehen". Nachdem der Ethnograf kein Votum für den einen oder den anderen Vorschlag abgibt, favorisiert der Einrichtungsleiter die Führung durch die Einrichtung. Damit wird zum einen deutlich, dass Paul Fröhling dem Forschungsvorhaben zumindest nicht abwehrend gegenüber steht, denn die zeitaufwändige Führung durch die gesamte Einrichtung („das alles") wäre sonst nicht vorgeschlagen worden. Zum anderen favorisiert er die Alternative, die ihm ermöglicht, die Einrichtung auch auf anschauliche Weise zu präsentieren. Das Gespräch über das Forschungsprojekt und die Verhandlung der damit verbundenen Modalitäten rückt zunächst in den Hintergrund. Dabei ist auffällig, dass das Forschungsanliegen nicht dem ganzen Team, sondern fast ausschließlich dem Leiter der Einrichtung vorstellt werden soll.[27] Entweder hat der Leiter allein oder bereits das gesamte Team in einer Teambesprechung die Entscheidung getroffen, dem Forschungsprojekt den Zugang zu gewähren. Als Einrichtungsleiter käme Paul Fröhling damit die Aufgabe zu, das Haus dem Fremden zu präsentieren und die Modalitäten des Zutritt zu klären.

Die Raumstruktur
Paul Fröhling führt mich dann durch die verschiedenen Räume, so wie das zum Beispiel bei neuen PraktikantInnen oder Bewerbungsgesprächen üblich ist. Er stellt mich dann immer den verschiedenen MitarbeiterInnen und den Jugendlichen vor. Paul Fröhling zeigt mir die einzelnen Werkstätten. Dafür steigen wir eine Treppe in das Erdgeschoss hinab. Erst wird mir im Untergeschoss der Metall-, dann der Holz- und dann der hauswirtschaftliche Bereich gezeigt, der sich im Obergeschoss befindet. In den Werkstätten halten sich immer ein paar Jugendliche auf. Er zeigt mir auch die Ausbildungswerkstatt [im Untergeschoss] und erläutert, dass es wichtig wäre, den Unterschied zwischen Ausbildung und Berufsvorbereitung nach den gesetzlichen Bestimmungen zu betonen. Er kommentiert, es würde in diesem Land betont, dass dies eben ein Unterschied sei.[PJu]

Beim Gang durch die Räume der Einrichtung „Goldstraße" führt der Einrichtungsleiter zunächst nur an die Orte, an denen sich vorwiegend Jugendliche aufhalten und die als Werkstätten beschrieben werden. Diese Räume

---

27 Im Verlauf des Gesprächs und der Führung wird jedoch Anja Schell, die stellvertretende Leiterin und Sozialpädagogin hinzugezogen.

scheinen die zentralen Orte des Geschehens darzustellen. Sie sind die Orte, von denen der Einrichtungsleiter meint, sie interessieren auch den Ethnografen besonders. Bei der Führung wird eine Gliederung der Räume deutlich, da diese auf zwei Ebenen angesiedelt sind. Es gibt ‚oben' und ‚unten', deren Bedeutung im Nachfolgenden noch näher erschlossen werden muss. Paul Fröhling weist noch auf einen anderen räumlichen Gliederungsaspekt hin. Entsprechend der gesetzlichen Vorgaben gliedert sich die Einrichtung in Räume für Berufsvorbereitung und Ausbildung. Paul Fröhling scheint dieser gesetzlichen Trennung in zwei Bereiche eher kritisch gegenüber zu stehen, auch wenn er die Trennung räumlich umsetzen muss. Berufsvorbereitung und Ausbildung scheinen aus seiner Perspektive kaum strikt voneinander trennbar zu sein.[28]

In den nachfolgenden Protokollausschnitten durchschreiten Paul Fröhling und der Ethnograf noch weitere Räume, den Schulungs- und den Aufenthaltsraum sowie den Billard- und den Kraftraum. Die Büros der anderen SozialpädagogInnen werden nicht vorgeführt. Möglicherweise geht hier Paul Fröhling davon aus, dass diesen den Ethnografen nicht besonders interessieren, weil sie als Büro kein besonderes Anschauungsmaterial darstellen und dieser bereits das Büro des Einrichtungsleiters kennen gelernt hat.

Mächtige ‚Methoden'
Als wir in die Metallwerkstatt der Berufsvorbereitung kommen, sägen zwei Jugendliche ganz kräftig an einem Stück Metall. Hier liegen auf den Tischen zusammengeheftete Zettel und Paul Fröhling sagt: „Ja das ist unsere Methode, wir haben das abgebildet, was sie machen können: Aschenbecher, Winkel und so weiter und das hat den Vorteil, dass sie eben relativ selbstständig arbeiten können und nicht ständig nachfragen müssen, wie das eben geht." Das wäre halt alles erklärt und mit zunehmenden Schwierigkeitsgrad, würden auch die Bilder weniger usw. Sie könnten sich eben am Computer, der auch in dieser Werkstatt steht, etwas ausdrucken.[PJu]

Paul Fröhling führt durch die Einrichtung und kommentiert die dort üblichen Arbeitsmethoden und -techniken. Die Interaktion mit dem Leiter nimmt hier die Form eines Gesprächs unter Experten an, wobei Paul Fröhling in die Feinheiten der ‚Methoden' einführt. Hier handelt es sich um Arbeitsanleitungen, die die Jugendlichen in der Berufsvorbereitung ausgehändigt bekommen und nach der sie bestimmte Werkstücke produzieren können. Der didaktische ‚Trick' der Papiere besteht nicht nur darin, dass die Jugendlichen mit Hilfe der Anleitungen relativ selbstständig ihre Werkstücke herstellen können, sondern vielmehr darin, dass mit steigendem Schwierigkeitsgrad die Anleitungen knapper verfasst sind, d. h. die Erläuterung der bereits erlernten Arbeitsschritte ausgelassen wird, und damit zunehmend mehr Selbstständigkeit erreicht werden kann.

---

28 Tatsächlich vollzieht der Ethnograf nachfolgend ebenfalls diese Trennung, weil er sich fast ausschließlich für Maßnahmen der Kinder- und Jugendhilfe und nicht für die von der Arbeitsagentur finanzierte Ausbildung interessiert.

Paul Fröhling führt in einen zentralen Arbeitsbogen der Jugendwerkstatt ein (vgl. Schütze 1987) und demonstriert die Mächtigkeit der eigenen Arbeitsmethoden.[29] Stolz verweist er darauf, diese Methode sei in seiner Einrichtung entwickelt worden. Damit präsentiert er dem Ethnografen die besonderen Leistungen der Jugendwerkstatt und inszeniert deren Gemeinsamkeit („wir"). Zusätzlich verweist er auf die pädagogische Zielstellung der Methode. Zum einen habe die Methode zum Ziel, die Jugendlichen zu mehr Selbstständigkeit zu führen. Zum anderen ziele sie darauf ab, die Arbeitsabläufe zu „glätten", weil hierüber erreicht werden kann, dass die Jugendlichen weniger nachfragen. Die Arbeitsmethode erweist sich somit als eine Methode mit doppeltem Boden, als ein paradoxaler Interventionsversuch. Paradoxal ist sie deshalb, weil sie den Jugendlichen einerseits zu mehr Selbstständigkeit führt. Andererseits erfordert die Abarbeitung der Anleitung die Preisgabe eines großen Teils an Selbstständigkeit in der Form, dass die Jugendlichen sich an die vorgegebene Anleitung halten müssen, wenn sie eine gute Beurteilung erlangen wollen. Hier geht es nicht darum, ein Projekt zu entwickeln und nach eigenen Lösungswegen zu suchen, auch geht es hier nicht um die Hervorbringung eigener Ideen, sondern vielmehr darum, eine vorgegebene, klar umgrenzte Aufgabe nach genauer Anweisung zu bewältigen, indem kleinste Arbeitsschritte, die aufeinander aufbauen, Stück für Stück antrainiert werden.

Damit wird ersichtlich, welche Form von Selbstständigkeit Paul Fröhling hier vorwiegend anvisiert: eine Form von Selbstständigkeit, die eher auf Anpassung an die Erfordernisse im Arbeitsleben abzielt. Damit ist gleichzeitig ein Grundproblem im Arbeitsfeld der Jugendberufshilfe markiert (vgl. Galuske 1993).

Auf jeder Seite der Arbeitsanleitungen ist ein Kästchen, in das die Jugendlichen ein Note eintragen und ihre Leistung selber benoten sollen. Auf einem Zettel, den ich dort sehe, hat ein Jugendlicher auch eine „drei" eingetragen. Die Werkanleiter tragen dann neben die Note des Jugendlichen ihre Einschätzung auch in Form einer Note ein.[PJu]

Der zweite didaktische Trick zielt darauf ab, den Jugendlichen beizubringen, sich selbst und ihre bereits erworbenen Kompetenzen einzuschätzen. Nach jedem Arbeitsschritt müssen die Jugendlichen ihre Leistungen selbst benoten, das Werkstück anschließend dem Werkanleiter vorlegen, der dann ebenfalls die Leistungen der Jugendlichen bewertet. Hierdurch können evtl. auftretende Differenzen zwischen Fremd- und Selbsteinschätzung kenntlich gemacht werden. Da diese Selbsteinschätzungen auf jeder Seite abgegeben und durch den Werkanleiter zusätzlich benotet werden müssen, kann jeder

---

29 Zur professionstheoretischen Begründung mächtiger Methoden siehe auch Schütze (2000). Gemeint sind hier Techniken, Arbeitshilfen und Methoden, die insofern mächtig sind, weil sie den Expertenstatus der Professionellen im Zusammenhang mit der Unkenntnis der AdressatInnen betonen. Die hier vorgeführten Arbeitsanleitungen erfüllen genau diesen Zweck.

kleinste Arbeitsschritt kontrolliert und bewertet werden. Dabei stellt sich jedoch die Frage nach dem Umgang mit differierenden Einschätzungen. Zielt das doppelte Notensystem auf eine gemeinsame Auseinandersetzung bezüglich der Leistung oder dient es dazu, den Jugendlichen beizubringen, sich den Einschätzungen des Werkanleiters anzupassen?

> Auf dem Tisch liegen die von den Jugendlichen angefertigten Aschenbecher. Schmunzelnd macht Paul Fröhling zwischendurch Nebenbemerkungen. Z. B. sagt er, dass dies eben Berufsvorbereitung wäre und die Jugendlichen das eben noch nicht so gut könnten. Die Nebenbemerkungen macht er auch vor den Jugendlichen. Ich meine nicht, dass sie diese direkt mitbekommen haben. Die Chance, dass sie mitgehört haben, ist aber relativ hoch. Eine Nebenbemerkung von Paul Fröhling zielt dahin, dass im Bereich Berufsvorbereitung die Note nicht den tatsächlichen Leistungen entsprechen würde.[PJu]

Die in der Jugendwerkstatt angefertigten Werkstücke („Aschenbecher") werden anscheinend nicht für den Verkauf produziert, haben möglicherweise auch einen praktischen Nutzen für die Jugendlichen, können als Beweisstücke gelungener Leistung mit nach Hause genommen und dort als Erfolg präsentiert werden. Zusätzlich verweist Paul Fröhling augenzwinkernd auf internes Betriebswissen und sagt aus, die tatsächlich vergebenen Noten in der Berufsvorbereitung seien didaktisch ‚geschönt' und entsprächen nicht den Leistungsanforderungen in der Ausbildung.[30] Im Rahmen der Berufsvorbereitung wird folglich eine Schonfrist eingeräumt. Zusammen verdeutlichen die beiden Aspekte, dass hier eine ‚echte' Werkstatt nur simuliert wird, indem nicht für den Markt und nicht am Markt orientierte Leistung produziert wird.

Indem Paul Fröhling an zentraler Stelle auf die Arbeitsmethoden verweist, werden sie als zentralen Bestandteil der beruflichen Arbeit mit Jugendlichen in der Einrichtung beschrieben. Zentral für die werkpädagogische Arbeit ist die ‚methodische Absicherung des Handelns'. Diese Absicherung beinhaltet auch die stete Kontrollierbarkeit der einzelnen Arbeitsschritte der Jugendlichen, in der jeder kleiner Arbeitsschritt anschaulich aufbereitet ist und sanktionierbar wird. Zweitens demonstriert Paul Fröhling durch die fachliche Einführung, die internes Betriebswissen nicht auslässt, die fachliche ‚Schläue' und die didaktischen Tricks, die angewandt werden, um die Ziele der Einrichtung zu erreichen. Drittens benennt Paul Fröhling das zentrale Ziel beruflicher Arbeit in der Jugendwerkstatt. Das von Paul Fröhling formulierte Ziel „Selbstständigkeit" meint hier vielmehr eigenständige Arbeit und orientiert sich hier weniger an emanzipativen, sondern vielmehr an Maßgaben der Eingliederung in den Arbeitsmarkt. Es geht um das Training

---

30 Zusätzlich stellt die ‚Methode' – dies sei vorweggenommen – ein Mittel zur einzelfall- und gruppenbezogenen Evaluation dar. Indem das Alltagshandeln der Jugendlichen durch die Benotung in Form einer Kennziffer abstrahiert wird, kann die Entwicklung der Jugendlichen über die Zeit hin beobachtet und in Form von Tabellen als positives und negatives Sanktionsmittel eingesetzt werden. An die einzelne Note schließt sich somit ein komplettes System von Beurteilungen, Gesprächen etc. an.

von einfachen Arbeitsschritten und die Entwicklung einer spezifischen beruflichen Haltung, die ein selbstständiges Abarbeiten der gestellten Aufgaben beinhaltet.

Die Jugendlichen
Schon in dem obigen Auszug aus dem Beobachtungsprotokoll zementieren sich die Status- und Rollenunterschiede zwischen Jugendlichen und Leiter, der es sich gestattet, über die Jugendlichen in deren Anwesenheit zu reden. Die Statusunterschiede werden in der folgenden Passage noch deutlicher:

Dann gehen wir in einen Schulungsraum. Die Türe ist zu und Paul Fröhling fragt: „Können wir denn mal stören?" Die Jugendlichen beschweren sich und antworten: „Nee, wir machen hier Prüfung" (Paul Fröhling ergänzt später: „Wir machen hier immer jede Woche Simulation"). Der anwesende Berufsschullehrer Gerd Pröß kommentiert die „Störung" nicht. Paul Fröhling setzt sich über die Beschwerden der Jugendlichen hinweg und stellt mich vor: „Ja das ist Peter Cloos, der wird hier Praktikum machen", und schiebt nach: „eine Dissertation will er hier über die Einrichtung schreiben". Auf diese Weise stellt er mich vor: als ob schon entschieden ist, als ob es gar nicht mehr zur Diskussion steht, dass ich hier Teilnehmende Beobachtungen durchführe. (Also ist es bereits entschieden worden.)[PJu]

Im Schulungsraum simulieren der Berufsschullehrer Gerd Pröß und die Auszubildenden eine Prüfung. Zum einen demonstriert Paul Fröhling hier noch einmal, dass in der Einrichtung methodisch gehandelt wird. Dies erfolgt in gewisser Regelmäßigkeit, ist also kein Sonderfall, der gerade aus Zufall beobachtet wird. Er verwendet dabei den höhersymbolischen Begriff „Simulation" und unterstreicht damit noch einmal die Bedeutung der Methode. Zum anderen zeigt er hier auch, dass seine spezifische Funktion als Leiter mit Machtfaktoren versehen ist, die es ihm erlauben, sich über die Meinung der Jugendlichen hinwegzusetzen. Die Jugendlichen haben in der Rolle der AdressatInnen andere Rechte als Paul Fröhling.

Die Form der Vorstellung der Jugendlichen unterscheidet sich in erheblichem Maße von der Vorstellung der MitarbeiterInnen. Während die MitarbeiterInnen einzeln mit Namen und dann der Gesprächspartner und sein Vorhaben vorgestellt werden und sich daran ein kurzes Begrüßungsritual anschließt, ist die Vorstellung im Zusammenhang mit den Jugendlichen ‚einseitig' angelegt. Der Fremde wird also vorgestellt, jedoch nicht die Jugendlichen.

Das Team
Auf dem Weg durch die Räume treffen wir die verschiedenen MitarbeiterInnen der Einrichtung. Jedem Mitarbeiter und jeder Mitarbeiterin werde ich kurz vorgestellt. Wir treffen auch die Sozialpädagogin Anja Schell. (…) Wir kommen ihr entgegen, und Paul Fröhling stellt mich vor: „Das ist Peter, na wie heißt du noch mal, oder heißen sie noch mal, Peter Cloos, der macht hier …". Anja Schell: „Ja, ja ich weiß ja". Sie drückt mir direkt einen Kaffee in die Hand. „Das wolltest du doch, oder?", sagt sie. Paul Fröhling zu Anja Schell: „Willst du nicht noch dazu kommen gleich?" Er fragt auch mich, ob es in Ordnung wäre, wenn sie dazu käme. Anja Schell fragt er: „Ja kommst du dann dazu? Ich mache jetzt erst noch mal ne Führung". Dann gehen wir weiter. (…) In der Küche tref-

fen wir die Sozialpädagogin Carolin Weber. Zu ihr sagt er: „Dann ist erst mal die Anja dabei, nee, das reicht erst mal".[PJu]

Die Vorstellung der MitarbeiterInnen entspricht jeweils einem ritualisierten Ablaufmuster: Paul Fröhling stellt vor und fügt hinzu, dass über die Einrichtung eine Dissertation geschrieben werden soll. Danach wird sich begrüßt, ohne dass ein Gespräch folgt. U. a. wird die Sozialpädagogin Anja Schell vorgestellt, die Paul Fröhling bittet, an dem nachfolgenden Gespräch teilzunehmen. Carolin Weber indes verweist er darauf, dass Anja Schell schon an dem Gespräch teilnimmt und dass sie aus diesem Grunde nicht auch noch dazukommen bräuchte. Es scheint also nicht notwendig zu sein, dass alle MitarbeiterInnen an dem Gespräch teilnehmen, da das Team oder zumindest Teile des Teams – wie das kurze Gespräch mit Anja Schell deutlich macht – schon über das Forschungsanliegen informiert sind.

Paul Fröhling formuliert seine Frage an Anja Schell vorsichtig und betont höflich. Er bestimmt nicht, sie solle am Gespräch teilnehmen, sondern überlässt ihr die Entscheidung. Im Gegensatz hierzu erläutert er Carolin Weber, Anja Schell würde an dem Gespräch teilnehmen. Ihre Teilnahme sei nicht notwendig. Paul Fröhling teilt Carolin Weber also seine Entscheidung mit und liefert ihr eine knappe Begründung. Es scheint ihm ausreichend zu sein, nur die stellvertretende Leiterin zu beteiligen. Der Leiter spricht damit Anja Schell auf andere Weise an als Carolin Weber. Seine Entscheidung scheint ihm gegenüber Carolin Weber jedoch begründungsbedürftig. Nicht begründungsbedürftig scheint jedoch die Tatsache zu sein, dass weder die AnleiterInnen in den Werkstätten noch die LehrerInnen zu dem Gespräch eingeladen werden. Den MitarbeiterInnen werden folglich unterschiedliche Aufgabenbereiche zugeteilt: Den AnleiterInnen in den Werkstätten und den LehrerInnen obliegt nicht die Aufgabe, an der Schnittstelle zwischen Innen- und Außenwelt zu operieren.

Dann gehen wir ins Büro und Anja Schell kommt hinzu. (...) Ich habe den Eindruck, dass er so im Gespräch den Ton angibt. Er bezieht zwar auch Anja Schell in das Gespräch ein, und es scheint ihm auch wichtig zu sein, dass sie an diesem Gespräch teilnimmt. Ich versuche auch immer wieder, sie anzusprechen, aber das Hauptgespräch läuft zwischen mir und Paul Fröhling. Anja Schell macht dann ab und zu Zwischenbemerkungen.[PJu]

Das Gespräch findet im Büro des Leiters Paul Fröhling statt. Dies unterstreicht noch einmal die Zuständigkeit Paul Fröhlings für die Aufgabe, an der Schnittstelle zwischen Innen- und Außenwelt zu operieren (vgl. Luhmann 1992). In dieser Funktion führt er den Fremden durch die Einrichtung und führt maßgeblich das Gespräch. Anja Schell beteiligt sich nur wenig an der Unterhaltung. Der Leiter ist hier der Hauptgesprächspartner. Er ist derjenige, der bei der Vorstellung unterbricht und Aussagen kommentiert. Anja Schell übernimmt hier die Rolle der zusätzlichen Kommentatorin, die die Aussagen von Paul Fröhling ergänzt.

Dann habe ich Paul Fröhling und Anja Schell über mein Vorhaben der Beobachtung informiert und dazu hat dann auch Anja Schell etwas gesagt. Sie würde nur darum bitten, wenn ich Kritik üben wollte, sollte ich das nicht vor den Jugendlichen machen. Das Team sei wie eine Mauer und das wäre dann nicht gut.[PJu]

Anja Schell bittet den Ethnografen darum, nicht vor den Jugendlichen Kritik zu äußern, weil das Team „wie eine Mauer" zusammenstünde. Die Sozialpädagogin inszeniert hier Gemeinsamkeit, wobei die Gemeinsamkeit als ein pädagogisches Mittel beim Umgang mit den Jugendlichen angesehen wird. Sie entspricht einer pädagogischen Alltagstheorie, bei der angenommen wird, Differenzen im Team müssten intern gelöst werden, weil sonst die Gefahr drohe, dass Kinder und Jugendliche Meinungsverschiedenheiten dazu nutzen, z. B. Teammitglieder gegeneinander auszuspielen, indem sie die Differenzen der MitarbeiterInnen strategisch zu ihrem Gunsten verstärken. Bei öffentlich ausgetragenen Meinungsverschiedenheiten bestünde darüber hinaus die Gefahr, dass die Sicherheit, die ein geschlossenes Team Jugendlichen bieten könne, verloren ginge, obwohl diese als ein Orientierungspunkt zu bewahren ist. Das Team habe in diesem Sinne wie eine Mauer den Jugendlichen gegenüber zu stehen. Damit wird eine klare Trennungslinie zwischen Team und Jugendlichen gezogen. Die sich hieran anschließende Leitlinie lautet: Professionell zu sein heißt, den Jugendlichen gegenüber eine Einheit zu bilden.

Zusammenfassung
Die Geschlossenheit des Teams nach innen korrespondiert mit einer Offenheit nach außen. Paul Fröhling und Anja Schell betonen mehrmals, sie seien gegenüber den Forschungsmethoden offen: Das Anliegen wird unterstützt und auch bei der Durchführung der biografischen Interviews wird kein Problem darin gesehen, diese während der Arbeitszeit durchzuführen. Die Offenheit, die sich schon in dem offenen Werkstatttor symbolisiert findet, wird hier als eine Art Einrichtungsideologie bestätigt, wenn Paul Fröhling gegenüber dem Ethnografen mehrmals betont, das Team sei sehr offen. Die hier zugrundeliegende Leitlinie pädagogischen Handelns lautet: Professionell ist ein Team dann, wenn es sich nach außen hin offen zeigt.

Alles was ich vorschlage, ist gar kein Problem. (…) Paul Fröhling betont nur, dass sie mal für einen Tag in der Woche eine Praktikantin gehabt hätten und dass das nicht gut gewesen wäre. Ich sage, dass ich beabsichtige, mindestens drei Tage die Woche zu kommen und dass dieses besonders am Anfang wichtig sei, damit ich zu Beginn alles mitbekommen würde.[PJu]

Der Offenheit des Teams entsprechend wird gestattet, das Forschungsvorhaben in der vorgestellten Form durchzuführen. An einer Stelle ergänzt jedoch Paul Fröhling eine Bedingung und merkt an, es sei besser, die Beobachtungen häufiger als einen Tag in der Woche stattfinden zu lassen. Das Anliegen wird hier durch ein Beispiel von einem Praktikanten begründet, der nur einmal in der Woche in die Einrichtung gekommen sei. Die dahinter liegende und nicht explizit hervorgehobene Begründung ist, dass erstens der

Gewöhnungsprozess der Jugendlichen an den Praktikanten schwieriger zu bewerkstelligen ist und zweitens die Kontaktaufnahme durch den Praktikanten zu den Jugendlichen erschwert wird. Dass diese Begründung nicht explizit benannt werden muss, macht deutlich, dass hier zumindest partiell ein gemeinsamer Erfahrungsraum mit dem Ethnografen unterstellt wird (vgl. Bohnsack 1999, S. 69).

Paul Fröhling unterbricht mich und schließt eine Bemerkung über Theorie und Praxis an. Er stellt fest, dass er an den Ergebnissen meiner Forschungen interessiert sei und erzählt, dass in der Einrichtung ein Student ein Praktikum gemacht und seine Diplomarbeit über die Einrichtung geschrieben habe. Niemand hätte ein Problem dabei gehabt, dass in der Diplomarbeit auch die Namen der MitarbeiterInnen genannt worden seien. Ich entgegne, dass ich in meiner Dissertation alles anonymisieren würde und dass dies insbesondere aufgrund der biografischen Interviews notwendig sei. Im Zusammenhang mit dem Thema Theorie und Praxis, betont er noch einmal, dass er die Ergebnisse meiner Forschungen sehen wolle, und ich entgegne, dass dies schwierig sei, habe aber Probleme, ihm das „auszureden".[PJu]

Im weiteren Verlauf des Gespräches markiert Paul Fröhling Unterschiede mithilfe der Begriffe Theorie und Praxis, ohne die Differenzen zu explizieren. Der Leiter, der sich der Seite der Praxis zuordnet, ist durchaus der Ansicht, die Forschungsergebnisse können einen Nutzen für die Einrichtung haben. Zusätzlich betont er, seine KollegInnen – die nicht alle über einen akademischen Abschluss verfügen – hätten keine Probleme mit einer wissenschaftlichen Sprache. Ohne dass er dies explizit benennt, scheint es also für ihn selbstverständlich zu sein, die Ergebnisse eines Forschungsprojektes den KollegInnen weiterzugeben, in der Erwartung diese würden von ihnen (gegen)gelesen.[31] Nichtsdestotrotz zeigt sich Paul Fröhling skeptisch. Er will die Forschungsergebnisse nicht nur deshalb sehen, weil er Interesse an ihnen hat, sondern auch, weil er die Ergebnisse kontrollieren will.[32]

Er hat davon berichtet, dass in der Jugendwerkstatt viele Aufgaben zu erledigen seien. Häufig sei es dann so, dass eine FH oder eine andere Institution beauftragt werde, eine Konzeption zu machen. Die Wissenschaft würde eben nicht berücksichtigen, was alles in der Einrichtung getan werden müsste: Öffentlichkeitsarbeit, Verwaltung, Hausmeistertätigkeit. Es wäre eben eine Problem mit dieser Differenz zwischen Theorie und Praxis und das wäre ihm eine wichtiges Anliegen (…) Eine wissenschaftliche Sprache wäre aber für die MitarbeiterInnen kein Problem. Auch wenn dann mal „intrinsische Motiva-

---

31 Der Ethnograf bekommt später eine Diplomarbeit über die Jugendwerkstatt ausgehändigt und kann feststellen, dass Paul Fröhling oder Anja Schell mit Bleistift Fachausdrücke und Fremdwörter neben dem Text für die KollegInnen erklärt haben.

32 Der damalige Diplomand hat falsche Aussagen über die Abbrecher- und Erfolgsquote in der Einrichtung gemacht und die Diplomarbeit abgegeben, ohne dass die MitarbeiterInnen die Möglichkeiten hatten, die Ergebnisse seiner statistischen Auswertung zu korrigieren. Die Erfolgsquoten gelten als ein besonders brisantes Thema in Einrichtungen der Jugendberufshilfe, weil hierüber Aussagen über die Leistungsfähigkeit und die Professionalität eines Teams gemacht werden können. Insbesondere in der Jugendwerkstatt „Goldstraße" kann dieses Thema als brisant angesehen werden, weil die Einrichtung mit Vorbildfunktion über besonders gute Erfolgsquoten und niedrige Abbrecherquoten verfügen muss.

tion" im Text stünde, würden auch die Handwerker und Meister keine Probleme damit haben, da könnte man drüber hinwegsehen."[Pju]

Paul Fröhling kommentiert indirekt das Forschungsvorhaben, wenn er feststellt, Wissenschaft habe nicht die Vielzahl der in der Einrichtung zu bewältigenden Aufgaben im Blick. Mit anderen Worten: Der Leiter formuliert hier eine Kritik, die der Wissenschaft einen blinden Fleck in Sachen Alltagsgeschehen vorwirft. Damit spricht er der Wissenschaft nur eingeschränkte Möglichkeiten für Handlungsanweisungen für die Praxis zu. Paul Fröhling grenzt sich somit distinktiv von Wissenschaft ab.

Darüber hinaus stellt Paul Fröhling fest, ihm sei eine Anonymisierung der Daten nicht so wichtig – auch wenn der Ethnograf als Forscher auf seinen spezifischen Methoden beharrt. Das hier möglicherweise zugrundeliegende Handlungsinteresse ist erneut an der Schnittstelle zwischen Innen- und Außenwelt angesiedelt, denn Paul Fröhling zeigt hier ein Interesse an einer positiven, wenn auch kontrollierten Außendarstellung seiner Einrichtung. Zusätzlich erscheint es hier wahrscheinlich, dass seine Aussage einer spezifischen, im Allgemeinen als professionell gekennzeichneten Grundhaltung entspricht. Paul Fröhling will hier ausdrücken, eine kritische Auseinandersetzung mit der eigenen Einrichtung würde nicht als Gefahr für die Einrichtung angesehen werden. Für das Gespräch ist also eine Mischung aus einer professionell inszenierten Offenheit, leichten Vereinnahmungsstrategien (Interesse an Ergebnissen), Distinktionen (Kritik gegenüber dem Nutzen von Wissenschaft) und Kontrollinteressen (Kontrolle der Ergebnisse), jedoch keine Abwehrstrategien kennzeichnend (vgl. Kalthoff 1997).

Anja Schell: „Dann kommst du ja hier hin, kommste hier hin mit einem Blaumann und kommst in den Metallbereich". Paul Fröhling: „Ja oder in den Holzbereich oder nee mal gucken, nee kommst du erst mal in den Metallbereich, ja ist gut"[PJu]

Gegen Ende des Gesprächs, nachdem also das Forschungsanliegen auf positive Resonanz gestoßen ist, legt Anja Schell fest, dass die Beobachtungen zunächst in der Metallwerkstatt der Berufsvorbereitung begonnen werden sollen, dem Bereich, für den sie als Sozialpädagogin zuständig ist. Paul Fröhling als Leiter der Einrichtung behält sich vor, den Vorschlag von Anja Schell noch einmal kurz zu überdenken, um dann schließlich seine Einverständniserklärung abzugeben. Es wird weiterhin festgelegt, der Ethnograf solle in der Rolle des Praktikanten in der Metallwerkstatt zunächst wie die Jugendlichen Grundarbeiten, d. h. einzelne Werkstücke, herstellen. Hierüber ist ein hohes Maß an Teilnahme und die Einsozialisation ins Feld garantiert (vgl. Wax 1979). Hierdurch wird ermöglicht, bei der Bearbeitung der Werkstücke die Gruppe, die dort tätigen Mitarbeiter und das Geschehen insgesamt beobachten zu können. Nach einer ersten Beobachtungsphase in der Metallwerkstatt sollen dann Teilnehmende Beobachtungen in anderen Arbeitsbereichen der Jugendwerkstatt durchgeführt werden.

Zusammengefasst gelingt dem Ethnografen der Zugang zur Jugendwerkstatt, ohne dass viele Schwellen überwunden oder Einschränkungen beim Forschungsvorhaben hingenommen werden müssen. Beim ersten Besuch der Einrichtung fungiert Paul Fröhling als professional stranger-handler, der – vermutlich auf Grundlage einer Absprache mit dem Team – den Eintritt ins Feld zulässt und kontrolliert. In dem Gespräch ist er in dem Sinne stranger-handler, als dass er eine Schnittstellenfunktion zur Verknüpfung von Innen- und Außenwelt der Einrichtung erfüllt und als Stellvertreter des Teams über Zugang oder Nichtzugang entscheidet sowie die zentralen Bedingungen des Feldzugangs festlegt. Darüber hinaus ist in der Jugendwerkstatt eine funktionale sowie personen- und angebotsspezifische Aufteilung des Raumes erkennbar. Diese spezifische Gliederung des Raumes scheint an verschiedene Aufgaben gekoppelt zu sein. Ein Großteil der Räume kann einzelnen MitarbeiterInnen zugeordnet werden.

Das Handeln in der Jugendwerkstatt wird als „methodisch kontrolliertes Handeln", als ein Umgang mit mächtigen Methoden der Fallbearbeitung vorgestellt. Die zentrale Methode in denn Werkstätten ist das schrittweise Erlernen von kleinteiligen Aufgaben und die Gewöhnung der Jugendlichen an die Erfordernisse der Arbeit in einer Werkstatt. Beim ersten Besuch wird das Team als Gemeinschaft präsentiert, die sich nach außen offen und nach innen, insbesondere gegenüber den Jugendlichen, als geschlossen zeigt. Berufliches Handeln in der Jugendwerkstatt ist somit auch als Handeln im Team gekennzeichnet. Gegenüber dem Leiter haben die Jugendlichen als TeilnehmerInnen eingeschränkte Rechte.

Im Rahmen des ersten Jugendwerkstattbesuchs lassen sich erste Unterschiede bei den MitarbeiterInnen erkennen. Dies wird insbesondere dann deutlich, wenn nur Anja Schell zum Gespräch eingeladen wird und Carolin Weber die Entscheidung, sie brauche an dem Gespräch nicht teilnehmen, nur begründet mitgeteilt wird. Im Gegensatz zu Paul Fröhling hat Anja Schell die Funktion, dem Vorstellungsgespräch nach Einladung beizuwohnen, den Eintritt ins Feld zu kommentieren und die Regeln des Eintritts zu ergänzen. Als stellvertretende Leiterin der Einrichtung hat sie Mitspracherechte, die sie aber nur in Maßen nutzt. Sie überlässt in weiten Teilen des Gesprächs dem Leiter die Verantwortung.

4.2 Ethnografische Bewegungen durch Zeit und Raum

Neben formalen Organisationsstrukturen ist für die empirische Beobachtung von Organisationskultur das von nicht zu unterschätzender Bedeutung, was in der Qualitätsdebatte in der Regel unter die Strukturqualität subsumiert wird, aber hier nur eine *Kontext*variabel neben anderen darstellt: Das Vorhandensein von Raum und Zeit. Bei der Beschreibung von Organisationskulturen sind jedoch zeitliche und räumliche Aspekte in mehrerer Hinsicht von immenser Bedeutung (vgl. Klatetzki 1993; May 1997). Organisationskulturen verfügen erstens über eine Geschichte und verändern sich ständig in Raum und Zeit. Zweites sind sie immer auch im Verhältnis zu den jeweils zeitlich relevanten gesellschaftlichen Entwicklungen zu betrachten. Drittens bilden sie jeweils ein unterschiedliches Zeit- und Raumgefüge heraus[33] (vgl. May 1997, S. 273 f.), durch das z. B. Arbeitsabläufe zeitlich und räumlich strukturiert werden. Im erziehungswissenschaftlichen Zusammenhang wird der Raum zunehmend nicht nur als zu berücksichtigender Kontext, sondern als ein integraler Bestandteil von Interventionen und pädagogischen Maßnahmen angesehen (vgl. Löw 2001). Hier wird auch gefragt, wie sich pädagogische Fachkräfte in diesem Raum- und Zeitgefüge bewegen und verorten, welchen Platzierungspraktiken sie folgen (vgl. Wolff 1983; Löw 2003) und welchen Arbeitsbögen sie nachgehen (vgl. Schütze 1987, S. 541), die Schritt für Schritt festlegen, was als nächstes geschieht.

Der ethnografische Blick auf die „Goldstraße" richtet sich darauf, wie die MitarbeiterInnen ihren beruflichen Alltag räumlich und zeitlich organisieren. Dabei liegt nach einer knappen Darstellung der raum-zeitlichen Struktur zunächst der Fokus auf die von allen MitarbeiterInnen und Jugendlichen gemeinsam verbrachten Zeit-Räume und dann auf die separierten Zeit-Räume in den einzelnen Arbeitsbereichen. Hierbei wird beobachtet, wie sich durch unterschiedliche Rauminszenierungen, Interaktionsmodi und Arbeitsbögen an den separierten Orten der Jugendwerkstatt unterschiedliche beruflich-habituelle Profile kennzeichnen lassen und wie im Rahmen von Schnittstellenherstellung die Folgeprobleme der Separierung von den MitarbeiterInnen gemeinsam und doch auf je unterschiedliche Weise bearbeitet werden. Des Weiteren wird hier die differierende Organisation von Zeit und Bewegung im Raum der Organisation sowie das Verhältnis zur organisationskulturellen Umwelt untersucht.

4.2.1 Die raum-zeitliche Struktur des Tages

Die in der Jugendwerkstatt vorhandenen Räume können funktional in drei Raumarten unterteilt werden: In Arbeitsbereiche, Gemeinschaftsräume und Räume die anderweitig funktional genutzt werden:

Den *Arbeitsbereichen* können Werkstätten, Büros und Schulungsräume zugeordnet werden können. Die unterschiedlichen MitarbeiterInnen können einzelnen Räumen zugeordnet werden. Jeder Mitarbeiter und jede Mitarbeiterin hat damit einen Raum, in dem er bzw. sie sich hauptsächlich aufhält. Während die WerkanleiterInnen in den Werkstätten nur über ein kleines Büro mit Computerarbeitsplatz, Telefon und Blickfenster in die Werkstatt

---

33 Hier wird die Bedeutung unterschiedlicher Zeitcodes herausgestrichen und z. B. andauernde, täuschende, regellose, zyklische, retardierte, alternierende und explodierende Zeit und Zeit im Voraus benannt (vgl. May 1997, S. 273 f.).

verfügen und die LehrerInnen ebenso kleine Computerarbeitsplätze innerhalb der Schulungsräume haben, können die SozialpädagogInnen und der Leiter der Einrichtung auf größere Büros verweisen. Die Büros sind im Gegensatz zu den Werkstatträumen individuell gestaltet und mit persönlichen Dingen, wie Fotos, ausstaffiert. Jedes Büro verfügt damit über einen eigenen Charakter, was die Intimität und Privatheit des Raumes unterstreicht. Im Gegensatz hierzu sind die Werkstätten nicht individuell gestaltet, sondern folgen einem einheitlichen Gestaltungsprinzip.

Die Einrichtung verfügt über zwei *Gemeinschaftsräume*. Der größte Raum der Jugendwerkstatt ist der Aufenthalts- und Essraum für den Bereich der Berufsvorbereitung. Dieser Raum wird multifunktional genutzt. Hier werden Teamsitzungen abgehalten, Gespräche mit den Jugendlichen geführt und Feste gefeiert. Der zweite Gemeinschaftsraum ist nicht immer für die gesamte Menge der Jugendlichen zugänglich. Er dient den Jugendlichen, die hier eine Ausbildung absolvieren, als Aufenthaltsraum. Darüber hinaus wird er, da hier ein Billardtisch steht, auch von den anderen Jugendlichen zum Billardspiel genutzt. Damit hat der Raum eine Doppelfunktion. Die Mitarbeiter halten sich hier in der Regel nur selten auf.

Die *sonstigen Funktionsräume* dienen vorwiegend einem Zweck und werden nicht multifunktional genutzt. Im Sportraum wird nur Sport und Krafttraining betrieben, die Kammern werden nur als Lager genutzt, die Flure sind Durchgangsräume. Der Eingangsbereich zu den Werkstätten, eine Art Vorraum, dient den Jugendlichen als Treffpunkt, insbesondere in den kurzen Raucherpausen. Hier steht eine Bank, ein Getränke- und ein Zigarettenautomat. Der Raum wird nach außen in den Hof verlängert, wenn an warmen Tagen das Eingangstor geöffnet wird und die Jugendlichen sich auf dem Hof unterhalten.

Abbildung 4: Nutzung der Räume in der Jugendwerkstatt „Goldstraße"[34]

Arbeitsbereiche			*Gemein-schafts-räume*	*sonstige funktionale Nutzung*
Werkpädagog. Nutzung	*Sozialpädagog. Nutzung*	*Unterrichtsbez. Nutzung*		
Werkstätten	Büros der SozialpädagogInnen	Schulungsräume	Aufenthaltsraum, Billardraum	Umkleidekabinen Sanitäre Anlagen Abstellräume Kraftraum Vorhalle

---

34 Wenn von dem Hof abgesehen wird, der für Raucherpausen und als Parkplatz genutzt wird, verfügt die Einrichtung über keinen eigenen Außenraum.

Neben einer funktionalen Gliederung der Räume kann eine Strukturierung des Raumes in ‚oben' und ‚unten' sowie in ‚Zentrum', ‚Zwischenraum' und ‚Peripherie' beobachtet werden. Unten befinden sich – wenn von dem Schulungsraum der Jugendlichen abgesehen wird, die eine Ausbildung absolvieren – ausschließlich die Werkstätten, also das werkpädagogische Terrain und oben der sozialpädagogische Bereich, d. h. die Büros der SozialpädagogInnen, der Aufenthaltsraum und der Schulungsraum der Berufsvorbereitung. Ein Ausnahme bildet hier die Berufsvorbereitung „Hauswirtschaft", die sich ebenfalls in den oberen Räumen befindet. Diese Räume gruppieren sich um den Aufenthaltsraum, der somit eine Art Atrium und das *Zentrum* der Einrichtung darstellt. Neben einigen Funktionsräumen befinden sich jedoch zwei Räume ein wenig außerhalb von diesem Rondell an der Peripherie platziert: Dies ist zum einen der Raum des Mitarbeiters, der die Verwaltungsaufgaben erledigt, und zweitens der Raum des Leiters Paul Fröhling. Verwaltung und Leitung positionieren sich wie häufiger bei Organisationen, wie z. B. bei Universitäten zu beobachten ist, ein wenig außerhalb des direkten alltäglichen Geschehens und markieren damit auch eine gesonderte Position innerhalb der Organisation.

Zusätzlich verfügt die Einrichtung noch über zwei Zwischenräume, die nicht zufällig zwischen ‚oben' und ‚unten' platziert sind, sondern auch innerhalb des alltäglichen Geschehens eine ‚Zwischenstellung' einnehmen, weil hier Pausen verbracht bzw. gesonderte Aktivitäten verrichtet werden. Der eine Zwischenraum ist der Billard- und Aufenthaltsraum der Jugendlichen, die eine Ausbildung in der Einrichtung absolvieren. Dieser Raum liegt zwischen den beiden Stockwerken und führt seitlich von der Treppe von oben nach unten ab. Dann ist in der Vorhalle, nur über eine gesonderte Treppe erreichbar, auf einer Zwischenebene der Kraftraum platziert, der von jeder Gruppe einmal in der Woche für das Krafttraining genutzt wird.

Die zeitliche Struktur des Tages ist eingefasst in eine Eröffnungs- und eine Abschlussphase. Innerhalb dieser Struktur wechseln sich sechs Arbeitsphasen in der Werkstatt mit insgesamt fünf Pausen ab – darunter drei Raucher- und zwei Essenspausen. Die Werkstattphasen werden dem Wochenplan entsprechend durch Lernphasen, die durch die in der Jugendwerkstatt angestellte Lehrerin gestaltet werden, durch Sport- und sozialpädagogische Angebote sowie durch Ausflüge und den Besuch eines Kurses ersetzt, in dem ein Teil der Jugendlichen die Möglichkeit erhält, den Abschluss der neunten Klasse nachzuholen. Daneben bilden Feiern einen Höhepunkt im Jahresrhythmus. Darüber hinaus wird der tägliche Rhythmus durch Sonderveranstaltungen, wie z. B. Projekte, durch Praktika, aber auch durch die einmal monatlich stattfindende Betriebsversammlung und den Werkunterricht der WerkanleiterInnen unterbrochen.

Tabelle 4: Die zeitliche Struktur des Tages[35]

Uhrzeit	Tätigkeit	Ort	Uhrzeit	Tätigkeit	Ort
07.45–08.00	Beginn	Gemeinschaftsraum	11.05–12.30	Werken	Werkstatt
08.00–09.00	Werken	Werkstatt	12.30–13.00	Essen	Gemeinschaftsraum
09.00–09.05	Pause	Vorhalle	13.00–14.00	Werken	Werkstatt
09.05–10.00	Werken	Werkstatt	14.00–14.05	Pause	Vorhalle
10.00–10.30	Frühstück	Gemeinschaftsraum	14.05–15.30	Werken	Werkstatt
10.30–11.00	Werken	Werkstatt	15.30–15.45	Berichtshefte	Gemeinschaftsraum
11.00–11.05	Pause	Vorhalle	15.45–16.00	Ende	Gemeinschaftsraum

Die hier dargelegte Tagesstruktur stellt ein Wechselspiel aus Anspannung und Entspannung dar, aus einem Wechsel zwischen konzentrierter Einzelarbeit in der Werkstatt im Gruppenzusammenhang und geselligem Zusammensein in den Pausen. Die Tätigkeiten zu den spezifischen Tageszeiten sind an die jeweiligen unterschiedlichen Orte der Jugendwerkstatt gebunden. Die Mahlzeiten werden im Aufenthaltsraum eingenommen, die Raucherpausen in der Vorhalle abgehalten, die Arbeit findet in der Werkstatt statt. Innerhalb dieses starren zeit-räumlichen Korsetts sind für die Jugendlichen kaum Spielräume und Differenzierungen möglich. Die hier zugrundeliegende Raum-Zeit-Struktur hebt die hohe Bedeutung der Simulation einer realen Werkstattsituation hervor, ohne dass dies schriftlich fixiert oder in den Gesprächen der MitarbeiterInnen thematisch wird. Die Zeitstruktur des Tages richtet sich damit weitgehend nach dem zeitlichen Skript der Werkstätten-Simulation.

Die zeit-räumliche Struktur in der Jugendwerkstatt „Goldstraße" ist in weiten Teilen den Bedürfnissen und Gewohnheiten der Jugendlichen *entgegengesetzt* mit dem Ziel, dass die vorstrukturierte Zeit- und Raumstruktur und die vorgegebenen Arbeitsaufgaben erfüllt werden. Die vorzufindende Zeit- und Raumstruktur wiederholt sich von Tag zu Tag auf fast gleiche Weise. Damit ein reibungsloser Ablauf garantiert ist, kann die Zeit- und Raumstruktur nicht die Situation in gewöhnlichen Werkstätten vollständig simulieren. Die Gewohnheiten und Dispositionen der Jugendlichen müssen be-

---

35 Eine Ausnahme bildet der Freitag, an dem die Jugendlichen schon ab zehn Uhr die Werkstatt verlassen können, weil sich hieran die Teamsitzung der MitarbeiterInnen anschließt.

rücksichtigt werden. Deshalb ist die Pausenfrequenz in der Jugendwerkstatt z. B. höher als in gewöhnlichen Werkstätten.

Jenseits des hier dargelegten Zeit- und Raumgefüges sind zeitlich und räumlich separiert vorgehaltene Interaktionsmuster der kollegialen Zusammenkunft institutionalisiert. Hier ist die Anwesenheit von Jugendlichen ausgeschlossen. Im Wesentlichen betrifft das die einmal wöchentlich stattfindende Teamsitzung am Freitag. Das heißt aber nicht, dass kollegiale Zusammenkünfte nur separiert stattfinden. Beobachtet werden konnte eine Vielzahl an Formen kollegialer Separation aus dem festgeprägten Zeit- und Raumgefüge mit unterschiedlicher Intensität und unterschiedlichen Institutionalisierungsgrad. Diese kollegial-separierten Kommunikationen *zwischendurch* werden funktional notwendig durch die vorzufindende Zerstückelung des Raum- und Zeitgefüges und dem Bedürfnis nach Ordnung.

4.2.2 Gemeinsame Zeit-Räume

Im Folgenden werden beispielhaft zwei alltäglich wiederkehrende Zeitabschnitte in der Jugendwerkstatt untersucht, die von allen MitarbeiterInnen und Jugendlichen gemeinsam verbracht werden: Die Anfangs- und die Schlusssituation. Über die Rekonstruktion dieser Tagesabschnitte kann verdeutlicht werden, wie in einzelnen Zeitabschnitten der Übergang in die Organisationskultur der Jugendwerkstatt „Goldstraße" gestaltet und dabei Ordnung und Gemeinsamkeit geschaffen wird.

Die ‚gemeinsamen' Zeiträume, an denen sich alle Jugendlichen der Berufsvorbereitung treffen, finden im Aufenthaltsraum statt. Dieser Raum im Zentrum der Einrichtung stellt eine Art kommunikativen Knotenpunkt dar. An diesem Ort beginnt und endet der Tag für die Jugendlichen der Berufsvorbereitung. Während der Teamsitzungen werden hier die Erfahrungen und Informationen aus den verschiedenen Bereichen der Jugendwerkstatt gebündelt und reflektiert. Es ist der zentrale Ort, an dem Gemeinsamkeit hergestellt und durch Insignien einer Gemeinschaft inszeniert wird. Hier sind die Jugendlichen der Hauwirtschaft angewiesen, die Herstellung von Gemeinsamkeit durch die tägliche Dekoration der Tische zu unterstützen. Hier stehen in einer Vitrine die Pokale, die bei Turnieren gewonnnen wurden, und die Werkstücke, die in den Werkstätten produziert werden. An den Wänden hängen Fotodokumentationen von gemeinsamen Aktionen und das Leitbild der Dachorganisation.

Tagesbeginn
Der Tag in der Jugendwerkstatt „Goldstraße" beginnt für die Jugendlichen um 7.45 Uhr im Aufenthaltsraum, nachdem sie ihre Straßenkleidung in ihren Spind abgelegt und die Werkstattkleidung angelegt haben. Im Aufenthaltsraum angekommen begrüßen sie die dort anwesenden MitarbeiterInnen kurz und knapp durch ein „Morgen". Für die Jugendlichen und die Mitar-

beiterInnen fängt der Tag im Aufenthaltsraum an. Dann sitzt zumeist Hannes Klein am MitarbeiterInnentisch, neben ihm ein Kaffee, die Zeitung und die Anwesenheitsliste. Anwesenheitsliste und Zeitung werden an die anderen MitarbeiterInnen, die zumeist etwas später kommen, weitergereicht. Zu dieser Zeit ist Paul Fröhling bereits in seinem Büro beschäftigt. Ernst Meister ist schon in der Werkstatt, weil die Arbeitszeit der Jugendlichen, die sich in Ausbildung befinden, früher beginnt. Martin Lange kommt häufig ein wenig später zur Arbeit, weil er seinen Sohn noch in den Kindergarten bringt.

Als ich morgens in die Jugendwerkstatt in den Aufenthaltsraum komme, sitzt Hannes Klein an dem größten Tisch des Raumes, eine Aneinanderreihung von vielen Tischen. An den anderen, im Raum verteilten Tischen sitzen ein paar Jugendliche. (...) Mir wird erläutert: „Das ist der Tisch, an dem wir sitzen. Die Jugendlichen sitzen da; wir unterhalten uns halt immer noch so ein bisschen. Das war früher nicht so. Wir haben direkt um acht Uhr angefangen." Er erläutert: „Dieser Beginn des Tages war zu hektisch. So fangen wir eben um viertel vor an."[PJu]

Zunächst fällt der rituelle Charakter des Tagesbeginns in der Jugendwerkstatt „Goldstraße" auf. Die Spielregeln des Rituals sind festgelegt, die Personengruppen streng voneinander getrennt. Für MitarbeiterInnen und Jugendliche gilt Unterschiedliches. Während die Jugendlichen in kleinen Gruppen eintreffen und sich auch in Kleingruppen an ihre Tische setzen, um noch mit den anderen Jugendlichen zu reden und eine Zigarette zu rauchen, treffen die MitarbeiterInnen einzeln ein, um sich in der Gruppe des Teams zusammen zu finden. Der Tag wird in der Jugendwerkstatt „Goldstraße" zwar räumlich gemeinsam begonnen, jedoch in von einander getrennten Gruppen. In der ersten Viertelstunde des Tages werden die Unterschiede der Personengruppen markiert und damit die Interaktionsordnung in der Jugendwerkstatt reproduziert.

Ich beobachte, dass die MitarbeiterInnen abwechselnd eine Liste führen. Paul Fröhling erklärt mir, dass damit ein Punktesystem verbunden sei. Wenn die Jugendlichen regelmäßig pünktlich kommen, würden sie sechzig Mark extra bekommen, mehr dürfte man ihnen zusätzlich nicht geben. Im Grunde würde das Team den Jugendlichen mehr Belohnung geben wollen, aber das wäre nicht möglich. Sechzig Mark, das wäre für die Jugendlichen nichts, wenn die am Wochenende ausgehen würden. Mir wird die Liste gezeigt, und ich sehe, dass es nicht viele Jugendliche schaffen, regelmäßig pünktlich zu kommen. (...) Ich kenne das auch aus anderen Betrieben, dass es da auch durchaus üblich ist, eine viertel Stunde vorher da zu sein, die Zeitung zu lesen und noch einen Kaffee zu trinken.[PJu]

Rituale zur Herstellung von Ordnung verdeutlichen sich nicht nur anhand der Markierung von Unterschieden zwischen MitarbeiterInnen und Jugendlichen über die Tischordnung, sondern auch über das Ritual, das mit der Anwesenheitsliste verbunden ist. Der richtige Zeitpunkt des Eintreffens der Jugendlichen ist punktgenau festgelegt und in der Werkstattordnung schriftlich fixiert. Das Eintreffen der Jugendlichen wird hierüber kategorisiert und anhand eines einfachen binären Schemas bewertet: „Pünktlich oder zu spät". Wer zu spät kommt, verliert nicht nur seinen ‚Bonus', sondern muss auch mit Kommentaren der MitarbeiterInnen rechnen. Das Aufzeichnungssystem ermöglicht die Kontrolle der Erfolge und Misserfolge der pädagogischen Maßnahmen zur Einübung von Arbeitstugenden. Die Jugendlichen haben damit zu rechnen, dass zu häufiges spätes Eintreffen in der Einrichtung in den Einzelgesprächen mit den MitarbeiterInnen thematisiert und sanktioniert wird. Im Bewertungssystem der Einrichtung ist dies ein Punkt unter anderen, der darüber entscheidet, in welchem Maße die Jugendlichen ‚fit' für den Arbeitsmarkt sind.

An das Ritual der Anwesenheitsliste zur Herstellung von räumlich-zeitlicher Ordnung schließen sich weitere an: Wenn die Jugendlichen an ihren Tischen sitzen und rauchen, sich unterhalten und miteinander scherzen, dann dürfen sie den *Interaktionsmodus des geordneten Umgangs* untereinander nicht verlassen. Mit anderen Worten: Die Jugendlichen dürfen eine gewisse Lautstärke und Bewegungsintensität nicht überschreiten. Scherze und Neckereien untereinander sind nur in gewissem Maße erlaubt. Auf Jugendliche, die z. B. andere mit einem Zollstock ärgern, reagieren die MitarbeiterInnen zumeist mit Aufforderungen, dies einzustellen. Dies geschieht zuweilen, ohne dass sich die MitarbeiterInnen umdrehen und den Jugendlichen ansehen und ohne dass sie die ‚Tat' des Jugendlichen visuell erfasst haben. Das Handeln der Jugendlichen liegt im ständigen Aufmerksamkeitshorizont der MitarbeiterInnen – auch wenn sie sich gerade untereinander unterhalten oder die Aufmerksamkeit auf eine Zeitung richten.

„Körperlich bin ich auf jeden Fall reifer als du, Hannes" (Der Jugendliche zeigt den anderen seine Muskeln). Hannes: „Das habe ich gesehen als du [wie ein] Opa nach dem letzten Dauerlauf hier in die Werkstatt getaumelt bist". Jugendlicher: „Du hast doch gar nicht gesehen, was ich gemacht hab, oder hast du Augen im Hinterkopf". Hannes: „Bei dir brauche ich gar nicht mehr hinzuschauen, da weiß ich das schon, bevor du überhaupt den Gedanken hast, den Zollstock zu heben."[PJu]

Die Reaktionen auf das Verhalten der Jugendlichen ähneln sich zumeist. Dies unterstreicht den rituellen Charakter der Reaktion. Zunächst wird der Name des Jugendlichen kurz und knapp genannt. Der Unterton dabei unterstreicht, dass der Jugendliche sich regelwidrig verhalten hat. Das knappe Zeichen erfordert keine Erläuterung. Die Jugendlichen wissen, dass sie die Maßgabe der Ordnung ‚unterlaufen' haben. An die Nennung des Namens werden häufig scherzend Fragen oder Kommentare angeschlossen: „Wie alt bist du eigentlich? Zwölf?" Die anderen Jugendlichen lachen darüber, dass ihr Kollege entdeckt und ‚bloßgestellt' wird. Der gemaßregelte Jugendliche reagiert seinerseits scherzend-empört und weist die Anschuldigung von sich, beteuert, dass er nicht regelwidrig gehandelt habe oder gibt den ‚Ball zurück'.

Das Ritual zwischen MitarbeiterInnen und Jugendlichen erfordert, die Jugendlichen an Schlagfertigkeit zu überbieten, die ‚Lacher auf seine Seite zu holen' und die Ordnung wieder herzustellen. Bisweilen muss dabei die bestehende Tischordnung durchbrochen werden, und der Jugendliche wird aufgefordert, zur besseren Kontrolle am Tisch der MitarbeiterInnen Platz zu nehmen.

Der Anfang des Tages dient also dazu, den Jugendlichen begreiflich zu machen, dass mit dem Betreten der Einrichtung und dem Wechsel der Kleidung die Regeln und Interaktionsmodi der Welt ‚da draußen' mehr oder weniger ihre Gültigkeit verlieren und sich die Jugendlichen in das Ordnungssystem der Jugendwerkstatt einzugliedern haben. Das Ordnungssystem hierarchischer Differenzen zwischen Jugendlichen und MitarbeiterInnen wird symbolisch durch die Tisch- und Kleiderordnung[36] repräsentiert und neben unterschiedlicher Pünktlichkeitsregeln[37] selbst durch eine Getränkeordnung zementiert: Nur die MitarbeiterInnen dürfen sich an der großen Espressomaschine einen Kaffee kochen.

Der Wechsel des Interaktionsmodus und der Übergang von der Welt ‚da draußen' in die Ordnung der Organisationskultur Jugendwerkstatt wird durch ein erwartbares Setting, ein formelles und informelles Regelwerk, die ständige Beobachtung und Kontrolle dieser Ordnung und Maßnahmen der Absicherung gestaltet. Die Jugendlichen wissen um diese Ordnung und um die Pflicht, diese einzuhalten. Sie passen sich in ihrem Verhalten weitgehend an diese Ordnung an, auch wenn sie hin und wieder verdeutlichen, dass sie die Ordnung durchbrechen *können* – insbesondere dann, wenn sie sich unbeobachtet wähnen (vgl. für die Schule Breidenstein 2006).

Kleine Regelverletzungen und ihre Sanktionierung gehören zum Ritual der Übergangsgestaltung (vgl. Wagner-Willi 2005). Größere Regelverletzungen in der Anfangssituation bilden in der „Goldstraße" jedoch eher eine Ausnahme, denn die Jugendlichen befolgen die Ordnung und das Regelwerk – so als sei es bereits inkorporiert. Die Jugendlichen wechseln beim Hereinkommen den Sprachduktus und die Lautstärke und passen ihre Bewegungen an das erlaubte Maß an Beweglichkeit an. Sie halten sich an den Orten auf, an denen sie sich entsprechend der Regeln aufhalten dürfen. Sie wechseln vom Interaktionsmodus der ‚Straße' in den Interaktionsmodus ‚Werk-

---

36 Die Jugendlichen der Berufsvorbereitung tragen einfache ‚Blaumänner', die Jugendlichen, die sich in Ausbildung befinden, rote oder schwarze Overalls, die Jugendlichen aus der Hauswirtschaft Kittel, die Handwerker – mit Ausnahme von Ernst Meister – Handwerkerkittel bzw. Overall und die SozialpädagogInnen, die Lehrerin Petra Mildes und die Ökotrophologin Evelyn Rühl Straßenkleidung. Paul Fröhling wechselt, seiner momentanen Tätigkeit entsprechend, die Kleidung: Entweder trägt er Jeans und Jackett oder einen ‚Blaumann'.
37 Dem Ethnografen wird auch im Vorstellungsgespräch mitgeteilt, Pünktlichkeit sei auch für ihn wegen der Vorbildfunktion sehr wichtig. Auch wenn für alle gilt, pünktlich zu kommen, halten sich nicht alle MitarbeiterInnen gleichermaßen an diese Regel. Während Paul Fröhling zumeist schon einige Zeit vor Arbeitsbeginn in seinem Büro sitzt und Hannes Klein zumeist der erste ist, der im Aufenthaltsraum sitzt, kommen Carolin Weber und Petra Mildes, zuweilen auch Anja Schell und Evelyn Rühl erst nach 7.45 Uhr.

statt', wenn sie – wie in Werkstätten üblich – knapp „Morgen" sagen, sich an ihren Tisch setzen und die Zeitung lesen oder sich mit den ‚Kollegen' unterhalten. Je länger sie an der Maßnahme teilnehmen und je erfolgreicher sie aus Sicht der MitarbeiterInnen beurteilt werden, desto mehr haben sie sich dem Interaktionsmodus angepasst. Der Modus ‚Werkstattordnung' entspricht dabei einer Simulation der Ordnung ‚realer' Werkstätten, ohne dass der Interaktionsmodus einer realen Werkstatt präzise abgebildet werden kann oder soll.

Allein die Ausstattung des Gemeinschaftsraumes verdeutlicht, dass es hier mehr als um die Simulation einer realen Werkstattsituation geht. Auf den Tischen liegen immer saubere, bunte Tischdecken. Die Jugendlichen der Hauswirtschaft sind dafür zuständig, die Tische abzuwischen und durch Tischschmuck Gemütlichkeit herzustellen. An den Wänden hängen Bilderrahmen mit Fotos von gemeinsamen Ferienfahrten. Auch wenn die Möbelstücke weder modern noch neu sind, wird hier versucht, Gemütlichkeit herzustellen. Die ehemalige Arbeitshalle wurde in einen freundlichen Treffpunkt verwandelt. In einer Ecke steht das Schmuckstück der MitarbeiterInnen: die große Kaffeemaschine, die die Jugendlichen nicht benutzen dürfen und die von den MitarbeiterInnen gepflegt und bewacht wird und damit die Privilegien der MitarbeiterInnen unterstreicht. Über den Tischen der Jugendlichen hängt das Leitbild der Jugendwerkstatt. Es weist die Jugendlichen auf den Wertekodex des sozialpädagogischen Handelns hin: Auf Gemeinschaft und Verantwortung, Achtung und Respekt, Teamgeist und Multiprofessionalität, Offenheit und Ehrlichkeit, Transparenz und Durchlässigkeit. Dadurch, dass fast jeder Satz mit „Wir" beginnt, wird Gemeinsamkeit inszeniert. Das gemeinsame Leitbild symbolisiert die Einigkeit des Teams. Die Gemütlichkeit des Raumes unterstreicht nicht nur die Herstellung von Ordnung und die Simulation von Werkstatt, sondern die Herstellung und Inszenierung von Gemeinschaft.

Jugendliche und MitarbeiterInnen beginnen den Tag gemeinsam, auch wenn sich die beiden Gruppen nur wenig miteinander unterhalten. Die Schaffung von Ordnung und der performativ hergestellte Übergang in einen anderen Interaktionsmodus ist dabei das pädagogische Medium, das das Erreichen der Einrichtungsziele gewährleistet. Die geordnete Herstellung von Gemeinsamkeit und ihre Inszenierung – bei gleichzeitiger Betonung von Differenzen (zwischen MitarbeiterInnen und Jugendlichen) – erleichtert den MitarbeiterInnen und Jugendlichen den Übergang in die Werkstatt und den Beginn der Arbeit. Dies unterscheidet die Jugendwerkstatt von herkömmlichen Werkstätten, wo die MitarbeiterInnen sich ein müdes „Morgen" über Zeitung, Kaffee und Zigarette hinweg zuwerfen.

Die ersten fünfzehn Minuten dienen jedoch nicht nur den Jugendlichen zur Erleichterung des Wechsels in einen anderen Interaktionsmodus, sondern ermöglichen dem MitarbeiterInnenteam, den pädagogischen Alltag gemeinsam zu beginnen. Hier wird ein gemeinsamer Erfahrungs- und Kommunikationsraum geschaffen.

Ein gemeinsamer Erfahrungsraum entsteht, wenn die MitarbeiterInnen gemeinsam am MitarbeiterInnentisch sitzen, sich gegenseitig Milchkaffee kochen und servieren, sie von ihren Zeitungen aufschauen und die politischen und kulturellen Geschehnisse kommentieren. Sie berichten von ihren privaten Unternehmungen, besprechen kurz den Zeitablauf des Tages, tauschen Informationen aus oder geben kurze Berichte von den Geschehnissen am Vortag. Wenn sie sich alle zuständig fühlen für die Kommentierung von Regelüberschreitungen durch die Jugendlichen und die an die Jugendlichen adressierten Witze der KollegInnen ‚toppen', dann demonstrieren sie die Einheit des Teams.

Jenseits der Inszenierung von Gemeinsamkeit wird in den ersten fünfzehn Minuten jedoch auch die interne (Team-)Ordnung differenziert. Informelle Regeln legen z. B. fest, welche MitarbeiterInnen an welchem Platz sitzen. Interessen, Gewohnheiten und Arbeitsbögen legen fest, wer welche Aufgaben übernimmt.

Hannes Klein bewacht das Eintreffen der Jugendlichen als erster, während Paul Fröhling sich in seinem Büro um seine Leitungsaufgaben kümmert. Die Anwesenheitsliste wird von Anja Schell übernommen. Wenn Paul Fröhling dann später zu der Gruppe dazu stößt, kommentiert er das politische Geschehen. Ernst Meister sitzt meist schweigend am Tisch. Die Männer unterhalten sich über Motorräder und Autos, über das „Schrauben" an ihren „Karren". Petra Mildes berichtet von einem Film, den sie gesehen, oder ein Buch, das sie gelesen hat. Die Gemeinschaft des Teams trennt sich in eine Männer- und Frauenordnung, insbesondere in Hinblick auf die gemeinsam besprochenen Themen. Meistens sind es die Männer, die die Jugendlichen mit ihren scherzhaften Bemerkungen ‚toppen' – wenn man von Anja Schell absieht, die die Männer manchmal an Bissigkeit und Schlagfertigkeit übertrifft. Innerhalb des Teams wird das ‚Toppen' geübt. Insbesondere Männer und Frauen ‚necken' sich gegenseitig. Hannes Klein macht sich lustig über Petra Mildes ‚esoterische' Neigungen. Petra Mildes neckt Paul Fröhling wegen seines Alters. Anja Schell will Paul Fröhling einen Schlag in die Magengrube versetzen, weil dieser sich über ihre sportliche Aktivität lustig gemacht hat. Manchmal stimmen auch Martin Lange und Carolin Weber in diese Späße ein, auch wenn sie sich hier als nicht sehr schlagkräftig erweisen. Ernst Meister und Evelyn Rühl beteiligen sich hieran nicht und werden auch kaum einbezogen.

Eine differenzierte Teamordnung kann auch am Ende der Anfangsphase beobachtet werden: Hannes Klein beendet den fünfzehnminütigen Vorlauf durch ein Klatschen, ein lautes „Jo" oder indem er einfach aufsteht. Die Jugendlichen stehen ebenfalls auf, folgen ihm und steigen die Treppen in die Werkstatt hinab. Manchmal steht Paul Fröhling auf und ruft: „Ach ist schon wieder Zeit". Ernst Meister kommentiert dies leise: „Ach ja". Die Sozialpädagoginnen und zuweilen Evelyn Rühl bleiben noch ein wenig sitzen und führen ihre Unterhaltung weiter. Erst allmählich stehen sie auf und gehen in ihre Büros. Paul Fröhling teilt den KollegInnen mit, wo er heute ist und wann er heute in der Einrichtung sein wird.

Tagesabschluss

Den Abschluss des Tages bildet erneut ein Zusammentreffen der MitarbeiterInnen und Jugendlichen im Aufenthaltsraum. Gemeinsam wird der Tag begonnen und beendet. Die letzte Viertelstunde des Tages dient jedoch nicht dazu, den Jugendlichen den Übergang in die Welt ‚da draußen' zu erleichtern. Sie dient dazu, den Tag zu rekapitulieren, indem Eintragungen in die Berichtshefte vorgenommen werden. Täglich wird hier für den Ernstfall ‚Ausbildung' geübt, indem der Ablauf des Tages in Kurzform schriftlich fixiert wird. Die Jugendlichen schreiben auf, was sie während des Tages gearbeitet haben, lernen dabei Rechtschreibung und Fachausdrücke. Da der ‚Ernstfall' noch nicht eingetreten ist, sondern dieser nur simuliert wird, schreiben die Jugendlichen den Bericht mit Bleistift.

Als die Jugendlichen die Berichtshefte schreiben, fragen sie mich: „Den wievielten haben wir denn?" Ich schaue auf meine Uhr und sage: „Den neunundzwanzigsten". Von einem anderen Tisch fragt dann ein anderer Jugendlicher: „Den wievielten haben wir denn?" Hannes Klein antwortet: „Guck doch einfach". Der Jugendliche: „Ich wollte ja nicht wissen, wie viel Uhr es ist, das kann ich doch selber sehen, sondern welches Datum es ist." Daraufhin Hannes Klein: „Das kannst du doch auch da sehen." Damit ist das Gespräch beendet.[PJu]

Die Berichte sollen aus Sicht der MitarbeiterInnen möglichst selbstständig und fehlerfrei geschrieben werden. Aus diesem Grund liefert der Werkstattleiter Hannes Klein nicht die eingeforderten Informationen, sondern „stellt sich dumm". Das „Dummstellen" – so erläutert er später – dient dabei als Methode zur Hervorlockung von eigenen Lernprozessen und zur Abwehr von Bequemlichkeit bei Jugendlichen, die erst fragen, bevor sie „selbstständig denken".

Die Berichtshefte werden von den gesamten Mitarbeitern durchgelesen und mit einem spitzen Stift korrigiert. Hannes Klein hat so diese Masche, sich dumm zu stellen (...). Er liest laut: „Aha, was sind denn Aluminiumstreifen? Was meinst du denn damit?" Milan meinte Aluminiumstücke, er hatte eben ein längeres Stück geschnitten vorher und hat dann später drei Stücke daraus geschnitten. Es geht dann lange hin und her: „Was meinst du denn mit Streifen (...)?" Und irgendwann kam Milan wohl auf die richtige Formulierung.[PJu]

Die ‚spitzfindige' Korrektur der Berichte dient der Einübung einer präzisen und knappen Werkstattsprache. Hier geht es nicht darum, Erfahrungen und Gefühle zu reflektieren, sondern um die genaue Wiedergabe der am Tag vollzogenen Arbeitsschritte in knappen Sätzen. Das Handeln soll den Jugendlichen durch das Rekapitulieren und Niederschreiben auch kognitiv verfügbar werden. Das Ritual der Berichtserstellung und -korrektur bewirkt, dass die Jugendlichen bei der Rekapitulation des Tages noch einmal die Zeit retrospektiv ordnen. Aus den Berichten ausgeklammert werden somit auch die Pausen, die Erlebnisse, die Schwierigkeiten des Alltags. Das Ritual fokussiert das Handeln damit auf das tatsächlich Geleistete. Die niedergeschriebenen Fakten des Berichtsheftes dienen dann anschließend als Grundlage für pädagogische Interventionen, indem das am Tag Geleistete

kommentiert wird. Haben Jugendliche das Soll des Tages nicht erreicht, sehen sich die MitarbeiterInnen zu Kommentaren veranlasst, die den Jugendlichen ihr Leistungsniveau durch Bewertung veranschaulichen.

Michael gibt sein Berichtsheft Martin Lange: „Zum Hannes gehe ich ja nicht, da habe ich mehrere Versuche unternommen, der ist zu fies." Martin Lange: „Wieso ist der zu fies?" Michael: „Zweimal abgegeben und zweimal hat er mir mein Blatt zerrissen." Hannes Klein und Martin Lange lachen. Martin Lange: „Da ist auch ein Fehler, ist nah dran, dass ich das auch zerreiße. Aber ich hab noch nicht unterschrieben."[PJu]

Die pädagogischen Interventionen beim Ritual Berichtsheftkorrektur sind häufig nicht ‚zaghaft‘, sondern vielmehr präzise und konsequent, zuweilen ‚gnadenlos‘ konsequent. Der Ablauf und die Regeln des Rituals sind genau festgelegt. Am Ende der Woche müssen die Jugendlichen ihre Tagesberichte noch einmal sauber auf ein Blatt schreiben und dabei die Korrekturen berücksichtigen. Der Wochenbericht wird erneut korrigiert. Machen die Jugendlichen dabei Fehler, müssen sie den Bericht noch einmal neu abschreiben, weil der Regel entsprechend Wochenberichte fehlerlos vorliegen müssen. Verstöße gegen diese Regeln werden konsequent geahndet. Die MitarbeiterInnen demonstrieren in diesem Prozedere gegenüber den Jugendlichen Einigkeit. Diese Einigkeit kann mit einem demonstrativen Lächeln und zerrissenen Berichten bezeugt werden und macht für die Jugendlichen deutlich, dass nicht nur Widerspruch, sondern auch ein ‚gegeneinander Ausspielen‘ der verschiedenen MitarbeiterInnen zwecklos ist.

Entgegen der festgelegten Regeln klingelt am Schluss des Tages ein Handy. Hannes Klein kann sofort präzise bestimmen, welcher Jugendliche sich nicht an die Regeln gehalten hat. Von den detektivischen Fähigkeiten des Mitarbeiters übertölpelt, nennt der Jugendliche bereitwillig, zunächst widerspruchslos und sogar genau, wo sich das Handy befindet. Er weiß, er kann das Handy nicht vor Hannes Klein verbergen und muss der Aufforderung, es herauszugeben, nachkommen. Auf den Verstoß des Jugendlichen folgt zunächst die ‚Bloßstellung‘ des Jugendlichen vor seinen KollegInnen. Diese Bloßstellung wird geschickt inszeniert, indem Hannes Klein dem Jugendlichen fragt, wie lange er in dieser Einrichtung sei. Dem Jugendlichen bleibt nichts anderes übrig, als sich durch seine Antwort vor den anderen selbst bloß zu stellen: Den Jugendlichen wird deutlich, dass der Bloßgestellte bereits lange in der Einrichtung ist und ‚noch immer nicht‘ den Regeln der Werkstatt folgt. Nachdem der Jugendliche den Mitarbeiter gefragt hat, ob er ihn tatsächlich vor den anderen „blamieren" wolle, und dieser sein Anliegen bekräftigt und daraufhin festlegt und bewertet, welchen Vergehens sich der Jugendliche schuldig gemacht hat, kontert der Jugendliche durch den Einwand, Hannes Klein hätte ein Wort falsch benutzt. Damit läutet er das Spiel des gegenseitigen ‚Toppens‘ ein. Er spielt dabei auf einen wunden Punkt des Mitarbeiters an, der aufgrund seines langen Aufenthalts in Großbritannien und Irland sprachlich weniger versiert ist als seine KollegInnen. Dem Jugendlichen gelingt es jedoch nicht, den Widersacher bloß zu stellen. Hannes Klein stellt lapidar die Richtigkeit seiner Redewendung fest und antwortet dem Jugendlichen durch die Androhung der Strafe, ihm das Handy wegzunehmen. Dem Einwand des Jugendlichen, dass das rechtlich nicht abgesichert sei, wird knapp und bestimmt geantwortet: „Doch das geht". Trotz dieser Versicherung wendet er die gewählte Strafe in Folge einer erneuten Entgegnung des Jugendlichen nicht an und verweist auf die Regelungskompetenz des Teams: „Das müssen wir mal besprechen, was wir damit machen!"

Carolin Weber klinkt sich in das Spiel von Bloßstellung und Strafmaßbemessung ein und erhöht das bisher von Hannes Klein eingebrachte Strafmaß, indem sie das „Vergehen" des Jugendlichen auf die Tagesordnung der Teamsitzung schreibt und anschließend die moralische Bewertung des ‚Vergehens' überbietet. Im Gegensatz zu Hannes Klein, der sich lächelnd ins Spiel wirft, äußert Carolin Weber gegenüber dem Jugendlichen ihre Enttäuschung und bringt damit zusätzlich ‚Gefühle' ins Geschehen ein. Da in diesem Fall keine Regel über das ‚Strafmaß' vorliegt und Hannes Klein bisher nur Strafandrohungen formuliert und noch nicht umgesetzt hat, erscheint es Carolin Weber notwendig, noch vor der morgigen Teamsitzung das Strafmaß festzuzurren. Nachdem sie Gegenargumente gegen den Verfahrensvorschlag von Hannes Klein vorgebracht hat, legt sie fest, dass der Jugendliche ihr morgens das Handy auszuhändigen habe. Auf das erneute Angebot des Jugendlichen zum Zwecke der Weiterführung des Spiels des gegenseitigen Toppens – „dann kannst du ja mal meine Mails lesen" – steigt sie nicht ein und entgegnet eher entrüstet: „Nee, das ist noch schöner". Anschließend präzisiert sie dem Jugendlichen noch einmal die Verfahrensregeln der pädagogischen Intervention.

Auch in dieser Szene demonstrieren die MitarbeiterInnen Einigkeit. Gemeinsam wird hier den Organisationsregeln gefolgt und Stück für Stück der Druck auf den Jugendlichen erhöht. Der Jugendliche muss einsehen, dass sein scherzender Widerstand zwecklos ist. Er rennt buchstäblich gegen eine Mauer aus Einigkeit. Im Verfahren des Erwischens, der Straftatbenennung und der Strafmaßfestlegung jedoch bringen sich Hannes Klein und Carolin Weber auf unterschiedliche Weise ein. Hannes Klein lässt sich auf das Spiel des Jugendlichen ein und überbietet diesen an Schlagfertigkeit. Er bringt zwar auch moralische Kategorien durch Leistungsbewertung ein, operiert jedoch hier im Modus des ‚Spiels'. Die von Carolin Weber verwendeten Moralkategorien verlassen den Modus des Spiels, indem sie mit dem Verweis auf Enttäuschung auf der Gefühlsebene operiert. Zusätzlich beendet sie das ‚Spiel des Toppens', indem sie das Spiel in Ernsthaftigkeit wendet und präzise das Strafmaß festlegt.

Fasst man die Beobachtungen vom Anfang und vom Ende des Tages zusammen, dann wird schon in diesen wenigen Szenen das organisationskulturelle Grundgefüge der Jugendwerkstatt „Goldstraße" deutlich.

(1) Zeit und Raum sind in der Jugendwerkstatt in hohem Maße durch Regeln, Gewohnheiten, Verfahrensabläufe und Arbeitsbögen vorstrukturiert. Über die Gliederung der Zeit und des Raumes wird Ordnung hergestellt. Die MitarbeiterInnen überwachen, dass diese Ordnung erhalten bleibt. Für den Fall, dass die Ordnung durch Jugendliche durcheinandergebracht wird und Regeln durchbrochen werden, liegt ein Katalog an möglichen pädagogischen Maßnahmen und Interventionen vor. Ein wesentlicher Teil der pä-

dagogischen Anstrengungen der MitarbeiterInnen richtet sich also auf die Eingliederung der Jugendlichen in die vorgegebene Raum- und Zeitordnung. Die Raum- und Zeitordnung ist dabei ein Regelwerk, das genau festlegt, was zu welchem Zeitpunkt, an welchem Ort und in welcher Form zu tun ist. Das Ziel der pädagogischen Maßnahmen ist es somit, dass die Raum- und Zeitordnung inkorporiert wird, dass sich die Körper an den vorgegeben Rhythmus anpassen und das tun, was im Rahmen der raum-zeitlichen Ordnung möglich und erlaubt ist.

(2) Die Raum- und Zeitordnung der Jugendwerkstatt markiert Unterschiede zwischen Jugendlichen und MitarbeiterInnen. Dies geschieht zum einen dadurch, dass die MitarbeiterInnen über Zeit und Raum bestimmen können – wenn sie z. B. durch Zeichen den Beginn der Arbeitszeit markieren. Zum anderen teilen die MitarbeiterInnen den Raum hierarchisch ein – wenn sie z. B. Sitzordnungen bestimmen. Die vorgegebene Zeit- und Raumordnung definiert, dass sich die MitarbeiterInnen an jedem Ort zu jeder Zeit aufhalten können, während sich die Jugendlichen nur dort aufhalten sollen, wo es die Regeln erlauben.

(3) Das der Zeit- und Raumordnung zugrunde liegende Prinzip ist die partikulare Simulation von Werkstatt und Arbeit. Partikular bedeutet hier, dass ‚Werkstatt' nur in Teilen realisiert werden kann und soll. Partikular ist sie auch, weil die Einrichtung ihrem pädagogischen Zielen entsprechend in unterschiedlichen Modi operieren muss – und eben nicht allein im Modus der Werkstatt. Zu unterscheiden ist hier der werkpädagogische, der stützunterrichtliche und der sozialpädagogische Modus beruflichen Handelns. Die Inszenierung der gemeinsamen Anfangssituation folgt gruppenpädagogischen und damit eher sozialpädagogischen Zielen. Gleichzeitig wird durch den Tagesbeginn der Übergang von draußen nach drinnen gestaltet, d. h. performativ wird der Wechsel in den Modus der Werkstatt und die Eingliederung in die vorgegebene Raum- und Zeitordnung hergestellt. Die Schlusssituation dient neben der erneuten Inszenierung von Gemeinsamkeit der Rekapitulation des Tages vorwiegend werkpädagogischen Zielen. Retrospektiv wird hier Zeit und Raum geordnet und das Leistungsniveau schriftlich fixiert. Die Leistungen des Tages werden den Jugendlichen damit kognitiv verfügbar und den MitarbeiterInnen zur Beurteilung und Bewertung vorgelegt. Unterrichtsspezifischen Zielen wird hier durch die Einübung von Rechtschreibung Rechnung getragen.

Insgesamt kann hier Organisationskultur als das räumlich und zeitlich bedingte Gefüge betrachtet werden, in dem durch die Überführung von Unordnung in Ordnung pädagogisches Handeln möglich wird.

4.2.3 Separierte Zeit-Räume

Während in der Anfangs- und Schlusssituation organisationskulturell Raum und Zeit geordnet werden, ist der Rest des Tages in der Jugendwerkstatt „Goldstraße" durch die Zerschneidung von Zeit und Raum gekennzeichnet. In der ‚Zwischenzeit' – ausgenommen der Pausenzeiten – begeben sich die MitarbeiterInnen an ihre je spezifischen, ihnen zugewiesenen *dezentralen* Orte: Die SozialpädagogInnen werden vorwiegend in ihren Büros, die Lehrerin Petra Mildes in den Schulungsräumen und die WerkanleiterInnen in den Werkstätten bzw. in der Küche tätig. Jedem Raum sind spezifische Aufgaben und Funktionen zugeschrieben. Nur wenige Abweichungen von dem hier dargestellten Schema sind zu verzeichnen, wenn z. B. die Sozialpädagogin Carolin Weber ein kreatives Angebot in der Werkstatt mit den Jugendlichen durchführt oder wenn in den Schulungsräumen ausnahmsweise eine Teamsitzung abgehalten wird.[38]

Abbildung 5: Funktion der Räume in der Jugendwerkstatt

Raum	*Funktion*	*MitarbeiterIn*
Aufenthaltsraum	Funktionswechsel	Alle
Werkstätten	Werkpädagogisch	WerkanleiterInnen (Paul Fröhling)
Sozialpädag. Büros	Sozialpädagogisch	SozialpädagogInnen
Werkanleiterbüros	Werkpädagogisch	WerkanleiterInnen
Schulungsräume	Unterrichtsspezifisch	LehrerInnen (WerkanleiterInnen)
Freizeiträume	sozial- und freizeitpädagogisch	Alle (mit Ausnahme der LehrerInnen)

Aus der Zerschneidung des Raumes und der Zeit ergeben sich vielfältige Konsequenzen für das Handeln:

- Während die MitarbeiterInnen in der Anfangs- und Schlusssituation gemeinsam handeln, agieren sie an den dezentralen Orten einzeln und autonom und gleichzeitig kollektiv auf der Grundlage organisationskultureller Regeln *(Die Differenz der dezentralen Räume)*.

---

38 Die Geschichte der Einrichtung ist eine Geschichte der Ausdifferenzierung der Orte durch Personalzuwachs und eine zunehmende Etablierung von Arbeitsteilung. Mit der Ausdehnung der Einrichtung und der arbeitsteiligen Ausdifferenzierung der Aufgaben wurde auch die Grenze der Sichtbarkeit der einzelnen Arbeitsschritte diffuser. Formen der nachträglichen Einholung dieser Grenze durch Teamarbeit wurden komplexer und zeitintensiver.

- An den unterschiedlichen Orten der Jugendwerkstatt wird mit unterschiedlichen Gruppen von Jugendlichen in unterschiedlichen Interaktionsmodi gehandelt *(Dezentrale Interaktionsmodi und Sprachstile)*.
- Dabei übernehmen die unterschiedlichen MitarbeiterInnengruppen unterschiedliche Aufgaben *(Arbeitsteilung und Arbeitsbögen)*.
- Durch die Zerschneidung des Raumes und der Zeit in Orte und Zeiten mit unterschiedlichen Funktionen und personalen Verantwortlichkeiten bzw. Zuständigkeiten und die Trennung des Raumes in ‚oben' und ‚unten' sowie ‚vorne' und ‚hinten' bzw. ‚Zentrum' und ‚Peripherie' werden Orte und Zeiten notwendig, an denen die Erfahrungen und Erlebnisse der einzelnen wieder gebündelt werden können und die in kleinere Einheiten zerfallene Gemeinschaft wieder zusammengeführt wird *(Schnittstellen)*.

De Differenz der dezentralen Räume
In den dezentralen Werkstätten und Büros wird in eigenständig gestalteten Räumen gehandelt. Dies lässt sich beispielhaft über die Beschreibung einzelner Räume verdeutlichen, in denen sich performativ die unterschiedlichen beruflich-habituellen Profile herstellen. Die jeweilige Inszenierung des Raumes zeigt auf, dass in den unterschiedlichen Räumen je verschiedene Aufgaben und Ziele verfolgt werden.

(1) In der Mitte der Metallwerkstatt von Hannes Klein steht ein großer achteckiger Tisch, an dem alle Jugendlichen gemeinsam arbeiten. Die spezifische Form des Tisches ist Ausdruck eines pädagogischen Programms: Bei der gemeinsamen Arbeit haben die Jugendlichen Gelegenheit, ohne den Arbeitsplatz verlassen zu müssen, sich gemeinsam auszutauschen oder die einzelnen Arbeitsschritte beim Nachbarn abzuschauen. Jeder Arbeitsplatz verfügt über eine Schublade, in der die Jugendlichen ihr Werkzeug aufbewahren, das sie gewissenhaft zu verwalten haben. Damit hat jeder Jugendliche seinen eigenen Platz und ist gleichzeitig stets in das Gruppengeschehen eingebunden. Nur Hannes Klein verfügt zudem über einen großen Hängeschrank mit eigenem Werkzeug, den er sorgsam bewacht. An den Wänden, um den Arbeitstisch herumplatziert, stehen die Maschinen, die für gesonderte Arbeitsschritte benötigt werden. Die Atmosphäre in der Metallwerkstatt ist durch den Geräuschpegel geprägt, der bei der Metallbearbeitung ständig entsteht. Das Feilen am Metall ist lauter als die Holzbearbeitung oder die Zubereitung des Mittagessens im hauswirtschaftlichen Bereich. An der Wand hängen in Form von Skalen die Ergebnisse, die die Jugendlichen bei der Arbeit an den Werkstücken erzielt haben. So hat die ganze Gruppe stets im Blick, wer welchen Leistungsstand erreicht hat.

Das Büro von Hannes Klein ist eng, klein und ohne Fenster. Die Möbel sind schon ein wenig abgenutzt. Die Möbelstücke hat Hannes Klein aus Metall und Holz gefertigt. An der Wand hängt eine Fotografie der drei Werkanleiter. Das Bild trägt den Titel: Die drei Musketiere der „Goldstraße" und unterstreicht die Verbundenheit und den Zusammenhalt der drei

Männer: „Einer für alle und alle für einen". Symbolisch scheint es auch die hohe Bedeutung der Werkanleiter für die Arbeit der Jugendwerkstatt zu demonstrieren. Der Werkanleiter hält sich nur selten in seinem Büro auf. Es ist ein Arbeitsplatz in einer Werkstatt, ein etwas abseitiger Ort, der unterstreicht, dass der Aktionsraum von Hannes Klein die Werkstatt ist.

(2) In der Mitte von Martin Langes Holzwerkstatt steht die große Kreissäge, um sie herum platziert weitere größere Maschinen. Die Größe der Kreissäge – das zentrale Werkzeug der Arbeit einer Schreinerei – macht eine Anordnung der Tische wie in Hannes Kleins Werkstatt nicht möglich: So sind die Werkbänke an den vier Wänden der Werkstatt platziert, an denen die Jugendlichen voneinander getrennt arbeiten. Wenn Martin Lange mit den Jugendlichen etwas besprechen will, muss er sie zusammenrufen.

Das Büro von Martin Lange ist hell und freundlich. Die Möbelstücke hat er aus Holz gefertigt. Hier wird die Identifikation mit dem eigenen Arbeitsmaterial erkennbar. Ein paar Pflanzen erzeugen Gemütlichkeit im Büro. Private Fotos unterstreichen die ‚Privatisierung' des Arbeitsraumes. In der Ecke stehen Trommeln, die Beweisstücke einer erfolgreichen Arbeit mit den Jugendlichen. Buchstäblich hat sich Martin Lange hier eingerichtet, indem er dem Raum eine persönliche ‚Note' hinzufügt. Das Büro wird auf diese Weise atmosphärisch vom Rest der Werkstatt abgetrennt und verliert damit den Charakter eines Werkstattarbeitsplatzes. Es nähert sich der Atmosphäre eines sozialpädagogischen Büros an und ist Ausdruck des Ansinnens von Martin Lange, habituell eine Nähe zu den SozialpädagogInnen herzustellen.

(3) In den Schulungsräumen von Petra Mildes steht im Unterschied zu gewöhnlichen Klassenräumen in der Mitte ein mehreckiger, weißer Tisch, der aus vielen rautenförmigen Tischen zusammengesetzt ist und flexibel arrangiert werden kann. Der Teppichboden und die Bilder an den Wänden schaffen eine gemütliche Atmosphäre. Vor der Tafel steht kein Pult. Es gibt auch keinen gesonderten Tisch für die Lehrerin. Die Inszenierung des Schulungsraums symbolisiert Gemeinsamkeit, Kommunikation und ein kooperatives Arbeitsklima. Hier herrscht eine Atmosphäre der ruhigen Konzentration. Hier wird nicht gelehrt, benotet und separiert. Hier wird unterstützt, beraten und gelernt.

(4) Das Büro des Leiters ist bis ins letzte Detail ‚gestylt'. Das größte Möbelstück ist ein in der Werkstatt aus Metall gefertigter hoher Schreibtisch, hinter dem der Leiter thront. Auf dem Schreibtisch steht ein Notebook. Von hinten wird der Schreibtisch von einer Neonreklame beleuchtet. An der einen Wand steht ein kleiner Besprechungstisch aus Metall. An den Wänden des Flures, der zum Büro führt, hängen Fotos von Motorrädern, die auf das Hobby von Paul Fröhling verweisen. Die Materialien Metall und Neon sowie eine neonfarben leuchtende Hifi-Anlage unterstreichen Modernität. Das Notebook symbolisiert Mobilität und der große Schreibtisch betont die Rolle des Leiters. Die in der Metallwerkstatt gefertigten Möbelstücke machen

auf den spezifischen Raum der Jugendwerkstatt aufmerksam und unterstreichen Paul Fröhlings Nähe zum Material Metall. Auch der Einrichtungsleiter hat sich in seinem Büro buchstäblich eingerichtet, ihm eine persönliche Note verliehen und dabei einen Raum geschaffen, der zu Repräsentationszwecken die Modernität und den Gestaltungswillen der Einrichtung aufzeigt.

(5) Die Büros der Sozialpädagoginnen unterstreichen die hohe Bedeutung von zwei Tätigkeitsbereichen: Die Schreibtische mit Computer, Telefon und Ablagen, die Aktenschränke und Pinnwände mit Notizen und Zetteln stehen für die Verwaltungs-, Planungs- und Evaluationsaufgaben. Die Besprechungstische – jeweils am anderen Ende des Raumes – dienen der Beratungs-, Unterstützungs- und Interventionsarbeit. Aber auch hier deuten die in der Werkstatt produzierten Arbeitstische auf den spezifischen Raum der Jugendwerkstatt hin. Und auch hier wird der Raum mit Insignien des privaten Lebens und des Lebensstils der einzelnen MitarbeiterInnen versehen. In Anja Schells Büros hängen Bilder ihres Kindes und in Carolin Webers Büro politische Karikaturen und Bilderrahmen mit Fotos von Aktionen mit den Jugendlichen.

(6) Der Billardraum ist immer verraucht. Auf den Tischen stehen überfüllte Aschenbecher. Zumeist liegen hier ein paar Gegenstände herum – wie z. B. zerknüllte Zettel –, die die Jugendlichen hinterlassen oder vergessen haben. An den Wänden hängen Bilder, die an den Rändern eingerissen sind. Die Wände sind dreckig und der Teppichboden weist viele Gebrauchsspuren auf. Der Raum ist ungemütlich, ohne Fenster und hebt sich damit erheblich von den anderen Räumen der Einrichtung ab. Im Gegensatz zu den Werkstätten, in denen die Jugendlichen stets zum Aufräumen angehalten sind, kann hier Unordnung herrschen, durch die symbolisiert wird, dass der Billardraum für die Jugendlichen bestimmt ist. Die SozialpädagogInnen und Werkanleiter betreten diesen Raum nur selten.

Die unterschiedliche Rauminszenierungen an den verschiedenen dezentralen Räumen sind Ausdruck von Differenzbildung zwischen den MitarbeiterInnen. Sie zeugen davon, dass sie an den dezentralen Räumen unterschiedlich handeln und eigenständig entscheiden. Das Handeln an den dezentralen Räumen erzwingt diese eigenständigen Entscheidungen, weil die MitarbeiterInnen hier zunächst auf sich allein gestellt sind. Es geschieht jedoch gleichzeitig kollektiv auf der Grundlage organisationskulturell ausgehandelter und festgelegter Regeln. Es muss sich an den Regeln und festgelegten Arbeitsbögen (Werkstattordnung, Vorgaben des Arbeitsamtes, Verwaltungsvorschriften, gemeinsame Techniken, Zeit- und Raumordnung) und an dem Gesamtziel der Organisation orientieren.

Zusammengefasst beinhaltet das Handeln an den dezentralen Orten gleichzeitig eine Orientierung an dem Gesamtarbeitsbogen der Einrichtung und eine dezentrale eigenständige ‚Ausformulierung' dieses Arbeitsbogens, der sich insbesondere räumlich-symbolisch und in Form eines eigenen Arbeitsstils verdeutlichen lässt. Diese doppelte Verfasstheit des Handelns an den dezentralen Orten kann ebenso über die Analyse der damit verbundenen Unterschiedlichkeit der Interaktionsmodi und Sprachstile gezeigt werden.

Dezentrale Interaktionsmodi und Sprachstile
An den dezentralen Orten der Jugendwerkstatt lassen sich empirisch unterscheidbare Interaktionsmodi und differierende Sprachstile beobachten. Dies hängt damit zusammen, dass sich generell an unterschiedlichen sozialen Orten auch verschiedene Interaktionsmodi beobachten lassen. Alltagskommunikationen in der Familie und unter Freunden unterscheiden sich – wie Untersuchungen zur „Institutionalität des Gesprächs" (vgl. Puchta/Wolff 2004) zeigen – erheblich von Gesprächen in Organisationen, die z. B. zielorientiert sind, sich auf spezifische Rollen verpflichten und Verantwortlichkeiten für bestimmte Aufgaben aufzeigen (vgl. ebd., S. 443). Im Gegensatz hierzu wird unter Sprachstil ein an die habituellen Dispositionen gekoppelter individueller Stil des Sprechens gefasst.

In der Jugendwerkstatt „Goldstraße" lässt sich jedoch nicht eine einheitliche Institutionalität des Gesprächs beobachten, sondern – gekoppelt an unterschiedliche Aufgaben – je unterschiedliche Interaktionsmodi, die in den Werkstätten und den sozialpädagogischen Büros erheblich voneinander abweichen. In den Werkstätten wird vorwiegend an den Werkstücken gearbeitet und eher selten geredet. Gespräche sind für den Interaktionsmodus der Werkstatt nicht zentral. Sie flankieren und korrigieren die Arbeit der Jugendlichen: Die Werkanleiter geben knappe und präzise Anweisungen und folgen damit der Sprache der Werkstätten.

Frank hat aus Hannes Kleins eigenem Werkzeugschrank einen Schraubenzieher herausgenommen und hat ihn als Meißel benutzt. Hannes Klein reagiert sehr laut: „Mensch, ich reiß dir den Kopf ab!", aber nicht böse, sondern mit einem lustigen Unterton, aber schon gezielt, dass die Jugendlichen wissen: „So, da ist ein Moment erreicht, da darf ich nicht weitermachen." Als Hannes Klein das gesagt hatte, lachte Paul Fröhling ganz laut auf: „Oh, oh, das Heiligste, das Allerheiligste." Er meinte damit das heilige Werkzeug des Meisters.[PJu]

Drohungen, Witze und Neckereien gehören zum alltäglichen Sprachstil von Hannes Klein. Sein Sprachstil entspricht in idealer Form dem Interaktionsmodus ‚Werkstatt', der durch kurze, knappe Sätze gekennzeichnet, alltagssprachlich, häufig scherzend, befehlend, drohend und moralisierend ist. Insbesondere bei Fremdwörtern kommt er ‚ins Stocken'. Beim Sprechen sucht er des Öfteren nach den ‚richtigen' Begriffen. Wenn ein Jugendlicher ihm ein Werkstück zeigt, dann streicht er bedächtig über die Oberfläche des Metalls, hält kurz inne, hält es gegen das Licht und kommentiert knapp und ruhig die ihm gezeigte Arbeit. Im nächsten Augenblick interveniert er jedoch lautstark, ruft witzelnd durch die Werkstatt, fordert einen Jugendlichen auf, sich auf seine Arbeit zu konzentrieren oder schwingt laut drohend einen Besen über dem Kopf eines Jugendlichen.

Auch der Sprachstil des Werkanleiters Martin Lange entspricht dem knappen Sprachstil der Werkstatt, er wird jedoch von ihm zurückhaltend und bedächtig ausgefüllt. Beim Sprechen macht er lange Pausen. Wenn er hin und wieder einen etwas härteren Ton gegenüber den Jugendlichen anschlägt, dann kommentiert er das gegenüber dem Ethnografen mit den Worten: „Ganz schön hart, oder?" In der Werkstatt von Martin Lange ist weniger Betrieb, nicht nur weil zur Zeit der Beobachtungen in dieser Werkstatt weniger Jugendliche untergebracht sind, sondern auch weil Martin Langes eher ruhiger und langsamer Arbeitsstil auf die gesamte Atmosphäre der Werkstatt einwirkt. Hier müssen die Jugendlichen häufiger auf den Meister warten, hier wird zumeist ruhig gesprochen und selten gewitzelt. Wenn pädagogisch interveniert wird, dann geschieht das zumeist bedächtig.

Ich gehe zu Carolin Weber in das Büro, indem das Einführungsgespräch mit dem neuen Jugendlichen Michael Zittel stattfindet. Zuerst bittet Carolin Michael um den Personalausweis, erläutert, warum sie diesen braucht, und kopiert ihn dann. Sie erläutert die Werkstattordnung und lässt sie unterschreiben. Sie fragt ihn, ob das so o.k. sei und ob er dazu noch Fragen habe. Sie weist ihn darauf hin, er solle rechtzeitig kommen und erklärt ihm das Punktesystem bzgl. der Pünktlichkeit. Dann gehen sie zum Lager und holen für Michael die Arbeitskleidung.[PJu]

Carolin Weber folgt – wie ihre sozialpädagogischen KollegInnen – dem sozialpädagogischen Interaktionsmodus, der hier nachfragend und nachforschend, erklärend und elaboriert angelegt ist. Im Gespräch mit KollegInnen und in Anwesenheit des Ethnografens ist er höhersymbolisch ausgerichtet und folgt einer höheren Begründungsverpflichtung.

Paul Fröhling berichtet von einem Jugendlichen, der erst in einer Maßnahme der Berufsvorbereitung gewesen sei und dann in die Ausbildung gewechselt habe. Dieser Jugendliche habe zu diesem Zeitpunkt seine erste eigene Wohnung bezogen. Obwohl er durchaus Erfolg in der Berufsvorbereitung gehabt hätte, sei er in der Übergangsphase gescheitert und hätte sich an das neue Arbeitsleben in der Ausbildung in der Einrichtung „Goldstraße" nicht gewöhnen können. Er habe bis spät in die Nacht Computer gespielt, sei nicht mehr pünktlich aufgestanden und sei dann „aus Scham" gar nicht mehr in der Einrichtung erschienen. Als die MitarbeiterInnen bei ihm geschellt hätten, habe er nicht aufgemacht. Nun müsste dem Jugendlichen wahrscheinlich gekündigt werden.[PJu]

Paul Fröhling folgt gegenüber dem Ethnografen dieser höheren Begründungsverpflichtung, indem er ihm – einem Gespräch in der Teamsitzung vorgreifend – entfaltet, warum einem Jugendlichen in der Ausbildungswerkstatt wahrscheinlich gekündigt werden müsse. In der Mehrfachfunktion des Einrichtungsleiters, Werkanleiters und Sozialpädagogens wechselt Paul Fröhling jedoch ständig den Sprachmodus: Mal spricht er die Sprache der Werkstatt und überbietet sich mit Hannes Klein an Wortwitz. Nachdem er an einem Jugendlichen vorbeigehend einen ‚derben' Witz gemacht hat, diskutiert er in der nächsten Minute mit den Kollegen ein politisches Thema und benutzt die höhersymbolische Sprache der SozialpädagogInnen. Wenn Paul Fröhling bei einem Jugendlichen interveniert, dann passt sich die Sprache mimetisch an den Ton der Jugendlichen an. Er wechselt den elaborierten Kode in die Sprache der ‚Werkstatt'.

Somit verändert sich in der Jugendwerkstatt der Sprachmodus abhängig vom spezifischen Ort, an dem das Gespräch stattfindet. Bei den gemeinsamen Teamsitzungen der MitarbeiterInnen finden die Gespräche im ‚sozialpädagogischen Interaktionsmodus' statt, die individuellen Sprachstile der einzelnen MitarbeiterInnen werden diesem Modus angepasst, genauso wie differente weibliche und männliche Sprachstile. In den Pausen der Teamsitzung jedoch unterhalten sich die Männer laut lachend über Motorräder, Musik und Politik, necken sich gegenseitig und überbieten sich beim ‚Kontern'. Zur gleichen Zeit tauschen sich Evelyn Rühl, Carolin Weber und Petra Mildes über die Jugendlichen aus.

Abbildung 6: Interaktionsmodi

Sozialpädagogischer Interaktionsmodus	*Interaktionsmodus ‚Werkstatt'*
Höhere Begründungsverpflichtung	Kurze, knappe Sätze
Elaboriert und höher-symbolisch	Befehle, Anweisungen
Nachforschen, sich erkundigen	Alltagssprachlich
Erklären, Festlegen, Deuten	Scherzend, neckend

Die unterschiedlichen Interaktionsmodi orientieren sich dabei in hohem Maße an den jeweils zu verrichtenden Aufgaben und den damit verbundenen Funktionen. Eine Teamsitzung, die Beratung eines Jugendlichen oder das gemeinsame Kochen in der Küche erfordern andere Interaktionsmodi als die Anweisungen in der Werkstatt, wie ein Werkstück zu bearbeiten ist. Neben den unterschiedlichen Interaktionsmodi, lassen sich bei den einzelnen MitarbeiterInnen je individuelle Sprachstile entdecken, die in hohem Maße von dem jeweils erreichten Ausbildungsniveau und Bildungsabschluss aber auch von habituellen Dispositionen abhängig sind: Je höher der Bildungsstand, desto differenzierter und elaborierter ist das jeweilige sprachliche Repertoire – auch wenn es in unterschiedlichen Situationen, auf verschiedene Art zum Einsatz kommt.

Jenseits der individuellen Unterschiede besteht jedoch in der Jugendwerkstatt eine kollektiv geteilte Vorstellung davon, welche Sprache angemessen ist und welche nicht. Als Ernst Meister zu Beginn seiner Tätigkeit während eines Auftrages außer Hause den jugendlichen Sprachstil mimetisch nachahmt und die Jugendlichen mit „Arsch" und ähnlichen Begriffen anspricht, kommentiert Hannes Klein dies, indem er dem Auftraggeber mitteilt, Ernst Meister müsse seinen Sprachstil noch anpassen. Er würde als Neuer denken, er könne durch die Nachahmung die Jugendlichen besser erreichen.

Arbeitsteilung und Arbeitsbögen
Organisationssoziologisch gilt häufig das bürokratische System als der Idealtypus von Organisation, da dieses funktional Lösungen für Problem- oder Schwachstellen beim Organisieren bereitstellt. Moderne bürokratische Systeme sind nach Max Weber durch rationale Herrschaft gekennzeichnet, die u. a. in einer festen Arbeitsteilung, in einer Amtshierarchie, in einem allgemeinen Regelsystem, einer Trennung von Person und Amt, in einer Personalauswahl auf Grundlage von Qualifikationen und in der Konzeptionalisierung von Berufen als Laufbahn zum Ausdruck kommt. In diesem Idealtypus von Organisation gibt es „eine funktionale Arbeitsteilung mit klaren Zuständigkeiten" (Preisendörfer 2005, S. 101). Dies drückt sich in einer formalen Organisationsstruktur, in Stellenbeschreibungen, Organisationsdiagrammen und einer klaren Hierarchie aus. Professionelle Organisationen werden auf eine ganz andere Weise als bürokratische Organisationen dargestellt: „Im Fall nichtroutinisierbarer, unbestimmter und aktiver Arbeitsaufgaben liegt der Ort der Handlungsinitiative dagegen dezentralisiert bei den einzelnen Professionellen in der front line (…), mit der Folge, dass die Organisation eine flache und horizontale Form annimmt, die idealtypisch als ein egalitäres, polykratisches Kollegium beschrieben worden ist" (Klatetzki 2005, S. 254). In der Kinder- und Jugendhilfe steht dem Modell funktional-rationaler und bürokratischer Organisationen die Idee der Teamarbeit entgegen, denn Teamarbeit versteht sich als kooperative Arbeitsform, in der (potentiell oder tatsächlich) hierarchische Unterschiede zurückgewiesen werden und durch die integrierende Nutzung der unterschiedlichen Ressourcen der einzelnen Teammitglieder Synergieeffekte erzeugt werden (vgl. Stahmer 1996, Feldmann 2002). Es verwundert jedoch, dass dieses Arbeitskonzept in der Kinder- und Jugendhilfe bislang nicht empirisch untersucht worden ist (vgl. Geis 2005) und somit auch kaum Wissen darüber besteht, wie sich in Teams Arbeitsteilung, Hierarchie und Zusammenarbeit gestaltet.

Hinweise liefern hier – wenn auch nicht für die Kinder- und Jugendhilfe – professionsbezogene, interaktionistische Studien, die mit dem Konzept der Arbeitsbögen eine „Theorie der sequentiellen Organisation von Arbeit und der situativ ausgehandelten Arbeitsteilung" entworfen haben (Schütze 1987, S. 541). Das Konzept der Arbeitsbögen geht über die rein deskriptive Beschreibung von hierarchisch und formal zugewiesenen Aufgaben hinaus und fragt nach den mit Aufgabenzuteilungen verbundenen Aushandlungsprozessen und nach der schrittweisen Realisierung einer Arbeitsaufgabe.

In der Jugendwerkstatt „Goldstraße" lässt sich ein sozialpädagogischer, stützunterrichtlicher und werkpädagogischer Arbeitsbogen (vgl. Schütze 1987) unterscheiden, der seinen Ausdruck nicht nur in unterschiedlichen Interaktionsmodi und Sprachstilen und räumlichen Arrangements findet, sondern auch in einer spezifischen Arbeitsteilung zwischen WerkanleiterInnen, SozialpädagogInnen und LehrerInnen. Auch wenn die gesamte Einrichtung einem gemeinsamen Ziel verpflichtet ist – die Überführung der Jugendlichen in den (ersten) Arbeitsmarkt und die Vermittlung von so genannten extrafunktionalen Kompetenzen[39] –, wird dieses Ziel in den einzelnen Arbeitsbereichen mit unterschiedlichen Aufgaben angegangen.[40]

Die SozialpädagogInnen strukturieren ihren Tag weitgehend *entlang der anfallenden Aufgaben*: Weitgehend situationsabhängig telefonieren sie mit den Personen des Hilfenetzwerkes, arbeiten Listen ab, schreiben Berichte, tragen die Leistungsnoten der Jugendlichen in die Datenbank ein, führen Einzelgespräche mit den Jugendlichen oder bereiten ein sozialpädagogisches Angebot vor. Im Zentrum der Arbeit steht die Organisationsarbeit am Schreibtisch, Telefon und Computer. Neben Aufgaben der Kooperation, Zusammenarbeit mit Eltern und den AkteurInnen des Hilfenetzwerkes sowie der Repräsentation der Einrichtung nimmt die interaktionsbezogene Arbeit einen, jedoch nicht *den* Arbeitsschwerpunkt ein. Im Zentrum stehen hier *Einzelgespräche* mit Jugendlichen, an denen je nach Gesprächsform die WerkanleiterInnen oder die Lehrerin beteiligt wird. In festgelegter zeitlicher Abfolge werden sogenannte Aktualanalysen und Kompetenz- und Einschätzungsanalysen (KEA) durchgeführt. Neue Jugendliche werden in Einführungsgesprächen auf die Maßnahme vorbereitet. Situationsabhängig, wenn z. B. ein Jugendlicher häufiger fehlt, werden Interventionsgespräche oder auch Elterngespräche geführt.

Die Arbeit der SozialpädagogInnen schließt stärker als die Arbeit in der Werkstatt lebensweltliche Hilfe ein. Dies beinhaltet nicht nur sozialpädagogische Beratung bei alltäglichen Problemen, sondern auch konkrete Hilfe z. B. bei einem Umzug, die Vermittlung eines Alphabetisierungskurses. Mit dem Ziel der Förderung extrafunktionaler Kompetenzen ergänzen die SozialpädagogInnen das werkpädagogische Angebot durch Freizeitangebote, die zum einen an den Interessen der Jugendlichen und zum anderen an dem gemeinsamen Ziel der Vermittlung in den Arbeitsmarkt ausgerichtet sind – wie z. B. die Besichtigung eines anderen Betriebes oder Werkes.[41]

---

39 In der Konzeption der Jugendwerkstatt wird darauf hingewiesen, dass es der Jugendwerkstatt eben nicht allein um den (Wieder-)Einstieg in die Berufswelt, z. B. auch durch die Vermittlung von Schulabschlüssen, gehe, sondern diese das Ziel verfolge, „psycho-soziale Fähigkeiten" und „soziale Kompetenzen" zu vermitteln.
40 Während in der Konzeption der Jugendwerkstatt für den Arbeitsbereich der Ausbildung eine deutliche Arbeitsteilung vorgesehen ist, die sich an den Vorgaben der Arbeitsagentur richtet, weist die Konzeption für die jugendhilfespezifische Berufsvorbereitung dieses nicht aus.
41 Da die SozialpädagogInnen – mit Ausnahme von Paul Fröhling – keinen Meisterbrief haben, dürfen sie – mit Ausnahme der Küche – auch keine Arbeiten in den Werkstätten übernehmen. Der konzeptionell vorgesehene Werkstatttag der SozialpädagogInnen, der dazu dient, die Jugendlichen auch während der Arbeit zu erleben, wird von diesen in der Regel nicht wahrgenommen.

Abbildung 7: Aufgabenteilung

SozialpädagogInnen	*WerkanleiterInnen*
Interaktionsbezogene Arbeit mit den Jugendlichen	
Partielle Begleitung der Jugendlichen Einzelfallbezogene Intervention Beratungsgespräche Lebensweltliche Hilfen Sozialpädagogische (Freizeit-)Angebote	Ständige Begleitung der Jugendlichen Gruppenpädagogisches Handeln Hilfe, Unterstützung und Kontrolle bei der Arbeit in den Werkstätten Freizeitangebote (Billard), Kraftsport Fachunterricht
Planung und Evaluation der interaktionsbezogenen Arbeit/Organisationsarbeit	
Beobachtung und Beurteilung der Gesamtentwicklung der Jugendlichen Eingabe und Auswertung der Leistungsdaten der Jugendlichen Planung von Angeboten, Projekten ... Koordination und Evaluation des Gesamtarbeitsbogens der Hilfe Berichte, Teamprotokolle etc. schreiben	Beobachtung der Entwicklung der Jugendlichen in der Werkstatt Leistungsbewertung der Jugendlichen Geringe Vorbereitungszeit
Kooperation, Zusammenarbeit und Repräsentation	
Elternkontakte Kontakte zum Jugendhilfenetzwerk Die Jugendwerkstatt nach außen hin repräsentieren	Kontakte zu Werkstätten und Betrieben
Gemeinsame Aufgaben	
Einzelgespräche mit Jugendlichen Interaktion in den gemeinsam verbrachten Zeiträumen (Essen, Feiern ...) Intervention bei Regelverletzungen Reflexion im Team	

Die Aufgaben der WerkanleiterInnen bewegen sich entlang dem zeitlichen Rahmen, der für die Jugendlichen festgelegt worden ist: Während die SozialpädagogInnen ihren Arbeitstag weitgehend selbst einteilen können, folgen die WerkpädagogInnen dem ‚Stundenplan' der Jugendlichen. Gewöhnlich sind die Jugendlichen mit ihren Werkstücken in der Werkstatt beschäftigt und die WerkanleiterInnen haben die Aufgabe, die Jugendlichen dabei zu begleiten. Ausnahmen sind hier der von den Werkanleitern regelmäßig organisierte Kraftsport und der Fachunterricht. Da sie während der meisten Zeit die Aufsichtspflicht über die Jugendlichen haben, kann dieser Rahmen auch kaum durchbrochen werden – es sei denn die Jugendlichen sind in der Berufsschule oder die SozialpädagogInnen machen ein Freizeitangebot. Änderungen dieses Rahmens müssen im Team abgesprochen werden. In der Werkstatt geht es vor allem um die Vermittlung von fachspezifischem Wissen und Können, um die Vermittlung von Arbeitstugenden und um die Bearbeitung des Sozial- und Gruppenverhaltens der Jugendlichen. Als Vorbereitung auf den Arbeitsmarkt und die Ausbildung ist es hier Ziel, dass die Jugendlichen lernen, selbstständig und selbstdiszipliniert zu arbeiten.

Das Handeln am dezentralen Ort der Werkstatt folgt vorwiegend einem werkpädagogischen Arbeitsbogen. Dies meint jedoch nicht, dass WerkanleiterInnen keine pädagogischen Aufgaben übernehmen. Im Gegenteil: Die WerkanleiterInnen übernehmen Aufgaben, die man als genuin pädagogisch bezeichnen kann, weil sie den Großteil der einzelfallbezogenen und gruppenpädagogischen direkten Interaktion übernehmen. Der Arbeitsbogen wird hier als werkpädagogisch beschrieben, weil das Medium, über das sich die pädagogische Arbeit realisiert, vorwiegend die handwerkliche bzw. hauswirtschaftliche Arbeit ist.

Pointiert formuliert übernehmen die WerkanleiterInnen in der Jugendwerkstatt den Kern pädagogischer Arbeit, was für die SozialpädagogInnen Folgeprobleme nach sich zieht. Insbesondere sind die SozialpädagogInnen auf vielfältige Informationen der WerkanleiterInnen angewiesen, da diese die Entwicklung der Jugendlichen räumlich und zeitlich direkter erleben. Es bedarf also Maßnahmen der Kontrolle des werkpädagogischen Handelns und Instrumente zur Überbrückung des Wissensdefizits der SozialpädagogInnen, die sich aus der spezifischen Arbeitsteilung ergeben. Vier Instrumente dienen den SozialpädagogInnen zur Informationsbeschaffung und zur Differenzierung des eigenen Arbeitsbogens:

- Während der freizeitpädagogischen Angebote können sie nicht nur einzelfallbezogen, sondern auch gruppenpädagogisch agieren und die jeweilige Gruppe in der Gesamtheit erfahren und auf sie Einfluss nehmen.
- Während der Teamsitzung fließen die Informationen über die einzelnen Jugendlichen zusammen. Die Entwicklung der Jugendlichen wird analysiert und bewertet sowie Interventionsmöglichkeiten erarbeitet.
- Durch die Benotungsbögen kann die Entwicklung der Jugendlichen statistisch erfasst und die nötigen Informationen aus dem Werkstattbereich in den sozialpädagogischen Verantwortungsbereich überführt werden. Während der Einzelgespräche mit Meister und Jugendlichem/r wird unter Einbezug der Benotungsbögen die weitere Entwicklung der Jugendlichen analysiert und bewertet sowie Interventionsmöglichkeiten entwickelt, die auch Einfluss auf das werkpädagogische Handeln nehmen.
- Während der gemeinsamen Essens- und Pausenzeiten erlangen die SozialpädagogInnen regelmäßig einen Überblick über die Gesamtgruppe.

Im Rahmen der Arbeitsteilung übernehmen die WerkpädagogInnen mehr Aufgaben der direkten, einzelfall- und gruppenbezogenen Interaktion, während die SozialpädagogInnen das werkpädagogische Handeln kontrollieren und den Gesamtarbeitsbogen des Einzelfalles und der Hilfen koordinieren. Dabei entspricht die Aufgabenteilung in der Jugendwerkstatt fast vollkommen der jeweiligen Funktion der MitarbeiterInnen. Zusammengefasst zeigt sich hier ein ausgeklügeltes System der Kontrolle und Koordination des werkpädagogischen Handelns durch die SozialpädagogInnen. Dies erscheint insbesondere dadurch notwendig, weil die SozialpädagogInnen die Jugendlichen immer nur partiell und anlassbezogen erleben. In der Verteilung der Aufgaben zeigt sich damit auch ein spezifisches Hierarchiegefälle, das immer wieder in den Teamsitzungen deutlich wird. Hier sind es die WerkanleiterInnen, die zunächst Berichte über die jeweilige Situation und Entwicklung eines Jugendlichen abliefern. Auch wenn anschließend das gesamte Team den jeweiligen Fall diskutiert und nach Interventionsformen sucht, haben die SozialpädagogInnen die stärkeren Einflussmöglichkeiten auf die Entscheidungen. Das Handeln am dezentralen Ort der Werkstatt können sie damit jedoch immer nur partiell kontrollieren, weil es als pädagogische Interaktionsarbeit prinzipiell unbestimmt und ungewiss bleibt.

Wird den Befunden gefolgt, kann weder das funktional-rationale Organisationsmodell noch das Modell professioneller Organisation hier empirisch Gültigkeit beanspruchen, denn weder liegt hier eine eindeutig hierarchisch noch eine ausschließlich kollegial ausgerichtete Aufgabenverteilung vor. Vielmehr lässt sich die Arbeitsteilung innerhalb der „Goldstraße" als Delegation des größten Teils der *alltäglichen* Interaktionsarbeit in den werkpädagogischen Bereich verstehen. Die Planung, Reflexion und Kontrolle dieser Arbeit sowie die zentrale einzelfallbezogene Arbeit liegt weitgehend in der Hand der SozialpädagogInnen.

Schnittstellen
Die Separierung von Zeit-Räumen, die damit hergestellte Differenz der Orte, Interaktionsmodi und Arbeitsbögen erzeugt im Organisationsalltag ständig Probleme, die es zu lösen gilt. Problematisch ist dabei, dass

- das Handeln an den dezentralen Orten auch dezentrale Erfahrungen hervorbringt, die vom gemeinsamen Wissenskorpus zunächst separiert sind;
- das dezentrale Handeln nicht oder nur kaum individuell reflektiert werden kann, weil hier Handlungsdruck und -zwang überwiegen;
- dieses Handeln nicht gänzlich in formalen Arbeitsbögen festgelegt werden kann (und auch nicht soll) und
- es somit auch nicht in Gänze kollektiv kontrolliert und bewertet und auch nicht in gemeinsame Interventionen überführt werden kann.

Den beschriebenen Problemen, die sich durch das eigenständige dezentrale Handeln ergeben, wird in der Jugendwerkstatt durch die ständige Herstellung von Schnittstellen begegnet. Der Arbeitsbogen der Schnittstellenherstellung erscheint im dezentralisierten Alltag der Einrichtung funktional notwendig zur Sicherstellung der anstehenden Aufgaben.

Für die Schnittstellenherstellung in der Jugendwerkstatt sind Reflexionsorte zentral. Im Gegensatz zu der von Klatetzki (1993) beschriebenen Jugendhilfeeinrichtung hat die schnittstellenförmige Reflexion der Jugendwerkstatt „Goldstraße" jedoch nicht nur einen zentralen Ort: Die Teamsitzung, die Anfangs- und Schlusssituation und die Essenspausen sind die institutionalisierten Orte der Herstellung von Schnittstellen. Ebenso können die regelmäßig stattfindenden Einzelfallgespräche zwischen SozialpädagogInnen, Jugendlichen und WerkanleiterInnen als solche fest institutionalisierte Formen begriffen werden. Darüber hinaus bedarf es der spontanen Herstellung von Schnittstellen. Diese ist aufgrund des steten Entscheidungszwangs insbesondere zwischen den jeweiligen SozialpädagogInnen und der zugeordneten WerkanleiterInnen eines Arbeitsbereichs notwendig.

Carolin Weber und Martin Lange unterhalten sich über einen Jugendlichen, der eventuell im Holzbereich aufgenommen werden soll. Carolin berichtet, dass der Jugendliche schon mal sehr kurz hier gewesen wäre, die anderen können sich aber nicht erinnern. Der Jugendliche, so wurde ihr berichtet, würde unheimlich viel kiffen und würde seinen Tag nicht auf die Reihe bekommen, in der Heimeinrichtung, in der er ist, habe man schon einen Tagesplan mit ihm gemacht. Die Frau von der Beratungsstelle habe schon mehrere Termine eingeleitet, die dann aber nicht zustande gekommen sind, weil der Jugendliche nicht gekommen sei. Es wird wohl von den Vermittlungsstellen eingeschätzt, dass der Jugendliche maßnahmebereit wäre, das sieht, soweit ich mich erinnern kann, Carolin aber nicht genau so; sie merkt das kritisch an.[PJu]

Zuweilen, wenn Entscheidungen zu treffen sind, werden – wie hier beim Mittagstisch – kurze Vorgespräche geführt und Informationen weitergereicht. In diesem Falle geht es um die für die Einrichtung zentrale Frage, ob ein Jugendlicher neu aufgenommen wird und ihm ‚Maßnahmebereitschaft' attestiert werden kann. Diese Frage ist insofern brisant, weil die MitarbeiterInnen wissen, dass die Entscheidung, welche Jugendlichen an der Maßnahme der Jugendwerkstatt teilnehmen, sich auch wesentlich auf die Erfolgsquote der Jugendwerkstatt auswirkt. So werden z. B. von der Einrichtung keine Jugendlichen aufgenommen, bei denen Drogenabhängigkeit festgestellt wird. Nachdem erste Informationen weitergereicht sind, wird der ‚Fall' später in der Teamsitzung besprochen.

Carolin Weber sagt, dass sie sich mit dem J. auch noch unterhalten müssten. Hannes Klein antwortet, dass sie drei – er, Carolin Weber und Martin Lange – sich erst einmal zusammensetzen und überlegen müssten und fügt scherzend hinzu: „Und *dann* machen wir den fertig, nein, es ist besser, wir wissen was wir machen wollen, bevor wir mit dem reden". Carolin und Martin stimmen zu.[PJu]

In dieser Szene treffen sich Hannes Klein, Carolin Weber und Martin Lange zwischendurch im Aufenthaltsraum. In ihrem spontanen Gespräch geht es um die Regelverletzungen eines Jugendlichen, die schon mehrmals in den Teamsitzungen thematisiert wurden. Dort wurden verschiedene Interventionsmöglichkeiten überlegt, die jedoch keinen Erfolg zeigten. Deshalb planen die MitarbeiterInnen ein weiteres Gespräch mit dem Jugendlichen, das sie jedoch gut vorbereiten wollen. Es wird eine Schnittstelle hergestellt, indem Absprachen getroffen werden und sich zu einer kleinen Teamsitzung zwischendurch verabredet wird. Nebenbei wird Gemeinsamkeit spielerisch inszeniert und performativ eine bisher nicht zum Zuge gekommene Wirkmächtigkeit in Szene gesetzt („Und *dann* machen wir den fertig"). Bei der Herstellung von Schnittstellen können somit noch einmal gegenseitig die gemeinsamen Ziele versichert werden.

Schnittstellen können prinzipiell an jedem Ort der Jugendwerkstatt hergestellt werden, sind aber häufiger an spezifischen Orten zu finden. Dem Aufenthaltsraum kommt als Treffpunkt der Gemeinschaft und als Kommunikationsfläche die bedeutendste Schnittstellenfunktion zu. Er führt zu bestimmten Tageszeiten die in kleinere Einheiten zerfallene Gemeinschaft wieder zusammen. Am zentralen Ort des Aufenthaltsraumes wechseln die Funktionen. Er dient als Treffpunkt, dem Informationsaustausch, der Reflexion und Planung und der Inszenierung von Gemeinsamkeit. Hier werden Absprachen getroffen und die Erfahrungen und Erlebnisse aus den dezentralen Orten wieder zusammengeführt (vgl. auch Klatetzki 1993).

Paul Fröhling und Hannes Klein unterhalten sich noch an der Kaffeemaschine über B. Hannes sagt, es ginge nicht an, dass der noch kurz vor der Prüfung nach Ghana fährt.[PJu]

Wenn die MitarbeiterInnen die Räume wechseln wollen, dann müssen sie häufig durch den Aufenthaltsraum. Die zentrale Arena Gemeinschaftsraum eignet sich besonders gut als spontaner Treffpunkt, an dem immer wieder Schnittstellen hergestellt werden können. Die Funktion, die dezentralisierten MitarbeiterInnen wieder zusammen zu führen, erfüllt auch die Kaffeemaschine, die im Aufenthaltsraum steht, und an der sich die MitarbeiterInnen immer wieder mehr oder weniger zufällig treffen, sich kurz absprechen, Privates austauschen oder von den Erlebnissen an den dezentralen Orten berichten. Der Herstellung von Schnittstellen können mindestens fünf Funktionen zugeschrieben werden. Schnittstellen

- dienen der Herstellung kommunikativen Austausches über die Erfahrungen und Erlebnisse an den dezentralen Orten und der Überführung des Wissens an den dezentralen Orten in den gemeinsamen Erfahrungsraum;
- re-inszenieren Gemeinsamkeit nach der Trennung des Teams und der Jugendlichen an den dezentralen Orten;
- sind für die Überführung des eigenständigen Handelns in individuell gestalteten Räumen in das kollektive Handeln der Organisationskultur nützlich;
- dienen der reflexiven Überprüfung und Kontrolle des dezentralen Handelns;
- entsprechen dem individuellen Bedürfnis nach kommunikativem Austausch mit den KollegInnen.

Darüber hinaus tritt durch die Herstellung von Schnittstellen die Organisationskultur auch gegenüber den Jugendlichen symbolisch „als korporativer Akteur auf" (Klatetzki 1993, S. 132). Sie wissen, dass die anderen MitarbeiterInnen über alles informiert sind und über Interventionsmöglichkeiten entscheiden. Auch hierüber wird die hierarchische Ordnung zwischen MitarbeiterInnen und Jugendlichen reproduziert.

Auch wenn alle MitarbeiterInnen immer wieder versuchen, diese Schnittstellen herzustellen, konnte beobachtet werden, dass sie hier teilweise auf sehr unterschiedliche Weise handeln.

Hannes Klein hat sich zur Aufgabe gemacht, positiv auf die Atmosphäre im Team einzuwirken, indem er den KollegInnen Milchkaffee kocht und zu den dezentralen Orten bringt. Wenn es die Gruppensituation erlaubt, verlässt er kurz seine Werkstatt und verteilt Milchkaffee. Gewöhnlich stellt er dann, ohne viele Worte zu verlieren, den von ihm gekochten Kaffee in die Werkstatt oder in das Büro des Kollegen oder der Kollegin. Zuweilen ergeben sich dann kurze Gespräche. Hannes Klein wird hier somit als ‚Beziehungsfunktionär' zur Inszenierung von Gemeinsamkeiten tätig. Darüber hinaus trifft man ihn relativ häufig im Aufenthaltsraum oder in den Räumen der KollegInnen, insbesondere in den oberen Räumen. Hannes Klein zeigt sich überall in der Einrichtung präsent. Sein Bewegungsradius in der Einrichtung ist damit relativ hoch. Martin Lange verlässt seine Werkstatt seltener als Hannes Klein. Zwischendurch ist er jedoch immer wieder im Aufenthaltsraum oder in einem der Büros anzutreffen. Im Gegensatz hierzu konnte kaum beobachtet werden, dass Petra Mildes, Ernst Meister und Gerd Pröß außerhalb der Pausen- und Essenszeiten ihren jeweiligen Arbeitsbereich verlassen. Gerd Pröß und Otto Krauß nehmen in der Regel auch nicht an den Teamsitzungen teil, auch wenn dies vom Team gewünscht wird.

Paul Fröhlings zentrale Handlungsarenen zur Herstellung von Schnittstellen sind die institutionalisierten Orte der Inszenierung von Gemeinsamkeit, also die Essens- und Pausenzeiten sowie die Teamsitzung. Darüber hinaus suchen ihn die anderen MitarbeiterInnen häufig in seinem Büro auf, um anstehende Fragen mit ihm zu besprechen. Auch hierüber symbolisiert sich die Leitungsfunktion von Paul Fröhling. Da er häufig Außentermine wahrnehmen muss und einen Großteil der Zeit in seinem Büro mit der Leitungsarbeit beschäftigt ist, sind dies die praktikabelsten Möglichkeiten der Herstellung von Schnittstellen zu ihm. Zwischen ihm und Otto Krauß findet immer wieder auch ein reger Austausch statt, weil die Handlungsabläufe von Leitungs- und Verwaltungsbüro abgestimmt werden müssen. Dies geschieht häufig durch kurze Zurufe über den Flur.

Carolin Weber versucht immer wieder Schnittstellen herzustellen, indem sie Gespräche mit ihren KollegInnen initiiert. Da sie im Vergleich zu den KollegInnen die kürzeste Dauer im sozialpädagogischen Team aufweist, und da sie sich unsicher bezüglich ihrer Teamposition zeigt, dienen ihr die steten Versuche der Gesprächsinitiierung auch zur Verbesserung ihrer Anerkennung im Team. Als gendergeschulte Mitarbeiterin sucht sie insbesondere Gespräche mit ihren Kolleginnen. Während sich die Männer beim Mittagstisch über Motoren unterhalten, diskutiert sie mit Petra Mildes oder Evelyn Rühl über die Probleme eines oder einer Jugendlichen. Im Gespräch mit dem Ethnografen beklagt sie, Absprachen mit Martin Lange würden häufig von ihr initiiert. Insgesamt spielt sie im Team die Rolle der ‚Schnittstellenagentin', was den Austausch von Informationen über die Jugendlichen betrifft.

Abbildung 8: Schnittstellenherstellung durch die MitarbeiterInnen

Name	*Charakterisierung*
Paul Fröhling	Schnittstellenfunktionär in der Position des Leiters
Hannes Klein	Beziehungsfunktionär zur Inszenierung von Gemeinsamkeit ‚ohne viele Worte'
Carolin Weber	Beziehungsagentin der Gruppe der weiblichen Mitarbeiterinnen und häufige Schnittstellenagentin zum Informationsaustausch über die Jugendlichen
Martin Lange	stiller und seltener Schnittstellenagent/häufig in den Pausenzeiten
Otto Krauß	Schnittstellenherstellung zum Büro des Leiters
Ernst Meister	Seltene Schnittstellenherstellung
Anja Schell	
Evelyn Rühl	

Anja Schell, die insgesamt seltener als Carolin Weber bei Gesprächen beobachtet werden konnte, stellt weniger Schnittstellen her als ihre Kollegin. In der Metallwerkstatt sieht man sie nur selten. Das hängt auch damit zusammen, dass sie nur halbtags beschäftigt ist, und sie und Hannes Klein, mit dem sie die Metallwerkstatt betreut, ein eingespieltes Team sind. Der geringere Grad des Austauschs zwischen Anja Schell und Hannes Klein ist Ausdruck eines gegenseitigen Einverständnisses, das auf Anerkennungsverhältnissen beruht: Die Aufgabenbereiche sind untereinander aufgeteilt und klar definiert. Dabei wird dem jeweils anderen anerkennend die eigenständige Bewältigung der anstehenden Aufgaben zugesprochen.

Evelyn Rühl ist nie in den anderen Werkstätten. Wenn zum Beispiel geklärt werden muss, welche/r MitarbeiterIn die Reste vom Mittagessen mitnehmen will, schickt sie die Jugendlichen an die anderen dezentralen Orte. Auch in den Pausen sitzt Evelyn Rühl etwas abseits vom Geschehen. Insgesamt stellt sie selten Schnittstellen her, ähnliche wie Ernst Meister, der neu in der Gruppe der MitarbeiterInnen ist und sich insgesamt sehr zurückhaltend zeigt. Zu den Kolleginnen hat er bezogen auf berufliche Fragen fast nie Kontakt. Hin und wieder unterhält er sich jedoch während der Essenszeiten mit seinen Kollegen über private Themen, wie z. B. über Motorräder und Musik.

Während der Austausch zwischen den SozialpädagogInnen untereinander und zwischen SozialpädagogInnen und WerkanleiterInnen häufig stattfindet, konnte der spontane Austausch zwischen den WerkanleiterInnen Hannes Klein, Martin Lange, Ernst Meister und Evelyn Rühl seltener beobachtet werden. Mit Ausnahme von Evelyn Rühl und Ernst Meister suchen die Werkanleiter häufiger die Büros der Sozialpädoginnen auf als die sozialpädagogischen MitarbeiterInnen die Werkstätten. Auch hierüber symbolisiert sich ein gewisses Hierarchiegefälle zwischen den einzelnen Berufsgruppen. Betrachtet man die Ergebnisse dieses Vergleichs genauer, dann scheint die häufige Herstellung von Schnittstellen nicht von der jeweiligen Qualifikation, jedoch von der spezifischen Funktion im Team und der jeweiligen formalen Position abhängig zu sein. Gleichzeitig gestalten die MitarbeiterInnen Schnittstellen individuell je nach ihren Interessen. Da es institutionalisierte Orte der Schnittstellenherstellung gibt, wie z. B. die Teamsitzungen, müssen Schnittstellen nicht von allen in gleicher Weise hergestellt werden.

4.2.4 Die Organisation von Zeit und Bewegung

Die bislang grobe Darstellung der Ordnung des Raumes und der Zeit in der Jugendwerkstatt reicht noch nicht aus, um die organisationskulturellen Abläufe präzise beschreiben zu können. Jenseits der groben Zeit- und Raumstruktur findet sich eine organisationskulturelle Taktung, die feingliedrig Raum und Zeit in der Jugendwerkstatt ordnet. Dabei ist erstens maßgebend, dass Unterscheidungen bei den einzelnen MitarbeiterInnen bezogen auf die dezentrale Organisation von Zeit anzutreffen sind. Zweitens besteht das Problem, dass die Bewegungen in Raum und Zeit der Jugendlichen an den Gesamtarbeitsbogen der Jugendwerkstatt angepasst werden müssen, damit das Ziel der Jugendwerkstatt erreicht werden kann. Dabei ist drittens festzustellen, dass die MitarbeiterInnen in der Jugendwerkstatt bei der Arbeit mit den Jugendlichen je unterschiedlich mit Zeit umgehen:

Anpassung an die Zeit- und Bewegungsmuster
Soziale Praktiken sind nicht nur räumlich situiert (vgl. Löw 2001), sondern vollziehen sich entlang der zeitlichen Dimension. Sie sind sequentiell geordnet und folgen weitgehend vorher festgelegten und eingeübten Abfolgemustern. Hinweise liefert hier die Theorie situativer Skripts. „Ein Skript ist ein Ereignisschema, das eine Sequenz von Ereignissen oder Verhaltensweisen beschreibt, die für einen bestimmten Kontext angemessen sind. Ein Skript setzt sich zusammen aus einer Reihe von Szenen, die ihrerseits aus einer Abfolge von Handlungen bestehen. Das Skriptwissen hat dabei eine schematische Form; es ist ein Rezeptwissen über den typischen Verlauf von Ereignissen" (Klatetzki 2003, S. 98). Die situativen Wissensschemata sind kollektiv hergestellt, „in denen „a) die Situation spezifiziert ist, b) mehrere Akteure aufeinander abgestimmte Handlungen ausführen und c) die Akteure ein gemeinsames Verständnis in Bezug auf das Geschehen in der Handlungssequenz haben" (ebd., S. 99; vgl. auch Goffman 1977).

Skripts sind in Routinehandlungen eingelagert. Routinen „dienen der Bewältigung von Situationen, sodass Wissensbestände den Status von Gebrauchsanweisungen haben" (Klatetzki 2003, S. 101). Sie vereinfachen und ordnen das Handeln und gehen „mit einem Bewusstseinszustand einher, der als ‚halbbewusst' (Weber 1972), ‚mindless' (Langer 1989) oder eben auch als ‚praktisch' (Giddens 1984) bezeichnet wird. (...) Zugleich scheinen die Individuen subjektiv aber das Empfinden zu haben, sie würden reflektiert handeln. De facto halten sie sich jedoch lediglich an eine gut gelernte, allgemeine Wissensstruktur" (Klatetzki 2003, S. 101 f.). Die Theorie situativer Skripts betrachtet insbesondere die alltägliche Herstellung solcher Skripts – zum Beispiel bei einem Restaurantbesuch. Für Organisationen ist anzunehmen, dass hier von den Handelnden nicht nur die Befolgung einer spezifischen Zeitstruktur, eines spezifischen Rhythmus und Taktes erwartet wird, sondern auch im Handlungsvollzug berufliche Praktiken in ihrer zeitlichen Abfolge eingeübt und routinisiert werden. Hier wird festgelegt, in welcher Zeit- und Reihenfolge welcher Schritt zu folgen hat. Bezogen auf die pädagogische Arbeit mit Kindern und Jugendlichen kann davon ausgegangen werden, dass Kinder, Jugendliche und Erwachsene graduell unterschiedliche habituelle Gewohnheiten bei der Befolgung von zeitlichen Abfolgen haben und sich diese Gewohnheiten noch einmal von organisationellen Abläufen unterscheiden (vgl. Zeiher/Zeiher 1994; Breidenstein 2006).

Grundsätzlich ist in der Jugendwerkstatt von einer Gegenläufigkeit von arbeitsförmigen zeitlichen Abläufen und jugendlichen Zeit- und Bewegungsmustern auszugehen. Die Jugendlichen nehmen an den Maßnahmen der Jugendwerkstatt teil, auch weil davon ausgegangen wird, dass sie sich nicht an die zeitlichen Abläufe der Arbeitswelt anpassen können, indem sie z. B. unpünktlich sind oder nur unkonzentriert arbeiten. Ein wichtiges Ziel werkpädagogischer Arbeit ist, die Zeitskripte der Jugendlichen an die zeitlichen Abfolgen der Jugendwerkstatt anzupassen, die Zeitskripte von Betrieben simulieren.[42] Stück für Stück sollen die Jugendlichen lernen, sich über den ganzen Tag den zeitlichen Abfolgen und körperlich den hierfür vorgesehenen Bewegungsmustern anzupassen.[43] Der Katalog der Maßnahmen zur Anpassung der Zeit- und Bewegungsmuster der Jugendlichen beinhaltet:

- die Arbeit an den Werkstücken, durch die die konkreten Arbeitsabläufe der Jugendlichen in der Werkstatt festgelegt werden;
- das Belohnungssystem, das Pünktlichkeit honoriert;
- die Werkstattordnung und weitere Regelsysteme, in denen die konkrete Form der Anpassung an die Zeitstruktur festgelegt wird;
- die Stundenpläne, die genau festlegen, welche Maßnahmen an welchem Tag und zu welcher Uhrzeit durchgeführt werden;

---

[42] In der Konzeption heißt es hierzu: „Negative Lernerfahrungen, bedingt durch eine ungünstig verlaufene Sozialisation, sollen durch positive Lernerfahrungen im manualtechnischen Bereich kompensiert und zu einer eigenständigen Arbeits- und Lernbereitschaft führen".[JuDok]

[43] Deutlich wird dies auch über die verlängerten Pausenzeiten und die Freizeitangebote, die den Alltag in der Werkstatt immer wieder durchbrechen. Wenn die Jugendlichen der Metallwerkstatt in die Ausbildung ‚aufsteigen', werden Pausenzeiten und Freizeitangebote erheblich reduziert.

- sprachliche und gestische Zeichen der Werkanleiter, die die einzelnen Phasen des Tages durch Klatschen und Ausrufe einleiten oder beenden;
- Kraftsport und Jogging, bei denen die Leistungsfähigkeit der Jugendlichen bezogen auf Zeit gestärkt wird;
- die Aktualanalyse und Kompetenz- und Einschätzungsanalyse (KEA), in denen der Grad der „Anpassung" festgestellt und besprochen wird;
- die ständige Kontrolle der Einhaltung der Zeitskripte und Maßnahmen zur Wiederanpassung an das Zeitskript bei Regelverstoß.

Die Inkorporation der Zeit- und Bewegungsmuster der Jugendwerkstatt durch die Jugendlichen geschieht in einem verlässlichen, durch Regeln gegliederten Raum. Mit anderen Worten: Die Organisationskultur stellt selber ein Zeit- und Raumgefüge zur Anpassung der Zeit- und Raumskripte der Jugendlichen dar. Die Totalität des Regelsystems ermöglicht den Jugendlichen kaum Spielräume.

Kontrolliert werden die Toilettengänge ebenso wie das Umziehen vor dem Kraftsport, das Tempo bei der Bearbeitung der Werkstücke, die Schnelligkeit beim Sport und die Pünktlichkeit. Die Regeln legen fest, dass die Jugendlichen sich zu bestimmten Zeiten nur an bestimmten Orten aufhalten dürfen. Wer außerhalb der Raucherpause auf der Toilette raucht, muss eine ‚Strafarbeit' auf sich nehmen. Wer zu viel Zeit im Lager verbringt, wer bei der Arbeit ‚träumt' oder sich von seinem Arbeitsplatz weg bewegt, wer im Unterricht seine Aufgaben unkonzentriert erledigt, der wird zurechtgewiesen. Dabei wird den Jugendlichen jedoch zugestanden, dass sie unterschiedlich schnell bei der Bewältigung der anstehenden Aufgaben sind. Dies ist sozusagen das pädagogische Eingeständnis der Jugendwerkstatt an Jugendliche, die zumeist die Beherrschung der erforderlichen Zeitskripte noch lernen müssen. Die MitarbeiterInnen gehen jedoch davon aus, dass sich mit der Dauer der Teilnahme an der Berufsvorbereitungsmaßnahme das Zeitskript der Jugendlichen immer mehr an das formalisierte Zeitskript der Werkstatt anpasst.

Neben dieser konkreten Ordnung und Anpassung der Zeit- und Bewegungsmuster der Jugendlichen besteht das übergeordnete Ziel der Jugendwerkstatt in einer *Lebenslaufkorrektur* oder *Lebenslaufanpassung*, also darin, den Lebenslauf der Jugendlichen neu zu ordnen und potentiell in eine Erwerbsbiografie zu überführen, mit anderen Worten: Ziel der Jugendwerkstatt ist es, dass bisherige Brüche im Lebenslauf sich nicht wiederholen, die Jugendlichen ihren Schulabschluss nachholen und nach erfolgreichem Abschluss der Maßnahme einen Ausbildungsplatz erhalten oder eine Arbeit aufnehmen.[44]

---

44 Marius Grasnosik (2000, S. 104) stellt fest, dass „im professionellen Handlungsschema (...) allerdings zwei Handlungsströme auf[treten], die mit zwei verschiedenen Zeitperspektiven zusammenhängen. Einerseits muss der Sozialarbeiter sich auf der am Klienten fokussierten konzentrischen Zeitachse bewegen, andererseits muss er an der linearen Achse des bürokratischen Zeitplanes entlang vorrücken. Die Synchronisation dieser beiden Zeitperspektiven ist eine äußerst schwierige Aufgabe."

Micha will die 10. Klasse nachholen. Als Carolin Weber ihm sagt, dass er erst die 9. Klasse abschließen solle, weiß er anscheinend gar nicht so genau, dass er zur Zeit erst die 9. Klasse nachmacht. Micha – so die Einschätzung der Sozialpädagogin Carolin Weber – denkt und sagt immer, so jetzt klappt das alles, und er kommt nicht zu spät oder ist nicht krank, er würde sich ständig selbst überschätzen. Er würde nicht richtig reflektieren, dass es bei ihm andauernd nicht klappt. Carolin Weber stellt fest, dass sie bei ihm auch nicht weiter wüsste.[PJu]

In diesem Falle ermöglichen es auch die pädagogischen Anstrengungen nicht, dass der Jugendliche seine eigenen zeitlichen Vorstellungen reflektieren und sein Handeln anpassen kann. Das bislang zum Zuge gekommene Bündel an Maßnahmen hat bei dem Jugendlichen Micha noch nicht gegriffen, obwohl er schon ca. ein Jahr in der Jugendwerkstatt ist. Entscheidend ist bei dem Jugendlichen die nur in den Deutungen und nicht im Handeln wirksam werdende Übernahme des Zeitskriptes („er würde sich ständig selbst überschätzen. Er würde nicht richtig reflektieren, dass es bei ihm andauernd nicht klappt").

Auch in dieser Szene wird die in der Jugendwerkstatt hierarchisch gegliederte Arbeitsteilung bei der Aufgabe der Anpassung der Jugendlichen an Raum- und Zeitskripte deutlich. Die SozialpädagogInnen übernehmen die Kontrolle und Reflexion des Lebenslaufes der Jugendlichen und die Planung und Durchführung von weiteren Maßnahmen der Lebenslaufregulation. Die konkrete Beobachtung und Kontrolle der Zeit- und Bewegungsskripte der Jugendlichen ist ihnen hauptsächlich nur in den Pausenzeiten und bei Freizeitangeboten möglich.

Die dezentrale Organisation von Zeit
Unterschiede bei den MitarbeiterInnen in der Jugendwerkstatt lassen sich auch über die Beobachtung der unterschiedlichen Formen herausarbeiten, in denen Zeit an den dezentralen Orten organisiert wird. An den dezentralen Orten sind differierende Zeitskripte zu beobachten, die sich entlang der unterschiedlichen Aufgaben auf je unterschiedliche Weise typisieren lassen.

Als Einrichtungsleiter mit Doppelqualifikation und Multifunktion steht Paul Fröhling ständig vor dem Problem, dass die Aufgaben in der zur Verfügung stehenden Zeit nicht bewältigt werden können. Hinzu kommt, dass er sich ständig zum Nachteil des einen Aufgabenbereiches für die Erledigung einer anderen Aufgabe entscheiden muss. Ein hoher Teil des Arbeitsaufwandes ist dabei nicht zu planen, weil viele zusätzliche Aufgaben spontan erledigt werden müssen. Das dem organisationskulturellen *Raum der Leitung* zugrundeliegende Zeitskript lässt sich mit ‚Unplanbarkeit' und mit ‚Durchwursteln' bei ständiger Festsetzung von Prioritäten zu Ungunsten der Arbeit mit den Jugendlichen typisieren. Das alltägliche Handeln erweist sich hier als ein „muddling through" auf Grund von Ungewissheiten, als ein kaum zufriedenstellend zu bearbeitendes Chaos (vgl. auch Bardmann 1994; Küpper/Ortmann 1992b). Die bestehenden Aufgabenhierarchien in Form einer spezifischen Arbeitsteilung des Arbeitsbogens reichen nicht aus, um auch das raum-zeitliche Durcheinander in Ordnung zu überführen. Sie reichen nicht aus, weil Paul Fröhling sich zum einen als „Allrounder" für alles zuständig fühlt. Zum anderen können viele Aufgaben aufgrund zeitlicher Ressourcen und unterschiedlicher Kompetenzen nicht delegiert werden. Während der Feldteilnahme spricht Paul Fröhling immer wieder *sein* Zeitproblem an und betont dabei die Aussichtslosigkeit, eine Lösung zu finden.

Der Raum der *sozialpädagogischen Büro*s von Carolin Weber und Anja Schell ist zeitlich anders organisiert. Der Tag strukturiert sich hier in erheblichem Maße durch Termine mit Jugendlichen und Eltern (Kompetenz- und Einschätzungsanalyse, Einführungsgespräche, Elterngespräche etc.). Hier findet sich im Vergleich zum Leitungsbüro ein etwas höheres Maß an Strukturierung des Arbeitsalltages durch die vorliegenden aufgabenhierarchischen Arbeitsbögen. Aber auch hier stellt sich das Problem knapper Zeit: Immer wieder muss spontan auf die sich verändernden Situationen bei den Jugendlichen reagiert werden oder müssen neue Anforderungen des Hilfenetzwerks bewerkstelligt werden. So haben die SozialpädagogInnen die Aufgabe, situativ zu reagieren, Jugendliche, die nicht zur Arbeit kommen, anzurufen, Krankenscheine einzufordern, bei Konflikten spontan zu intervenieren und bei entsprechendem Bedarf Beratungen anzubieten. Hierdurch entsteht immer wieder eine Liste von Aufgaben, die abgearbeitet werden muss. Dies wir z. B. deutlich, wenn Anja Schell darauf hinweist, der Erhebungsbogen der Kompetenz- und Einschätzungsanalyse müsse schon seit längerer Zeit auf der Grundlage neuer Einsichten modifiziert werden. Dies bedeutet jedoch auch, dass den beiden Sozialpädagoginnen immer wieder ein eigenständiger Spielraum der flexiblen Arbeitsgestaltung zur Verfügung steht. Insgesamt lässt sich das hier zu Grunde liegende Zeitskript als ‚hintereinander Abarbeiten' typisieren.

Die *Werkstätten* weisen das höchste Maß an zeitlicher Vor-Strukturierung auf, weil der hier vorzufindende Arbeitsbogen zeitlich eng gestrickt ist. Auch wenn die WerkanleiterInnen ständig spontan auf die Situation der Gruppe und der einzelnen Jugendlichen reagieren müssen, wird hierdurch der geplante Arbeitsbogen selten durchbrochen, auch weil die WerkanleiterInnen eher weniger diese Situationen nutzen, um das Zeitskript zu verändern und z. B. ein Gespräch mit der Gesamtgruppe zu initiieren.[45] Das zeitliche Skript ist in hohem Maße durch die Wochen- und Tagespläne und die Werkstattordnung festgelegt.

Ein Großteil der Handlungen der WerkanleiterInnen – insbesondere in der Holz- und Metallwerkstatt – ist durch die Arbeit an den oben schon beschriebenen Werkstücken strukturiert. In einer festgelegten Folge erhalten die Jugendlichen

---

45 Auf die Probleme der Gruppe wird in der Betriebsversammlung einmal im Monat eingegangen. Durchbrochen wird das Zeitskript jedoch, wenn z. B. Hannes Klein aufgrund einer Bemerkung eines Jugendlichen zum Thema Schwulsein eine Diskussion mit der Gesamtgruppe initiiert.

Aufgaben, die sie zu erledigen haben. Bei der Arbeit werden die Jugendlichen vom Meister beraten. In den für jedes erstellte Werkstück vorgesehenen Bögen bewerten die Jugendlichen ihre eigenen Leistungen so wie dann anschließend auch der Meister diese bewertet. In der Hauswirtschaft jedoch wird auf andere Weise gearbeitet. Jeden Morgen erstellt die Ökotrophologin Evelyn Rühl mit den Jugendlichen einen Arbeitsplan, durch den festgelegt wird, wer was erledigen muss. Weil in der Werkstatt immer wieder eigenständig Arbeiten verrichtet werden, entstehen Spielräume, in denen die Werkanleiter sich anderweitig beschäftigen können. Sie kopieren Musik-CD's, telefonieren mit Freunden oder surfen im Internet.

Dem Zeitskript im organisationskulturellen *Raum des Unterrichts* unterliegt wenig Zeitdruck und ein relativ überschaubares Spektrum an Arbeitsaufgaben der Unterrichtsvorbereitung und -durchführung – auch wenn Petra Mildes immer wieder klagt, ihr stehe zu wenig Zeit für die Unterrichtsvorbereitung zur Verfügung. Der Unterricht hat keinen festen Ablaufplan und wird entlang der Situation der einzelnen Jugendlichen und der Gruppe gestaltet, auch weil dem Unterricht bislang kein verbindliches Curriculum zu Grunde liegt. Vielmehr stellt ein organisationskulturell festgelegtes Spektrum an Aufgaben einen gewissen Rahmen für den Unterricht bereit.[46] Je nach Wissensstand der Jugendlichen wird das Zeitskript angepasst und verändert, indem z. B. die einzelnen Jugendlichen je eine Aufgabe erhalten und diese gemeinsam mit Petra Mildes eingeübt wird. Das hier dem Zeitskript zugrundeliegende Muster ist das ‚Situationsorientierte Planen und Durchführen des Unterrichts'.

Die individuelle Organisation von Zeit
Im Sinne des gemeinsamen Ziels der Jugendwerkstatt und entlang der festgelegten Regeln arbeiten die MitarbeiterInnen gemeinsam daran, dass die Zeit- und Bewegungsskripte der Jugendlichen an das organisationskulturelle Zeit- und Bewegungsskript der Jugendwerkstatt angepasst werden. Diesbezüglich lassen sich auch weniger große, als eher feine Unterschiede bei den MitarbeiterInnen jenseits der oben beschriebenen Aufgabenteilung beobachten. Feine Unterschiede lassen sich in der Gestalt feststellen, dass die einzelnen MitarbeiterInnen selber unterschiedlichen Zeitrhythmen folgen. Diese Unterschiede werden im Folgenden exemplarisch anhand der Darstellung zweier Krafttrainingseinheiten dargestellt.

Hannes Klein berichtet: „Die Jugendlichen hören eben schon dann auf, wenn die Anstrengung gerade anfängt, also wenn sie gerade merken, dass eine erste Grenze erreicht ist. Wenn man diese Grenze überwindet, zeigt das Krafttraining erst richtig Wirkung.

---

46 Neben allgemeinbildenden Zielen bereitet der Unterricht insbesondere auf spezifische Anforderungen vor, die die Berufsschule an Auszubildende stellt. Der Unterricht hat diesbezüglich einen hohen ausbildungsvorbereitenden Charakter. Daneben wird hier immer wieder auch auf lebensweltliche Probleme der Jugendlichen eingegangen, wenn z. B. am Computer Liebesbriefe gestaltet werden oder einer Jugendlichen das Lesen und Schreiben beigebracht wird.

Erst dann werden der Kreislauf und die Muskeln beansprucht, und deswegen muss man sich eben immer wieder zwingen, immer weiter zu machen." Er stellt fest, dass man die Jugendlichen herausfordern muss, auch wenn sie immer ein wenig ‚möppern' würden. In diesem Sinne zählt er beim Training im Takt mit und gibt den Jugendlichen beim ‚Zirkeltraining' an den Geräten die Geschwindigkeit vor. Die Jugendlichen folgen dem vorgegebenen Rhythmus und stöhnen zuweilen vor Anstrengung. Hannes Klein vollzieht die Übungen – ähnlich wie die Jugendlichen – mit viel Konzentration und Anstrengung. Laut krachen die Gewichte auf die Maschinen, wenn die Geräte gewechselt werden. Als Dogan das Training mehrmals unterbricht, fordert ihn Hannes Klein wiederholt auf, weiter zu machen und befiehlt ihm, die doppelte Anzahl der Gewichte zu heben. Dogan: „Ey, Hannes, du hast mich ja echt auf'm Kieker, was soll das? Warum muss ich immer mehr machen?" „Weil ich weiß, dass du noch kannst! Siehst du, das ist eben der Unterschied, du hast nur keine Lust mehr, du kannst aber noch!" Danach fügt sich Dogan, die Augen verdrehend, den Anweisungen des Werkanleiters. (...) Anschließend wechselt Hannes Klein seine Technik zur Motivation der Jugendlichen: „Jeder macht so viel wie er kann, wir machen jetzt aber doppelt so schnell und doppelt so oft." Dogan beschwert sich: „Das ist ja viermal so viel." Hannes Klein: „Komm Dogan, du machst das!" Als ein paar Jugendliche das Training beenden, weil sie die Kraft nicht mehr aufbringen können, benutzt er eine weitere Technik zur Motivation der Jugendlichen: „Wer das meiste schafft, bekommt eine Cola."[PJu]

Der Werkanleiter wendet mehrere Techniken zur Motivation der Jugendlichen an. Er dirigiert den Takt des Trainings und passt damit die Bewegungs- und Zeitskripte der Jugendlichen an sein eigenes Tempo an. Das Training ist somit durch Schnelligkeit, einen reibungslosen und kontinuierlichen Zeitablauf und eine hohe Kraftanstrengung auf Basis eines hohen Maßes an Herausforderung durch den Trainer gekennzeichnet. Den hohen Anspruch begründet der Werkanleiter durch ein ‚sportmedizinisches' Argument: Erst wenn ein gewisses Maß an Anstrengung und eine körperliche Grenze überschritten seien, würde das Krafttraining Erfolge zeigen.

Indem Hannes Klein den Takt für die Gesamtgruppe angibt, schafft er einen gemeinsamen Gruppenrhythmus, der den Jugendlichen als Maßstab dient. Sie haben die Möglichkeit zu erkennen, ob sie im Vergleich zu den Anderen die vorgegebenen zehn Übungen in dem zur Verfügung stehenden Zeitrahmen bewältigen können. Gleichzeitig wird hier gemeinsames Erleben evoziert, indem die individuellen Rhythmen auf einen Takt geeicht werden. Der Trainer Hannes Klein greift die Jugendlichen heraus, bei denen er vermutet, dass sie ihr eigenes Kraftpotential nicht ausschöpfen. Dies erscheint ihm notwendig, weil er meint, festgestellt zu haben, dass einige Jugendliche grundsätzlich zu schnell aufgeben und sich noch nicht genügend an das Tempo des Trainings angepasst haben. Seine Motivationstechnik besteht darin, Jugendliche vor der Gruppe als schlechtes Beispiel hervorzuheben und zusätzliche Kraftanstrengung einzufordern. Er motiviert die Jugendlichen, indem er unterstellt, die durch ihn vorgegebene Anforderung könne von allen bewerkstelligt werden. Darüber hinaus schafft Hannes Klein einen positiven Anreiz, indem er dem Besten der Gruppe eine Belohnung verspricht. Damit kann er noch einmal das Tempo und die Kraftanstrengung der Jugendlichen steigern. Dabei lässt er jedoch zu, dass die Jugendlichen, die ihre Kraftreserven ausgeschöpft haben, das Training beenden. Die positive Verstärkung wird über die Markierung von Unterschieden zwischen den Jugendlichen bewirkt. Die Leistungen der Besten der Gruppe werden dementsprechend auch von der Gruppe und vom Meister durch Lob hervorgehoben. Hierüber wird für alle Jugendlichen ein Maßstab gesetzt, der Anreize zur Steigerung des eigenen Leistungsniveaus schaffen soll.

Martin Lange fordert die Jugendlichen auf, fünf Stationen an den Kraftmaschinen zu machen. Beim Training zählt er nicht mit und bestimmt nicht die Geschwindigkeit. Er fordert die Jugendlichen nicht auf, schneller oder öfter zu trainieren. Im Gegenteil: Jeder kann entscheiden, wie viel er und in welcher Geschwindigkeit er trainieren will. Er weist die Jugendlichen darauf hin, dass sie die erste Runde ohne viel Anstrengung ganz ruhig beginnen und nur zum Aufwärmen nutzen sollen. In der zweiten Runde solle man sich belasten und die dritte Runde wieder viel ruhiger trainieren. Die Jugendlichen absolvieren die Übungen mit wenig Elan, und nur manchmal fordert Martin Lange sie auf, weiter zu trainieren. Martin Lange trainiert an den Maschinen mit viel Konzentration und Ruhe. Ein Großteil der Jugendlichen beendet vorzeitig das Training. (...) Nach der Hälfte der Zeit beginnt Martin Lange mit der Rückenschulung. Wir legen uns auf die Isomatten in den Raum. Martin Lange liegt gegenüber, demonstriert den Jugendlichen verschiedene Übungen und erklärt, wie diese durchzuführen sind. Dabei zählt er vor, wie lange die Stellung gehalten werden soll. Die Übungen sind sehr langsam. Am Anfang denke ich, diese seien nicht anstrengend. Mit der Zeit stelle ich jedoch fest, dass die Muskeln und Bänder sehr stark beansprucht werden, da die Positionen lange Zeit eingehalten werden müssen. Auch bei dieser Trainingseinheit beenden einige Jugendliche das Training früher. Manche Jugendliche scheinen zu schlafen. Martin Lange lässt sie gewähren. Während des Krafttrainings spielt zunächst das Radio Musik. Bei der Rückenschulung legt Martin Lange ruhige Trommelmusik auf.[PJu]

Das von Martin Lange durchgeführte Krafttraining unterscheidet sich in erheblichem Maße von Hannes Kleins Training. Hier wird kein Trainingsrhythmus diktiert, sondern nur ein Rahmen für den Kraftsport vorgeschlagen. Weder kontrolliert Martin Lange die Einhaltung des vorgegebenen Rahmens, noch bietet er Anreize zur Leistungssteigerung. Vielmehr lässt er die Jugendlichen entscheiden, welches Maß an Kraft und Energie sie für die Übungen aufwenden. Jeder Jugendliche trainiert für sich allein oder gemeinsam mit einem Freund. Auch als ein Großteil der Jugendlichen das Training abbricht, versucht er nicht, die Jugendlichen zum Fortfahren zu motivieren. Das Angebot der Rückenschulung stellt ein Kontrastprogramm zum schnellen Leistungstraining von Hannes Klein dar. Martin Lange gestaltet eine ruhige Atmosphäre: Die Jugendlichen folgen konzentriert den Anweisungen oder machen – halb schlafend – eine Pause. Auch wenn hier der Takt vorgegeben wird, werden die Leistungen der Jugendlichen kaum dirigiert und kontrolliert. Auch wenn durch die Übung körperliche Grenzen erfahrbar werden, werden kaum Anreize gegeben, körperliche Grenzen zu überwinden.

Die wesentlichen Unterschiede der beiden Trainings können wie folgt zusammengefasst werden: Zunächst kann die jeweilige Trainingsatmosphäre unterschieden werden. Bei dem Training von Hannes Klein wird gemeinsam gearbeitet, gekämpft und mit sich selbst gerungen. Bei Martin Lange wird einzeln trainiert. Während Hannes Klein über den Takt Gemeinsamkeit erzeugt, lässt Martin Lange die Jugendlichen individuell agieren. In diesem Sinne setzt Hannes Klein für die gesamte Gruppe Maßstäbe. Martin Lange hingegen lässt jeden Jugendlichen die eigenen Maßstäbe setzen. Der Werkanleiter aus der Metallwerkstatt dirigiert das Geschehen in hohem Maße. Der Tischlermeister unterbreitet Vorschläge, berät die Jugendlichen und fordert sie auf. Während der eine wechselnde Techniken zur Motivation anwendet, ist das Spektrum der von Martin Lange angewandten Techniken gering. Während das Trainingsziel seines Kollegen eher in Richtung Leistungssteigerung und Selbstüberwindung tendiert, kann das zugrundeliegende Prinzip von Martin Langes Training als ‚Selbsteinschätzung' beschrieben werden.

In Zusammenführung mit den bisherigen Erkenntnissen sind hier Entsprechungen auf drei Ebenen zu finden. Martin Langes Training korrespondiert in hohem Maße mit *habituellen Dispositionen*: Seine ruhige, wenig fordernde Art spiegelt sich in dem Skript der Durchführung des Trainings wider. Ähnliches kann bei Hannes Klein entdeckt werden: Seine herausfordernde und dirigierende Art des Umgangs mit anderen Menschen strukturiert die hier vorgestellte Trainingseinheit. Hinzu kommt, dass insbesondere bei Hannes Klein zwischen Trainingsarbeitsbogen und *biografischen Erfahrungen* Korrespondenzen vorzufinden sind. Die krisenhaften Erfahrung des Scheiterns an den Anforderungen der Schule in seiner Jugend können durch das Wandlungsmuster der ‚Selbstherausforderung' überwunden werden. Bei Martin Lange korrespondieren die biografischen Verunsicherungen der eigenen Männerrolle mit dem nicht-direktiven Trainingsstil. In diesem Sinne kongruieren die habituellen Dispositionen und die biografischen Erfahrungen mit *habituellen Orientierungen*, die eine Art handlungsleitende Folie zur Durchführung des Trainings darstellen und die Unterschiedlichkeit der Ausformung der Arbeitsbögen begründen. Während Hannes Klein hier und an anderer Stelle seine beruflich-habituelle Grundhaltung präsentiert, die sich mit der Kategorie ‚Selbstherausforderung' umschreiben lässt, kann bei Martin Lange die berufliche Orientierung eher mit dem Begriff ‚Begleitung von Jugendlichen' eingegrenzt werden.

4.2.5 Innen- und Außenräume

Die Jugendwerkstatt „Goldstraße" ist eingebunden in ein Netzwerk von Hilfen für Jugendliche. Während allein Paul Fröhling den Kontakt zur Dachorganisation organisiert, koordinieren alle drei SozialpädagogInnen die Arbeit mit dem Hilfenetzwerk, das mit der/m jeweiligen Jugendlichen befasst ist. In das Hilfenetzwerk eingebunden ist die Jugendwerkstatt auf vielfache Außenkontakte angewiesen.[47] Zum steten Repertoire der Kontakte der SozialpädagogInnen gehört die Zusammenarbeit mit den Eltern, dem Arbeitsamt, der Berufsschule und der Handwerkskammer. Enge Kontakte bestehen zu Beratungsstellen, zu Wirtschaftsunternehmen als Praktikumsstellen, zu Hauptschulen und zu anderen Einrichtungen und Maßnahmen der Jugendberufshilfe und Arbeitsförderung. Enge Verbindungen existieren auch zu Institutionen der erzieherischen Hilfen, in denen einige Jugendliche untergebracht sind. In den langen Jahren der Zusammenarbeit gewachsene, zum Teil private Kontakte bestehen zu den KollegInnen der Dachorganisation und den angegliederten Einrichtungen. Kontakte zu Personen und Institutionen aus dem direkten sozialen Nahraum finden sich eher vereinzelt, auch weil nach Ansicht der MitarbeiterInnen nur geringes Interesse an der Einrichtung besteht. Einige Kontakte existieren dadurch, dass in den Werkstätten immer wieder auch Gegenstände für Einzelpersonen, Firmen und Institutionen produziert werden. Die Einrichtung präsentiert sich der Öffentlichkeit auf einer eigenen Homepage.

Insgesamt liegt eine funktionsspezifische Arbeitsteilung an den Schnittstellen der Organisationskultur vor, wobei die SozialpädagogInnen den größten Teil der ‚Schnittstellenarbeit' leisten. Hannes Klein jedoch mobilisiert z. B. KollegInnen für ein Engagement zur Etablierung eines Berufsbildes „Werkpädagoge" und Petra Mildes nimmt regelmäßig an den Qualitätszirkeln der Dachorganisation teil. Die Zusammenarbeit mit anderen Institutionen kennzeichnet offene Kooperation, aber häufig auch Abhängigkeit und den Zwang zum Arrangement. Insbesondere die Handwerkskammer, das Arbeitsamt und die Dachorganisation stellen mächtige Organisationen in der Umwelt der Jugendwerkstatt dar, die Regeln für das berufliche Handeln vorgeben. Dies kommentieren die MitarbeiterInnen häufig, indem sie sich distinktiv gegenüber den anderen Institutionen abgrenzen.

---

47 Die Unterscheidung von Innen- und Außenräumen stellt eine forschungspragmatische Lösung für das organisationstheoretische Problem der Konzeptionierung des Verhältnisses von Organisation und Organisationsumwelt dar. Während aus systemtheoretischer Perspektive Organisationen eher als selbstreferentielle Systeme aufgefasst werden, die durch ihre organisationskulturelle Umwelt höchstens irritiert werden, hebt das Organisationskulturkonzept diese Trennung weitgehend auf, weil Organisationen als Teil der Kultur aufgefasst werden. Diese programmatische Orientierung hat sich im Laufe des Forschungsprozesses als zu pauschal erwiesen, weil sich hierüber die Schnittstellen zwischen der Organisation und ihrer Umwelt kaum beschreiben lassen. Aus ethnografischer Perspektive lassen sich „Beobachtungsfelder nur partiell von anderen Bereichen abtrennen, sie sind selbst nie völlig isoliert und die Elemente des Feldes stehen in Interdependenzen" zueinander und zu anderen Feldern (Lamnek 1988, S. 271). Organisationskulturen können auch als „partielle Lebenswelten" beschrieben werden (Bachmann 2002, S. 327). Sie sind keine geschlossenen Systeme, sondern mehr oder weniger eng verwoben mit anderen kleineren und größeren sozialen Welten.

Die Arbeit des Qualitätszirkels wird häufig belustigend zur Kenntnis genommen, weil die MitarbeiterInnen die Meinung vertreten, dass sie im Sinne ihrer Organisationsideologie als Vorbild die Qualitätsstandard ohne die Hilfe des Qualitätsmanagements schon längst erreicht haben. Paul Fröhling und Hannes Klein beschreiben die Dachorganisation als stetig wachsenden bürokratischen „Wasserkopf". Mittlerweile seien hier mehr Personen in der Verwaltung als in der Interaktionsarbeit mit den Jugendlichen beschäftigt. Lachend berichtet der Leiter, wie er die Dienstanweisungen nicht abheftet, sondern in den Papierkorb schmeißt. Hannes Klein kommentiert die Besuche einer Schulklasse, indem er sich distinktiv gegenüber dem Leistungsvermögen der Schule abgrenzt.

Insgesamt ist die Jugendwerkstatt eine an vielen Schnittstellen zur Organisationsumwelt operierende Kultur, die durch ihre relative Offenheit und partielle Abhängigkeit im Hilfenetzwerk immer in Gefahr steht, eigenständige Handlungsspielräume zu verlieren und deshalb vielfältige Formen an Abgrenzungs- und Immunisierungsstrategien gegen Verlust von Eigenständigkeit entwickelt. Die Jugendwerkstatt „Goldstraße" verfügt über vielfältige ‚Außenkontakte'. Zu unterscheiden sind hier das Hilfenetzwerk, die Kostenträger, die Dachorganisation, der Stadtteil, die Lebenswelt der Jugendlichen und die Fachöffentlichkeit.

Das Hilfenetzwerk

Die Jugendwerkstatt „Goldstraße" ist eingebunden in ein Netzwerk von Hilfen für Jugendliche. Der Kontakt zum Jugendhilfenetzwerk[48] ist insbesondere auch deshalb wichtig, weil die Einrichtung stetig mit neuen Jugendlichen versorgt werden muss, damit die Jugendwerkstatt finanziell abgesichert ist. Grundsätzlich werden die Jugendlichen aus dem Hilfenetzwerk ‚importiert', d. h. sie werden von Beratungsstellen „überwiesen", kommen aus Einrichtungen der erzieherischen Hilfen oder anderen Jugendwerkstätten bzw. Maßnahmen der Jugendsozialarbeit. Als MaßnahmeteilnehmerInnen der Jugendwerkstatt „Goldstraße" sind die Jugendlichen weiterhin in das Jugendhilfenetzwerk eingebunden, das die Maßnahme der Jugendwerkstatt begleitet bzw. die Förderung der Maßnahme bewilligt.

Zum steten Repertoire der Kontakte gehört die Zusammenarbeit mit dem Arbeitsamt, der Berufsschule und der Handwerkskammer. Enge Kontakte bestehen zu Beratungsstellen, zu Hauptschulen und zu anderen Einrichtungen und Maßnahmen der Jugendberufshilfe und Arbeitsförderung sowie zur Volkshochschule. Enge Verbindungen existieren auch zu Institutionen der erzieherischen Hilfen, in denen einige Jugendliche untergebracht sind.

---

48 Unter Hilfenetzwerk wird hier pragmatisch das Bündel aller Institutionen und Maßnahmen verstanden, die die Biografien der Jugendlichen prozessieren oder flankierend begleiten, also auch – im weiteren Sinne – Institutionen der (Berufs-)Bildung (z. B. Berufsschule) und Firmen (als Praktikumstellen), aber auch Institutionen im engeren Sinne, wie z. B. Maßnahmen und Angebote der Kinder- und Jugendhilfe und des Arbeitsamtes.

In dieser Weise in das Hilfenetzwerk eingebunden, ist die Jugendwerkstatt somit auf vielfache Außenkontakte angewiesen. Kennzeichnend für das Hilfenetzwerk sind zumeist telefonische Kontakte zum Austausch von Informationen, zur Überführung der Jugendlichen in die Maßnahme der Jugendwerkstatt oder zur ‚Überweisung' in eine andere Maßnahme. Pointiert formuliert geschieht an der Schnittstelle zum Jugendhilfenetzwerk eine zumeist telefonisch organisierte Prozessierung von Lebensläufen. In der „Goldstraße" obliegt nur den SozialpädagogInnen die Aufgabe, diese Kontakte stetig aufrecht zu erhalten. Dabei wird insbesondere der Kontakt zu Institutionen, die der Jugendwerkstatt nützlich sein können, gepflegt.

Bei den Kontakten zum Hilfenetzwerk ist die Jugendwerkstatt davon abhängig, dass Jugendliche vermittelt werden. Dabei werden die Kontakte auch strategisch eingesetzt, damit eine Auswahl der Jugendlichen getroffen werden kann, die neu in die Jugendwerkstatt aufgenommen werden. Hierdurch soll die Arbeit mit den Jugendlichen erleichtert und die Erfolgsquote der Jugendwerkstatt auf einem guten Niveau gehalten werden. Dabei ist die Einrichtung auf die Kooperationsbereitschaft der anderen Institutionen angewiesen, die jedoch nicht bei allen Institutionen gleich gegeben ist. Um dies kontrollieren zu können, wird ständig Wissen über die Entwicklungen in den unterschiedlichen Institutionen gesammelt, damit Strategien des Umgangs mit der veränderten Umwelt entwickelt werden können.

Die Beziehung zum Hilfenetzwerk ist – zusammengefasst – gleichzeitig durch Kooperation und Abhängigkeit geprägt und ist, wie anhand des nachfolgenden Ausschnitts einer Teamsitzung deutlich wird, Anlass für Distinktionen und Strategien zur Beibehaltung autonomer Spielräume.

Weil sich zwei Schulen erkundigt haben, ob die Jugendwerkstatt über einen gewissen Zeitraum SchülerInnen ein- bis zweimal in der Woche als PraktikantInnen aufnehmen könne, diskutiert das Team in der Teamsitzung, ob es diesen Anfragen nachkommen kann. Auch wenn sich Evelyn Rühl und Martin Lange zunächst dazu bereit erklären, der Anfrage nachzukommen, wird anschließend ein Argumentationsstrang entfaltet, der in mehrfacher Weise Begründungen dafür liefert, warum der Vorschlag der Schulen nicht angenommen werden kann: Argumentiert wird hier, dass SchülerInnen bereits ein bis zwei Wochen Praktika in der Jugendwerkstatt absolvieren können. Der Argumentationsstrang stützt sich dabei auf folgende Argumente: „das bringt zu viel Unruhe"; „wir machen [bereits] was [mit SchülerInnen]"; „wir wollen das selbst entscheiden und nicht (...) vorgesetzt bekommen"; es ergebe sich „das Problem, denen hinterher (...) telefonieren zu müssen" und „eine Erhöhung der Zahl der Jugendlichen pro Werkstatt sei in der Konzeption nicht vorgesehen". Auch der Einwurf von Martin Lange, die Jugendlichen würden als MultiplikatorInnen die Jugendwerkstatt publik machen und somit die Nachfrage erhöhen, wird nicht mehr als Gegenargument aufgenommen, da bereits SchülerInnen als PraktikantInnen aufgenommen werden.

Paul Fröhling bündelt die Argumente in einer abschließenden Sicherung und stellt fest, dass eine gemeinsame Basis erreicht sei. Indem er das Fachwort „top-down" verwendet, bekräftigt er noch einmal, dass die Institution aus der Organisationsumwelt sich an die Bedingungen der Jugendwerkstatt anzupassen habe. Gleichzeitig wird damit eine Anfrage nach Kooperation in Richtung eines außerorganisatorischen Versuchs gewertet, bestehende Arbeitsbögen zu verändern und autonome Spielräume zu verkleinern. Die hieraus resultierende Gefahr wird von Paul Fröhling in einem Zukunftsszenario entwickelt: „und ich denke, das wird mit der Zeit immer mehr, da fährt der Zug hin". Da nun aber zur Zeit noch die Möglichkeit besteht, den autonomen Spielraum in Form des aktuellen Arbeitsbogens aufrecht zu erhalten, stößt der Vorschlag der Schulen auf breite Ablehnung. So scheint es auch nicht verwunderlich, dass ein Gesprächsangebot an die nachfragende Institution über Alternativen im Team nicht mehr erwogen wird.

Die Kostenträger

Abhängigkeitsverhältnisse und Gefahren der Einschränkung von autonomen Spielräumen sind insbesondere dann für die MitarbeiterInnen in Sicht, wenn die Institution der Organisationsumwelt die Maßnahmen der Jugendwerkstatt finanziert und mit der Finanzierung Vorschriften in Form von Gesetzen und Ausführungsbestimmungen einhergehen, die die Form der Maßnahmen regeln und die damit verbundenen Arbeitsaufgaben gestalten. Insbesondere das Arbeitsamt, das für die Ausbildungsmaßnahme zuständig ist, macht enge Vorschriften, auch in Bezug auf zeitliche Vorgaben.

Im Interview berichtet Paul Fröhling von den engen Vorgaben des Arbeitsamtes, die auch ohne Vorankündigung durch eine Prüfergruppe auf Einhaltung geprüft werden können. Paul Fröhling kommentiert, der pädagogischen Alltag sei durch die Vorgaben des Arbeitsamtes „eigentlich (!)total(!) vorgeplant"[PF]*. Deutlich beschreibt er die Anforderungen des Arbeitsamtes als „Haarspalterei" und „versachlichte Arbeit". Paul Fröhling spannt hier eine Negativfolie zum eigenen beruflichen Selbstverständnis auf und karikiert die entgegengesetzte Handlungsrationalität des Arbeitsamtes mit dem Argument, diese würde die Jugendlichen als „Karteikarte" betrachten. Seine ans Arbeitsamt gerichtete Kritik unterstellt dem Amt eine Rationalität der bürokratischen Verwaltung der Biografie von Jugendlichen. Somit grenzt er sich distinktiv gegenüber den Anforderungen des Kostenträgers ab und stellt fest: „das muss ich aber (...) ich schaffe es aber nicht ich will das gar nicht (lachen) wills auch nicht".*[PF] *Hier zeigt sich das Ringen des Leiters der Jugendwerkstatt um berufliche Autonomie angesichts bürokratischer Vorgaben. Die Lösung des Dilemmas zwischen bürokratischen Vorgaben und eigenen beruflichen Ansprüchen sieht Paul Fröhling nicht in direkter und offener Opposition zu den Vorgaben, sondern in einem stillschweigenden Widersetzen gegen die Vorgaben durch Nichtbeachtung, auch wenn er weiß, dass die Nichtbeachtung schlussendlich auch die Sperrung der Fördermittel bedeuten kann.*

Auch den Kontakt zum anderen Kostenträger – dem Landesjugendamt – sieht Paul Fröhling kritisch. Zum einen begrüßt er – im Kontrast zum Arbeitsamt – die geringen Vorgaben, die einen gewissen autonomen Spielraum ermöglichen. Zum anderen bemängelt er die geringe Förderung durch diese Behörde durch ‚Misserfüllung der Aufgabe' und stellt fest, dies geschehe aus „Lethargie". Auch Carolin Weber bemängelt die Zusammenarbeit mit dem Landschaftsverband. Zum einen habe diese eine gute Fortbildung für Werkanleiter angeboten. Zum anderen könne sie Entscheidungen der Fachberaterin nicht nachvollziehen, weil diese einen Antrag auf Mädchenarbeit abgelehnt habe.[49] Sie wirft der Behörde Intransparenz in den bürokratischen Handlungsabläufen vor. Bemerkenswert sind hier die unterschiedlichen Erwartungshaltungen an die beiden Kostenträger. Während vom Arbeitsamt bürokratische Einschränkung der beruflichen Autonomie erwartet wird – und dies Abwehrmaßnahmen zur Konsequenz hat –, wird vom Landschaftsverband Unterstützung und Kooperation erwartet.

Insgesamt bewerten die MitarbeiterInnen der Jugendwerkstatt die Zusammenarbeit mit den Kostenträgern sehr kritisch. Insbesondere Paul Fröhling entwirft hier ein Bild des Professionellen, der um Autonomie ringt und die eigene Handlungsrationalität gegen die bürokratische Rationalität des Arbeitsamtes verteidigt. Paul Fröhling forciert hier also ein Deutungsmuster der bürokratischen Einschränkung von Professionalität.

Die Dachorganisation
Paul Fröhling obliegt als Einrichtungsleiter die Aufgabe, den Kontakt zur Dachorganisation zu managen. Er berichtet: „das Team ähm selber hat auch wenig Berührungspunkte mit der Geschäftsleitung weil ich bin das direkte das läuft ganz hierarchisch (…) alle Mitteilungen kommen an mich . von der von der Geschäftsführung mit der Aufgabe die weiter zu geben (…) entsprechend oder das umzusetzen es gibt ja dauernd neue Dienstanweisungen oder so ne die ich dann eben ne im Team einbringe".[PF]

Paul Fröhling sagt, dass beim Arbeitsamt nur 5% bei der Jobvermittlung arbeiten würden. Hannes Klein: „Schau mal hier, habt ihr früher zu dritt gearbeitet; jetzt ist das Verhältnis Jugendliche und MitarbeiterInnen 1:1, frag Evelyn, bei dem Träger gibt es 200 Jugendliche und mehr als 200 Mitarbeiter. Wenn du die Telefonliste durchgehst, dann schau doch mal nach, wer von denen noch direkt mit den Jugendlichen arbeitet."[PJu]

In einer Unterhaltung am Mittagstisch wird der Konflikt deutlich, der zwischen bürokratischer Kontrolle und eigenen autonomen Spielräumen angesiedelt ist. Hier wird das Bild der wachsenden, bürokratisch verwalteten Dachorganisation entworfen. Mittlerweile seien hier mehr Personen in der Verwaltung und Organisation als in der Interaktionsarbeit mit den Jugendlichen beschäftigt. Idealisiert werden insbesondere von Hannes Klein – nicht nur an dieser Stelle – die wenig bürokratisch organisierten Anfänge der Jugendwerkstatt, in der nur drei MitarbeiterInnen beschäftigt waren. Professionelles Arbeiten ist für ihn hauptsächlich dann erfolgreich und sinnvoll,

---

49 Durch die Bewilligung solcher Anträge kann sich die Jugendwerkstatt zusätzliche Mittel für Aktionen mit den Jugendlichen beschaffen. Sie stellen eine Möglichkeitsbedingung für die Ausweitung sozialpädagogischer Projekte im hauptsächlich werkpädagogisch geprägten Alltag dar.

wenn es sich auf die direkte Interaktion mit den Jugendlichen bezieht und weitgehend autonome Spielräume zulässt (vgl. Klatetzki 2005).

Der Konflikt zwischen bürokratischer Kontrolle und eigenen autonomen Spielräumen spitzt sich aus Sicht der MitarbeiterInnen der Jugendwerkstatt zu, weil mit der Ausweitung der Planstellen in der Dachorganisation der Jugendwerkstatt finanzielle Mittel verloren gehen, die dann dazu genutzt werden, um ‚irgendwelche Pläne' zu entwerfen, nach denen sich die Jugendwerkstatt dann anschließend zu richten habe. Hierdurch würden wiederum die autonomen Spielräume eingrenzt. Die Jugendwerkstatt kann sich jedoch autonome Spielräume erkämpfen, weil ihr eine Vorbildfunktion zugeschrieben wird. Carolin Weber beschreibt das folgendermaßen:

ich denke dass wir von unserer Einrichtung her ähm halt immer noch son bisschen ne Sonderstellung haben n bisschen als Vorzeigewerkstatt ähm. und dass wir dann halt auch schon mehr für man für manche Sachen mehr dürfen oder auch mehr toleriert wird als bei andern Einrichtungen das glaub ich schon[CW]

Die Vorbildfunktion verschafft – so Carolin Weber – der Jugendwerkstatt gegenüber anderen Werkstätten einen Vorteil, der sich in einem größeren autonomen Spielraum ausdrückt, der jedoch gegenüber der Dachorganisation zu verteidigen ist. Kennzeichnend für die Zusammenarbeit mit der Dachorganisation sind jedoch nicht nur die bürokratischen und fachlichen Vorgaben, sondern auch vernetzende Kontakte zum fachlichen Austausch und zur Weiterentwicklung der pädagogischen Qualität. Es gehört zu Paul Fröhlings Aufgabe, die KollegInnen über die regelmäßig stattfindenden Sitzungen der Leiter der Jugendwerkstätten der Dachorganisation zu informieren. In einer Teamsitzung berichtet Paul Fröhling von solch einer Sitzung und beschreibt die Aussagen des Leiters der Dachorganisation:

er hat auch an unsere Solidaritä Solidarität appelliert in folgender Hinsicht und zwar dass was du eben angesprochen hast was so Defizite angeht auch in den neuen Werkstätten (…) da sind einfach unheimlich viel Dinge da würde er gern den Lerneffekt unter (!)Fachkollegen(!) vorziehen einer äh . einer dienstlichen Anweisung ich sach nur mal n Beispiel . ein Austausch in Bezug auf wen nimmt man überhaupt in eine Werkstatt rein und welchen Jugendlichen nimmt man rein wir sagen nach vielen vielen Jahren Erfahrung sagen wir bei uns wir nehmen als Beispiel keine Drogenabhängigen (…) er hofft dass wir uns zusammen auf ein auf Standards einigen[TeamJu]

Auch in diesem Auszug aus der Teamsitzung wird die Vorbildfunktion der Jugendwerkstatt hervorgehoben. Die auch mit den KollegInnen gemeinsam geteilte Ideologie der Vorbildfunktion inszeniert Gemeinsamkeit und ermöglicht eine Abgrenzung nach ‚außen', d. h. in diesem Falle gegenüber den anderen Werkstätten. Als Vorbildwerkstatt soll sich die Einrichtung solidarisch zeigen und das vorhandene Wissen mit dem Ziel weiter tragen, dass die anderen Werkstätten sich an Standards orientieren, die in der Jugendwerkstatt „Goldstraße" bereits zum Tragen kommen. Aus diesem Grund soll die jährlich stattfindende Klausurtagung jeder einzelnen Werkstatt zusammengelegt werden. Diesem Ansinnen des Leiters der Dachorganisation will das Team jedoch entgegentreten, weil dem eigenen Ziel, die Klausurtagung zur Verbesserung der eigenen Arbeitsabläufe zu nutzen, kaum mehr nachgekommen werden kann.

Das Ziel der Entwicklung von Standards verfolgt auch ein Qualitätszirkel der Jugendwerkstätten des Trägers, in dem auch ein Leitbild für die Dachorganisation entwickelt wird. Die Arbeit des Qualitätszirkels wird vom Team nicht nur in dieser Teamsitzung belustigend zur Kenntnis genommen, weil die MitarbeiterInnen die Meinung vertreten, dass sie im Sinne ihrer Organisationsideologie die Qualitätsstandard ohne die Hilfe des Qualitätsmanagements schon längst erreicht haben. Im Team kommt Paul Fröhling und Petra Mildes die Aufgabe zu, noch einmal zu sichern, es gäbe zwar immer noch Verbesserungsmöglichkeiten und die Werkstatt sei „natürlich (...) nich perfekt". Damit dient die Organisationsideologie nicht nur zur Inszenierung von Gemeinsamkeiten und zur Abwehr von Strategien der Organisationsumwelt, sondern auch als Legitimation dafür, in der eigenen Organisation anstehende Veränderungen aufzuschieben oder nicht vorzunehmen.[50] Auch wenn in der Teamsitzung bereits erfolgte Veränderungen in den Arbeitsbögen angesprochen werden, wird in einer anderen Sequenz der Teamsitzung deutlich, dass ein erheblicher Bedarf an Zeit für die Weiterentwicklung von Organisationselementen besteht. Paul Fröhling berichtet über die Planung einer Klausurtagung, in der gemeinsame Standards festgelegt werden sollen: „ich sach Kurt Hombach wir (!)brauchen(!) die Zeit ganz dringend um an zum Beispiel unseren (!)Grundarbeiten(!) weiter zu arbeiten an der (!)Konzeption(!) zu arbeiten na gut sachter vielleicht können wir uns ja dann nach einem Tag (!)trennen(!) (...) vielleicht aber auch erst nach zwei je nachdem et da aussieht vielleicht machen wir ein Tag zusammen und die andern zwei Tage könnt ihr für (!)euch(!) sein".[TeamJu] Während zunächst also darauf verwiesen wird, dass Zeit zur Weiterentwicklung benötigt wird, und dieses gegenüber dem Leiter der Dachorganisation als Argument gegen eine Beschneidung der Autonomiespielräume verwendet werden kann, wird in der Diskussion zum Qualitätszirkel eine fast gegenteilige Meinung vertreten. Hier wird argumentiert, dass Veränderungen schon weitreichend genug durchgeführt seien.

Im Sinne von W. Küpper und G. Ortmann sind hier sehr vielfältige mikropolitische Strategien gegen die Ordnungsversuche der Dachorganisationen, „Arenen heftiger Kämpfe (...) Mauscheleien und gefährliche Spiele mit wechselnden Spielern, Strategien, Regeln und Fronten" zu erkennen (Küpper/Ortmann 1992b, S. 7). Die MitarbeiterInnen inszenieren mithilfe der gemeinsam geteilten organisationskulturellen Ideologie der Vorbildfunktion Gemeinsamkeit und setzen diese zur Abwehr von Veränderungsansinnen der Dachorganisation und zur Distinktion gegenüber den KollegInnen ein. Hierüber kann auch das Maß an eigener Veränderung begrenzt werden.

---

50 Darüber hinaus wird immer wieder auch in den Teamsitzungen das Problem angesprochen, dass kaum Zeit für konstruktive Veränderungen wäre, auch wenn nach Meinung der MitarbeiterInnen die Arbeitsbögen für die Jugendlichen, die Kompetenz- und Einschätzungsanalyse (KEA), die Aktualanalyse und auch die Konzeption dringend verändert werden müssten.

Angesichts der Ideologie der Vorbildfunktion erscheinen den MitarbeiterInnen die Interventionsversuche der Dachorganisation wenig verständlich. Hierdurch verschärft sich das Bild einer sich machtvoll durchsetzenden Dachorganisation, weil diese nach den Meinungen der MitarbeiterInnen ihren beratenden Aufgaben in zu geringem Maße nachkommt. Auf Basis dieser Einschätzung tritt die Jugendwerkstatt mit mikropolitischen Strategien der Machtausweitung der Dachorganisation entgegen und versucht in Aushandlung mit dieser den eigenen Spielraum zu schützen. Dabei kommt Paul Fröhling eine Schlüsselstellung zu, weil die interne Organisationshierarchie regelt, dass fast ausschließlich er als Leiter den Kontakt zur Dachorganisation aufrecht erhält und Verhandlungen führt.

Der Stadtteil
Von einer praktisch umgesetzten Lebenswelt- oder Sozialraumorientierung (vgl. Thiersch 1992; Galuske 1993) kann im Fall der Jugendwerkstatt kaum gesprochen werden. Die Jugendwerkstatt kann auf nur wenige Kontakte zu Personen und Institutionen aus dem direkten sozialen Nahraum verweisen, die nicht dem Jugendhilfenetzwerk zuzurechnen sind. Eher ‚lebensweltliche' Kontakte sind vereinzelt, auch weil nach Ansicht der MitarbeiterInnen nur geringes Interesse an der Einrichtung besteht. Auch wenn die Jugendwerkstatt immer wieder durch Straßenfeste, durch einen Tag der offenen Tür oder durch die eigene Homepage öffentlichkeitswirksam für sich wirbt, besteht insgesamt kein sehr hoher Bedarf an solchen Kontakten, weil die Jugendlichen als MaßnahmeteilnehmerInnen nicht direkt aus dem Stadtteil angeworben, sondern vorwiegend durch das Hilfenetzwerk „überwiesen" werden. Somit ist die Jugendwerkstatt auch nicht auf einen hohen Bekanntheitsgrad im sozialen Nahraum angewiesen.

Einige Kontakte bestehen dadurch, dass in den Werkstätten immer wieder auch Gegenstände für Einzelpersonen, Firmen und Institutionen produziert werden. Bei einer Fahrt mit Hannes Klein durch den Stadtteil zeigt er beim Vorbeifahren stolz die Geländer, Fußball- und Gartentore, die er mit den Jugendlichen produziert hat. Solche Kontakte und Aufträge haben eine relativ hohe Bedeutung in der Jugendwerkstatt, weil dies insbesondere den Jugendlichen, die schon länger in einer Maßnahme sind, die Möglichkeit eröffnet, etwas zu produzieren, was – so Hannes Klein – nicht für den „Mülleimer"[P.Ju] bestimmt sei. Die relativ hohe Bedeutung zeigt sich auch darin, dass die „Auftragslage" ein regelmäßig erörterter Tagesordnungspunkt der Teamsitzung ist. Hier zeigt sich aber auch der Unterschied zu einer ‚echten' Werkstatt: Die Anzahl der Aufträge muss gering gehalten werden, um die Jugendlichen nicht zu überfordern.

Bezogen auf die „stadtteilbezogene Arbeit" ist eine klare Verteilung der Aufgaben in der Jugendwerkstatt zu beobachten: Paul Fröhling und die Werkanleiter der Werkstätten kümmern sich um die Aufträge, und das Team wird über die Auftragslage informiert. Die Werkanleiter haben die Kontakte zu den Firmen in der Nähe. Die öffentlichkeitswirksamen Aktionen werden überwiegend von den SozialpädagogInnen organisiert und im Team gemeinsam besprochen.

Die Lebenswelt der Jugendlichen
Die Jugendwerkstatt stellt eine (kleine) Lebenswelt jenseits der Lebenswelt der Jugendlichen dar, weil sie nicht sehr nah an den sozialräumlichen Bezügen der Jugendlichen agiert. Die Lebenswelt der Jugendlichen[51] ist für die MitarbeiterInnen somit eine mehr oder weniger fremde Welt. Dies erklärt sich nicht allein aus generationalen Unterschieden zwischen dem Lebensstil der Erwachsenenwelt und den jugendlichen Präferenzen und Einstellungen. Die Lebenswelt ist partiell aus der Organisationskultur der Jugendwerkstatt auszuschließen, da die lebensweltlichen Gewohnheiten die Arbeitsabläufe in den Werkstätten behindern. In der Teamsitzung stellt Petra Mildes, die Lehrerin, z. B. fest: „Ja aber, die sind wirklich draußen anders als hier, das muss man bedenken".[PJu] Die Anpassung der Jugendlichen an die Organisationskultur der Jugendwerkstatt erzeugt also ein Wissensdefizit auf Seiten der MitarbeiterInnen über die Lebenswelt der Jugendlichen.

Weil nicht davon ausgegangen werden kann, dass die Anpassung an die Organisationskultur auch umstandslos eine Anpassung der lebensweltlichen Gewohnheiten außerhalb der Werkstatt nach sich zieht, ergreift die Jugendwerkstatt Maßnahmen zum Ausgleich ihres Wissensdefizits und zur Veränderung der jugendlichen Lebenswelten – soweit dies den MitarbeiterInnen oder dem Hilfenetzwerk möglich ist. Die Veränderung der Lebenswelt soll Bedingungen herstellen, damit die Jugendlichen die Maßnahme erfolgreich durchlaufen. Angesetzt wird hier nicht therapeutisch zur Herbeiführung „tiefenpsychologische[r] Änderungen"[PF], sondern an den konkreten Lebensbedingungen der Jugendlichen, wie sie z. B. bei einem Wohnungsumzug gegeben sind. Hausbesuche und Elterngespräche sind hier zwar geeignete, aber zumeist nicht hinreichende Versuche, Informationen einzuholen und Einfluss auf die Lebenswelt der Jugendlichen zu nehmen. Immer wieder hält die Jugendwerkstatt neben den werkpädagogischen Angeboten Maßnahmen der lebensweltlichen Hilfe bereit. Die lebensweltlichen bzw. alltagsnahen Hilfen – hauptsächlich im Arbeitsbogen der SozialpädagogInnen verankert – stellen dabei eine Ergänzung zu den Maßnahmen der werkpädagogischen Arbeit dar.

---

51 Unter der Lebenswelt der Jugendlichen wird hier pragmatisch das zusammengefasst, was das Leben der Jugendlichen außerhalb der Jugendwerkstatt einschließt. Gemeint sind hier die habituellen und jugendkulturellen Gewohnheiten der Jugendlichen, ihre familiale Eingebundenheit und ihre jugendkulturellen Netzwerke sowie die damit verbundenen Deutungsmuster, Lebensgewohnheiten und Stile. Dies bedeutet jedoch nicht, dass die Lebenswelt und die Organisationskultur der Jugendwerkstatt als zwei streng voneinander getrennte Welten aufgefasst werden können. Vielmehr ist hier von vielschichtigen Übergängen auszugehen.

Hannes Klein bietet einer Jugendlichen Hilfe beim Umzug an. Carolin Weber initiiert für eine Jugendliche ein Gespräch beim ASD, führt Elterngespräche oder besichtigt mit einer Jugendlichen eine neue Wohnung. Sie organisiert die Teilnahme an einem Selbstverteidigungstraining, einer Mädchengruppe oder einem Alphabetisierungskurs. Evelyn Rühl hört den Jugendlichen zu, wenn sie in der Küche arbeiten und gibt z. B. Ratschläge, als eine Jugendliche von ihrer Liebesbeziehung erzählt. Petra Mildes unterstützt einen Jugendlichen dabei, seine theoretische Führerscheinprüfung zu bestehen. Anja Schell organisiert Freizeitangebot mit den Jugendlichen.

Auch wenn sich die MitarbeiterInnen über die Jahre ihrer Tätigkeit ein hohes Maß an Wissen über Jugendliche angeeignet haben, reicht dieses Wissen nicht für die Erfassung des Einzelfalles und seiner lebensweltlichen Einbindung aus, weil das Wissen immer nur Typisierungen von Fällen liefert. Dieses Wissen über die Jugendlichen ist jedoch immer nur ein partielles Wissen über Aspekte des Einzelfalles und ein typisiertes Wissen darüber, was die einzelnen Jugendlichen in der Jugendwerkstatt machen, wie sie reagieren, was sie erfahren haben etc. Hieraus ergibt sich dann eine nie endende Aneinanderreihung von Geschichten, Mutmaßungen, Informationen, die dann wie einzelne Puzzleteile zu einem vorläufigen Bild zusammengefügt werden, an dem immer weiter gearbeitet wird. Das Ergebnis der Puzzlearbeit sind dann zumeist relativ einfache Ergebnissicherungen, die sich an den Anforderungen der Einrichtung orientieren und auf die Messlatte eines erfolgreichen Durchlaufens der Maßnahme gerichtet sind. Solche pragmatischen Ergebnissicherungen finden dann ihren Ausdruck in Formulierungen wie: „Die Jungs sind willig".

Präsent ist in der täglichen Arbeit und in den Fallbesprechungen der MitarbeiterInnen immer wieder das Konzept, das sie von einem in der Jugendwerkstatt erfolgreichen oder nicht-erfolgreichen Jugendlichen haben. Dieses Konzept, das sich u. a. in den Mittelwerten der Skala der Kompetenz- und Einschätzungsanalyse (KEA) und der Aktualanalyse ausdrückt, ist die Messlatte, anhand derer entschieden wird, ob der Jugendliche „willig" ist, oder in den Worten von Martin Lange: „das seh ich so der ist ähm immer sehr müde und nich dass der ist nicht unterfordert da eben der ist einfach immer schlapp (4uv) immer zu spät ins Bett gehen oder was . ist immer total k.o. und deshalb auch schlecht gelaunt weil er so müde ist".[TeamJu]

Zum Ausgleich dieses prinzipiellen Wissensdefizits und zur Aktualisierung des Wissens werden in der Jugendwerkstatt verschiedene Techniken, Methoden und Handlungen bereitgehalten, die einen Arbeitsbogen zum Ausgleich des Wissensdefizits ergeben. Sie beinhalten insbesondere

- die ständige Beobachtung der Jugendlichen;
- das aufmerksame Zuhören, wenn Jugendliche aus ihrer Lebenswelt erzählen und Gespräche, in denen die Jugendlichen aufgefordert werden, von der Lebenswelt zu berichten sowie gezielte Beratungsgespräche;

- Hausbesuche und Elterngespräche;
- Aktenführung;
- Fallbesprechungen in den Teamsitzungen, in denen das Wissen über die Jugendlichen gesammelt, aktualisiert und reflektiert wird;
- spontane Gespräche zwischen den MitarbeiterInnen über die Jugendlichen;
- der ständige Kontakt zum Hilfenetzwerk und weiteren Informationslieferanten;
- ausgearbeitete Methoden und Techniken (Kompetenz- und Einschätzungsanalyse, Aktualanalyse, Benotung der Grundarbeiten), die nicht nur Informationen über die Jugendlichen in der Jugendwerkstatt, sondern auch über die jugendliche Lebenswelt liefern.

Der Arbeitsbogen ‚Ausgleich des Wissens über die Lebenswelt der Jugendlichen' beinhaltet eine hierarchische Aufgabenteilung innerhalb des Teams und ständige Bemühungen, Schnittstellen zwischen den unterschiedlichen Erfahrungen in den verschiedenen Räumen mit den Jugendlichen herzustellen. Problematisch bei diesem Arbeitsbogen ist, dass das typisierte Wissen auf den Einzelfall bezogen werden muss (vgl. Oevermann 1999), die MitarbeiterInnen insgesamt über nur wenig wissenschaftliches Regelwissen verfügen und die Fortbildungsangebote nicht ausreichen, um das fehlende wissenschaftliche Regelwissen auszugleichen. Hinzu kommt, dass die (hermeneutischen) Verstehenskompetenzen zumeist alltagsnah und im berufspraktischen Vollzug gelernt, aber nicht in der wissenschaftlichen Ausbildung geschult sind, folglich kaum ein ausgeglichenes Verhältnis zwischen Fallverstehen und Anwendung wissenschaftlichen Regelwissens erzeugt werden kann. Zusätzlich besteht angesichts des erheblich aufwändigen Arbeitsbogens zur Wissensermittlung prinzipiell ein Zeitdefizit zur präzisen Erfassung bzw. Rekonstruktion der Biografien und lebensweltlichen Erfahrungen der Jugendlichen. Unter diesen Bedingungen – erschwert durch das grundsätzlich wirksam werdende Technologiedefizit – kann das Wissen über die Jugendlichen nicht in sichere Diagnosen und Prognosen über die Wirksamkeit von Interventionen und die weitere Fallentwicklung überführt werden (vgl. Schütze 2000). Die lebensweltlichen Erfahrungen der Jugendlichen vollziehen sich schneller, als sie von den MitarbeiterInnen im Nachhinein erschlossen werden können.

Hierbei erscheint zum einen nicht alles interessant, weil es zur Erarbeitung von Interventionsmöglichkeiten und Problemlösungen nicht dienlich ist. Zum anderen erweist sich ein Großteil des gesammelten Wissens über die Lebenswelt der Jugendlichen als zu unsicher, weil Hintergrundinformationen fehlen. Vorwiegend dem Ziel verpflichtet, Arbeitsmarktfähigkeit zu erzeugen werden folglich *Wahrnehmungsschemata*[52] in Form von pragmati-

---

[52] Zur habituellen Inkorporation von Wahrnehmungs-, Deutungs- und Handlungsschemata vgl. Bourdieu (1982, S. 278).

schen Filtern (vgl. Granosik 2000, S. 106)[53] an die Deutung der lebensweltlichen Bezüge angelegt; mit anderen Worten: Informationen werden durch den Filter gebrochen, der sich aus dem Arbeitsbogen der Fallbearbeitung ergibt. Im Vordergrund steht hier nicht die Frage, wie tatsächlich die Gesamtheit der lebensweltlichen Lagerung des Falles zu deuten ist. Die Deutung ist gezwungenermaßen immer selektiv. Sie geschieht also vor dem Hintergrund der Frage, welchen Fortschritt der/die Jugendliche erzielt hat, inwieweit sich sein Zeit- und Raumskript an das Skript der Jugendwerkstatt angepasst hat, inwieweit Arbeitstugenden erlernt worden sind und welcher Grad an beruflichem Fachwissen erlangt wurde. Da ein Großteil der lebensweltlichen Probleme der Jugendlichen im Rahmen des Arbeitsbogens nicht bearbeitet werden kann, werden Deutungsvarianten ausgeschlossen und abgebrochen. Sexueller Missbrauch, die sich aus der Drogenabhängigkeit der Mutter ergebenden Probleme, Drogensucht von TeilnehmerInnen usw. werden thematisiert, jedoch nur schemenhaft in die Deutung einbezogen, da der Fokus der Fallbearbeitung sich nicht auf die Bearbeitung dieser Themen bezieht. In diesem Sinne wird der Aufmerksamkeitsfokus bei den Fallbesprechungen nach jedem Informationsaustausch zügig auf die Frage gelenkt, was getan werden kann.

‚Externes' Fachwissen
Das Wissen der Professionellen, mit dem sie ihren beruflichen Alltag fundieren, speist sich aus verschiedenen Wissensdomänen. Dieses Modell hebt sich insbesondere von einem Professionsmodell ab, dass die Fundierung der professionellen Praxis vorwiegend über die Anwendung von wissenschaftlichem Regelwissen begründet. Neben dem Wissen über die Lebenswelt der Jugendlichen und über das Handeln der Jugendlichen in der Jugendwerkstatt stellt jedoch externes Fachwissen unterschiedlicher Provenienz potentiell eine Wissensquelle zur Fundierung des eigenen beruflichen Handelns dar. Im Folgenden wird der Umgang mit externem fachlichen und wissenschaftlichem Wissen in der Jugendwerkstatt knapp beleuchtet.

Nach Abschluss der Ausbildung erscheint den SozialpädagogInnen die Wissenschaft als nicht vollkommen fremde, aber zumeist ferne Welt, zu der eher selten Kontakte bestehen – es sei denn in Form von privaten Kontakten, die jedoch eher nicht zum Wissensaustausch dienen. Kontakte zur Wissenschaft und zur Fachwelt bestehen durch die Lektüre von Fachbüchern und -zeitschriften, die Teilnahme an Fort- und Weiterbildungen, in Form von einzelnen Kontakten zu Lehrenden, zu anderen PraktikantInnen und im Rahmen von Supervision.

---

53 Die pragmatischen Filter folgen dem praktischen Sinn, was vor dem Hintergrund der inkorporierten Wahrnehmungs-, Deutungs- und Handlungsschemata ökonomisch und praktikabel erscheint und den momentanen Zuständen und Erfordernissen entspricht (vgl. Schwingel 1998, S. 74).

Insgesamt lesen die MitarbeiterInnen kaum Fachliteratur und erwähnen diese nur selten in ihren Gesprächen. Auf Erkenntnisse aus der Fachliteratur wird sich in Fallbesprechungen nicht direkt bezogen. Auch wenn in den Interviews mit den SozialpädagogInnen insgesamt der Fachliteratur eine hohe Bedeutung zugemessen wird, werden die geringen zeitlichen Ressourcen als Grund dafür angegeben, dass diese nicht gelesen wird. Die Beschäftigung mit Fachbüchern in der Freizeit wird als problematisch betrachtet oder ganz ausgeschlossen (Martin Lange) und eine Trennung von Beruf und Freizeit vorgezogen. Insgesamt lesen die SozialpädagogInnen mehr Fachliteratur als die WerkanleiterInnen, die fast nichts lesen und wenn, sich dann auf Themen beschränken, die mehr oder weniger direkt ihrem Arbeitsbereich zugeordnet werden können (Martin Lange: Jungenarbeit). Die Beschäftigung mit wissenschaftlichen oder fachspezifischen Themen wurde bei den SozialpädagogInnen zumeist stärker in der Vergangenheit betrieben. In ihren Büros sind jedoch einige Fachbücher zu finden, die sich auf konkrete Problemfelder beziehen und Handlungskonzeptionen anbieten. Bis auf die Berichte des Landschaftsverbandes werden keine Fachzeitschriften gelesen.

Darüber hinaus nehmen die MitarbeiterInnen der Jugendwerkstatt regelmäßig an Fortbildungen teil. Ihre Bedeutung und Qualität wird sehr unterschiedlich eingeschätzt.

Paul Fröhling kritisiert in hohem Maße Fortbildungen, die im Vortragsstil abgehalten werden, weil er diese Lernform als nicht geeignet einschätzt. Im Gegensatz hierzu benennt er eine langjährige Fortbildung im Bereich Sozialmanagement und Coaching, die er selbst finanziert und bei der er einen weiten Fahrtweg in Kauf genommen hat. Aufgrund seiner schlechten Erfahrungen mit Fortbildungen „im Vortragsstil" und im kreativen Bereich nimmt er an solchen Fortbildungen nicht mehr teil. Carolin Weber sucht sich gezielt Fortbildungen aus, die sie interessieren und von denen sie annimmt, sie können im Nachhinein auch stärkeren Einfluss auf die tägliche Arbeit nehmen („Mädchenarbeit", „Gesprächsführung" etc.). Ihr bleibe in der alltäglichen Arbeit jedoch zu wenig Zeit, das Gelernte einzuüben und praktisch umzusetzen. Sie plant eine längere Weiterbildung im Bereich „lösungsorientierte Gesprächsführung" zu absolvieren. Über Fortbildungen meint sie, neue Methoden kennen zu lernen und neue Ideen zu erlangen.

Martin Lange besucht ebenfalls regelmäßig ein- bis zweimal im Jahr Fortbildungen. Wegen der Vielzahl der Fortbildungen kann er die Themenbereiche nicht mehr auflisten. Fortbildungen liefern ihm „kleine Einblicke von außerhalb" und bieten „Informationen" über das, was sich in der „Sozialarbeit" verändert. Insbesondere hebt er hervor, dass Fortbildung für ihn „Ausgang aus dem Alltag" bedeuten. Die zweijährige Fortbildung für WerkanleiterInnen will er zunächst nicht besuchen, weil diese nicht mit einem regulären Abschluss verbunden ist. Im Anschluss bewertet er sie jedoch als „interessant" und „besser als ich dachte" und meint, dass er viel dazu gelernt habe, wie „man mit Jugendlichen . und den Kollegen (,) im sozialen Bereich äh .. umgeht".^{ML} Auch Hannes Klein besucht regelmäßig Fortbildungen. Beispielhaft nennt er die Themen Abenteuersport, Gesprächsführung, Metallgießen und Lerntechniken. Wie man aus mehreren Gesprächen entnehmen kann, hat ihn insbesondere die Fortbildung zu Lerntechniken sehr begeistert. Darüber *hinaus hat er eine zweijährige Fortbildung für WerkanleiterInnen abgeschlossen. Die Fortbildung bewertet Hannes Klein sehr positiv, weil diese sehr praktisch ausgerichtet sei und die Inhalte dort unter Einsatz verschiedener Methoden vermittelt werden. Hier findet er auch einen Zugang zu Inhalten, die theoretisch ausgerichtet sind. Er resümiert: „ich glaub nicht . dass ich anders . bin als vorher (...) aber vorher . äh war vieles nur aus dem Bauch heraus".[HK] Berufspolitisch setzt er sich nach der Fortbildung für die Etablierung eines Berufsbildes für Werkanleiter ein.*

Neben institutionalisierten Formen der Fort- und Weiterbildung kann die ständige Diskussion der TeamerInnen zu fachspezifischen, kulturellen und politischen Themen als eine weitere Form der Beschaffung und Bearbeitung von externem Wissen betrachtet werden – auch wenn dieses weniger fachlich konturiert ist. Während der Pausenzeiten nehmen die MitarbeiterInnen Artikel, die sie in der Zeitung lesen, häufig zum Anlass für Diskussionen, in denen sie ihre teils unterschiedlichen Positionen abgleichen.

Hannes Klein hat die Zeitung vor sich liegen und liest einen Artikel über Satansanhänger, die einen Gruftie umgebracht bzw. geopfert haben. Zur Zeit läuft das Gerichtsverfahren mit der Frau, die an dem Mord beteiligt ist. Hannes Klein: „Mein Gott, hast du mitbekommen?" Ich: „Was denn?" Hannes Klein: „Wie hast du gar nicht mitbekommen, dieses Gerichtsverfahren? (…) Die haben echt einen guten Anwalt (ironisch), jetzt schafft der das, dass die unzurechnungsfähig zugeschrieben bekommen." Er schüttelt den Kopf und sagt, dass die ein halbes Jahr in die Klapse kommen würden und dann würden die wieder frei gelassen. Das wäre unglaublich. Die werden als nicht schuldfähig eingeschätzt. Carolin Weber sagt, dass die sich gemeinsam umbringen wollten. Petra Mildes: „Sollen die doch machen, sollen die sich umbringen, dann wird unheimlich viel Geld gespart, der Steuerzahler wird dann nicht mehr weiter belastet". Petra Mildes lacht, aber meint ihre Aussage schon ernst. Hannes Klein: „Ja ist mir egal, sollen die sich doch umbringen". (…) Carolin Weber schaut ein wenig skeptisch, ich glaube, sie hat da eine andere Einstellung, sie hat sich aber dazu nicht geäußert.[PJu]

In der Jugendwerkstatt findet regelmäßig in größeren Zeitabständen auf Wunsch der MitarbeiterInnen eine externe Supervision statt. Bei Nachfragen zur Supervision waren die MitarbeiterInnen insgesamt zurückhaltend.[54]

Ähnlich wie dem Qualitätszirkel wird der Supervision von Hannes Klein, Paul Fröhling und Anja Schell nicht sehr viel Bedeutung beigemessen. Hannes Klein scheint sogar froh zu sein, dass diese nun beendet ist. Carolin Weber bringt jedoch ein Thema ein, dass in der Supervision noch besprochen werden könnte und zeigt damit indirekt an, dass sie die Supervision weiter für wichtig erachtet. Nach ihrer Meinung sollte der Kollege Ernst Meister zum Thema gemacht werden. Hannes Klein bestätigt: „Der wird so langsam auch mal was sagen können". Mit anderen Worten: Während Hannes Klein insgesamt meint, dass das Team keine Supervision bräuchte, stellt er fest, dass Ernst Meister, der im Team der Ruhigste ist, eine Su-

---

54 Zusätzlich sind PraktikantInnen ein Verbindungsglied zur wissenschaftlichen Ausbildung. Als ein Praktikant eine Diplomarbeit über die Einrichtung schreibt, setzen sich das Team und insbesondere die SozialpädagogInnen mit dem Text auseinander, dies aber auch zur Kontrolle und Korrektur der Arbeit. Paul Fröhling übersetzt dabei für die WerkanleiterInnen die Fachbegriffe.

pervision zugute kommen könnte. Carolin Weber scheint hier jedoch eine andere Meinung zu haben, die sie jedoch – wie immer zurückhaltend – nur indirekt äußert. Wie im Interview festgestellt werden konnte, misst sie der Supervision eine hohe Bedeutung auch für ihre fachliche Weiterentwicklung zu.

4.2.6 Aushandlungsarenen um Gemeinsamkeit und Differenz

Zusammengefasst ist in der Jugendwerkstatt „Goldstraße" ein relativ enges Zeit- und Raumkorsett vorzufinden, welches das Handeln der MitarbeiterInnen und Jugendlichen strukturiert. Jeder Mitarbeiterin und jedem Mitarbeiter sind spezifische Jugendliche und Räume, Aufgaben und Funktionen zugeteilt. Den einzelnen Räumen und Zeiten entspricht jeweils ein spezifischer Interaktionsmodus, der entweder stärker an sozialpädagogischen oder an werkpädagogischen und eher werkunterrichtlichen Zielen ausrichtet ist. Während die Lehrerin Petra Mildes in den Schulungsräumen Unterricht erteilt, die beiden Sozialpädagoginnen Anja Schell und Carolin Weber in ihren Büros die Jugendlichen beraten und sozialpädagogische Netzwerke knüpfen, verbringen die WerkanleiterInnen die meiste Zeit mit den Jugendlichen in den Werkstätten. Wenn die Jugendlichen kochen, feilen oder sägen, leiten sie deren Arbeit an und greifen ein, wenn Regeln durchbrochen werden. Sie sind die ständigen BegleiterInnen und AnleiterInnen der Jugendlichen, die ihre Leistungen benoten. Auf Grundlage dieser Benotung überprüfen und kommentieren die SozialpädagogInnen mithilfe eines ausgeklügelten Systems die Entwicklungen der Jugendlichen. In ihren Büros legen sie in kontinuierlichen Gesprächen mit den Jugendlichen – in Anwesenheit der WerkanleiterInnen und zuweilen auch der Lehrerin – den Jugendlichen ihre Fort- und Rückschritte dar, entwerfen Entwicklungshorizonte, richten Appelle an die Jugendlichen und dirigieren Interventionen. Sie koordinieren die Lebensläufe an den Schnittstellen der verschiedenen Hilfesysteme, entwerfen Handlungspläne und schreiben darüber Berichte. Begleitend offerieren sie sozialpädagogische und sportliche Angebote, wie Werkbesuche, Kreativangebote und Joggen.

Bei dieser engen Aufgabenteilung bestehen insgesamt nur wenige Differenzierungs- und Bewegungsmöglichkeiten für die MitarbeiterInnen. So betreten die SozialpädagogInnen eher selten die Werkstätten. Der vereinbarte werkpädagogische Tag, an denen sie sich eigentlich in der Werkstatt aufhalten wollen, entfällt meistens aus Zeitmangel. Wenn sie den Werkstätten einen Besuch abstatten, dann bitten sie einen Jugendlichen zu einem Gespräch in ihr Büro, beschaffen sich kurz Informationen von den WerkanleiterInnen über die Jugendlichen oder machen eine Führung für eine Schulklasse, die die Einrichtung besucht. Im Gegensatz hierzu suchen die WerkanleiterInnen die SozialpädagogInnen häufig in ihren Büros auf, z. B. um sich Informationen einzuholen. Der Leiter der Einrichtung, Paul Fröhling verfügt über den größten Bewegungsradius und die größte Bewegungsfreiheit, hat aber zumeist die längsten Arbeitszeiten. Aus seinem Büro im hinteren Bereich der Einrichtung heraus agierend, koordiniert er die Schnittstellenarbeit mit der Organisationsumwelt. Häufig wissen die KollegInnen nicht so genau, was er gerade außerhalb der Einrichtung macht. Seiner werkpädagogischen Arbeit im Ausbildungsbereich, beklagt er, könne er zu selten nachkommen.

Dadurch dass sich das Raum- und Zeitgefüge in einen oberen, eher sozialpädagogischen, und einen unteren, eher werkpädagogischen Bereich einteilt, bedarf es vielfältiger Schnittstellen, zum einen zwischen dem bzw. der jeweiligen WerkanleiterIn und der jeweils zuständigen sozialpädagogischen Betreuung und zum anderen für das gesamte Team. Schnittstellen werden durch spontane und verabredete Gespräche zwischen zwei MitarbeiterInnen, durch die regelmäßigen gemeinsamen Mahlzeiten im arenenhaften Mittelpunkt der Einrichtung und durch die regelmäßig stattfindenden Teamgespräche am selben Ort hergestellt.

Fasst man die Beobachtungen zusammen, dann ergibt sich in der Jugendwerkstatt eine raum-zeitlich-funktionale Aufteilung der anstehenden Aufgaben. Die Verteilung der Aufgaben folgt einer Aufgabenhierarchie, die einen Unterschied zwischen sozial- und werkpädagogischer sowie werkunterrichtlicher Arbeit festlegt und Qualifikationsunterschiede zwischen den MitarbeiterInnen markiert. Die tatsächlich vorfindbaren Unterschiede werden jedoch immer wieder verwischt und aufgehoben, wie z. B. in den Teamsitzungen oder im persönlichen Umgang untereinander. Dies ist auch Folge des Wissens der MitarbeiterInnen, dass die funktionsspezifische Aufgabenteilung an den verschiedenen Orten insgesamt ein Geflecht von Aufgaben entlang des Gesamtarbeitsbogens ergibt, das nur in seiner Gesamtheit funktionieren kann.

Die aufgabenhierarchische Arbeitsteilung im Team stellt organisationskulturell Ordnung her und lenkt die mikropolitischen Strategien der einzelnen MitarbeiterInnen in Bahnen (vgl. Küpper/Ortmann 1992a). Zuweilen wird jedoch deutlich, dass die einzelnen MitarbeiterInnen und Berufsgruppen je unterschiedliche Interessen verfolgen:

Nach der Teamsitzung unterhalten sich Carolin Weber und Petra Mildes. Die Lehrerin stellt fest, die Entscheidungen von Paul Fröhling seien erneut zu Gunsten der WerkanleiterInnen ausgegangen. Die WerkanleiterInnen könnten doch auch mal das Protokoll [der Teamsitzung] schreiben, weil sie jetzt regelmäßig Vorbereitungszeit hätten und das hätte sie nicht. Carolin Weber stimmt zu. Petra Mildes kommentiert die Teamsitzung weiter und bemängelt, dass Paul Fröhling die Vorschläge abgebügelt habe. Sie ergänzt, dass Evelyn Rühl auch studiert habe und auch mal das Protokoll schreiben könne.[PJu]

Petra Mildes kritisiert in einem Gespräch mit Carolin Weber, es sei erstens festgelegt, dass die WerkanleiterInnen keine Protokolle der Teamsitzungen schreiben müssten. Zweitens habe Paul Fröhling einen Änderungsvorschlag „abgebügelt". Dabei argumentiert sie, Evelyn Rühl habe auch studiert und die Werkanleiter Hannes Klein und Martin Lange hätten nun mehr Vorbereitungszeit, die ihr selber nicht zur Verfügung stehe. Weder hat Petra Mildes in der vorausgegangenen Teamsitzung diese Argumente vorgebracht noch dort ihre Meinung explizit formuliert. An der Kritik von Petra Mildes wird deutlich, dass der organisationskulturell festgelegte, aufgabenhierarchisch gegliederte Arbeitsbogen Gegenstand von Auseinandersetzungen im Team ist. Dabei ist die Frage, wer welche Aufgaben übernimmt, für die Lehrerin von verschiedenen Faktoren abhängig: zum einen von den zeitlichen Ressourcen und zum anderen vom Bildungsstand der einzelnen MitarbeiterInnen. Durch den Hinweis auf Evelyn Rühls Hochschulabschluss wird die Forderung der Lehrerin, alle WerkanleiterInnen müssten Protokolle schreiben, relativiert. Denn Petra Mildes weiß – ohne dass sie dies explizit benennt –, dass Hannes Klein und Martin Lange immense Schwierigkeiten beim Verfassen von Texten haben. Zusätzlich wird hier aber auch zwischen der Gruppe der WerkanleiterInnen und der SozialpädagogInnen einschließlich der Lehrerin unterschieden, indem dem Leiter vorgeworfen wird, er würde die Gruppe der WerkanleiterInnen begünstigen.

Der Konflikt wird auf der ‚Hinterbühne' und nicht auf der ‚Hauptbühne' der Teamsitzung thematisiert. Dies verdeutlicht die Fragilität der Ordnung in Form der aufgabenhierarchischen Arbeitsteilung im Team. Dass der Konflikt nicht öffentlich verhandelt wird, korrespondiert mit der Sonderstellung von Petra Mildes im Team. Der hier zugrunde liegende Konflikt ist Ausdruck eines Kampfes innerhalb der Organisation um die knappe Ressource Zeit und die damit verbundene Aufgabenteilung, die in hohem Maße, aber eben nicht ausschließlich an den Ausbildungsstand und die funktionale Position der Teammitglieder gekoppelt ist. Argumentativ werden hier die bestehenden Aufgabenhierarchien in Frage gestellt. Dabei ergibt sich das Problem, dass die Aufgabenhierarchien immer wieder durch Regelungen und Absprachen verwischt werden, indem Aufgaben unabhängig von Qualifikation und formaler Position verteilt werden. Die auf Absprachen basierende Festlegung der Aufgabenteilung muss also berücksichtigen,

- dass auf Grundlage der jeweiligen *Qualifikation* nicht alle MitarbeiterInnen alle Aufgaben übernehmen können;
- dass auf Basis der *formalen Position* nicht alle MitarbeiterInnen alle Aufgaben zugeschrieben bekommen sollen;
- dass – damit einhergehend – *berufsständische Interessen* der einzelnen Berufsgruppen verhindern, dass Aufgaben gleichmäßig und unhierarchisch verteilt werden;
- dass angesichts *knapper Zeitressourcen* immer wieder Aufgaben delegiert werden müssen;
- dass der Anspruch besteht, *gemeinsam Teamarbeit* zu leisten, also auch ein gewisses Maß an Aufgaben von allen MitarbeiterInnen gemeinsam übernommen werden soll.

Um Konflikte zu verhindern, die Arbeitsfähigkeit des Teams zu erhalten und ein gewisses Maß an Reibungslosigkeit im Ablauf der Arbeitsbögen zu gewährleisten, muss im Team eine Balance zwischen den Interessen der einzelnen Berufsgruppen und den individuellen Interessen der einzelnen MitarbeiterInnen hergestellt werden. Da jedoch keine eindeutig festgeschriebene bzw. eine nur teilweise formal festgelegte Aufgaben- und Ressourcenverteilung vorliegt, bedarf es im Team ständiger Aushandlungen und Verteilungskämpfe. Die durch Aushandlungsprozesse geschaffene fragile Ordnung droht jedoch permanent in Unordnung überzugehen, wenn einzelne MitarbeiterInnen versuchen, die ‚heilige Rangordnung auf den Kopf' zu stellen – wie in der nachfolgend in einem Beobachtungsprotokoll beschriebenen Teamsitzung.

PF: Irgendwas stimmt hier nicht. Haltet mal den Ball flach. Was ist denn hier los, ich spüre hier irgend etwas in der Luft. Das kann ja so nicht sein. Jetzt sagt mal, was hier so los ist. Erzählt mal, das finde ich jetzt wichtiger als alles andere.

HK: Ja das ist wichtiger als alles andere. Ja, in den letzten Tagen war das ganz schön stressig und besonders heute morgen, da war ich im Prinzip allein hier oben und habe die ganzen Wochenberichte unterschrieben und bei mir stand eine lange Schlange und das fand ich viel zu stressig, das geht eigentlich nicht, das muss eigentlich umgeändert werden.(…)

PF: Wir müssen überlegen, was wir falsch gemacht haben.

Es wird festgestellt, dass ohne die Praktikantin das Unterschreiben der Berichte nicht hätte bewerkstelligt werden können.

PF: Das geht ja auch nicht, wenn keine Praktikanten da sind, dann stehen wir hier total auf dem Schlauch, wenn hier mal zwei Leute krank sind.

Es werden mehrere Vorschläge unterbreitet: dass freitags keine Berichte geschrieben werden, alle AnleiterInnen für die Berichte zuständig sind und die Teamsitzung später angefangen wird. Paul Fröhling schlägt vor, Anja Schell könne dienstags früher gehen und dann freitags länger bleiben. Dieser Vorschlag wird aber verworfen. Hannes Klein schlägt vor, dass freitags keine Berichte mehr geschrieben werden. (…) Martin Lange wirft ein, dass die Hölzer[55] donnerstags überhaupt nicht in der Jugendwerkstatt wären, und deshalb an diesem Tag auch keine Berichte schreiben könnten. Die Jugendlichen müssten dann die Berichte vom Donnerstag freitags schreiben, aber wenn sie dann freitags auch keine Berichte schreiben müssten, wüsste er nicht, wann sie die Berichte überhaupt schreiben könnten. Es wurde dann diskutiert, ob es sinnvoll sei, dass die Hölzer montags ihre Berichte schreiben. Carolin Weber empfiehlt, dass alle Jugendlichen montags die Berichte verfassen sollten: „Das muss dann für alle gelten".

PF: Nee, warum, der Ernst macht das doch auch mit seinen Auszubildenden unabhängig und das würde auch nicht hier im Aufenthaltsraum laufen. (…) Früher waren eigentlich nur die Werkanleiter für die Berichte zuständig.

HK: Mir ist das egal, die können das bei mir auch in der Werkstatt machen, wenn dann nur die Werkanleiter dafür zuständig sind, ich habe noch eine radikalere Position, wenn nur die Werkanleiter zuständig wären, dann wäre das dann letztendlich egal, wann die Berichte geschrieben würden.

CW: Nee, das ist gar nicht gut, ich würde auch gerne mitbekommen, wie die ihre Berichte schreiben, das sind auch wichtige Informationen.

---

55 Er meint damit die Jugendlichen der Berufsvorbereitungsmaßnahme in der Holzwerkstatt.

PM: Ja denke ich auch, und dass ich die Rechtschreibung von denen mitbekomme und außerdem haben wir mal gesagt, dass es gut ist, wenn wir zum Schluss zusammensitzen, damit man allgemein alle Jugendlichen erlebt. Es geht ja nicht an, dass die ihren Bericht unten schreiben und dann nach Hause gehen, dann sehen wir die Jugendlichen kaum mehr.

Eine weitere Möglichkeit wird dann noch diskutiert, obwohl eigentlich schon so etwas wie ein Beschluss gefasst wurde: Alle sollen um 9.30 Uhr anwesend sein, wenn die Berichte geschrieben werden. (Es ging, glaube ich, darum, noch einmal festzustellen, dass alle auch zu den vereinbarten Zeiten da sein müssen). Martin Lange stellt fest, dass er nicht pünktlich oben sein könne, weil er freitags nach dem Sport duschen müsse. Er schlägt vor, dass er dann nach der Berichtsheftkontrolle duschen gehen könne. Petra Mildes stellt fest, dass es doch reichen müsste, wenn immer fünf MitarbeiterInnen anwesend wären, ihr wäre aber gar nicht klar gewesen, dass sie um 9.30 Uhr präsent sein und die Berichtshefte nachschauen sollte. Sie schlägt vor, dass alle WerkanleiterInnen um 9.30 Uhr dabei sein sollten. (…) Letztendlich wird dann aber festgestellt, dass freitags gar keine Berichtshefte geschrieben werden. (…) Paul Fröhling bringt dann vor, das Problem bestehe nicht allein bei den Berichtsheften, sondern auch darin, dass morgens um 7.45 Uhr viele MitarbeiterInnen nicht pünktlich wären. Der Beschluss, die Anfangszeit von acht Uhr auf 7.45 Uhr zu verlegen, würde zur Zeit im Sande verlaufen. Er würde da oft mit dem Hannes Klein alleine sitzen und man hätte doch eine Vorbildfunktion für die Jugendlichen, deren Arbeit zur gleichen Zeit beginnen würde. (…)

PM: Das stimmt doch gar nicht, dass du immer da alleine mit dem Hannes sitzt.
PF: Ich wollte jetzt keine einzelnen Kollegen anmachen, ich wollte das jetzt nur allgemein sagen.

Carolin Weber stellt noch einmal fest, dass freitags alles zu chaotisch und zu eng wäre. Paul Fröhling fasst noch einmal zusammen und stellt fest, dass er jetzt mitbekommen habe, dass Aggressionen da wären.

PF: Wir müssen die Struktur verändern, welche Möglichkeiten haben wir noch? (…)
CW: Ich fände es besser, wenn alle zu einem gleichen Zeitpunkt den Bericht schreiben, z. B. montags.

Martin Lange stimmt dem zu, und Paul Fröhling bringt ein, dass die WerkanleiterInnen nur für die Berichte der eigenen Gruppe zuständig sein sollten. Es wird vorgeschlagen, dass erst ein Test durchgeführt wird, damit geprüft werden kann, ob es funktioniert, wenn nur die WerkanleiterInnen für die Berichte zuständig sind.

HK: Die können das auch unten an der Werkbank machen, das wäre mir egal.
PF: Das ist aber schade, wenn die nicht oben sitzen und den Tag rekapitulieren. (…) Irgendwer muss doch zuständig sein für die Berichte.
HK: Wir sind alle dafür zuständig, aber das ist wie mit der Anwesenheitsliste: eigentlich sind wir alle dafür zuständig, aber uneigentlich mach ich das dann.
PF: Aber ne Regel muss doch sein, muss es doch geben.
ML: Jetzt weiß ich wieder, warum das so festgelegt wurde. Wir haben irgendwann einmal gesagt, dass wir alle auch wegen den Vertretungssituationen unterschreiben können. (…)

Jemand stellt fest, dass das die Regel und nicht die Ausnahme sei, z. B. müsste die Evelyn Rühl zum Betriebsrat und dauernd wäre jemand krank.

ML: Wir haben das aber auch überlegt, um die Werkanleiter zu entlasten, weil dann stehen hinter denen immer acht Leute, die anderen sollten dann auch unterschreiben, damit die auch was von den Jugendlichen mitbekommen.

Zum Schluss wird noch einmal rekapituliert, was gemacht werden soll. Paul Fröhling sichert die Ergebnisse. Es wird dann beschlossen, dass freitags keine Berichtshefte geschrieben werden, dass letztendlich die WerkanleiterInnen für die Berichtshefte zuständig sind, dass das aber auch prinzipiell die anderen MitarbeiterInnen erledigen können. Jemand ermahnt die KollegInnen, dass alle dabei sein sollten.[PJu]

Als der Leiter Paul Fröhling merkt, dass Konflikte im Team den Fortgang der Teamsitzung verhindern, unterbricht er diese und fordert ein, die Konflikte offen zu legen. Der Konflikt ist hauptsächlich darin begründet, dass Hannes Klein verärgert ist, da er am morgen alleine die Berichtshefte der Jugendlichen kontrolliert und unterschrieben hat, obwohl eine Absprache des Teams besagt, alle MitarbeiterInnen seien dafür zuständig. In der anschließenden Diskussion wird der Konflikt nur kurz erörtert und zunächst nach verschiedenen Lösungsmöglichkeiten gesucht. Bei der Suche nach Lösungsmöglichkeiten bleibt eine genaue Analyse des Ausgangsproblems jedoch aus. Bei der Erörterung der Lösungsmöglichkeiten werden einige Vorschläge verworfen, da sie entweder zeitlich nicht zu organisieren sind oder den eher fachlichen Argumenten von Petra Mildes, Paul Fröhling und Carolin Weber nicht entsprechen.

Paul Fröhling steht in der Diskussion vor dem Problem, dass er einerseits als Leiter moderieren und vermitteln und andererseits die eigenen Interessen einbringen und evtl. auch durchsetzen will. Als Moderator und Leiter obliegt ihm u. a. die Aufgabe, die Ergebnisse der Diskussion zu sichern und zu erreichen, dass die Arbeitsabläufe durch Regeln festgeschrieben werden („Aber ne Regel muss doch sein"). Indem er auf die Situation morgens hinweist, benennt er weitere Aspekte des zugrunde liegenden Problems der Aufgabenhierarchien. Da er aufgrund knapper Zeitressourcen die Jugendlichen nur selten direkt erlebt, verfolgt er das Interesse, die Berichtshefte weiter im Aufenthaltsraum schreiben zu lassen. Darüber hinaus äußert er fachlich argumentierend das Interesse, dass die Jugendlichen „oben sitzen und den Tag rekapitulieren".

Petra Mildes teilt die Position von Paul Fröhling weitgehend. Sie vertritt jedoch deutlicher als dieser ihre eigenen fachlichen Interessen: Sie stellt fest, sie benötige für ihre Arbeit die Informationen, die sie beim Verfassen der Berichtshefte über die Jugendlichen erlange. Zusätzlich verweist sie auf eine gewisse Unklarheit der bisherigen Regelung. Ihr sei nicht bewusst gewesen, dass sie anwesend sein solle, auch wenn sie betont, dies erscheine ihr aus fachlicher Sicht sinnvoll.

Carolin Weber unterstützt die Argumente von Paul Fröhling und Petra Mildes. Sie empfiehlt, dass alle Jugendlichen montags die Berichte verfassen sollten und bestätigt gleichzeitig Hannes Kleins Ärger, indem sie betont, dass „freitags alles zu chaotisch und zu eng wäre". Zusätzlich steht sie für die Klarheit von Regeln ein („das muss dann für alle gelten"). Insgesamt beteiligt sie sich weniger an der Diskussion als Hannes Klein, Paul Fröhling und Petra Mildes.

Die „radikale Position" von *Hannes Klein* beinhaltet die Befürwortung von fest umrissenen Zuständigkeiten und eindeutigen Regeln. Die fachlichen Argumente der SozialpädagogInnen und der Lehrerin bleiben bei ihm unberücksichtigt. Dem komplizierten Aushandlungsprozess zieht er eine schnelle und einfache Regelung vor: Wenn die Berichtshefte in seiner Werkstatt geschrieben würden, wäre er nur noch für seine Gruppe verantwortlich. Dann könnte er allein über den Zeitpunkt bestimmen, an dem die Berichte verfasst werden. Der Vorgang müsste nicht mehr mit den anderen MitarbeiterInnen abgestimmt werden. Zusätzlich hätte sich dann das für ihn sehr bedeutsame Problem der Nichtbefolgung von Regeln durch die KollegInnen erledigt. Er stellt fest, „eigentlich sind wir alle dafür zuständig, aber uneigentlich mach ich das dann". Hierüber beschreibt er distinktiv seine Position im Team: Er übernehme mehr Verantwortung im Team als seine KollegInnen, die immer wieder Arbeiten auf ihn ‚abwälzen'. Gleichzeitig hebt er in der Teamsitzung seine Unzufriedenheit mit den bestehenden Aufgabenhierarchien deutlich hervor. Indem er die Verantwortlichkeit aller MitarbeiterInnen betont, richtet er seine Kritik vor allen Dingen an die SozialpädagogInnen und die Lehrerin.

Martin Lange folgt dem Argument von Carolin Weber und zeigt sich über weite Strecken kompromissbereit. Er schlägt vor, seinen eigenen Zeitplan zum Vorteil einer Lösungsfindung zu verändern und beanstandet nicht weiter, dass für seine Gruppe in Zukunft durch den Ausfall des Freitags die Berichtsheftkontrolle komplizierter werden wird. Er bringt das Argument ein, es sei sowieso immer wieder die Mitarbeit der SozialpädagogInnen und der Lehrerin notwendig, weil immer wieder einzelne KollegInnen vertreten werden müssten. Um sein Argument zu stärken, verweist er auf einen ehemaligen Beschluss des Teams. In diesem Sinne – und im Widerspruch zu seinem Kollegen Hannes Klein – benennt er seine eigenen Interessen, wenn auch nicht so vehement wie der Leiter der Metallwerkstatt: Martin Lange will bei der Berichtsheftkorrektur durch die Mitarbeit der sozialpädagogischen KollegInnen entlastet werden.[56]

Nach der ausgiebigen Suche nach alternativen Lösungen bestätigt die vom Team gefundene Kompromisslösung im Grunde genommen den bisherigen status quo. Es wird jedoch festlegt, die WerkanleiterInnen seien grundsätzlich für die Berichtshefte zuständig. Die ‚Zusatzklausel', dass prinzipiell auch die anderen MitarbeiterInnen die Berichtshefte korrigieren können, relativiert die alleinige Zuständigkeit der WerkanleiterInnen. Die SozialpädagogInnen wollen diesen Aufgabenbereich nicht an die WerkanleiterInnen vollständig abtreten. Bemerkenswert ist, dass die SozialpädagogInnen damit die Entscheidung offen halten, wann sie sich an der Berichtsheftkorrek-

---

56 Anja Schell nimmt an der Teamsitzung nicht teil. Ernst Meister beteiligt sich nicht an der Diskussion. Die geringe Beteiligung liegt auch darin begründet, dass das Thema nicht seinen eigenen Arbeitsbereich betrifft.

tur beteiligen. Hannes Klein kann seine „radikale Position" nicht durchsetzen, weil den fachlich unterfütterten Argumenten schlussendlich mehr Gewichtung eingeräumt wird und andere Lösungsvorschläge als weniger praktikabel erscheinen. Jedoch wird ihm ein Zugeständnis in der Form gemacht, dass freitags keine Berichtshefte mehr geschrieben werden und der von ihm benannte Stress abgewendet wird. Die in der Teamsitzung entfachte Diskussion über Zuständigkeiten und Festlegungen von Aufgaben reproduziert erneut Aufgabenhierarchien, weil die SozialpädagogInnen ihren eigenständigen Spielraum erfolgreich verteidigen und sich ihre Sichtweise durchsetzen kann.

4.3 Paul Fröhling: „Machen und durchhalten"

Eingangserzählung
Paul Fröhling beginnt zunächst mit einer Reflexion über sein fehlendes Erinnerungsvermögen an die eigene Kindheit. Er überlegt, ob er das Schlüsselerlebnis Einschulung noch gut in Erinnerung hat, oder ob er nur meint sich erinnern zu können, weil er sich an die Fotos von diesem Tag entsinnen kann. Im Anschluss an diese Reflexion führt Paul Fröhling den Interviewer in zentrale Lebensrahmendaten ein.

ich bin ja dreiundfünfzig geboren und bin dann also in den a also als dann na man sagte so die achtundsechziger da war ich dann so fünfzehn sechzehn ich war nicht ganz dabei habe aber dieses Lebensgefühl auch mitbekommen (...) ja und ääh dementsprechend war natürlich auch die schulische Ausprägung da

Der Biograf beginnt seine Erzählung mit der Nennung des Geburtsjahres, schließt daran jedoch einen Hinweis auf die 1968er Jahre an, die er als Jugendlicher miterlebt habe. Hiermit wird ein Bogen von der Geburt bis zur Jugend gespannt. Der Zusammenhang zwischen dem Ereignis der Geburt und den Ereignissen der „68er" bleibt undeutlich. Bemerkenswert ist, dass Paul Fröhling im Gegensatz zu den anderen Interviewten seine Lebensgeschichte in Bezug auf gesellschaftliche Umwälzungsprozesse beginnt. Die nachfolgende präzisierende Sequenz – „ich war nicht ganz dabei habe aber dieses Lebensgefühl auch mitbekommen" – macht deutlich, dass er an den politisch motivierten Bewegungen dieser Zeit wahrscheinlich weniger beteiligt gewesen ist, sondern die „achtundsechziger" mit einem gewissen Lebensgefühl in Verbindung bringt. Nach einem bestätigenden „mhm" des Interviewers schiebt er hinterher, „dementsprechend" sei „auch die schulische Ausprägung" gewesen. Ohne den Hinweis auf die schulische Ausprägung zu präzisieren, berichtet der Biograf daran anschließend von seinen Eltern. Der Hinweis auf die schulische Prägung ist ohne Kenntnis der nachfolgenden Erzählung kaum zu verstehen. Da der Biograf ca. 1959 eingeschult wird und bis ca. 1968 die Realschule besucht, konnte er eine durch die 1968er Jahre geprägte (Schul-)Pädagogik erst gegen Ende der Schulzeit kennen gelernt haben. Somit ist hier eine schulische Prägung gemeint, die ganz im Kontrast zu dem Lebensgefühl der 1968er Jahre gestanden hat.

Zusammengefasst wählt der Interviewte eine Präsentationsform der stichwortartigen Aneinanderreihung zentraler Lebensrahmendaten, in die Hinweise auf ein möglicherweise nachfolgendes Lebensthema eingebunden werden: der Spannungsbogen zwischen der deutschen Aufbauphase, der Zeit des Wirtschaftswunders und der nachfolgenden 1968er-Generation.

meine Eltern ähm . . meine Eltern sind ähm . . so mein Vater ist ein Angestellter mein Vater war ein Konstrukteur bei Krupp und meine Mutter Hausfrau ich habe zwei Geschwister eine ältere Schwester . und einen jüngeren Bruder und äh . mein Hobby war eigentlich immer die Technik . schon als Kind (...) habe ich gerne so technische Dinge gemacht und mein Vater ist war da auch sehr vor äh gebildet natürlich also der war Werkzeugmacher und danach hat er dann eben auch sich selber weitergebildet und äh der hätte ganz gern gehabt dass ich Ingenieur [werde]

Im weiteren Interviewverlauf führt Paul Fröhling die Auflistung zentraler Lebensrahmendaten fort, benennt das Beschäftigungsverhältnis des Vaters („Angestellter"), dessen Beruf („Konstrukteur") und das große Stahlunternehmen, bei dem sein Vater angestellt ist. Nach der Nennung der Mutter, der Geschwister und dem Hinweis auf sein Hobby kommt er an späterer Stelle wieder auf seinen Vater zu sprechen. Hier erwähnt er nicht nur zusätzlich den Ausbildungsabschluss des Vaters („Werkzeugmacher"), sondern gibt auch einen Hinweis auf dessen beruflichen Aufstieg und den damit verbundenen, für den Sohn vorgesehenen Karriereplan.[57] Der Vater strebt für seinen Sohn das Erklimmen einer weiteren Karrierestufe in der Branche an, in der er selber tätig ist. Der Biograf weist hier also auf Gemeinsamkeiten mit dem Vater, aber auch auf Divergenzen hin. Vater und Sohn verbindet zunächst das starke Interesse an Technik. Dieses scheint dem Biografen in die Wiege gelegt zu sein („eigentlich immer"). Das vom Vater vorgesehene berufliche Aufstiegsprojekt des Sohnes („Ingenieur") wird – wie die Verwendung des Konjunktivs zeigt – jedoch nicht realisiert.

bin dann also auf damals hieß es noch auf die Volksschule gegangen . . in unserem Stadtteil also das war mehr so . wir wohnten in so einer großen Siedlung das war mehr so eine Werkssiedlung von der Firma Krupp in Dortmund Dorstfeld (...) und da hatte ich also fand ich eine sehr glückliche Kindheit weil wir wohnten da in so einer Art Sackgasse (...) wie auf em Dorf (...) mit unheimlichen Kindern da war also Neubezug neunzehnhundertdreiundfünfzig war das ein Neubezug wo alle Leute auf einmal eingezogen sind und unheimlich viele Kinder und wenn ich dann auf die Straße gegangen bin da hatte ich dann direkt äh riesige Massen von Spielkameraden

Ohne ausführende Geschichten anzuschließen, fährt Paul Fröhling mit der Auflistung seiner zentralen Lebensrahmendaten fort. Die Volksschulzeit

---

57 Da Paul Fröhling mehrmals die Angaben zum Beruf des Vaters präzisiert, scheint dies von besonderer Bedeutung für die eigene Lebensgeschichte zu sein. Er teilt mit, sein Vater sei vom Werkzeugmacher zum Konstrukteur aufgestiegen und könne als Angestellter nicht mehr zum Arbeitermilieu zugezählt werden.

z. B. erwähnt er nur, berichtet jedoch von keinen damit zusammenhängenden Ereignissen oder Erlebnissen. Bedeutend für die Konstruktion seiner Lebensgeschichte ist das Leben jenseits der Schule: das Aufwachsen in der Werksiedlung, das gemeinsame Spiel mit den vielen Kindern und das damit zusammenhängende Lebensgefühl sowie die relativ autonomen Spielräume und Entfaltungsmöglichkeiten. Paul Fröhling entwickelt in seinem Bericht das Bild von einer relativ autonomen Kindheit auf der Straße.

habe ich dann die vier Volksschulklassen gemacht und damals war es noch nicht so wie heute dass alle auf die weiterführende Schule gingen sondern aus unserer Klasse von den zweiundvierzig Kindern die wir waren sind nur (!)zwei(!) auf ne weiterführende Schule gegangen das war mein Freund Ekhard und ich ne also er ging zum Gymnasium und ich ging zur Realschule . meine Eltern trauten sich noch nicht so richtig weil damals war auch für so ne relativ einfache Familie war dann eben der Sprung zum Gymnasium auch mit viel Sorge verbunden Geld Kleidung und so weiter

Der Erzählbogen vom Aufwachsen in der Siedlung wird abgeschlossen, indem Paul Fröhling wieder zum Thema Schule zurückkehrt. Er schließt mit dem Hinweis, es seien nur zwei Schüler aus seiner Volksschulklasse „auf ne weiterführende Schule gegangen". Die nachfolgenden Detaillierungen geben einen deutlichen Hinweis darauf, dass das Leben in der Werksiedlung und in dem dazugehörenden Milieu – auch wenn viele Spielkameraden vorhanden sind – nicht nur positiv zu bewerten ist, sondern auch negativ, da es durch die vorgegebenen institutionellen Ablaufmuster nur wenige Chancen bereit hält, aus diesem Milieu aufzusteigen. Der Erzähler lässt anklingen, dass sich die Realisierung des vom Vater vorgesehenen und vom Sohn adaptierten Aufstiegswunsches nicht ohne Probleme gestaltet. Zwar wird deutlich aufgezeigt, dass der Besuch des Gymnasiums auf Grundlage der schulischen Leistungen durchaus möglich, dieser „Sprung" aber besonders risikoreich und wahrscheinlich auch nicht zu finanzieren gewesen wäre. Aus Sorge, der Sohn einer „relativ einfache[n] Familie" könne die Anforderungen eines Gymnasiums nicht bewältigen, wird Paul Fröhling auf die Realschule geschickt.

In den ersten Sequenzen der Ersterzählung umreißt Paul Fröhling die zentralen, für die weitere biografische Erzählung bedeutsamen Lebensthemen. Diese können wie folgt benannt werden:

- das soziale Herkunftsmilieu, das ungleiche Chancen bereithält und die darin aufgehobenen institutionellen Ablaufmuster;
- die Kindheit in der Werksiedlung, die autonome Spielräume bereithält und durch die Gemeinschaft der Kinder geprägt ist;
- das familiäre Aufstiegsmilieu, das sich vom eigentlichen Herkunftsmilieu abgrenzt;
- die mit den Aufstiegsplänen verbundenen Risiken und
- die unterschiedlichen Interessen von Vater und Sohn bezüglich des weiteren beruflichen Werdegangs.

Preußische Pädagogik, Beatkeller und Rolling Stones
Paul Fröhling wird es von den Eltern freigestellt, sich eine Realschule auszusuchen. Er entscheidet sich für eine Schule, die den Namen eines großen Industrieunternehmens trägt. Infolge des Fehlens konkreter Informationen über die bestehenden Schulen ist der Name bei der Wahl ausschlaggebend, möglicherweise auch, weil der Vater ebenfalls bei einem Stahlunternehmen arbeitet. Dass sich Paul Fröhling schließlich falsch entschieden hat, macht er im anschließenden Bericht deutlich:

> die Schule war eigentlich ein relatives Martyrium so weil es war ne ganz ähm preußische Schule man hat da also noch geprügelt obwohl eigentlich ja schon gerade in der Zeit neunzehnhundertvierundsechzig war ja äh die war ja körperliche Züchtigung schon teilweise auch unter Strafe gestellt aber es gab halt noch Schulen wo das so Gang und Gebe war und auch nicht geahndet wurde auch nicht durch den Elternbeirat kann mich also noch gut daran erinnern dass ich da auch ab und zu mal eine Backpfeife bekommen habe oder bei Sport gab es als Züchtigung die berüchtigten Rothände man musste sein Hemd ausziehen und hat ne rote Hand auf den Rücken bekommen (...) und solche Geschichten also war nicht toll

Der Realschulbesuch erweist sich als ein Leidensweg („Martyrium"). Ausbrüche aus dem vorgegebenen Lebenslauf scheinen aus der Perspektive des Schülers kaum möglich. Auch wenn zu dieser Zeit die Züchtigung gesetzlich verboten ist und an anderen Schulen bereits eine andere Pädagogik umgesetzt wird, nimmt Paul Fröhling den langen Schulweg durch die ganze Stadt auf sich. Ein Protest gegen die Erziehungsmethoden der Schule, gegen das, was institutionell festgefügt, also „Gang und Gebe" ist, scheint kaum Aussicht zu haben, da keine Unterstützung durch den Elternbeirat und wahrscheinlich auch nicht von den eigenen Eltern zu erwarten ist.

> ich hatte eigentlich immer kein gutes Gefühl wenn ich morgens auf dem Weg zur Schule war aber ich bin nun mal hingegangen bin kein Schulschwänzer hatte auch niemals ne vier oder so was aber ich hatte auch selten mal ne eins ich war eigentlich mehr so . äh goldenes Mittelfeld vielleicht etwas besser

Auch wenn Paul Fröhling kein „gutes Gefühl" hat, wenn er morgens zur Schule fährt, fügt er sich dem institutionellen Muster. Die von ihm benannte Möglichkeit des Schulschwänzens, wird von ihm nicht realisiert, da er meint, nicht die dazugehörigen Eigenschaften eines „Schulschwänzers" zu besitzen. Andere Möglichkeiten, wie ein Schulwechsel, werden nicht in Erwägung gezogen. Nach dieser selbstcharakterisierenden Negativabgrenzung[58] und einer ersten Benennung der eigenen inneren Erlebnisse berichtet der Biograf von seinen schulischen Leistungen. Als Schüler im „goldene[n] Mittelfeld" durchschreitet er die Schule weder problembehaftet noch mit besonderen Leistungen. Die weitere Selbstcharakterisierung verdeutlicht,

---

58 Nicht unerheblich ist hier, dass sich Paul Fröhling als Leiter einer Jugendwerkstatt täglich mit ‚Schulschwänzern' beschäftigen muss. Er grenzt also seine Biografie von den AdressatInnen der Einrichtung ab. Zumindest für diese Zeit scheint das Erfolgskonzept der eigenen Biografie (noch) zu lauten: ‚Man muss durch'.

dass der Erzähler seinen eigenen schul- und lernbezogenen Kompetenzen eher defensiv gegenüber steht und weiterhin einem Ablaufmuster folgt.[59]

ich war der zweitjüngste aber auch der Zweitgrößte . mh . und dadurch gab es dann auch so bestimmte Dinge die anderen hatten schon Freundinnen hatten mehr Taschengeld als ich ich war so groß wie die oder größer hatte aber nicht so wie die und ich durfte auch modisch nicht so wie die äh . einkleiden meine Eltern waren da sehr konservativ ne in dem Bezug

Das strenge Familienmilieu sowie der Umstand, dass die Familie über nicht viele finanzielle Mittel verfügt, führen zu „bestimmte[n] Dinge[n]", die Paul Fröhling zwar nicht konkret benennt, jedoch vorstellbar sind als erschwerte Bedingungen bei der Kontaktpflege insbesondere zu Mädchen, die dem Alter entsprechend z. B. auf Kleidung besonderen Wert legen. Nichtsdestotrotz scheinen diese Erschwernisse nicht in dem Maße bedeutsam gewesen zu sein, als dass der Erzähler nicht ausreichend Kontakte zu anderen Jugendlichen gehabt hätte. Mit den Jugendlichen der Siedlung trifft er sich regelmäßig z. B. auf dem Spielplatz. Er berichtet:

ja ich war da voll integriert in den Cliquen die bei uns in unmittelbarer in unserer Siedlung sach ich mal in unserer Siedlung äh . so existierten (…) da war ein großer Freundeskreis und wir haben uns dann abends also sobald wir dann so lange raus durften haben uns dann abends immer auf so einem Spielplatz da getroffen bei uns in der Nähe da haben wir dann die Beatles und die Stones im Radio gehört und äh da gabs dann die ersten Freundinnen die ersten Knutschereien

Den bestehenden Freiraum der Siedlung nutzend entwickelt Paul Fröhling gegen Ende seiner Schulzeit allmählich ein Kontrastprogramm zur Strenge der Schule und des Elternhauses. Eingebunden in die jugendkulturellen Veränderungen beginnt er sich für das andere Geschlecht zu interessieren, lässt sich die Haare wachsen, hört Rockmusik und sucht sich gemeinsam mit anderen Jugendlichen Freiräume, um den eigenen Interessen nachzugehen. Die eher konservativen Eltern unterstützen jedoch die Interessen des Sohnes und stellen ihm im Keller des Hauses einen Raum zur Verfügung, der dann als Beatkeller geschmückt zum Treffpunkt der Jugendlichen wird.

Wird die Lebensgeschichte bis hierhin zusammengefasst, dann fällt erstens zunächst das Unspektakuläre der Lebensgeschichte auf. Paul Fröhling durchlebt keine besonderen Krisen, durchläuft das vorgesehene institutionelle Ablaufmuster trotz „preußischer Pädagogik" ohne größere Probleme und entwickelt seinem Alter entsprechend erste eigene jugendkulturell geprägte Gegenentwürfe zum Herkunftsmilieu. Im Kontrast zu anderen Interviewten werden im Rahmen der eigenen biografischen Erzählung zweitens

---

59 Wie sehr sich Paul Fröhling dem institutionellen Ablaufmustern fügt, wird noch einmal in einer Passage des Nachfrageteils deutlich, als der Interviewer nach dem Zusammenhang zwischen Schule und Familie fragt. Paul Fröhling berichtet von der strengen Führung des Vaters, der dem Sohn vorschreibt, er könne erst seine Freunde treffen, wenn er ausreichend für die Schule gelernt hat. Er verweist jedoch auch darauf, dass durch die „strikte Familiensituation (…) alles geregelt war".

jedoch keine oder nur schwach ausgeprägte Verbindungslinien zum späteren Beruf gezogen, also kaum ein berufsbiografischer roter Faden mit Beginn in der Kindheit und Jugend gezeichnet. Die einzigen vagen Verbindungen sind die sich allmählich herausbildende Ablehnung des Herkunftsmilieus und die eigenen jugendkulturell geprägten Einstellungen, die später auch für seine berufsethischen Vorstellungen bedeutsam werden. Bemerkenswert ist, dass er zu Beginn der Erzählung selbstcharakterisierend das Hobby Technik erwähnt, jedoch nicht – wie andere Interviewte – ein Interesse an der Arbeit mit Kindern und Jugendlichen. Die spätere Hinwendung zur Sozialarbeit scheint damit laufbahnspezifisch dem Interesse an Technik nachgelagert zu sein und wird erst im Zusammenhang mit den jugendkulturell geprägten Wandlungsmuster virulent.[60]

Ausbildung und Arbeit am Hochofen
Im Zuge der Kurzschuljahre verlässt Paul Fröhling schon im Alter von 15 Jahren die Realschule mit der Mittleren Reife. Mit dem Ziel eines Fachhochschulstudiums vor Augen beginnt er eine Schlosserlehre bei dem Unternehmen, in dem sein Vater beschäftigt ist. Er folgt damit dem traditionellen Schema, das Kontinuitäten zwischen seinem Lebenslauf und dem des Vaters vorsieht. Dem vom Vater vorgesehenen Karriere- und Aufstiegsmuster wird in der Phase der Adoleszenz zielstrebig gefolgt. Das Ziel kann mit Leichtigkeit verfolgt werden, weil das Ausbildungsunternehmen nicht nur milieunah ist, sondern darüber hinaus auch noch eine Ausbildungsform anbietet, die den Interessen des Auszubildenden zu entsprechen scheint.

das war super toll ja weil es hat mir echt Spaß gemacht die Ausbildung das war ne ne Firma die von vornherein nicht so den Produktionsgedanken im Vordergrund hatte was die A im Rahmen der Ausbildung sondern die wirklich so den pädagogischen Auftrag auch gesehen hat (…) riesen Lehrwerkstatt mit unheimlichen neuen didaktischen Ausstattungen und so weiter wie das eigentlich so äh vorbildlich war

Auch wenn in die Begeisterung, die diese Passage kennzeichnet, sicherlich auch die heutigen Erfahrungen des Erzählers als Berufstätiger in der Jugendberufshilfe einfließen, so wird doch erkennbar, dass Paul Fröhling eine Ausbildung mit hohen Identifikationsmöglichkeiten gefunden hat. Probleme stellen sich jedoch ein, wenn er die eigene Ausbildung statusbezogen gegenüber Anderen rechtfertigen muss.

da hatte ich noch ein paar Schlüsselerlebnisse da hatte ich meine Freundin da war ich abends bei der zu Hause und da sagte deren Vater was machst du denn so ne und ich habe gesagt ja ich lerne Schlosser da war ich (!)unten(!) durch bei dem (…) und vom Bildungsniveau her ja (…) der wollte für seine Tochter was besseres der ließ mich aber gar nicht zu Wort kommen ich hätte mich auch quasi nur entschuldigen können dafür nach-

---

60 Paul Fröhling hat während der Kindheit und Jugend keine Erfahrungen mit beruflicher Sozialpädagogik sammeln können. Eine vorberufliche Prägung, wie sie bei vielen anderen Interviews beobachtet werden kann, liegt hier nicht vor (vgl. z. B. Thole/Küster-Schapfl 1997).

her hab ich mir gedacht warst du eigentlich blöde aber da merkte ich schon (!)das ist nichts für Dauer(!) das ist einfach ein scheiß Image wenn du wenn du einen Beruf hast wo du einen Blaumann anhast ne obwohl ich es eigentlich bis heute nicht empfinde (...) das wird auch unterschätzt und meine Freunde die dann eventuell en ganz anderen Job hatten der eine ist zum Beispiel Chemielaborant geworden äh ja das war was tolles ne

meine sämtlichen Freunde (...) so weist du so schon so ein bisschen hippiemäßig waren die haben alle was ganz anderes gemacht und Schlosser war so en bisschen exotisch so en bisschen prollig auch

Prägnant und durch die Ausführlichkeit der Erzählung untermauert, wird hier der Konflikt zwischen der eigenen Wertschätzung der Arbeit im ‚Blaumann' sowie der Geringschätzung durch andere und dem niedrigen Status dieser Tätigkeit dargelegt. Die sozialen Stigmata, die an dem Symbol Blaumann festgemacht werden, bedeuten die Zuweisung eines geringeren Bildungsniveaus und einer geringen sozialen Anerkennung. Aus der Perspektive des Auszubildenden sind die erlebten sozialen Abgrenzungen insofern konflikthaft, als dass sich Paul Fröhling einerseits mit seiner Ausbildung in hohem Maße identifiziert, er andererseits jedoch gleichzeitig höhere Bildungsaspirationen verfolgt, also der Statuszuweisung des niedrigen Bildungsniveaus auch letztendlich nicht entsprechen will.[61]

Paul Fröhling, der einen höheren gesellschaftlichen und beruflichen Status anstrebt und dem die sozialen Abgrenzungen gegenüber der eigenen Ausbildung bewusst werden, schlussfolgert: „(!)das ist nichts auf Dauer(!)". Durch die Erlebnisse bestärkt, wird die Ausbildung zum Schlosser nur als Übergangspassage betrachtet: Sie dient als Aufwärmphase für den weiteren sozialen Aufstieg. Wesentlich dazu beigetragen hat, dass während der Ausbildung an der Berufsschule die Fachhochschulreife erlangt werden kann.

hatte dann die Möglichkeit durch meinen Realschulabschluss auch die Lehre zu verkürzen normalerweise um ein halbes Jahr und ich hab die dann um (!)ein(!) Jahr verkürzt auf Sonderantrag und hab dann also schon nach zwei Jahren die Ausbildung beendet . die habe ich auch mit sehr gutem Abschluss gemacht

Das Ziel des sozialen Aufstiegs wird ehrgeizig verfolgt. Paul Fröhling kann die Ausbildung nach zwei Jahren mit guten Noten abschließen und hat damit nicht nur einen Gesellenbrief, sondern auch die Fachhochschulreife in der Tasche. Während der Ausbildung wachsen jedoch die Konflikte zwischen Paul Fröhling und seinen Eltern, insbesondere mit dem Vater. Der Erzähler entwickelt einen jugendkulturellen Stil, der sich zunehmend vom

---

61 Aus heutiger Perspektive bleiben diese konfliktreichen Fragen bestehen, denn erstens trägt Paul Fröhling während seiner Tätigkeit in der Jugendberufshilfe je nach Anforderung Blaumann oder Jackett. Zweitens muss er den Jugendlichen den hohen Wert einer solchen Ausbildung nahe legen, auch wenn mit den angestrebten Berufen soziale und eigene Abgrenzungen verbunden sind. Drittens arbeitet er mit Handwerkern zusammen und war, wie die Handwerker in seiner Einrichtung, lange Zeit als Anleiter der Jugendlichen tätig.

Lebensstil des Vaters abgrenzt. Deutlich werden die Differenzen zum Vater, als er im Rahmen der Ausbildung an einem Jugendaustausch teilnimmt.

> hat ich dann eins vergessen was auch äh . . was richtig toll war ich hab dann en mehr monatigen äh .. Lehrlingsaustausch gehabt da war ich in England (...) und ähm hab dann da diese liberalen Engländer also kennen gelernt ne war ne ganz tolle Erfahrung für mich . die ich (?)elefantös toll fand(?) es war schlimm als ich wieder nach hause kam in diese ja . ähm . strikte Familiensituation

Als Paul Fröhling im Nachfrageteil des Interviews auf seine Erlebnisse jenseits der Realschule angesprochen wird, berichtet dieser zunächst von seinen jugendkulturellen Erlebnissen mit seinen Freunden, dann von seinem depressiven Bruder und ergänzt schließlich, dass er vergessen habe, von dem Lehrlingsaustausch in England zu berichten. Bemerkenswert ist hier der vom Interviewten gewählte erzählerische Bogen. Zunächst geht es hier um die eigene Identitätsentwicklung in Abgrenzung zum Lebensstil des Vaters. Daraufhin berichtet er von seinem Bruder, der schon mit 17 Jahren Vater wird und an einer psychischen Krankheit leidet, die in Zusammenhang mit dem frühen Tod des eigenen Kindes und mit Drogenkonsum steht. An diese Geschichte hängt der Erzähler den Bericht vom Lehrlingsaustausch in England. Dort lernt Paul Fröhling die „liberalen Engländer" kennen.

> da hatte ich dann ein Motorrad zum ersten mal in England durfte man schon mit sechzehn Jahren Motorrad fahren da hatte ich dann auch meine erste Freundin richtige Freundin mit der habe ich dann also zum ersten mal richtig geschlafen (...) das war relativ früh aber die war dat gehörte alles so dazu ne (...) ganz liberal waren die da ich durfte mit (!)der(!) auf Zimmer durfte da übernachten so toll waren die Eltern ne (...) muss man sich mal vorstellen meine Eltern da wäre gar nicht dran zu denken gewesen (:)

Die Gasteltern in England verkörpern für den Erzähler ein vollkommen gegensätzliches Modell elterlicher Sorge und Kontrolle. Im Gegensatz zu seinen Eltern lassen diese zu, dass er seinen jugendlichen Bedürfnissen nachkommen kann. Nach diesen Erfahrungen erlebt er die elterliche Kontrolle als seinen eigenen Bedürfnissen entgegen stehend. Das hier entfaltete Thema ist das des Wunsches nach Selbstbestimmung vor dem Hintergrund der problematischen „Familiensituation" bzw. der elterlichen Kontrolle und Einengung.[62] Hieraus entwickelt sich die Notwendigkeit, dem bisher verfolgten institutionalisierten Muster eigene Handlungsmuster entgegenzusetzen. Ein eigenes Handlungsmuster wird jedoch noch nicht entwickelt. Paul Fröhling folgt zunächst weiterhin den Karrierevorstellungen des Vaters.

---

62 Paul Fröhling will an dieser Stelle nicht nur von seinen Erlebnissen erzählen, sondern sucht nach Beispielen, die ein Lebensthema verdeutlichen sollen, ohne dass es direkt angesprochen werden muss. Denn hier wird keine direkte Verbindungslinie zwischen den Eltern und der Krankheit des Bruders hergestellt. Die Beispiele folgen keiner Chronologie, denn Erlebnissen aus unterschiedlichen Lebensaltern – 15, 17 und 19 Jahre – werden nebeneinander gesetzt. Sie folgen keiner Geschichte, sondern symbolisieren die Gefahr der Verletzung der Integrität durch die Eltern.

Nach Abschluss der Ausbildung bewirbt sich Paul Fröhling auf eine Arbeitsstelle „am Hochofen". Hierdurch kann er zum einen die aufgrund seines Alters notwendige Übergangsphase zum angestrebten Studium überbrücken und zum anderen auch für die zukünftige Karriere im Bereich Hüttentechnik praktische Erfahrungen mit der Stahlproduktion sammeln.

bin dann für acht bis neun Monate nach Bochum gegangen um sechs Uhr morgens musste ich da anfangen bin ich mit dem Mofa hingefahren (uv) immer durch den Winter ne von Duisburg nach Bochum aber trotzdem auch ganz schön also so eine Arbeit mal zu erleben (...) auf so nem Hochofen da die zu reparieren mit dem flüssigen Stahl

Paul Fröhling interessiert weniger die Tätigkeit, die er dort verrichtet, ihn begeistert vielmehr der Tätigkeitsort Hochofen. Retrospektiv scheint der Arbeit am Hochofen nur eine geringe Bedeutung zugemessen zu werden, da sie sich im Nachhinein nicht als karriereförderlich erweist. Bemerkenswert an diesem Erzählsegment ist, dass der Biograf erheblichen Belastungen durch den frühen Arbeitsbeginn und den weiten Arbeitsweg zum Trotz, diese Tätigkeit über ca. acht Monate verrichtet. Zusammengefasst will Paul Fröhling hier also erneut davon erzählen, dass er Belastungen auf sich genommen und trotz der widrigen Umstände durchgehalten habe. Das Deutungsmuster des Durchhaltens trotz widriger Umstände, kann als ein zentrales Lebensthema identifiziert werden. Ein weiteres berufsbiografisch bedeutsames Element wird hier ersichtlich: Das allgemeine Berufsziel ‚Ingenieur' wird hier zum ersten Mal konkretisiert. Paul Fröhling plant ein Studium im Bereich „Stahlbedienung Hüttentechnik".

Studium
Weil er nun das notwendige Alter erreicht hat, kann sich Paul Fröhling nach acht Monaten Arbeit am Hochofen an der Fachhochschule im Bereich Ingenieurwesen immatrikulieren.

da war ich dann der jüngste Student . das war nicht so toll eigentlich mein Vater war stolz drauf ich eigentlich auch aber die anderen weißte hatten schon Familie teilweise viele äh viele Mitstudenten kamen da über den zweiten Bildungsweg (...) in der Zeit noch das waren also so arrivierte Familienväter oder die hatten schon was anderes gemacht die waren also alle wesentlich älter als ich und äh . ich war einfach nicht so weit also im Nachhinein so

Schon zu Beginn des Berichtes über das Studium verweist Paul Fröhling auf den Vater-Sohn-Konflikt. Auch wenn der Biograf sich mit dem Stolz des Vaters in gewisser Weise identifizieren kann, betrachtet er die Tatsache, jüngster Student zu sein, als problematisch und als einen Grund für den sich anbahnenden Abbruch des Studiums. Bedingt durch die Altersdifferenz zu den Mitstudierenden und die damit einhergehenden Lebensstilunterschiede kann er keine befriedigenden Kontakte herstellen, die jedoch ein wichtiges Element von Hochschulsozialisation darstellen und die Identifikation mit den Studieninhalten erleichtern können. Hierüber wird die Differenz der Ziele des Sohnes und des Vaters deutlich: Während der Vater mit dem Studium vorwiegend den Aufstieg aus dem elterlichen Milieu verbindet, erhofft sich der Sohn durch dieses ein neues, Identifikation ermöglichendes Milieu zu finden.

Identifikation kann Paul Fröhling bei seinen Freunden finden, die eben nicht wie er ein technisches Studium absolvieren („fast alle meine Freunde sind äh in die Sozialpädagogik reingegangen zumindest . äh in so Umfelde"). Er entwickelt an Themenfeldern Interesse, die eng mit seinem jugendkulturellen Lebensstil zusammenhängen, der sich in der Zeit des „Beatkellers" entwickelt hat.

<blockquote>und haben mir abends wenn wir dann so in der Altstadt waren oder mit leuchtenden Augen immer von den neuesten Dingen erzählt was man da alles so macht das war ja früher sensationell also kreati vi Kreativitätstraining künstlerische äh Aspekte (...) und so weiter hat mir . total gut gefallen vom zuhören ich musste da mich mit meinen schnöden mathematischen Formeln immer umgeben</blockquote>

Mit den „schnöden mathematischen Formeln" kann Paul Fröhling bei seinen Freunden keinen Eindruck schinden. Zudem verliert er selbst das Interesse an dem Studium, weil es ihm zu abstrakt und wenig „konkret" ist. Die „schnöden mathematischen Formeln" stehen für das Abstrakte, das Theoretische, von der Lebenspraxis Enthobene einerseits und für das Festgelegte, Unspontane und das von der Familie, insbesondere vom Vater, für ihn vorgesehene Ablaufmuster andererseits. Das Kontrastprogramm bildet hier das Innovative und Kreative, das, was vorher nicht festgelegt werden kann, aber auch eine politische und kulturelle Aufladung aufweist, die den „schnöden" Formeln nicht zu entnehmen ist: „da gings natürlich überall rund ne also diese ganze politische dieses ganze drum herum was sich also alles so verändert hat ne hat mich natürlich auch (...) Pink Floyd und all die anderen Dinge die dann so aufkamen haben mich natürlich auch beeinflusst die ganze Hippiekultur".

<blockquote>und das erschien mir auch alles nicht mehr tragbar diese ganze schnöde äh Mechanik diese Fixierung auf so ne sag ich mal (?)gottesempfundene(?) unmenschliche Berufswelt („) natürlich war ich auch mit mir selber . ähm äh . wie soll ich sagen ich musste auf einmal einsehen dass ich doch nicht so ein mathematisches Genie war wie ich vorher immer dachte (...) ich musste auch einfach einsehen dass diese Anforderungen da ich hätte es vielleicht geschafft aber ich habs einfach (!)nicht schaffen wollen (!)</blockquote>

Während der Erzähler noch gut in der Lage ist, sich mit der handwerklichen Arbeit während der Ausbildung zu identifizieren, kann er für die mathematische Strenge der Inhalte des Studiums kein Interesse entwickeln. Die „schnöde Mechanik" erweist sich also als nicht mehr kompatibel mit dem eigenen jugendkulturell geprägten Stil und dem Ablösungsprozess vom Elternhaus. Die Strenge und Geregeltheit der mathematischen Formeln, die Mechanik und die vorgefundene Hochschulkultur scheint den strengen Regeln des Elternhauses zu entsprechen. Dagegen steht das jugendkulturelle Muster Kreativität und Offenheit. Außerdem muss er feststellen, dass er den im Studium gestellten kognitiven Anforderungen nicht entsprechen kann, dass er kein „mathematisches Genie" ist. Zentral für das Aufgeben des Studiums ist auch, dass er den Willen zum Studium verliert und feststellt: „hatte (!)keine(!) Lust mehr". Dies kann als ein wesentlicher Schritt hin zu einem Wandlungsmuster angesehen werden, bei dem Paul Fröhling nicht mehr dem vom Vater vorgesehenen Muster entsprechen will. In dem sich anschließenden Interviewsegment wird die Schwere des Ablösungsprozesses deutlich.

das war so ein Problem da habe ich lange Jahre dran geknapst ich fühlte mich so als (!)Versager(!) so zu sagen ne weil auch meine Eltern total (uv) (!)total(!) . für meinen Vater stürzte ne Welt ein aber der war dann relativ pragmatisch und hat dann . rumtelefoniert und ich auch und er hat es sogar noch geschafft dass wir ohne Übergang einen Studienplatz bekommen haben . für mich hier an der Fachhochschule

Auch wenn der Vater auf die Entscheidung des Sohnes „pragmatisch" reagiert, ist der entstandene moralische Druck, dem sich Paul Fröhling ausgesetzt fühlt, so groß, dass sich Paul Fröhling noch jahrelang als „Versager" empfindet. Dabei mag sicherlich auch eine Rolle gespielt haben, dass Paul Fröhling einen Beruf anstrebt, der sich zu diesem Zeitpunkt gerade neu unter dem Titel Sozialpädagogik/Sozialarbeit formiert und im Vergleich zum Ingenieursberuf über nur geringe gesellschaftliche Anerkennung verfügt. Das nun einsetzende alternative Handlungsmuster wird durch die Aufnahme des Studiums der Sozialarbeit umgesetzt. Der schon in der frühen Jugend begonnene jugendkulturell beeinflusste Wandel findet im Studium der Sozialarbeit nun seine Entsprechung.

dann bin ich an diese ganzen kleine Fachhochschule in Dortmund reingekommen in Kley („) das hat mir sofort auf Anhieb gefallen schon am ersten Tag da waren also die Vorlesungen entweder auf der Wiese oder im Hörsaal und (unter leichtem Lachen) da waren Streiks und alle liefen mit Palästinensertüchern herum oder in lila Latzhosen (unter leichtem Lachen) und was nicht alles ne

Paul Fröhling beginnt seinen Bericht vom Studium der Sozialarbeit mit der Formulierung eines Kontrapunktes. Im Gegensatz zum Ingenieursstudium kann er sich sofort mit der Fachhochschulkultur identifizieren. Anekdotisch vorgetragen beschreibt er das studentische Leben an der Fachhochschule und den dort favorisierten, von der ökologischen Bewegung geprägten kulturellen Stil. Indem er beispielsweise davon berichtet, Seminare seien auf der Wiese abgehalten worden, beschreibt er die Lernkultur an der Hochschule. Zusätzlich benennt er politisch motivierte Aktionen wie Streiks. Der favorisierte Stil ist nicht allein modische Attitüde, sondern auch politisch motiviert. Gleichwohl wird im nachfolgenden Interviewsegment der Unterschied zu der Studentenbewegung der 1968er Jahre deutlich.

es ging jetzt mehr auch äh in so (...) Bewusstseinserweiterung und alles mögliche spielt da ne Rolle (uv) („) da wurde auch viel gekifft naja und diese ganzen Chosen letztendlich hat man nachher in den ersten Semestern äh weniger studiert als irgendwo Zeit verbracht in irgendwelchen Seminaren oder man hat gestreikt oder war in Bonn

Im Gegensatz zur Ausrichtung der Studentenbewegung an kollektiven politischen Zielsetzungen, kann hier die vom Erzähler benannte „Bewusstseinserweiterung" und damit eher die individuelle Entfaltung als zentrales Moment betrachtet werden. Im Mittelpunkt der Beschreibung stehen somit weniger die Inhalte des Studiums, sondern vielmehr das studentische Leben, das hier als ein Vehikel zur Ablösung vom Elternhaus und zur Verwirklichung eigener Lebensvorstellungen gedeutet werden kann. Durch den sich anschließenden Auszug aus dem Elternhaus und den Einzug in eine Wohngemeinschaft wird das eigene Wandlungsmuster forciert. Das Studium dient somit zunächst weniger der Berufsvorbereitung als der Selbstverwirklichung. Dementsprechend erweist es sich auch als Zufall, dass Paul Fröhling Sozialarbeit und nicht Sozialpädagogik studiert.

Über die Inhalte des Studiums kann Paul Fröhling nur wenig erzählen. Zumindest zu Beginn des Studiums ist eine Konzentration auf Studieninhalte durch die notwendigen Umorientierungen im Zusammenhang mit dem Studienwechsel erschwert. Im Nachfrageteil des Interviews wird berichtet: „also erst mal hab ich ungefähr äh zwei Semester gebraucht um mich von diesem liberalen Schock zu erholen". Im Kontrast zur Strenge des Ingenieursstudium wird an der neuen Fachhochschule „selbstständige[m] Lernen" die „oberste Priorität" zugeschrieben. Die im Studium nun gewonnene Freiheit erzeugt jedoch zunächst eher Unsicherheit. Er besucht zu Beginn die Seminare, die ihm Spaß bereiten, ohne eine klare Orientierung vor Augen zu haben, welche Inhalte des Studiums für den weiteren beruflichen Werdegang von Bedeutung sein könnten. Im Nachfrageteil des Interviews auf Studieninhalte angesprochen, berichtet er daher von dem „liberalen Schock", dann von Partys, die gefeiert wurden, um schließlich von dem Schwerpunkt des Sozialarbeitstudiums in „verwaltungstechnischen Dingen" zu erzählen: „es ging mehr zum Beispiel in Richtung um Familienrecht". Studieninhalte finden genau dann sein Interesse, wenn sie ihm durch „Beispiele aus dem praktischen Leben" plausibel werden können. Eher theoretische Inhalte finden keine Erwähnung. Zusätzlich benennt er neben der Jugendsozialarbeit, die für ihn aus der Retrospektive bedeutsam erscheint, Kreativitätstraining, das an dieser Fachhochschule einen Schwerpunkt bildet. Das, was ihn schon vor dem Studium an diesem Studiengang interessiert hat, findet auch im Studium sein Interesse: die konkrete, praktische Auseinandersetzung und das kreative Werken.

hier in Kley wurde sehr viel Wert gelegt auf so Kreativitätstraining (…) also ausgehend von so dem Gedanken dass man eventuell . Kinder die ähm hier in diesem Obdachlosenheim in Dortmund aufwachsen dass man die eventuell zu selbstständigen Menschen äh heranziehen kann in dem man denen ihre Kreativität zeigt und sie dadurch öffnet

Paul Fröhling versucht hier Ziele von Kreativitätsarbeit mit Kindern zu benennen, die allerdings auf einer alltagspädagogischen Erklärungsebene verbleiben und die Möglichkeiten von kreativer Arbeit mit Kindern überschätzen. Dies ist um so bemerkenswerter, weil Paul Fröhling seine Diplomarbeit zu diesem Thema geschrieben hat. Über die Belegung des Studienschwerpunkts Kreativität gelingt es dem Biografen somit kaum, auch eine theoretisch fundierte Begründung für die kreative Arbeit mit Kindern zu liefern. Die mag auch damit zusammen hängen, dass nicht die Inhalte des Studiums der Sozialarbeit, sondern das studentische Leben im Mittelpunkt seines Interesses stehen. Auf die Studieninhalte angesprochen ergänzt er: „oder hab rumgegammelt oder (...) mit den Freunden Partys da gefeiert". Weil Paul Fröhling aufgrund der Konflikte mit seinen Eltern den Lebensunterhalt während des Studiums in großen Teilen selbst erwirtschaften muss, besucht er die Lehrveranstaltungen nur unregelmäßig. Eine berufliche Orientierung findet Paul Fröhling weniger im theoretischen Teil des Studiums, sondern vielmehr durch die Praktika, die er im Rahmen des Studiums absolviert.

dann hab ich noch angefangen nebenbei beim äh Jugendamt zu arbeiten als Honorarkraft . das war damals auch erwünscht also von der Fachhochschule (...) mir hat das auch viel gebracht und es war auch ganz finanziell gar nicht schlecht (...) aber war interessant ne da war ich zuerst im Haus der Jugend . da war also ich hatte immer noch so eine Affinität zu meiner alten ääh äh Mechanikvorliebe was auch heute noch mein Hobby ist und habe da mit den Jungs so eine Motorradgruppe da aufgemacht

Der Biograf beginnt beim Jugendamt ein Praktikum. Hier entdeckt er die Möglichkeit, seine „Mechanikvorliebe" mit dem Sozialarbeitsberuf zu verbinden. Das eigene habituelle Interesse kann mit beruflichen Anforderungen verknüpft werden: Paul Fröhling kauft defekte Motorräder und Motocross-Maschinen, richtet sie mit den Jugendlichen her und fährt mit ihnen anschließend Motocross-Rennen. Wenn Paul Fröhling von den Aktivitäten mit der Jugendgruppe berichtet, benennt er keine pädagogischen Zielsetzungen. Ebenso wenig schließen sich Reflexionen zu der gewählten Angebotsform an: In der Erzählung dominiert eine beruflich-habituelle Orientierung als ‚Macher' (vgl. Thole/Küster-Schapfl 1997). Die schon im Ingenieursstudium erkennbare Abweisung von Theorie und abstraktem Wissen findet in der praktischen Orientierung des Machers seine Entsprechung und wird im Praktikum bestärkt.

Der Biograf wechselt als Honorarkraft mehrmals die Jugendclubs. Er übernimmt zumeist „werkpraktische Angebote". Zum Schluss wird er in dem Jugendclub aktiv, von dem später die Initiative zur Gründung der Jugendwerkstatt ausgeht und in dem er heute Leiter ist. Die damalige Leiterin beeindruckt ihn nachhaltig. Sie verfügt laut Paul Fröhling über Kompetenzen in der innovativen Umsetzung pädagogischer Ideen und in Menschenführung und gilt ihm als Teamplayer. Neben der Orientierung am ‚Machen' findet Paul Fröhling hier einen Orientierungspunkt, der für sein beruflich-habituelles Profil eine wichtige Bedeutung spielt.

Resümierend beschreibt er das Studentenleben und die Lernkultur der Fachhochschule als positiv: „war ne unheimlich schöne Zeit". Der „Spaß" an der Hochschule und die Möglichkeit, sich „austoben" zu können, lassen die Studentenzeit vorwiegend als Freiraum zum Ausleben kultureller Interessen erscheinen. Die jugendkulturelle Zeit des Beatkellers kann hier fortgeführt werden. Im Studium bildet sich somit eine spezifische kulturelle Orientierung an der ‚Hippiekultur' und eine fachlich-praktische Orientierung am (kreativen) Werken heraus. Diese Orientierung wird ergänzt durch die Erfahrungen als Honorarkraft, mittels derer er auch mit sozialpädagogischen Kernkompetenzen vertraut wird. Eine Orientierung an theoretischen Inhalten bleibt jedoch weitgehend aus. Zusätzlich nimmt das Party- und Arbeitsleben im Studium ihn derart in Anspruch, dass der Hochschulabschluss „nicht besonders berühmt" ausfällt. Der Erzähler schaut mit ein wenig Wehmut auf diese Zeit zurück. Diese Wehmut hängt ursächlich damit zusammen, dass mit dem Ende des Studiums und mit Beginn des Anerkennungsjahres zunächst einmal die Zeit des „Austoben[s]" unterbrochen wird.

Anerkennungsjahr bei der Bundeswehr
Nach Abschluss des Studiums muss Paul Fröhling feststellen, dass neben ihm viele AbsolventInnen auf den Arbeitsmarkt drängen und eine Stelle als PraktikantIn im Anerkennungsjahr suchen. Trotz seiner Honorartätigkeit beim Jugendamt, kann er sich dort keinen Platz für das Anerkennungsjahr sichern. Von einem Bekannten animiert, absolviert er sein Anerkennungsjahr bei der Bundeswehr.

dann habe ich da die Zeit gemacht das war interessant aber sehr schwer aber interessant weil ich musste mich da ähm einem Sozialarbeiter unterordnen (...) aber es war eine sehr interessante Erfahrung für mich weil es war mal eine ganz andere Welt

Die Formulierung „dann habe ich da die Zeit gemacht" verweist darauf, dass er das Anerkennungsjahr dort ‚hinter sich' bringt, ohne sich mit der Arbeit dort und der Welt der Bundeswehr identifizieren zu können.

- Erstens symbolisiert die Bundeswehr eine „ganz andere Welt". Diese ist konträr zu seinen jugendkulturell und studentisch geprägten Erfahrungen angesiedelt. Die Bundeswehr als „schlimmste[r] Teil der Gesellschaft", als Institution, gegen die seine Freunde „jede Menge Sitzblockaden" veranstalten, kann als Arbeitgeber kaum gegenüber den Freunden legitimiert werden: „die Leute haben mich immer wieder so ein bisschen belächelt".
- Zweitens entspricht die Arbeit bei der Bundeswehr kaum dem von ihm favorisierten präventiven Ansatz; „wir wurden eingesetzt ganz pragmatisch als so ne Art äh zusätzliche Hilfe bei Notfällen". Im Vordergrund steht hier die Intervention bei Notfällen. Der Biograf kann sich nicht mit der an ihn herangetragenen Berufsrolle identifizieren.

Paul Fröhling berichtet von seinen Aufgaben und den Erwartungen, die der Arbeitgeber an ihn stellt, mit großer Distanz. Dass z. B. Soldaten entlassen werden, weil sie homosexuell sind, kann er nicht unterstützen. Ebenso entspricht es nicht seinen Einstellungen, dass aus ‚statistischen Gründen' und aus Angst vor der medialen Öffentlichkeit Soldaten entlassen werden, wenn sie einen Suizidversuch unternommen haben. Auf diese Weise wird den

Sozialarbeitern in der Bundeswehr eine hohe Bedeutung zugesprochen: „nur auf auf unserer Empfehlung wurde auch ähm großen Wert gelegt".

Zumindest gewährt die relativ hohe Bedeutung der Dienststelle, dass der Biograf in Teilen entsprechend seiner berufsmäßigen Einstellungen agieren kann, auch wenn er damit gegen die Interessen des Arbeitgebers handelt. Der bestehende Berufskonflikt zwischen Mandat und eigenen Einstellungen kann somit in Ansätzen aufgelöst werden. Paul Fröhling jedoch zieht – nicht ohne Ironie – das Fazit, dass er im Sinne des Auftraggebers ein „schlechter Sozialarbeiter" gewesen sei. Als Anerkennungspraktikant verrät er Soldaten, die ihm von persönlichen Schwierigkeiten erzählen, Tricks, wie sie aus der ‚Truppe' entlassen werden können. Er rät ihnen z. B. Suizidversuche vorzutäuschen: „ich hatte mich tatsächlich mit den meisten meiner Klienten solidarisiert (…) ich hab die auch mehr in der Hinsicht beraten wie sie da am besten rauskommen können ne (…) also ganz und gar nicht im Sinne meines Arbeitgebers".

Zusätzlich hat Paul Fröhling immense Schwierigkeiten mit seinem Vorgesetzten, die sich in erheblichen habituellen Unterschieden manifestieren.

der war ehemaliger Berufsoffizier (…) und der war nicht geprägt von denen von denen äh die ich vorher so erzählt habe von freier Liebe oder sonst irgendwas so in Anführungszeichen sondern . das war ein (!!)knallharter Typ(!!) ne (…) mit Nadelstreifenanzug und Krawatte kam der Morgens zur Arbeit ne und so war das auch alles ja wir beide sind dauernd aneinander geraten

Zum einen bestehen erhebliche Unterschiede, die sich in einem differierenden Lebensstil („Nadelstreifenanzug und Krawatte" vs. „Kordhose") und einer anderen beruflichen Ausbildung ausdrücken. Der Vorgesetzte, ehemaliger Berufsoffizier, hat seine Ausbildung an einer Bundeswehrhochschule absolviert und wurde dort anders habituell geprägt als Paul Fröhling an der Fachhochschule. Zum anderen beklagt Paul Fröhling die von seinem Vorgesetzten praktizierte Form der Zusammenarbeit. Beispielsweise berichtet er darüber, wie dieser auf das Zu-spät-Kommen seines Praktikanten Paul Fröhling reagiert: Obwohl der Vorgesetzte diesen beim Ankommen sieht, fährt er los und lässt ihn hinter seinem Wagen herrennen. Die vom Vorgesetzten geforderte Unterordnung widerspricht Paul Fröhlings Einstellungen und den Erfahrungen, die er während der „basisdemokratisch[e]n" Zusammenarbeit im Zuge seiner Tätigkeit als Honorarkraft beim Jugendamt sammeln konnte. Über den Arbeitsstil seines Vorgesetzten berichtet er:

der hatte (!)nichts(!) auf der Pfanne der hatte (!)nichts(!) drauf also an Handlungsrepertoire an Gesprächstechnik ne oder äh Perspektivenaufzeigung oder so menschliche Verhandlung da war der vollkommen inkompetent (…) das hab ich schon nach vier oder fünf Monaten obwohl ich da noch Student war hab ich das schon durchschaut ne der wusste auch das ich ihn durchschaut hatte wo der Groß drin war war in der Aktenführung und in diesem akribischen äh . Zurechtlegen der Fälle und so weiter der hatte also messerscharfe Ordnung auf seinem Tisch und das lief da ab wie in der Kaserne die Sekretärin so zack zack zack . (!)zum Diktat(!) und dann hat der die Fälle diktiert . hin und her und ich war ein rotes Tuch für ihn

Der Vorgesetzte bei der Bundeswehr entspricht kaum den Berufsvorstellungen von Paul Fröhling. Dies wird deutlich, wenn man das Kompetenzprofil dieses Vorgesetzten mit dem Profil von der Leiterin der Jugendeinrichtung, in der der Erzähler als Honorarkraft tätig war, vergleicht. Im Gegensatz zu Daniela Ruiz ist der Vorgesetzte kein Teamplayer, er setzt den Schwerpunkt auf die Aktenführung und verfügt damit auch über kein Handlungsrepertoire, das den habituellen Ansprüchen Paul Fröhlings entsprechen könnte. In dem Habitus des Vorgesetzten sieht Paul Fröhling auch die Konflikte mit ihm begründet. Die Konflikte werden jedoch nicht offen zwischen Vorgesetzten und Praktikant ausgetragen, zumindest berichtet Paul Fröhling davon nichts. Das Motto, das den Erzähler während seiner Schulzeit und dem Studium der Ingenieurstätigkeit geleitet hat, scheint auch hier wieder zu greifen: Ohne großen Widerstand fügt sich Paul Fröhling dem institutionellen Ablaufmuster und ‚hält durch'.

es hat mich auch so ein bisschen runter geholt und im Nachhinein fand ich es auch gut dass ich es so gemacht hab ne

Retrospektiv kann jedoch die eher schlechte Erfahrung mit der Sozialarbeit bei der Bundeswehr als „sehr interessante Erfahrung" umgedeutet werden. Durch die Unterschiedlichkeit der Arbeitsansätze kann das eigene habituelle Profil einerseits durch distinktive Abgrenzung und andererseits durch die Konfrontation mit einer anderen Arbeitsweise geschärft werden. In den Worten des Erzählers holt es ihn „ein wenig auf den Boden der Tatsachen". Gemeint ist damit, dass die im Studium entwickelten, teils wenig bodenständigen Ideen auf eine in der Praxis tatsächlich anwendbare Form transformiert werden.

Vom steten und unsteten Leben
Nachdem sich das Anerkennungsjahr als Bruch in der Kontinuität vom freien Leben erwiesen hat, nimmt Paul Fröhling einen Job als Taxifahrer an und die Honorartätigkeit im Jugendclub auf der Basis von 20 Stunden in der Woche wieder auf: „bin dann dahin und hab nur mal so meine Stundenzahl erhöht konnte man damals so machen und damit war alles klar". Auf Grundlage der dargebotenen Sicherheit begibt er sich nicht auf die Suche nach einem festen Arbeitsverhältnis: „ich wollte gar keinen . also . kam mir gar nicht in den Sinn ich war ja (!)während des Studiums(!) ich war ja (!)voll integriert(!)". Paul Fröhling ist sich sicher, er erhalte mit der Zeit eine Anstellung beim Jugendamt und stellt fest: „ist nur ne Frage der Zeit".

Im Rahmen der Honorarkraftverträge ist es ihm möglich „so ein richtig schönes freies Leben" zu führen und häufig in den Urlaub zu fahren. Paul Fröhling unternimmt mehrmonatige Motorradtouren „quer durch Europa". Damit er finanziell besser steht immatrikuliert er sich an der Pädagogischen Hochschule. Anfänglich besucht er auch Seminare, bricht das Studium jedoch nach kurzer Zeit ab, ohne sich zu exmatrikulieren. Der Abbruch dieses Studiums wird damit begründet, dass „die Zügel an der PH" „son bisschen mehr straff waren" und dort teilweise „Anwesenheitspflichten" in Seminaren bestanden, die er eigentlich nicht mehr besuchen wollte. Auch das Studium an der PH widerspricht also seinem Lebensmuster ‚Freiheit' und ähnelt zu sehr dem abgelehnten Muster der ‚Strenge'.

Um sich finanziell über Wasser zu halten richtet sich Paul Fröhling zusätzlich eine kleine Autowerkstatt ein und repariert Autos, insbesondere die seiner Freunde. Er stellt fest: „ich hab also quasi immer von der Hand in den Mund gelebt aber war manchmal auch eng". Paul Fröhling erzählt die Geschichte dieses Lebensabschnitts mit Begeisterung. Mehrmals betont er, wie schön er diesen Lebensabschnitt empfunden habe, trotz fehlender finanzieller Absicherung. Zentral ist ihm dabei, nach den institutionellen Zwängen des Anerkennungsjahres eine autonome Form der Lebensführung weiterführen zu können. Er führt aus: „aber was du hattest brauchtest du niemanden fragen". Die Biografie stellt sich somit als allmählich und kontinuierlich erkämpfter Ablösungsprozess vom Elternhaus, vom Herkunftsmilieu und von den institutionellen Zwängen von Schule und Ausbildung dar. Dramaturgische Höhepunkte werden zu Zeiten des Studiums und in der Zeit nach dem Anerkennungsjahr erreicht und sind mit einem „unstete[n]" Party- und Arbeitsleben ohne Absicherung verbunden. Dabei fällt der kontinuierlich hohe Aktivitätsgrad Paul Fröhlings auf: Während und nach dem Studium unternimmt Paul Fröhling nicht nur viel mit seinen Freunden, sondern geht auch vielen Honorartätigkeiten und anderen Jobs nach. Wenn er jedoch davon berichtet, er rechne damit irgendwann eine feste Anstellung beim Jugendamt zu erhalten, zeigt sich, dass er das „unstete" Leben nicht unbegrenzt weiterführen will.

ja aber irgendwann war mir dieses ganze unstete Leben dann auch irgendwann zu unsicher weil ich dann auch schon die Marianne kennen gelernt habe die war so mehr so ne Frau die mit beiden Füssen was solche Dinge angeht auf dem Boden der Tatsachen steht (:) und dann habe dann ich auch Neunzehnhundertachtzig auch die Stelle bekommen hier im äh Jugendclub

Die damalige Freundin und spätere Ehefrau stellt, indem sie darauf hinwirkt, das Wandlungsmuster der ‚Freiheit und des unsteten Lebens' in stärker geordnete Bahnen zu lenken, nach dem Vater eine zweite bedeutsame Person in der Biografie Paul Fröhlings dar. Mit 27 Jahren erhält Paul Fröhling beim Jugendamt eine Festanstellung in einem Jugendclub. Die dortige Arbeit beschreibt er einerseits als klassische Jugendsozialarbeit. Andererseits geht diese Arbeit über die gewöhnliche Arbeitsweise eines Jugendhauses hinaus, denn die Jugendeinrichtung erhält mehrere Preise. Aufgrund der Qualität der Arbeit kann sich der Erzähler auch distinktiv vom klassischen Bild von Jugendarbeit abgrenzen und ironisch anmerken, dass die Haupttätigkeit des Teams nicht im Verkauf von „Toasties" bestand. Paul Fröhling zeigt damit eine Kontinuität auf, die erst auf Basis von Hintergrundwissen verständlich wird: Die Jugendeinrichtung hat wie die Einrichtung, in der er heute tätig ist, Vorbildcharakter.

Vorbildlich zeigt sich die Einrichtung auch, weil sie ein spezielles, auf die Jugendlichen zugeschnittenes innovatives Konzept entwickelt. Es wird die Einrichtung einer Jugendwerkstatt anstrebt, die einen Beitrag zur Überwindung der Arbeitslosigkeit von den jugendlichen Bewohnern des Stadtteils leisten soll. Das Konzept kann dann auch auf Basis der Finanzierung durch das Landesjugendamt umgesetzt werden: „da haben wir dann auf der einen Seite Metall gemacht und im anderen Bereich äh Holz". Im Rahmen seiner Honorartätigkeit im Jugendhaus unterstützt er als Aushilfe die Arbeit in der Jugendwerkstatt. In Folge eines durch ihn gestellten Umsetzungsantrags erhält er dann schließlich eine Stelle in dieser Werkstatt.

wir haben dann die Jugendwerkstatt aufgestockt um diese eine Stelle und waren dann eben Kurt Hombach . Sozialpädagoge . damals übrigens noch ganz demokratisch ohne Hierarchieverhältnis (...) und Paul Jansen war der Ausbilder im äh Holzbereich obwohl er eigentlich gelernter Dreher war und ich hab den Metallbereich gemacht (...) so wir drei sonst war da niemand (...) ging alles ganz von der Hand in den Mund

Zentral bei der Beschreibung der Anfänge der Jugendwerkstatt ist Paul Fröhlings Aussage, dass „wir drei sonst war da niemand (...) alles ganz von der Hand in den Mund" gegangen sei. Paul Fröhling deutet damit erstens den Wandel an, den die Einrichtung bis heute durchlaufen hat. In den Anfängen der Einrichtung bedurfte es auch wegen der geringeren MitarbeiterInnenzahl weniger Absprachen und weniger bürokratischer Regeln. Grundsätzlich war ein spontanes Arbeiten mit den Jugendlichen möglich. An dieser Stelle wird auch das habituelle Profil Paul Fröhlings deutlich: Der Erzähler favorisiert hier einen Arbeitsstil, der „ganz von der Hand in den Mund" geht, spontan auf die alltäglichen Situationen reagiert und ohne viel Planung und ‚theoretischen Überbau' auskommt.

Paul Fröhling wird zwar als Sozialpädagoge eingestellt, jedoch trotz seiner Qualifikation nicht als Sozialpädagoge, sondern als Anleiter mit Doppelqualifikation tätig. Er verrichtet somit die Arbeit, die heute in der Einrichtung Handwerksmeister tätigen. Genau diese Tätigkeit, die im strengen Sinne nicht seiner eigentlichen Qualifikation entspricht, die Arbeit in ständigem Kontakt mit den Jugendlichen, ohne großen bürokratischen Aufwand, macht ihn „glücklich", weil er meint, dass sie ihm liege. Diese Arbeit kann er aber, nachdem er 1995 die Einrichtungsleitung übernimmt, nur noch in Teilen verrichten. Mit vielen zusätzlichen Aufgaben betreut, gerät er in einen „inneren Widerspruch" zu den eigenen Ansprüchen an die Arbeit mit den Jugendlichen einerseits und den Erfordernissen, die sich aus der Funktion der Einrichtungsleitung ergeben andererseits: „ich kann eigentlich den Jugendlichen („) die ich betreue nicht wirklich gerecht werden ohne die Einrichtungsleitung zu vernachlässigen". Die Erfordernisse der verschiedenen Funktionen als Einrichtungsleiter und Praxisanleiter führen zu einem Konflikt, der prinzipiell nicht auflösbar ist und im alltäglichen Geschäft ständiger Entscheidungen bedarf. Er resümiert: „ich kann eigentlich dieser Arbeit nicht richtig gerecht werden".

Wissen, Können und Erfahrung
Das habituelle Profil Paul Fröhlings schließt ein eigenes Professionalisierungskonzept ein, das auf Fort- und Weiterbildung setzt, zunächst im Bereich der Anleitung der Jugendlichen durch die Ausbildereignungsprüfung und dann im Bereich Leitung durch den Besuch von Coaching-Seminaren. Im Vordergrund steht hier der direkte praktische Nutzen und die qualifikatorische Absicherung nach außen.

Auf die Frage, was er für seine Tätigkeit wissen müsse, benennt der Leiter einen langen Katalog von unterschiedlichsten Wissensressourcen. Er zählt u. a. Gesprächs- und Moderationstechniken, Konfliktstrategien, verhaltenspsychologisches Grundwissen zur Entwicklung von Diagnose und Lösungsstrategien, erziehungswissenschaftliches und auf das Berufsfeld bezogenes Basiswissen auf. Darüber hinaus verweist er darauf, dass die Vielfalt an Verwaltungs- und rechtsrelevanten Vorschriften u. a. in den Bereichen Sozial- Familien- und Schuldenrecht bekannt sein und damit über ein „Mindestmaß an rechtlicher Vorbildung" verfügt werden müsse. Auch ist es notwendig, Kenntnis darüber zu haben, „was genau deine Aufgabe ist hier (…) und was (!)nicht(!)". Hier macht er noch einmal auf den Umstand aufmerksam, dass er als Leiter in der Rolle des „Allrounders" über die Kompetenz verfügen muss, angesichts der Vielfalt an Aufgaben, die an ihn herangetragen werden, Prioritäten zu setzen, zu delegieren und Zeitmanagementstrategien anzuwenden.

hier musst du es umsetzen können . . musst das theoretische Wissen . über deine Person rüber bringen das ist es … aber ich bin nicht so sehr der äh ich bin nicht so sehr der wissenschaftliche Typ (…) ich kompensiere viel von dem was ich nicht weiß ne mit Erfahrung (…) oder mit äh mit Bauchsachen auch die ich dann auch nachher im Nachhinein erst theoretisch begründen kann (…) vieles läuft bei mir auch schon äh hier so . automatisiert nee nicht automatisiert (…) über meinen Bauch einfach über über Gefühle

Im Nachspann versucht Paul Fröhling eine Verknüpfung von Wissen und Können herzustellen, indem er sich nicht als „wissenschaftliche[r] Typ", sondern als beruflich Handelnden charakterisiert, der das fehlende wissenschaftliche Wissen durch Erfahrung kompensiert. Der „Bauch" dient ihm hier als Entscheidungsgrundlage, wobei die fachlichen Begründungen erst im Nachhinein geliefert werden. In diesem Sinne meint er, das Wissen und Können „entweder in der Praxis oder ähm . auf Fortbildungen . ja . oder einfach learning by doing" erworben zu haben. Die Habitualisierung der Erfahrung, die Inkorporation des praktischen Wissens durch das praktische Handeln ermöglicht routinisierte Entscheidungen.

Gleichzeitig verweist er allerdings darauf, er habe sich im Beruf „bestimmte gesetzliche Grundlagen mit denen wir dauernd zu tun haben" aneignen müssen: „das ist eben dann dein normales äh Rüstzeug du musst zum Beispiel genau wissen welche Voraussetzungen liegen vor wenn du im ähm irgendwie so Beihilfe Anträge für Jugendliche machst". Neben den habitualisierten Dispositionen muss darüber hinaus Regelwissen verfügbar sein, auf das nicht intuitiv zurückgegriffen werden kann, sondern das als weiteres „Rüstzeug" das Handeln anleiten kann.

Paul Fröhling sieht den Nutzen seines sozialarbeiterischen Studiums vorwiegend darin erfahren zu haben, wo und wie er sich notwendiges Wissen verschafft. Im Zuge seiner Tätigkeit in unterschiedlichen Einrichtungen und Positionen sei es immer erforderlich gewesen, neue Wissensressourcen zu erschließen. Der Prozess der Wissensaneignung wird von ihm vorwiegend unter den Kriterien der Brauchbarkeit, der Zeitknappheit und des strategischen Nutzens betrachtet („ich hole mir immer nur soviel wie ich brauche"): Durch den Erwerb von Wissen wird ein (Wissens-)Vorsprung gegenüber den KollegInnen aufrecht erhalten, der die Absicherung der eigenen Position ermöglicht. In Folge dessen ist insgesamt ein pragmatischer, sich an den Erfordernissen und der Position orientierender Umgang mit Weiterqualifizierung zu beobachten. Auf die Frage, wie er seine beruflichen Fähigkeiten abschließend beurteilen würde, antwortet er:

gut . . kenn meine Defizite (...) aber die sind nicht so schlimm (...) ich könnte ich könnte theoretisch noch mehr arbeiten . ähm . aber das liegt mir nicht (...) wenn du mal gelernt hast und erfahren hast wie groß der Lustgewinn ist den du hast wenn du etwas Praktisches vollbracht hast ne

Paul Fröhling sieht sein Kompetenzdefizit hauptsächlich in seinem geringen Interesse an Verwaltungs- und ‚theoretischer Arbeit' begründet. Seine Unterscheidung fasst Praktisches als die direkte Arbeit mit den Jugendlichen, wobei er hier vorwiegend gemeinsames Handeln über das Medium des Handwerks meint und sich weniger auf Beratung, Therapie etc. bezieht. Theoretische Arbeit ist demgegenüber die textliche Zusammenfassung der praktischen Erfahrung in Form von Jahresberichten, Stellungnahmen und Konzeptentwicklung. Gemeint ist nicht die Auseinandersetzung mit Theorien. Das habituelle Interesse und die Lust am praktischen Tun entspricht dem beruflichen Habitus eines Machers, der die schriftliche, diagnostische und konzeptionelle Auseinandersetzung am Schreibtisch zwar als seine Aufgabe ansieht, sie jedoch mit Skepsis betrachtet, da er dies dem Bereich der Bürokratie und Verwaltung zuschreibt.

Biografisches Resümee: Freiheit vs. stetes Leben
Paul Fröhling erzählt im Interview die Geschichte des sozialen Aufstiegs eines Kindes aus einer „relativ einfache[n] Familie" sowie die Geschichte eines Ablösungsprozesses aus dem Elternhaus und dem Herkunftsmilieu. Diese beiden Geschichten sind eng miteinander verwoben, da der soziale Aufstieg nur durch die Entwicklung eines eigenen Handlungsmusters und Lebensstils, der sich vom Herkunftsmilieu abgrenzt, erreicht werden kann. Der biografische Wandel geht einher mit der allmählichen Aufgabe eines traditionellen, an den Vater gebundenen institutionellen Ablaufmusters mittels der Entwicklung eines jugendkulturellen Stils und der Entdeckung der Sozialarbeit als Studium und Beruf. Das von Paul Fröhling entwickelte

Wandlungsmuster gleicht aber nicht einem ‚totalen' Ablösungsprozess von alten Mustern, denn solch eine Ablösung wäre mit zu hohen Risiken verbunden. Vielmehr werden alte Muster, Interessen und Stile in das neue Muster integriert. Mit anderen Worten:

- Paul Fröhling bricht zwar das Ingenieursstudium ab und absolviert das Studium der Sozialarbeit, jedoch findet er hiermit einen Beruf, in den das alte Interesse an Technik integriert werden kann.
- Der Erzähler erreicht zwar durch den Studienabschluss den Status eines Akademikers und durch den beruflichen Aufstieg die Leitungsfunktion, in der alltäglichen Arbeit kann er allerdings als ‚sozialpädagogischer Handwerker' weiterhin auch den milieuspezifisch geprägten, handwerklichen Interessen nachkommen.
- Der Interviewte erzielt zwar einen beruflichen Aufstieg, entwickelt aber keine weiteren Karriereambitionen.
- Das dem Herkunftsmilieu entgegengestellte Muster der Freiheit und des unsteten Lebens wird durch die Annahme einer festen Stelle abgelöst.
- Das jugendkulturelle Gegenmuster dient der Abgrenzung vom Elternhaus und der Verwirklichung eigener Lebensvorstellungen. Der Beruf des Sozialpädagogen erlaubt es, einerseits jugendkulturelle Stilelemente weiter zu verfolgen und andererseits einen bürgerlichen Lebensstil zu entwickeln, der den Besitz mehrerer Häuser und Motorräder einschließt.

Den lebensphasenspezifischen Konflikt, verursacht durch die Arbeit und die mit der Leitungsfunktion verbundene Vielzahl an Aufgaben, bewertet Paul Fröhling wie folgt: „aber es es frisst einen auch ein bisschen auf". Zusätzlich merkt er an, er könne aufgrund seines Alters der Arbeit nicht mehr mit so viel Energie nachkommen wie bisher: „weißt du so son bisschen ne alles geht en bisschen langsamer heute".

Das beruflich-habituelle Profil von Paul Fröhling ist also durch zwei Konflikte geprägt: Der eine ist lebensphasenspezifisch und der andere ist zwischen dem Freiheitsmuster und dem Muster eines steten Lebens angelegt. Angesichts der hohen Anforderungen, die mit der Leitungsfunktion verbunden sind, müssen private Interessen und berufliche Erfordernisse ständig neu austariert werden. Mittlerweile ist Paul Fröhling mehr als zwanzig Jahre in der Jugendarbeit und Jugendberufshilfe tätig. Der Erzähler wechselt nie das Berufsfeld oder verlässt das ursprüngliche Wirkungsmilieu. Das Berufsleben weist damit einen hohen Grad an Stetigkeit auf. Das ehemalige Wandlungsmuster steht für ihn in der Gefahr, sich zu sehr zu verfestigen. Hinzu kommt, dass Paul Fröhling auf Basis seiner finanziellen Lage kaum mehr auf sein Gehalt angewiesen ist. Im biografischen Resümee beschreibt er seine Zukunftsvorstellungen, die eine Idee davon beinhalten, wie dem geregelten Lebensmuster ein Wandlungsmuster entgegengestellt werden kann. Geplant ist, auf Dauer von Mieteinnahmen und Gespartem zu leben.

Kurzfristig ist jedoch eine Aufgabe der Doppelfunktion als Werkanleiter und Leiter sowie ein Reduzierung der Stelle auf halbe Tage geplant.[63]

Beruflicher Habitus

Paul Fröhling charakterisiert sich selbst, indem er den bedeutenden biografischen Rahmen der „Achtundsechziger" und des „Lebensgefühl[s]" nur stichwortartig zu Beginn seiner Ersterzählung erwähnt. Die sich anschließende Erzählung handelt davon, wie er sich den institutionellen Zwängen des Elternhauses und der Schule entziehen kann, ein eigenes jugendkulturelles Gegenmuster in Anlehnung an die ‚68er' entwickelt und schließlich gegen den Wunsch des Vaters das Ingenieursstudium abbricht, um seinem jugendkulturellen Muster zu folgen und Sozialpädagogik zu studieren. Insgesamt kann damit ein sozialer Aufstieg erreicht werden. Im Anschluss an die Selbstcharakterisierung eines ‚Beinahe-68er', der das Lebensgefühl dieser Zeit verinnerlicht hat, berichtet er von einem unsteten Leben und davon, wie er später als Leiter einer Jugendberufshilfeeinrichtung immer weniger das ehemalige Lebensgefühl im Berufs- und Privatleben verwirklichen kann, auch weil er als „alter Hase" über immer weniger Kraft zur Bewältigung der anstehenden Aufgaben verfügt. Am Ende der biografischen Erzählung steht dann die Überlegung, ob er sich aus dem beruflichen Kontext zurückziehen soll um wieder ein „freieres" Leben führen zu können.

Insgesamt ist hier ein beruflich-habituelles Profil vorzufinden, dass durch ein ‚und auch' gekennzeichnet ist und zwischen verschiedenen habituellen Merkmalen changiert. Die habituelle Verknüpfung der Elemente kann in weiten Teilen für einem Ausgleich zwischen den unterschiedlichen Polen sorgen. Sie beinhaltet jedoch ein Konfliktpotential, das insbesondere durch das Älterwerden Paul Fröhlings virulent wird und damit auch lebensphasenspezifisch bedingt ist. Das Merkmal des ‚und auch' ist einerseits durch das habituelle Profil des Machers gekennzeichnet, der schon in der Ausbildung immer wieder das konkrete Handeln in den Vordergrund stellt und sich von allzu abstrakt-theoretischer Beschäftigung mit sozialen Fragen distinktiv abgrenzt. Andererseits lässt sich bei ihm immer wieder ein hohes Maß an Begründungs- und Reflexionsverpflichtung entdecken sowie ein Interesse daran, allzu einfachen Begründungen, Diagnosen und kurzschlüssigen Lösungswegen diskursiv entgegen zu treten.

In diesem Sinne ist er besonders stark an einer gemeinsamen Kultur des sich Informierens und Austauschens interessiert, was er durch seinen Führungsstil unterstützen will: „ich (…) wandle auf dem Grad der maximalen Demokratie (…) ohne laisser faire zu sein". Im Interview auf Kompetenzvorsprünge angesprochen, betont er:

---

63 Einige Monate nach den Feldbeobachtungen kann Paul Fröhling sein Ziel erreichen und seine Stelle um zwanzig Stunden in der Woche verringern.

ja klar (...) hab ich . (...) also hab ich äh durch meine Arbeit ich muss mich ja immer selbst hinterfragen und so weiter auch meine meine eigene Position unter pädagogischen Aspekten reflektieren was die der Meister zum Beispiel nicht so häufig tun wird (...) ich muss also ihm gegenüber sein Verhalten pädagogisch auseinander legen damit er entsprechend anders agiert also muss ich mich in de Form auch weiterbilden dass ich ihm das richtig rüberbringe (...) auf ner ruhigen vernünftigen Basis ne von anerkannten Erkenntnissen aus der Verhaltenspsychologie oder sonst wo her klar

Paul Fröhling schreibt die Kompetenzunterschiede nicht seiner Ausbildung zu, sondern vielmehr seiner beruflichen Erfahrung, die er im Rahmen seiner beruflichen Position gewonnen hat. Als Anleiter seiner MitarbeiterInnen vermittelt er denjenigen mit niedrigerem Qualifikationsniveau Wissen und bringt Reflexionskompetenzen ein, über die sie nicht verfügen. Wird Paul Fröhling Ausführungen gefolgt, dann ist der Qualifikationsunterschied in erheblichem Maße an die Berufsposition gebunden.

Innerhalb dieser Berufsposition und in der Mehrfachfunktion des Leiters, Werkanleiters und Sozialpädagogens wechselt Paul Fröhling ständig seinen Interaktionsmodus. Er weist im Team den größten Bewegungsradius auf und agiert am Häufigsten an den Schnittstellen zur organisationskulturellen Umwelt. Hier vertritt er die fachlichen Interessen der Jugendwerkstatt und grenzt sich immer wieder von den Versuchen der Minimierung von Eigenständigkeit der Jugendwerkstatt ab. Im Team positioniert er sich deutlich, indem er seine Ansichten häufig kundtut und durch Neckereien und Scherze unterstreicht. Dies kommt seiner formalen Position als Leiter entgegen und entspricht seinem geschlechtsspezifisch und biografisch geprägten habituellen Stil.

4.4 Hannes Klein: „Anpacken"

Kindheit und Jugend
(;) äh wenn ich mich jetzt nur dran erinnern soll äh . das was (?)ich irgendwie im Gedächtnis hab(?) komm ich ja nich bis bis zu meine Geburt zurück ne is ja irgendwie (atmen) vielleicht so äh als Eckdaten dann einfach nur ma (atmen) dass ich am ersten August 1956 geborn bin in Coesfeld in Westfalen .. (schnalzen) . ähm ich habe noch fünf weitere Geschwister und äh liege in der oberen Mitte das heißt also der Drittälteste oder andersrum der Viertjüngste

Die ersten Abschnitte der Ersterzählung stehen im Zusammenhang mit der vorausgegangenen Interaktion zwischen Interviewer und Interviewtem. Zum einen wird der Interviewte aufgefordert, sich an die Zeit zu erinnern, als er noch ganz klein ist und zum anderen zu erzählen, wie sein bisheriges Leben verlaufen ist. Zusätzlich weist der Interviewer den Interviewten darauf hin, dass „die Daten die ich jetzt sammel ähm . anonym anonymisiert werden". Auf die gleichzeitige Aufforderung, sich zu erinnern, den Lebensverlauf ausführlich zu erzählen und Daten zu präsentieren, reagiert Hannes Klein mit einer kurzen allgemeinen Anmerkung: Seine Erinnerung reiche nicht bis zu seiner Geburt. Nach einer kurzen Pause, in der er durchatmet und sich zu entscheiden scheint, in welcher Form er der Erzählaufforderung nachkommen will, macht er einen Vorschlag: „vielleicht so äh als Eckdaten dann einfach nur ma" und greift dabei das Wort ‚Daten' aus der Präambel zur Erzählaufforderung auf. Angesichts des Problems, das sich Hannes Klein durch die Erzählaufforderung stellt, scheint ihm die Präsentation von Eckdaten – im Gegensatz zu einer Erzählung – die praktikabelste Lösung zu sein („dann einfach nur ma"). Dies stellt einen durchaus üblichen Beginn einer Ersterzählung dar (vgl. Schütze 1984). Hannes Klein beginnt mit der präzisen Angabe seiner Geburtsdaten, verweist dann auf den Geburtsort Coesfeld und im nächsten Schritt auf seine Geschwister. Diese Daten listet er stichwortartig auf. Alle drei Daten scheinen für die Konstruktion der folgenden Biografie von zentraler Bedeutung zu sein, insbesondere die Geschwisterfolge, die detaillierter erläutert wird.

ähm . (schnalzen) ja . ähm (schnalzen) . 1960 .. ist unsere ganze Familie das heißt also meine Mutter und mein Vater und wir Kinder nach England gezogen nach Südengland weil mein Vater da gearbeitet hat .. (atmen) ähm . dort bin ich auch ähm . zur Schule gegangen ganz normale Grundschule englische Schule

Nach einer längeren Pause, in der der Biograf zu überlegen scheint, wie er fortfährt, leitet er den folgenden Erzählabschnitt erneut mit einem Jahresdatum ein. Hannes Klein beginnt von den Prozessstrukturen seines Lebenslaufs zu berichten. Er schildert kurz und knapp die Umstände des Umzugs der Familie nach England, ohne dabei ins Detail zu gehen oder innere Erlebnisse wiederzugeben. Warum Hannes Klein auf seinen Geburtsort und sein Geburtsjahr hinweist, wird hier deutlich: Im Zusammenhang mit dem Hinweis auf den Umzug der Familie kann er vermitteln, er habe in einer frühen Lebensphase, im Alter von vier Jahren, das Herkunftsmilieu verlassen und in eine vollkommen anders geprägte Umgebung ziehen müssen. Über die Geschichte des Umzuges führt er indirekt auch seine Eltern ein. Bemerkenswert ist, dass nach der erklärungsbedürftigen Formulierung „ganze Familie" noch einmal die Familienmitglieder aufgelistet werden. Die Form der Auflistung kann dabei Auskunft über die Familienkonstellation geben. Vater und Mutter stehen – als einzelne Elemente – den Kindern gegenüber, deren Verbundenheit durch den Zusatz „wir" betont wird.

Die Begründung für den Wohnortwechsel – „weil mein Vater da gearbeitet hat" – erscheint zum einen merkwürdig unpräzise und zum anderen ein wenig distanziert. Es scheint, als wolle Hannes Klein nichts Genaueres über seinen Vater berichten. Weder wird hier erläutert, welche konkreten beruflichen Umstände den Umzug notwendig machen, noch werden die Tätigkeit und das Berufsfeld des Vaters erwähnt. Nach einer erneuten Pause wendet sich Hannes Klein einem neuen Thema zu. Er erwähnt, dass er in England eine „ganz normale Grundschule" besucht habe und ergänzt: „englische Schule". Auch wenn der Erzähler keine weiteren Hinweise auf sein Leben als Kind in England gibt, können Teile der Lebensumstände erschlossen werden. Hannes Klein nimmt in England keine Sonderstellung z. B. durch den Besuch einer internationalen Schule ein und wächst zumindest schulisch integriert in England auf.

> da hab ich also auch wenn ich öfter so drüber nachdenke nur son paar kleine Erlebnisse eigentlich in Erinnerung . also ich war vom vierten bis zum zehnten Lebensjahr in Südengland und da von dem was ich weiß nur so n bisschen grob in was fürn Haus wir gewohnt haben . ähm ich weiß zum Beispiel dass wir in der Schule da gelernt haben wie man Butter macht aba sonst von der Schule weiß ich gar nix

Der Interviewte schließt hier an die ersten Passagen seiner Stegreiferzählung an. Er weist noch einmal darauf hin, sich nur an ein „paar kleine Erlebnisse" erinnern zu können. Die Erlebnisse erscheinen ihm für die biografische Erzählung nicht bedeutsam, da er zwar feststellt, sich an Erlebnisse erinnern zu können, diese jedoch nicht weiter ausführt. Dass die Erinnerungen für ihn lückenhaft sind und zusammen keine aufeinander aufbauende Geschichte ergeben, belegt der Erzähler mit Beispielen aus dem Familienleben und der Schulzeit. Seine Feststellung „weiß ich gar nix" revidierend ergänzt er jedoch:

> außer dass ich mich immer ziemlich viel gekloppt hab . ähm .. und ähm dass ich auch viel gemacht habe was meine Eltern eigentlich (!)nicht(!) wollten und . ich von denen auch ziemlich viel Kloppe gekricht hab also . äh . ich war nicht grade der bravste Junge denk ich ma . mh . das ist eigentlich so das Einzige was ich so aus aus äh England in Erinnerung hab

Der Biograf fügt nachträglich detaillierend hinzu, er sei erstens „immer ziemlich viel" in gewalttätige Auseinandersetzungen verstrickt gewesen. Zweitens habe er sich häufig nicht an die elterlichen Normerwartungen gehalten und drittens infolgedessen auch häufig von den Eltern Schläge bekommen. Zum ersten Mal führt sich hier der Erzähler als handelndes Subjekt ein. Die knappe Auflistung der Taten und der daraus folgenden Konsequenzen mündet ein in eine Selbstcharakterisierung: Er sei „nicht grade der bravste Junge" gewesen. Hannes Klein schließt erneut an die bereits zu Beginn des Interviews erfolgten Bemerkungen zum eigenen Erinnerungsvermögen an und schließt den Erzählbogen mit der Sicherung ab, er könne sich an weitere Erlebnisse aus dieser Zeit nicht mehr erinnern.

In der Stegreiferzählung sucht der Biograf aufgrund der Schwierigkeiten sich zu erinnern, zunächst nach einer geeigneten Form der Erzählung. Er führt in die Biografie durch eine stichwortartige Auflistung der zentralen Lebensrahmendaten ein. Diese Auflistung bleibt jedoch unvollständig. An das Wenige, an das sich Hannes Klein erinnern kann, werden keine Geschichten angeschlossen. Der Biograf scheint sich entschieden zu haben, dass es für die weitere Geschichte kaum von Bedeutung ist. Vielmehr wird eine Reflexion über das fehlende Erinnerungsvermögen weitergeführt, die den Charakter einer Beweisführung hat. Hannes Klein wählt somit einen Erzählstil, bei dem unter Ausblendung zentraler innerer Erlebnisse und sozialer Rahmen sowie durch die Auslassung plausibilisierender Geschichten die Auflistung der den Lebenslauf prägenden Ereignisse im Mittelpunkt steht. Bis hierhin kann nur vermutet werden: Für die weitere Geschichte ist die große Anzahl der Geschwister, der Umstand des Umzuges und das Verhältnis zum Elternhaus zentral. In welchem Zusammenhang dieses jedoch mit der weiteren Biografie steht, ist hier noch nicht zu erkennen.

Nach einem kurzen Exkurs zu seinem ältesten Bruder, der nach dem erneuten Wohnortwechsel der Familie in England bleibt, berichtet der Biograf von dem Umzug nach Irland.

dann sind wa um 1966 nach Irland gezogen . ähm .... ja auch gleicher Umstand mein Vata hat da gearbeitet und wir sind mitgezogen .. ähm . ich bin dort auf ne ganz normale .. (uv) Schule gegangen

Auch diesen Erzählbogen beginnt der Erzähler mit der Nennung des Jahres des Ereignisses. Hannes Klein bleibt also im Erzählmodus einer *lebenslaufgenerierenden* Auflistung von Lebensdaten und wechselt nicht in den Modus einer biografischen Erzählung. In dem nachfolgenden Satz „ja auch gleicher Umstand" erweist sich der erneute Umzug als ein institutionelles Muster. Der Hinweis „wir sind mitgezogen" unterstreicht die Unfreiwilligkeit des Umzuges von Hannes Klein. Auch an dieser Stelle bleibt zunächst das Erzählte von der Schulzeit auf die Präsentation der wesentlichen Daten beschränkt. Er fügt jedoch hinzu, an der neuen Schule „allerdings da ziemliche Probleme" gehabt zu haben, weil er die irische Umgangssprache nicht „beherrscht" habe. Der zweite Umzug ist folglich mit Problemen der Integration in die Gleichaltrigenkultur verbunden. Bevor er weiter von der Schule berichtet, schiebt er eine Hintergrundkonstruktion ein. Das Durchatmen vor dieser Passage deutet auf die hohe Bedeutung des Segments hin.

(atmen) da hab ich ganz ganz viele Erinnerungen an Irland also ich denke auch dass mein ... dass Irland mich auch so in meinem ganzen Wesen auch sehr geprägt hat ähm meine vielleicht auch meine Gelassenheit und meine Ruhe . also ich . glaube einfach dass dass dass dass aus dieser Mentalität der Leute die ja auch da leben das irgendwie für mich mitgenommen hab bis hierhin also bis heute

Hannes Klein fügt hier eine erneute Selbstcharakterisierung in die Erzählung ein. Sie scheint für ihn so sehr von Bedeutung zu sein, dass er den Gang des Berichtes unterbricht und in einer Hintergrundkonstruktion den Zusammenhang zwischen Irland und seiner eigenen Persönlichkeit erläutert. Er stellt fest, er habe „ganz viele Erinnerungen an Irland", jedoch wiederum ohne von diesen Erinnerungen zu berichten. Er verweist darauf, Irland habe ihn in seinem „ganzen Wesen auch sehr geprägt". Hier hätten sich seine Persönlichkeitsmerkmale der „Gelassenheit" und „Ruhe" herausgebildet.[64]

---

64 Im biografischen Resümee unterstreicht er zusätzlich seine Verbundenheit mit Irland: Er betont aus heutiger Sicht: „ich würd nich mehr aus Irland weg gehen". An einer weiteren Stelle verweist er im Zusammenhang mit seinem Interesse an Fantasy-Romanen darauf, er habe in seinem Vorleben einem irischen Clan angehört.

die Schule selber ähm war sehr streng ich ich äh es gibt in Irland zur der Zeit wo ich da zur Schule gegangen bin auch noch Prügelstrafe das heißt also für ähm .. nicht gemachte Haus und im Unterricht oda für ähm .. Quatschen während des Unterrichts (...) also ich bin sehr sehr streng glaub ich aufgezogen worden und ... und äh die Pausenzeiten und ähm .. die Freizeit auch irgendwie es ich würd aus der heutigen Sicht sagen auch genutzt hab um diese Aggression auch wieder abzuladen indem ich mich da auch wieder ziemlich viel rumgekloppt hab . ähm . mit andern Jungs gekloppt hab oder auch mit meinen Brüdern gekloppt hab

In Irland setzten sich die Gewalterfahrungen fort. Erstens berichtet Hannes Klein davon, in Irland sei damals noch die Prügelstrafe erlaubt gewesen und im Falle von Regelverstößen auch angewendet worden. Hieran schließt er jedoch erneut keine Geschichten und innere Erlebnisse an. Eine repressive Pädagogik, die Prügel als legitimes Mittel der Erziehung ansieht, und auf Strenge setzt, scheint allerdings nicht nur an der Schule, sondern auch im Elternhaus grundlegend gewesen zu sein („sehr streng glaub ich aufgezogen worden"). Zweitens erzählt er, infolge dessen „auch wieder ziemlich viel rumgekloppt" zu haben. Eingebettet ist dieser Bericht in eine retrospektive alltagspädagogische Deutung seines Verhaltens, die auf einer Frustrations-Aggressions-Hypothese baut. Er habe die Erlebnisse der repressiven Pädagogik an der irischen Schule durch eigene Aggressionen ausgelebt.

ja dann sind wa 1972 . ähm . nach Deutschland zurück gekommen ... und ähm . da gabs so n richtigen Einbruch für mich .. ähm .. auch aus der heutigen Sicht ich glaub dass ich damals . also meine Eltern leben beide nich mehr aba äh ich damals auch den Kontakt später zu meinen Eltern deswegen auch abgebrochen hab weil ich das Gefühl hatte auch sodass . wir einfach mitgeschleppt wurden und ich stand in Irland ein Jahr vorm Abitur

Auch der nächste Lebensabschnitt wird durch die Nennung einer Jahreszahl angekündigt und beginnt mit dem erneuten Umzug der Familie, diesmal nach Deutschland. Hannes Klein berichtet: „da gabs so n richtigen Einbruch für mich". Nach dieser Feststellung, die relativ abstrakt bleibt und an die sich wiederholt keine Darstellung von inneren Erlebnissen anschließt, wird der Bericht ein weiteres Mal unterbrochen: Die mit den Umzügen zusammenhängenden Erlebnisse hätten schlussendlich dazu beigetragen, dass er später den Kontakt zu seinen Eltern abbricht. Der von Hannes Klein an die Eltern formulierte Vorwurf lautet, er und seine Geschwister seien „einfach mitgeschleppt" worden. Hier formuliert Hannes Klein das aus, was sich in den vorherigen Passagen im Zusammenhang mit den Umzügen angedeutet hat. Hannes Klein fühlt sich auf die Situation kaum vorbereitet. In die Entscheidungen scheint er von den Eltern kaum einbezogen worden zu sein. Schlussendlich ist der erneute Umzug mit dem Risiko verbunden, die Schullaufbahn nicht mit dem Abitur erfolgreich abschließen zu können.

In den nachfolgenden Passagen berichtet der Erzähler davon, welche Konsequenzen sich aus dem erneuten Umzug ergeben. Da er „so gut wie kein Deutsch" sprechen kann – also durch die Eltern auch nicht sprachlich auf diesen Wohnortwechsel vorbereitet wurde – kann Hannes Klein den schulischen Anforderungen nicht entsprechen. Er wehrt sich gegen die Erwartungen des Vaters, der vorsieht, dass der Sohn in Deutschland das Abitur erreicht: Hannes Klein „schwänzt" die Schule und „tingelt" herum.[65] Er besucht die Schule nicht, auch weil er sich von den MitschülerInnen ausgegrenzt fühlt. Aus heutiger Sicht ist sich Hannes Klein nicht mehr ganz sicher, ob er durch die KlassenkameradInnen ausgegrenzt wurde oder ob er sich selber ausgegrenzt hat. Einen wesentlichen Grund für die Ausgrenzung sieht er in den mangelnden Deutschkenntnissen.

mein Vaters Wunsch wars imma dass ich seine Fußstapfen tappe ähm .. (schnalzen) . dass ich Maschinenbauingenieur werde .. (schnalzen) ähm . und ich glaube auch dass so meine handwerkliche Be Begabung oder die Schrauberei auch auch irgendwie so mir in die Wiege gelecht wurde das is auch etwas was ich heute sehr gerne noch mache

Gegen Ende des Erzählbogens zur Rückkehr nach Deutschland flechtet der Biograf erneut eine Hintergrundkonstruktion in seine Erzählung ein, in der er sich selbst zum dritten mal charakterisiert. Er berichtet von dem Wunsch des Vaters, er solle in „seine Fußstapfen tappe[n]" und ebenfalls ein Ingenieursstudium absolvieren. Daraufhin erläutert er sein inneres Verhältnis zum technisch-handwerklichen Beruf und spannt dabei einen Bogen bis zu seiner Tätigkeit heute. Wenn auch nicht explizit benannt, markiert er hierüber noch einmal den von der Karriereplanung des Vaters ausgehenden Druck. Der Vater berücksichtigt kaum die aktuelle Situation, dass Hannes Klein aufgrund der mangelnden Deutschkenntnisse den Anforderungen des Gymnasiums nicht gerecht werden kann. Zusätzlich werden hier die Differenzen zwischen Vater und Sohn deutlich. Auf der einen Seite kann Hannes Klein dem Anliegen des zwar Vaters entsprechen, da die „handwerkliche Be Begabung oder die Schrauberei auch auch irgendwie so mir in die Wiege gelecht wurde"; er berichtet also davon, er habe die handwerkliche Begabung vom Vater quasi geerbt. Auf der anderen Seite steht jedoch der väterliche Wunsch nach einem Studium im Bereich Ingenieurswesen. Für ein solches Studium kann handwerkliche Begabung zwar als eine Grundlage, jedoch nicht als hinreichende Vorabqualifikation angesehen werden. Hierüber markiert der Erzähler seine berufliche Orientierung. Im Gegensatz zum Wunsch des Vaters orientiert sich der Sohn am Handwerk, am praktischen Tun, mit anderen Worten: an der „Schrauberei".

Hannes Kleins Biografie gestaltet sich bis hierhin als Geschichte einer wiederholten sozialen ‚Entwurzelung' durch die beruflich bedingten Umzüge des Vaters. Dies wird u. a. durch die Form der Ersterzählung deutlich, indem der Erzähler seine Biografie entlang der Umzugsdaten der Familie gliedert. In dem knappen Berichten, die aufgrund der geringen Ausführlich-

---

65 Im Nachfrageteil des Interviews antwortet der Biograf auf die Frage, was er während des Schulschwänzens unternommen habe: Bei ihm sei „sone Welt zusammen gebrochen", als er – die Strenge englischer und irischer Schulen gewöhnt – das pädagogische Klima an der deutschen Schule erlebt habe. Für ihn sei es unbegreiflich gewesen, dass im Unterricht z. B. Essen erlaubt war.

keit immer wieder durch Hintergrundkonstruktionen und nachträgliche Detaillierungen unterbrochen werden, entwickelt der Erzähler eine Geschichte, die sich auf die Präsentation der bedeutsamen Lebenslaufdaten im Zusammenhang mit wichtigen Lebensereignissen konzentriert. Dabei findet eine Fokussierung auf spezifische, biografisch besonders bedeutsame Themen statt. Hannes Klein präsentiert nur einen spezifischen Blickwinkel und einen bestimmten Ausschnitt aus seiner Lebensgeschichte. Legitimiert wird hier eine Geschichte einer zunächst gescheiterten Bildungsbiografie, die in engem Zusammenhang zu den Konflikten mit dem eigenen Vater zu sehen ist. Vor dem Hintergrund der biografischen Entwicklung und der heutigen beruflichen Tätigkeit ist diese Geschichte gleichermaßen die Erzählung von der Entwicklung eines eigenen Handlungsmusters im Kontrast zu den von Elternhaus und Schule auferlegten institutionellen Zwängen.

Im Zentrum der Erzählung stehen drei Selbstcharakterisierungen: erstens die Beschreibung als Junge der nicht brav ist, sich den Regeln von Eltern und Schule widersetzt und in dessen Leben Gewalttätigkeiten eine besondere Rolle spielen; zweitens die innere Prägung durch den Aufenthalt in Irland und drittens die Aussage, die „Schrauberei" sei ihm „in die Wiege gelecht" worden. Diese drei Selbstcharakterisierungen können als die zentralen habitusprägenden Momente betrachtet werden, vor deren Hintergrund sich die nachfolgende Berufsbiografie entfaltet. Auf Basis der Feldbeobachtungen lassen sich diese Selbstcharakterisierungen präzisieren:

(1) Die erste Selbstcharakterisierung steht dabei in engem Zusammenhang zu der eigenen Bildungsbiografie, weil Hannes Klein ein biografisches Muster gegen die institutionellen Zwänge der Schule und die Zumutungen durch das Elternhaus – Gewalttätigkeit, Alkoholismus, unpassende Karrierevorstellungen des Vaters etc. – entwickelt. Schließlich führt dieses Muster dazu, dass die Schule abgebrochen wird. Zusätzlich ist die Selbstcharakterisierung auch Ausdruck des beruflich-habituellen Profils Hannes Kleins, der hierüber eine spezifische Nähe zu den Erfahrungen der Jugendlichen herstellt, die er heute betreut. Wie später noch deutlicher ersichtlich sein wird, kennzeichnet Hannes Klein seine Erfahrungen als Kind und Jugendlicher als einen zentralen Fundus seiner beruflichen Kompetenzen.[66] Bedeutsam dabei ist, dass er in seinem Leben herausgefunden hat, wie man die Schwierigkeiten, die sich aus diesen Erfahrungen ergeben haben, überwinden kann. Auf Grundlage dieser Erfahrungen kann er nicht nur als Vorbild fungieren, sondern gleichzeitig aus dem Fundus biografischen Wissens schöpfen, den er im Laufe seines Lebens erworben hat.

---

66 Bemerkenswert dabei ist der Kontrast zu Paul Fröhling, der explizit betont, er sei kein Schulschwänzer gewesen und habe ein jugendkulturelles Gegenmuster zum Elternhaus entwickelt, das kaum mit den Erfahrungen der Jugendlichen im Zusammenhang steht, die er heute betreut.

(2) Die zweite Selbstcharakterisierung beinhaltet eine Beschreibung von Persönlichkeitsmerkmalen, die für das berufliche Handeln zentral sind. Ruhe und Gelassenheit können als persönliche Kompetenzen angesehen werden, die auch dazu beigetragen haben, der sich abzeichnenden Verlaufskurve ein eigenes Wandlungsmuster entgegen setzen zu können. Zusätzlich stellen sie für Hannes Klein eine Grundbedingung für seine spezifische Berufsqualifikation bei der Arbeit mit den Jugendlichen und in der Zusammenarbeit im Team dar.

(3) Die dritte Selbstcharakterisierung betrifft nicht nur seine Qualifikation als Handwerker, sondern auch sein beruflich-habituelles Profil als Anleiter von Jugendlichen. Denn: Hannes Klein verortet sich hier als Handwerker, bei dem die Arbeit mit den Händen als Symbol für das beruflich-habituelle Profil eines ‚Machers' steht. Damit verknüpft ist eine berufliche Orientierung, nach der erstens dann mit den Jugendlichen sinnvoll gearbeitet werden kann, wenn der Anleiter die handwerklichen Fähigkeiten „im Schlaf" beherrscht . Zweitens beinhaltet diese Orientierung einen handlungsorientierten Ansatz, bei dem die handwerkliche Arbeit mit den Jugendlichen als „Nebenschauplatz" das Medium pädagogischer Arbeit angesehen wird. Darüber hinaus dient diese Selbstcharakterisierung auch als Ausschlusskriterium für solche Kompetenzen und Interessen, die sich Hannes Klein nicht zuschreiben kann. Die Fokussierung auf das Tun schließt solche Kompetenzen und Interessen aus, die sich stärker auf die theoretische Reflexion und Durchdringung des Alltagshandelns beziehen.

Ausbildung, Gesellenjahre und Fachoberschule
Die Zeit des Herumtingelns kann erst beendet werden, als der Vater seine Beziehungen einsetzt und dem Sohn eine Praktikantenstelle bei einer „Motoreninstandsetzungsfirma" besorgt. Zunächst wird das Praktikum auf vier Wochen festgelegt, schließlich auf mehrere Monate verlängert. Maßgeblich durch das Praktikum beeinflusst setzt ein Wandlungsmuster ein: Hannes Klein gewinnt etwas, an dem er sich „festhalten" kann. Bedeutsames Element des Wandels ist, dass Hannes Klein einer Tätigkeit nachgehen kann, deren Grundlagen ihm nach seiner Auffassung in die Wiege gelegt worden sind. Da hiervon nichts berichtet wird, können weder die Arbeitskollegen noch disziplinierende Maßnahmen oder anderes als das ausschlaggebende Moment des Wandlungsmusters betrachtet werden. Vielmehr fungiert die „Schrauberei" als Medium des Wandlungsmusters. Auf diese Weise wird an dieser Stelle eine biografische Nähe zu seinem heutigen Tätigkeitsbereich und zu seinen beruflich-pädagogischen Leitbildern konstituiert. Durch die praktische Arbeit kann er sich „sehr sehr schnell wieda (…) fangen". Der Wandel führt nicht nur zu einer Verlängerung des Praktikums, sondern auch zu einem Übergang in einen Ausbildungsplatz.

<small>dat war einfach gut also äh weiß nich so ganz so . so andere Sachn die mich viel mehr glaub ich geprägt haben mich geprägt haben dat erwischt werden . dat Fahren ohne Füh-</small>

rerschein und solche Sachn ne (...) ähm . das ist mit der Ausbildung eigentlich nebenbei eigentlich gelaufn is also ich hatte so das Gefühl . so ähm .. also es . ich glaub die Ausbildung is für mich irgendwie . ähm .. hab ich irgendwie so mit links gemacht und äh so andre Sachn die mich viel mehr intressiert haben mein Mofa zu friesiern . oda ähm .. zu guckn wie lang ich durch die Stadt fahrn kann mitm Auto ohne dass ich erwischt werde (...) solche Sachn . das äh . hab ich viel mehr Erinnerung dran als äh die die eigentliche Ausbildung (uv) ... dat lief einfach so . so ohne Anstrengung

Retrospektiv werden jedoch die Inhalte der Ausbildung, die Zusammenarbeit mit den KollegInnen und die Erfahrungen im Betrieb nicht als zentral für das eigene Leben betrachtet. Weil die Ausbildung aufgrund der in die Wiege gelegten Kompetenzen „so ohne Anstrengung" durchlaufen werden kann, erscheinen Hannes Klein die weiteren Erfahrungen auch nicht erwähnenswert. Auf diese im Nachfrageteil des Interviews angesprochen, berichtet er von Erlebnissen aus seinem Privatleben, die ihn viel deutlicher „geprägt haben". Das Wandlungsmuster beinhaltet hier nicht die Veränderung zum „braven" Jungen, sondern steht in der Kontinuität vorausgegangener jugendlicher ‚Abweichungen' – Moped frisieren, Fahren ohne Führerschein etc. Trotzdem gelingt es ihm, seine Ausbildungszeit auf zwei Jahre zu verkürzen. Die Berufsschule wird ohne Probleme absolviert, obwohl der Befragte sich nicht auf Klassenarbeiten und Prüfungen vorbereitet. Dass ihm während der Ausbildung alles in den Schoß gefallen zu sein scheint, sieht er als Grund für das erfolgreiche Gelingen an.

Da Hannes Klein denkt „dat kann nich irgendwie alles sein", entschließt er sich nach drei Jahren Gesellentätigkeit in seinem ehemaligen Ausbildungsbetrieb das Fachabitur nachzuholen. Die Ausbildung und die Gesellenjahre werden nur als Übergangsphase angesehen. Zu diesem Zeitpunkt liegen keine klaren Vorstellungen darüber vor, in welche Richtung der berufliche Werdegang führen soll.

da war ich noch zu sehr von mein Vata irgendwo auch geprägt weil mein Vata wollte imma dass ich Maschinenbauingenieur werde (...) so wie er (...) irgendwann stand es an . dat entweder dann tatsächlich zu werden oda nich (...) wars für mich auch sodass ich so gedacht hab . ja so schlimm is dat ja alles eigentlich gar nich ähm . (4 uv) und äh . geh dann an die Fachoberschule (...) und äh versuch ma mein Fachabitur nachzuholn . und ähm .. ja auch da an der Fachoberschule war et so dat ich nie für ne Klassenarbeit gelernt hab (...) und irgendwann hatt ich mein Fachabitur nach einem Jahr in der Tasche

Hannes Klein folgt den vom Vater vorgesehenen Berufsplänen. Dass diese jedoch keineswegs vollständig mit Hannes Kleins Vorstellungen korrespondieren, wird an mehreren Stellen dieser Interviewpassage deutlich. Der Erzähler kommentiert seinen Entschluss durch den Zusatz, er sei „noch zu sehr" durch seinen Vater geprägt gewesen und habe entschieden, „ja so schlimm is dat ja alles eigentlich gar nich". Angesichts der bisherigen schulischen Erfahrungen ist er sich nicht sicher, ob er den Leistungsanforderungen der Schule entsprechen kann und stellt fest: „[ich] versuch ma mein Fachabitur nachzuholn". An der Fachoberschule führt er das an der Berufsschule erprobte Lernschema weiter. Er berichtet, sich auch hier nicht auf die Klassenarbeiten vorbereitet zu haben, und durchläuft die Schule mit geringer Anstrengung und geringem Engagement.

Zivildienst

Im Anschluss an den Besuch der Fachoberschule hat Hannes Klein den Einzugsbefehl zur Ableistung seines Wehrdienstes „schon in der Tasche". Kurz bevor er eingezogen wird, entschließt er sich jedoch, den Wehrdienst zu verweigern. Nach der Anerkennung als Verweigerer wird er als Zivildienstleistender in einer Kirchengemeinde in den Bereichen Altenpflege und Jugendarbeit tätig.

> bin dann auf der Schiene glaub ich hatt ich so die erste Berührung also äh . mit Arbeitn . mit Jugendlichen ich hab im Zivildienst Altenarbeit gemacht also Altenpflege und so und zum Nachmittach und Abend hin äh Gruppenarbeit . inne in einer Gemeinde

Der Zivildienst stellt einen entscheidenden Schnittpunkt seiner Berufsbiografie dar, denn hier bekommt Hannes Klein das erste Mal Kontakt zur Sozialen Arbeit und insbesondere zur Jugendarbeit. Durch den Hinweis „bin dann auf der Schiene" wird zunächst angedeutet, der Zivildienst habe eine neue Route offenbart. Auf die Erfahrungen beim Zivildienst angesprochen, listet Hannes Klein zunächst die Aufgaben auf, die er im Bereich ambulante Betreuung als Zivildienstleistender übernimmt: „Altenbetreuung eben war einkaufn", „die ma besuchn" oder mit einem Mann mit Herzinfarkt „Laufübungen" machen.

Von seinen konkreten Erfahrungen berichtet er jedoch nicht. Weder wird erkennbar, dass hier ein besonderer Bezug zu der Arbeit entwickelt wird, noch wird deutlich, warum der Zivildienst ihn auf eine neue Schiene bringt. Auch die Art der Auflistung und die Ergänzung „oda sonst was irgendwas in der Form" sowie die Aussage „da musste ich eben hin" teilen nicht mit, dass er seiner Tätigkeit als Zivildienstleistender besonders engagiert und mit hohem Interesse nachgeht. Überdies wird hierdurch nicht deutlich, dass eine neue berufliche Perspektive entwickelt wird. Auch der Bericht über seine Arbeit mit Kindern und Jugendlichen („dann so Hausaufgabenbetreuung . und äh zum Abend dann die Offene Tür") stellt lediglich eine Auflistung seiner Aufgaben als Zivildienstleistender dar und handelt nicht von eigenen Erfahrungen und inneren Erlebnissen. Erst auf die Frage des Interviewers, ob er eigenständig Funktionen übernommen habe, erläutert er: „genau unda Unterstützung war das genau genau also nix selba gemacht ne". Damit präzisiert er den von ihm übernommenen Aufgabenbereich und beschreibt die Funktion seiner Tätigkeit als Unterstützung der hauptamtlichen Arbeit.

Als der Interviewer noch einmal nachfragt, ob er z. B. während der Offenen Tür den Thekendienst übernommen habe, präzisiert er jedoch: Er habe nicht nur „assistiert", sondern auch zu spezifischen Themen Gruppenstunden angeboten – „zum Beispiel zum Kriegsdienstverweigerung so warum sollte man den Kriegsdienst verweigern solche solche Themen eben auch und äh . das warn solche Themen die hat man auch alleine gemacht und jetzt nich nur assistiert".

Studium
Nachdem Hannes Klein seinen Zivildienst abgeleistet hat, beginnt er das Studium im Bereich Maschinenbau und folgt damit den vom Vater für ihn vorgesehenen Berufsplänen. Dass er jedoch schon zu Beginn des Studiums erhebliche Zweifel hegt, ob er das Studium erfolgreich abschließen kann, wird durch seinen Kommentar „kannst es ja mit dem Studieren mal probieren" deutlich. Diese Zweifel bestehen vor dem Hintergrund der eigenen bildungsbiografischen Erfahrungen.

ich wollte auch (?)oft(?) von zu Hause raus . ähm wollte aber auch nich ganz einfach ganz weg also alles abbrechen ähm und hab mich deswegen auch für mh für n Studium (?)sagen wa(?) so weit von zu Hause weg dat dat man irgendwie Distanz hat aber auch so die Möglichkeit dass man auch eventuell das aufrecht erhalten kann ähm mir den Ort Dortmund ausgesucht hab

Biografisch wird das Studium auch für eine Ablösung vom Elternhaus genutzt. Mit 28 Jahren zieht Hannes Klein aus dem Elternhaus aus und in eine andere Stadt. Der neue Wohnort, der gleichzeitig auch Studienort ist, wird ausgewählt, weil die Entfernung ein gewisses Maß an Distanz gewährleistet, ohne dass ein Kontaktabbruch vollzogen werden muss.[67] Der späte Auszug aus dem Elternhaus mag angesichts der Probleme mit den Eltern erstaunen. Es zeigt sich jedoch, dass Hannes Klein bislang einem institutionellen Muster folgt und dass die Ablösung von diesem Muster ihm erhebliche Schwierigkeiten bereitet. Die Entwicklung eigener Handlungsbögen kann erst mit der Aufnahme des Studiums begonnen werden. Mit der Distanz zu den Eltern werden die eigenen beruflichen Zukunftsvorstellungen nicht verändert. Auch wenn Hannes Klein schon zu Beginn des Studiums unsicher ist, ob er das Studium letztendlich abschließen wird, hat er noch keine alternativen Entwürfe entwickelt. Die anfängliche Skepsis bezüglich des Studiums findet zunächst keine Bestätigung, denn Hannes Klein kann den Anforderungen gerecht werden und auch ein gewisses Maß an Interesse an den Studieninhalten aufbringen. Es wird berichtet: „et ging auch am Anfang ziemlich gut". Auf die Dauer verändert sich dies jedoch. Auf die Inhalte des Studiums angesprochen resümiert er:

---

67 Die Probleme mit den Eltern werden vom Interviewten nicht ausführlich behandelt, jedoch in mehreren Interviewpassagen explizit thematisiert. Er berichtet von Prügeln, den konträren Karrierevorstellungen des Vaters und den ungeliebten Umzügen. Er erwähnt, dass er den Kontakt zu den Eltern abgebrochen hat. Sein Vater sei „Quartalssäufer" gewesen und seine Eltern hätten sich immer gestritten. Er habe während der Ausbildungszeit eine Bürgschaft für seinen Vater übernommen, infolgedessen er für die Schulden des Vaters hätte aufkommen müssen. Die Erzählung von einem letzten versöhnenden Besuch bei den Eltern ist die einzige Passage des Interviews, in der er auf seine Eltern genauer eingeht.

trocken (:) also is äh ... ja ich äh ich finde im Maschinenbaustudium is es is sss es so viel Theorie (...) is es ähm nix Praktisches (...) das war ähm .. war für mich tödlich m tödlich langweilig (...) einzich schöne Sachen was ich schön fand sind so bestimmte äh Praktikas im äh im Versuchslabor (...) aba die andern Sachn Mathe zum Beispiel ich hab imma Mathe eigentlich gemocht . ähm . aba da irgendwie zweinhalb Stunden oda so was zu sitzn . und da irgendwelche Formeln von der Tafel abzupinnen (...) das is absolut langweilich ne

Auch wenn die meisten Studieninhalte Hannes Klein „tödlich" langweilen, wird das Studium nicht abgebrochen. Hannes Klein fügt sich also weiterhin dem institutionellen Muster. Ein eigenständiges Handlungsmuster, das anerkennt, dass das Studium nur wenig Identifikationsmöglichkeiten bietet, wird nicht entwickelt. Weil die Studieninhalte ihm zu „theoretisch" ausgerichtet sind und sich nur in geringem Maße an praktischen Fragen orientieren, zeigt er an diesen nur wenig Interesse. Einzig und allein die zu absolvierenden Praktika in den Labors können sein Interesse wecken, weil hier konkrete Fragen durch praktisches Tun gelöst werden sollen. Hier macht ihm dann auch die „Auswertung" der Versuche Spaß. Das geringe Interesse an der kognitiven Beschäftigung mit Studieninhalten spiegelt sich auch darin wieder, dass er sich – ähnlich wie in der Ausbildung und auf der Fachoberschule – auf Klausuren nicht vorbereitet.

Danach gefragt, ob er nur ein Minimalstudium absolviert habe, antwortet er, er sei „so ganz normal auch da hingegangen", habe jedoch „keine Lust" gehabt, sich zu „Hause hinzusetzn und für ne Prüfung irgendwie zu büffeln". Das hier präsentierte Verhältnis zum Studium und zu Studieninhalten entspricht damit der am Anfang der Ersterzählung eingeflochtenen Selbstcharakterisierung als „Handwerker", dem nicht die theoretische Auseinandersetzung, sondern das praktische Tun, die „Schrauberei (...) in die Wiege gelecht wurde".

Den „ersten großen Reinfall" erlebt Hannes Klein im Studium, als er die erste Fachprüfung ablegen muss. Obwohl er alle erforderlichen Leistungsnachweise erlangt hat, kann er das Studium aufgrund seiner Prüfungsangst nicht abschließen. Hannes Klein meldet sich nicht für die erste und auch nicht für die folgenden Fachprüfungen an. Die Prüfungsangst kann als ein Anlass gewertet werden, das ungeliebte Studium faktisch zu beenden. Ein endgültiger Abbruch des Studiums und Bruch mit dem institutionellen Muster wird jedoch hinausgezögert. Hannes Klein schafft sich ein Moratorium, durch das er weiterhin in den Studiengang eingeschrieben bleiben kann, auch wenn er das Studium nicht weiterführt.

Nach acht Semestern Studium macht Hannes Klein vier Jahre lang „bis zum AStA-Vorstand" „fast nur noch politische Arbeit an der Fachhochschule". Er gründet mit StudienkollegInnen eine „unabhängige Liste", die sich weniger als die bislang an der Fachhochschule angesiedelten studentischen Vertretungen mit außeruniversitären politischen Inhalten beschäftigt und sich vielmehr um die studentischen Belange kümmert. Auch hier steht also das Interesse am Konkreten, d. h. an der konkreten Hochschulpolitik im Vordergrund und nicht die im Verhältnis dazu ‚abstrakte' Beschäftigung mit gesellschafts- und parteipolitischen Inhalten. In Gestalt der hochschulpolitischen Arbeit entwickelt Hannes Klein nun ein eigenes Handlungsmuster, das neue Identifikationsmöglichkeiten bietet und im Zusammenhang mit der beruflichen Karriere ein vierjähriges Moratorium schafft.

In Anbetracht der Fehlenden monetären Unterstützung durch BAföG oder die Eltern muss dieses Moratorium jedoch finanziert werden, weshalb er neben dem Studium und der hochschulpolitischen Arbeit in verschiedenen Bereichen beschäftigt ist. Er arbeitet u. a. als Fahrradkurier, auf dem Bau, in einer Gefängnisküche, als Automechaniker, als Kellner, als Taxifahrer und als Fahrer einer Autovermietung. Noch heute ist er besonders „stolz" darauf, sich seinen Lebensunterhalt weitgehend selbst und unabhängig von Eltern und staatlicher Versorgung finanziert zu haben.[68]

dann . hab ich später (?)so nee(?) also .. vielleicht auch Entschuldigung oder sonst was hab ich so gedacht nee Maschinenbau dat is nich dat . dat was dein Bereich irgendwie da hab ich mich für Sozialpädagogik eingeschrieben

In dieser Zeit entdeckt Hannes Klein nach mehr als acht Jahren Studium, dass Maschinenbau nicht sein „Bereich" ist. Retrospektiv wird eingeräumt, diese veränderte Sichtweise auf das Studium könne „vielleicht auch [eine] Entschuldigung oder sonst was" für das Scheitern gewesen sein. Diese, von Hannes Klein vorsichtig formulierte Interpretation zum Entschluss des Studienwechsels, ist Ausdruck einer großen Ambivalenz in Bezug auf die eigene studentische Orientierung. Als Ausdruck der Fortführung bzw. Nachwirkung des institutionellen Musters der Karrierevorgaben des Vaters hat der Erzählende weder damals noch heute für sich klar herausarbeiten können, inwieweit das Studium im Bereich Maschinenbau mit eigenen Interessen und Vorstellungen kompatibel ist.

Das Moratorium kann zur Entwicklung eines Handlungsschemas einen Beitrag leisten, indem Hannes Klein den Studiengang wechselt. Der Wechsel ist maßgeblich dadurch beeinflusst, dass Hannes Klein erstens Studierende aus der Fachschaft Sozialpädagogik und zweitens einen Dozenten aus diesem Fachgebiet kennen lernt. Motiviert durch die Kontakte entwickelt er das „Gefühl", er könne „eigentlich so etwas was äh . in Richtung äh späta vielleicht machen" und stellt fest: „war so ne Idee". Die Studienorientierung bleibt jedoch vage und unbestimmt. Zumindest zielt sie nicht auf das Studium und dessen Inhalte selber ab, sondern begründet sich vielmehr in der Vorstellung, später in diesem Bereich tätig zu werden. Diese an der späteren Berufspraxis orientierte Studienmotivation findet ihren Ausdruck in

---

68 Auch hier kann er den Jugendlichen als Vorbild gelten, denn trotz seiner Erfahrungen, die denen seiner jugendlichen AdressatInnen nicht unähnlich sind, schafft er sich das notwendige Maß an Eigenständigkeit.

einer geringen Identifikation an den Studieninhalten. Zu diesen befragt, antwortet Hannes Klein, er habe das Studium der Sozialpädagogik „absolut weltfremd" gefunden. Es hätte „mit der Realität draußn überhaupt nix zu tun". Seine Einstellung untermauert er mit zwei Geschichten über seine Erfahrungen mit DozentInnen an der Fachhochschule.

Entsprechend seiner habituellen Disposition kritisiert Hannes Klein am Studium den fehlenden Praxisbezug, beschreibt die Inhalte als „abgehobn" und protestiert z. B., als ein Dozent im Bereich Sozialmanagement sein Wissen als „das A und O" darstellt. Eine Aufgabenstellung im Rahmen eines Seminars zur Jugendarbeit kritisiert er, weil er meint, diese Aufgabe habe „mit der eigentlichen Arbeit . nichts mit zu tun".[69] Hannes Klein kann nicht erkennen, dass ein Studium erlaubt, an Praxisprobleme mit einer anderen Sichtweise heranzugehen. Für ihn bietet es nicht die Chance, praktische Probleme auch theoretisch zu durchdringen. Hannes Klein zeigt sich weiterhin am konkreten praktischen Tun interessiert. Das habituell disponierte Einstellungsmuster des ‚Handwerkers' kann auch durch das Studium der Sozialpädagogik nicht durchbrochen werden. Das eigentliche Wesen des Studiums sowie dessen Sinn und Zweck bleiben ihm somit in hohem Maße fremd. So findet er auch keinen Zugang zur sozialpädagogischen oder anderen wissenschaftlichen Fachliteratur. Auf Fachliteratur angesprochen berichtet er, er lese Fantasy-Romane. Er stellt fest: „mit (!)Fachliteratur(!) tu ich mich echt schwer . ähm muss ich mich für (3uv) ähm . was erarbeiten".

da lief das aber ziemlich genau so ich hab alle Scheine gemacht . nur keine einzige Fachprüfung

Dem bisher verfolgten Studienmuster entsprechend erlangt Hannes Klein erneut alle Leistungsnachweise, ohne dass er sich zu einer Fachprüfung anmeldet. Das Studium kann er also nicht abschließen. Das Problem der Prüfungsangst wird weiterhin nicht angegangen.

Eine Identifikation mit dem Beruf kann Hannes Klein trotz der Schwierigkeiten mit den Studieninhalten jedoch während des Studiums über eine Honorartätigkeit in einem Jugendclub erlangen. Hier kann er seine Arbeitszeit relativ selbstständig einteilen. In der Woche ist er dort bis zu dreißig Stunden beschäftigt. Die sechs Jahre als Honorarkraft beschreibt er als eine Zeit mit Eigenständigkeit und großen Gestaltungsmöglichkeiten. Zunächst ist er im Jugendclub in einem Arbeitslosenprojekt tätig, kann dort seine handwerklichen Fähigkeiten z. B. beim Bau einer Halfpipe einsetzen und stellt fest, dass er „ganz gut . mit diesem Schlag von Jugendlichen zurecht" kommt. Zum Schluss wechselt jedoch der Leiter der Einrichtung. Es entste-

---

69 Identifizieren kann er sich mit den Inhalten eines Seminars, das sich mit dem Thema Jugendberufshilfe beschäftigt. Diese Identifikation scheint jedoch vorwiegend im Nachhinein entstanden zu sein, als Hannes Klein in diesem Bereich tätig wird und den direkten Bezug zu seiner täglichen Arbeit herstellen kann.

hen Konflikte mit der Leitung, als Hannes Klein im Rahmen des Sozialpädagogikstudiums die Jugendlichen des Stadtteils seines Jugendhauses befragt und feststellt, „dass die Angebote im Jugendklub nicht passn sind (...) so das hab ich im Team dann auch . vorgestellt . und dann hab ich dem auch die Meinung (?)gesagt(?)".

Durch seine Fragebogenaktion und die Reaktionen der KollegInnen veranlasst, beschließt Hannes Klein, ohne Aussicht auf eine neue Stelle, die Honorartätigkeit im Jugendclub zu Beginn der Sommerferien zu beenden. Auch wenn er hier – ohne dies explizit zu machen – ein Beispiel für eine durch das Studium angeregte Lernerfahrung benennt, fällt die abschließende Beurteilung des Studiums der Sozialpädagogik im Nachfrageteil des Interviews kritisch aus.

<blockquote>ich glaub das Studium hat mir persönlich recht viel gebracht aber so . innerlich viel gebracht oder so . aber für meinen eigentlichen Beruf glaube ich nicht (...) ich glaube das äh das Studium hat mir das gebracht dass ich erkannt hab dass ich nicht in (?)und so weiter ähm (5uv) . und das Sozialpädagogikstudium . mh . . . ich glaub zu der Zeit hab ich viele Sache erarbeitet die ich persönlich irgendwie</blockquote>

Das Studium stellt sich für Hannes Klein weder als hilfsreich in Karriereangelegenheiten, noch als ein Instrument der Professionalisierung eigener Kompetenzen dar. Da das Studium selber und die dort vermittelten Inhalte ihm bis auf wenige Ausnahmen zu theoretisch, zu „abgehobn" und zu praxisfern erscheinen, es aber, wenn auch in geringem Umfang weitergeführt wird, muss es für Hannes Klein grundsätzlich Möglichkeiten der Identifikation bereitgehalten haben. Das Studium erlangt biografischen Wert, indem es Hannes Klein „persönlich recht viel" bringt. Somit kann hier in gewisser Hinsicht eine Entsprechung mit dem von Friedhelm Ackermann und Dietmar Seeck (1999) herausgearbeiteten Typus der Selbstverwirklichung entdeckt werden (vgl. auch Schweppe 2002).

Neben dem Studium jedoch absolviert Hannes Klein einen karriereförderlichen Lehrgang. An der Industrie- und Handelskammer erwirbt er den Titel ‚Industriemeister' und erhält damit die Berechtigung auszubilden. Den erfolgreichen Abschluss der Prüfung zum Industriemeister begründet er mit dem hohen Praxisbezug des Lehrgangs. Nachdem er zunächst an der theoretischen Prüfung scheitert, bescheinigt ihm der Prüfer in der Nachprüfung: „sie werden imma n Praktiker bleiben und kein Theoretiker". Hannes Klein kommentiert die Aussage des Prüfers und stellt fest: „ich glaube das is einfach auch so ich glaub ich für mich selba sag ich . ich pack lieba irgendwat an als irgendwie darüber zu reden".

Jugendwerkstatt: „mein Traumjob"
Nach Beendigung der Honorartätigkeit fährt Hannes Klein in den Urlaub und trifft anschließend auf einem Rockkonzert den damaligen Leiter der Jugendwerkstatt, in der er heute tätig ist. Dieser berichtet ihm, dass dort die Stelle eines Anleiters frei werden würde und schlägt ihm vor, sich auf diese

Stelle zu bewerben. An dem Tag, an dem er seine Bewerbungsunterlagen in der „Goldstraße" vorbeibringt, wird – für ihn unerwartet – direkt ein Bewerbungsgespräch durchgeführt. Auf die Frage eines Mitarbeiters, warum er diese Tätigkeit ausführen will, antwortet er, dies sei sein „Traumjob", ohne das genaue Profil seiner zukünftigen Tätigkeit zu kennen. In den folgenden Interviewpassagen untermauert er nicht nur, warum die Tätigkeit sein Traumjob ist, sondern auch, dass er ohne Schwierigkeiten den Anforderungen der neuen Tätigkeit gerecht werden kann.

so mal so in der ersten Woche mal so n bisschen Einstieg so ne mit den Jugendlichen (...) zusammen und äh Werner hat mich dann vorgestellt und so und äh . ab der Frühstückspause war ich mit den Jugendlichen ganz alleine (...) so dat ging einfach das äh .. seitdem läuft das auch mit denen

Hannes Klein unterstreicht, er habe ein quasi natürliches Talent für die Anleitertätigkeit in einer Jugendwerkstatt. Immer wieder verweist er auf das Erstaunen von KollegInnen darüber, dass er erst seit kurzem in der Jugendwerkstatt beschäftigt ist und über herausragende Fähigkeiten verfügt.

Als Hannes Klein erfährt, dass eine Fortbildung für WerkanleiterInnen geplant werden soll und zu diesem Planungsgespräch nur EinrichtungsleiterInnen eingeladen sind, beschwert er sich darüber, dass hier die MitarbeiterInnen nicht eingeladen werden, die später diese Fortbildung besuchen sollen. Er fährt gemeinsam mit dem Einrichtungsleiter zu diesem Planungsgespräch und legt dort seine Kritik dar. Tatsächlich wird auf Basis des Planungsgesprächs die Fortbildung eingerichtet. Hannes Klein ist einer der ersten, der an dieser Fortbildung teilnimmt.

diese Qualifizierung ist äh . irgendwie genau nach meinem Geschmack das ist sehr sehr . praktische Sachen (...) die wir da gemacht haben in den zwei Jahren ähm (?)zum Teil(?) theoretisch oder auch durch Rollenspiele und äh Kommunikationstechniken

Die Fortbildung bewertet Hannes Klein sehr positiv, weil diese „genau nach" seinem „Geschmack" sehr praktisch ausgerichtet ist und die Inhalte dort unter Einsatz verschiedener Methoden vermittelt werden. Hier findet er jedoch auch einen Zugang zu eher theoretischen Inhalten.

Resümierend stellt er fest, die Fortbildung habe ihn zwar nicht verändert, aber dazu beigetragen, sein Handeln „ein bisschen theoretischer" zu fundieren. Während das Studium kaum Möglichkeiten der Identifikation bieten konnte, kann hier durch die praxisbezogene Ausrichtung ein Zugang auch zu theoretischen Fragen gefunden werden. Solchermaßen Identifikation mit dem Lehrgang findend, kann Hannes Klein seinen beruflichen Stand professionalisieren, indem er nach Abschluss des Lehrgangs als Anleiter der Werkanleiter neue TeilnehmerInnen des Lehrgangs weiterbildet.

Wissen, Können und Erfahrung
Auf die Frage, was er für seine Tätigkeit in der Jugendwerkstatt wissen müsse, antwortet Hannes Klein: „weiß ich nicht . ähm . . ganz allgemein

würd ich erst mal sagen . ähm . (gedehnt)absolut positives Lebensgefühl (gedehnt)". Er ergänzt, man müsse für die Jugendlichen Verständnis aufbringen: „wie er jetzt in die Situation geraten ist musst du völlig an die Seite schieben". Wichtig ist ihm die Überzeugung, „dass jeder Jugendliche irgendwas kann". Der Fallanamnese und Diagnose, die die biografische Gewordenheit der Jugendlichen in den Blick nimmt, setzt er – möglicherweise auch vor dem Hintergrund der Annahme, dass Aktenkenntnis und Fallwissen den Blick verstellen können – ‚Verständnis' und Überzeugungen gegenüber. Gleichzeitig müssten aber auch die Grenzen der pädagogischen Einflussnahme erkannt werden, z. B. in Situationen , in denen die „Chemie" zwischen ihm und dem Jugendlichen nicht stimmt. Es ginge darum „zu erkennen (...) so ähm . wir passen nicht zusammen ähm den Jungen ne Möglichkeit geben mit jemand anders . weitermachen zu können". Auf die Frage nach seinem beruflichen Können antwortet Hannes Klein:

Handwerk musst du . können . und auch so können datte das irgendwie ähm . im Schlaf kannst . ähm . . ich meine ich wie gesagt das sag ich öfters das ähm eigentlich die handwerkliche Tätigkeit ist Nebenschauplatz

Sein Wissen und Können habe er größtenteils nicht erworben. Es „liecht in den Genen (lacht 1 Sek.) ähm .... der überwiegende Teil glaub ich ähm . dat wat in mir drin ist . in mir drin steckt . und das andere ist son vielleicht angelernt oder oder gelernt". Neben den handwerklichen Fähigkeiten, die ihm „in die Wiege mitgelegt worden" seien, wären auch die pädagogischen Kompetenzen weitgehend nicht durch Aus- und Fortbildung, sondern durch Veranlagung grundgelegt worden: „pädagogisch auch ähm . mach ich vieles aus dem Bauch heraus". Die WerkanleiterInnenfortbildung habe das intuitive Handeln lediglich „theoretisch fundiert". Darüber hinaus habe er weitere Kompetenzen durch „Gespräche und Auseinandersetzung" mit den MitarbeiterInnen und den Jugendlichen erworben. Im Anschluss weist er darauf hin, er habe gegenüber anderen KollegInnen mit akademischem Abschluss im Bereich Jugendwerkstätten „da vieles voraus". Er würde häufig anzweifeln, ob diese KollegInnen über die Persönlichkeitsmerkmale verfügen würden, die sie für die Tätigkeit benötigen. Zusätzlich vergleicht er seine eigenen Kompetenzen mit den Fähigkeiten von Anja Schell, die er als ideale Kollegin betrachtet. Er stellt fest, dass sie „einfach pädagogische Bereiche hat wo sie einfach . ich kann nicht sagen viel weiter ist weil die einfach auf ner anderen . ner anderen Ebene ist (...) ich beneide das nicht ich finde das einfach ne ideale Ergänzung".

Biografisches Resümee: „ich weiß dass ich gut bin"
Werden Hannes Kleins Aussagen zum Wissen und Können zusammengefasst, dann ergibt sich hier das Bild eines Werkanleiters, der distinktiv die fehlende formale Qualifizierung durch genetisch und biografisch, d. h. außerberuflich erworbene Kompetenzen und Eigenschaften zu kompensieren meint und zu dem Schluss kommt: „ich weiß dass ich gut bin". Auch wenn

er auf seine Weiterbildung und die Kompetenzen verweist, die er beruflich erworben hat, dient ihm seine eigene Persönlichkeit als die grundlegende Eigenschaft, die er für die Bewältigung der beruflichen Anforderungen benötigt. Der Abschluss eines sozialpädagogischen Studiums zählt für ihn dabei nicht als grundlegende Bedingung für gelingendes Handeln. Die hier vorzufindenden Positionierungen finden in der biografischen Nähe zu den Jugendlichen und in der Feststellung, er habe in der Jugendwerkstatt seinen „Traumjob" gefunden, eine habituelle Entsprechung. Dass die Kollegin Anja Schell ein unterschiedliches Kompetenzprofil aufweist, dient ihm hierbei auch nicht als Hinweis auf Defizite. Vielmehr betrachtet er ihre Kompetenzen als eine Ergänzung. Dementsprechend versteht er sich in der Jugendwerkstatt weitgehend als (sozial-)pädagogischer Akteur, der handwerkliche Fähigkeiten benötigt, diese aber nur als Mittel zum Zwecke (sozial-)pädagogischen Wirkens einsetzt.

Wenn Hannes Klein davon berichtet, dass ihn der Lehrgang für Werkanleiter als Person nicht verändert habe, spricht er hier indirekt das traditionell verankerte Thema der Persönlichkeit des Erziehers an. Seine pädagogische Persönlichkeit bzw. sein beruflich-habituelles Profil ist somit wesentlich durch die außerberuflichen biografischen Erfahrungen geprägt. Dementsprechend glaubt er über eine Persönlichkeit zu verfügen, die er als grundlegende Bedingung für sein eigenes Handeln ansieht. Die biografische Nähe zu den Jugendlichen hat er erworben, da er kein ‚braver' Junge war, Gewalttätigkeiten erlebt und die Schule geschwänzt hat, weil er in der Fremde gelebt und mehrmals den Wohnort gewechselt hat und er das Gymnasium verlassen musste sowie zweimal beim Studium gescheitert ist. Eine weitere grundlegende Qualifikation, die ihn zur Arbeit mit den Jugendlichen befähigt, sieht er in seiner Kompetenz, die eigenen Schwierigkeiten überwunden zu haben. Das in die Wiege gelegte und anschließend routinisierte handwerkliche Können stellt hier den Grundstock dar, auf dessen Basis pädagogisch agiert werden kann.

Beruflicher Habitus
Im Laufe des narrativen Interviews legitimiert Hannes Klein seine heutige berufliche Position als pädagogisch tätiger Mitarbeiter ohne sozialpädagogischen Abschluss. Im Zusammenhang mit seinen biografischen Erfahrungen wird das biografische Wissen als Grundlage für einen Kompetenzvorsprung gegenüber den MitarbeiterInnen ausgewiesen, die über ein sozialpädagogischen Studienabschluss verfügen. In der Jugendwerkstatt positioniert er sich, indem er sich der Gruppe der MitarbeiterInnen mit „Biss" zurechnet und die konsequente Umsetzung von Regeln einfordert. Gleichzeitig betont er immer wieder ein Gegenmodell zu der bürokratischen Erweiterung der Dachorganisation: Die Familie fungiert hier als pädagogisches Leitbild für die Zusammenarbeit mit Jugendlichen und MitarbeiterInnen und ist Aus-

druck von einem Leitbild pädagogischer Arbeitsbeziehungen, das auf eine diffuse Nähe setzt.

Das Handwerk erweist sich für ihn „als pädagogisches Instrument um mit den Jugendlichen pädagogisch zu arbeiten (...) und die die Anja Schell benutzt andere Instrumente also so sehe ich das für mich sind die ähm ja alles was ähm . alles so in diesem Werkstattbereich letzten Endes integriert ist also so das ist so meine Aufgabe ähm (...) ob das jetzt handwerklich oder pädagogisch ist ist eigentlich wurscht". Im Gegensatz zu Paul Fröhling reduziert Hannes Klein die Unterschiede auf die Anwendung unterschiedlicher Technologien. Dabei negiert er die tatsächlich vorfindbaren Differenzen zwischen sozial- und werkpädagogischer Arbeit, indem er beide Funktionsbereiche unter pädagogischen Zielsetzungen subsumiert.

Seine legitimierende Argumentationsfigur steht im Widerspruch zu seinen im Berufsalltag immer wieder beobachteten Distinktionen gegenüber (sozial-)pädagogischer Arbeit und zu den tatsächlich vorfindbaren Unterschieden des werkpädagogischen und des sozialpädagogischen Aktionsraumes. Als Werkanleiter verfolgt er weitestgehend den Interaktionsmodus der ‚Werkstatt' durch knappe und präzise Anweisungen, die die Sprache der Arbeitswelt von Werkstätten imitieren. Insbesondere Drohungen, Witze und Neckereien gehören zum alltäglichen Sprachspiel von Hannes Klein. Im Team spielt Hannes Klein die Rolle des Souveränen und „Bissigen", der keine Schwächen zeigt. Seine Positionierungen fallen häufig scharf und lautstark aus. Die Unterschiede zu seinen KollegInnen werden beispielsweise deutlich, wenn er berichtet, er habe bei einer Fortbildung große Schwierigkeiten gehabt, eine Dokumentation zu schreiben. Anschließend äußert er sein Unverständnis gegenüber pädagogischer „Laberkultur". Gleichzeitig sind für sein beruflich-habituelles Profil starke berufspolitische Interessen kennzeichnend. Ziel ist hier die Absicherung des beruflichen Status über professionalistische Interessen. Diese drücken sich auch in häufigen Distinktionen und ein nach außen getragenes starkes Selbstbewusstsein aus. Mit der Organisationskultur und ihren Leistungen identifiziert er sich in hohem Maße und zeigt hier besonders viel Stolz.

4.5 Kurzportraits

4.5.1 Carolin Weber: „Kampf um Anerkennung"

Carolin Weber wird 1963 in einem kleinen westfälischen Dorf geboren. Ihre Kindheit ist geprägt durch ein traditionelles Arbeitermilieu, eine dörfliche Enge und einen engen Familienverbund. Carolin Webers Vater ist Maurer. Da die Familie über nur geringe finanzielle Mittel verfügt, nimmt die Mutter einen Job als ungelernte Lehrerin an. Als Carolin Weber dreieinhalb Jahre alt ist, wird ihr Bruder geboren. Bedingt durch das Fehlen eines Kindergartens im Dorf, sind die Geschwister tagsüber zumeist bei der Großmutter untergebracht.

Im Alter von sieben Jahren wird die Biografin eingeschult. Die Grundschulzeit hat sie sehr positiv in Erinnerung, insbesondere, da sie sich zu Hause langweilt und die Schule als eine Abwechslung empfindet. Der Besuch der Grundschule verläuft sehr erfolgreich und die LehrerInnen schlagen vor, dass die Interviewte anschließend das Gymnasium besuchen soll. Carolin Webers traditionell milieugebundene Eltern schicken jedoch die Befragte auf eine Realschule. Der Besuch des Gymnasiums im eigenen Milieu ist „einfach . nich so üblich".

Die Realschulzeit verläuft bis zur siebten Klasse ohne größere Probleme. Carolin Weber hat jedoch Schwierigkeiten mit ihrem Klassenlehrer – „der ähm hatte wirklich so Kriegstraumata noch". Der Lehrer unterrichtet u. a. Mathematik und kann „überhaupt nicht erklären". Als Carolin Weber im Alter von zwölf Jahren erstmals einen Freund hat und sich insgesamt weniger für die Schule interessiert, spitzen sich die Schwierigkeiten im Fach Mathematik zu. Sie muss die achte Klasse wiederholen. In der neuen Klasse hat sie nur wenige Kontakte zu den überwiegend zwei Jahre jüngeren KlassenkameradInnen. Sie verbringt ihre Zeit gemeinsam mit den FreundInnen, die auch sitzen geblieben sind, und mit ihrem Freund, der die gleiche Schule besucht. In der Kirchengemeinde, in der sie auch als Kind an einer Jungschargruppe teilgenommen hat, ist sie gleichzeitig Besucherin verschiedener jugendarbeiterischer Maßnahmen und ehrenamtliche Mitarbeiterin in einer Kindergruppe. Die Mitarbeit und Freizeitgestaltung in der Kirchengemeinde bieten für Carolin Weber eine Abwechslung vom insgesamt wenig spannungsreichen dörflichen Leben.

Nach Abschluss der Realschule in der zehnten Klasse wechselt Carolin Weber auf eine Fachoberschule für Sozialpädagogik in einer nahe gelegenen Stadt. Im ersten Jahr absolviert sie ein Praktikum in einem Kindergarten ihres Dorfes. Die Schulzeit bewertet die Biografin insgesamt sehr positiv, weil der Unterricht ihr auch in den vorher ungeliebten Fächern Spaß bereitet und sie sich mit den KlassenkameradInnen „richtig auseinandersetzen" kann. Sie bemängelt jedoch, an der Schule zu wenig sozialpädagogische Inhalte vermittelt bekommen zu haben.

Nach Abschluss der Fachoberschule bewirbt sich Carolin Weber bei der ZVS für einen Studienplatz an einer Fachhochschule für Sozialpädagogik. Den Wunsch, eine Fachschule für Ergotherapie zu besuchen, kann sie aufgrund der damit verbundenen hohen Kosten nicht realisieren. Von der ZVS bekommt sie einen Studienplatz an der Fachhochschule Köln zugewiesen. Die Biografin zieht nach Köln, zunächst in die Wohnung einer älteren Studentin und dann in verschiedene Wohngemeinschaften. Um ihr BAföG aufzustocken, jobbt sie nebenher bei verschiedenen Firmen, in der Altenhilfe und als Tagesmutter. Das Leben in der Großstadt und das Studium ist mit

Schwierigkeiten und Unsicherheiten verbunden. Carolin Weber muss „das selbstständige Leben" in der Großstadt zunächst erlernen. Das Studium wird begleitet von Prüfungsängsten und Unsicherheiten bezüglich der eigenen Fähigkeiten. Die Diplomarbeit schließt sie nach dem dritten Versuch im siebten Jahr ihres Studiums ab. Anschließend arbeitet sie zunächst weiter im Bereich der Altenhilfe und als Tagesmutter. Anschließend ist sie drei Monate arbeitslos.

Durch einen Aushang an der Fachhochschule wird sie auf eine freie Praktikumstelle in einer Wohngruppe für minderjährige Flüchtlinge in einer vierzig Kilometer entfernt liegenden Stadt aufmerksam. Sie bewirbt sich und erhält ein dreiviertel Jahr nach ihrem Studium die Stelle als Praktikantin im Anerkennungsjahr. Im Anschluss daran meldet sich Carolin Weber arbeitslos und erhält dadurch die Berechtigung, in einer Arbeitsbeschaffungsmaßnahme tätig zu werden. Sie bekommt eine ABM-Stelle in einer Jugendwerkstatt – beim gleichen Träger, bei dem sie heute auch beschäftigt ist. Der auf ein Jahr befristete ABM-Vertrag wird um ein Jahr verlängert. Das dritte Jahr ihrer Tätigkeit in dieser Einrichtung wird durch „Nebenkostenzuschuss" finanziert. In der Einrichtung ist sie für die Betreuung der Jugendlichen zuständig, die in verschiedenen Werkstätten als Vollzeit-ABM-Kräfte tätig sind. Ab 1995 werden in der Einrichtung auch Maßnahmen der Jugendberufshilfe durchgeführt, für die Carolin Weber die sozialpädagogische Betreuung übernimmt. Die Arbeit in der Einrichtung ist durch geringe sozialpädagogische Anteile und einen geringen Zusammenhalt im Team geprägt. Aufgrund der schlechten Arbeitsbedingungen und der Unsicherheit ihres Beschäftigungsverhältnisses bewirbt sich Carolin Weber bei verschiedenen anderen Einrichtungen. Als eine Arbeitskollegin in einer Jugendwerkstatt des gleichen Trägers ein Kind bekommt, wird sie von ihr gefragt, ob sie die Schwangerschaftsvertretung übernehmen wolle. Sie nimmt die Stelle an und wechselt in die Jugendwerkstatt „Goldstraße". Nach Ablauf der Vertretungsstelle kann sie in dieser Einrichtung eine Vollzeitstelle übernehmen. Zum Zeitpunkt des Interviews ist sie dort drei Jahre beschäftigt.

Im Alltag der Jugendwerkstatt ist die Sozialpädagogin Carolin Weber mit beruflich-habituellen Positionierungen zurückhaltend. Sie zeigt sich vielmehr an Informationsaustausch und positiver Kontaktherstellung interessiert. Dementsprechend versucht sie immer wieder Gespräche zum Informationsaustausch zu initiieren, in denen sie immer wieder auch lange Berichte von den Erlebnissen mit den Jugendlichen einfügt. Hier agiert und positioniert sie sich in der Rolle der Schnittstellenagentin, die den ständigen Informationsaustausch – insbesondere unter den Kolleginnen – in Gang hält. Dieser Austausch nimmt jedoch die Form eines kommunikativen Leerlaufs an, da die Informationen nicht auf der Basis von Fallverstehen in Deutungen überführt werden, die das Handeln anleiten können. Die kaum direkt spürbaren Positionierungen Carolin Webers sind auch ein Anzeichen dafür, dass sie unsicher ist, welche Stellung sie im Team der Jugendwerkstatt einnimmt. Ihre biografische Erzählung handelt dementsprechend vom Kampf um (berufliche) Anerkennung und von Unsicherheiten bezüglich der eigenen Position und Kompetenzen.

In diesem Sinne ist auch ihr Studium immer wieder durch die Hinterfragung der eigenen Kompetenzen, durch Unsicherheiten in Zusammenhang mit einem geringen Selbstwertgefühl, durch Prüfungsangst und durch Brüche gekennzeichnet. So braucht sie für das Studium sieben Jahren und drei Anläufe für die Diplomarbeit. Insgesamt meint sie hier Grundwissen vermittelt bekommen zu haben, das aber nicht auf die konkrete Tätigkeit in der Jugendberufshilfe vorbereiten konnte. Bezüglich ihrer beruflichen Kompetenzen verunsichert, hat sie im Gegensatz zu Paul Fröhling und Anja Schell jedoch ein großes Interesse an der fachlichen Fundierung ihrer Kompetenzen durch Fortbildung und Fachliteratur. Das unscharf gezeichnete beruflich-habituelle Profil, das sich in einem wenig zielgerichteten Studium, unklaren Karrierevorstellungen, mehrmaligem Wechsel der Arbeitsfelder und der sich anschließenden Suche nach beruflicher Identität ausdrückt, soll durch Fort- und Weiterbildung an Figur gewinnen.

4.5.2 Martin Lange: „Beruflicher Aufstieg"

Bei seinen ausführlichen Narrationen zur eigenen Biografie zeigt Martin Lange seine hohe Erzählkompetenz. Die narrative Erzählung wird jedoch kaum reflexiv durchdrungen. Er wird 1960 in Köln geboren. Sein Vater hat eine Ausbildung als Ankerwickler absolviert, ist dann aber als Chauffeur bei der Kommune tätig. Seine Mutter „hat mal früher in ner Weberei gearbeitet" und ist später halbtags als Reinigungskraft angestellt. Martin Lange hat fünf Geschwister, drei jüngere Brüder und zwei ältere Schwestern. Er wächst in einer „kinderreiche[n] Gegend" auf und besucht einen Kindergarten. Die Kindheit ist geprägt durch das gemeinsame Spiel mit den Kindern auf der Straße und den jüngeren Brüdern, für die er „immer schon irgendwie die Verantwortung" hatte. Die Mutter hat „sehr viel zu tun . wenn sie nach Hause" kommt und die Kinder aus dem Kindergarten abgeholt hat. Von der Grundschulzeit berichtet Martin Lange, dass er die dritte Klasse wiederholen musste. Die Lehrerin habe ihm „in mehreren Situationen etwas unterstellt". Martin Lange fühlt sich „so verletzt . dass ich da angefangen hab zu blockieren". In der neuen Klasse macht er mit seiner neuen Klassenlehrerin gegenteilige Erfahrungen, als sie ihn freundlich empfängt und ihm zur Begrüßung Blumen auf seinen Tisch stellt: „dementsprechend .. ähm . gings dann auch mit den Leistungen wieder hoch". Nach der Grundschule wechselt Martin Lange auf die Hauptschule. Wegen dem „rauhen Klima" auf der Hauptschule ist er „mehr damit beschäftigt" sich „irgendwie durchzusetzen bei anderen . körperlich als äh sich mit der Schule zu beschäftigen". In Folge dessen kann er in der siebten Klasse nur ein „absolut schwaches" Halbjahreszeugnis vorweisen. Vom Lehrer angespornt schafft er mit einem anderen von neun versetzungsgefährdeten Schülern dann aber doch die Versetzung in die achte Klasse: „und es ging dann auch . bergauf ich hatte dann auch Spaß an den (?)Noten(?)". Im neunten Schuljahr absolviert er ein Praktikum in einer Modellschreinerei und entschließt sich in diesem Beruf eine Ausbildung zu beginnen. Da seine Leistungen im Fach Mathematik jedoch für eine Bewerbung nicht ausreichen, gibt ihm der Lehrer die für die Bewerbung erforderliche Note „gut". Im Vergleich zu seinen vorherigen Schulnoten schafft Martin Lange, erneut von einem Lehrer unterstützt, einen relativ guten Abschluss in der neunten Klasse.

Zum einen da er erneut schulische Schwierigkeiten auf der Berufsschule hat und zum anderen, da er später die Fachoberschulreife und anschließend die Fachhochschulreife erlangen will, besucht Martin Lange parallel zu der sich anschließenden Ausbildung in der Modelltischlerei eine Abendschule. Martin Lange plant beruflich und sozial aufzusteigen und ein Lehramtsstudium im Fach Sport zu beginnen. Da jedoch Führerschein- und Ausbildungsprüfungen gleichzeitig zu meistern sind, muss er bei der Abendschule „n bisschen zurückstecken" und ein Jahr wiederholen. Währenddessen hat er die Gesellenprüfung absolviert und wird von seinem Ausbildungsbetrieb übernommen. Da er sich mit seiner beruflichen Tätigkeit in diesem Betrieb nur wenig identifizieren kann, bewirbt er sich als (Modell-)Tischler bei anderen Firmen und Institutionen, u. a. bei einem Theater. Nachdem er die Fachoberschulreife erlangt hat, versucht er an der gleichen Abendschule, die Fachhochschulreife zu erreichen. Nach anderthalb Jahren der Beschäftigung kündigt ihm seine Firma aufgrund eines groß angelegten Stellenabbaus. Martin Lange ist drei Monate arbeitslos und überlegt, ob er die Abendschule weiter besuchen oder ob er zuerst den Wehrdienst ableisten soll. Er entscheidet sich für den Wehrdienst und durchläuft dort die Grundausbildung. Als er einen Lehrgang zum Panzerführer absolviert, wird ihm bewusst, dass „ich mir auch nich vorstellen kann dass ich da ähm losziehen würde in den Krieg äh solange mir keiner was direkt tut". Der sich anschließende Gewissenskonflikt hat psychosomatische Folgen. Martin Lange verbringt sechs Wochen im Krankenhaus mit einer „vegetative[n] Dystonie", nutzt die Krankheit als Moratorium und entscheidet sich, den Kriegsdienst zu verweigern.

Den Zivildienst leistet Martin Lange in einem Altenpflegeheim ab. Die Arbeit als Hausmeister stellt für ihn jedoch keine besondere Herausforderung dar, auch wenn er hier seine handwerklichen Kompetenzen einbringen kann. Er wechselt in den Pflegebereich. Im Anschluss an den Zivildienst wird er für anderthalb Jahre als Einschaler „aufn Bau" tätig. „Das war erst mal ne Arbeit und äh … ja von da an aus ähm … ja . hab ich mich einfach umgehört". Nach dem Zivildienst verfolgt Martin Lange das Ziel, die Fachhochschulreife zu erlangen und dann Sport zu studieren, nicht weiter. Die Arbeit mit Menschen beim Zivildienst hat ihn angeregt, nach einer Stelle zu suchen, bei der er seine handwerklichen Kompetenzen mit seinem Interesse an personenbezogener Arbeit verbinden kann. Sein bei der Kommune tätiger Vater gibt ihm den Tipp, dass ein Mitarbeiter für eine Jugendwerkstatt gesucht wird. Auf diese Stelle bewirbt er sich erfolglos, wird jedoch vom zuständigen Sachbearbeiter für den Fall vorgemerkt, dass in einer anderen Einrichtung eine Stelle frei wird. Nach anderthalb Jahren Berufstätigkeit als Einschaler wechselt Martin Lange in die Jugendwerkstatt „Goldstraße". Dort ist er zum Zeitpunkt des Interviews seit siebzehn Jahren beschäftigt.

Im Team nimmt eher eine ruhige, zurückhaltende Position ein. So zeigt sich Martin Lange in den ersten Wochen der Feldteilnahme auch eher skeptisch gegenüber dem Forschungsprojekt. Dann wechselt er jedoch den Interaktionsmodus und positioniert sich – einen Tag bevor mit den Beobachtungen in seiner Werkstatt begonnen wird –, indem er eine Qualifikation benennt, die ihn von seinen KollegInnen unterscheidet. Diese besondere Qualifikation ohne Ausbildung und Abschluss besteht in der Tätigkeit als Krafttrainer und in der ehemaligen Selbständigkeit als Studiobesitzer. Indem Martin Lange sein privates sportliches Interesse in die Arbeit einbringen kann, findet er Anerkennung bei den an dieser Sportart interessierten Jugendlichen und bei den sportlich engagierten KollegInnen. Am ersten Tag der Beobachtungen in der Holzwerkstatt positioniert sich der Mitarbeiter, indem er auf sein Interesse und seine Aktivitäten im Bereich Jungenarbeit hinweist. Er unterstreicht sein Engagement in dieser Sache und weist darauf hin, dass er in diesem Bereich noch Wissensdefizite ausgleichen müsse. Er nutzt die Anwesenheit des teilnehmenden Beobachters, um sich fachlich Unterstützung zu holen. Wie bei den gemeinsamen Sitzungen an dem Bericht zum „Rollentausch" deutlich wird, verfügt Martin Lange entsprechend seiner Qualifikation über nicht weitreichende Kompetenzen der Reflexion. Entsprechend seiner habituellen Orientierung als Jungenarbeiter will er diese Kompetenzen jedoch ausbauen. Indem Martin Lange von seinem Interesse an der Jungenarbeit erzählt, markiert er Unterschiede zu den anderen männlichen Kollegen, die kein besonderes Interesse an dem Thema äußern. Symbolisch formuliert, spielt Martin Lange hier einen weiteren Trumpf aus, der sein spezifisches Wissen und Können bzw. seine beruflich-habituelle Position im beruflichen Gefüge bezeichnet.

Im Gegensatz zu Hannes Klein kann Martin Lange deutlich zwischen werkpädagogischen und sozialpädagogischen Aufgaben unterscheiden: Bei den SozialpädagogInnen gäbe es viele „andre (uv) Bereiche wo die arbeiten" und auch die anderen WerkanleiterInnen würden – entsprechend ihrer Interessen – einzelne andere Aufgaben übernehmen: Er würde das sportliche Interesse einbringen, Hannes Klein die berufspolitische Unterstützung der WerkpädagogInnenausbildung und Evelyn Rühl die Arbeit im Betriebsrat. Auf Unterschiede zu dem sozialpädagogischen Personal angesprochen, argumentiert er:

das is äh für mich nich so unbedingt vergleichen das haut für mich gar nich hin (...) weil . also vergleichen kannse ja nur Sachen die gleich sind oder (...) die versuchen gleich zu sein (...) hier kann jeder äh individuell . arbeiten ne wir haben ein gemeinsames Ziel

Martin Lange will nicht ‚Äpfel mit Birnen' vergleichen. Er lehnt professionalistische Absichten der Nichtanerkennung von Unterschieden ab. Gleichzeitig betont er die individuellen autonomen Spielräume der MitarbeiterInnen und inszeniert Gemeinsamkeit, indem er hervorhebt, dass die autonomen Spielräume durch das „gemeinsame Ziel" verbunden wären. Damit bezieht er eine andere Position als Hannes Klein und Paul Fröhling.

In diesem Sinne kennt Martin Lange auch seine Defizite im Bereich der pädagogischen Planung und Konzeptionalisierung sowie Reflexion von Angeboten. Dies wird deutlich, wenn er den teilnehmenden Beobachter um Unterstützung bei der Erstellung eines Berichtes zu einem Projekt im Bereich Jungenarbeit bittet. Gleichzeitig ist dies Ausdruck seines Interesses sich weiterzubilden und neues (sozial-)pädagogisches Wissen zu erlangen. Das beruflich-habituelle Profil ist jedoch gekennzeichnet durch ein hohes Maß an „geduldigem Abwarten", das mit einem insgesamt ruhigen und zurückhaltenden persönlichen Stil korrespondiert. Dementsprechend eignet sich Martin Lange neues Wissen eher gemächlich an. Im Rahmen seiner habituellen Orientierung steht er allzu ausführlichen Reflexionen und Planungen eher kritisch gegenüber. Dies wird deutlich, wenn er in einer Diskussion mit den KollegInnen einen Bericht von Anja Schell mit der Begründung lobt, dass diese sich kurz gefasst habe.

Martin Langes knapp gehaltene Ersterzählung ist eine stichwortartige Auflistung der wichtigsten Stationen der Berufsbiografie: Schule, Ausbildung und Gesellenjahre. Eingewoben ist hier eine Aufstiegsorientierung: Martin Lange verfolgt das Ziel, die Hochschulzugangsberechtigung zu erlangen. Eine Phase der Arbeitslosigkeit und die sich anschließende Zeit in der Bundeswehr stellen einen einschneidenden Bruch in der bis dahin mehr oder weniger kontinuierlich verlaufenden Biografie dar. Das Projekt Fachhochschulreife und Studium wird aufgegeben. Durch die Erfahrungen während des Zivildienstes in der Altenpflege entdeckt Martin Lange berufsbiografisch eine neue, wenn auch nicht klar konturierte Orientierung. Zusätzlich wird die Identifikation mit dem Tischlerberuf brüchig. Der Plan, den Lebensunterhalt als Fitnessstudiobesitzer zu verdienen, funktioniert nur kurze Zeit. Der Wechsel in die Jugendberufshilfe geschieht somit letztendlich mehr oder weniger zufällig, auch wenn im Nachhinein die Fähigkeit zum Umgang mit Jugendlichen als bedeutsame Grundkompetenz herausgestellt wird. Obwohl Martin Lange in seiner biografischen Erzählung deutlich die Brüche markiert, die zu einem Wandlungsmuster führen und das Interesse an der Arbeit mit Menschen wecken, ist damit weder ein zielgerichteter und mit klaren beruflichen Vorstellungen verbundener Weg, noch ein spezifisches Qualifizierungsinteresse verbunden. Der rote Faden, den Martin Lange in seiner Erzählung spannt, zeigt ein beruflich-habituelles Profil auf, das berufsbiografisch nur durch die WerkanleiterInnenfortbildung und die eigenen beruflichen Erfahrungen eine sozialpädagogische Orientierung erhält.

4.5.3 Anja Schell: „Sozialpädagogik mit Biss"

Mit Anja Schell wurde kein Interview geführt. In den ersten Tagen der Feldbeobachtungen demonstriert die Erzieherin und Sozialpädagogin ihre starke Vorliebe an Strukturierung und Planung sowie ihren Hang zu direktiven Vorgaben. Diese Positionierung entspricht der Selbstcharakterisierung als Sozialpädagogin mit ‚Biss' die Konsequenz, Aktion und Handeln bevorzugt sowie schnelle Charakterisierungen der Jugendlichen anstatt ausführliche Überlegungen und Reflexionen bevorzugt. Anja Schell präsentiert sich zusätzlich als Praktikerin, die dem praktischen Anteil der Ausbildung ein besonderes Gewicht und der Theorie eine geringere Relevanz für die Praxis zuschreibt. Dabei benutzt sie distinktiv das Bild von theoretisch geschulten PraktikantInnen, die an der Praxis scheitern.

Als sportliche und immer wieder härtere Konsequenzen einfordernde Sozialpädagogin versucht sie bei ihren Neckereien mit den männlichen Kollegen diese immer wieder an Sprachwitz zu übertreffen. Ihr Sprachstil lehnt sich eher an dem Stil der Werkanleiter als dem der Kollegin Carolin Weber an. Weil sie in der Jugendwerkstatt nur halbtags beschäftigt ist, verfügt sie im Vergleich zu Paul Fröhling und Carolin Weber über ein insgesamt stärker eingegrenztes Aufgabenspektrum. Ihre beruflich-habituelle Orientierung an schnellen Entschlüssen korrespondiert mit den geringeren zeitlichen Ressourcen einer Halbtagsstelle.

4.6 Das Team: Gemeinsamkeit und Differenz

In der Jugendwerkstatt „Goldstraße" wird auf vielfache Weise Gemeinsamkeit hergestellt und inszeniert. Dabei ist das Bemühen kennzeichnend, bei Anerkennung der Unterschiede die Differenzen in einem Team einzufangen. Der Inszenierung von Gemeinsamkeit liegt dabei eine von den MitarbeiterInnen beschriebene Praxistheorie zugrunde: ‚Professionell zu sein heißt, den Jugendlichen gegenüber eine Einheit zu bilden und im Team an einem kollektiven Ziel zu arbeiten'. Dieser Maxime entsprechend wird die Gemeinsamkeit insbesondere vor den Jugendlichen in Szene gesetzt.

Orte der Inszenierung dieser Kollektivität des Teams sind die gemeinsamen Essenszeiten. Hier sitzen die MitarbeiterInnen gemeinsam an einem Tisch, von dem aus sie das Geschehen gemeinsam kontrollieren. Die von der jeweiligen Mitarbeiterin oder dem jeweiligen Mitarbeiter durchgeführten Interventionen und getroffenen Entscheidungen werden gegenüber den Jugendlichen vom Team stets gemeinschaftlich getragen. Hierfür sind die kollektive Kultur des Informationsaustausches, der ständige Informationsfluss und das gemeinsame Updaten (vgl. Geis 2005) besonders dienlich. Je höher der Grad an gemeinsam geteiltem Wissen, desto überzeugender kann die Gemeinsamkeit des Teams auch gegenüber den Jugendlichen inszeniert werden. Fachliche Auseinandersetzungen und Korrekturen der vorgenommenen Interventionen geschehen an von den Jugendlichen separierten Orten. Insgesamt zeichnet die Jugendwerkstatt „Goldstraße" eine gemeinsam getragene fachliche Kultur aus. Diese gemeinsam getragene Kultur des Handelns und Deutens ist eingelagert in eine Vielzahl von Routinen und Gewohnheiten, die seit den Anfängen der Jugendwerkstatt bestehen und ein hohes Maß an Sicherheit innerhalb des Einrichtungsalltags verleihen, wie z. B. die Kulturen der Essensinszenierung, der Schnittstellenherstellung, der gemeinsamen Neckereien und der kollektiven Teamreflexion.

Ausdruck der Inszenierung von Gemeinsamkeit ist die nach außen immer wieder vorgetragene und innerhalb des Teams regelmäßig bestätigte Vorbildfunktion der Einrichtung. Das Bild der Vorbildfunktion wird durch stete Distinktionen gegenüber der Organisationsumwelt, dem Dachverband und anderen Jugendwerkstätten, sozialen Diensten und Berufsgruppen aufrecht gehalten. Hierüber kann die gemeinsam geteilte Kultur der Organisation des Alltags in der Jugendwerkstatt nach außen legitimiert und nach innen versichert werden. Außerdem kann die Gefahr, dass die Organisationsumwelt die gemeinsam getragene Kultur des Teams verändert, abgeschwächt werden. Die Inszenierung von Gemeinsamkeit erweckt nach innen und außen den Eindruck einer flachen Hierarchiestruktur, wie sie für professionelle Organisationen beschrieben wird (vgl. u. a. Klatetzki 2005). In diesem Sinne könnte hier von annähernd ähnlichen habituellen Positionen der MitarbeiterInnen ausgegangen werden. Beim Feldzugang zur Jugendwerkstatt werden jedoch deutliche beruflich-habituelle Unterschiede sichtbar, die im Alltag der Jugendwerkstatt stetig reproduziert und gefestigt werden. Diese Differenzen sind auch daran ersichtlich, dass sich der Zugang zu den einzelnen MitarbeiterInnen bzw. zu den einzelnen Arbeitsbereichen sehr unterschiedlich gestaltet. Hier positionieren sich die MitarbeiterInnen unterschiedlich intensiv. Dabei ist auffällig, dass die Art des Feldzugangs, die jeweilige Position der einzelnen MitarbeiterInnen im Team und das beruflich-habituelle Profil in erheblichem Maße korrespondieren. Die Beziehung zwischen den Kategorien (vgl. Strauss 1994) bestätigt sich, wenn beispielsweise

- Evelyn Rühl im Team insgesamt eine zurückhaltende Position einnimmt und sich gleichzeitig auch gegenüber dem teilnehmenden Beobachter sehr zurückhaltend zeigt;
- Carolin Weber als Informationslieferantin und Beziehungsagentin unter den MitarbeiterInnen im Team fungiert und dem Beobachter gegenüber ähnliche Aufgaben übernimmt;
- Anja Schell den Zugang zum Feld kontrolliert und begrenzt und dies nicht nur ihre Zuständigkeit im Team für das Forschungsprojekt unter-

streicht, sondern auch ihrem beruflich-habituellen Profil als Sozialpädagogin mit ‚Biss' entspricht;
- Hannes Klein und Paul Fröhling sich innerhalb des Teams und gegenüber dem Beobachter immer wieder lautstark positionieren;
- Martin Lange sich gegenüber dem teilnehmenden Beobachter zunächst eher misstrauisch und zurückhaltend zeigt und im Team eine ähnlich zurückhaltende und vorsichtige Position einnimmt.

Beim Feldzugang des Ethnografen wird diesem schnell deutlich, dass die Gemeinsamkeit des Teams zu großen Teilen inszeniert ist und diese Inszenierung die Unterschiede zwischen den MitarbeiterInnen und die damit verbundenen mikropolitischen Strategien im Team verdeckt. Denn die Inszenierung von Gemeinsamkeit schließt nicht aus, dass im Team ständig um die richtigen Interpretationen und Definitionen, Lösungs- und Interventionswege gerungen wird und sich dabei immer wieder auch wechselnde Koalitionen ergeben, die quer zu den unterschiedlichen Ausbildungsabschlüssen liegen.

Z. B. entstehen immer wieder Auseinandersetzungen zwischen Martin Lange und Carolin Weber auf der einen Seite und Hannes Klein und Anja Schell auf der anderen Seite, weil letztere des Öfteren konsequentere Interventionen einfordern. An anderer Stelle werden jedoch in statusspezifischen Auseinandersetzungen die Schwierigkeiten deutlich, die sich durch die funktionsspezifische, am jeweiligen Ausbildungsabschluss orientierte Aufgabenteilung ergeben: Die Sozialpädagoginnen und die Lehrerin versuchen durchzusetzen, dass auch die WerkanleiterInnen die Protokolle der Teamsitzungen schreiben, weil diese jüngst mehr Vorbereitungszeiten zugewiesen bekommen haben. Zusätzlich wird die Gemeinschaft gefährdet, weil sich die Verwaltungsfachkraft Otto Krauß und der Lehrer Gerd Pröß nicht in das Team einbinden lassen wollen. Insbesondere Otto Krauß ist immer wieder Anlass für Gespräche zwischendurch. Aber auch die schwache Teamposition des ‚neuen' Werkanleiters Ernst Meister droht für die Gemeinschaft des Teams zum Problem zu werden. Ihm wird jedoch vom Team für die Fortentwicklung seiner Kompetenzen noch ‚Zeit zugestanden'.

Auf Basis der vorgenommenen Rekonstruktionen lassen sich habituelle Unterschiede bei den MitarbeiterInnen auf sieben verschiedenen Ebenen beschreiben:

(1) *Geschlechtsspezifische Unterschiede*: Männer und Frauen unterscheiden sich z. B. in der Wahl der Gesprächsthemen am Morgen und Nachmittag. Während sich die Männer über ihre ‚Karren' oder Rockmusik unterhalten und politische Gespräche initiieren und sich gegenseitig ‚necken', unterhalten sich die Frauen über die Jugendlichen oder über kulturelle Themen. Während Paul Fröhling, Hannes Klein, Otto Krauß – und in eingeschränktem Maße auch Martin Lange – besonders häufig das Spiel des ‚Toppens' spielen und besonders gerne ‚Sprüche reinreichen', gilt das bei den Frauen nur für Anja Schell. Aber auch zwischen Frauen und Männern – zumeist

angeregt durch die Männer – wird häufig jenes Spiel des ‚Toppens' gespielt und dabei werden geschlechtsspezifische Unterschiede markiert, wenn sich über Petra Mildes Interesse für Esoterik lustig gemacht oder Paul Fröhling auf sein Alter angesprochen wird.

(2) *Aufgabenhierarchische Unterschiede*: Die Jugendwerkstatt hält einen Gesamtarbeitsbogen der Arbeitsteilung bereit, der zum einen berufsgruppenspezifisch und qualifikationsspezifisch und zum anderen individuell Zeit- und Bewegungsformen, Interaktionsstile und somit Aufgaben hierarchisch gliedert. Durch die Inszenierung von Gemeinsamkeit, durch den Willen zur Teamarbeit und die gemeinsame Erledigung von Aufgaben werden gleichzeitig berufsgruppenspezifische und qualifikationsspezifische Unterschiede partikular ausgeblendet. Aber auch während der gemeinsamen Erledigung der anstehenden Aufgaben werden feine Unterschiede reproduziert: Die aufgabenhierarchische Gliederung des Arbeitsbogens manifestiert sich formell im Konzept der Jugendwerkstatt, in der die Aufgabenbereiche teils minutiös den einzelnen Berufsgruppen zugeordnet werden. Trotzdem ist diese Aufgabenhierarchie Gegenstand ständiger Auseinandersetzungen zwischen den Teammitgliedern – zum einen aufgrund professionalistischer Interessen Einzelner und zum anderen aufgrund der gemeinsam geteilten Bedeutung der Teamarbeit. Das Interesse an Gewissheit wird somit ständig durch partikulare Interessen unterlaufen.

(3) *Kulturell-habituelle Unterschiede*: Kulturell-habituelle Unterschiede äußern sich insbesondere in unterschiedlichen sprachlichen Kompetenzen, d. h. bildungsspezifischen Unterschieden und verschiedenen kulturellen Interessen. Diese Unterschiede lassen sich jedoch nicht eindeutig von formalqualifikatorischen Unterschieden trennen, denn die jeweiligen Ausbildungen und die weiteren Qualifikationen reproduzieren, manifestieren und erweitern die bildungsbiografisch erworbenen habituellen Unterschiede. Kulturell-habituelle Unterschiede manifestieren sich in den Interviews, wenn Carolin Weber und Paul Fröhling weitaus ausführlicher, reflexiver und sprachlich differenzierter aus ihrem Leben berichten. Bildungsspezifische Unterschiede werden deutlich beim Verfassen von Berichten und der Rezeption von Fachliteratur. Sie manifestieren sich in Deutungsmustern, die die individuellen Kompetenzunterschiede legitimatorisch absichern. Dies zeigt sich, wenn sich Martin Lange und Hannes Klein vom Verfassen von langen Berichten abgrenzen.

Kulturell-habituelle Unterschiede lassen sich an unterschiedlichen kulturellen Interessen und Geschmäckern festmachen. So verbindet zwar einen Großteil der Männer das gemeinsame Interesse an Musik, es lassen sich bei den individuellen Präferenzen jedoch feine Unterschiede erkennen: Während die Mehrheit der Männer durch ein großes Interesse an Rockmusik (Rolling Stones) verbunden ist, bevorzugt Martin Lange zusätzlich eher populäre (Pop-)Musik. Ernst Meister bildet hier eine Ausnahme und bestätigt, dass die kulturellen Geschmäcker sich nicht ausschließlich an dem jeweiligen Bildungsniveau festmachen lassen: Weil er klassische Gitar-

re spielt, hört er auch gern klassische Musik. Paul Fröhlings Musikgeschmack beinhaltet ein breites Spektrum an unterschiedlichen Musikrichtungen. Sein Geschmack ist Anlass für Distinktionen, wenn er über die „Schrumpelmörchenmusik" von Petra Mildes lacht. Die kulturellen Geschmäcker der Frauen scheinen auch von der Tatsache abhängig zu sein, dass sie alle über einen akademischen Abschluss verfügen: Carolin Weber interessiert sich weniger für rein populäre Musik und hört auch ‚subkulturelle' Spartenmusik. Mit Petra Mildes verbindet sie das Interesse an Wellness, Esoterik, alternativen Heilmethoden etc. Petra Mildes, Carolin Weber und Evelyn Rühl zeigen zusätzlich Interesse an der sogenannten Hochkultur: an Büchern von Thomas Mann und anspruchsvollen Filmen. Kulturell-habituelle Unterschiede werden jedoch auch deutlich, wenn Hannes Klein mit dem Ärmel Kaffee vom Tisch wischt und Petra Mildes, Carolin Weber und Anja Schell verwundert zur Kenntnis nehmen, dass dieses ihm auch zu Hause passieren würde, wenn er Freizeitkleidung trägt.

(4) *Formal-qualifikatorische Unterschiede*: Die Inszenierung von Gemeinsamkeit lässt auf der einen Seite die Bedeutung formal-qualifikatorischer Unterschiede ‚verblassen' und reproduziert und zementiert diese auf der anderen Seite in erheblichem Maße. Durch die Einsozialisation in die Organisationskultur und das Berufsfeld werden einerseits die Kompetenzen der MitarbeiterInnen mit unterschiedlichen Qualifikationsprofilen den beruflichen Erfordernissen angepasst und ausgeweitet. Andererseits wird der Ausbau von Kompetenzen insbesondere für die MitarbeiterInnen begrenzt, die über keine einschlägige Ausbildung und einen geringeren Bildungsabschluss verfügen. Die Aufgabenhierarchien ermöglichen den MitarbeiterInnen mit einschlägiger Ausbildung einen größeren Spielraum und einen höheren Grad an Eigenständigkeit und verhindern, dass MitarbeiterInnen ohne einschlägige Ausbildung und mit einem geringeren Bildungsabschluss ein breiteres als das vorgesehene Aufgabenspektrum übernehmen.

Zusatzqualifikationen, die in die Arbeit eingebracht werden, – wie z. B. Krafttraining und Jungenarbeit (Martin Lange), Coaching (Paul Fröhling), Mädchenarbeit und Gesprächsführung (Carolin Weber), biografische Nähe zu den Jugendlichen (Hannes Klein), Sport (Anja Schell) – modifizieren die formal-qualifikatorischen Unterschiede nur in geringem Maße. Diese Zusatzqualifikationen sind an individuelle Interessen gekoppelt. Zum Teil wird hier das Hobby erfolgreich in den Beruf eingebracht.

(5) *An die formale Position gebundene Unterschiede*: Die hier beschriebenen Unterschiede werden in der Konzeption der Jugendwerkstatt und durch den Gesamtarbeitsbogen an formale Positionen gebunden. Die formale Position der WerkanleiterInnen beinhaltet andere Aufgaben als die formale Position der Verwaltungskraft, der Lehrerin, des Leiters und der SozialpädagogInnen. Die formale Stellung des Leiters wiederum bedingt, dass Paul Fröhling zwischen den Positionen wechselt.

(6) *An die Anerkennung im Team gebundene Unterschiede*: Die MitarbeiterInnen im Team der Jugendwerkstatt bilden unterschiedliche Subgruppen. Mikropolitische Koalitionen zwischen den MitarbeiterInnen entstehen im Rahmen gemeinsamer Interessen, Stile und durch geschlechtsspezifische Zugehörigkeit. Abhängig von der einzelnen Situation und nicht immer ganz durchgängig sind drei Subgruppen zu unterscheiden:

- die Konsequenten und MitarbeiterInnen mit ‚Biss' (Anja Schell und Hannes Klein, zuweilen Petra Mildes und Paul Fröhling);
- die Bedächtigen, Zurückhaltenden (Carolin Weber, Martin Lange und Evelyn Rühl);
- die Außenstehenden (Ernst Meister, Otto Krauß, Gerd Pröß und zuweilen Petra Mildes).

Paul Fröhling pendelt zwischen diesen Gruppen hin und her und versucht, zwischen ihnen zu vermitteln. Zum Teil werden besagte Gruppen strategisch für die Durchsetzung von eigenen Positionen gebildet. Eine weitere Subgruppenbildung ist von der Dauer der Beschäftigung in der Jugendwerkstatt abhängig: Zu den ‚alten Hasen' zählen Paul Fröhling, Anja Schell und Martin Lange. Hannes Klein rechnet sich selber zu der Gruppe der ‚alten Hasen', weil er meint, auf Anhieb über die beruflichen Kompetenzen verfügt zu haben, die er für den Beruf benötigt. Zu den ‚Neuen' gehören Ernst Meister und Carolin Weber.

(7) *Persönlichkeitsgebundene Unterschiede*: Insbesondere an die kulturell-habituellen Unterschiede gekoppelt lassen sich individuelle Unterschiede entdecken, die nicht von der formalen Position oder der jeweiligen Qualifikation abhängig sind. An die jeweilige Persönlichkeit der einzelnen MitarbeiterInnen gebunden ist, dass Anja Schell eher bissig und Martin Lange eher ruhig ist oder Hannes Klein sich laut und körperlich zeigt, dass Evelyn Rühl zurückhaltend und Paul Fröhling immer zu Scherzen aufgelegt ist oder Carolin Weber sich immer wieder unsicher fühlt. Diese Unterschiede fließen direkt in den beruflich-habituellen Stil ein und stehen in engem Zusammenhang zu den einzelnen beruflich-habituellen Inszenierungen und Positionierungen.

5. Kindertageseinrichtung „Spielkiste"

Die „Spielkiste" ist eine Tageseinrichtung für Kinder im Alter von vier Monaten bis zum Schuleintritt. Als Elterninitiative haben sich die Eltern als Träger in einem eingetragenen Verein zusammengeschlossen, der Mitglied im DPWV ist. Die Einrichtung besteht seit sechzehn Jahren und ist einen mit anderen Elterninitiativen vergleichbaren Weg gegangen: Nach dem ersten Zusammenschluss von Eltern aufgrund des Mangels an Plätzen für Kinder unter drei Jahren und wegen ihres Interesses, ein alternatives Angebot für Kinder zu etablieren, folgten die Gründung eines Vereins, die Suche nach geeigneten Räumen und Verhandlungen um die Anerkennung und finanzielle Unterstützung der Einrichtung. Nach der formalen Anerkennung zog die „Spielkiste" in die Räume, in denen sie sich seit elf Jahren befindet.

Zur Zeit der Feldbeobachtungen sind in der „Spielkiste" fünfzehn Kinder angemeldet, davon sind sieben Kinder unter drei Jahren. Die Einrichtung ist zwischen 7.30 Uhr und 16.30 Uhr geöffnet. Das Team besteht aus vier pädagogischen Mitarbeiterinnen. Natalie Breddemann ist mit 41 Jahren die Älteste und diejenige, die am längsten in der Einrichtung arbeitet. Als ehemalige Fabrikarbeiterin und Kantinenangestellte verfügt sie über keinen Ausbildungsabschluss. Nachdem sie früher als Köchin in der „Spielkiste" auf ein Jahr befristet beschäftigt ist, wird sie dort anschließend ganztags als pädagogische Hilfskraft angestellt. Ida Winter ist Erzieherin, seit sieben Jahren in der Kindertageseinrichtung tätig und seit vier Jahren die Leiterin der Einrichtung. Isa Bella hat eine Ausbildung zur Kinderkrankenschwester absolviert, ohne in diesem Beruf tätig zu werden. Nachdem sie ca. zehn Jahre in verschiedenen Kindergärten beschäftigt war, hat sie vor drei Jahren als zweite Ganztagskraft in die „Spielkiste" gewechselt. Hatice Gül ist die Jüngste im Team. Sie ist Erzieherin, hat jedoch noch keine feste Stelle in einer Einrichtung der Jugendhilfe gehabt, bevor sie die einjährige, halbtägige Vertretung für die Zweitkraft Ruby Schneider übernimmt. Zu Beginn der Feldteilnahme ist sie in der Einrichtung erst zehn Monate beschäftigt und bewirbt sich bei anderen Kindertageseinrichtungen.

Ruby Schneider beendet nach Abschluss der Feldbeobachtungsphase ihren Mutterschaftsurlaub und tritt wieder ihre Halbtagsstelle in der Einrichtung an. Ruby Schneider hat eine ErzieherInnenausbildung absolviert. Zusätzlich ist bei der „Spielkiste" eine Köchin halbtags tätig, die den Kindern und den Mitarbeiterinnen die Mahlzeiten zubereitet und sich um die Einkäufe kümmert. Einmal in der Woche gestaltet eine Künstlerin Angebote für eine Teilgruppe der Kinder. Bei personellen Engpässen stehen Hilfskräfte zur Verfügung, die für ein paar Stunden einspringen können.

Tabelle 5: Die Mitarbeiterinnen der „Spielkiste"

	Ida Winter	Hatice Gül	Isa Bella	Natalie Breddemann	Ruby Schneider
Alter	32	24	36	41	unbekannt
In der KJH tätig seit	14 J.	¾ J.	13½ J.	7 J.	unbekannt
In der KiTa tätig seit	7 J.	¾ J.	3 J.	8 J.	unbekannt
Formale Qualifikation	Erzieherin	Erzieherin	Kinderkrankenschwester	ohne Ausbildung	Erzieherin
Position im Team	Leiterin	Vertretung von RS	Ergänzungskraft	pädagogische Hilfskraft	Ergänzungskraft
Beschäftigungsverhältnis	unbefristet	befristet	unbefristet	unbefristet	unbefristet
Umfang der Planstelle	ganztags	halbtags	ganztags	ganztags	halbtags
Interview	ja	nein	ja	ja	nein
Abkürzung	IW	HG	IB	NB	RS

1 Hatice Gül ist während der gesamten ersten Feldphase als Schwangerschaftsvertretung für Ruby Schneider in der Einrichtung tätig.

Die Einrichtung befindet sich in einer großen Stadt im Rheinland, in einem Stadtteil, in dem viele StudentInnen und AkademikerInnen wohnen. Untergebracht ist die „Spielkiste" in einer ehemaligen Wohnung eines mehrstöckigen Mietshauses. Den Kindern stehen drei Gruppen- bzw. Nebenräume und ein Flur, eine Küche mit Sitzgelegenheiten und ein Wasch- und Toilettenraum sowie ein Spielhof zur Verfügung. Am hinteren Ende der Einrichtung befindet sich ein Büro- und Aufenthaltsraum.

Die Kinder sind zur Zeit der Feldbeobachtungen zwischen ca. einem und sieben Jahren alt. Aufgrund der Aufnahmebedingungen sind immer zwei bis drei Kinder ungefähr gleich alt. Bei der Aufnahme der Kinder wird darauf geachtet, dass eine annähernd gleiche geschlechtsspezifische Verteilung in der Gruppe eingehalten wird. Ausländische Kinder besuchen die Einrichtung nicht. Ein Geschwisterpaar stammt aus einer binationalen Ehe.

Die Eltern sind überwiegend AkademikerInnen. Eltern aus dem linksalternativen Milieu der Stadt sind hier genauso zu finden wie eher bürgerlich orientierte LehrerInnen-Ehepaare, alleinerziehende Mütter mit einem

Kind oder Ehepaare mit mehreren Kindern. Das sozialkulturelle Spektrum der Eltern ist ‚bunt', die weitgehend aus einem eher gehobenen akademischen Mittelschichtmilieu kommen. Von einem großen Anteil der Eltern besucht schon das zweite oder dritte Kind die Einrichtung. Die Eltern dieser Kinder sind vorwiegend ehemalige StudentInnen, die nun berufstätig geworden sind. Somit steht ihnen mittlerweile auch viel weniger Zeit für ihr Engagement zur Verfügung.

Die Eltern wählen als Mitglieder des Trägervereins den Vereinsvorstand und übernehmen neben Elterndiensten weitere Aufgaben, wie Abrechnungen, Reparaturen, Unterstützung bei der Organisation von Festen etc. Ansonsten sind die Eltern nur in geringem Maße in das direkte pädagogische Geschehen eingebunden. Einmal im Monat findet ein Elternabend statt, bei dem organisatorische oder pädagogischen Themen im Vordergrund stehen. Auch wenn an diesen Abenden mitunter das pädagogische Geschehen in der Gruppe thematisiert wird, wird den Mitarbeiterinnen bei ihrer Arbeit eine weitgehende Autonomie im Rahmen der ausgearbeiteten Konzeption zugestanden. Über größere Spannungen zwischen Eltern und Personal, wie sie manchmal in anderen Elterninitiativen beobachtet werden können, wussten die Mitarbeiterinnen nichts zu berichten.

Die schriftlich fixierte „pädagogische Konzeption"[KiDok] der Einrichtung beinhaltet Regelungen zur Zusammenarbeit von Eltern und Mitarbeiterinnen, schreibt pädagogische Ziele fest, benennt Gruppenregeln und beschreibt das Verhältnis der Mitarbeiterinnen untereinander und zu den Kindern. Darüber hinaus wird die „Inhaltliche Arbeit"[KiDok] formuliert, d. h. Vorschul- und Reinlichkeitserziehung, Religiöse Erziehung und Sexualität sowie Vollwerternährung und Maßstäbe für eine nicht geschlechtliche spezifische Erziehung.[vgl. KiDok] Als Ziel und Ideal der pädagogischen Arbeit wird die Förderung einer ganzheitlichen Entwicklung und als „Grundstock für eine positive Entwicklung (…) die emotionale Sicherheit, die Geborgenheit und das Angenommensein sowohl im Elternhaus als auch in der Kindergruppe"[KiDok] angesehen. Zur Erfüllung dieser Maßgabe wird den jüngeren Kindern eine Mitarbeiterin als Bezugsperson zugeteilt, die das Kind in der Eingewöhnungsphase unterstützt und bis zum Alter von drei Jahren kontinuierlich begleitet. Darüber hinaus wird jedoch kaum auf die Besonderheiten einer „altersgemischten Gruppe" eingegangen.

Die pädagogische Konzeption dient der „Spielkiste" als allgemeiner Rahmen zur Gestaltung der täglichen Arbeit mit den Kindern, indem sie allgemeine Ziele, aber auch konkrete Hinweise zur Gestaltung einzelner Arbeitsbereiche formuliert. In dem neun Seiten umfassenden Papier sind einzelne Versatzstücke von Zielen der ehemaligen Kinderladenbewegung unschwer zu erkennen, wenn an herausgehobener Stelle und als Erstes die Bedeutung der Zusammenarbeit mit Eltern betont und des Weiteren Themen wie Sexualität und Vollwerternährung sowie selbstbestimmte Reinlichkeitserziehung und die Ablehnung einer „kirchlichen Moralerziehung" benannt werden. Die Konzeption unterscheidet sich erheblich von den ehemals teils radikalen Ansätzen der Kinderladenbewegung, indem z. B. politische Ziele und der gesellschaftspolitische Kontext von Erziehung vollkommen ausgeklammert bleiben.

Die „Spielkiste" wurde nicht allein wegen des dort vorzufindenden breiten Spektrums unterschiedlicher formaler Qualifikationen ausgewählt. Die Informationen, die vor dem Feldeinstieg vorlagen, deuteten auf optimale Voraussetzungen für die Durchführung des Vorhabens hin. Es wurde mitgeteilt, dass hier keine besonders ausgefallenen oder neuen pädagogischen Konzepte vorlagen, keine deutlich hervortretenden Rivalitäten zwischen den Mitarbeiterinnen beobachtet werden konnten und dass das Team in dieser Form bis auf eine Ausnahme schon seit mehreren Jahren zusammenarbeitet. Die Eltern würdigten einerseits die gute pädagogische Qualität der dort geleisteten Arbeit, betonten aber gleichzeitig, dass darüber hinaus nichts besonders Außergewöhnliches an der „Spielkiste" festzustellen sei.

5.1 Der Zugang zum Feld

Im Vorfeld der ethnografischen Untersuchung wird Kontakt zu der Vorstandsvorsitzenden der Elterninitiative „Spielkiste" geknüpft, einer Lehrerin, von der mittlerweile das dritte Kind die Kindertagesstätte besucht. In dem Telefongespräch teilt diese mit, in der Einrichtung seien zwei Erzieherinnen, eine Kinderkrankenschwester und eine pädagogische Hilfskraft ohne Ausbildung beschäftigt. Diese seien sicherlich bereit, an solch einem Projekt teilzunehmen. Letztendlich hätten aber die MitarbeiterInnen und nicht die Eltern oder der Vorstand des Vereins zu entscheiden, ob das Vorhaben in der Einrichtung durchgeführt werden kann. Schließlich kommt sie auf die pädagogische Hilfskraft zu sprechen – ohne dass das Gespräch dezidiert darauf gelenkt wird. Sie teilt ihre Einschätzung zu den Qualitäten der pädagogischen Hilfskraft mit. Diese sei nach ihrem Ermessen die beste Mitarbeiterin bezogen auf die Arbeit mit den Kindern, auch wenn sie nur einen niedrigen schulischen Bildungsstand habe.

Ein paar Tage später wird in einem weiteren Telefonat mitgeteilt, der Ethnograf könne in der Einrichtung anrufen. Die Mitarbeiterinnen seien an dem Vorhaben interessiert. Wichtig sei nur, dass der ‚alltägliche Betrieb' durch das Projekt nicht gestört werde. Beim ersten telefonischen Kontakt zu den Mitarbeiterinnen der „Spielkiste" beschreibt der Forscher kurz und bündig das Forschungsvorhaben und vereinbart mit Ida Winter, der Leiterin der „Spielkiste", einen Termin, an dem die näheren Einzelheiten des Projektes besprochen werden sollen.

Ich fahre eine Woche später am frühen Nachmittag zu dem Vorbesprechungstermin mit den Mitarbeiterinnen der „Spielkiste". (…) Fünf Minuten vor dem vereinbarten Termin drücke ich die Klingel und wenig später summt ein Türöffner. Durch einen Hausflur gelange ich in einen Hinterhof, der von mehrstöckigen Häusern umringt ist. (…) Ich öffne eine Eisentür und stehe nun im Spielhof der Kindertageseinrichtung. Zwischen den Spielgeräten, Büschen, Bäumen und Hügeln spielen Kinder und halten sich mehrere Erwachsene auf. Aufgrund des ersten Telefongesprächs mit den Mitarbeiterinnen weiß ich, dass zu dieser Zeit die Kinder abgeholt werden, weil zum Zeitpunkt unseres Termins normalerweise die Teamsitzung abgehalten wird. Da ich zunächst von niemandem angesprochen werde, schaue ich mich suchend um, kann jedoch kaum erkennen, welche der Personen Mütter und welche Mitarbeiterinnen sind. Ein Mann sitzt mit einem Jungen auf einem Treppenabsatz und zieht ihm eine Jacke an. In mehreren Erwachsenengrüppchen wird sich unterhalten. Ich spreche eine Frau an. Intuitiv habe ich eine Mitarbeiterin angesprochen (…): „Ich wollte zu der ‚Spielkiste', hatte mich angekündigt. Können Sie mir sagen …" Die angesprochene Person antwortet: „Geh schon mal in das Büro vor …", und weist mit einer unbestimmten Handgeste auf das Haus hinter dem kleinen Hof. Ich finde einen Eingang, gelange in die Einrichtung, schlängele mich durch eine Küche, um einige Kindertische, durch einen kleinen Flur in einen kleinen Raum mit einem Schreibtisch, einem Sofa, einem Sessel, einem Couchtisch und mehreren Regalen. Durch die Fenster des Raumes kann ich auf den Hof blicken. (…)

Als Erste betritt Isa Bella den Raum. Sie schlägt vor, dass wir uns duzen, weil es netter wäre. Ich stimme ihr zu. Wahrscheinlich hat sie beobachtet, dass ich ein wenig verlegen bin und nicht weiß, ob ich stehen oder sitzen soll. Sie fordert mich auf: „Setz dich doch". Intuitiv setze ich mich auf einen guten Beobachterplatz. Auf der rechten Ecke des Sofas kann ich am besten den ganzen Raum überblicken. Isa Bella setzt sich in den Sessel links daneben und fragt mich, wie ich auf die Einrichtung gekommen wäre. Ich berichte ihr von meinen Kontakten zu der Vorsitzenden der Elterninitiative, und sie erwidert – sich erinnernd: „Ach ja, die Inge hat davon erzählt. Und was für ein Praktikum willst du hier machen? Was studierst du?" Kurz berichte ich ihr – mit dem Hinweis, dass wir gleich gemeinsam ausführlicher über mein Anliegen sprechen werden – über mein Forschungsvorhaben und meinen Studienabschluss. Währenddessen betritt Hatice Gül den Raum. Sie hat hier als Erzieherin zur Zeit eine halbe Stelle als Schwangerschaftsvertretung. Sie ist deutlich jünger als Isa Bella und wird in wenigen Monaten die Einrichtung verlassen, wenn die ehemalige Mitarbeiterin wieder aus ihrem Mutterschaftsurlaub zurückkommt. Hatice wirkt ein wenig verlegen und fragt, ohne dass sie dabei direkt jemanden anspricht: „Wo ist denn der Hocker?" Mich irritiert die Frage ein wenig, weil, auch wenn kein Hocker zu sehen ist, noch genügend Sitzplätze frei sind.

Als Nächste kommt Ida Winter in das Büro und fragt nach, wo denn die Natalie sei und ob sie Bescheid wüsste. Daraufhin sucht eine von den Mitarbeiterinnen nach Natalie Breddemann. Währenddessen wird mir Kaffee angeboten, die Mitarbeiterinnen unterhalten sich über eine weibliche Person, die ich nicht kenne. (…) Als mich Ida Winter wieder anspricht und mich fragt, was ich denn studieren würde, lachen die anderen, weil ich ihnen das schon erzählt habe. Nachdem alle Mitarbeiterinnen anwesend sind, und die Situation es erfordert, dass das Gespräch begonnen werden kann, verteile ich die von mir vorbereiteten Informationsblätter und teile mit, dass diese jetzt nicht gelesen werden müssten, weil dort nur das zusammen gefasst sei, was ich ihnen jetzt zu meinem Projekt berichten wolle. Die Blätter könnten sie sich später einmal in Ruhe durchlesen und würden dazu dienen, dass sie etwas über das Projekt „in der Hand hätten". Ich beginne, und die Mitarbeiterinnen hören mir zu. Ida Winter und Natalie Breddemann sitzen sich gegenüber und wirken wie zwei, die sich lange kennen: ein eingespieltes Team. Während der Vorstellung stellt vorwiegend Ida Winter Fragen und macht Anmerkungen. Natalie Breddemann hört ‚nur' aufmerksam zu. Isa Bella sitzt auf dem Sessel und Hatice Gül auf dem nun gefundenen Hocker direkt neben der Tür. Nachdem ich zwischendurch einwende, dass ich leider ein paar Minuten bräuchte, das Vorhaben darzustellen, entgegnet Ida Winter, nein, das wäre interessant und würde ein wenig so klingen wie das, mit dem sie sich gerade beschäftigen würden: mit Qualität. Da würden doch viele Überlegungen hingehen.

Im Anschluss an die Vorstellung des Projektes erkundigen sich die Mitarbeiterinnen nach den Rahmenbedingungen des Vorhabens, also nach Zeitpunkt, Dauer und nach dem Rahmen der geplanten Interviews etc. Auch hier ist Ida Winter tonangebend. Einige Male stellt auch Isa Bella Fragen. Ida Winter stellt fest: „Da sind wir dran. Das ist ein wichtiges Thema. Früher hat jede Einrichtung so für sich gearbeitet, jetzt versucht man Öffnung und zu schauen, was macht man eigentlich. Transparenz und Öffentlichkeitsarbeit. Ist das nicht auch so etwas Ähnliches, was die Praktikantin neulich gemacht hat? Ein Interview und Beobachtungen. Das hatte sie als Aufgabe." Ganz genau ist mir der Zusammenhang zwischen Qualitätsentwicklung und meinem Vorhaben nicht deutlich, ich schließe jedoch, dass ihre Anmerkungen mit meinen Hinweisen bezüglich des Nutzens des Projekts für die Mitarbeiterinnen im Zusammenhang stehen. (...) Ida Winter: „Dein Projekt ist auch für uns von großem Interesse, da sind wir sehr offen, das kann auch viel für uns bringen." (Es folgt ein Gespräch über mögliche positive Effekte des Vorhabens für die Einrichtung und die Mitarbeiterinnen, wobei ich deutlich hervorhebe, dass diese nicht unbedingt groß sein müssen). (...) Insgesamt begrüßen die Mitarbeiterinnen, dass ich am Geschehen teilnehmen will und nicht passiv beobachten werde. Da ich nicht weiß, welche Informationen sie bereits von der Vorsitzenden der Elterninitiative erhalten haben, lege ich ihnen offen, dass ich mich eben auch für Einrichtungen interessiere, in denen Mitarbeiterinnen mit unterschiedlichen Lebensläufen und Qualifikationen beschäftigt sind, weil meiner Ansicht nach die Heterogenität der MitarbeiterInnen bei Forschungsvorhaben in der Kinder- und Jugendhilfe berücksichtigt werden müsste. (...) Darauf hin erwidert Ida Winter: „Und bei denen gelingt der Berufsalltag auch (Lachen in der Gruppe). Ja, klar, da klappt das auch." Natalie Breddemann, die auch angesprochen wurde, nickt zustimmend. Da die Mitarbeiterinnen den Wunsch äußern, dass das Projekt in großen Teilen noch vor den Sommerferien durchgeführt wird – nach den Ferien kommen neue (Klein-)Kinder in die Gruppe (...) – und damit einverstanden sind, dass ich immer an mehreren Tagen die Woche die Gruppe besuche, einigen wir uns darauf, dass schon in der nächsten Woche das Vorhaben begonnen werden soll.[PKi]

Tatsächlich stellten sich die im ersten Gespräch mit den MitarbeiterInnen wechselseitig verhandelten Modalitäten (vgl. auch Schatzmann/Strauss 1979, S. 89) auch als grundlegende Bedingung für das Forschungsvorhaben heraus. Hier wird der Rahmen des Forschungsvorhabens ausgehandelt und Handlungsmöglichkeiten und -grenzen des Forschers festgelegt (vgl. auch Hildenbrand 1984b, S. 11 f.). Die Definition der Teilnahmebedingungen als begrenzt-offenen Zugang hat zur Folge, dass an einigen Tagen keine Beobachtungen durchgeführt werden können, da z. B. bei der Abschiedsfeier von Hatice Gül und den ‚Schulkindern' die Anwesenheit einer Person, die nicht direkt zur Gruppe der Mitarbeiterinnen, Eltern und Kinder gehört, die ‚Intimität' der Situation gestört hätte. Die Begrenzung des Forschungsvorhabens wird vorwiegend pädagogisch begründet. Die Anwesenheit von Kleinkindern in der Kindertageseinrichtung mache es erforderlich, dass der gewohnte Ablauf – das Tagesgeschäft, das schon durch andere Umstände immer wieder aus dem Rhythmus kommt – nicht gestört wird. Somit begegnen die Mitarbeiterinnen auch den vorsichtigen Anfragen bezüglich direkter Tonbandaufnahmen vom pädagogischen Geschehen eher skeptisch.

Deutlich werden aber auch die Grenzen des Engagements der Mitarbeiterinnen bezüglich des Forschungsvorhabens angezeigt. Insbesondere Ida Winter bestimmt, dass jenseits der Arbeitszeit kein weiteres Engagement zu erwarten sei. Durch Interviewtermine außerhalb der Arbeitszeit fielen Überstunden an, die insgesamt die zur Verfügung stehenden Mitarbeiterinnenressourcen zu sehr einschränken. Die Mitarbeiterinnen übernehmen in dem ersten Gespräch deutlich unterschiedliche Aufgaben und Funktionen. Nachdem der Ethnograf bei den weiteren Feldkontakten feststellt, dass er die Mitarbeiterinnen ihrer Rolle entsprechend anspricht, wird dies zum Anlass genommen, die von ihm bislang wahrgenommene Aufteilung von Funktionen und Aufgaben bei den Mitarbeiterinnen zu überprüfen:

Die Köchin *Anja Frede* ist beim ‚Vorstellungsgespräch' nicht dabei – sie hat auch gewöhnlich zu der Zeit des Termins Feierabend – und wird auch im Gespräch nicht zum Thema gemacht. Klar wird damit ihre Position im Team definiert: Die Küchenkraft bewegt sich außerhalb des pädagogischen Aufgabenbereichs und wird damit auch nicht als Person angesehen, die in die Untersuchung einzubeziehen ist.

Im ersten Gespräch übernimmt *Ida Winter* intern im Team die Rolle des „professional stranger-handlers"[70], in dem Sinne, dass sie darüber wacht, dass der alltägliche Ablauf in der Einrichtung durch das Forschungsprojekt nicht gestört wird. Sie ist die Verwalterin des „getting in" (vgl. Wolff 2000, S. 340).[71] Zum einen besteht ihre Aufgabe also darin, den organisatorischen Rahmen des Projektes abzuklären. Nach Vorstellung des Forschungsprojekts fragt sie nach, welchen Umfang das Projekt hat und legt fest, was aus ihrer Sicht möglich ist. Damit erfüllt sie auch ihre Funktion als Leiterin der Einrichtung, eine Funktion, die jedoch nicht in diesem Gespräch mitgeteilt wird. Zum anderen hebt Ida Winter auch ihr fachliches Interesse an dem Vorhaben hervor. Es geht ihr jedoch weniger um wissenschaftlich-methodologische Fragen, die das Forschungsprojekt betreffen – hierzu stellt sie keine Nachfragen. Sie betont jedoch, das Team habe sich entsprechend der aktuellen Diskussionslage auch mit Fragen zur Qualitätsentwicklung auseinandergesetzt. Diesbezüglich könne das Forschungsprojekt auch für die Einrichtung nützlich sein. Damit schreibt sie sich auch die Aufgabe der Vertretung der fachlichen Interessen des Teams zu. Parallel zu „Abwehr-

---

70 Hildenbrand (1984b, S. 10) hebt mit Bezug auf Agar (1980) die Bedeutung von „professional stranger-handlers" in der Phase des Feldeinstiegs hervor. Im Gegensatz zu seiner Umschreibung dieser Rolle lebt Ida Winter jedoch nicht am Rande der Gruppe, sondern hat als Leiterin die Aufgabe, die Gruppe zu repräsentieren.

71 Insbesondere Ida Winter hat die Aufgabe, die Personalressourcen zu koordinieren. Dabei achtet sie stets darauf, dass immer ausreichend Mitarbeiterinnen für die Arbeit zur Verfügung stehen. Bei einem Personalschlüssel von 3,5 Stellen und zusätzlichen Hilfskräften und Elterndiensten wird hier eine im Vergleich zu anderen Einrichtungen überdurchschnittlich hohe Betreuungsquote erreicht.

strategien" werden somit auch erste „Vereinnahmungsstrategien" angezeigt (Kalthoff 1997, S. 258).

Isa Bella überlässt im Vorgespräch Ida Winter weitgehend die Gesprächsführung. Sie knüpft an die Fragen der Leiterin an. Bemerkenswert ist, dass sie vor diesem Gespräch nicht darüber informiert ist, mit welchem Anliegen der Ethnograf die Einrichtung aufsucht. Sie fragt, welche Art Praktikum der Forscher absolvieren will. Zu Isa Bella entwickelt der Ethnograf während der ersten Beobachtungen auf Anhieb die stärkste Sympathie, ohne dass ihm zunächst bewusst ist, warum sich die Sympathie in dieser Weise entwickelt. Erst im Anschluss an die ersten Analysen zeigt sich ihm die Bedeutung der spezifischen Rolle Isa Bellas im ersten Gespräch und in den folgenden Tagen: Isa Bella empfängt und begrüßt den teilnehmenden Beobachter nicht nur am ersten und zweiten Tag – und führt damit auch die ersten Gespräche mit ihm –, sie stellt ihn auch den Kindern vor, regt Gespräche mit den Kindern an und fördert damit auch die Entwicklung einer positiven Beziehung zu den Kindern. Man könnte also vorläufig ihre Rolle mit dem Begriff ‚Beziehungsagentin' umschreiben.

Natalie Breddemann schließlich ist die Zuhörerin, die im Gespräch keine Nachfragen stellt und sich erst einbringt, als sie direkt von Ida Winter angesprochen wird. Ihr Kommentar ist kurz und knapp gehalten. Ansonsten nickt sie oder stimmt dem Gesagten durch ein „hm" zu. Ihre Position zum Projekt bleibt nach dem ersten Gespräch unklar und diffus, weil sie sich hierzu nicht äußert. Schon beim ersten Termin wird die Interaktionsbeziehung als unsicher erlebt. Zum einen kann der Ethnograf ihre Rolle nicht eindeutig zuordnen. Bedeutsamer ist für diesen Sachverhalt jedoch, dass insbesondere bei Natalie Breddemann aus forschungsethischen Gründen die Gefahr gesehen wird, es könnten aus der vergleichenden Beobachtung Nachteile für sie entstehen, wenn ihre Position im Team durch das Forschungsprojekt verunsichert wird.

Hatice Gül übernimmt in dem Gespräch eine deutlich andere Rolle als Ida Winter, Isa Bella und Natalie Breddemann. Ihre einzige Frage zum Projekt knüpft thematisch nicht an dem an, was Ida Winter und zuweilen auch Isa Bella verhandeln: Sie fragt nach, ob für Forschungstätigkeit Geld bezahlt würde. Aber nicht nur durch diese Frage gibt sie einen ersten Hinweis darauf, dass sie sich eher ‚am Rande' des Teams bewegt, zu dem sie als Jüngste vor weniger als einem Jahr gestoßen ist: Hatice Gül sitzt am Rande des Geschehens auf einem Hocker in der Nähe der Tür.

Das *gesamte Team* – mit Ausnahme der nicht anwesenden Köchin – stimmt dem Forschungsvorhaben zu, ohne dass Diskussionen aufkommen oder noch einmal Absprachen zwischen ihnen getroffen werden. Die hier präsentierte Einigkeit des Teams besteht sozusagen ‚stillschweigend'. Konkrete Absprachen unter den Mitarbeiterinnen scheinen auch nicht im Vorfeld des ersten Gesprächs angestellt worden zu sein. Nur Ida Winter ist über das konkrete Anliegen des Forschungsprojektes informiert.

5.1.1 Die Einsozialisation ins Feld

Es ist 8 Uhr. Mein erster Tag der Teilnahme am pädagogischen Geschehen beginnt. Der Kindergartentag hat um 7.30 angefangen. Isa Bella hat heute Frühdienst. Drei Kinder sitzen mit ihr am Maltisch und malen. Sie schauen kurz fragend zu mir auf, fahren dann aber zunächst in ihren Aktivitäten fort. Ein Kind hat aus Papier ein Schiff gebaut. Isa Bella fragt mich, ob ich einen Kaffee trinken wolle. Ich werde von ihr direkt auch in die Situation einbezogen. Sie stellt mich den Kindern vor und erzählt, dass ich in nächster Zeit öfters hier sein werde. Ich beziehe mich auch selber ein, indem ich mich mit den Kindern unterhalte und ihnen Frage stelle. Ein Junge macht Purzelbäume auf dem Boden, es sieht ein wenig gefährlich aus, weil er diese auf dem harten Boden macht. Ich vermute, dass einige Kinder durch meine Anwesenheit ein wenig aufgedreht sind. Dies wird mir von Isa Bella bestätigt.[PKi]

Im Vorfeld der Untersuchung wird die Rolle gegenüber den Kindern eher als Praktikantenrolle definiert. Wie beim ersten Feldkontakt erfahren wird, ist diese in der Einrichtung durchaus nicht ungewöhnlich, weil – wie die Mitarbeiterinnen mehrmals betonen – öfters in dieser Kindertageseinrichtung Praktika abgeleistet werden. Im ‚Vorstellungsgespräch' wird zunächst die Praktikantenrolle auch als Teilnehmerrolle für die Beobachtungen definiert. Bezogen auf die Kinder ist diese Rolle durchaus funktional, weil die Kinder diese Rolle bereits kennen und andere Rollenzuschreibungen den pädagogischen Ablauf in der Einrichtung hätten stören können. Auf die Frage z. B., wie denn das Beobachten auf die Mitarbeiterinnen wirke, antworten die Mitarbeiterinnen dann auch mehrere Male – ohne dass hier die Aussagen der unterschiedlichen Mitarbeiterinnen voneinander abweichen –, dass dies für sie nicht ungewohnt sei, weil sie schließlich auch immer von den PraktikantInnen beobachtet würden.

Die Kinder bestätigen die Rolle des Praktikanten durch ihre Art, wie sie dem Fremden gegenüber treten. Der Fremde wird durch Isa Bella eingeführt als jemand, der „in nächster Zeit öfters hier sein"[PKi] wird, was durchaus den Bedingungen der Teilnahme eines Praktikanten entspricht. Als Fremder wird er zunächst von den Kindern kritisch ‚beäugt'. Nachdem seine Rolle jedoch definiert ist, fahren sie mit den gewohnten Aktivitäten fort. Sie zeigen sich dem Fremden gegenüber nicht sonderlich interessiert. Im Forschungsprojekt interessieren die Kinder weniger als AkteurInnen der Kindertageseinrichtung. Sie sind ein Teil des Untersuchungsfeldes, auf den sich der Aufmerksamkeitsfokus richtet, weil ihre Bewegungen im Feld für die Rekonstruktion der beruflich-habituellen Profile der Mitarbeiterinnen nicht unbeachtet bleiben dürfen. Wie aus einer der ersten Zeilen des ersten Protokolls der Teilnahme ersichtlich wird, fordern sie jedoch den fremden Ethnografen auch als Pädagogen heraus, weil er in der zuvor zitierten Passage direkt eine Einschätzung der Gefährlichkeit der Situation zu Papier bringt. Dieses wird im Protokoll des zweiten Tages noch deutlicher:

Isa Bella hat Frühdienst. Antoinette und ein anderes Mädchen sitzen am Tisch und malen. Die älteren Jungen sind sehr aufgedreht. Ich merke sofort, sie wollen mich ‚testen'. Sie machen „bääh" und wollen, dass ich gehe. Sie strecken die Zunge raus. Ich lache sie an und lasse sie in Ruhe.[PKi]

Auch hier wird durch den Ethnografen eine Einschätzung der Situation mit pädagogischen Ambitionen vorgenommen. Die Kinder fordern von ihm eine Reaktion heraus, auch wenn seine Reaktion freundlich akzeptierend und nicht intervenierend ist. Zum einen nimmt der Ethnograf die Situation gelassen auf, weil er diese als gewöhnliches ‚Testen einer neuen Person' bewertet. Zum anderen erkennt er, dass zusätzlich zu der Rolle des Forschers auch die Rolle als Pädagoge gefordert ist. Die Kinder fordern hier eine Positionierung heraus, indem sie die Rolle des Fremden unterstreichen.

Im Unterschied zu anderen Forschungsprojekten, in denen das Interaktionsgefüge weitgehend durch zwei Personengruppen gekennzeichnet ist – ForscherInnen und ‚Beforschte' –, lässt sich hier eine Dreierkonstellation feststellen: Forscher, Mitarbeiterinnen und Kinder.[72] Diese Dreierkonstellation ist dadurch gekennzeichnet, dass innerhalb dieser die AkteurInnen unterschiedliche Funktionen zugewiesen bekommen und an sie unterschiedliche Erwartungen gestellt werden. Zuweilen lassen sich im Anschluss an das erste Gespräch und an die ersten Tage im Feld auch im Zusammenspiel mit den Mitarbeiterinnen durchaus Interaktionszusammenhänge entdecken, die Parallelitäten zu Beziehungen von PraktikantInnen und PraktikumsanleiterInnen aufweisen. Im Zuge der weiteren Feldteilnahme kann jedoch festgestellt werden, dass diese vorläufige Definition nicht ausreicht, um die Position des Ethnografen im Interaktionsgefüge der Einrichtung zu bestimmen. Im Zusammenhang mit der Praktikantenrolle ist auch der konstitutive Doppelstatus als Ethnograf *und* Pädagoge dadurch festgeschrieben, dass er sich eben teilnehmend und nicht nur beobachtend im Feld bewegt (vgl. Thole/Cloos/Küster 2004).

Die Mitarbeiterinnen stehen im Vordergrund des empirischen Interesses. Sie sind als Akteurinnen und Expertinnen der beobachteten Praxis Gegenstand des Forschungsvorhabens. Sie betrachten den Fremden als Wissenschaftler, der sie beforscht. Vom Forschungsprozess erwarten sie, dass Ergebnisse entstehen, die auch für die Weiterentwicklung der pädagogischen Qualität dienlich sind. Weniger eindeutig betrachten sie zunächst den Fremden als wissenschaftlich und berufspraktisch geschulten Pädagogen, der sich im pädagogischen Feld bewegt. In einem Gespräch mit den Mitarbeiterinnen, das im Anschluss an eine Teamsitzung aufgenommenen wird, reflektieren diese über die Rolle des Ethnografen und über die Irritationen, die durch die Anwesenheit eines Fremden im Feld bei den Kindern ausgelöst werden. Die Mitarbeiterinnen beobachten den Ethnografen und stellen

---

72 Diese Konstellation wird partiell ergänzt durch die Eltern der Kinder, die Mitglieder des Trägervereins der Einrichtung sind.

Differenzen fest: Die Differenz zu der ihnen bekannten Praktikantenrolle definiert sich dadurch, dass der Ethnograf männlich ist und die Kinder „keine Männer kennen, die sich hier länger als ne (kurzes Lachen) halbe Stunde aufhalten". Eine weitere Differenz ergibt sich durch den Vergleich mit anderen Männern. Dabei wird es nicht als selbstverständlich angesehen, dass Männer in der Kindertageseinrichtung auch mit den Kindern sprechen. Würde der Ethnograf von den MitarbeiterInnen eindeutig als ein Pädagoge identifiziert werden, dann würde diese Unterscheidung wenig Sinn machen, denn eigentlich kann davon ausgegangen werden, dass PädagogInnen unabhängig von ihrem Geschlecht mit Kindern sprechen.

IB: ne und äh und auch anfangs zum Beispiel der erste (!)Tag(!) ne das die sich auch so (!)produzieren(!) vor dir ne der Ralf (I: mh) und so die Jungs um zu zeigen was se alles (!)können(!) und wie (!)toll(!) se sind ne also ich mein wie dies wie Ida schon sacht wir haben ja oft Praktikantinnen da machen die son Theater nich ne (lachen im Hintergrund) is ganz normal die sitzen dann da ganz normal mit äh
I: ja ja
IB: setzen sich an den Tisch irgendwo
HG: die haben Peter rausgefordert (:)
IB: da is et nich so is et nich so spannend ne aber das jetzt da en Mann hier war das schon . tja irgendwie besonders[TeamKi]

Isa Bella erinnert an die oben schon im Protokoll beschriebene Situation am ersten Tag. Sie bestätigt dabei die Einschätzung von Ida Winter und untermauert diese durch ein Beispiel. Dabei beschreibt sie auch noch einmal die Differenz zu PraktikantInnen: „die sitzen dann da ganz normal mit äh (...) setzen sich an den Tisch irgendwo". Der Ethnograf nimmt einen Weder-noch-Status ein, der nicht genau zu bestimmen ist: Er ist weder Praktikant noch Pädagoge und Mann, wie man ihn im pädagogischen Alltag kennt. Der Forscher ist ein „besonderer Anderer" (Kalthoff 1997, S. 241).

Beim Fußballspielen mit den Kindern kommt es zu einem kleinen Konflikt mit einem Kind, und ich handele mit ihm eine Regel aus. Das Kind geht zu Natalie Breddemann und will mit ihr eine andere Regel ausmachen. Natalie Breddemanns Reaktion: „Nein, das hast du doch gerade schon mit Peter ausgemacht".[PKi]

Dieser unsichere Status bedeutet jedoch nicht gleichzeitig, dass der Ethnograf im pädagogischen Geschehen nicht auch als Pädagoge agieren und mit den Kindern situativ Regeln aushandeln kann. Natalie Breddemann benennt die Regel, dass das von Praktikanten mit den Kindern Ausgehandelte von den Mitarbeiterinnen zumindest nicht vor den Kindern angezweifelt werden darf. Somit ordnet sie den Ethnografen der Seite der PädagogInnen zu.

Der zunächst als Praktikant definierte Status muss modifiziert werden, weil Schnittmengen zu den Rollen der beobachteten Mitarbeiterinnen bestehen. In der Rolle des „Grenzgängers" (vgl. u. a. Zinnecker 2000, S. 393) werden hier erstens pädagogische Funktionen übernommen, zweitens die Praktikantenrolle und drittens eine Forscherrolle eingenommen. Dabei ist den Mitarbeiterinnen der „Spielkiste" durchaus bewusst, dass der Ethnograf zum einen über Vorerfahrungen im ‚Praxisfeld' der Kinder- und Jugendhilfe und in der Arbeit mit Kindern und zum anderen als Akademiker auch über theoretische Kenntnisse vom Handlungsfeld verfügt. Für die Mitarbeiterinnen bedeutet dies u. a., dass der Forscher als Fremder also nur partiell fremd ist, aber letztendlich Fremder bleibt, weil sie wissen, dass die Zeit, in der er in das Feld eintaucht, begrenzt ist. Die Enkulturation ins Feld – die auf verschiedenen Ebenen von Ida Winter und Isa Bella begleitet wird – bleibt eine partielle (vgl. auch Lüders 2000, S. 392).

Beim Einstieg in ein mehr oder weniger bekanntes Feld muss der Ethnograf das ‚Befremden' zunächst herstellen, wenn er nicht in der Rolle des Pädagogen aufgehen will. Weil eine mehrfache Teilnehmerrolle als Pädagoge, Praktikant und Forscher eingenommen wird, ist ein steter Wechsel zwischen Exploration und Befremdung notwendig: Aufgrund der eigenen Erfahrungen ist die Rolle des Praktikanten und Pädagogen zunächst nicht fremd und verlangt im Forschungsprozess eine ständige Distanzierung. In der Phase der Einsozialisation ins Feld wird das gewohnte pädagogische Verhalten beim Ethnografen jedoch dadurch aufgebrochen, dass die pädagogischen Regeln der Einrichtung nicht bekannt sind, diese erst erlernt werden müssen und Anpassungsleistungen zu vollbringen sind. Die daraus folgenden Veränderungen müssen also zunächst erst wieder explorativ im Feld erschlossen werden, damit sie anschließend in der Analyse wieder einer Befremdung unterzogen werden können. Sie können als zentrale Datenbasis zur Erkundung der spezifischen Regeln des Feldes angesehen werden.

Ich frage Ida Winter, ob es komisch für sie sei, dass hier jemand sei, der teilnehmen würde und von dem man wüsste, dass er sie beobachten würde. Ich erhalte zunächst die gleiche Antwort wie von Isa Bella (…): „Nein, wir sind das hier gewohnt". Auf noch mehr Ebenen, als Isa Bella sie beschrieben hat, macht sie deutlich, in welchen Situationen sie noch beobachtet werden und gibt damit die Erklärung dafür, dass das normal für sie sei: PraktikantInnen, LehrerInnen, die Eltern, die beim Elterndienst beobachten (und eigentlich mehr beobachten als dass sie Dienst machen). Es wäre interessant, ergänzt sie, wobei mir unklar bleibt, was sie daran interessant findet.[PKi]

Wenn die Leiterin betont, die Mitarbeiterinnen seien es gewohnt, beobachtet zu werden, dann wird hier die Normalität dieser Situation ausgedrückt. Dies bedeutet jedoch nicht gleichzeitig, dass die Anwesenheit eines Fremden keine Reaktivität des Forschungsfeldes erzeugt, denn hier werden die Mitarbeiterinnen zu unterschiedlichen beruflich-habituellen Positionierungen veranlasst. In dieser Situation fühlt sich die Mitarbeiterin nicht nur herausgefordert, die Normalität der Situation zu unterstreichen, sondern gleichzeitig auch aufgefordert, diese Normalität durch verschiedene Begründungen differenziert zu beschreiben und ihr Interesse zu betonen, anders als zum Beispiel Isa Bella.

Die Beteiligten entwickeln bereits nach kurzer Zeit „ein Gespür für die Stellung, den Platz" an dem sie stehen (Bourdieu 1997, S. 110) und positionieren sich entsprechend ihrer Stellung. Dies kann insofern nicht folgenlos sein, weil sich hieran distinktive Abgrenzungsstrategien und legitimierende

Vergewisserungen anschließen. Dies wird ersichtlich, wenn die Mitarbeiterinnen Gespräche über das Theorie-Praxis-Verhältnis anregen oder wenn Isa Bella legitimiert, warum sie auf die Hauptschule gegangen ist, bevor sie schließlich das Abitur erlangt hat. Habituelle Vergewisserungen werden auch erkennbar, wenn Natalie Breddemann immer wieder ihre schlechte finanzielle Lage betont, Ida Winter sich zeitweilig bezüglich ihrer Kompetenzen von den Kolleginnen abgrenzt und Isa Bella im Interview begründet, auf welcher Grundlage sie Erzieherin werden konnte, ohne eine Ausbildung zur Erzieherin absolviert zu haben. Dies erfordert im Forschungsprozess ein Gespür für die eigene habituelle Stellung, verlangt die Reflexion der Bedeutung der eigenen Position für das Interaktionsgeflecht und erfordert ein erhebliches Maß an Zurückhaltung, wenn es darum geht, pädagogisch zu agieren oder zu argumentieren. Nach dem ersten Gespräch, in dem in geringem Maße auch wissenschaftliche Positionen zur Veranschaulichung des Forschungsprojektes eingebracht werden mussten, galt es, möglichst die Rolle des ‚Wissenschaftlers' auszublenden und die eigenen pädagogischen Vorstellungen und Handlungsethiken zurückzuhalten. Andererseits war jedoch gerade hier Fachkompetenz gefragt, sollte das Forschungsprojekt nicht dadurch scheitern, dass der alltägliche Ablauf des pädagogischen Geschehens durch mangelnde Fachkompetenz gestört wird.

Die Interaktionspartner im Forschungsfeld nehmen einen jeweils unterschiedlichen Expertenstatus ein (vgl. Hitzler 1994). Dies beinhaltet ein nicht unerhebliches Spannungspotential, was im ungünstigsten Fall zu einer Infragestellung des ExpertInnenstatus der verschiedenen Beteiligten führen kann: Dem Forscher könnte der Status als Pädagoge nicht zuerkannt werden, sodass er auch von spezifischen Felderfahrungen im Umgang mit den Kindern ausgeschlossen wird. Demgegenüber könnten sich die Pädagoginnen vom Forscher nicht als Expertinnen ihrer Praxis anerkannt fühlen, sodass sie sich zu Legitimierungen ihrer Praxis herausgefordert fühlen oder sich dem Forschungsansinnen gegenüber verschließen. Die Forschertätigkeit des Ethnografen könnte den Pädagoginnen aufgrund ihrer fehlenden Forschungskenntnisse fremd bleiben, sodass sie dem Forschungsvorhaben mit Skepsis gegenüber treten. Die Art und Weise des Aushandlungsprozesses bezüglich der unterschiedlichen TeilnehmerInnenrollen stellt dabei eine wesentliche Grundlage zur Rekonstruktion der unterschiedlichen beruflich-habituellen Profile der MitarbeiterInnen dar.

5.1.2 Geschichte und Vertrautheit erlangen

Wie Herbert Kalthoff (1997, S. 243; i. O. kursiv) feststellt, geht es in der Phase der Einsozialisation ins Feld um die „Erzeugung von *Kreditwürdigkeit*". Im Gegensatz zu anderen ethnografischen Untersuchungen, in denen deutliche Abwehrstrategien immer wieder beschrieben werden, gestaltet sich der Prozess der partikularen Einsozialisation in das Feld der „Spielkiste" relativ problemlos. Bezogen auf die Kinder wird der Einsozialisationsprozess in einem Gespräch eine Woche nach der ersten Feldteilnahme thematisiert, nachdem der Ethnograf den Mitarbeiterinnen berichtet, die drei Tage der Feldteilnahme hätten bei ihm den Eindruck erweckt, er sei schon lange in der „Spielkiste". Ida Winter bestätigt dies: „echt ne find ich auch".

IB: ja is aber auch so ich find aber auch so mit den Kindern die gehen ja auch sehr auf dich (!)zu(!) so als ob du immer (!)da(!) wärst ne . (I: mhm mh) fand ich schon das die . jetzt auch mittlerweile so als . richtiges Gruppenmitglied ne is für die Kinder schon so („)
I: ich weiß halt is natürlich klar wenn wir da hinten im Wohnzimmer sind oder so dann is dat klar die gehen bei Isa Bella kuscheln und bei Natalie kuscheln (?: mh) und so und ich sitz dann da mh (Lachen im Hintergrund)
HG: keiner kuschelt
I: keiner kommt zu mir
HG: war aber am Anfang bei mir auch so^{TeamKi}

Eine Woche nach dem Feldeinstieg nehmen die Mitarbeiterinnen eine Feststellung des Ethnografen zum Anlass, den Erfolg der Einsozialisation ins Feld zu evaluieren. Ida Winter bestätigt zunächst, sie habe auch den Eindruck, der Ethnograf sei schon lange im Feld. Damit bestätigt sie die Feldteilnahme indirekt als positiv, weil durch diese keine besonderen Irritationen im Feld ausgelöst wurden. Isa Bella stellt fest, der Ethnograf sei „mittlerweile so als . richtiges Gruppenmitglied ne is für die Kinder" akzeptiert. Damit wird dem Ethnografen Kreditwürdigkeit bezogen auf die Fähigkeit bezeugt, einen positiven Kontakt zu den Kindern zu gestalten. Durch die Formulierung „so als ob du immer (!)da(!) wärst" wird aber auch eine echte Gruppenmitgliedschaft im Team ausgeklammert. Hatice Gül unterstreicht im Gespräch einen gemeinsam geteilten Erfahrungsraum: „war aber am Anfang bei mir auch so". Bei ihr liegt die Erfahrung Novizin die kürzeste Zeit zurück. Zusätzlich von Bedeutung ist, dass sie über einen teilweise vergleichbaren Status im Team verfügt wie der Fremde. Auch sie ist ein ‚Gast auf Durchreise', bei dem die Kreditwürdigkeit im Team (noch) nicht selbstverständlich gegeben ist.[73]

In der Phase der Feldeinsozialisation sucht der Ethnograf nach Situationen, in denen Anknüpfungspunkte hergestellt werden können: durch den Austausch über ‚Privates', durch Einmischung in Gespräche, durch Mitarbeit beim Kaffeekochen und Tischdecken, durch gemeinsame Pausen und Beteiligung an den Witzen der Mitarbeiterinnen. Isa Bella wird auf der weißen Bank im Hof besucht und mit ihr Gespräche über Urlaub begonnen. Der Ethnograf steht neben Natalie Breddemann und schweigt wie sie, unterhält

---

[73] Wie ihre Redebeiträge aus diesem und anderen Interaktionsprotokollen andeuten, ist Hatice Gül nicht voll und ganz im Team integriert: Die anderen unterbrechend, wirft sie Witze und Anmerkungen ins Gespräch ein, ohne dass die anderen konkret darauf eingehen. Sie macht laut lachend auf sich aufmerksam, ohne dass die anderen sonderlich aufmerksam auf sie werden. Sie sitzt am Rand des Geschehens.

sich mit Hatice über Mode und ihre beruflichen Pläne. Gemeinsam mit dem gesamten Team werden die Angebote eines Modekatalogs beurteilt. Dabei achtet er darauf, zu allen Mitarbeiterinnen im Feld Kontakt zu erhalten. Er mischt sich in den Alltag ein, um partiell Teil des Alltags zu werden. Somit finden sich mit der Zeit immer häufiger Anknüpfungs- und Bezugspunkte. Er erlangt ‚Geschichte' im Feld.

Im Rahmen der Feldeinsozialisation vergewissern die Mitarbeiterinnen gegenüber dem Ethnografen ihre jeweilige Teilnehmerinnenrolle. So berichtet Isa Bella bereits am zweiten Tag der Feldbeobachtungen von ihrer Lebens- und Berufsgeschichte in groben Zügen. Nicht allein das bereits entstandene Maß an Vertrautheit zum Ethnografen ist entscheidend für ihre Erzählung, sondern Isa Bellas Interesse an einer beruflich-habituellen Positionierung. Sie führt hier in ihre Berufsgeschichte ein und berichtet von ihrem Berufswunsch, Erzieherin zu werden, einem Wunsch, der zumindest nicht formal in Erfüllung gehen konnte. Sie teilt mit, sie sei stattdessen Kinderkrankenschwester geworden und sei erst vom Vater motiviert in einem Kindergarten erzieherisch tätig geworden. Indem Isa Bella ihre Berufsgeschichte erzählt, plausibilisiert sie gleichzeitig ihre berufliche Position. Die Tatsache, dass sie *formal* nicht Erzieherin ist, aber als Erzieherin arbeitet, ist für sie gesondert erklärungsbedürftig. Die Mitarbeiterin erzählt dies, weil sie weiß, dass sie im Fokus des Forschungsinteresses liegt. Auf andere Weise positioniert sich Hatice Gül:

Ich unterhalte mich mit Hatice Gül und frage sie nach ihren Bewerbungsgesprächen. Es ist die erste Situation, in der ich mit ihr engeren Kontakt bekomme. Sie fragt mich: „Du bist doch auch Erzieher? Wo hast du denn die Ausbildung gemacht bzw. gearbeitet?" (…) Sie ist sehr interessiert daran, dass ich in städtischen Einrichtungen gearbeitet habe, wahrscheinlich vor dem Hintergrund, dass sie sich auf Stellen in städtischen Einrichtungen bewirbt. Ich erkundige mich nach ihren Stellen und sie berichtet mir von der Bewerbung in einer Tageseinrichtung. „Sozialer Brennpunkt" betont sie. Aber das würde ihr Spaß machen. „Viele ausländische Kinder. Ich bin Türkin (…). Früher in dem Übergangswohnheim habe ich auch immer gedolmetscht". Sie ahmt so eine Dolmetsch-Situation nach und nimmt die gebrochene deutsche Sprache von Türken auf die Schippe, so als ob sie die deutsche Sprache nicht beherrsche: „Du ich Türke". Das sagt sie laut, sodass Isa Bella das auch mitbekommt und ebenfalls darüber lacht. Sie erzählt den anderen Mitarbeiterinnen, es habe sie gewundert, dass die Stelle eine Ergänzungskraft-Stelle und nicht eine Zweitkraft-Stelle sei. Antwort von Ida Winter: „Das ist doch das gleiche" (was Hatice Gül nicht wusste). (…) Sie fragt mich: „Du wolltest nicht in dem Beruf bleiben. Hat das in dem Jugendzentrum keinen Spaß gemacht?" Ich: „Doch und manchmal habe ich es bereut, dass ich studieren gegangen bin …". Hatice Gül: „Ich hätte keine Lust mehr, noch mal zur Schule zu gehen. Kosmetikerin wäre auch gut. Aber die Ausbildung ist teuer. Und noch mal vier Jahre?"[PKi]

Hatice Gül spricht den Ethnografen am ersten Beobachtungstag nicht an. Am zweiten Tag der Beobachtungen sucht dieser eine Situation, um mit ihr ins Gespräch zu kommen. Er greift ein Thema des Vortages, ihre Bewerbungsgespräche, auf. Das Gespräch wird durch den plaudernden Stil Hatice Güls bestimmt. Sie bindet in ihre Erzählung Anekdoten und Witze ein und stellt plaudernd Kontakt her. Gemeinsam kann Vertrautheit hergestellt wer-

217

den, indem gegenseitig von Erfahrungen berichtet wird. Das erste längere Gespräch nutzt Hatice Gül aber auch, um sich über den Erfahrungshintergrund des Ethnografen zu informieren, weil ihr die Informationen in der Bewerbungssituation nützlich erscheinen. Gleichzeitig kann aber damit auch die habituelle Position des Ethnografens erkundet werden. Darüber hinaus nutzt Hatice Gül die Gelegenheit, sich als fachlich versierte Kraft darzustellen. Sie hebt ihre besonderen Kompetenzen hervor, über die sie qua Geburt als Türkin verfügt und die sie in ihrer beruflichen Biografie nutzen und ausbauen konnte. Im weiteren Verlauf des Gesprächs betont sie zusätzlich ihr Selbstbewusstsein, das sie in der Bewerbungssituation zeigt.

Hatice Gül berichtet, dass sie vor dem Bewerbungsgespräch eine halbe Stunde in einem Vorraum warten musste. Der Vorraum hätte nach Urin gestunken. Beim Bewerbungsgespräch teilte sie dies den MitarbeiterInnen mit, die darauf verdutzt reagieren. „Fanden die gut, dass ich denen das gesagt habe". (…) Isa Bella und Natalie Breddemann lachen mit, als Hatice Gül die Situation schildert. Hatice Gül weiß nicht, ob sie die Stelle bekommt, weil sich noch andere beworben hätten. Sie schätzt ihre Chancen aber ganz gut ein. Diese Stelle ist aber auch eine KinderpflegerInnenstelle. „Das ist ein Nachteil. Ich bin aber daran interessiert."PKi

Zum einen veranlasst die Anwesenheit eines Fremden die Mitarbeiterin zur Inszenierung und Plausibilisierung ihrer beruflichen Position. Zum anderen ist die hier von Hatice Gül mitgeteilte Botschaft nicht nur an den Fremden, sondern auch an die anderen Mitarbeiterinnen gerichtet, die zu dem Gespräch hinzustoßen. Auch ihnen gegenüber unterstreicht Hatice Gül ihre Kompetenzen – zumal ihre fachliche Position im Team weniger gesichert erscheint und deshalb weiterer Plausibilisierungen bedarf. Die dargestellten Kompetenzen werden von Ida Winter jedoch sogleich in Frage gestellt: Sie weist Hatice Gül lächelnd darauf hin, Ergänzungskraft und Zweitkraft meine dasselbe.[74]

Indem Hatice Gül ihre Fachlichkeit im Zusammenhang mit ihrem Bewerbungsgespräch unterstreicht, scheint es so, als würde sie gegenüber den Mitarbeiterinnen noch einmal den Verlust für das Team markieren, der sich durch ihren Weggang ergibt. Da sie grundsätzlich aber nicht in der Einrichtung bleiben kann, ist ihre Position im Team marginalisiert. Der Weggang rückt durch die anstehenden Bewerbungsgespräche in deutliche Nähe. Sie verdeutlicht, dass ihre Gedanken schon auf ihre weitere berufliche Zukunft gerichtet sind. Zusätzlich wird im Gegensatz zu Isa Bella, die davon berichtet, sie wollte schon als Kind Erzieherin werden, eine gewisse Beliebigkeit bei der Berufswahl ersichtlich: „Ich hätte keine Lust mehr, noch mal zur

---

[74] Im Laufe des Tages versucht Ida Winter mehrere Male, Hatice Gül davon zu überzeugen, keine Stelle auf der Position einer Kinderpflegerin anzunehmen. Gleichzeitig stellt sie damit auch das von der jungen Mitarbeiterin hervorgehobene Selbstbewusstsein in Frage und unterstreicht die habituellen Unterschiede zwischen ihr als erfahrener Erzieherin und der Novizin, die sie bezüglich ihres weiteren Lebenslaufes meint beraten zu müssen.

Schule zu gehen. Kosmetikerin wäre auch gut. Aber die Ausbildung ist teuer. Und noch mal vier Jahre?"«^{PKi} Zum Zeitpunkt der Statuspassage – von der Vertretungsstelle zur festen Anstellung – berichtet sie, sie könne durchaus auch eine ganz andere Ausbildung beginnen. Eher pragmatische Gründe sprechen gegen eine Umorientierung, nicht jedoch eine starke Identifizierung mit dem jetzigen Beruf.[75]

5.1.3 Zusammenfassung

Klaus Amann und Stefan Hirschauer (1997, S. 28) haben darauf hingewiesen, dass dem „‚going native' ... ein ‚coming home' entgegengesetzt" wird, „das dem Individualismus der Datengewinnung einen Kollektivierungsprozess entgegenstellt". Die vorangegangene Analyse des Feldeinstiegs hatte den Prozess der Einsozialisation ins Feld zum Thema, entstand aber letztendlich ‚home' in der Auseinandersetzung mit den gewonnenen Daten, den ersten vorläufigen Konzepten (auf dem Nachhauseweg oder abends am Schreibtisch), mit vorhandener Literatur (ethnografische Studien und methodologische Abhandlungen), im Dialog mit KollegInnen (in der Interpretationsgruppe, beim Gespräch am Abend einer Tagung ...), an verschiedenen Orten außerhalb des beobachteten Feldes (im Arbeitszimmer, an der Universität ...). Hier werden die Phase der Einsozialisation ins Feld rekonstruiert und erste Konzepte zu den habituellen Unterschieden der Mitarbeiterinnen entwickelt.

Ida Winter handelt als Gatekeeper die Regeln aus und bestimmt somit die organisatorischen Grenzen des Forschungsvorhabens. Sie vertritt die Interessen der Gesamtgruppe, d. h. der Mitarbeiterinnen sowie der Kinder. Sie führt in die Organisationskultur und deren formale und informelle Bestandteile ein. Folglich erklärt sie die Gruppenregeln, die zeitlichen Abläufe etc. Als Leiterin der Einrichtung interagiert sie im Feld gleichzeitig als Sprecherin der Gruppe: Sie spricht den Fremden an, ohne dass dieser sie anspricht und vermittelt und repräsentiert das organisationsimmanente Wissen. Hierdurch repräsentiert sie jedoch nicht allein die Gruppe. Ida Winter inszeniert[76] damit gleichzeitig Unterscheidungen.

Isa Bella sichert eine positive Atmosphäre zu Beginn der Feldphase. Sie empfängt und begrüßt den Fremden, führt ihn gegenüber den Kindern ein und sucht das ‚persönliche' Gespräch. Im Vergleich zu Ida Winter steht zu Anfang nicht eine Inszenierung, sondern eine Legitimierung ihrer beruflich-habituellen Position, weil ihr ihre berufliche Stellung begründungsbedürftig erscheint. Sie versucht, Unterscheidungen, die aufgrund ihrer formalen

---

75 Zusätzlich fällt hier auf, dass die Berufsalternative im Grunde keine Karrierepläne beinhaltet, da der Kosmetikerinnenberuf weder über eine höhere gesellschaftliche Anerkennung noch über ein formal höheres Ausbildungsniveau verfügt.
76 Zu inszenierungstheoretischen Fragestellungen vgl. Pfadenhauer (1999).

Qualifikationen vorgenommen werden können, grundsätzlich zu nivellieren, indem sie von ihrer Lebensgeschichte berichtet.

Natalie Breddemann nimmt im Interaktionsgefüge eine eher neutrale Position ein. Unklar bleibt zunächst, ob sie sich hier bewusst der Forschungssituation entzieht, indem sie sich und ihre Person weniger deutlich ‚ins Spiel bringt' oder ob dies ihren habituellen Gewohnheiten entspricht. Im Gegensatz zu Ida Winter und Isa Bella sind Redebeiträge von ihr selten. Zu fragen ist hier folglich, ob sie sich gegenüber dem Forschungsprozess ‚neutralisieren' will oder ob die beobachtete Position kohärent mit der gewöhnlichen Position im Team ist. Auch wenn sie die Älteste des Teams und Mitarbeiterin mit der längsten Berufstätigkeit in der „Spielkiste" ist, wird dies im Umgang des Teams untereinander kaum deutlich.

Hatice Güls Position im Team wird durch vier Faktoren beeinflusst. Erstens ist sie die Jüngste der Gruppe, zweitens verfügt sie über die geringste Praxiserfahrung, drittens ist sie Halbtagskraft und viertens wird sie schon bald die Einrichtung verlassen, weil ihre Vertretungsstelle ausläuft. Durch diese Faktoren ist sie im Vergleich zu den anderen weniger intensiv in die Gruppe eingebunden; sie bewegt sich statusbezogen, aber auch konkret räumlich am Rande der Mitarbeiterinnengruppe. Gegenüber dem Fremden übernimmt sie keine spezifische Aufgabe, die mit der von Ida Winter oder Isa Bella vergleichbar wäre.

Abbildung 9: Erster Vergleich der Mitarbeiterinnen

Name	*Erste Typisierung*	*Handlungen*
Ida Winter	Sprecherin des Teams	Regeln aushandeln
		Interessen der Gruppe vertreten
		Einführung in die Organisationskultur
		Repräsentation (des Wissens)
Isa Bella	Beziehungsagentin	Kontakt knüpfen
		Ida Winter unterstützen
		Sich legitimieren
Natalie Breddemann	Ruhepol	Schweigen
		Bestätigen
		Zuhören
Hatice Gül	Marginal woman	Sich am Rande bewegen
		Auf dem Sprung sein
		Eigene Fachlichkeit hervorheben
Anja Frede	Außerhalb des Teams	Schweigen

Anja Frede schließlich befindet sich ‚außerhalb des Diskurses'. Von den Mitarbeiterinnen werden keine Anstrengungen unternommen, sie in diesen einzubinden. Im Gegenteil: Zwar ist die Einrichtung darauf angewiesen, dass eine Köchin die vielen, den Tag strukturierenden Mahlzeiten ausrichtet. Gleichzeitig stellt die Köchin jedoch einen Störfaktor dar, weil sie durch ihre Kochgewohnheiten – wie Ida Winter immer betont – den konzeptionell vorgesehenen Erfordernissen der Vollwerternährung nicht nachkommt. Mit ihr redet das Team nur wenig und selten, es wird jedoch immer wieder über sie gesprochen.

Es stellt sich die Frage, ob die Positionen, die die Mitarbeiterinnen gegenüber dem Fremden einnehmen, auch mit ihren Positionen im Team korrespondieren. Offen bleibt hier zunächst die Frage, inwieweit die für die Anfangsphase der Feldbeobachtungen entwickelten Konzepte plausibilisiert oder differenziert werden können bzw. verworfen werden müssen. Dies wird im Folgenden näher untersucht.

5.2 Ethnografische Bewegungen durch Raum und Zeit

Während bislang der Prozess der Feldeinsozialisation im Fokus des Interesses stand und erste Konzepte zum institutionellen Gefüge der Einrichtung entwickelt wurden, geht es im Folgenden um die Frage, wie die MitarbeiterInnen ihren Alltag in der „Spielkiste" räumlich und zeitlich organisieren und welche Differenzen zwischen ihnen dabei sichtbar werden.

5.2.1 Die raum-zeitliche Struktur des Tages

Der Tag in der Einrichtung beginnt um 7.30 Uhr. Um 8 Uhr kommt Natalie Breddemann und um 9.30 Uhr Ida Winter. Die Kinder spielen in der Gruppe. Um 10 Uhr gibt es Frühstück. Danach wird wieder in der Gruppe gespielt. Um 11 Uhr gehen wir in den Hof. Um 12 Uhr gibt es mit dem Glockenschlag Mittagessen. Nach dem Mittagessen werden die kleinen Kinder ins Bett gebracht. Ida bringt ein Kind ins Bett, Natalie geht mit ihnen schlafen. Während die kleinen Kinder schlafen, erzählt Isa eine Geschichte im Wohnzimmer. Erst wenige, dann immer mehr Kinder verlassen den Raum und spielen im Flur. Natalie liest eine Geschichte vor und dann lese ich vor. Um zwei Uhr gibt es einen Snack und danach gehen wir in den Hof, bis die Kinder von den Eltern abgeholt werden.[PKi]

In den folgenden Protokollen wird keine Abweichung von diesem zeitlichen Grundgerüst ersichtlich. Der Tagesablauf in der „Spielkiste" ist einfach strukturiert und durch spezifische Aktivitäten gegliedert, die an bestimmte Räume gebunden sind. Grundsätzlich gilt diese räumlich-zeitliche Struktur für alle Kinder und Mitarbeiterinnen: Es wird gemeinsam gegessen und auf den Hof gegangen. Nur nach dem Mittagessen wird die Gruppe getrennt: Die jüngeren Kinder werden zum Schlafen gelegt und die Älteren sind mit mindestens einer Mitarbeiterin im ‚Wohnzimmer', einem Nebenraum, der zum Teil mit Matratzen ausgelegt ist.

Abbildung 10: Tagesablauf in der „Spielkiste"*

Aktivitäten							
Freispiel	Essen	Freispiel	Essen	Schlafen Ruhephase	Freispiel	Essen	Freispiel
Räume							
Gruppen-räume	Küche	Gruppen-raum Hof	Küche	Schlafraum Wohn-zimmer	Gruppen-räume	Küche	Gruppen-raum Hof
Uhrzeit							
7.30	10.00	ca. 10.30	12.00	ca. 12.30	13.30	14.30	14.45

* Das Bringen und das Abholen der Kinder sind übergangslos in die erste und letzte Freispielphase integriert. Da die Kinder zu unterschiedlichen Zeiten abgeholt werden, können hier auch keine Verabschiedungszeremonien durchgeführt werden.

Im Rahmen dieser groben Struktur sind jedoch Differenzierungen und Ausnahmen zu beobachten, die von der Tagesplanung und den individuellen Bedürfnissen der Kinder abhängen und durch Regeln festgelegt sind:

(1) Außerhalb der Essenszeiten finden parallel zum Freispiel immer wieder ‚Angebote' für kleinere Gruppen statt, die entweder im gleichen oder einem separaten Raum durchgeführt werden. Dies sind vorwiegend Kreativangebote. Einmal in der Woche kommt eine Künstlerin in die Einrichtung und gestaltet ein besonderes Angebot für eine Kleingruppe. Manchmal finden Aktivitäten außerhalb der Einrichtung statt: Eine Kleingruppe geht z. B. mit einer Mitarbeiterin einkaufen oder eine etwas größere Gruppe Kinder besucht einen nahe gelegenen Spielplatz.

(2) Die Zeitabschnitte weisen unterschiedliche Verbindlichkeitsgrade auf. In der Regel verbringen die Kinder alle Essenszeiten gemeinsam. Es besteht jedoch keine Verpflichtung, am Frühstück oder Nachmittags-Snack teilzunehmen. Eher selten ziehen sich hier einzelne Kinder in andere Räume zurück. Ausnahmen von der vorgegeben Zeitstruktur können mit den Mitarbeiterinnen ausgehandelt werden. Manchmal sind einzelne Kinder in den Gruppenräumen, wenn die anderen Kinder auf dem Hof spielen. Die Ausnahmen sind teilweise durch Verhaltensregeln kodifiziert und sind abhängig vom Alter der Kinder: Die jüngeren Kinder unter drei Jahren können z. B. nicht ohne Aufsicht spielen. Während der Mittagszeit darf sich nur im Flur oder Gruppenraum aufgehalten werden, damit der Schlaf der ‚Kleinen' nicht gestört wird.

(3) Jenseits dieses groben Zeitgerüstes können kaum den Tagesablauf täglich strukturierende Rituale[77] beobachtet werden. Rituale kommen zeitlich

---

77 Zu Ritualen in Institutionen der öffentlichen Erziehung vgl. auch Friebertshäuser (2001). Rituale werden hier in Anlehnung an Friebertshäuser (2001, S. 492) als

und situativ flexibel zum Einsatz, wie z. B. spontane Sing- und Spielkreise, die vor oder nach dem Mittagessen angeboten werden.[78] Jedoch fast täglich wird die Mittagszeit dazu genutzt, den älteren Kindern – und mit voranschreitender Zeit auch den jüngeren, nun aufgewachten Kindern – Geschichten ‚aus dem Mund'[79] oder aus dem Buch vorzulesen. Die Durchführung dieser Rituale ist immer von der ‚Tagesform' der Mitarbeiterinnen und der jeweiligen Gruppensituation abhängig.

(4) Über die tägliche Zeitstruktur hinaus ist das Kindergartenjahr durch Feste und Feiern, Ausflüge und die Schließung in den Ferien sowie durch die Aufnahme der neuen Kinder im Sommer strukturiert. Dies erfordert die Anpassung des Tagesablaufes und der Aktivitäten an die Erfordernisse der neuen Kinder, die zum Teil jünger als ein halbes Jahr sind.

Zu Beginn des Tages fragt Ida Winter die anderen Mitarbeiterinnen nach der Uhrzeit. Die antworten lachend: „Nur noch 6 Stunden Ida".[PKi]

Insbesondere Ida Winter betont immer wieder, für sie und die Kinder sei der Tag in der Einrichtung sehr lang: „eigentlich haben die doch keine Abwechslung wie in anderen Tagesstätten, die über mehrere Gruppen verfügen und damit auch über mehr Kinder in einer Altersgruppe. (…) Hier sind immer nur zwei drei Kinder in einer Altersgruppe."[PKi] Isa Bella ergänzt, dass die Länge des Tages insbesondere auch für die kleineren Kinder problematisch sei. Die hier genannten Differenzierungsformen brechen das starre Rhythmusgefüge des Kindertagesstättentages ein wenig auf, können jedoch insgesamt nicht verhindern, dass die MitarbeiterInnen den Tag als lang und wenig abwechslungsreich erleben. Abwechslungsreichtum würde sich jedoch nicht – so Ida Winter – durch eine Veränderung des Tagesrhythmus ergeben, sondern dann, wenn „mehrere Gruppen" zur Verfügung ständen. Mit anderen Worten: Spannungsreicher wäre der Tag, wenn die Kinder – der zentralen Aktivität in der Einrichtung entsprechend – mehr Gleichaltrige und damit mehr Gelegenheiten zum selbstständigen Spiel hätten.

„kulturelle Aufführungen, Repräsentationen des sozialen Lebens, in denen Gemeinschaft sich herstellt und festigen kann" begriffen.

78 In einer beobachteten Situation entsteht z. B. ein Spiel- und Singkreis, als zwei Mädchen anfangen, Lieder zu singen. Beim Spiel- und Singkreis ist der „formale Rahmen" recht unterschiedlich: Manchmal werden Stühle aufgestellt oder sich dabei auf den Boden gesetzt. An anderen Tagen werden in der Küche nach dem Snack Ratespiele durchgeführt. Dasjenige Kind, das richtig rät, darf in den Flur gehen und sich für den Gang auf den Hof anziehen.

79 Immer wieder erzählt Isa Bella den Kindern erfundene Mit-Mach-Geschichten. Sie knüpft dabei an Erlebnisse in der Gruppe und an die Geschichte des Vortages an. Der Ritualcharakter des Geschichten-Erzählens wird durch die Reaktionen der Kinder deutlich. Sie verlangen immer wieder von Isa Bella: „Erzähl uns heute wieder eine Hexengeschichte."

5.2.2 Die Begrenztheit des Raumes

Durch die räumlichen Gegebenheiten bestehen in dem beschriebenen Raum-Zeit-Gefüge insgesamt nur eingeschränkte Möglichkeiten der Ausgestaltung des Tagesstätten(all)tags. Während andere Kindertageseinrichtungen durch eine größere Gruppenzahl auch über mehr Räume verfügen können, ist der Platz in der „Spielkiste" beschränkt. Angesichts der Bedürfnisse der Kinder nach abwechslungsreichen Spielmöglichkeiten und relativer Bewegungsfreiheit müssen die räumlichen Gegebenheiten optimal genutzt werden. In dieser Situation werden von den Mitarbeiterinnen mehrere Differenzierungsmöglichkeiten eingesetzt.

- Die Gestaltung der Räume wird immer wieder leicht modifiziert. Die Aktivitäten der Kinder greifen auf den Raum über, wenn die Ergebnisse der Angebote an Wand und Decke gehängt werden oder ganze Raumteile im Rahmen eines ‚Projektes' umgestaltet werden.
- Den jeweiligen Räumen können spezifische Funktionen zugewiesen werden. Das Büro ist die Planungszentrale, die Küche dient der Ernährung der Kinder, der Gruppenraum ist die zentrale Spielstätte. Der Flur funktionalisiert die Übergänge von unterschiedlichen Aktivitäten und Zuständen: Durch ihn müssen die Kinder hindurch, wenn sie morgens kommen, die Jacken ausziehen und dann den Gruppenraum betreten wollen. Durch den Flur gehen sie zum Essen und wieder zurück in den Gruppenraum oder in den Hof. Der Hof dient der Bewegung und der ‚Sauerstoffzufuhr'. Die Primärfunktionen der Räume werden jedoch dadurch ‚aufgeweicht', dass in den meisten Räumen Spielmöglichkeiten bereitgestellt werden (wie z. B. ein Bauteppich im Flur). Immer wieder werden die Räume auch umfunktioniert, z. B. wenn die Mitarbeiterinnen dort Angebote durchführen.[80] Die Enge des Raumes erfordert somit eine multifunktionale Nutzung.

Abbildung 11: Funktion der Räume in der „Spielkiste"

Büro	Küche	Gruppen-raum	Schlaf raum	Wohn-zimmer	Bad	Flur	Hof
Planung	Ernährung	Zentrale Spielstätte	Schlaf	Rückzug	Hygiene	Übergang	Bewegung

Die Räume sind in verschiedene Funktionsbereiche eingeteilt (vgl. Schmidt 2004), die von den Kindern flexibel genutzt werden können. Die breite Altersspanne der Kinder zwischen 0,4 und 6 Jahren erfordert, dass ältere wie jüngere Kinder in jedem Funktionsbereich ihrem Alter entsprechend spielen

---

80 Ausgeklammert ist jedoch das Büro, das von den Mitarbeiterinnen auch für die notwendigen Pausen genutzt wird. Hierhin ziehen sich die Mitarbeiterinnen zurück, wenn sie ungestört sein wollen.

können.[81] Diverse Ausflüge bieten den Kindern die Möglichkeit, die Grenzen des engen Raumes zu überschreiten. Diese Differenzierungsform, meinen die Mitarbeiterinnen, sei insbesondere bei den älteren Kindern angebracht, die seit ihrem ersten Lebensjahr einen großen Teil ihres Tages in der Enge der Tagesstätte verbringen.

5.2.3 Differenzierungsformen des Spiels

Drei zentrale Aktivitäten bestimmen den Tagesablauf in der „Spielkiste": Spiel, Ernährung und Schlaf bzw. Rückzug. Den größten Teil des Tages verbringen die Kinder jedoch beim Spiel. Es ist die zentrale Aktivität des Einrichtungsalltags. Die beobachteten Spielformen lassen sich nach unterschiedlichen Formen der Geselligkeit unterscheiden.

Ein Ort der gemeinsamen Geselligkeit ist das Freispiel, wenn alle Kinder sich gemeinsam im Gruppenraum aufhalten und spielen, das gemeinsame Ratespiel nach dem Mittagessen oder ein Kindergartenfest. Ein Ort der separierten Geselligkeit entsteht dann, wenn sich einige Kinder mit oder ohne Mitarbeiterinnen zurückziehen und von der Gesamtgruppe separiert spielen. Orte der spontanen Geselligkeit entwickeln sich z. B. während des Freispiels, an denen die Mitarbeiterinnen das Spiel der Kinder eher spontan aufgreifen und lenkend oder animierend darauf einwirken. Rituale wie Singkreise im Gruppenraum, Mitmach-Geschichten während der Mittagsruhe oder Ratespiele am Mittagstisch werden von den Mitarbeiterinnen situativ eingesetzt; sie sind nicht im Voraus geplant und finden auch nicht immer regelmäßig zu einem bestimmten Zeitpunkt statt. Ein Ort der inszeniert-geplanten Geselligkeit ist z. B. ein spezifisch für alle oder einige Kinder vorbereitetes Angebot. Diese Angebote werden zwar im Voraus geplant, der Zeitpunkt der Durchführung wird zumeist jedoch situativ bestimmt. Regelmäßige Angebote für Kinder stellen z. B. die jährliche Übernachtung aller Kinder in der „Spielkiste" und das wöchentliche Kunstangebot einer Honorarkraft dar.

In der Regel wird im Tagesablauf ständig zwischen diesen unterschiedlichen Geselligkeitsformen des Spiels gewechselt. Zum einen wird hierdurch immer wieder ein Wechsel zwischen der Inszenierung von Gemeinsamkeit und der Hinwendung zu den individuellen Bedürfnissen einzelner Kinder und Gruppen erreicht. Zum anderen wird dadurch gleichzeitig ermöglicht, entweder spontan situationsspezifisch und individuell bedeutsame Themen,

---

81 In der „Spielkiste" ist auffällig, dass die Spielecken eher den klassischen Funktionsbereichen in Kindergärten entsprechen, also nicht nach dem Kriterium besonderer Originalität eingerichtet sind. Neben dem Basteltisch gibt es hier zwei Bauecken, eine Ecke zum Verstecken und für Handpuppenspiel, eine Kinderküchenzeile, einen Ruhe- und Toberaum sowie eine Puppenecke. Das hier vorzufindende Spielmaterial ist ebenso gewöhnlich und verweist nicht auf eine spezifische pädagogische Ausrichtung. Die Möbel und die Materialien geben jedoch Hinweise auf die eher geringe finanzielle Ausstattung der Einrichtung und zeigen an, dass die Funktionsbereiche in der „Spielkiste" selten mit neuem Spielmaterial versehen werden.

wie den Konflikt von drei Jungen, oder übergreifende Themen, wie den Übergang in die Schule, aufgreifen und bearbeiten zu können.

Innerhalb des zeitlichen Rahmens konnte ein hohes Maß an Unverbindlichkeit festgestellt werden, was den Wechsel der unterschiedlichen Geselligkeitsformen des Spiels betrifft, d. h., es war kaum festgeschrieben oder geregelt, zu welchem Zeitpunkt was gespielt wird oder welches Spiel von den Mitarbeiterinnen initiiert wird. Leitend für die Mitarbeiterinnen ist, die jeweilige Geselligkeitsform im Einklang mit der jeweiligen Gruppensituation zu halten.

Abbildung 12: Differenzierungsformen des Spiels

	Gemeinsam	*Separiert*
Spontan	z. B. Fußball spielen	z. B. Vorlesen
Ritualisiert	z. B. Singkreis	z. B. Geschichten
Geplant, aber nicht regelmäßig	z. B. Ausflug	z. B. Angebot
Geplant und regelmäßig	z. B. Übernachtung	z. B. Kunst

Zusammengefasst ist das zeitlich-räumliche Interaktionsgefüge weitgehend durch den Fluss des Spiels der Kinder bestimmt. Da dieser Spielfluss jedoch keinen zeitlichen Regeln folgt, bedarf es eines strukturellen Rahmens, der dazu beiträgt, dass das Spiel ‚geregelt' im Fluss bleibt. Einen strukturellen Rahmen stellen der bislang genannte grobe Zeitrahmen einschließlich der genannten Differenzierungsformen, die Funktionsbereiche, die Regeln und die Rituale dar. Darüber hinaus kommt innerhalb des raum-zeitlichen Gefüges Angelpunkten zur Strukturierung dieses Gefüges eine besondere Bedeutung zu.

Es gibt mehrere Angelpunkte, Orte also, die sich gut dazu eignen, den umliegenden Raum zu überblicken, an denen man sich aufhält, wenn man gerade nicht mit den Kindern intensiv beschäftigt ist. Es sind Beobachtungspunkte für die Mitarbeiterinnen und Anlaufstellen für die Kinder. Sie signalisieren: ich bin ansprechbar, auch wenn ich gerade nichts Bestimmtes mache. Sie signalisieren auch den anderen Mitarbeiterinnen: Ich bin ansprechbar. Von diesen Plätzen aus werden Streitigkeiten geschlichtet. Hier kommen die Kinder hin, wenn sie mit den Mitarbeiterinnen kuscheln oder sich mit ihnen unterhalten wollen. Die weiße Bank im Hof, der Maltisch im Gruppenraum, die rechte Matratze im Wohnzimmer, der Platz am Tisch im Büro: diese Plätze sind ‚strategisch' wichtig. Anscheinend werden die Plätze von den Mitarbeiterinnen unterschiedlich häufig frequentiert.[PKi]

In einer ersten theoretischen Protokollnotiz zum Raum-Zeit-Gefüge des Tagesstättenalltags wird beschrieben, wie Angelpunkte den Raum im Freispiel gliedern. Die Angelpunkte dienen den Kindern als Anlaufstellen: Sie wissen, dass sie hierhin gehen können, wenn sie beim Freispiel den Kontakt zu einer der Mitarbeiterinnen suchen. Jeder Freispielraum verfügt über solche Anlaufstellen. Wenn sich die Mitarbeiterinnen an solch einem Angelpunkt befinden, haben sie den optimalen Überblick über das Geschehen. Hier können sie sich zurückziehen, wenn das Spiel der Kinder im Fluss ist. Von hier aus intervenieren sie, wenn der Spielfluss gestört wird. Hier treffen sich die Mitarbeiterinnen immer wieder, wenn sie zwischendurch den Raum gewechselt haben.

5.2.4 Takt und Rhythmus

Auf eine Aktivität folgt eine andere: Ich beobachte, dass immer eine von den Mitarbeiterinnen intensiv mit den Kindern beschäftigt ist, wie ein unabgesprochener wechselnder Spannungsbogen knüpfen die Mitarbeiterinnen an Aktivitäten der Kinder an, greifen ihr Spiel auf und spielen mit den Kindern. Die Orte und Spiele wechseln ständig.[PKi]

Im Rahmen des hier beschriebenen raum-zeitlichen Gefüges lässt sich ein übergeordneter, immer wiederkehrender Rhythmus entdecken, der je nach den situativen Bedürfnissen der Kinder und Mitarbeiterinnen differenziert und synkopisiert wird. Der Rhythmus ist begrenzt durch das Kommen und Gehen der Kinder am Morgen und am Nachmittag.

Die erste Stunde des Vormittags läutet den Tag auf ruhige Art und Weise ein: Nur ein Teil der Kinder und Mitarbeiterinnen ist anwesend. Der Tag endet ebenso ruhig. Mit der Zeit werden immer mehr Kinder abgeholt. Der Frühdienst und die Halbtagskraft haben schon Feierabend.[PKi]

Der Rhythmus ist bestimmt durch die Erfordernisse der Kinder nach Spiel, Bewegung, Ernährung, Schlaf. Dieser räumlich-zeitliche Rahmen fügt den Rhythmus des einzelnen Spiels in ein darüber liegendes Rhythmusgefüge. Dieses repräsentiert wesentliche Merkmale des Spiels (vgl. Scheuerl 1954): innere Unendlichkeit und Geschlossenheit[82], das Wechselspiel von Aktivität und Kontemplation. Das synonyme Bild zur Darstellung der Bewegung der Kinder im Raum ist die Schleife: In der schlauchförmigen Architektur der Kindertageseinrichtung, die sich durch die spezifische Anordnung der Räume ergibt, bewegen sich die Kinder in Schleifen zwischen Gruppenräumen, Flur und Küche. Hier stellt sich jedoch die Frage, wie dieser übergeordnete Rhythmus täglich neu erzeugt und aufrecht erhalten werden kann. Wer oder was gibt den Takt an?

(1) Zum einen erzeugt die Regelmäßigkeit des immer wiederkehrenden Rhythmus bei den Kindern ein inneres Rhythmusgespür. Dies wird beispielhaft an einer Geschichte deutlich, die Ida Winter erzählt.

Ich sage, das würde ja ganz gut passen mit der Kirchenglocke, dass man die um 12 Uhr hört, wenn die Kinder zum Mittagessen gehen können. Ida Winter erzählt von Raul. Der

---

82 „Ein Minimum an Gesetzlichkeit, und wenn diese nur in einem einfachen Rhythmus besteht, gehört wesenhaft zu jedem Spiele" (Scheuerl 1954, S. 95).

habe – als er noch viel jünger gewesen sei – immer morgens um acht Uhr, wenn auch diese Glocke läutet, gesagt: „Mittagessen". Das wäre bei ihm schon wie eine Konditionierung gewesen mit der Glocke. Scherzend und auf das Pawlowsche Beispiel anspielend: Da sei bei ihm schon quasi der Speichel gelaufen als die Glocke schellte. Ich sage: „Ja Pawlow". Sie: „Klassisches Konditionieren".[PKi]

Zusammengefasst handelt Ida Winters Geschichte davon, wie der Tagesrhythmus vom Kind übernommen wird: Er wird durch sich wiederholende Stimuli angeeignet. Das raum-zeitliche Gefüge bietet damit einen Rahmen zur performativen Herstellung eines gemeinsamen Taktes.

(2) Damit der Rhythmus beibehalten werden kann und dieser im Fluss bleibt, bedarf es erstens spezifischer Regeln und zweitens – wenn diese nicht greifen – pädagogischer Interventionen. Ida Winter verweist z. B. auf die Regelung zur Teilnahme am Essen:

Ich stelle fest, dass die Mahlzeiten (3 Stück am Tag) schon den Tag erheblich strukturieren würden. Antwort: Ja das sei auch wichtig für die kleinen Kinder, und da sei schon die Regel, dass das Frühstück kein Zwang wäre. Die Kinder können entscheiden, ob sie daran teilnehmen wollen. Wenn sie nicht wollen, müssen sie nicht zum Frühstückstisch. Mittagessen müssten jedoch alle Kinder. Zum ‚Snack' müsste man auch nicht kommen, aber das wäre so schön und gemütlich, dass alle Kinder zum ‚Snack' kommen würden.[PKi]

Zuweilen gerät der gemeinsam geteilte Rhythmus aus den Fugen, weil ein Kind wenig Hunger hat und schnell mit dem Essen fertig ist oder weil ein Kind beim Essen ‚trödelt'. Somit muss der Zeitrhythmus an die individuellen Bedürfnisse und die jeweilige Situation angepasst werden. Es gibt jedoch keine Regel, wann die Kinder aufstehen und sich wieder dem Spiel widmen können. Rituale stellen hier eine Möglichkeit dar, Überleitungen herzustellen, das Verweilen am Tisch künstlich zu verlängern und die Störung des Rhythmus auszugleichen.

Snackzeit: Ich sitze neben Lord, neben ihm sitzt Ralf. Beide albern herum. (…) Lord wiederholt immer das Wort „Sissi", betont es dabei stark. Beide Kinder lachen darüber. (…) Ein ‚kleines' Kind fängt an, etwas zu singen. Ida Winter und Isa Bella singen mit: „Dornröschen" (…) Lord und Ralf singen nicht mit und albern herum. Sie werden von Ida Winter aufgefordert mitzumachen. Sie bewegen den Mund (übertrieben deutlich), singen aber nicht und lachen dabei. Ida Winter beobachtet sie weiter. In einem Nebensatz erwähnt sie, „da Lord und Ralf nicht mitgesungen haben". (…) Ida Winter schlägt vor, das Ratespiel zu spielen. (…) Ralf und Lord sind zu Beginn des Spieles ruhig, werden aber mit der Zeit wieder unruhig und albern herum. Das Ergebnis ist, dass sie am Ende des zweiten Durchgangs (wer geraten hat, darf sich die Schuhe anziehen) noch keine Ratefrage erhalten haben und somit die Letzten im Raum sind. Ida Winter teilt ihnen mit, dass sie im Raum bleiben sollen und sie sich mit ihnen unterhalten will.[PKi]

Auf die Dauer gelingt es den Mitarbeiterinnen jedoch nicht, bei der Störung des alltäglichen Zeit-Raum-Aktivitätsmusters den Aufmerksamkeitshorizont der beiden Jungen umzulenken. Die ‚Störungen' werden beobachtet und bis zu einer gewissen Toleranzgrenze zugelassen. In diesem Protokollausschnitt werden die unterschiedlich produktiven Versuche insbesondere von Ida Winter deutlich, den gemeinsamen Rhythmus angesichts der verschiedenen Bedürfnisse und Interessen der Kinder aufrecht zu erhalten. Da der gemeinsame Rhythmus aus den Fugen zu geraten droht, versuchen sie diesen durch Rituale der liminalen Übergangsgestaltung (vgl. Wagner-Willi 2005; Cloos u. a. 2007) wieder anzugleichen. Bei Überschreitung der Toleranzgrenze folgen direkte Interventionen: Die Kinder werden ermahnt, die ‚Störenfriede' auseinander gesetzt oder vom Geschehen separiert und damit aus dem Zeitmuster herausgenommen.

Die Interventionsversuche der Mitarbeiterinnen bei Störungen des zeitlichen Musters haben wesentlich zum Ziel, den gemeinsamen Rhythmus zu aktualisieren und zu reproduzieren. Ein Beispiel aus dem beobachteten Interaktionsgeschehen in der „Spielkiste" kann verdeutlichen, welche Funktion den Mitarbeiterinnen bei der Reproduktion und Aktualisierung des ‚Tagesrhythmus' zukommt. In der beobachteten Situation sind die Mitarbeiterinnen nicht anwesend. Durch ihre Nicht-Anwesenheit tritt hervor, welche Aufgaben die Mitarbeiterinnen hätten erledigen müssen, wenn sie anwesend gewesen wären.

Nach dem Mittagessen bin ich wieder mit den Kindern alleine im Wohnzimmer. (...) Hanni und Manuela haben sich in den Gruppenraum zurückgezogen und malen. Lord, John und Ralf spielen intensiv miteinander Rollenspiele. Zwischendurch kommen immer wieder Hanni und Manuela herein und sagen, es sei zu laut. (...) Mir fällt auf, dass es sozusagen ein unsicheres Terrain gibt, wenn die Mitarbeiterinnen nicht im Gruppenraum sind und nicht in direkter ‚Eingriffs-Nähe'. In diesem Fall achten andere Kinder darauf (hier insbesondere die älteren Mädchen), dass die Regeln eingehalten werden. Sie greifen in das Regelungs-Vakuum ein. (...) Die Botschaft von Hanni und Manuela ist nicht nur an die Kinder, sondern insbesondere auch an mich gerichtet: Regel es so, wie es normal ist, wie es hier üblich ist. Gleiche den Rhythmus wieder an.[PKi]

Die ‚Intervention' der Mädchen als Reaktion auf das wilde, bewegungsintensive Spiel der Jungen zielt darauf ab, dass der gegenläufige Rhythmus der Jungen an den üblichen Rhythmus angepasst wird. Der übliche gemäßigte Takt der Mittagszeit soll aufrecht gehalten werden. Die drei Jungen sind hier die Störenfriede des Taktes. Die Mädchen erreichen jedoch auch nach mehrmaligen Versuchen nicht ihr Ziel. Erst als durch einen Erwachsenen in das Spiel der Jungen eingegriffen wird, kann der Takt wieder angeglichen werden. Da die Mitarbeiterinnen in dieser Situation nicht anwesend sind, fehlen die Instanzen, die die Macht und die Methoden haben, den Takt wieder in den Rhythmus zu bringen. Damit können die Mitarbeiterinnen gleichzeitig als die heimlichen Dirigenten, als die Ordnungshüter des Taktes und als die Manager der Rhythmusaktualisierung beschrieben werden.

Folgt man den bisherigen Überlegungen, dann könnte hier der Eindruck entstehen, die Mitarbeiterinnen würden das raum-zeitliche Aktivitätsgefüge zu jeder Zeit dirigieren und dabei auf einen ausgearbeiteten Plan zurückgreifen. Die von Ida Winter eingeführte Geschichte vom Kind und der Kirchenglocke gibt jedoch einen Hinweis darauf, dass der Tagesrhythmus in einem Prozess „kollektiver Erlebnisschichtung" (Bohnsack 1999, S. 71) einen kollektiv geteilten „konjunktiven Erfahrungsraum" konstituiert (ebd.,

S. 69). Dieser Erfahrungsraum wird von den Kindern und den Mitarbeiterinnen gleichermaßen geteilt. Wesentliches Merkmal konjunktiver Erfahrungsräume als habitualisierte Praxis ist jedoch, dass das Wissen inkorporiert ist. Mitarbeiterinnen wie Kinder haben somit ein habituelles Gespür für den Rhythmus, das jedoch situativ nicht immer abgefragt und nutzbar gemacht werden kann.

5.2.5 Zwischenfazit: Die Mitarbeiterinnen im Raum- und Zeitgefüge

In der Kindertageseinrichtung „Spielkiste" ist ein relativ enges Korsett an Raum- und Zeiteinteilung vorzufinden. Dieses Korsett gibt ein Rhythmusgefüge vor, in dem grundlegend festgelegt ist, was zu welcher Zeit an welchem Ort stattfindet. Dieses Rhythmusgefüge orientiert sich dabei an den Bedürfnissen der Kinder nach Bewegung, Spannung und Ruhe, Mahlzeiten und Schlaf, Angeboten und Freispiel. Dabei findet ein steter Wechsel von Aktivitäten mit der Gesamtgruppe und Teilgruppen, von Freispiel und geplanter Aktivität, von ‚Laufen lassen' und gezielter Intervention statt. Eingewoben in diesen Takt sind Differenzierungsformen, die den steten Rhythmus durchbrechen. Im Rahmen dieses gemeinsamen Taktes der Gruppe wird entdeckt, dass der Rhythmus bei den einzelnen Mitarbeiterinnen erheblich abweicht, auch wenn sich dies jeweils in den allgemeinen Rhythmus der Gruppe einpasst.

Ida Winter wechselt beim Freispiel am häufigsten Ort und Aufgabe. Sie ist selten im Gruppenraum über einen längeren Zeitraum an einem Ort mit einer Aufgabe beschäftigt. Unvermittelt taucht sie im Gruppenraum auf, greift blitzartig in einen Streit der Kinder ein, interveniert und handelt Regeln aus, ergänzt die gerade stattfindenden Gespräche der anderen Mitarbeiterinnen und verschwindet genauso unvermittelt wieder, ohne dass gewusst wird, wohin sie verschwindet. Der Ethnograf trifft sie im Büro oder im Nebenraum an oder sie hat – zunächst unbemerkt – ein Bastelangebot mit einigen Kindern begonnen. Zwischendurch geht sie mit drei Jungen Abschiedsgeschenke kaufen. Nachmittags, wenn die Kinder im Hof spielen und von den Eltern abgeholt werden, kommt sie aus dem Büro, wo sie ein Telefonat geführt hat, spricht die Eltern an, unterhält sich mit den Kindern und den anderen Mitarbeiterinnen und verschwindet dann in die Gruppenräume, um ein Gespräch mit Eltern zu führen, die sich um einen Platz bei der „Spielkiste" bewerben. Zwischendurch können immer wieder Momente der Ruhe beobachtet werden, wenn sich Ida Winter auf die Sprossen des Spielgerätes im Hof setzt und dort die Kinder beobachtet, wenn sie zwischendurch einen Kaffee am Maltisch trinkt oder zu Mittag isst oder wenn sie sich in längere Gespräche mit dem teilnehmenden Beobachter gegen Ende des Tagesstättentages vertieft. Ihre Bewegungen im Raum-Zeit-Gefüge unterscheiden sich in erheblichem Maße von den Bewegungsformen der Kinder und der anderen Mitarbeiterinnen. Der Zick-Zack-Kurs durch die unterschiedlichen Räume gleicht einem Wechselspiel zwischen Rückzug aus dem direkten pädagogischen Geschehen, intensiven mehr oder weniger geplanten Angeboten und der zeitweiligen Teilnahme am Gruppenalltag während des Freispiels. Der ‚lange Tag' wird in seiner zeitlichen Abfolge in erheblichem Maße differenziert, die Aufgaben, Orte und Interaktionspartner gewechselt.

Im Kontrast hierzu folgen die zeitlich-räumlichen Bewegungen Natalie Breddemanns einem ganz anderen Muster. Bis auf die Pausen, in denen sie zwischendurch eine Zigarette raucht, befindet sie sich fast immer im Mittelpunkt des Geschehens. Sie passt ihren Aufenthaltsort den Orten an, an denen die Kinder aktuell spielen. Selten hält sie sich lange an den Angelpunkten auf, sitzt also selten am Basteltisch oder auf der Bank im Hof. Sie befindet sich mitten im Gruppenraum oder mitten auf dem Hof. Sie steht bereit, wenn Kinder getröstet oder umarmt werden wollen, Spielzeug herangeschafft werden muss oder wenn die Kinder ein Gespräch suchen. Sie ändert ihre Position, wenn das aktuelle Geschehen der Gruppe es erfordert. Sie ist der ruhende Pol im Bewegungsfeld und die Anlaufstelle der Kinder.

Isa Bella muss als Bezugsperson von den jüngeren Kindern der Gruppe häufig den Bewegungen dieser Kinder folgen. Sie hält sich in ihrer Nähe auf, spielt mit ihnen, tröstet sie, wenn sie weinen, wickelt sie und legt sie ins Bett. Sie hält sich an den Angelpunkten auf und beobachtet sie von dort. Dabei spielt sie oder unterhält sich mit den anderen Kindern. Ihr Bewegungsradius ist folglich mehr oder weniger eingeschränkt, je nach den Bedürfnissen der Kinder. Zwischendurch erledigt sie jedoch immer wieder auch andere Aufgaben: Sie nimmt z. B. Telefongespräche an, schreibt den Wochenbericht, zieht sich mit Ida Winter zurück und plant den Betriebsausflug.

Hatice Gül hält sich während der wenigen Stunden, die sie morgens in der Einrichtung ist, zumeist in den Gruppenräumen auf. Ihre Bewegungen passen sich in hohem Maße dem Rhythmus der Gruppe und den Bedürfnissen einzelner Kinder an. Sie folgt dem Geschehen und richtet sich nach den Planungen des Teams, ohne dass sie eigene Akzente setzt.

Anja Fredes ‚Reich' ist die Küche. Niemals begibt sie sich in einen der Gruppenräume. Sie bereitet die Mahlzeiten zu, deckt den Tisch, räumt die Spülmaschine ein und spült ab. Ab und zu verlässt sie zum Einkaufen die Einrichtung oder macht ihre Abrechnung im Büro. Wenn die Kinder und Mitarbeiterinnen in der Küche essen, steht sie an der Küchenzeile und hält sich bereit, um Lebensmittel herüber zu reichen und schmutzige Teller anzunehmen.

Bei der Beschreibung der unterschiedlichen Bewegungsarten der Mitarbeiterinnen im Raum-Zeit-Gefüge wurde aufgezeigt, was typischerweise und gewöhnlich in der „Spielkiste" zu beobachten ist. Im Berufsalltag übernehmen die Mitarbeiterinnen in den verschiedenen Räumen zu unterschiedlichen Zeiten differierende Aufgaben. Angesichts der Enge der Räume und der Länge der Zeit, die Kinder und Mitarbeiterinnen miteinander verbringen, wechseln die Mitarbeiterinnen sich gegenseitig ab. Es entsteht ein Wechselspiel zwischen Aktivität und Rückzug, Intervention bzw. Angebot und passiver Teilnahme.

Generell kann festgestellt werden, dass die Beweglichkeit innerhalb der Räume und die Anzahl der unterschiedlichen Aufgaben sowie die Kompetenzansprüche an die jeweiligen Aufgaben mit sinkender formaler Qualifikation und beruflicher Position abnehmen. Dies gilt jedoch nicht für Hatice Gül, die hier im Team eine Sonderstellung einnimmt. Ihre Bewegungen im Raum-Zeit-Gefüge sind begrenzt durch die formale Stellung der Halbtags- und Vertretungskraft und ihre spezifische ‚Team-Position‘: Als Berufsanfängerin, die nur bedingt Anerkennung im Team erlangt hat, ist sie die Springerin, die nur eine begrenzte Anzahl von Aufgaben übernimmt und damit ihre räumlichen Positionen an die Bewegungen der Kinder anpasst.

Wenn beobachtet wird, welche Tätigkeitsformen die unterschiedlichen Mitarbeiterinnen mit den Kindern favorisieren und welche Aufgaben sie erfüllen, dann lassen sich erhebliche Unterschiede feststellen. Sehr deutlich treten diese Unterschiede z. B. in der Mittagszeit hervor, wenn sich die Mitarbeiterinnen mit den Kindern, die nicht schlafen, im Wohnzimmer aufhalten. Isa Bella übernimmt zumeist die erste ‚Schicht‘ der Mittagsruhe.

Während die jüngeren Kinder von Ida Winter und Natalie Breddemann (oder macht sie eine Zigarettenpause?) schlafen gelegt werden, geht Isa Bella mit den älteren Kindern in das ‚Wohnzimmer‘. (…) Wir legen uns gemeinsam mit den Kindern auf die Matratze (pulkförmig, um Isa Bella herumgruppiert) (…). Sie fragt die Kinder, ob sie die Geschichte von gestern weiter erzählen soll. (…) Sie bezieht die Kinder ein: „Was ist denn gestern mit der Hexe passiert, was kann man denn da machen?" Sie fasst noch einmal das Ende der Geschichte vom letzten Tag zusammen, dass man die böse Hexe gefangen hätte. „Was machen wir jetzt mit der Hexe?" (…) Die Ideen der Kinder werden nicht nur einbezogen, die Kinder werden auch aufgefordert, die Geschichte mitzuspielen. Sie lässt die Kinder Texte sprechen und flüstert ihnen ins Ohr, was sie sagen können. Isa Bella bindet in die Geschichte ein, dass die Kinder einen Kinderrat einberufen. Zum Schluss sagt sie: „Das wird doch wieder spannend, da müssen wir mal schauen, was dann morgen mit der Hexe passiert."[PKi]

Isa Bella erzählt diese selbsterfundenen „Geschichten aus dem Mund" – so nennen es die Kinder – nicht jeden Tag, aber immer wieder. Sie sind ihre ‚Spezialität‘, weil sie hier ihr ehemaliges Hobby, das Theaterspielen, einbringen kann: Die Geschichten gleichen szenischen Darstellungen und fordern die Kinder zum Mitmachen heraus. Natalie Breddemann favorisiert eine andere Form von Geschichten.

Isa Bella wird abgelöst und verlässt den Raum. Natalie Breddemann liest Märchen von den Gebrüdern Grimm vor. Sie liest recht schnell und ohne Unterbrechungen vor. Sie verspricht sich dabei häufiger, weil der Text in altmodischem Deutsch verfasst ist. Sie kommentiert: „Ist ja auch ein relativ schwieriger Text. (…) Mich wundert es, dass die meisten Kinder relativ problemlos zuhören."[PKi]

Während der Mittagsruhe liest Natalie Breddemann immer wieder auf diese Art und Weise Geschichten vor. Hierbei geht es weniger darum, dass alle Kinder die Geschichten auf Anhieb verstehen, sondern um den „Akt des Vorlesens, das Beisammensein und die geborgene Atmosphäre".[PKi] Diesen

Aspekt kann Natalie Breddemann in ihrem Kommentar zu ihrem eigenen Vorlesen jedoch nicht benennen.

Während Natalie Breddemann vorliest, sitzt Ida Winter mit einigen Kindern im Gruppenraum am Basteltisch und bastelt Schiffe mit verschiedenen Fahnen als Einstimmung auf den Urlaub und als Fortführung eines längeren Angebotszyklus zum Thema fremde Länder. Sie teilt mit, dass sie im sogenannten ‚Wohnzimmer' häufig mit den Kindern Rollenspiele durchführe.[PKi]

Ida Winters Aktivität während der Mittagsruhe ist in einen im Voraus geplanten Angebotszyklus eingebunden, der mit der Absicht der interkulturellen Erziehung die Kinder in fremde Länder einführt. Während bei Natalie Breddemann die Geborgenheit in der Kindergruppe im Vordergrund steht, verfolgt Ida Winter deutlicher Bildungsabsichten. Hintereinander und zum Teil parallel werden für die Kinder verschiedene Angebote bereitgehalten, die den unterschiedlichen Interessen der Kinder entsprechen und Abwechslung garantieren. Der Rhythmus wird variiert und Spannung hergestellt, indem sich die Mitarbeiterinnen entsprechend ihrer unterschiedlichen Interessen, Kompetenzen und ihrer formalen Stellung einbringen. Fasst man die auf das Spiel bezogenen Aktivitäten der Mitarbeiterinnen zusammen, dann ergibt sich folgendes Bild:

Anja Frede übernimmt als Köchin keinerlei pädagogische Aufgaben mit den Kindern. Dies wird von den Mitarbeiterinnen auch nicht an sie herangetragen, weil diese sie insgesamt als zu unsicher und nicht sprachgewandt einschätzen. Obwohl Natalie Breddemann in der Vergangenheit als Köchin durchaus hin und wieder auch mal pädagogische Aufgaben übernommen hat, wird Anja Frede pädagogisch nicht in das Team eingebunden.

Ida Winter favorisiert die Arbeit mit den älteren Kindern, ihre Vorbereitung auf die Schule, die Spracherziehung, Tischspiele und Bastelangebote sowie offene Angebotsformen wie Rollenspiel. Sie plant gerne längere Angebotszyklen, in denen sich die Kinder mit spezifischen Themen auseinander setzen und verlässt mit Kleingruppen das Haus. Sie sorgt damit für Differenzierungen des Spiels und verfolgt dabei klare Erziehungs- und Bildungsabsichten.

Natalie Breddemann konnte nicht beobachtet werden, wie sie eigenständig Angebote vorbereitet und durchführt. Sie sorgt dafür, dass das Freispiel der Kinder in Fluss bleibt, indem sie diejenigen, die ausruhen wollen, in den Arm nimmt, Spielmaterial bereitstellt und bei Konflikten interveniert. Sie übernimmt die Aufgaben, die während des Freispiels anfallen und beteiligt sich an den gemeinsamen Spiel- und Singkreisen oder an den gemeinsam geplanten Angeboten. Dabei bleibt sie zumeist im Hintergrund.

Isa Bella favorisiert das szenisch darstellende Spiel, die Mitmach-Geschichten und die Spiel- und Singkreise. Hier ist sie die Animateurin, die die Kinder in den Bann ziehen kann. Im Gegensatz zu Ida Winter macht sie nicht gerne ‚Bastelarbeiten'. Die meiste Zeit des Tages jedoch begleitet sie die ‚Kleinen', setzt sich z. B. mit ihnen in die Bauecke und unterstützt sie dort bei ihrem Spiel.

Hatice Gül bringt sich situativ ins Geschehen ein und spielt mit den Kindern Tischspiele, nimmt am Spiel- und Singkreis teil oder beteiligt sich an den Gesprächen der anderen Mitarbeiterinnen. Gerne übernimmt sie die Aufgabe, mit einem Teil der Kinder auf den nahe gelegenen Spielplatz zu gehen. Als Halbtagskraft übernimmt sie keine besonderen anderen Aufgaben als die anderen Mitarbeiterinnen.

5.2.6 Innen- und Außenraum

Bei genauerer Betrachtung des Organisationsgefüges der „Spielkiste" werden aus der Innenperspektive des Ethnografen die Schnittstellen und Beziehungen der ‚Innen-, zu den verschiedenen ‚Außenräumen' sichtbar. Dabei bewegen sich alle TeilnehmerInnen ständig zwischen diesen mehr oder weniger getrennten, in der aktuellen Situation jedoch präsenten Räumen. In ihrer Arbeit stellen die Mitarbeiterinnen Kontakte zum Stadtteil her (1). Insbesondere bleiben sie ständig im Kontakt mit dem ‚Außenraum' der familiären Erziehung. Dies wird von den Mitarbeiterinnen im Vergleich zu anderen Einrichtungen umso mehr verlangt, weil die Einrichtung eine Elterninitiative ist (2). Darüber hinaus unterhalten die Mitarbeiterinnen auch Kontakte zur ‚Fachwelt', zu KollegInnen und zu Arbeitskreisen (3). Schließlich muss der Kontakt zur Sozialverwaltung gepflegt werden, wenn z. B. die Kosten der Einrichtung abgerechnet werden (4).[83]

(1) Regelmäßige Ausflüge in den umliegenden Stadtteil, insbesondere zum Einkauf und zum nahe gelegenen Spielplatz stellen angesichts der relativen Beengtheit der zur Verfügung stehenden Räume im Alltag der Einrichtung eine willkommene Abwechslung dar, auch weil die Kinder der „Spielkiste" sich häufig über viele Jahre tagsüber fast ausschließlich in der „Spielkiste" aufhalten. Diese Ausgänge werden prinzipiell von allen Mitarbeiterinnen durchgeführt, aber vorwiegend von Ida Winter und Hatice Gül initiiert. Mit Ausnahme des Kontaktes zu einer nahe gelegenen Schule ist der Stadtteil im Alltagsleben der Einrichtung wenig präsent. Sogar die Kontakte zu den NachbarInnen im Haus sind spärlich, auch wenn der Spielhof direkt an die Fenster der AnliegerInnen angrenzt. Im Vergleich zu anderen Kindertageseinrichtungen, bei denen die Eltern der Kinder zumeist auch aus dem Stadtteil kommen, in dem die jeweilige Einrichtung liegt, ‚reisen' die Eltern der „Spielkiste" aus mehreren Stadtteilen an. Der Bezug zum unmittelbaren Stadtteil ist damit gering. Im Kontrast hierzu kommt fernen Ländern im pädagogischen Alltagsgeschäft eine nicht unwesentliche Bedeutung zu, denn

---

83 Als „Außenraum" der Mitarbeiterinnen ist auch ihr eigenes ‚Privatleben' zu nennen, das mit dem ‚Berufsleben' immer wieder abgeglichen werden muss und mit ihm eng verbunden ist. Das Privatleben dringt in die Sphäre des Berufslebens ein, wenn z. B. Natalie Breddemanns Sohn während der Arbeitszeit anruft. Es ist präsent, wenn z. B. Probleme des alltäglichen Lebens auf die Bewältigung beruflicher Aufgaben Einfluss nehmen und spezifische kulturelle Interessen in die Arbeit eingebracht werden (vgl. hierzu die Untersuchung von Dartsch 2001).

Ida Winter führt immer wieder mit den Kindern Angebote zu anderen Ländern durch. Dies begründet sie nicht nur mit ihrem starken Interesse am Reisen, sondern auch mit dem Fehlen von ausländischen Kindern in der „Spielkiste".

(2) Zu den Eltern werden informelle und fest eingeplante Kontakte gepflegt. Neben Elternabenden werden den Eltern Einzeltermine angeboten, bei denen sich über die Entwicklung der einzelnen Kinder ausgetauscht wird. Darüber hinaus entwickeln sich immer wieder spontane Gespräche zwischen Mitarbeiterinnen und Eltern, wenn die Kinder gebracht oder abgeholt werden. Insbesondere nachmittags bei schönem Wetter, wenn die Kinder draußen spielen, finden sich im Hof immer wieder kleine Grüppchen aus Eltern und Mitarbeiterinnen zusammen.

Heute bleiben einige Eltern länger im Hof und unterhalten sich. Zuerst steht die Mutter von Ralf und Rolf neben den zwei Bänken im Hof und unterhält sich mit Natalie Breddemann, die auf der weißen Bank sitzt. (…) Das erste Mal beobachte ich, dass sich Natalie Breddemann etwas länger mit einem Elternteil unterhält. Die Mutter fragt nach den Bewerbungen von Hatice Gül, nach dem Betriebsausflug und nach einem Beschluss, der beim Elternabend getroffen worden ist. Sie habe das Protokoll gelesen. Beide sind sich darüber einig, dass das Sommerfest nicht wie geplant im Naturfreundehaus stattfinden kann, weil hier längere Anmeldezeiten zu berücksichtigen sind (…). Sie unterhalten sich über Urlaub, Zelten, aber nicht über die Kinder. Später kommt Ida Winter dazu und sie übernimmt die Gesprächsführung mit den Eltern. Natalie Breddemann sitzt weiterhin auf der Bank, ohne dass sie sich noch am Gespräch beteiligt.[PKi]

Die Gespräche in den Grüppchen auf dem Hof drehen sich um unterschiedliche Themen, um Privates, um die Situation in der Gruppe, um organisatorische Fragen oder um Erlebnisse der Kinder. Diese täglichen informellen Gespräche nehmen im Alltag einen bedeutsamen zeitlichen Rahmen ein und umfassen manchmal die gesamte letzte Stunde des Tagesstättentages, je nachdem, welche Eltern(teile) zu welchem Zeitpunkt ihre Kinder abholen.

Natalie Breddemann unterhält sich eher selten mit den Eltern. Ihre Gespräche mit den Eltern sind zudem deutlich kürzer als die der anderen Mitarbeiterinnen. Zumeist entwickeln sich die Gespräche erst dann, wenn sie von den Eltern angesprochen wird. Wenn Ida Winter zu einem Gespräch hinzukommt, übernimmt sie die Gesprächsführung. Ida Winter und Hatice Gül betrachten die Elternarbeit als eine stärkere Herausforderung als die Arbeit mit den Kleinkindern. Während Ida Winter und Isa Bella am häufigsten spontan sogenannte Tür-und-Angel-Gespräche mit den Eltern führen, hat Hatice Gül eher selten Gelegenheit, mit den Eltern zu sprechen, weil Gespräche hauptsächlich nachmittags entstehen, wenn die Kinder abgeholt werden und Hatice Gül Feierabend hat.

Neben den konkreten Ad-hoc-Gesprächen mit den Eltern fallen im Bereich Elternarbeit weitere Aufgaben an. Ida Winter hat nicht nur die häufigsten Kontakte zu den Eltern, die Art ihrer Elternkontakte unterscheidet sich auch prinzipiell von den Kontakten der anderen Mitarbeiterinnen. Als Leiterin zeigt sie sich letztendlich verantwortlich für den größten Teil der Elternarbeit: für die pädagogischen Themen und die Verwaltungsarbeiten, für die Koordination und die fachliche Vertre-

tung des Teams. Sie ist verantwortlich für die Planung und Durchführung der sogenannten pädagogischen Elternabende, an denen über pädagogisch bedeutsame Themen gesprochen wird. Isa Bella kann auch, gemeinsam mit Hatice Gül, die organisatorischen Elternabende leiten, an denen Fragen der Organisation des Kindertagesstättenalltags und der Elternzusammenarbeit geklärt werden. Sie vertritt Ida Winter, wenn sie nicht in der Einrichtung ist und übernimmt dann den größten Teil der Elterngespräche.

Den Mitarbeiterinnen ist es wichtig, die Gemeinschaft mit den Eltern nicht allzu ‚privat' werden zu lassen. Sie achten darauf, dass eine Grenze zwischen der Sphäre der öffentlichen und der privaten Erziehung bestehen bleibt. In diesem Sinne repräsentieren sie die Einrichtung und sich selber als beruflich Agierende, die sich im Rahmen einer höher-symbolischen Teilsinnwelt bewegen, die anderen Regeln folgt als die Privatheit.

Natalie Breddemann und Ida Winter sitzen im Hof. (…) Eine Mutter kommt, um ihr Kind abzuholen. Sie sagt zu Ida Winter, sie wolle auch ein anderes Kind, den Achim, mitnehmen: „Darüber wisst ihr doch Bescheid, oder?" Ida Winter schaut verdutzt und teilt der Mutter mit, dass sie davon nichts wüsste. „Vielleicht hat jemand der Isa Bella heute morgen Bescheid gegeben und sie hat es uns nichts gesagt. Blöd ist, dass sie schon Feierabend hat. Da ich davon nichts weiß, kann ich dir Achim eigentlich nicht mitgeben." Die Mutter wirkt irritiert, überlegt und argumentiert (sinngemäß): Aber bei so einem Kreis, wo man sich ja kennt. Ich bin doch keine Fremde, kannst du mir doch eigentlich den Achim mitgeben. Oder vielleicht hat es der Vater heute morgen vergessen zu sagen. (…) Ida Winter: „Das spielt eigentlich keine Rolle, dass wir uns kennen. Ich habe die Aufsichtspflicht übertragen bekommen und bin letztendlich verantwortlich. Da geht's auch nicht um Vertrauen. Es könnte ja sein, dass dem Achim jetzt etwas passiert und der Vater sagt dann, er habe nicht gesagt, dass sein Kind von jemandem anderen abgeholt wird." Die Mutter wiederholt ihre Einwände. Ida Winter: „Das ist eben so. Da kann man nicht darüber diskutieren." Letztendich einigen sie sich jedoch, dass die Mutter das Kind mitnehmen kann. Ida Winter geht anschließend zum Telefon ins Büro und ruft Isa Bella an, um sich bei ihr zu erkundigen. Sie kommt in den Hof zurück und stellt fest, dass der Vater heute morgen der Isa Bella Bescheid gesagt und sie vergessen habe, das weiterzugeben.[Pki]

Als beruflich Handelnde fühlt sich Ida Winter in dieser Situation den gesetzlichen Rahmenbedingungen verpflichtet. Ganz offensiv vertritt sie hier ein Handeln auf der Grundlage beruflicher Kodierungen und dessen Priorität vor persönlichem Vertrauen: „Das spielt eigentlich keine Rolle, dass wir uns kennen".[Pki] Hier handelt es sich um eine klassische Konflikt-Situation zwischen diffuser Sozialbeziehung (wir kennen uns) und spezifischer Rollenbeziehung (Rekurrieren auf Regeln und Gesetz), die hier zunächst zugunsten der Aufrechterhaltung bzw. Nicht-Störung der diffusen Beziehung zur Mutter gelöst wird – mit dem Risiko einer Krise, die z. B. dann eintritt, wenn dem Kind etwas passiert. Das Risiko muss jedoch durch den Anruf in Gewissheit umgewandelt werden.

In einem anschließenden Gespräch mit der Vorsitzenden der Elterninitiative bestätigt Natalie Breddemann zunächst diese Regelhaftigkeit, indem sie mitteilt: „Ja ich werd das heute aufschreiben, weil morgen wird der Achim auch wieder von jemanden anderem abgeholt ... damit wir das nicht vergessen".[PKi] Im weiteren Verlauf des Gespräches relativiert sie dies sogleich wieder, indem sie feststellt: „Ja das kann schon mal vorkommen morgens, dass man das vergisst".[PKi] Auf die Aussage der Vorsitzenden, dass die betreffende Mutter durch die Reaktion der Leiterin sehr irritiert gewesen sei, reagiert sie zustimmend und bekräftigt damit ihre Position, die eher in die Richtung des Handelns im Rahmen diffuser Sozialbeziehungen verweist. Ida Winter jedoch wacht über die Grenze zwischen privater und öffentlicher Erziehung.

Diese letzte Stunde am Tag ist ein bedeutsamer ritueller Ort der Herstellung einer Elterninitiativen-Gemeinschaft. Hier wird eine enge Zusammenarbeit zwischen Mitarbeiterinnen und Eltern zelebriert, die über das gewöhnliche Maß an Elternarbeit in Kindertageseinrichtungen (vgl. Fthenakis u. a. 1995) hinausgeht und die Besonderheit ‚Elterninitiative' markiert. Diese Besonderheit tritt auch dadurch hervor, dass hier im Gespräch die Grenzen zwischen Privatheit und Öffentlichkeit überbrückt werden. Diese Überbrückung bearbeitet das Problem, dass die Kinder der „Spielkiste" zum Teil sehr jung sind oder fast ihre gesamte Kindheit in der Tageseinrichtung verbringen. Damit fehlt den Eltern grundsätzlich Wissen über die Zeit, die die Kinder in der Einrichtung verbringen, das sie in informellen Gesprächen auszugleichen suchen.

Jenseits der Pflege der Gemeinsamkeit geht es bei der Zusammenarbeit mit den Eltern und insbesondere in der letzten Stunde des Kindertagesstättentages um gegenseitige Information. Indem eine Schnittstelle zwischen der privaten Welt und der Kindertageseinrichtung hergestellt wird, kann das Wissensdefizit zumindest partiell ausgeglichen werden. Auch aus Perspektive der Mitarbeiterinnen ist der ständige Abgleich des unabdingbar gegebenen Wissensdefizits über das Leben der Kinder außerhalb der Einrichtung notwendig. Über die informellen Gespräche kann dieses Wissen durch direktes Nachfragen, zumeist jedoch nebenbei und unauffällig erlangt werden. Jenseits dieser Elterngespräche kann auch immer wieder beobachtet werden, wie die Mitarbeiterinnen die Kinder bezüglich ihres Lebens außerhalb der Einrichtung befragen. Diese Befragungen haben zum Teil den Charakter kleiner freundlicher ‚Verhöre'. Das bisher vorhandene Wissen über die Kinder muss durch die Hinzuziehung von fehlenden Informationen über das Leben ‚außerhalb' aktualisiert werden. Darüber wird die unhintergehbare Präsenz der Lebenswelt der Kinder im Innenraum der Einrichtung kontrolliert. Hierdurch können wichtige Informationen für Interventionen und pädagogische Angebote erlangt werden. Dieses Wissen erlangt zu haben ist insbesondere dann bedeutsam, wenn die Erfahrungen der Kinder außerhalb der Einrichtung – wenn z. B. ein Geschwisterkind geboren wird – für den pädagogischen Alltag in der Tageseinrichtung bedeutsam werden.

(3) Im Alltag der „Spielkiste" und während der Teamsitzungen ist kaum erkennbar, dass die Kindertageseinrichtung an Vorgaben der Sozialverwaltung und Sozialpolitik gebunden ist. Dies wird allein durch verschiedene Aktenordner im Büro ersichtlich. Verwaltungsaufgaben werden zu großen Teilen von den Eltern übernommen, sodass sich die Mitarbeiterinnen hiermit weniger intensiv beschäftigen müssen. Im Alltag der Kindertageseinrichtung konnten keine Gespräche zu diesem Themenkomplex zwischen den Mitarbeiterinnen beobachtet werden. Auch wenn Ida Winter als Qualitätsmerkmal Öffentlichkeitsarbeit hervorhebt, konnten keine öffentlichkeitswirksamen Aktivitäten der Mitarbeiterinnen beobachtet werden. Eine Intensivierung der Öffentlichkeitsarbeit ist vielleicht auch nicht notwendig, weil jedes Jahr mehr als ausreichend Anfragen bezüglich der Aufnahme von Kindern bestehen. Ausschließlich Ida Winter hält als Leiterin gemeinsam mit den Eltern den Kontakt zum Dachverband des Vereins und zum Jugendamt. Diese Kontakte finden jedoch unregelmäßig statt, sodass – wie Isa Bella erläutert – „wir also viele Sachen auch erst recht spät dann mitbekommen haben".[IB] Im Kontrast zu Ida Winter kann Isa Bella die Aufgaben und die Funktion des Dachverbandes nicht konkret benennen.

Ähm . da kann ich dir nich soviel zu sagen (…) weiß nur dass dieser Verband sich halt auch mit .. Arbeitsrechten befasst ne . aber ich war noch nie auf ner DPWV-Sitzung (…) .. Entschuldigung (…) aber äh . wie gesagt ich hab . kann dir nich soviel dazu sagen (…) ich krieg immer nur so mit, was (…) die Leute da besprechen[IB]

(4) Auch die Kontakte zur ‚*beruflichen Fachwelt*' sind eher spärlich. Die Mitarbeiterinnen betonen, ihnen stehe kaum Zeit für solche Kontakte zur Verfügung. Keine der Teilnehmerinnen ist Mitglied in einer Gewerkschaft oder einem Fachverband. Ida Winter besucht eine Arbeitsgruppe für LeiterInnen von Kindertageseinrichtungen. An Fortbildungen können die Mitarbeiterinnen nicht regelmäßig teilnehmen, auch weil der Einrichtung die finanziellen Mittel hierzu fehlen. Die biografischen Portraits können verdeutlichen, dass bei den Mitarbeiterinnen keine systematischen Weiterqualifizierungskonzepte vorzufinden sind. Fortbildungen stellen vielmehr die Möglichkeit dar, partiell und gestückelt einzelne, für den praktischen Tageseinrichtungsalltag bedeutsame Wissensbereiche auszubauen. Regelmäßig lesen die Mitarbeiterinnen jedoch Kindergarten-Zeitschriften, die sich an Eltern und Erzieherinnen gleichermaßen richten. Während des Freispiels werden diese wie Illustrierte durchgeblättert, von Interesse sind hier insbesondere Spiel- und Bastelanleitungen. Zusätzlich befinden sich im Gruppenraum und im Büro eine große Anzahl an Anleitungsbüchern zu Themen wie Basteln, Kochen und Spielen. Im Regal des Büros stehen einige ‚Fachbücher', die aber größtenteils älteren Datums sind. Insbesondere im Vorfeld der Elternabende zu pädagogischen Themen nutzen die Mitarbeiterinnen diese, um sich auf den Elternabend vorzubereiten.

An der Wand links neben der Tür steht ein Bücherregal, da stehen einige Fachbücher, die ziemlich alt sind (Psychologie) und zwei Reihen Bücher für Kinder zum Vorlesen. Folgende Bücher schreibe ich mir auf meinen Protokollzettel: Scheuerl: Theorien des

Spiels; Kinderläden; Entwicklungspsychologie; Päd. Psychologie; Darstellendes Spiel; Kleine Unterschiede – große Folgen; Bastelbücher; Jahresbuch für Kinder; Neue Medien – Neue Pädagogik; einige alte Bücher aus der Reihe rororo-wissenschaft; Turnen mit Kindern. (...) Im Aktenregal finde ich folgende ‚Fachliteratur': mobile (Zeitschrift für junge Eltern), spielen und lernen, Infodienst DPWV, Rechtshandbuch für ErzieherInnen, Elternbriefe, Ideenhandbuch.[PKi]

Ida Winter besucht mehr oder weniger regelmäßig Arbeitskreise des Dachverbandes für Leiterinnen von Kindertageseinrichtungen. Hier erhält sie fachliche Anregungen, z. B. auch zu aktuellen Themen, wie dem Qualitätsmanagement.

wir können eben . zusammen auch Konzepte entwickeln wie ich zum Beispiel angesprochen hab mit Qualitätsmanagement und so ne das is . das intressiert fünzich Leute und dann kann man ne Fortbildung dazu organisieren und das is dann schön.. das gleiche gibt's für die Mitarbeiterinnen Mitarbeiterinnentreffen auch alle sechs Wochen[IW]

An den von Ida Winter erwähnten MitarbeiterInnentreffen nehmen ihre Kolleginnen nicht teil, weil hierdurch Überstunden anfallen und die Treffpunkte zum Teil weit entfernt liegen. Isa Bella jedoch berichtet von einem „Mitarbeiterinnentreffen was regelmäßig stattfindet (:) was wir noch nie besucht haben (:) muss ich zu unsrer Schande sagen .. ham wir noch nie besucht weils immer außerhalb der Arbeitszeit auch is ne (...) find ich also ziemlich blöd denn .. ähm .. sind nit das sind natürlich für uns auch Überstunden (...) und teilweise sind die Themen halt auch nich so intressant die dann angeboten werden".[IB] Natalie Breddemann antwortet auf die Frage nach der Zusammenarbeit und den Kontakten zu anderen sozialpädagogischen Einrichtungen:

ne hab ich noch nich (...) also wir ham uns ma mit ner anderen Gruppe getroffen (...) andere Elterninitiative die wan ma mit zwei großen Kindern hier und wir wan da aber ich war selber nich mit da (...) das hat die Bea dann übernommen die hier ein Jahr als Aushilfe war Schwangerschaftsaushilfe . äh ich kann da jetz gar nich so viel zu sagen (...) also mit andern Einrichtungen hab ich jetz so noch keine Erfahrungen ne[NB]

Die Mitarbeiterinnen haben – mit Ausnahme von Ida Winter – über Fortbildungen hinaus kaum direkte berufliche Kontakte zum Handlungsfeld der Kindertageseinrichtungen. Somit müssen die Mitarbeiterinnen weitgehend auf ihre beruflichen Erfahrungen in den Einrichtungen der Kinder- und Jugendhilfe zurückgreifen, in denen sie bereits tätig waren. Natalie Breddemann und Hatice Gül können dieses jedoch nicht, da sie bislang nur in der „Spielkiste" beschäftigt waren.

Zusammengefasst steht den Mitarbeiterinnen die Organisationsumwelt der Einrichtung „Spielkiste" nur sehr eingeschränkt als eine Ressource zur Generierung von neuem Wissen zur Verfügung. Allein durch Informationen aus den Medien, durch Kindergartenzeitschriften und Fortbildungen wird das Wissen der Mitarbeiterinnen aufgefrischt. Ab und zu erhalten die Mitarbeiterinnen Informationen und Anregungen zum Handlungsfeld Kindertageseinrichtungen durch die Lektüre von ‚Fachbüchern'. Bemerkenswert ist dabei, dass insbesondere auch Praktikantinnen als Lieferantinnen von neuem fachspezifischen Wissen angesehen werden. Die Einrichtung „Spielkiste" stellt sich als relativ geschlossene Teilsinnwelt dar und hebt sich nicht wesentlich von anderen Einrichtungen im Feld der Kindertageseinrichtungen ab. Sie fristet hier eine insulane Koexistenz (vgl. Cloos 2001). Der Aufgabenschwerpunkt der Einrichtung liegt damit auf der individuums- und gruppenbezogenen pädagogischen Interaktion unter Einbeziehung des individuellen konkreten familiären Umfelds und unter Vernachlässigung sozial- und gesellschaftspolitischer Gestaltungsabsichten sowie berufsfeldbezogener Vernetzungsstrategien (zur Öffnung von Kindertageseinrichtungen vgl. u. a. DJI 1994; Dörfler 1994). Die ‚insulane Koexistenz' beinhaltet gleichzeitig jedoch ein hohes Maß an beruflicher Eigenständigkeit und Unabhängigkeit gegenüber der organisationskulturellen Umwelt. Jenseits der rechtlichen Vorgaben schreibt niemand den Mitarbeiterinnen vor, was sie im beruflichen Alltag zu leisten haben. Da das Team ständig an einem guten Verhältnis zwischen Mitarbeiterinnen und Eltern arbeitet, gibt es auch selten Einwirkungsversuche durch die Eltern. Insgesamt ist die Arbeit an der Schnittstelle zur Organisationsumwelt aufgabenhierarchisch aufgeteilt und orientiert sich an der formalen Funktion der einzelnen Person und den spezifischen beruflichen Interessen. Während sich Isa Bella und Natalie Breddemann auf die Interaktion mit den Kindern konzentrieren, sehen Ida Winter, auch als Leiterin, und Hatice Gül ihre beruflichen Interessen auch jenseits der Arbeit mit den Kindern in der Elternarbeit und in Außenkontakten.

5.2.7 *Planen und Reflektieren*

Thomas Klatetzki (1993, S. 174) stellt bei seiner Untersuchung einer Jugendhilfeeinrichtung fest: „das Leben wird hier vorwärts gelebt und rückwärts verstanden". Die Teamsitzung sei der institutionalisierte Ort, um nach involviertem Handeln rückwärts verstehen zu können. Dieses gilt kaum für die Kindertageseinrichtung „Spielkiste", denn hier finden sich wenig institutionalisierte Formen der Reflexion, der Fallbearbeitung und -deutung. Ein Großteil der Deutungen und Entscheidungen zur Fallbearbeitung geschieht individuell, ohne Absprache mit den Kolleginnen oder passiert auf informeller Basis zwischendurch am Sandkasten, während die Kinder spielen. ‚Fallbesprechungen' nehmen in den Teamsitzungen einen nur geringen Raum ein, zumal es hier weitgehend um die Planung und Organisation des Tagesstättenalltags geht. Insgesamt stehen den Mitarbeiterinnen in der „Spielkiste" kaum zeitliche Ressourcen und nur eingeschränkte Kompetenzen zur Fallbearbeitung und -deutung zur Verfügung. Auch wenn hier ein ständiger Drang nach Informationsbeschaffung beobachtet werden konnte, speist sich die Fallbearbeitung aus nur wenigen Quellen: aus Gesprächen mit Kindern und Eltern, aus der Beobachtung, dem kollegialen Austausch und insbesondere aus der beruflichen Erfahrung. Von einer Relationierung von wissenschaftlichem und praktischem Wissen kann hier kaum gesprochen werden, weil wissenschaftliches Regelwissen nur mehrfach gefiltert in den organisationskulturellen Wissenskorpus eindringt.

Im Zentrum der Teamsitzungen steht das gemeinsame Organisieren und Planen. Diese Teamgespräche sind kaum vorstrukturiert, zumal weniger Mitarbeiterinnen koordiniert werden müssen und die Erfahrungsseparation an den verschiedenen Ort kaum ausgeprägt ist. Nur an wenigen Stellen der Teamsitzungen wird über das vergangene Handeln nachgedacht. In den zwei aufgezeichneten Teamsitzungen sind das die ‚Reflexion' des letzten Jahres von Hatice Gül und zwei kurze Gespräche über Kinder. Im Zentrum des Gesprächs über das Verhalten von drei Jungen und den sich anschließenden Reaktionen von Ida Winter stehen keine Überlegungen, Reflexionen oder Rekonstruktionen. Nach einer kurzen Darstellung des Erlebten wird direkt die Planung von Gegenmaßnahmen angeschlossen. Es geht hier also folglich nicht darum, rückwärts zu verstehen, sondern *vorwärts zu denken*, mit anderen Worten: das Handeln zu planen und zu organisieren.

Das gemeinsame Planen bietet Handlungssicherheit. Im Anschluss an die Planung wissen die Mitarbeiterinnen, was sie zu tun haben. Hierdurch wird dem Handeln ein organisationskulturell gemeinsam entwickelter Rahmen gegeben, der eine Orientierung für späteres Handeln schafft. Dadurch, dass sich das Planen jedoch tatsächlich auf das *Handeln* und *Bereitstellen* konzentriert und Begründungen, Zielvorstellungen und Reflexionen in diesem Zusammenhang zumeist ausbleiben, ist nicht auch gleichzeitig davon auszugehen, dass die Mitarbeiterinnen gemeinsam erarbeitet haben, warum und wozu sie das eine oder andere geplant haben. Das gemeinsame Planen findet jedoch nicht gleichsam in einem leeren Raum ohne Ziele und Begründungen statt. Denn mit den jeweiligen Vorschlägen und Ideen sind pädagogische Vorstellungen verbunden, die sich auf einen gemeinsamen (konjunktiven) Erfahrungsraum beziehen, in dem definiert ist, was als angemessen gilt. Dies wird ersichtlich bei der gemeinsamen Planung einer Hexen- und Zaubererübernachtung:

Angemessen ist das Handeln dann, wenn die Sicherheit der Kinder beim Feuer machen nicht gefährdet wird und ein Feuerlöscher bereit steht. Angemessen ist die Planung, wenn sie sich an den momentanen Interessen der Kinder orientiert. Dies ist nicht der Fall, wenn ein Kind, dem nicht genügend Mut zugeschrieben wird, vor einer großen Gruppe den Zauberer spielen soll. An vielen anderen Stellen der Teamsitzung sind die Ideen und Vorschläge jedoch angesichts des Entscheidungs- und Planungsdrucks nicht begründungsbedürftig: Nicht begründungsbedürftig ist, warum die Kinder ihre Hexenbesen selber bauen sollen. Angebracht sind Zauberstäbe und Zauberkreide, Hexenlieder und Hexensuppe, Zauberfolie und Zauberstifte, Hexenfeuer und Hexengeschichten, weil sie problemlos thematisch subsumiert werden können und dazu dienen, die Übernachtung in ein Erlebnis zu verwandeln.

Durch das kollektive Planen wird somit Gemeinsamkeit hergestellt und der gemeinsame Erfahrungsraum aktualisiert. Hier erlangen die Mitarbeiterinnen die Gewissheit, dass sie gemeinsam handeln. Dies hebt Ida Winter hervor, indem sie in den Sitzungen immer wieder in der Wir-Form spricht. Gleichzeitig werden durch das kollektive Planen und Organisieren aber in hohem Maße Unterschiede hergestellt und reproduziert. Dieses wird in den Teamsitzungen durch die Übernahme unterschiedlicher Aufgaben deutlich. Die gemeinsam getragenen Aufgabenhierarchien legen fest, wer zu welchem Zeitpunkt welche Aufgaben übernimmt. Über die Aufgabenhierarchien werden die unterschiedlichen Positionen der Mitarbeiterinnen festgeschrieben. Ida Winter als Leiterin und Reflexions- und Planungsinstanz des Teams entscheidet immer wieder allein und setzt ihre Vorschläge durch, wenn sie Natalie Breddemann unterbricht und Dienstanweisungen formuliert. Sie hält die ‚Fäden in der Hand'. Die Teamgespräche sind für Ida Winter die Arena, in der sie ihre Kompetenzen der Gesamtreflexion und -planung einbringen kann. Sie leitet die Teamsitzungen und setzt Impulse, indem sie Vorschläge unterbreitet. Bei den Vorschlägen der Kolleginnen entwickelt sie Verbesserungsvorschläge. Sie spricht ‚Fälle' an und regt Interventionsmöglichkeiten an. Sie reflektiert, was organisationsspezifisch ‚schief' gelaufen ist. Sie kommentiert und kontrolliert die Aktivitäten der anderen Mitarbeiterinnen. Diese haben u. a. die Aufgabe, Berichte zu liefern und zusätzliche Ideen einzubringen. Natalie Breddemann kommentiert das Gesagte zumeist, indem sie kurz und knapp bestätigt. Ihre Kolleginnen übernehmen weitgehend die Rolle der Kommentatorinnen und ‚Zuarbeiterinnen', die Ida Winter unterstützen und ergänzen. Gegen Ida Winters Entscheidungen oder Argumente bringen sie eher selten Gegenargumente vor. Wenn Ida Winter die Interpretationen von Hatice Gül zum Verhalten eines Kindes nicht annimmt, und die Leiterin die Rolle übernimmt, die Ergebnisse zu sichern, dann zeigt sich, wer im Team die Befugnis über die ‚richtigen' Interpretationen hat. Dies hat ein weitgehendes Fehlen einer ‚Kultur' des Diskutierens und Reflektierens zur Folge. In den Teamsitzungen geht es nicht um die Verhandlung unterschiedlicher pädagogischer Positionen, sondern vielmehr um die Festschreibung der jeweiligen Position der einzelnen Mitglieder des Teams. Indem die Rollen der einzelnen Mitarbeiterinnen bei der Teamsitzung relativ starr festgelegt sind, ist ein Rahmen geschaffen, der das Handeln der einzelnen Mitarbeiterinnen strukturiert.

Der in den Teamsitzungen deutlich werdende Fokus der Fallbearbeitung beinhaltet einen spezifischen Blick auf das jeweilige Kind: Es geht hier weitgehend um die Frage, ob die Kinder sich altersentsprechend entwickeln.[84] Dieser Frage wird jedoch kaum systematisch nachgegangen. Es obliegt

---

[84] Regine Gildemeister und Günther Robert (1997; i. O. kursiv) weisen darauf hin, dass es in der Sozialen Arbeit und Pädagogik immer auch um die „Rekonstruktion des ‚Falls' in seiner *institutionell geleiteten* Identifizierung" ginge. Dies beinhaltet, den Fall im Fall zu thematisieren, die im professionellen Handeln wirksam werdenden institutionellen Rahmungen, die sich auch in einem spezifischen Fokus auf den Fall dokumentieren.

weitgehend dem Zufall, der jeweiligen Beobachtungskompetenz, der jeweiligen Aufmerksamkeit und den jeweiligen Interessen der Mitarbeiterinnen, ob Entwicklungsdefizite auffallen und bearbeitet werden. Schemata zur Einordnung der Entwicklung des Kindes liefern hierbei zuweilen entwicklungspsychologische Stufenmodelle sowie über die Jahre gesammelte Erfahrungen über das, was Kinder in welchem Alter können und wissen (sollen). Ein weiterer Fokus der Falldeutung und -bearbeitung orientiert sich an der Frage, ob sich die Kinder dem organisationsspezifischen Ablauf und den damit verbundenen Regeln anpassen können. Mit anderen Worten: immer dann, wenn Regeln gebrochen oder organisationsspezifische Abläufe gestört werden, kann das mitunter kurze Fallbesprechungen zur Folge haben. Zumeist werden jedoch blitzschnell individuell Entscheidungen getroffen, auf die Interventionen folgen, die auf didaktischen Tricks und Kniffen basieren.

5.3 Ida Winter: Mehr überlegen, weniger basteln

Kindheit und Jugend
also ich bin neunzehnhundertachtundsechzig geboren und da hatte ich schon einen zwei Jahre älteren Bruder . (...) ähm meine Mutter war nich berufstätig und wir waren auch nich im Kindergarten .. das war damals . es gab ersmal in unserem mm Ort keinen Kindergarten und als dann einer gebaut wurde . wollten wir nich hingehen weil wir immer viel Platz und Zeit hatten draußen zu spielen . mit anderen Kindern .. und meine Mutter hat dann versucht uns da anzumelden . aber . mein Bruder und ich ham uns strikt geweigert das fällt mir so als erstes eigentlich ein

Ida Winter versucht ihre Lebensgeschichte von Anfang an zu erzählen und beginnt mit ihrer Geburt: „also ich bin neunzehnhundertachtundsechzig geboren". Sie wählt diesen Einstieg, weil sie gleichzeitig damit zu einer zentralen Rahmenbedingung ihrer Kindheit überleiten kann: „und da hatte ich schon einen zwei Jahre älteren Bruder". Nachdem Ida Winter den Bruder eingeführt hat, berichtet sie von ihrer Mutter: „meine Mutter war nich berufstätig".[85] Damit hat Ida Winter nicht nur einige wichtige Rahmendaten ihre Lebens präsentiert, sondern gleichzeitig auf die familiäre Dreierkonstellation der sich anschließenden Geschichte hingewiesen. Ida Winter berichtet nämlich: „wir waren auch nicht im Kindergarten". Die darauf folgenden Erläuterungen der Erzählerin zeigen an, dass sowohl die Nicht-Berufstätigkeit der Mutter als auch der Nicht-Kindergartenbesuch durchaus zu der Zeit und in der Gegend, wo Ida Winter aufgewachsen ist, üblich waren. Die Erzählerin ergänzt: „das war damals". Das Berichtete weiter detaillierend erzählt sie: „es gab ersmal in unserem mm Ort keinen Kindergarten". Später sei jedoch ein Kindergarten gebaut worden und die Mutter habe

---

85 Den Vater erwähnt Ida Winter in ihrer Ersterzählung nicht. Erst im Nachfrageteil erläutert sie, dieser habe in ihrer Kindheit kaum eine Rolle gespielt, weil er den ganzen Tag gearbeitet habe.

versucht, Ida Winter und ihren Bruder dort anzumelden. Die Geschwister jedoch „wollen (…) nich", weil sie „immer viel Platz und Zeit hatten draußen zu spielen . mit anderen Kindern". Sie ergänzt: „aber . mein Bruder und ich ham uns strikt geweigert".

Zu Beginn der Stegreiferzählung wird von einem Erlebnis berichtet, an das sich die Erzählerin gut erinnern kann und das in ihrer Biografie eine gewisse Bedeutung zu haben scheint. Die Geschichte behandelt die Gründe, warum die Erzählerin nicht in den Kindergarten gegangen ist. Um die Geschichte erzählen zu können, muss sie die zentralen Personen der Geschichte einführen und diese knapp charakterisieren. Außerdem muss sie den sozialen Rahmen beschreiben: Einen Ort, an dem es bislang nicht üblich war, als Kind in den Kindergarten zu gehen.

Warum misst die Erzählerin der Tatsache, dass sie nicht in den Kindergarten gegangen ist und sich dem Willen der Mutter widersetzt hat, so viel Bedeutung bei? Zunächst scheint sie hier mitteilen zu wollen, dass sie als Kind (bereits) selbstbewusst ihre eigenen Interessen vertritt. Möglicherweise will sie von sich das Bild einer starken Persönlichkeit zeichnen. Hinzu kommt, dass ihr bereits im Alter von vier oder fünf Jahren beim Spielen mit FreundInnen draußen ein selbstständiger Freiraum zur Verfügung steht. Dies wird deutlich in den sich anschließenden Erläuterungen, wenn die Interviewte berichtet:

> das war alles in . einem Ort . sodass wir jetzt da zu Fuß hin gehen konnten . und eigentlich auch sehr selbstständig waren (?)also(?) wir sind nich abgeholt worden oder gebracht worden von der Mutter wie das hier oft ist sondern das ging alles äh alleine

Über die ersten Abschnitte ihrer Erzählung zeichnet Ida Winter das Bild eines selbstbewussten Kindes mit Durchsetzungsvermögen und Selbstständigkeit. Komplettiert wird dieses Bild durch die Beschreibung der Kindheit, die mit Freiräumen, Naturerfahrung und dem gemeinsamen Spiel mit den Peers verbunden ist. Mit der Formulierung „wie das hier oft ist" spannt sie einen Bogen bis zur ihrer Tätigkeit in einer Kindertageseinrichtung. Hier jedoch finden die Kinder ganz andere Bedingungen vor. Als Großstadtkinder haben sie weniger die Möglichkeit, eine Kindheit ‚auf der Straße und im Wald' zu verbringen. Sie erleben eine weitgehend institutionell geprägte Kindheit in der Kindertageseinrichtung und verfügen somit auch über weniger Bewegungs- und Spielräume. Das Angebot der „Spielkiste" richtet sich zudem an Eltern, die aufgrund ihrer Berufstätigkeit ihre Kinder in einer Kindertagesstätte unterbringen. Ida Winters nicht berufstätige Mutter kann im Gegensatz hierzu durch ihren Hausfrauenstatus das Autonomiebestreben der Kinder ermöglichen und ihrem Wunsch, nicht in den Kindergarten zu gehen, nachkommen. Das Bild von Ida Winters Kindheit steht der Kindheit in der „Spielkiste" diametral entgegen.

> ja dann hab ich meine Grundschulzeit verbracht .. hauptsächlich eben (!)mit(!) meiner besten Freundin .. mit hab auch viele andere Kinder da kennen gelernt . ich ich war eher

ein schüchternes Kind aber . ehm auch kontaktfreudig also ich hab viele Kinder kennen gelernt aber .. meine beste Freundin war eben in den ersten vier Jahren Grundschule auch sehr wichtig

Die Biografin berichtet anschließend, sie habe ihre „Grundschulzeit verbracht". Von der Schule berichtet sie nichts, jedoch davon, dass die Grundkonstanten der Kindheit sich auch in der Grundschulzeit nicht ändern: „hab auch viele andere Kinder da kennen gelernt". Nun charakterisiert die Erzählerin sich erneut. Sie sei ein „schüchternes, Kind aber . ehm auch kontaktfreudig" gewesen. Im Nachfrageteil des Interviews wird nicht nur das mitgeteilte Bild der Kindheit noch viel deutlicher, sondern der Widerspruch in der Selbstcharakterisierung aufgelöst:

wir haben immer sehr viele Rollenspiele gemacht (?)im Wald(?) da war ich dann entweder Robin Hood oder was weiß ich (!)so(!) also so die (!)Tonangebende(!) das war oft so mein Part (...) das war auch (!)später(!) noch so ich hab äh immer irgendwelche Ideen gehabt ähm .. wo man eben andere um sich rum sammelte auch (...) nie schüchtern also ich wusste immer was ich (!)will(!)(...) äh aber (!)wirklich(!) in Bezug auf Erwachsene äh sehr sehr zurückhaltend

Ida Winter beschreibt sich als schüchtern gegenüber Erwachsenen und als kontaktfreudig gegenüber Kindern. Mehr als das weist sie sich die Rolle der „Tonangebende[n]" zu, die weiß, was sie will. Des Weiteren klingt in ihrer Erzählung an, dass sie schon in der frühen Kindheit über spezifische persönliche Kompetenzen verfügt: Führungskompetenzen sowie Kompetenzen bei der Entwicklung von Ideen. Damit verfügt sie bereits in der Kindheit über Qualifikationen, die sie später als Leiterin einer Kindertageseinrichtung benötigt. Mit anderen Worten: Ida Winter inszeniert hier – vermittelt durch ihre Erzählung – ihre spezifischen beruflichen Qualitäten, die sie ihren persönlichen Dispositionen zuschreibt.

Die Biografin berichtet zunächst nichts über ihre schulischen Erfahrungen in der Grundschule. Erst in Zusammenhang mit ihrer Erzählung vom Gymnasium verweist sie kontrastierend auf das Lernklima in der Grundschule.

in der Grundschule war das äh so Förderung nach allen äh ... allen Sachen die es gibt und ähm . freie Entfaltung auf so was wurde da richtig sehr viel Wert gelegt und äh aufm Gymnasium wehte dann eben n anderer Wind ne weil wurd das alles (unverständlich) einkategorisiert auf äh . eben richtig gut und schlecht und ähm (...) das war für mich erstmal . (?)nich so gut(?) ja

Im Nachfrageteil des Interviews präzisiert sie ihre schulischen Erfahrungen und berichtet von der Grundschullehrerin, die damals „ganz jung" und „ganz frisch" von der Universität kam. Die Lehrerin vermittelt ihren SchülerInnen, dass „wir äh (!)protestieren(!) sollten wenn uns was nicht passt im Unterricht". Außerdem habe sie „wirklich alles (!)gestärkt(!) das für unsere Entwicklung (?)nur gut(?) is". Ida Winter vermittelt ein Bild einer Grundschule mit einem offenen Lernklima ohne großen Leistungs- und Benotungsdruck. Auch wenn Ida Winter die freien Entfaltungsmöglichkeiten retrospektiv insgesamt als entscheidenden Faktor für eine positive kindliche

Entwicklung bewertet, fragt sie kritisch an, ob das Vermögen, „sich selber einschätzen [zu] können", „dabei tatsächlich auf der Strecke vielleicht en bisschen geblieben is". In die Erzählung werden somit reflektierende Passagen eingeflochten, in denen Gründe für die eigene (bildungs-)biografische Entwicklung genannt werden. Außerdem präsentiert sie argumentativ ihre eigene pädagogische Sicht („einkategorisiert auf äh . eben richtig gut und schlecht"). Zusätzlich zeigt sie hier ihre Kompetenzen, eigene biografische Erfahrungen pädagogisch zu deuten und zu interpretieren. Ida Winters Lebensgeschichte präsentiert sich somit nicht gänzlich narrativ, sondern wird argumentierend zur habituellen Verortung genutzt. Hierüber kann der bildungsbiografische Weg legitimiert werden, denn im Kontrast zu der „spielerisch[en]" Grundschulzeit erlebt die Erzählerin den Wechsel auf das Gymnasium als „ziemlich heftigen Einbruch":

> das war dann im sechsten Schuljahr . hm .. äh wo ich auch die ersten . schlechten Noten . hatte und da kann ich mich eben auch sehr gut noch dran erinnern . das war für mich äh schlimm also ich hab das als total schlimm empfunden .. ne Fünf oder so zu kriegen . weil ich das aus der Grundschule überhaupt nicht kannte . und die erste Fünf in Mathe ähm . da kann ich mich erinnern wie wie heute (…) also das war ganz ganz schlimm auch und das blieb auch ersmal so also ich bin dieser Einbruch der äh is dann . nich so schnell wieder weggegangen

Der schulische „Einbruch" stellt für Ida Winter ein starkes emotionales Erlebnis dar („total schlimm" bzw. „ganz, ganz schlimm") und zeigt auch noch heute Nachhaltigkeit („da kann ich mich erinnern wie wie heute"). Ein Teil ihrer Freundinnen aus der Grundschulzeit muss die Schule aufgrund nicht ausreichender Leistungen wechseln. In ihrem Fall sei ein Schulwechsel jedoch „für meine Mutter nich in Frage gekommen", da ihre schlechten Schulleistungen sich wesentlich auf das Fach Mathematik beschränken. Sie selber wäre „(!)liebend gerne(!) zur Hauptschule gegangen in der Zeit wo die Freundinnen auch da hin mussten". Der Besuch des Gymnasiums ist weniger wichtig, als den Kontakt zu den Freundinnen halten zu können. Virulent ist somit die Frage nach den eigenen Leistungsansprüchen und dem Bildungsort, zu dem sich Ida Winter zurechnen will.

Die weitere Narration thematisiert ein Wandlungsmuster. Ida Winter berichtet, wie sie wieder ihre „guten Seiten" kennen lernt und entdeckt, dass ihr viele andere Fächer „Spaß machen". Die Themen und Fächer, die die Biografin anschließend auflistet („unterhalten" und „Sprachen"), deuten auf Kompetenzbereiche, die spätere Schwerpunkte ihrer Arbeit in der „Spielkiste" darstellen, wie z. B. kommunikative Kompetenzen und ihr Interesse an der Sprachförderung. Resümierend stellt sie fest: „da war das Gymnasium dann eigentlich auch schon das richtige dann".

Wege in die Ausbildung
Ida Winter verlässt die Schule mit Abschluss in der zehnten Klasse, nachdem sie sich erfolgreich auf einer Fachschule für Sozialpädagogik bewor-

ben hat. Angeregt durch ihren „hauptsächlich soziale[n]" Freundeskreis hat sie festgestellt, sie würde „so was (...) auch unheimlich gerne machen":

so im neunten zehnten Schuljahr (...) hatte ich viele Bekannte die schon älter waren . und die teilweise äh schon gearbeitet haben und das war hauptsächlich son äh sozialer Kreis. das waren eben halt solche Leute die im Krankenhaus gearbeitet haben oder . ähm . in der Ausbildung zum Erzieher anfingen auf jeden Fall eben alles sehr (!)sozial(!) . und ähm . ja das hat mich total beeindruckt immer

Die Entscheidung, eine ErzieherInnenausbildung zu beginnen, steht dem von Ida Winter beschriebenen Weg einer Gymnasiastin entgegen: „das war alles .. eigentlich darauf ausgerichtet . auf dem Gymnasium das Abi zu machen und dann in ne andere Stadt zu ziehen und zu studieren". Dieser Karriereweg wird insbesondere auch von der Mutter vorgegeben, die sich „enttäuscht" zeigt und meint, die Ausbildung würde den tatsächlichen Fähigkeiten der Tochter nicht entsprechen.

sie fand das eigentlich auch nett und schön (...) äh das ich so sozial und nett bin (...) meine Mutter hat glaub ich äh . die hatte einfach als Erwachsene auch nen anderen Weitblick ne die hat sich auch gedacht das Kind is sechzehn hat äh hier nette Leute kennen gelernt und wegen denen ähm . schmeißt es alles hin und will sich son sozialen (!)Beruf(!) anschaffen

Der Konflikt mit der Mutter über die berufliche Zukunft wird „relativ offen ausgekämpft", denn Ida Winter bezeichnet sich und ihre Mutter nicht als „konfliktscheu". Letztendlich sei der Mutter „auch klar wenn ich mir das in den Kopf setze dann . kann sie da gar nichts dran machen". Die Entscheidung für eine ErzieherInnenausbildung fällt Ida Winter, ohne dass sie ein klares Bild vom ErzieherInnenberuf oder von alternativen Berufswegen hat. Ida Winter merkt an, dass es „in der Stadt in der ich gewohnt hab (...) gar nicht so viele Möglichkeiten [gab] sich zu informieren". Auch wenn einige ihrer FreundInnen zur Zeit ihrer Entscheidung bereits die Ausbildung begonnen bzw. bereits abgeschlossen haben, scheint sie sich bei ihnen kaum über den Beruf informiert zu haben. Sie weiß zwar von ihren Bekannten, dass man als Erzieherin in Behinderteneinrichtungen tätig werden kann, sie weiß aber nicht, dass die Ausbildung insgesamt und auch die Fachschule, an der sie sich angemeldet hat, einen Schwerpunkt auf die Elementarerziehung legt. Ida Winter nutzt weder die Kenntnisse der FreundInnen noch Berufsberatungsangebote, um sich zu informieren.

Durch den Freundeskreis beeinflusst hat sich der Berufswunsch „festgesetzt", ohne dass konkrete Gründe für die Entscheidung benannt werden können. Ida Winter strebt so eine Ausbildung an, die vorwiegend auf die Tätigkeit in Kindertageseinrichtungen vorbereitet[86], obwohl sie nicht im

---

[86] Nicht nur die ErzieherInnenausbildung ist inhaltlich weitgehend auf die Tätigkeit in Kindertageseinrichtungen ausgerichtet, sondern auch die SchülerInnen streben zum überwiegenden Teil eine Tätigkeit in diesem Arbeitsbereich an (vgl. u. a. Rauchenbach/Beher/Knauer 1996).

Kindergarten tätig werden will. Sie stellt fest: „das sollte immer irgendwas anderes sein . nur was genau wusst ich auch nich". Das Bild vom Beruf und seinen Aufgaben bleibt entsprechend vage. Das grundlegende Motiv zum Beruf ist ein allgemeines Interesse, „anderen Menschen [zu] helfen". Die Entscheidung zur Ausbildung ist damit eher altruistisch motiviert und geschieht in hohem Maße zufällig: „also wenn ich in nem anderen Kreis äh gelangt wäre dann . hätten (!)die(!) mich halt beeindruckt aber deswegen seh ich das im nachhinein auch als en bisschen sehr zufällige Wahl".

Ganz so zufällig – wie von ihr dargestellt – scheint die Berufswahl jedoch nicht gewesen zu sein, denn wenn man die Narration bis zum Beginn der ErzieherInnenausbildung zusammenfasst, lassen sich mehrere explizite oder eher implizit in die Erzählung eingewobene Begründungen entdecken. Hierüber wird die Geschichte einer verpassten Bildungs- und Ausbildungskarriere erzählt, die in die ErzieherInnenausbildung mündet. Die zentralen Begründungen sind:

- die geringe Identifikation mit den Leistungsanforderungen des Gymnasiums aufgrund der freiheitlichen Erziehung in der Grundschulzeit und die sich anschließende Wahl einer Ausbildung mit geringen Leistungsanforderungen;
- Motivlagen, die einem höher qualifizierten Abschluss am Gymnasium bzw. an einer Hochschule wenig Bedeutung beimessen und mit dem Wunsch korrespondieren, wie die FreundInnen möglichst schnell Selbstständigkeit durch einen Beruf zu erlangen;
- eine fehlende Berufsplanung, sodass sich Ida Winter weder über die angestrebte Ausbildung oder über Alternativen informiert noch ein „Konzept" für den weiteren Berufsweg erstellt;
- ein sich daraus ergebendes fehlendes Wissen über alternative Berufskarrieren und über die angestrebte ErzieherInnenausbildung, die mit vagen altruistischen Motivlagen zusammenfallen;
- das Eingebundensein in ein Jugendmilieu, das sich für soziale Fragen interessiert und dementsprechend eher soziale oder (sozial)pflegerische Ausbildungen anstrebt.

Somit ist es kein Zufall, dass Ida Winter nicht einen Hochschulabschluss z. B. als Sozialpädagogin erwägt oder bei der Berufswahl ihre kommunikativen Kompetenzen und sprachlichen Interessen stärker berücksichtigt. Die Wahl der ErzieherInnenausbildung ist somit eher eine Entscheidung für etwas Unspezifisches. Dies kann als typisch für viele ErzieherInnenbiografien gekennzeichnet werden (vgl. Ludewigt/Otto-Schindler 1992a). Auf Basis unklarer Berufsvorstellungen und mangels alternativer Karriereentwürfe wird sich für die ErzieherInnenausbildung entschieden.

Im weiteren Verlauf der Erzählung klingt an, dass nicht nur die Mutter, sondern auch Ida Winter sich skeptisch zeigt, ob die Berufswahl die richtige Entscheidung ist. Denn die Erzählerin merkt an, sie hätte die von ihrer Mutter vorgesehenen Zukunftspläne „mit Studium und allem (...) im Nachhinein eigentlich auch als ähm (!)schön(!) empfunden (...) nur damals hab ich das eben anders gesehen". Ida Winter stellt fest, die Mutter habe „einfach als Erwachsene auch nen anderen Weitblick" gehabt. Damit erweist sich die Geschichte Ida Winters als eine retrospektive Begründung und Rechtfertigung einer mehr oder weniger verpassten (Aus-)Bildungskarriere, weil die Chancen und Möglichkeiten, einen höher qualifizierten Beruf zu erlernen, nicht genutzt wurden. Ida Winter weist sich habituell einen höheren als den erreichten Bildungsabschluss und Berufsstand zu.

Ausbildung

(1) *Vorpraktikum*: Das einjährige Vorpraktikum absolviert Ida Winter zunächst in einem Altenheim. An der selben Schule, an der sie sich zur ErzieherInnenausbildung beworben hat, besucht sie eine „Altenpflegeklasse", ohne zu wissen, dass ihre Tätigkeit im Altenheim von der Fachschule nicht für ein Vorpraktikum anerkannt werden kann. Die Erzählerin berichtet darüber hinaus, sie sei bis dahin nie beschäftigt gewesen, auch nicht in den Schulferien. Sie habe während der dreieinhalb Monate, in denen sie im Altenheim tätig gewesen ist, zunächst das Arbeitsleben und verantwortungsvolles Arbeiten mit alten Menschen kennen gelernt. Auf die Frage, was an diesem Praktikum wichtig gewesen wäre, berichtet sie von einer Situation, in der sie einer Altenheimbewohnerin abends nicht die versprochene Thermoskanne mit heißem Wasser bringt, weil sie Dienstschluss hat:

ich bin dann gegangen . und hab gedacht ach is ja auch egal und (?)kriecht se dann (lachend) am Morgen (...) jedenfalls am nächsten Morgen ähm . als ich dann zu der Frau hin ging hat sie mir nich mal (!)Vorwürfe(!) gemacht und das is glaub ich auch das was mir so im Gedächtnis geblieben is so . die hat dann gesacht (...) ach Fräulein ham sie bestimmt meinen Tee gestern abend vergessen ich hab ja die Nacht nichts zu trinken gehabt und dann . hab ich gesacht ja ich hab das vergessen und hatte ein (!)wahnsinnig(!) schlechtes Gewissen und da in dem Moment is mir so klar geworden (...) also das is ne ne wahnsinns Verantwortung die ich hier hab (...) und das hat mich aber auch wirklich noch (!)mehr(!) darin bestärkt ich (!)wollte(!) ja erwachsen werden ich wollte ja gerne äh was Soziales machen

Als Praktikantin lernt Ida Winter Verantwortung zu übernehmen. Im Nachhinein betrachtet sie den Lernprozess als wichtigen Schritt hin zum Erwachsenwerden. Indem sie hinzufügt, „ich wollte ja gerne äh was Soziales machen" verweist sie auf die Bedeutung der Situation in Bezug auf die Einsozialisation in grundlegende Berufsorientierungen in sozial(pflegerisch)en Berufen. Ida Winter hat ihr Versprechen nicht gehalten und entwickelt ein „(!)wahnsinnig(!) schlechtes Gewissen". Es geht hier also nicht um den typischen Fehler von BerufsanfängerInnen, ‚zuviel' an Engagement gegenüber den AdressatInnen zu zeigen. Sie zeigt keine distanzlose, Fehlerpotentiale professioneller Arbeit evozierende Überidentifikation mit den Problemlagen der AdressatInnen. Im Gegenteil: Die Biografin berichtet von fehlendem persönlichen Engagement für die Sache und von dem „Ringen um Balance".[87]

Der ausführliche Bericht über die alte Frau und die Thermoskanne mündet in einen gleichzeitig alltagsweltlich aber auch berufsethisch gültigen Leitsatz Ida Winters – „wenn man was (!)verspricht(!)was für andere eventuell wichtig ist dann muss man das halten". Dieser Satz trägt auch heute noch dazu bei, dass die innere Instanz die Balance zwischen Engagement und Distanzhaltung steuert, indem sich Ida Winter immer wieder an diese Geschichte erinnert. Damit spricht Ida Winter nicht nur eine grundsätzliche berufsethische Frage an, die (auch) in der Praxis Sozialer Arbeit virulent ist, sondern auch ein Thema, das sie immer wieder im Rahmen ihrer Arbeit in der Kinder- und Jugendhilfe beschäftigen wird: Die Vereinbarkeit von beruflichem Engagement und privatem Leben.

„Durch Zufall" erfährt Ida Winter, dass sie ihr Vorpraktikum in einer sozialpädagogischen Einrichtung ableisten muss. Sie wechselt „von heute auf morgen" in einen dreigruppigen städtischen Kindergarten in ihrer Heimatstadt, weil es „sonst eben keine sozialpädagogische Einrichtung (!)gab(!)". Gemeinsam mit der Leiterin der Einrichtung und einer Zweitkraft wird sie in einer Kindergartengruppe tätig.

dann dachte ich eben um (!)Gottes(!) Willen wo bin ich hier gelandet also das war für mich mh das hat das hat mir erst mal überhaupt keinen Spaß gemacht (…) ja es war ne totale Umstellung für mich ich hatte bis dahin mit kleinen Kindern eigentlich (!)gar(!) nichts zu tun gehabt ich kannte auch keine Kinder . also mit alten Leuten war mir eher vertraut oder mit Jugendlichen hätte ich mir auch (lachend)eher vorstellen können(lachend) wobei ich selber ja noch jugendlich war

Im Zusammenhang mit dem Wechsel in einen Kindergarten und in die Arbeit mit Kindern, mit denen sie bislang keine Erfahrungen sammeln konnte, denkt sie, sie müsse sich „irgendwie einfügen": „das gehörte eben dazu das muss ich machen aber . ähm das ist nicht von von Wert oder von dauerndem Wert was ich hier (!)lernen(!) könnte". Sie sieht nicht ein „warum das eine Soziale nicht anerkannt wird und das andere Soziale doch" und will das Vorpraktikumsjahr „irgendwie zu Ende bringen".

da war son Junge der war schon sechs und dementsprechend frech was ich dann überhaupt nich einordnen konnte Kindergarten war für mich in der Vorstellung auch so nette kleine Kinder und nich irgendwelche sechsjährigen frechen die so jetzt zu meinem Alltag gehören und dann (lachend)hat der(lachend) auf em ähm (:) auf en Malblöcken nen ganz großen Penis gemalt (…) und hat immer Pimmel Pimmel gesagt und mir das so (:) vors Gesicht gehalten und hab ich gesagt er soll aufhören damit dann hat er das (lachend)nicht gemacht(lachend) und dann hab ich gesacht ähm wenn du äh jetzt nicht

---

[87] Dieses erschließt sich „als ein biografisch dimensioniertes Projekt zu Erzeugung einer eigenen inneren Instanz, die dem einzigen Zweck dient, diese Balance zu kontrollieren und insbesondere die Vereinseitigung in Richtung eines Zuviels an persönlichem Engagement und Zuwenig an Rollendistanz zu verhindern" (Nagel 1998, S. 189).

aufhörst dann schmeiß ich dich hier raus . dann hat er gesagt das darfst du doch gar nicht du bist doch neu hier ne und dann hab ich dann nichts mehr gesacht ich fand das (!)total peinlich(!) (...) ich war vollkommen (!)überfordert(!)

Auch in dieser Geschichte geht es um die Herstellung von Rollendistanz im Zusammenhang mit der Frage nach einer beruflich kodierten Inbezugnahme zu den Kindern. Am ersten Tag ihres Praktikums zeigt sich Ida Winter noch nicht fähig, den Integritäts-Test des sechsjährigen Jungen durch Distanznahme in der Weise zu lösen, dass sie erstens ein realistisches Bild von den Kindern zur Beurteilung der Situation jenseits des Klischees „nette kleine Kinder" heranzieht. Zweitens vermag sie nicht in Distanz zu den eigenen Gefühlen zu gehen, die sich im Zusammenhang mit der ‚Provokation' des Jungen entwickelt haben. Das Resümee der ersten Erlebnisse im Kindergarten lautet dementsprechend: Sie will im Anschluss „auf jeden Fall nie in en Kindergarten" tätig werden. Im Laufe des Vorpraktikums stellt sie jedoch fest, „dass vieles wirklich sehr interessant ist im Kindergarten".

und die haben sich auch gefreut dass ich mich da um die türkischen Kinder kümmere oder die Sprachspiele mit denen mache Memory zum Beispiel ähm als Sprachspiel

Insbesondere interessiert sie die Arbeit mit den ausländischen Kindern und ihren Eltern aus dem „sozialen Brennpunkt", in dem die Einrichtung liegt. Die angehende Erzieherin kann im Praktikum eigene Stärken und Interessen entdecken, „wo sich andere Erzieherinnen vielleicht auch en bisschen (!)schwer(!) getan haben zu den Eltern nach Hause zu gehen das war genau das ähm . äh was mir unheimlich viel Spaß gemacht [hat]". Im Zusammenhang mit dem Interesse an der Arbeit mit ausländischen Eltern und Kindern entdeckt sie einen Arbeitsbereich für sich, bei dem ErzieherInnen sich eher unsicher und durch die Ausbildung weniger vorbereitet sehen (vgl. Cloos/ Küster 2002; Fthenakis u. a. 1995). Durch dieses Interesse kann sie sich von den KollegInnen abgrenzen, die eine Kindergartenpädagogik praktizieren, die durch die Jahreszeiten und intuitives Reagieren auf die momentane Wetterlage gekennzeichnet ist.

die hatten da gar kein Konzept erstma die hatten auch keine festn Vorstellungen jedenfalls in (!)meiner(!) Gruppe nich da wo das ältere Fräulein eben war und die diese andere . ähm . die waren so im Nachhinein seh ich das die waren total nett und die waren auch froh dass ich da hingekommen bin dass ma en bisschen frischer Wind da reinkommt aber pädagogisch ähm da gabs keine Überlegungen oder so da gabs die Jahreszeitenthemen heute scheint die Sonne und dann basteln wir mal Sonnen mit denen (...) Pädagogik lag da echt ziemlich brach[88]

Ida Winter kann zu der Zeit ihres Vorpraktikums aufgrund fehlender Kenntnisse von alternativen Modellen der Kindergartenarbeit noch gar nicht reflektieren, dass „Konzeptarbeit und so was da einfach gar nicht

---

88 Das „alte Fräulein", von dem Ida Winter berichtet, steht hier für eine Pädagogik, gegen die sich die Biografin im Laufe des Interviews immer wieder abgrenzt. Sie wird als Alte-Tanten-Pädagogik gekennzeichnet.

stattgefunden haben oder auch äh Reflexionen oder ähm Angebote zu reflektieren oder Handlungen äh zu analysieren (...) da gar keine Rolle" spielten. Weil ihr erst im Nachhinein ein fachliches Deutungsschema zur Beurteilung der dortigen Kindergartenpädagogik zur Verfügung steht, erlebt sie das Jahr im Kindergarten als einen „schönen Einstieg in das (...) Berufsleben" und als „(!)sehr(!) harmonische Zeit".

Als harmonisch erlebt sie die Zeit, weil „da keine böse Stimmung" herrscht und sie private Kontakte zu den KollegInnen knüpfen kann. Im Kontakt mit den Kolleginnen kann sie sich bei gemeinsamen Restaurant- oder Konzertbesuchen erwachsen fühlen. Folglich betrachtet sie diese Zeit retrospektiv als „Entwicklungszeit", sodass sie am Schluss des Praktikums feststellt: „nach dem (!)Jahr(!) fiel mir der Abschied also auch richtich schwer". Fasst man die Zeit des Vorpraktikums zusammen, dann erscheinen folgende Aspekte berufsbiografisch bedeutsam: Ida Winter übt sich in der Erwachsenenrolle, lernt Verantwortung zu übernehmen, wird in die Strukturen des Berufslebens einsozialisiert und übernimmt berufsethische Verhaltenskodexe. Sie entwickelt eine eigene Instanz zur Ausbalancierung von beruflichen Engagement, Rollendistanz und Privatleben und entdeckt eigene pädagogische Interessen und Kompetenzen. Sie übernimmt pädagogische Konzepte, ohne dass diese bereits reflexiv beurteilt werden können.

(2) *Fachschule*: Ida Winter beginnt die schulische Ausbildung im Anschluss an das Vorpraktikumsjahr. Sie resümiert: „das waren ähm zwei ganz interessante Jahre". Hier – und nicht während des Vorpraktikums – bestätigt sich für die Befragte, dass ihre Entscheidung für die ErzieherInnenausbildung richtig ist, weil hier im Kontrast zum Gymnasium Fächer unterrichtet werden, „die ich auch lernen will die ich interessant finde". Ihr Interesse an der Auseinandersetzung mit den Ausbildungsinhalten betont Ida Winter, indem sie von ihren Prüfungen berichtet und das Ergebnis der Ausbildung dokumentiert:

also ich kann mich an meine (!)mündliche(!) Prüfung erinnern die hat mir richtig Spaß gemacht das war in Politik und äh das hab ich nich als ähm als (!)Schlimmes(!) empfunden sondern das war auch schön also ich fand das auch schön was ich gelernt hab äh anderen Leuten zu zu sagen

Nicht die praktische Prüfung, über die sie ihre praktischen Kompetenzen darstellen kann, sondern die theoretischen Prüfungen stehen im Mittelpunkt ihrer Erzählung. Ida Winter hebt hervor, sie habe es als „schön" empfunden, das während der Ausbildung Gelernte den PrüferInnen darzubieten. Von geringem Interesse bleiben jedoch die Praxistage, die sie aufgrund des Schwerpunkts der Schule erneut im Kindergarten ableistet. Sie hebt hervor: „das war nich mein liebster Tag in der Woche wenn wir immer diesen praktischen Tag hatten also Schule fand ich schon interessanter".

Bedeutsam ist hier der erzählstrukturelle Aufbau ihres Berichtes von der Fachschulzeit. Ida Winter wechselt immer wieder zwischen der Beschreibung und Beurteilung der Fächer und der praktischen Anteile in Form von Blockpraktika und Praxistagen. Der Erzählsaufbau weist darauf hin, dass sich Ida Winter an dieser Stelle des Interviews intensiv mit der Frage nach der Bedeutung der fachlichen und der praktischen Inhalte in der Ausbildung auseinandersetzt. Direkt im Anschluss an die Erzählung über die Prüfungssituation berichtet sie von einem sechswöchigen Praktikum, das sie in einer Heimgruppe für jugendliche AussiedlerInnen im zweiten Jahr der Ausbildung absolviert. Ihren Bericht von den Erlebnissen während des Praktikums leitet sie folgendermaßen ein:

> das waren dann eben Jugendliche und ähm . ich hatte ja eigentlich immer gesagt dass ich ähm . ja nich so gerne mit (!)Kindern(!) arbeiten möchte sondern eher mit Jugendlichen das war ja eher so mein (!)Anfangs(!)ziel gewesen

In der nachfolgenden Hintergrundkonstruktion zur Detaillierung ihrer Aussage beschreibt sie, dass sie während dieser Zeit „Wochenenddienste hatte und alles mögliche"; sie stellt fest: „das will ich auf gar keinen Fall so soll mein Leben nicht sein wo ich mich für Jugendliche aufopfere". Direkt im Anschluss kommentiert sie, ihre „theoretischen Ideen [bei den Jugendlichen] überhaupt nicht (!)ankamen(!)": Sie fügt hinzu, dass sie „zum ersten" Mal feststellt, „dass die nich so begeistert von den Sachen sind (...) die ich mir erarbeitet hab". In der Erzählung geht es also zum einen erneut um die Frage, inwieweit das Berufsleben mit dem Privatleben zu vereinbaren ist. Zum anderen drehen sich Ida Winters Überlegungen um das Verhältnis von Theorie und Praxis bzw. um die Frage, inwieweit das in der Ausbildung und den Praktika Gelernte zum Elementarbereich auch in der Arbeit mit Jugendlichen angewendet werden kann.

Während des Praktikums begleitet sie die Jugendlichen der Heimgruppe, organisiert Freizeitunternehmungen und erprobt verschiedene Angebote. Im Nachfrageteil des Interviews berichtet sie von ihren vergeblichen Versuchen, die Mädchen zuerst für Angebote im Kreativ- und dann im hauswirtschaftlichen Bereich zu interessieren. Zur Erläuterung stellt sie ihrer Erzählung voran, sie habe damals schon gewusst, dass „ich noch nich (!)weit(!) genug bin und erwachsen genug bin um mit . Teenies zu arbeiten".

> ich hatte zum (!)Beispiel(!) überlegt ähm was mit Ton . mit mit Ton mit den Mädchen zu machen ähm und ich hab da (?)arbeiten gesehen(?) und die waren (!)vollkommen(!) entsetzt davon die wollten ihre . Fingernägel überhaupt nich riskieren und wollten lieber in der in der (!)Bravo(!) lesen

> zum Beispiel das Hauswirtschaftliche zählte da auch zu meinen theoretischen Überlegungen mal nen Kuchen backen . die haben sich total besoffen die hatten ne Flasche Wodka während des Kuchenbackens und die waren hinterher so voll und ähm ich hab da (?)gestanden und hab das(?) Ei das rutschte mir (lachend)aus den Fingern und(lachend) . ähm . ja es war schon nett

Sie stellt zwar fest, sie werde von den Mädchen trotz des geringen Altersunterschiedes „komischerweise auch akzeptiert". Sie weiß aber im Grunde nicht, ob sie in diesen Situationen intervenieren oder den Jugendlichen

‚freien Lauf' lassen soll. Sie entdeckt genau dann ihre eigenen Unsicherheiten, wenn es erforderlich ist, sich bei den Mädchen durchzusetzen. Ihr wird bewusst, dass ihre bisherigen Ideen und Kompetenzen bei den Jugendlichen nicht ausreichen. Die Jugendlichen hätten ihr „die ganze Dimension der Sache auch noch klar gemacht (...) was Freizeitbetreuung bei Jugendlichen auch bedeutet". Nach den ersten gescheiterten Versuchen resigniert die Biografin nicht, entwickelt ein Handlungskonzept, besucht verschiedene Jugendzentren und informiert sich dort über alternative Möglichkeiten, mit den jugendlichen Mädchen zu arbeiten. Sie schlussfolgert: „hab also angefangen meine ganze Arbeit . so umzustellen zu überlegen äh . was ist wirklich von Interesse diesen ganzen theoretischen Kram den ich so im Gepäck hatte hab ich so nach und nach über Bord gewor worfen".

Hier lohnt sich ein genauerer Blick auf die theoretischen Grundlagen die ihr die Ausbildung vermitteln konnte. Zunächst meint Ida Winter mit „theoretischen Krams" weniger theoretische pädagogische, soziologische, (entwicklungs-)psychologische, rechtliche oder andere Inhalte der Ausbildung. Der Befragten geht es kaum um den diskursiven Vergleich verschiedener theoretischer Modelle, die in der ErzieherInnenausbildung auch nur partiell und ‚häppchenweise' und nicht in ihrer Komplexität verhandelt werden (vgl. Cloos 1999a). Dies wird auch in der Interviewpassage deutlich, als sie das Kuchenbacken als eine theoretische Überlegung bezeichnet. Nachdenken und Reflektieren wird hier als theoretische Arbeit verstanden.

Dies bedeutet jedoch nicht, dass Ida Winter nicht auch Zugang zu theoretischen Inhalten in der Ausbildung gefunden hat. Sie verweist z. B. in Zusammenhang mit der Ausbildung auf ein Buch zur Entwicklungspsychologie, in dem sie auch heute noch hin und wieder nachschlägt. Sie berichtet von einer „Psycho-AG". Darüber habe sie „den Einstieg in äh Freud gefunden" und „verschiedene Ansätze" kennen gelernt. Auf die Frage, ob sie sich an Texte aus der Ausbildung erinnern könne, antwortet sie zunächst, sie habe viele Klassiker gelesen. Sie verweist auf „Faust oder äh Sachen von Goethe". Sie schließt jedoch ihre Antwort mit der Feststellung: „weiß ich jetzt gar nich mehr viel zu zu sagen (...) aber . so aus der Schule is mir da eigentlich wenig wenig noch präsent auch ne".

diese Didaktik Methodik hieß das glaub ich ein Unterrichtsfach (...) in Verbindung eben Päda und Psycho so diese drei zusammen sind wirklich total wichtig weil das äh im Alltag die äh die Rolle spielt . Sachen zu überlegen oder Angebote sich zu überlegen ähm die man durchführen will es gibt verschiedene Gesichtspunkte warum man was mit Kindern macht (...) also erst ma es gibt Kinder die für uns auffällt die haben äh n Defizit (...) aus dem Grund entwickeln wir dann n bestimmtes Spiel du hast Kinder die haben vielleicht Sprachstörungen oder sind sprachverzögert dann entwickeln wir Spielideen und das eben in diesem theoretischen Teil wie in Didaktik Methodik ver vermittelt wurde und eben diesen Überlegungen die man aus Päda und Psycho hat

Die in der Ausbildung thematisierten ‚Theoriehäppchen' erwecken durchaus Ida Winters Interesse. Die Befragte verfällt hier nicht wie andere ErzieherInnen in das Urteil, das in der Ausbildung vermittelte fachliche Wissen könne für den Beruf keine praktische Relevanz zugesprochen werden. Der Biografin geht es hier jedoch vorwiegend um direkt anwendungsbezogenes Wissen, um Fragen nach der Planung und Reflexion von Angeboten, um Ideen, die man benötigt, um diese Angebote durchzuführen und schließlich um die richtigen Begründungen für die Wahl der Verfahren. Wie es in ihrer Darstellung ihres fachlichen Handwerkszeugs deutlich wird, dreht sich das in der Ausbildung vermittelte Wissen um den Vierschritt klassischer Einzelfallhilfe der Anamnese, Diagnose, Intervention und Evaluation (vgl. Salomon 1926; Galuske 2007). Sie beschreibt die Entdeckung eines Defizits bei der ständigen Beobachtung der Kinder im Kindergartenalltag, die Erarbeitung eines individuellen, auf den Fall bezogenen Verfahrens zur Lösung des Falles und das hieraus entwickelte sozialpädagogische Angebot.

praktisch pädagogische Angebote diesen Aufbau da noch mal theoretisch find ich interessant find ich auch gera äh al heute noch interessant ähm . en Angebot ähm mir vorher zu überlegen was ich da dann oder wie ich das durchführen will und die Nachbereitung zu machen find ich auch heute noch wirklich sehr interessant und damals fand ich das auch interessant theoretisch auszuarbeiten

In der Sprache der Erzieherin Ida Winter heißt der einzelfallbezogene Vierschritt also: Defizit erkennen, Sprachstörungen diagnostizieren, ein dazu passendes Angebot entwickeln und eine Nachbereitung durchführen. Ida Winter sieht ihren Schwerpunkt schon während der Ausbildung in den Bereichen, bei denen es mehr um die gedankliche Auseinandersetzung und weniger um die praktische Umsetzung geht.

das war mir auch immer wichtich von Anfang an ne dass äh . hier so was hier auch ne große Rolle spielt so Gedanken machen über die Arbeit und das äh das is dann auch ähm . mal weniger wichtich is . irgendwas tatsächlich praktisch zu machen als zu überlegen was gelaufen is ne also en bisschen weniger basteln und en bisschen mehr überlegen das (?)bringt schon ganz viel(?)

Wenn Ida Winter Spaß an der praktischen Umsetzung entwickelt, dann interessieren sie in der Ausbildung weniger die ‚basics' der Praxis der Elementarpädagogik, wie z. B. die Grundlagen des Stuhlkreises, sondern vielmehr die Angebote, die sie selbst zum Thema Umwelt oder Spracherziehung entwickeln kann oder das Verfassen von schriftlichen Reflexionen: „also so wat Theoretisches (...) ähm lag mir eigentlich immer ganz gut". Genau das hier beschriebene grundlegende Handwerkszeug muss Ida Winter in ihrem Praktikum *nicht* über Bord werfen, denn es dient dazu, die Fehlversuche mit den Jugendlichen zu überdenken, neue Ideen zu versuchen und das erneute Scheitern zu reflektieren. Auch fehlt es nicht daran, einen positiven Kontakt zu den Jugendlichen aufzubauen, selbst wenn dieser durch den geringen Altersunterschied und das geringe Durchsetzungsvermögen Grenzen aufweist. Vielmehr stößt das bis dahin entwickelte Handlungsrepertoire (vgl. Bauer 1998) an erhebliche Grenzen. Sie kann durch ihre Angebote und Ideen die Jugendlichen nicht begeistern und findet daher auch keinen Zugang zu der Arbeit mit Jugendlichen.

und da mach ich mir eigentlich seit sieben Jahren (:) Gedanken drüber wie ich die Ausbildung fand und das eigentlich immer mal wieder ganz unterschiedlich ja je nachdem was was hier so is ähm .. ähm ... ich hab das manchmal schon verflucht und gedacht ah ja ne das war alles das hat mich nich richtich vorbereitet aber es gab dann auch mal wieder Phasen wo ich gedacht hab schön also da die ham mir da so Grundlagen beigebracht mit denen ich viel anfangen kann

In ihrem Resümee zur Ausbildung bleibt Ida Winter abschließend unschlüssig, wie sie diese beurteilen soll. Zum einen meint sie, dort die Grundlagen für ihr berufliches Wissen und Können erworben zu haben. Zum anderen hebt sie hervor, die Ausbildung habe wichtige Aspekte, wie z. B. die Elternarbeit, kaum berücksichtigt.

(3) *Anerkennungsjahr*: Ida Winter sammelt in ihrem Anerkennungsjahr, das sie im Anschluss an die schulische Ausbildung absolviert, keine für sie bedeutsamen neuen beruflichen Erfahrungen: Das Anerkennungsjahr findet in ihrer Ersterzählung nur kurz Erwähnung. Im Alter von 18 Jahren absolviert sie es in dem gleichen Kindergarten wie ihr Vorpraktikum.

das hab ich äh auch äh in dieser Stadt in der ich (!)wohnte(!) (!)gemacht(!) da gab es praktisch (!)nur(!) Kindergarten (…) hab das im Kindergarten gemacht war auch ne schöne Zeit also es war einfach nett . ausgeglichen und ähm . ja ich hatte viel viel Freizeit obwohl ich eben so nen normalen Tagesablauf hatte mit arbeiten und so aber . dann kam eben diese normale Entwicklung dazu ne wird achtzehn oder neunzehn

Virulent bleibt für Ida Winter weiter die Frage, ob der Kindergarten der Ort ist, mit dem sie sich beruflich identifizieren kann. Mehrer Gründe führt sie im Folgenden an, warum sie erneut im Kindergarten tätig wird, obwohl sie die pädagogischen Qualitäten des Kindergartens als wenig innovativ beschreibt und festgestellt: „ich hab mich nie irgendwie im Kindergarten gesehen". Zum einen bietet der Ort, an dem sie lebt, keine Möglichkeiten, in einer anderen Einrichtungsform tätig zu werden. Zum anderen lag der Schwerpunkt der Ausbildung auf der Elementarerziehung. Alternative Einrichtungsformen scheinen deshalb für Ida Winter nicht attraktiv gewesen zu sein, weil sie dann das bereits bekannte und schulisch vorbereitete Terrain der Elementarpädagogik hätte verlassen müssen. Sie hätte sich wieder der Gefahr ausgesetzt, die Grundlagen, die sie sich erarbeitet hat, „über Bord" werfen zu müssen. Zusätzlich hat sie festgestellt, dass sie sich für die Arbeit mit Jugendlichen nicht „erwachsen genug" fühlt. Zudem hätte sie – wie schon im sechswöchigen Praktikum im Heim – einen längeren Anfahrtsweg in Kauf nehmen müssen, wenn sie eine sozialpädagogische Einrichtung außerhalb ihres Heimatortes ausgewählt hätte.

Durch die Arbeit im Kindergarten sieht sie die Möglichkeit, ihren privaten Interessen nachzugehen, zumal die von ihr angedeuteten Entwicklungsschritte hin zum Erwachsensein zu meistern sind. Die Tätigkeit im Kindergarten kann sie dementsprechend kompromissbereit akzeptieren, ohne dass jedoch hier ein Konzept der weiteren Professionalisierung ihrer beruflichen Fähigkeiten deutlich wird.

Zusammengefasst lassen sich sieben zentrale Aspekte identifizieren, die für Ida Winters Ausbildung bedeutsam sind:

- Auf der Suche nach dem Arbeitsbereich, in dem sie tätig werden möchte, entscheidet sich Ida Winter schließlich für den Kindergarten trotz fortgeführter Schwierigkeiten, sich mit der Elementarpädagogik zu identifizieren und darin eine fachliche Herausforderung zu sehen.
- Bei ihrer Suche muss sie feststellen, dass die in der Ausbildung vermittelten Kenntnisse und Fertigkeiten nicht ausreichen, um mit Jugendlichen arbeiten zu können. Es sind jedoch weniger die fehlenden theoretischen Grundlagen als vielmehr das nicht auf Jugendliche ausgerichtete, in der Ausbildung erworbene „Handlungsrepertoire" (vgl. Bauer 1998) sowie das geringe Durchsetzungsvermögen bei Jugendlichen, die sie u. a. davon abhalten, in der Heimerziehung oder Jugendarbeit tätig zu werden.
- Zusätzlich grenzt sie sich negativ gegenüber einem Typus von ErzieherInnen ab, den sie als Opfertyp, als „soziale[n] Übermensch[en]", als Typ, der „sich so aufreibt" beschreibt. Diesen Typus bringt sie u. a. in Verbindung mit der Arbeit in der Heimerziehung wegen der dort üblichen Schichtdienste. Im Kontrast zu diesem Typus ist Ida Winter wichtig, dass sie noch genügend Zeit für ihr Privatleben hat.
- In der Ausbildung stehen weniger die praktischen Übungen, als die inhaltliche Auseinandersetzung mit pädagogischen Fragen, die auch für die Entwicklung, Vorbereitung und Nachbereitung von pädagogischen Angeboten bedeutsam sind, im Mittelpunkt des Interesses. Das im ‚sozialen Milieu' des Freundeskreises entwickelte Faible für „soziale Fragen" stellt in der Ausbildung einen Nährboden dar, auf den Ida Winter aufbauen kann, indem sie sich auch für mehr oder weniger theoretische Aspekte von Pädagogik und Psychologie interessiert. Die habituelle Ausrichtung Ida Winters mündet in ihren Leitsatz: „en bisschen weniger basteln und en bisschen mehr überlegen".
- In den Praktika beginnt sie, sich von Anfang an gegen eine wenig innovative „Alte-Tanten"-Kindergartenpädagogik abzugrenzen. Sie zeigt sich weniger interessiert an den praktischen Grundlagen von traditionellen Angeboten als an der Suche nach neuen Angebotsideen.
- Durch das Anerkennungsjahr kann das in der Ausbildung erworbene Handlungsrepertoire vermutlich weder positiv verunsichert, noch bemerkenswert ausgebaut werden, denn Ida Winter geht zurück in den Kindergarten, in dem sie auch ihr Vorpraktikum absolviert hat. Ein Konzept der eigenen Professionalisierung im Sinne der Fortentwicklung ihrer beruflichen Fähigkeiten ist hier nicht ersichtlich.
- Schließlich ist sich die Biografin nicht sicher, wie sie die Ausbildung einzuschätzen hat. Überwiegend meint sie, dort die Grundlagen für die Arbeit als Erzieherin erworben zu haben. Gleichzeitig stellt sie aber fest, in der Ausbildung seien viele Inhalte, die sie heute für die Arbeit brauche, nicht thematisiert worden.

Wege im Beruf
Nach dem erfolgreichen Abschluss der Ausbildung im Alter von 19 Jahren bewirbt sich Ida Winter bei verschiedenen Einrichtungen und wird nach knapp einem Monat zu einem Vorstellungsgespräch in einen evangelischen Kindergarten eingeladen. Dort wird sie als Zweitkraft in einer Kindergartengruppe eingestellt. Da sie zu diesem Zeitpunkt noch bei ihren Eltern wohnt und von ihnen finanziell abhängig ist, kann sie das Angebot nicht abschlagen, auch wenn sie dem evangelischen Milieu mit „gemischten Gefühlen" gegenübersteht.

Vor ihrem Einstellungstermin soll Ida Winter in dem Kindergarten hospitieren. Da sie jedoch noch die Freizeit während der kurzen Zeitspanne zwischen Anerkennungsjahr und Anstellung genießen will, kommt sie diesem Wunsch der Einrichtungsleiterin nicht nach. Auch vermittelt sie dem Team schon zu Beginn ihrer Tätigkeit, sie sei nicht christlich eingestellt. Deshalb wolle sich auch nicht an den Gottesdiensten der Kirchengemeinde teilnehmen. Hier werden von ihr insbesondere Befürchtungen gehegt, dass die Erwartungen der Kirchengemeinde mit ihrem privaten Lebensstil nicht zu vereinbaren sind und dass sie mit der christlich geprägten Pädagogik des Kindergartens nicht zurechtkommt. Teilweise werden die Befürchtungen Ida Winters bestätigt. Sie muss feststellen, dass das Verhältnis des Pastors bzw. der Presbyter zu den Mitarbeiterinnen sich als „tanten- und onkelmäßig" darstellt und dass den Mitarbeiterinnen bei ihrer Anstellung kein Mitspracherecht zugesprochen wurde. Sie selber meint von der „obere[n] Kirchenriege" als „nettes Mädchen" eingeschätzt zu werden, „die man gut auch anstellen kann die das schon nett da macht mit den Kleinen (…) und die auch bestimmt in der Kirche Sonntags hilft". Am ersten Tag ihrer Tätigkeit stellt sich jedoch heraus, dass sie mit der christlichen Erziehung im Kindergarten keine Abgrenzungsschwierigkeiten hat.

die waren alle gar nich so christlich und so . äh von solchen Sachen überzeugt und ähm . . ja das war ähm . die ersten Tage waren ähm schon . mmmh ja ganz neu (…) wir haben da die Schöpfungsgeschichte mit den Kindern gemalt (…) ich bin ähm selber nich so . . nich so christlich aber ich fand das äh eigentlich schön (…) mit Kindern über äh über Jesus zu reden wobei ich äh . ich auch sagen durfte ich hab ihn selber noch nie gesehen aber die Menschen glauben eben an den (…) das wurde so von dem Pastor nich kontrolliert man konnte da ruhich auch sagen die meisten Menschen glauben an ihn deswegen hab ich damit auch keine Probleme fand ich auch so schön

Ida Winter kann also vermerken, in der Einrichtung akzeptiert zu werden, obwohl sie nicht christlich eingestellt ist. Darüber hinaus kann sie feststellen, die Kolleginnen sind „alle gar nicht so christlich". Zusätzlich kann sie die religiösen Angebote als „eigentlich schön" empfinden. Darüber hinaus stellt sie weitere drei Punkte heraus, die aufzeigen, dass ihre anfängliche Skepsis gegenüber dem Kindergarten zwar nicht gänzlich, aber teilweise nicht bestätigt wird.

Positiv vermerken kann sie erstens, dass das „Team (...) näher an Pädagogik interessiert" ist: „da wurde Teamsitzung gemacht (...) da wurden (gedehnt)Pläne(gedehnt) äh erstellt da hat man äh überlegt äh wer welche Aufgabe übernimmt". Hervorheben kann sie zweitens, sie habe „direkt sehr viel Verantwortung" übernehmen können, „weil ich in der Gruppe war von der Kindergartenleiterin (...) und die war natürlich auch oft im Büro . und ähm . ja da hatte ich wirklich sehr viel Freiheit äh . auch im im Überlegen was ich da mit den Kindern machen muss und den Stuhlkreis hab ich eigentlich immer alleine gemacht". Der ihr zugesprochene eigenständige Handlungsspielraum kann drittens dazu beitragen, dass sie „erst mal en bisschen sicherer" wird „direkt nach der Schule" und dass sie „Ideen entwickeln kann". Zusätzlich kann sie viertens ihre Kompetenzen in den Bereichen stärken, die sie schon während ihrer Praktika besonders interessierten: die Sprachförderung von ausländischen Kindern und die Elternarbeit.

Die Biografin kann sich aufgrund der positiven Erfahrungen mit der Arbeit in der Einrichtung zwar nicht gänzlich identifizieren, in weiten Teilen jedoch arrangieren. Nach einem Jahr übernimmt die Befragte eine Gruppenleitung. Resümierend beschreibt sie die erste Zeit im Kindergarten als „Lernzeit", in der sie „pädagogische Grundlagen mal praktisch ausprobieren" kann und in der „vieles was eher so theoretisch im Kopf rum schwebte da sich so vertieft hat in der ersten Zeit und sich so gesetzt hat". Sie berichtet: „da kann ich mich auch an viele Gefühle noch erinnern dass ich manchmal Freitags nachmittags dachte ach klasse das is ja irgendwie alles schön gelaufen und . äh dass ich manchmal auch so stolz war". Abschließend stellt sie fest: „das ließ sich alles doch ganz gut vereinbaren denn (!)so(!) ausschweifend war mein Privatleben dann doch nich". Das Privatleben ist eine „Zeit des Erwachsenwerdens": Sie macht den Führerschein, sucht sich die erste Wohnung, hat ihren „ersten festen Freund". Sie resümiert, dies sei ihre „Entwicklungszeit" gewesen. Deshalb habe sie „das nich als so schlimm erdrückend (!)empfunden(!)" wie sie „es heute empfinden (!)würde(!)". Die Tätigkeit im Kindergarten wird als Moratorium aufgefasst und dementsprechend auch nicht als dauerhaft konzipiert. Die Argumentation zu Ende führend berichtet sie von ihrer Schlussfolgerung nach drei Jahren Tätigkeit in dem Kindergarten: „(lachend)so geht das nich(lachend) weiter so soll auch hier mein Leben nich ähm (,) enden".

Die Biografin überlegt, zu ihrem Freund, der studiert, nach Düsseldorf zu ziehen, zumal entschieden ist, sie wolle „in der evangelischen Kirche nich alt werden". Ida Winter entschließt sich, mit dem Pastor der Gemeinde ein Gespräch zu führen. Sie bittet den Pastor um Versetzung, jedoch ohne dass sie angibt, in welches Arbeitsfeld oder in welche Einrichtung sie wechseln möchte. Als ihre Pläne vom Pastor nicht „ernst genommen" werden, arrangiert sie sich zunächst mit der Situation und bleibt noch ein halbes Jahr in der Einrichtung tätig. Parallel zieht sie aus ihrem Elternhaus aus. Schließlich entscheidet sie sich, doch mit ihrem Freund in die Großstadt zu ziehen.

Als ihre befristete Leitungsstelle einer Turnhallengruppe[89] ausläuft, nimmt sie das Angebot, eine andere Gruppe in der gleichen Einrichtung zu übernehmen, nicht an. Sie lässt sich kündigen und zieht mit ihrem Freund nach Düsseldorf, meldet sich dort arbeitslos und erhält eine „Flut von Angeboten" durch das Arbeitsamt. Sie entscheidet sich, zunächst arbeitslos zu bleiben und die erste Zeit in der neuen Stadt erst einmal zu genießen. Parallel hält sie Ausschau nach einer Halbtagsstelle in einem Kindergarten.

in der Zeit ist dann auch bei mir so dieser Entschluss gereift dass ich vielleicht nur noch halbtags arbeiten wollte . damit ich äh in den anderen in der anderen äh Zeit ähm Platz hab . um ja andere Sachen einfach zu machen die mich interessieren Sachen die äh dass ich mich entwickeln kann dass ich lesen kann dass ich einfach mache wofür sonst die Energie nich mehr gereicht hätte . und ähm das is dann auch ganz gut (!)gelungen(!) ich hab äh ne Halbtagsstelle gefunden und zwar war das direkt hier bei der Spielkiste

Fünfundzwanzigjährig erhält sie nach drei Monaten Arbeitslosigkeit eine Halbtagsstelle bei der Elterninitiative die „Spielkiste", ohne dass sie genau weiß, „ob das das Richtige ist". Ida Winter ist kaum über die Besonderheiten einer Elterninitiative informiert, hat „Berührungsängste" bezüglich der Arbeit mit den Kleinstkindern und denkt: „da sind dann fünfzehn Eltern die dir in deine Pädagogik reinreden". Von Anfang an stellt sie jedoch fest, dass sie bei der „Spielkiste" „viel viel erreichen kann" und dass ihr die Arbeit „Spaß" bereitet. Nachdem die Leiterin ein Kind bekommt und ihre Stelle kündigt, erhält Ida Winter das Angebot, die Leitung der „Spielkiste" zu übernehmen. Sie lehnt das Angebot ab, weil sie die Vorzüge einer Halbtagsstelle nicht aufgeben will. In kurzen Zeitabständen wechselt dann die Leitung der Kindertagesstätte zweimal und auch die zweite Leiterin, eine Sozialpädagogin, kündigt nach wenigen Monaten. Da es zwischen Ida Winter und den drei unterschiedlichen Leiterinnen immer wieder zu fachlichen Auseinandersetzungen aufgrund unterschiedlicher pädagogischer Positionen kommt, entschließt sich Ida Winter, diesem Problem zu entgehen, indem sie schließlich doch die Leitung der „Spielkiste" im Alter von 28 Jahren übernimmt und auf eine Ganztagsstelle wechselt.

Wissen, Können und Erfahrung
Auf die Frage, was man für die Tätigkeit in der „Spielkiste" wissen müsse, konzentriert sich Ida Winter auf einen einzigen Aspekt:

ich denk ma man muss Wissen was man ähm was man erreichen will muss n grobes äh Ziel vor Augen haben was man äh Kindern vermitteln will das ähm was man haben will (...) und sonst äh kann es wirklich denk ich schnell zu diesem äh Absitzen der Zeit kommen ne so . das is das Wichtigste

Die Aussage, „man muss Wissen was man ähm was man erreichen will" entspricht ihrer Vorstellung von ihrer Rolle als Leiterin, die beinhaltet, dass

---

89 Sogenannte Turnhallengruppen wurden in den Turnhallen von Kindergärten eingerichtet, wenn der Bedarf an Kindergartenplätzen durch das bestehende Angebot an Kindergartengruppen nicht gedeckt werden konnte.

sie die Gesamtübersicht über die Planung des pädagogischen Alltags haben muss. Auf die Frage nach dem für die Tätigkeit notwendigen Können knüpft sie an ihre vorherige Antwort an und erachtet es als besonders wichtig, als Erzieherin flexibel zu sein und „seinen Plan umschmeißen" zu können. Insbesondere die Anwesenheit von Kleinkindern in der Gruppe erfordere diese Flexibilität. Bei der Frage, wo sie ihr Wissen und Können erworben habe, benennt sie Bücher, praktische Erfahrung und Reisen. Sie hebt hervor, diese drei Dinge seien nicht nur für die Tätigkeit, sondern für ihr ganzes Leben von großer Bedeutung.[90]

Zusätzlich betont die Biografin, ihr Wissen zu großen Teilen aus Büchern erworben zu haben. Dies seien nicht immer Fachbücher gewesen. Die Geschichten von Jack London hätten sie z. B. „total beeinflusst". Als besonders wichtig empfindet sie, während der Fachschulausbildung deutsche Klassiker – wie z. B. Goethe – „als Ergänzung oder als Ersatz vielleicht auch für äh die entgangene Gymnasiumsausbildung" gelesen zu haben. Sie verweist darauf, sie habe „alles was ersmal hier [im Büro] so steht" gelesen und berichtet von einer Literaturliste, in die die Eltern und die Erzieherinnen eintragen, was sie gelesen haben. Nach der Teamsitzung würden die Mitarbeiterinnen häufig in die Buchhandlung gehen und sich über aktuelle Publikationen informieren. In den ersten Jahren habe sie dafür gesorgt, dass Standardwerke, „eben solche Aufsichtspflichtsachen" gekauft werden, weil die Eltern immer dachten, in einer Elterninitiative „muss hier gar nicht alles so streng geregelt werden".

Insgesamt benennt die Leiterin drei Bereiche, mit denen sie sich in den letzten Jahren intensiver befasst hat: Entwicklungspsychologie, altersgemischte Gruppen und Elternarbeit. Sie vermittelt zunächst das Bild einer belesenen Erzieherin, die sich über aktuelle Themen informiert und dafür sorgt, dass in der „Spielkiste" ein Grundbestand an Fachbüchern vorhanden ist. Gleichzeitig relativiert sie jedoch das von ihr mitgeteilte Bild: Aufgrund des geringen zur Verfügung stehenden Budgets der „Spielkiste" könnten nur wenige Bücher gekauft werden. Außerdem bleibe im Berufsalltag für die Lektüre zu wenig Zeit. Eigentlich wäre immer geplant gewesen, auch innerhalb der Arbeits- und Vorbereitungszeit zu lesen, es habe sich aber gezeigt, dass auch hierfür zu wenig Zeit sei. Deshalb würde sie es auch favorisieren, dass auch in der Gruppe im pädagogischen Geschehen Fachliteratur gelesen werde. Zusätzlich hebt sie hervor, in letzter Zeit privat wenig Fachliteratur zu lesen: „in den letzten Jahren bin ich (?)irgendwie(?) zu geizig geworden

---

90 Den Zusammenhang zwischen dem Reisen und ihrer praktischen Tätigkeit in der „Spielkiste" erläutert sie im Interview nicht. Dieser wird jedoch deutlich, wenn sie ihre Erfahrungen, die sie von Reisen mitgebracht hat, in ihre kreativen Angebote mit den Kindern einbringt. Das Interesse an Reisen bezieht sich folglich auf ihr Interesse an interkultureller Bildung in der „Spielkiste".

nur ich kauf privat total viele Bücher für mich selber . und denke dann im . Beruf äh .. muss eben auch . von der Spielkiste finanziert werden".

Die Leiterin berichtet, sie habe „viele eigentlich . eigentlich sehr regelmäßich . und äh zu ganz vielen verschiedenen Themen" Fortbildungen besucht. Als Themen der Fortbildungen benennt sie Fingerspiele, Musik, AIDS, Wald und Natur, Spracherziehung und Kommunikation sowie Gesundheitserziehung. Sie bemängelt indes erstens die Qualität und die Höhe der Kosten der vom Dachverband DPWV angebotenen Fortbildungen und zweitens die Schwierigkeiten, an den Fortbildungen der Kommune teilnehmen zu können. Der Besuch einer schlechten Fortbildung – so Ida Winter – sei immer noch besser als keine Fortbildungsteilnahme, „einfach weil man ein Tach aus der Einrichtung rauskommt und . sich einfach andere Gedanken macht die aba mit dem Laden zu tun haben".

Im Interview beurteilt Ida Winter abschließend ihre beruflichen Fähigkeiten, indem sie darauf verweist, ihre Kompetenz zur Empathie in den letzten Jahren ausgebaut zu haben: „was so in letzter Zeit gereift ist is son Einfühlungsvermögen das hab ich gemerkt dass ich mich sehr sehr gut in die Lage von äh von äh Kindern oder überhaupt von Menschen rein versetzen kann". Zusätzlich reflektiert sie, einige Jahre die Förderung der Kreativität bei den Kindern vernachlässigt zu haben, weil sie sich selber stets nicht als „Basteltante" gesehen habe. In letzter Zeit habe sie sich wieder darum bemüht, stärker die Kreativität der Kinder zu fördern.

> denn wie gesacht wir sind ja alle schon . (!)lange(!) im Beruf und da könnte man ja ganz schnell dazu hinkommen wie diese alten Tanten die ich imma so kritisiere . äh auf dem Punkt zu bleibn äh auf dem man jetz is oder vor zehn Jahrn mit der Ausbildung (!)war(!) und das halte ich nämlich äh für für das (!)Gefährliche(!) an dem Beruf ne dass man so neue Entwicklungen . äh verpasst und . als schlimmstes sogar denkt ach das is ja alles Quatsch das brauchn wir nich ne . deswegen find ich auch so wichtich dass wir Praktikanten regelmäßich haben . dann muss man sich nämlich immer wieder mit äh . neuen Sachn auseinandersetzn

Die Distinktion gegenüber „Basteltante[n]" und „alten Tanten" dient Ida Winter als Gegenmodell zu ihrem eigenen beruflich-habituellen Verständnis von einer ‚guten' Erzieherin, die sich über „neue Entwicklungen" im Bereich Elementarpädagogik informiert und ihr fachliches Wissen durch Fachliteratur und den Besuch von Fortbildungsveranstaltungen und Arbeitskreisen erweitert. Das hier entwickelte Negativbild der „alten Tanten" beinhaltet eine spezifische Grundhaltung, die sich gegen Veränderungen sperrt und die bisher ausgeübte Praxis zu konservieren versucht. Dem von Ida Winter entwickelten Gegenmodell kann in der alltäglichen Berufspraxis jedoch kaum entsprochen werden, weil insgesamt zu wenig Zeit und zu wenig Geld für die Weiterqualifizierung vorhanden ist. Die Zeit, die im Beruf für die Weiterbildung fehlt, und die Kosten, die von der „Spielkiste" nicht aufgewendet werden können, will Ida Winter nicht privat aufbringen. Somit scheitert Weiterbildung an den geringen Ressourcen der „Spielkiste" und damit auch an den vorhandenen Rahmenbedingungen. PraktikantInnen stellen somit eine alternative, wenngleich kaum hinreichende Informationsquelle und Möglichkeit dar, das eigene Handeln neu zu reflektieren.

Die von Ida Winter gelesene Fachliteratur und die von ihr besuchten Fortbildungsveranstaltungen sind stark praxis- und anwendungsbezogen zugeschnitten und schließen häufig an konkrete Fragen an, die sich aus der eigenen beruflichen Praxis ergeben: Ein Buch zur Aufsichtspflicht wird gekauft, weil Ida Winter die gängige Praxis der Eltern überprüfen will. Eine Fortbildung zu Fingerspielen und die Lektüre von Kindergartenzeitschriften liefern neue Spiel- und Kreativideen und ein Buch zur Entwicklungspsychologie Hinweise insbesondere zu den Entwicklungsstufen der jüngeren Kinder. Darüber hinaus ist das Sammelsurium an Fortbildungen zu unterschiedlichsten Themen – AIDS, Sprach- und Gesundheitserziehung sowie Musik, Wald und Natur – insgesamt beliebig zugeschnitten und beinhaltet kein deutlich konturiertes Konzept zur eigenen Weiterbildung: Weder besucht Ida Winter Fortbildungen, die dazu dienen könnten, die eigenen methodischen Kompetenzen auszubauen, noch scheint sie sich für Fortbildungen zu interessieren, die ihr Wissen und Können als Leiterin erweitern könnten. Einzig und allein das auch von ihr benannte Thema Qualitätsmanagement erscheint hier als ein Themenzusammenhang, der nicht nur aktuell diskutiert wird, sondern auch übergreifend berufliches Handeln in Kindertageseinrichtungen in den Blick nimmt.

Biografisches Resümee: „fast alles [war] genau richtig"
Ida Winter zeichnet in ihrer biografischen Erzählung das Bild einer unbeschwerten Kindheit. Diese Unbeschwertheit ist auch kennzeichnend für ihr weiteres Leben. In ihrem biografischen Resümee stellt sie deshalb fest: „also grundsätzlich denk ich hab ich ähm hab ich n schönes Leben bis heute gehabt und äh auch ohne schlimme Erlebnisse und da bin ich eigentlich auch sehr froh". Anschließend reflektiert sie noch einmal die Situationen, in denen bedeutsame berufliche Entscheidungen gefallen sind.

> so seh ich grundsätzlich viele Sachen in meinem Leben wo ich in der Situation selber gedacht hab ach das hätte jetzt hier nich sein müssen oder das is nich so schön das stört mich . n paar Jahre später äh hab ich immer festgestellt ähm war alles doch genau richtig so und so seh ich eigentlich bisher auch mein Leben dass vieles oder fast alles genau richtig war (…) so seh ich mein Leben dass äh dass vieles immer so ne Herausforderung is (…) und dass ich vieles Gute gar nich so erkenne sondern dass sich das erst so im Nachhinein auftut ne was was eigentlich so wichtig dabei war

Retrospektiv werden hier folgenreiche Entschlüsse als positive Lebenswendungen umgedeutet, die erst im Nachhinein als gut bewertet werden können. Die Rekonstruktion der biografischen Erzählung ergibt jedoch, dass die mit den Entscheidungen einhergehenden Problematiken als innere Konflikte bis heute virulent sind, weil sie als zentrale Themen im Interview durch Ida Winter immer wieder behandelt werden.

Der Abbruch des Gymnasiums und die Entscheidung, kein Studium aufzunehmen, kann als eine verpasste Chance beurteilt werden, dies um so deutlicher, weil der ErzieherInnenberuf weitgehend ein „Sackgassenberuf" ist (vgl. Rauschenbach/Beher/Knauer 1996). In diesem Zusammenhang grenzt sich Ida Winter zusätzlich von der eigenen Berufsgruppe ab und verdeutlicht immer wieder die Berufung zu einem höheren beruflichen Status. Trotz der verpassten Chance scheint sich Ida Winter in ihrem Beruf „eingerichtet" zu haben, weil sie eine Einrichtung gefunden hat, in der sie insgesamt weniger Kompromisse machen muss als anderswo. Dabei spielt die nicht nur formal festgelegte führende und leitende Position eine erhebliche Rolle. Die Leiterin kann hierdurch immer wieder ihren Qualifikationsvorsprung vor den anderen Mitarbeiterinnen behaupten und durchsetzen. Bedeutsam sind hier auch die Vorteile, die die Tätigkeit in einer Elterninitiative mit sich bringen. Die Tätigkeit ermöglicht hier die Gestaltung eines eigenständigen beruflichen Handlungsspielraums.

also ich bin schlecht im Kompromisse schließen so also das muss auch schon richtig stimmen und deswegen ähm ja weiß ich nich so genau was ich in Zukunft da machen will also für die nächsten fünf sechs Jahre wird ich ähm geht das noch aber . ich glaub für die letzten (unter leichtem Lachen)zwanzig Jahre müsste(unter leichtem Lachen) ich mir echt überlegen was ich machen will

In der gesamten biografischen Erzählung taucht immer wieder die Frage nach der Vereinbarkeit von Privat- und Berufsleben auf („Kompromisse"). Aufgrund der Erfahrungen während ihrer Praktika entschließt sie sich für das Arbeitsfeld Kindergarten, obwohl sie die ErzieherInnenausbildung nie mit dem Ziel verfolgt hat, im Kindergarten tätig zu werden. Virulent wird die Frage bei der Entscheidung, ganztags als Leiterin tätig zu werden. Deutlich wird die Frage auch, wenn sie es ablehnt, sich in ihrer Freizeit für den Beruf weiterzuqualifizieren und gleichzeitig jedoch die eigene Fortbildung durch Fachliteratur als besonders wichtig erachtet. In der „Spielkiste" muss sie bezogen auf die Vereinbarkeit von Privatleben und Beruf am wenigsten Kompromisse schließen.[91] Da sie sich in einer beruflichen Nische ohne Bevormundung durch andere, ohne viele Konflikte und besondere Herausforderungen eingerichtet hat, entwickelt sie keine beruflichen Alternativen zum ErzieherInnenberuf und ihrer Tätigkeit in einer Kindertageseinrichtung. Ohne klar konturierte Karriereplanung und ohne ein eigenes weitergehendes Professionalisierungskonzept ist die „Spielkiste" der Ort, der zwar nicht ihren beruflichen Statusvorstellungen entspricht, an dem sie sich aber noch vorstellen kann, die nächsten Jahre tätig zu sein. Gegen eine berufliche Veränderung spricht jedoch, dass die bisherige sichere Position aufge-

---

91 Mit der Frage nach der Vereinbarkeit von Berufs- und Privatleben hängt auch die bislang ungeklärte Frage nach eigenen Kindern zusammen. Ida Winter berichtet, sie habe sich in dieser Frage noch nicht entschieden. Sie deutet jedoch an, diese Frage aufgrund ihres Alters in den nächsten Jahren entscheiden zu müssen.

geben werden müsste. Somit wird das Ziel eines berufliches Aufstiegs oder einer Veränderung in die ferne Zukunft verschoben.

Beruflicher Habitus
Bereits im ersten Gespräch mit dem Team der Kindertageseinrichtung „Spielkiste" präsentiert sich die Leiterin Ida Winter als Entscheidungsinstanz des Teams und übernimmt die Aufgabe, die fachlichen Interessen des Teams zu vertreten. Indem sie sich im weiteren Verlauf der Feldbeobachtungen immer wieder gegenüber ihren KollegInnen und gegenüber den nicht reflexionsfreudigen ‚Alten Kindergartentanten' abhebt, immer wieder auch unangesprochen über das alltägliche Geschehen in der Elterninitiative reflektiert sowie als Planerin und Kontrolleurin des pädagogischen Geschehens auftritt, positioniert sie sich beruflich-habituell als Planungs-, Reflexions-, Kontrollinstanz des Teams. Diese Selbstinszenierung findet ihren Ausdruck in der kondensierten Form der Selbstcharakterisierung „en bisschen weniger basteln und en bisschen mehr überlegen". In diesem Sinne bedeutet hier berufliches Engagement nicht theoretische Auseinandersetzung und die Fundierung und Weiterentwicklung von Wissen und Können, sondern die reflektierende Auseinandersetzung und die durchdachte Planung des pädagogischen Alltags. Dabei übernimmt sie eine spezifische Rolle, wenn sie insbesondere in den Teamsitzungen Reflexions- und Planungskompetenzen einbringt und die KollegInnen immer wieder zur Reflexion anhält, sich unzufrieden mit den Teamleistungen zeigt und wiederholt ihre Position mit ‚besseren Argumenten' durchsetzt. In der ErzieherInnenausbildung wurden die hierfür notwendigen Wissens- und Könnensressourcen grundgelegt, ohne dass ein darüber hinaus gehendes Professionalisierungskonzept angeregt wurde. In diesem Zusammenhang ist für Ida Winter die Frage nach der Vereinbarkeit von Privat- und Berufsleben bedeutsam. Mit ihrer beruflich-habituellen Positionierung korrespondiert eine stärkere rollenspezifische Distanz zu den Kindern (vgl. Nagel 1997).

Von den drei interviewten Mitarbeiterinnen zeichnet allein die Leiterin Ida Winter im Lauf der Feldbeobachtungen nach und nach ein differenzierteres Bild von ihren habituellen Unterschieden. Während sie zunächst wie ihre Kolleginnen Unterschiede negiert und die gemeinschaftlich getragene Ideologie der Gemeinsamkeit des Teams vertritt, ergänzt sie später, sie würde die Impulse in die pädagogische Arbeit geben, auch wenn sich die Mitarbeiterinnen gegenseitig ergänzen würden.

Auf konkrete Unterschiede angesprochen, benennt sie ihre funktionsbezogenen Aufgaben als Leiterin, die damit verbundene Verantwortung, die notwendige „Insgesamtübersicht" und Planung sowie die damit zusammenhängenden Verwaltungsaufgaben. Bezogen auf die Arbeit mit den Kindern hebt sie ihr unterschiedliches Interesse an der Arbeit mit den älteren Kindern hervor. Nach ihrer Position im Team befragt weist sich Ida Winter im Team eine starke Position zu, ohne dass sie jedoch die Rolle des „Leithammel(s)" einnehmen will. Sie weiß, dass auch sie prinzipiell in der pädagogischen Arbeit nicht alle Anforderungen, die an sie gestellt werden, erfüllen kann, und dass es deshalb der Teamarbeit bedarf. Sie vollzieht einen Drahtseilakt zwischen der Betonung der Differenz einerseits und dem Anspruch nach einer Glättung der Hierarchie im Team andererseits.

Folgt man den Ergebnissen empirischer Untersuchungen zum beruflichen Verständnis von ErzieherInnen, dann spricht sich Ida Winter Aufgaben zu, von denen diese in der Regel meinen, sie seien schwieriger zu bewältigen und würden sie eher belasten als die direkte pädagogische Interaktion mit den Kindern (vgl. Dippelhofer-Stiem/Kahle 1995; Fthenakis 1995; Cloos 1999b): Elternarbeit, Gesamtplanung, Spracherziehung, Handeln an den Schnittstellen zur Außenwelt, interkulturelle Erziehung. Im Gegensatz zu den anderen Mitarbeiterinnen betrachtet folglich die Leiterin die Elternarbeit als eine stärkere Herausforderung als die Arbeit mit den Kleinkindern. Ida Winter hat nicht nur die häufigsten Kontakte zu den Eltern, sondern die Art ihrer Elternkontakte unterscheidet sich auch prinzipiell von den Kontakten der anderen Mitarbeiterinnen. Sie wacht in der Elterninitiative über die Grenzen zwischen Privatheit und Öffentlichkeit und verweist auf die Regelhaftigkeit spezifischer Sozialbeziehungen (vgl. Oevermann 1999). Als Leiterin zeichnet sich Ida Winter letztendlich verantwortlich für den größten Teil der Elternarbeit. Zusätzlich übernimmt sie den größten Teil der insgesamt wenigen Kontakte zur organisationskulturellen Umwelt.

Beim Freispiel wechselt sie am häufigsten Ort und Aufgabe. Sie ist selten im Gruppenraum über einen längeren Zeitraum an einem Ort mit einer Aufgabe beschäftigt. Ihre Bewegungen im Raum-Zeit-Gefüge unterscheiden sich in erheblichem Maße von den Bewegungsformen der Kinder und der anderen Mitarbeiterinnen. Der Zick-Zack-Kurs durch die unterschiedlichen Räume gleicht einem Wechselspiel zwischen Rückzug aus dem direkten pädagogischen Geschehen, intensiven mehr oder weniger geplanten Angeboten und der zeitweiligen Teilnahme am Gruppenalltag während des Freispiels. Der Tag wird in seiner zeitlichen Abfolge in erheblichem Maße differenziert, die Aufgaben, Orte und Interaktionspartner gewechselt.

Fasst man diese Beobachtungen zusammen, dann kann die Positionierung als Reflexionsinstanz als eine positive Abgrenzung zu den Kolleginnen verstanden werden, die damit zusammengeht, dass Ida Winter in einem Arbeitsfeld tätig geworden ist, welches sie bis heute nicht als eine besondere Herausforderung betrachtet. Sie kann sich in dem Arbeitsfeld jedoch insgesamt gut einrichten, ohne viele Kompromisse machen zu müssen. Dementsprechend wiegt für sie derzeit die verpasste Chance des Abiturs und Studiums noch nicht besonders schwer, auch wenn sie keine weitergehenden Weiterqualifizierungskonzepte und Karrierevorstellungen entwickelt, die aus dem Sackgassenberuf herausführen oder Umorientierungen im Berufsfeld begünstigen könnten.

5.4 Natalie Breddemann: Einiges geschafft

Kindheit
Natalie Breddemann wird 1958 in einer mittelgroßen Kreisstadt in Westfalen als zweitjüngste Tochter von vier Geschwistern geboren. Ihr Vater ist Dachdecker und die Mutter Hausfrau. Sie wächst in einem Wohnblock auf, in dem viele andere kinderreiche Familien leben, die wie Familie Breddemann über nur geringe finanzielle Mittel verfügen.

mhm ... tja also an (!)ganz(!) klein kann ich mich nich mehr so erinnern . äh .... tja eigentlich so ab .. bevor ich eingeschult wurde ... ja . ne schöne Kindheit gehabt .. mhm ja . viel draußen .. wenig Spielzeug ähhh tja .. drei Geschwister wo ich mich sehr gut mit verstanden habe . zwei Ältere . ein Bruder der ein Jahr jünger is als ich

Nachdem die Biografin mitteilt, sie könne sich „an (!)ganz(!) klein (...) nich mehr so erinnern", wählt sie ihren Einstieg in das Interview mit der Feststellung: „ja ne schöne Kindheit gehabt". In den darauffolgenden Sequenzen plausibilisiert sie ihre Feststellung in Stichpunkten anhand dreier Merkmale, die sie hintereinander auflistet: „viel draußen . wenig Spielzeug (...) drei Geschwister". Hierüber beschreibt sie ihre Kindheit vor der Einschulung, ohne dass gleichzeitig weitere persönliche Rahmendaten bekannt gegeben werden. Weder teilt sie Daten zu ihren Eltern mit, noch beschreibt sie das Herkunftsmilieu. Das erste Merkmal zur Plausibilisierung der schönen Kindheit – „viel draußen" – wird erst nach Abschluss der Ersterzählung auf Nachfrage näher erläutert.[92] Hier berichtet sie, wie sie damals mit den Kindern des „Wohnblocks" auf der Wiese hinter dem Haus gespielt hat.

Ihr zweiter Stichpunkt – „wenig Spielzeug" – wirkt irritierend, weil es zunächst nicht plausibel erscheint, warum der geringe Besitz von Spielzeug Ausdruck einer „schöne[n] Kindheit" sein soll. Erst im Nachfrageteil des Interviews wird deutlich, dass die Nichtverfügbarkeit von Spielzeug weder damals noch heute für sie eine Mangelsituation darstellt. Sie benennt die Spielmaterialien, mit denen sie als Kind gespielt hat: Gummitwist, Kreide, Hinkelsteinchen, selbst gebastelte Stelzen und eine Zinkwanne, die als Planschbecken umfunktioniert wird, weil die Mutter nur selten Schwimmbadbesuche finanzieren kann. Sie hebt hervor: „also meine Mutter hatte auch immer wenig Geld die musste auch immer rechnen". Gleichzeitig betont sie, sie und ihre SpielgefährtInnen seien mit der Situation kreativ umgegangen, indem sie sich z. B. die Spielmaterialien selbst organisiert und eigene Spielplätze gesucht haben: „oder eben halt (...) auf Baustellen (...) sind wa dann immer rumgestrolcht wenn wa nich erwischt wurden". Über den dritten Stichpunkt werden die Geschwister eingeführt. Natalie Breddemann betont die geschwisterliche Gemeinschaft, indem sie ausführt: „wo

---

92 Nachdem Natalie Breddemann sich im Vorspann des Interviews vergewissert, dass der Interviewer im Anschluss ihrer biografischen Erzählung Nachfragen stellen wird, umreißt sie ihr Leben in einem nur vier Minuten langen Bericht.

ich mich sehr gut mit verstanden habe". Deutlich hebt sie die Gemeinschaft mit ihrem Bruder hervor und erläutert: „wir warn noch so n paar Nachzöglinge mein Bruder und ich".

Das Erzählsegment im Nachfrageteil schließt Natalie Breddemann mit der Schlussfolgerung ab: „also Kindergarten war ich nicht also eben viel draußen . ja". Ebenso wie Ida Winter berichtet Natalie Breddemann hier von einer glücklichen Kindheit, die durch viele Freiheiten, durch Selbständigkeit und den Kontakt zu vielen anderen Kindern geprägt ist. Zumindest scheint die Erzählerin erwähnen zu müssen, sie habe keinen Kindergarten besucht, weil sie damit darauf hinweisen kann, im Zusammenhang mit ihrer jetzigen Tätigkeit in einer Kindertageseinrichtung über keine vorberuflichen Erfahrungen in diesem Segment zu verfügen.

Zusammengefasst lässt sich in Natalie Breddemanns Anfangserzählung eine positive Identifikation mit dem Herkunftsmilieu der Arbeiterfamilie entdecken. Zugrunde liegt hier ein Deutungsmuster vom Glück ohne viel finanzielle Mittel. Zudem entwirft sie hier das Bild vom ‚Glück ohne viel Spielzeug', von Kindern, die das wenige, was ihnen zur Verfügung steht, kreativ nutzen und solidarisch teilen. Damit präsentiert Natalie Breddemann auch ihre ‚pädagogische' Sicht auf Kindheit.

Grundschulzeit
Schulzeit . viele Freunde gehabt viel unternommen (…) also ich komm ja aus Dellstadt und .. ja viel Freiheiten auf der Straße gehabt (…) nich so wie heute die Kinder wo man wo man hinter sitzen muss dass kein Auto kommt

Auf die Beschreibung der Kindheit vor der Einschulung folgt der Bericht über die Schulzeit. In ihrer Erzählung wird, wie auch an späterer Stelle des Interviews, die Gemeinschaft und die relative Autonomie der Kinder in ihren Aktivitäten hervorgehoben. Der Aktionsradius weitet sich vom Garten auf die Straße aus. Durch den Einschub „also ich komm ja aus Dellstadt" führt sie den sozialen Rahmen der Kindheit ein, ohne diesen genauer zu erläutern. Sie verweist damit auf eine kleine Kreisstadt, die einerseits durch das dort beheimatete Arbeiter- und Angestelltenmilieu und andererseits durch das umliegende ländliche Milieu geprägt ist. Es wird eine Stadt beschrieben, in der die Freiheiten auf der Straße gewährleistet waren – im Gegensatz zu der Großstadt, in der Natalie Breddemann heute lebt. Im Anschluss an die wiederholte Plausibilisierung ihres Erzähleinstiegs wird die „schöne Kindheit" durch einen Vergleich mit der Lebenssituation von Kindern heute deutlich betont („nich so wie heute die Kinder wo man wo man hinter sitzen muss dass kein Auto kommt"). Auch durch diese Ergebnissicherung, in der sie eine Negativabgrenzung zur Kindheit heute vornimmt, deutet die Biografin ein zweites Mal ihre ‚pädagogische' Sicht auf Kindheit an, ohne diese jedoch zu detaillieren.

In Natalie Breddemanns Ersterzählung wird die „schöne Kindheit" nur angerissen. Sie ist gekennzeichnet durch die Gemeinschaft der Geschwister und der Peergroups und deren relativen Autonomie, also durch das Leben „draußen auf der Straße". Systematisch ausgeklammert wird in der Ersterzählung, was innerhalb der Familie für die Lebensgeschichte bedeutsam ist. Der soziale Rahmen ihrer Lebensgeschichte bleibt damit fast gänzlich unerwähnt. Gleichzeitig klammert sie in der Ersterzählung damit auch die Geschichte ihres Vaters aus, der die soziale Lage der Familie durch seine Alkoholabhängigkeit verschärft, weil er die Hälfte des Familieneinkommens für Alkohol in der Kneipe ausgibt. Ausgelassen werden auch die als negativ empfundenen Erlebnisse ihrer Schulzeit. Wie die Geschichte der schwierigen finanziellen Lage, wird die Erzählung von Benachteiligungen in der Schulzeit erst im Nachfrageteil des Interviews nachgeliefert.

die [Schule] war ganz nett nur ne blöde strenge Lehrerin (schmunzeln) kann ich mich dran erinnern die mich auch nich mochte

Natalie Breddemann berichtet, dass die „strenge" Lehrerin – „n biestiges altes Fräulein" – sie in der Klasse benachteiligt habe, weil diese sich schon mit ihrem ältesten Bruder und anschließend auch mit der älteren Schwester nicht verstanden hätte. Der Konflikt mit den Geschwistern sei damit an sie „weitergegeben" worden. Sie erzählt, sie sei zunächst „n ruhiges Kind" gewesen, und präzisiert: „also ich hab mitgemacht äh nicht jetzt auffällig so freche Klappe oder so". Sie beschreibt die strengen Disziplinierungsmethoden der Lehrerin („auf die Nase gehauen") und ergänzt, dass ihre Freundin ebenfalls von der Lehrerin ungerecht behandelt und schließlich auch von dieser geschlagen worden sei. Die Freundinnen trauen sich jedoch nicht, die Eltern von dem Verhalten der Lehrerin zu unterrichten. Zu diesem Zeitpunkt jedoch sei sie gegenüber der Lehrerin „schon ma zickich geworden (…) wo ich mich dann auch schon ma mit ihr angelegt hab und hab gesacht also das werd ich auf jeden Fall zu Hause erzählen dass du hier meine beste Freundin Steffi einfach auf die Nase gehauen hast".

Natalie Breddemann erzählt also die Geschichte, wie sie allmählich lernt, sich gegen die Lehrerin durchzusetzen. Dabei charakterisiert sie sich auf zweifache Weise. Zum einen charakterisiert sie sich als „ruhiges Kind". Gleichzeitig beschreibt sie, wie sie lernt, sich gegen Situationen, die sie als ungerecht empfindet, zur Wehr zu setzen. Dabei beschreibt sie sich als eine Person, die sich nicht widerstandslos in vorgegebene Bedingungen einfügt. Diese Selbstcharakterisierungen stellen zentrale Bezugspunkte für die Lebensgeschichte dar, die Natalie Breddemann im Interview erzählt.

Teeniezeit
Natalie Breddemann beginnt das nächste Erzählsegment mit der Einleitung: „Teeniezeit" und berichtet: „meine Eltern ham sich scheiden lassen". Das innere Erleben der Scheidung der Eltern wird erläutert durch die Feststellung: „war schon n bisschen hart" und der Rahmen der Erlebnisse durch

den kurzen Einschub: „wir ham zwar immer Kontakt zu meinem Vater gehabt" ergänzt. Das Segment wird durch die Ergebnissicherung „aber . ich denk hama gut verkraftet" und durch eine bestätigendes „ja" abgeschlossen. Natalie Breddemann berichtet also nicht nur von einer neuen Altersphase, sondern auch von einer neuen Erlebnisphase. Der Wechsel der Perspektive von „außen" nach „innen", also von den Erlebnissen beim Spielen auf der Straße zu den familiären Verhältnissen, bekräftigt, dass eine Erlebnisschicht mit einer anderen Qualität in den Blick genommen wird. Diese Lebensphase wird also erzählstrukturell und inhaltlich deutlich von der „schöne[n] Kindheit" abgegrenzt. Von der dahinter liegenden Dramaturgie der Erlebnisse berichtet Natalie Breddemann jedoch nichts. Auch hier bedarf es der Nachfragen des Interviewers.

ja .. tja . warum sie sich scheiden gelassen haben wo meine Mutter halt nich mit klar kam (...) also dadurch waren oft finanzielle Engpässe

Auf die Nachfrage des Interviewers, ob sie noch etwas zu der Lebenssituation erzählen könne, fragt Natalie Breddemann: „warum sie sich scheiden lassen haben" und berichtet dann von den Umständen, die zu der Scheidung geführt haben. Dabei muss sie dem Detaillierungs- und Plausibilisierungszwang entsprechend den sozialen Rahmen der Erlebnisse erläutern, also von dem Beruf des Vaters, ihren Geschwistern usw. berichten. Natalie Breddemann präzisiert auch, was sie an der Lebenssituation ein „bisschen hart" empfunden hat: „also mein Vater hat gern schon ma also er war Dachdecker oft zu viel getrunken". Weil dieser immer die Hälfte der Lohntüte in Alkohol ‚umsetzt', werden die finanziellen Mittel der Familie knapp. Als dies nicht mehr von der Mutter akzeptiert wird, kommt es zum „wörtlichen Krach". Ihr inneres Erleben der Situation wird nur indirekt angedeutet, denn Natalie Breddemann erzählt in der nachfolgenden Sequenz von ihrer Beziehung zum Vater: „wir hatten zwar dann immer noch Kontakt zu meinem Vater der wohnte in der Nähe der is erst ma dann zu seiner Mutter gezogen und hat dann irgendwann auch ne Frau noch ma kennen gelernt". Das Wort „zwar" deutet darauf hin, dass Natalie Breddemann unter dem Auszug des Vaters gelitten hat, denn – wie sie erläutert – sie habe sich mit ihm „immer gut verstanden".

Auch die Hauptschulzeit erfährt in Natalie Breddemanns Erzählung kaum eine Erwähnung. Erst auf die Nachfrage des Interviewers berichtet sie kurz:

ja die [Hauptschule] war ganz nett also die Lehrer waren nett in der Zeit äh . na ja dann ham wa da schon ma heimlich geraucht wo wa bei erwischt wurden ne (...) hinter der Schule . na ja schon ma ab und zu keine Hausaufgaben gemacht ne (...) . so die Sachen die man schon in fünfte sechste Klasse (...) so cliquenmäßig ne (...) .. aber sons auch eigentlich normal . also . keine größeren Probleme jetz

Natalie Breddemanns Erzählstil ist durch viele Auslassungen und die stichpunktartige Aneinanderreihung einzelner Aussagen geprägt. Die von ihr eingebrachten Stichpunkte verweisen auf einzelne Geschichten, deren Nachvollzug dem Zuhörer überlassen wird. Einzelne Aussagen, wie z. B.

„so die Sachen die man schon in fünfte sechste Klasse", deuten auf kollektiv geteilte Erlebnisräume. Es sind Aussagen, die das subjektiv Erlebte in allgemeingültige Sätze über das, was ist, und damit in andere Aggregatzustände sozialen Wissens transformieren (vgl. Alheit 1989, S. 128). Das Berichtete kreist nicht um die biografische Erinnerung selbst, sondern überführt das Erinnerte in ein Deutungsschema mit klassen-, schicht- und generationenspezifisch gebundenen Orientierungen (vgl. ebd., S. 142). Die Erzählerin teilt also mit, ihre Erlebnisse und ihr Erleben seien für die Altersgruppe und ihren milieuspezifischen Erlebnisraum als normal zu bezeichnen. Sie signalisiert dem Zuhörer, über das Erlebte sei nicht mehr zu berichten. Die Ergebnissicherung „aber sons auch eigentlich normal . also . keine größeren Probleme jetz" bekräftigt noch einmal die Aussage, die Hauptschulzeit sei in normalen Bahnen einschließlich der gewöhnlichen Abweichungen verlaufen (Rauchen hinter der Schule und ab und zu keine Hausaufgaben machen). Fasst man die Erzählung Natalie Breddemanns bis zu diesem Punkt zusammen, dann sind für das weitere Verstehen des Interviews folgende Aspekte bedeutsam.

- Natalie Breddemanns Stegreiferzählung ist eine Aneinanderreihung von Stichworten zu ihrem biografischen Werdegang. Erst auf die Nachfragen des Interviewers entfalten sich kurze Narrationen, in denen vorwiegend der soziale Rahmen der Geschehnisse und nur andeutungsweise das innere Erleben wiedergegeben wird.
- Abgekürzt wird die Erzählung durch alltagsweltliche Deutungsmuster, die das subjektive Erleben in einen kollektiven Erlebniszusammenhang einbetten. Dieser ist klassen- und schichtspezifisch gebunden. Hierbei werden kollektiv geteilte Deutungsmuster eingeflochten, wie z. B. das Muster über die glückliche Kindheit ohne viel Spielzeug, über den Zusammenhang von Dachdeckerberuf und Alkohol oder über die normalen Abweichungen von 15-jährigen HauptschülerInnen.
- Damit präsentiert sich die Biografie in Form eines institutionell geprägten Ablaufmusters, wobei die Abläufe weder hinterfragt noch biografisierend reflektiert werden. Die Biografin berichtet zum Beispiel nichts darüber, wie es dazu kam, dass sie die Hauptschule besucht hat. Der Hauptschulbesuch scheint damit einem vorgegebenen Ablaufmuster zu folgen, das sich unhinterfragt in eine Normalitätsfolie einfügt.
- Die Biografin unternimmt keine Versuche, ihre Biografie in Beziehung zu ihrer jetzigen Tätigkeit als pädagogische Hilfskraft bei der „Spielkiste" zu setzen. Ihre Biografie scheint von der Tatsache vollkommen losgelöst zu sein, dass sie heute in einer Kindertageseinrichtung tätig ist.

Betttuchfabrik und Umzug in die Großstadt
ja . mit fünfzehn aus der Schule gekommen angefangen zu arbeiten Fabrik eigentlich immer regelmäßig . im Arbeitsleben gewesen .. ja viele Jahre nebenher noch gekellnert . bis meine Tochter . geboren wurde . mit vierundzwanzig ....

Natalie Breddemann berichtet erneut stichwortartig von ihrem weiteren Leben: Sie verlässt mit fünfzehn Jahren die Hauptschule und wird in einer Fabrik als Arbeiterin tätig. Sie schließt die Feststellung an, dass sie „immer regelmäßig im Arbeitsleben gewesen" sei und entwirft damit erneut ein Normalitätsbild. Im Nachfrageteil konkretisiert sie, in einer Bettuchfabrik gewesen zu sein.

meine erste Stelle war . Bettuchfabrik da war ich als Näherin viele Jahre . äh was ich bereu dass ich keine Lehrstelle gemacht hab heute bereu ich es (:) (...) aber damals war man nich so einsichtig . äh meine Mutter hat auch nich . also . da hätte se eigentlich strenger sein müssen in anderen Sachen war se sehr (...) streng in diesen Sachen nich aber ähm ich wollte eigentlich auch sofort Geld verdienen weil bei uns eben oft Engpass war ich glaub dat hat ich in mein Köpfchen äh tja und auf de Fabrik hat man halt mehr verdient als in ner Lehrstelle (...) war mir damals aber auch nich so bewusst . also heute denk ich oft drüber nach ne hätte se ma hätte se mal

Nachdem Natalie Breddemann die Rahmendaten zu ihrer Tätigkeit präsentiert hat, führt sie in einer Hintergrundkonstruktion aus, sie würde es heute bereuen, damals keine Lehre begonnen zu haben. Im Anschluss daran berichtet Natalie Breddemann von den Gründen, die dazu geführt haben, dass sie ohne Ausbildung berufstätig geworden ist. Die Begründung leitet sie mit dem Satz ein: „aber damals war man nich so einsichtig". Ihre Entscheidung habe sich – auch aufgrund sich verändernder gesellschaftlicher Erfordernisse – erst mit dem zeitlichen Abstand als nachteilig für ihren weiteren beruflichen Werdegang herausgestellt. Auf Basis gestiegener gesellschaftlicher Qualifikationsanforderungen an die nachwachsende Generation war ein fehlender Berufsausbildungsabschluss zunehmend mit beruflichen Risiken verbunden. Dies schein auch in ihrem Herkunftsmilieu bekannt zu sein, denn Natalie Breddemanns Erzählung schließt ein, dass durchaus der „einsichtigere" Weg, d. h. eine Ausbildung nach der Hauptschule, hätte beschritten werden können. Auch der Hinweis, die Mutter sei in dieser Hinsicht nicht streng gewesen, deutet an, dass die Mutter möglicherweise eine andere Vorstellung über den Berufsweg ihrer Tochter hatte, zumal zwei ihrer Geschwister einen Beruf erlernt haben. Der Weg von der Hauptschule in die Fabrik war jedoch zu dieser Zeit (noch) durchaus üblich. Dies belegt der Hinweis, die Schulfreundinnen seien in der gleichen Fabrik wie Natalie Breddemann tätig und einer ihrer Brüder wäre ebenfalls ohne Ausbildung in einer anderen Fabrik beschäftigt gewesen.

In der nachfolgenden Sequenz legt die Erzählerin ihre eigenen Motivgründe für den Wechsel in die Betttuchfabrik dar. Durch die finanziellen „Engpässe" erschien der Erzählerin damals die Arbeit in einer Fabrik sinnvoller als die Aufnahme einer Ausbildung, weil diese in der Regel schlechter bezahlt wird. Sie ergänzt, ihr sei damals nicht bewusst gewesen, dass sie sich – soziologisch formuliert – eher auf die Seite der Modernisierungsverlierer begibt und wiederholt den Vorwurf an die Mutter, diese habe damals nicht durchgesetzt, dass sie eine Ausbildung beginnt. Natalie Breddemanns Berufsbiografie fügt sich also in ein institutionelles Ablaufmuster einer Arbeiterinnenbiografie ein. Die finanziellen Engpässe der Familie (1) und der Wunsch, unabhängig davon zu werden, sowie Natalie Breddemanns Hinweise auf die Normalität des Verlaufsmusters (2) können als hervorstechende Merkmale des institutionellen Ablaufmusters identifiziert werden.

(1) Verweise auf die knappen finanziellen Ressourcen ziehen sich wie ein roter Faden durch die gesamte Erzählung. Der ‚Kampf' um ausreichende Mittel hat Natalie Breddemanns Leben bis heute wesentlich geprägt und dient der Erzählerin auch als Hintergrundfolie zur Beschreibung ihres Lebens und ihrer Berufsbiografie.

(2) Damit eng verknüpft ist das Deutungsmuster, ihr Lebenslauf füge sich in eine Normalität ein. Dass sich die Erzählerin damals in dieses Muster unhinterfragt eingefügt hat, belegt auch ihre kurze Beschreibung von ihrer Arbeit in der Bettuchfabrik: „Ja hab dann viele Jahre in ner Fabrik gearbeitet war auch ne schöne Zeit mit vielen Freundinnen auch von na Schule die auch da gearbeitet haben".

„Nach Jahren" wechselt Natalie Breddemann in eine andere Fabrik („Oberbetten und Kissen"). Hierdurch verkürzt sich der Fahrtweg zur Arbeitsstelle erheblich. Auch dieser Wechsel fügt sich nahtlos in Natalie Breddemanns Biografie. Die Geburt ihrer Tochter – Natalie Breddemann ist 24 Jahre alt – ändert nur wenig am gewohnten Arbeitsleben. Als die Erzählerin in einer Kantine tätig wird, bringt sie die Tochter vor der Arbeit in den Kindergarten, holt sie Mittags ab und arbeitet dann noch nachmittags zwei Stunden in der Kantine, während die Tochter bei Natalie Breddemanns Mutter untergebracht ist. Wenn die Erzählerin abends auf Abruf kellnert, wird die Tochter erneut von der Großmutter betreut.

ja . also alleinerziehend Vater war zwar auch oft da aber hab das dann schon allein mit ihr gemacht ham uns auch wohl gefühlt wir beide

Mit dem Vater der Tochter ist Natalie Breddemann insgesamt dreizehn Jahre zusammen und vor der Geburt der Tochter leben sie für ein Jahr gemeinsam in einer Wohnung.[93] Nach der Geburt sind Natalie Breddemann die Unterschiede zu ihrem Partnern zu groß, als dass sie gemeinsam in einer Wohnung leben können. Auch wenn die Beziehung noch bis zum sechsten Le-

---

93 Die näheren Umstände Natalie Breddemanns Beziehung zu dem älteren Freund sollen nicht im Vordergrund der Analyse stehen. Es lohnt sich jedoch, einen Blick auf die Form der Beziehung zu werfen, weil hier Hinweise auf zentrale Themen im Lebenslauf der Interviewten gegeben werden. Das Leben fügt sich hier nicht nahtlos in eine ‚traditionelle Frauenbiografie' ein, denn sie entscheidet sich nicht nur gegen eine Heirat, sondern auch gegen das Zusammenleben mit dem Vater ihrer Tochter. Sie duldet damit auch nicht seine Unzuverlässigkeit. Schließlich muss sie jedoch die Konsequenzen ihrer Entscheidung alleine tragen, weil der Vater sich weder für den Unterhalt noch für die Erziehung der Tochter verantwortlich fühlt. Dass Natalie Breddemann weiterhin arbeiten geht und den Bezug von Sozialhilfe abwenden kann, zeigt ihren Willen, die Lebensumstände selbstständig zu meistern.

bensjahr der Tochter fortgeführt wird, ist Natalie Breddemann hauptverantwortlich für die Tochter zuständig.

Im Alter von ca. 28 Jahren verlässt sie ihre Heimatstadt und zieht in die hundert Kilometer entfernte Großstadt, weil ihre Schwester dort schon seit einigen Jahren lebt. Bezüglich der Hintergründe des Umzuges befragt, berichtet sie: „eigentlich Sabines Vater war der Punkt warum ich weggezogen bin". Sie verlässt die Enge der Kleinstadt – wo „jeder von jedem" weiß –, weil sie Schwierigkeiten mit dem Vater ihres Kindes hat, der dreizehn Jahre älter als sie ist, sich nicht regelmäßig um die Tochter kümmert, die Trennung nicht verkraften kann und trotzdem ein „Spielchen mit zwei Frauen" spielt. Sie berichtet: „is is dann auch später eben halt eskaliert mit ihm also der kam dann wo ich gekellnert (…) hab und hat dann dumme Sprüche losgelassen (…) ich wollte das dann irgendwann nich mehr ne". Sie entscheidet sich auf Grund dessen für einen Umzug in die Großstadt, auch wenn sie fortan keine Arbeit mehr hat und mit ihrer Tochter von der Sozialhilfe leben muss. Während Natalie Breddemann in ihrem Heimatort durch die zwei Arbeitsstellen „nie die Mark umdrehen" musste, gestaltet sich das teure Leben in der Großstadt ohne Arbeit als „schon ne harte Zeit".

wo ich dann Abends auch gedacht hab na ja kaufse dir morgen noch n Päckchen Tabak oder gehse noch ma zum Aldi und ne Tüte Bonbons und n Glas Nutella

äh ja Großstadt is einfach teurer … so ich wollte auch nich dass meine Tochter irgendwie so na ja dat das so durchsickert mit Büchergeld wollt ich nich in der Schule also man kann ja wenn man Sozialhilfe kriegse da so n Stempel drauf gibs dat in der Schule ab das wollt ich alles nich das hab ich dann selber bezahlt (…) also viele Sachen wo dann zwanzig Mark für mich viel waren (…) weil ich dann Büchergeld bezahlt hab oder se mit der Arbeiterwohlfahrt weggeschickt hab ne damit se einmal im Jahr genau wie andere Kinder auch in Urlaub fahren konnte ne

Der Schritt aus dem fest gefügten institutionellen Ablaufmuster zum Handlungsmuster des Umzuges führt zumindest finanziell in die Krise. Auch weil der Biografin durch ihre Arbeit immer ausreichende, wenn auch nicht weitreichende finanzielle Ressourcen zur Verfügung standen, ist die Sozialhilfeabhängigkeit und die finanzielle Not mit Scham behaftet. Insbesondere bei ihrer Tochter will sie das Stigma des Sozialhilfebezugs verhindern.

Erst nach anderthalb Jahren findet sie einen Job als Kellnerin am Wochenende in einer Diskothek und weitere „Nebenjobs". In der Diskothek lernt sie mit 32 Jahren einen Moslem aus den Arabischen Emiraten kennen. Sie wohnt mit ihm ein Jahr zusammen und erwartet von ihm ein Kind. Auch in dieser Partnerschaft erweisen sich die Lebensauffassungen als zu unterschiedlich. Als sich die moslemischen Auffassungen des Freundes nicht mit ihrem Lebensstil vereinbaren lassen, trennt sie sich von ihm. Im Gegensatz zum Vater des ersten Kindes hat der Vater des zweiten Kindes jedoch regelmäßig Kontakt zu der Tochter. In den darauffolgenden Jahren bezieht die Befragte erneut Sozialhilfe bis sie im Alter von 35 Jahren die Stelle als Köchin bei der „Spielkiste" erhält.

Arbeit bei der „Spielkiste"
ja ich hab eben halt diesen Zettel . äh .. irgendwo war der angeklebt in Behnsdorf und hab dann hier angerufen konnte mich sofort vorstellen . und konnte dann nächsten Tach sofort hier anfangen

Natalie Breddemann wird in der „Spielkiste" als Köchin angestellt. Ihre Aufgabe ist es, die regelmäßigen Mahlzeiten morgens, mittags und nachmittags zuzubereiten. Sie beschreibt ihre Tätigkeit: „da hab ich mein Kochrevier gehabt wo mir keiner rein geredet hat da konnte ich entscheiden was gekocht wird". Mit der Zeit nimmt sie zunehmend am pädagogischen Geschehen teil, wenn sie mit den Kindern in der Küche kocht oder bei personellen Engpässen auf einzelne Kinder in der Küche „schon ma ne halbe Stunde" aufpasst. Ins pädagogische Team ist sie jedoch nicht integriert, auch wenn sie sich „auch immer mit im Büro" aufhält, „weil man sich gut verstanden hat". Die Differenz zur pädagogischen Arbeit der KollegInnen markiert sie mit dem Satz: „also da war nich so viel Verantwortung hinter ne". Als eine Kollegin schwanger wird, kann Natalie Breddemann nach einem Jahr Tätigkeit in der „Spielkiste" dann die Stelle der Ergänzungskraft vertreten. Als die Kollegin aus dem Mutterschaftsurlaub zurückkommt, kann sie dort eine feste Stelle als pädagogische Hilfskraft übernehmen.

Wissen, Können und Erfahrung
Natalie Breddemann erzählt ihre Biografie ohne einen besonderen biografischen Bezug zu ihrer jetzigen Tätigkeit in einer Kindertageseinrichtung. Der Weg in die Arbeit mit Kindern geschieht somit mehr oder weniger zufällig und ist dem glücklichen Umstand geschuldet, dass sie eine Stelle als Köchin in der „Spielkiste" annimmt. Einzig und allein persönliche Eigenschaften wie Widerstandfähigkeit und eine ruhige Persönlichkeit können als Könnensressourcen in die Tätigkeit mitgebracht werden. Dementsprechend berichtet sie, habe sie ihr Wissen und Können durch Abschauen und Nachmachen in der täglichen Arbeit erworben. Zu Beginn ihrer Tätigkeit in der „Spielkiste" hätte sie viele Aufgaben noch nicht übernehmen können. Durch die Unterstützung der anderen MitarbeiterInnen, durch Gespräche mit ihnen über pädagogische Fragestellungen und durch Abschauen und Nachmachen wäre sie zunehmend befähigt worden, auch weitere Aufgaben zu übernehmen. Beispielhaft benennt sie hier Elterngespräche, bei denen sie am Anfang nur dabeigesessen und überwiegend nichts gesagt habe. Ihre KollegInnen seien ihr in der Form entgegengekommen, dass sie die noch fehlende Kompetenz berücksichtigt hätten. Die Kolleginnen gewähren der Hilfskraft einen erheblichen Schonraum, unterstützen damit kaum die Herausbildung eines eigenes Konzept der eigenen Weiterqualifizierung. Abschließend betont sie, sie sei insgesamt sicherer und zufriedener mit ihren Fähigkeiten geworden.

Auf die Frage nach dem für ihre Tätigkeit notwendigen Wissen antwortet Natalie Breddemann zunächst: „man muss ganz viele alltägliche Sachen wissen die man den Kindern beantworten will". Eine auf das alltägliche Leben bezogene Allgemeinbildung stellt somit für sie eine wichtige Grundlage zur Fundierung ihrer Praxis dar. Anschließend überlegt die Interviewte lange, unternimmt mehrere Anläufe, die Frage zu beantworten, vervollständigt aber keinen Satz und stottert. Auf den Vorschlag, dass sie sich ruhig Zeit bei der Beantwortung der Frage nehmen könne, folgt keine Antwort, sodass die Frage nach dem beruflichen Können angeschlossen wird. Hier verweist sie auf ihre persönliche Eigenschaft, anderen Menschen gut zuhören zu können und berichtet, diese Fähigkeit sei schon bei ihrem Job in einer Gaststätte vorteilhaft gewesen.

Neben Nachahmung und praktischer Einübung benennt sie keine weiteren Aspekte, die auf ein eigenes Weiterqualifizierungskonzept hinweisen könnten. So berichtet sie auch, wenig Fachliteratur gelesen zu haben. Sie betont, grundsätzlich immer wieder auch Bücher aus der „Spielkiste" mitnehmen zu können. Zuweilen würden die Mitarbeiterinnen der „Spielkiste" zur Vorbereitung eines Elternabends auch Fachbücher gemeinsam lesen: „find ich schon wichtich dann mir einige Sachen mir rauszulesen . um dann auch zum Beispiel beim Elternabend auch was sagen zu können ne". Insgesamt interessiert sich Natalie Breddemann jedoch kaum für Fachliteratur und sieht diese auch kaum als eine Möglichkeit an, sich weiter zu qualifizieren.

Die Biografin hat keinen Kontakt zu anderen Kindertageseinrichtungen, die neben Fachbüchern eine weitere Erfahrungsquelle zur Weiterbildung darstellen könnten. Sie erzählt jedoch von Fortbildungsbesuchen zu Themen wie Fingerspiele, Kinderlieder, Gitarre und ‚Gartenpädagogik'. Die von ihr besuchten Fortbildungen haben somit einen starken Anwendungsbezug, weil z. B. die neu gelernten Fingerspiele und Lieder in der beruflichen Praxis direkt verwendet werden können. Über diese Form der Fortbildungen hinaus lässt sich kein Konzept der Weiterqualifizierung bei Natalie Breddemann erkennen: Weder besucht sie Fortbildungen, die dazu beitragen könnten, die Unsicherheiten bei der Elternarbeit zu überwinden, noch findet sich hier ein Interesse an einer grundsätzlichen Weiterqualifizierung für die Arbeit in Kindertageseinrichtungen.

Biografisches Resümee: „meine Laufbahn in groben Zügen bis jetzt"
Natalie Breddemann teilt in der Erzählung ihr Leben zunächst in drei Abschnitte ein: In die Kindheit, Schulzeit und Teeniezeit. Die ersten beiden Lebensphasen sind charakterisiert durch relative Freiheiten und durch die Gemeinschaft der Freunde. Die Biografin erlebt eine „schöne Kindheit", wenn man von den Problemen mit der Klassenlehrerin absieht. Während der Teeniezeit wird jedoch die Ehe ihrer Eltern geschieden, weil sich die Probleme der Eltern und die finanziellen Sorgen zuspitzen. Unter dem Auszug des verständnisvolleren Vaters leidet Natalie Breddemann sehr. Schulisch jedoch läuft Natalie Breddemanns Leben in den vorgegebenen Bahnen: Sie besucht die Hauptschule und scheint dort nicht schlechter als ihre

FreundInnen zurechtzukommen. Weil sie persönlich die finanziellen Engpässe überwinden will, nimmt die Erzählerin eine Tätigkeit als Näherin in einer Fabrik anstelle einer Ausbildung auf. Der Wechsel in die Fabrik fügt sich in eine Normalitätsfolie ihrer Generation und ihres Herkunftsmilieus ein. Der weitere Verlauf ihres Lebens ist durch Arbeit geprägt. Durch ihre zwei Jobs kann Natalie Breddemann die finanziellen Engpässe, die bei ihrer Familie aufgetreten sind, in ihrem eigenen Leben zunächst verhindern.

Erst die Trennung von dem dreizehn Jahre älteren Freund, dem Vater ihrer erstgeborenen Tochter, bringt das festgefügte institutionelle Ablaufmuster ins Wanken. Das Ablaufmuster bekommt Züge einer Verlaufskurve. Die Flucht vor dem ihr nachspionierenden Freund – aus der Enge der Kleinstadt in die Großstadt – bietet zwar die Möglichkeit, neue Perspektiven für das eigene Leben zu entwickeln, führt jedoch zunächst zu bislang abgewendeten, erheblichen finanziellen Engpässen. Als allein erziehende Mutter ohne Ausbildung findet sie keine Arbeit und lebt von der Sozialhilfe. Erst als sie eine Stelle als Kellnerin in einer Diskothek findet, gerät das Leben wieder in die bislang verfolgten „normalen" Bahnen. Die Geburt der zweiten Tochter und die Trennung vom zweiten Freund hat letztendlich erneuten Sozialhilfebezug zur Konsequenz. Erst die Aufnahme einer Stelle als Köchin und die sich anschließende Tätigkeit als pädagogische Hilfskraft führt „Gott sei Dank" aus dem Leben ohne gesicherten Unterhalt.

Der zentrale Erzählfaden in Natalie Breddemanns Narration dreht sich um die finanziellen Beschränkungen, die sie in der Zeit der Kindheit und Jugend sowie der Zeit des Sozialhilfebezugs erfahren hat. Damit einher geht ein Kampf um die materielle Sicherung ihrer Existenz. Eine wesentliche Rolle spielt dabei, dass sie erstens keine Ausbildung angestrebt hat und zweitens durch die Krise mit dem Vater ihrer Tochter aus dem bisherigen institutionellen Ablaufmuster herausgeworfen wird. Die Geschichte handelt also auch von Männern bzw. Vätern, die ihr in ihrer Lebenslage kaum Unterstützung bieten – weder als Väter, noch als Freunde und auch nicht in finanzieller Hinsicht. Es ist eine Geschichte über die Trennung von diesen Männern. Schließlich dreht sich die Lebensgeschichte auch darum, dass Natalie Breddemann mit viel Widerstandskraft „einiges geschafft" hat: Sie hat zwei Töchter groß gezogen, die finanziellen und persönlichen Krisen bewältigt und kann nun endlich auf eine gesicherte Stelle bei der „Spielkiste" verweisen. Die Biografin beschreibt die Stationen ihres Lebens in knappen Sätzen, ohne Wehmut und mit einem gewissen Stolz.

<blockquote>
also mein Leben jetzt zur Zeit die letzten Jahre find ich n sehr schönes Leben (…) also ich hab einiges geschafft hier äh beruflich bin ich froh n festen Job zu haben eben halt mit der Ausbildung dat nervt mich n bisschen (…) aber aufgeschoben is nich aufgehoben wie man so schön sacht
</blockquote>

Die Biografin erzählt ihre Geschichte, ohne das Geschehene im Interview zu hinterfragen. Nur sehr selten sind in die Narrationen Hintergrundkonstruktionen mit expliziten Begründungen für ihre Entscheidungen eingeflochten. Es finden sich keine reflexiven „Schleifen", die das Leben vor dem Hintergrund des Erlebten reflektieren. Darüber hinaus lassen sich keine berufsbiografischen Begründungen entdecken, wie es dazu kam, dass Natalie Breddemann in der Kinder- und Jugendhilfe tätig wurde. Natalie Breddemann erzählt den „Gang der Dinge". Ein Teil ihrer Geschichte ist, dass sie durch Zufall und ohne pädagogische Ambitionen in der „Spielkiste" tätig geworden ist.

In der „Spielkiste" angelangt übernimmt sie Stück für Stück mehr pädagogische Aufgaben. Ihr Konzept der Weiterqualifizierung beschränkt sich dabei fast vollständig auf das Nachmachen und Abgucken sowie auf die Unterweisung durch die Kolleginnen. Die pädagogische Hilfskraft ist weitgehend abhängig von deren Unterstützung. Dabei lassen sich kaum eigenständige Anstrengungen zur Weiterbildung entdecken. Natalie Breddemann scheint zunächst nicht daran interessiert, eine Grundlegung des für die Tätigkeit notwendigen Wissens und Könnens zu erzielen. Eine formale Absicherung ihrer Berufsposition und eine inhaltliche Grundlegung von Kompetenzen ist in die Zukunft verschoben. Wenn ihre Kinder alt genug sind, will sie eine ErzieherInnenausbildung an einer Abendschule beginnen. Begründet wird der Wunsch nach der Ausbildung jedoch nicht mit der notwendig erscheinenden Weiterqualifizierung für ihre Tätigkeit. Vielmehr soll die Ausbildung ihr in Zukunft die Möglichkeit bieten, das Arbeitsfeld zu wechseln.: „ich denke bis zum Rentenalter werd ich nich in ner altersgemischten Gruppe arbeiten wollen (...) . ich denk da is man einfach die alte Tante und . deshalb is mir einfach wichtig das ich auch noch ne Ausbildung mache".

Beruflicher Habitus: Der ruhende Pol
Natalie Breddemann inszeniert ihr berufliche Position zurückhaltend. Dies entspricht der Selbstcharakterisierung als ‚ruhender Pol' im Team. Angesichts der fehlenden formalen Qualifikation betrachtet die Mitarbeiterin dies als zentrale, biografisch erworbene Qualifikation zur Bewältigung der anstehenden beruflichen Aufgaben. Hierüber kann sie sich gegenüber den Teamkolleginnen abgrenzen, die formal auf weitaus mehr Qualifikationen zur Grundlegung der beruflichen Praxis verweisen können. Die Zurückhaltung in der Inszenierung und Positionierung liegt dabei auch in fehlenden Kompetenzen begründet, die berufliche Praxis kognitiv und sprachlich fassen zu können.

In ihrer beruflichen Arbeit bringt sie andere Interessen ein als ihre Kolleginnen: Sie kümmert sich um die kleinen Kinder, für die weder Hatice Gül noch die Leiterin ein besonderes pädagogisches Interesse zeigen oder spezifische Kompetenzen entwickelt haben. Natalie Breddemann argumentiert wesentlich defensiver als Ida Winter, wenn sie hervorhebt: „wird mir auch nich vorgeschrieben ne (...) Natalie du has heute zum Beispiel die Mittleren zu übernehmen ne also das geht eigentlich bei uns ohne viel Worte wir gucken wo kann ich wat machen wo kannst du was machen (...) dat is glaub ich hier unser starkes Team". Pointiert formuliert weist sich Natalie Breddemanns eine Funktion im Team zu, die dadurch bestimmt ist, dass sie erstens spezifische Aufgaben übernimmt, die andere nicht gerne übernehmen und zweitens, dass sie in der übrigen Zeit anfallende Aufgaben erledigt. Auch wenn Natalie Breddemann prinzipiell fast alle Aufgaben übernehmen könnte, entsprechen ihre gewöhnlichen Tätigkeiten einem Spektrum, das elterlichem diffusen Rollenhandeln näher ist als das von Ida Winter. Dabei dient Natalie Breddemann die „Persönlichkeit" als Hintergrundfolie zur Beschreibung von Differenzen und zur Erläuterung ihrer Position im Team: „ja ich bin eigentlich oft für unser Team son ruhiger Ausgleich (…) also ich bin auch von Haus aus eigentlich sehr ruhig".

Natalie Breddemann ist in diesem Sinne der ‚ruhende Pol' der „Spielkiste", aber auch in großen Teilen der ‚schweigende Pol', weil sie insgesamt eher seltener spricht, sich im Vergleich zu den Kolleginnen nur wenig an den Teamsitzungen beteiligt und nur knapp und kurz antwortet. Wird sie von Forscher oder auch von den KollegInnen angesprochen, antwortet sie mit einem kurzen Satz und macht dabei Feststellungen, ohne diese zu erläutern, zu reflektieren oder zu kommentieren. Insgesamt unterhält sie sich selten mit Eltern. Ihre Gespräche sind deutlich kürzer als die der anderen Mitarbeiterinnen. Zumeist entwickeln sich die Gespräche erst dann, wenn sie von den Eltern angesprochen wird. Wenn Ida Winter zu einem der Gespräche hinzukommt, übernimmt sie die Gesprächsführung.

Die zeitlich-räumlichen Bewegungen Natalie Breddemanns folgen folgendem Muster. Bis auf die Pausen, in denen sie zwischendurch eine Zigarette raucht, befindet sie sich fast immer im Mittelpunkt des Geschehens. Sie passt ihren Aufenthaltsort den Orten an, an denen die Kinder spielen. Selten hält sie sich lange an den Angelpunkten auf, sitzt selten am Basteltisch oder auf der Bank im Hof. Sie befindet sich mitten im Gruppenraum oder mitten auf dem Hof. Sie steht bereit, wenn Kinder getröstet oder umarmt werden wollen, Spielzeug herangeschafft werden muss oder wenn die Kinder ein Gespräch suchen. Sie ändert ihre Position, wenn das aktuelle Geschehen der Gruppe es erfordert. Sie ist der ruhende Pol im Bewegungsfeld und die Anlaufstelle der Kinder.

5.5 Kurzportraits

5.5.1 Wie Isa Bella Erzieherin wurde

Isa Bella beginnt das narrative Interview mit dem Satz: „Ich bin das (!)vierte Kind(!)". Dies ist eine stark verdichtete Zusammenfassung ihrer Erfahrungsaufschichtung in Form einer Selbstcharakterisierung. Indem die Erzählerin sich als „Kind" einführt, deutet sie an, dass sie der spezifischen Rolle in einer gewissen Geschwisterkonstellation auch heute noch eine zentrale biografische Bedeutung beimisst. Fasst man Isa Bellas Ersterzählung zusammen, dann präsentiert sie eine gescheiterte Bildungsbiografie, in der der Nicht-Besuch des Kindergartens als fehlende Bildungsoption und als Disposition zur schulischen „Faulheit" gedeutet wird. Der Berufswunsch, Erzieherin zu werden, wird dabei mit der als problematisch erlebten Geschwisterkonstellation in Zusammenhang gebracht: Weil sie keinen kleinen Bruder hat – so Isa Bella – schenkt sie anderen Kindern ihre Aufmerksamkeit als Betreuerin. Dieses wird als Initiative zur späteren Berufstätigkeit in einem Kindergarten betrachtet. Als Kind fühlt sie sich somit – so ihre retrospektive Deutung – schon zum Beruf der Erzieherin berufen. Isa Bella nutzt den Bericht der biografischen Rahmendaten dazu, ihre jetzige berufliche Position zu legitimieren. Sie erzählt die Geschichte, warum sie nicht Erzieherin werden konnte, obwohl sie zum Beruf der Erzieherin berufen ist, oder deutlicher pointiert: warum sie Erzieherin ist, obwohl sie nicht über die formale Qualifikation verfügt.

Der Berufswunsch, Erzieherin zu werden, scheitert jedoch aufgrund des unglücklichen Umstands, dass der Fachschulleiter, der ihr einen Ausbildungsplatz versprochen hat, die Schule verlässt und der neue Leiter ihr Abschlusszeugnis als nicht ausreichend ansieht. Isa Bella fügt sich in ein institutionelles Ablaufmuster, indem sie den Berufsvorstellungen der Eltern folgt und eine Ausbildung als Kinderkrankenschwester beginnt. Die Biografin fügt sich in die Vorgaben des Krankenhausbetriebes ein, ohne ein klares fachliches Interesse am Beruf zu entwickeln. Zum Beruf der Kinderkrankenschwester fühlt sich Isa Bella nicht berufen. Nicht die Krankenpflege der Kinder, sondern ein eher diffuses Interesse daran, sich um Kinder zu kümmern, steht bei ihr im Vordergrund. Isa Bella wäre lieber im Krankenhaus erzieherisch als ‚krankenpflegerisch' tätig geworden.

Im Anschluss an die Ausbildung wird die Biografin folglich auch nicht als Kinderkrankenschwester tätig. Das sich anschließende Moratorium, währenddessen sie kellnert, wird zunächst nicht dazu genutzt, den eigentlichen Berufswunsch zu realisieren. Denn Isa Bella ist nicht darüber informiert, dass sie als Kinderkrankenschwester in einer Kindertageseinrichtung tätig werden kann. Erst der Vater verhilft ihr schließlich zu einer Anstellung als Zweitkraft in einem Kindergarten. Die erste Zeit der Tätigkeit im Kindergarten ist geprägt durch Gefühle der Überforderung, weil die Arbeit in der Kindergartengruppe fast alleine bewältigt werden muss. Isa Bella entdeckt, dass sie nicht die gleichen Fähigkeiten wie ihre Kolleginnen und fast keine fachlichen Grundlagen zur Absicherung ihrer Tätigkeit aufweist. Das bisherige Empfinden, sie sei für diesen Beruf berufen, wird zunächst stark verunsichert. Nach nur zwei Monaten ‚learning by doing', Abschauen und Informieren meint Isa Bella jedoch, zunächst einmal ausreichend Kompetenzen zur Bewältigung der anstehenden Aufgaben erworben zu haben. Das Wandlungsmuster wird forciert durch die guten Beziehung zum Team.

Der weitere berufliche Weg führt dann jedoch zur Verunsicherung des bislang erworbenen Status, weil sie zu ihrem Freund in eine andere Stadt zieht und als Springerin tätig wird. Weil sie zwischen fünf verschiedenen Kindergartengruppen wechselt, wird sie mit unterschiedlichen „Erziehungsstilen" konfrontiert. Dieser Umstand kann bei Isa Bella als der zentrale Motor der Entwicklung von beruflichen Kompetenzen angesehen werden. Nicht nur in diesem Kindergarten, sondern auch später, steht bei ihr immer wieder die Auseinandersetzung mit „Erziehungsstilen" und die reflektierende Abarbeitung an den Stilen der Kolleginnen im Vordergrund. Gleichzeitig wird hierdurch aber auch die eigene berufliche Position immer wieder verunsichert, weil Isa Bella ihren eigenen Stil an den Stil der jeweiligen Mitarbeiterinnen anpassen muss, ohne dass sie auf eine fachliche Fundierung ihrer Tätigkeit durch eine Ausbildung zurückgreifen kann. Somit stellt sich die Biografin bis heute die Frage, „wie bin ich eigentlich selber ne oder wie kann ich selber meinen .. meinen Weg weitergehn".

Hinzu kommt, dass Isa Bella keine eigenes Weiterqualifizierungskonzept verfolgt, das zu einer Ausweitung des beruflichen Wissens und Könnens beitragen könnte. Das zweite wichtige Moment zur deutungsspezifischen, habituellen Absicherung der beruflichen Position ist ihre „Liebe zum Beruf" und zu den Kindern, die die fehlenden Wissens- und Könnensressourcen kompensieren soll. So stellt sie fest: „du siehs ja ich bin ja jetzt trotzdem im Kindergarten gelandet (…) also von daher ähm .. weiß ich nich ob ob ich jetzt da dann unbedingt auch Erzieherin hätte lernen müssen".

Zusammengefasst ist Isa Bellas zentrales biografisches Thema die Ablösung vom institutionellen Ablaufmuster und die Entwicklung eines Wandlungsmusters in Richtung einer eigenständigen Lebensplanung. Dies führt schließlich dazu, dass Isa Bella sich von ihrem Ehemann trennt und in die Großstadt zieht. Zusätzlich erwirbt sie das Abitur an einer Abendschule. Dies wird jedoch nicht zum Anlass für weitere Karrierepläne genommen, da ein Studium für Isa Bella mit der Aufgabe materieller Sicherheit verbunden wäre. Somit hat die Biografin – ähnlich wie Ida Winter – in der „Spielkiste" eine berufliche Nische gefunden, in der sie ohne große Herausforderungen ihrer ‚Berufung' und ihrem Beruf nachgehen kann.

Nach vielen Jahren der Tätigkeit mit Kindern, fühlt sie sich jedoch auch „n bisschen zwiegespalten", weil sie einerseits ihren Beruf liebt und andererseits feststellen muss „dass sich alles wiederholt (…) die Themen die man mit den Kindern anspricht .. und manchmal denk ich halt dass man geistig nich unbedingt besonders gefordert is . (…) und dass man da … irgendwie n bisschen auf der Strecke bleibt". Ohne sich besonders herausgefordert zu fühlen, teilt sie gemeinsam mit Ida Winter die Sorge, nicht immer in einem Kindergarten tätig sein zu können. Der Beruf selber hält hier als „Sackgassenberuf" kaum Karriereoptionen bereit. Hinzu kommt, dass Isa Bella bislang keine weiteren Ideen für ihren zukünftigen beruflichen Werdegang entwickelt hat. Somit fragt sie sich: „Wie siehts aus wenn ich mal fünfzig bin (…) hab ich dann noch die Lust und den Ehrgeiz und die Energie mit dreijährigen zweijährigen Kindern aufm Boden rumzusitzen".

Im beruflichen Alltag inszeniert Isa Bella ihre berufliche Position auf ganz andere Weise als Ida Winter: Sie gibt nie direkt zu erkennen, dass sie über die formale Qualifikation einer Kinderkrankenschwester verfügt. Vielmehr präsentiert sie sich als ‚praktizierende' Erzieherin. Auf die Frage, ob sie Aufgaben übernimmt, die andere im Team nicht als ihre Aufgabe ansehen, benennt sie ihr spezifisches Interesse, Geschichten zu erzählen sowie ihre Abneigung gegenüber Bastelarbeiten. Gleichzeitig wiederholt sie das Deutungsmuster der gleichen Aufgabenteilung im Team. Die Rekonstruktion ihres beruflich-habituellen Profils hat jedoch ergeben, dass sie weiterhin auf der Suche nach beruflicher Identität ist. Durch die fehlende Ausbildung, die Abarbeitung an den Erziehungsstilen der Kolleginnen konnte sie keine Gewissheit über den Ort herausbilden, an dem sie steht.

Als Bezugsperson der jüngeren Kindern der Gruppe muss sie häufig den Bewegungen dieser Kinder folgen. Sie hält sich in ihrer Nähe auf, spielt mit ihnen und tröstet sie, wenn sie weinen. Sie wickelt sie, legt sie ins Bett und bereitet ihnen das Mittagessen zu. Sie hält sich an den Angelpunkten auf und beobachtet von dort. Dabei spielt sie oder unterhält sich mit den anderen Kindern. Ihr Bewegungsradius ist folglich eingeschränkt. Zur organisationskulturellen und fachlichen Umwelt der Kindertageseinrichtung hat sie jenseits von Fortbildungen kaum Kontakte. Auch Isa Bella kann – gemeinsam mit Hatice Gül – die Elternabende leiten, aber nur dann, wenn es sich um organisationsbezogene Abende handelt. Sie vertritt Ida Winter, wenn sie nicht in der Einrichtung ist und übernimmt dann den größten Teil der Elterngespräche. Darüber hinaus kann sie ihr Interesse am Theaterspielen in die Arbeit einbringen und hierüber auf Kompetenzen verweisen, über die die anderen Mitarbeiterinnen nicht verfügen. Zusätzlich übernimmt sie im Team als ‚Beziehungsagentin' eine spezifische Rolle. In dieser Rolle dient ihr ihre Kompetenz und ihr Interesse an der Gestaltung von den Beziehungen zu Kindern und Kolleginnen als berufliches Kapital, durch das sie sich von anderen unterscheiden kann. Gleichzeitig kann hierdurch – angesichts fehlender Wissens- und Könnensressourcen – auch die eigene berufliche Position abgesichert werden.

5.5.2 *Hatice Gül: Der berufliche Einstieg als Erzieherin*

Hatice Gül arbeitet seit einem dreiviertel Jahr als Vertretungskraft in der „Spielkiste". Sie begibt sich als unerfahrene Erzieherin in die Obhut von Ida Winter, die sie berät und anleitet. Dabei hebt Hatice Gül ähnlich gelagerte Interessen wie Ida Winter hervor: Sie bevorzugt die Arbeit mit den älteren Kindern und mit den Eltern, bringt den Kindern türkische Lieder bei und geht mit ihnen gerne in den Stadtteil. Gegenüber dem eingespielten

Team verhält sie sich entsprechend ihrer Rolle als Schwangerschaftsvertretung eher defensiv. Sie hält sich während der wenigen Stunden, die sie morgens in der Einrichtung ist, zumeist in den Gruppenräumen auf. Ihre Bewegungen passen sich dem Rhythmus der Gruppe und den Bedürfnissen einzelner Kinder in hohem Maße an. Sie folgt dem Geschehen und richtet sich nach den Planungen des Teams, ohne dass sie eigene Akzente setzt. Ähnlich wie Isa Bella hat sie zur organisationskulturellen Umwelt kaum Kontakte. Als Anfängerin und Vertretungskraft ringt sie im Team der „Spielkiste" um Anerkennung und hat Schwierigkeiten, sich gegenüber dem eingespielten Team zu behaupten. Ihre unsichere Stellung im Team versucht sie immer wieder auch dadurch zu kompensieren, dass sie sich als freche und junge Mitarbeiterin inszeniert.

5.6 Das Team: Gemeinsamkeit und Differenz

5.6.1 Die Inszenierung von Gemeinsamkeit

Der Ethnograf erhält „von den unterschiedlichen Mitarbeiterinnen häufiger die gleiche Antwort auf die selbe Frage"[Pki]. Das Team beruft sich dabei auf einen konjunktiven Erfahrungsraum, der dem Ethnografen auch dann deutlich wird, wenn sich die Mitarbeiterinnen wie selbstverständlich im Raum-Zeit-Gefüge der Einrichtung bewegen und ihre Aufgaben verrichten, ohne sich dabei absprechen zu müssen. Dieser gemeinsam geteilte Erfahrungsraum bedarf einer täglichen Aktualisierung durch Praktiken der Inszenierung von Gemeinsamkeit. Diese sind fester Bestandteil des Tagesstättenalltags. Die Grenzen zwischen Privatheit und Beruf verwischen, wenn die Mitarbeiterinnen z. B. lachend einen Modekatalog durchblättern, über ihre Lebenspartner diskutieren und von ihren Erlebnissen des Vortags erzählen, wenn sie Fußballergebnisse austauschen, einen Großteil der Teamsitzungen plaudernd und scherzend verbringen oder gemeinsame Ausflüge planen. Dies wird auch anhand eines Berichts von Ida Winter deutlich: Sie habe nach dem mehrmaligen Leitungswechsel in der „Spielkiste" und Auseinandersetzungen um die verschiedenen pädagogischen Positionen die Leitungsposition innerhalb der „Spielkiste" übernommen – nicht weil sie diese Position unbedingt einnehmen wollte, sondern weil ihr die Etablierung eines gemeinsamen Stils wichtig erschien.

aber ich hab dann äh die Leitung übernommen und bin damit auch eigentlich ganz glücklich so äh das (!)Team(!) is ja ja seit der Zeit eben auch zusammengewachsen[IW]

Ida Winters Aussage impliziert, dass nur etwas zusammengewachsen sein kann, was vorher unterschiedlich war; mit anderen Worten: die unterschiedlichen Positionen im Team haben sich mit der Zeit angeglichen, und eine gemeinsame Kultur konnte herausgebildet werden. Aus der Perspektive von Isa Bella ist das Team ein Ort freundschaftlicher Beziehungen:

> ja . und ähm .. da gehört eigentlich nich viel mehr dazu (…) als dass man .. sich gegenseitig mag oder nich mag (…) und dann kann auch sone Gruppenarbeit sehr fruchtbar sein und man kann sehr viel miteinander anfangen ne[IB]

Für Isa Bella ist das Team ein Ort, „an dem man .. sich gegenseitig mag". Sie hebt dies als Grundlage einer „fruchtbar(en)" pädagogischen Arbeit hervor. Sie vergleicht dabei die „Spielkiste" mit anderen Einrichtungen, in denen sie vormals tätig gewesen ist und Rivalitäten innerhalb des großen Teams die Umsetzung eines neuen Konzeptes in erheblichem Maße erschwert haben. Im Gegensatz dazu gehen für sie im „Spielkisten"-Team die Beziehungen über reine ‚Arbeitsbeziehungen' hinaus. Die freundschaftliche Beziehung ist die Grundlage für die Einigkeit des Teams. Auch Natalie Breddemann betont diese Einigkeit: „also wir sind uns schon sehr einich im Team und klappt auch ganz gut."[NB] Erläuternd ergänzt sie:

> im Team also macht jetz keiner hier so sein eigenes Ding (…) . äh wir können jeder oder wir machen auch unsere eigenen Sachen aber eben halt wichtig is dass wir uns immer kurz absprechen (…) was auch eben halt sehr gut funktioniert[NB]

Die Einigkeit des Teams ist daran geknüpft, dass die Mitarbeiterinnen sich zwischendurch immer wieder „kurz absprechen". Hierdurch können die anfallenden Aufgaben mit den unterschiedlichen Interessen der Mitarbeiterinnen abgestimmt werden. Das Team wird hier als ein Ort der gegenseitigen Verständigung präsentiert, an dem die Individualität der einzelnen Mitarbeiterinnen zugelassen wird. Das grundsätzliche Defizit, welches durch die unterschiedlichen Interessen und Schwerpunktsetzungen der einzelnen Mitarbeiterinnen entsteht, wird aufgehoben, indem sich die individuellen Interessen im Team „ergänzen mit so verschiedenen Sachen".[IW] Ausdruck der Einigkeit ist, dass sich die Mitarbeiterinnen nicht nur an den Zielen der vom Team ausgearbeiteten Konzeption orientieren, sondern, wie Ida Winter hervorhebt, „dass man grundsätzlich ein grobes gleiches Ziel hat, was man erreichen will".[IW] Das Team muss also die Gemeinsamkeiten und die Unterschiede in ein ausgewogenes Verhältnis bringen. Dann ist es auch möglich, im Team situationsspezifisch aktuelle Verstimmungen aufzufangen:

> dass man zu den Kollegen auch sagen kann hör mal ich hab äh von dem heute so genug mach du mal (…) so weiter ne und dann hat man auch ähm Möglichkeit hier mal ein zwei Tage geschont zu werden und dann macht man mal nichts mit dem oder hält sich aus dessen Konflikten raus ne[IW]

Das Team ist grundsätzlich der Ort, wie Ida Winter und Isa Bella hervorheben, an dem „im Prinzip (…) jede jedes machen [muss]".[PKi] Leitend ist eine Einrichtungsideologie, durch die jeder Mitarbeiterin die gleichen Rechte und Pflichten zugesprochen werden. Ausdruck der Egalisierung ist die Glättung der formal bestehenden Hierarchie.[94]

---

[94] Faktisch ist die Hierarchie durch spezifische formale Positionen gegeben: Ida Winter ist die Leiterin, Hatice Gül Vertretungskraft und Isa Bella Zweitkraft mit pflegeri-

also es kriegt jetz hier keiner vorgeschrieben äh du machs das und du bis für die Bastelarbeiten und du bis dafür zuständig jeder kann hier so sein eigenes Ding machen . also wenn ich hier Wohnzimmer verschönern will mit den Kindern kann ich machen (…) ohne dass jetz jemand sagt ne ich wir machen dat jetz alle zusammen (…) also wenn wir eigene Gedanken alle zusammen legen machen wa auch oft Sachen zusammen aber jeder kann auch mit Absprache hier sein eigenes Ding machen ne [NB]

Aus der Perspektive von Natalie Breddemann wird die individuelle Entscheidung der Einzelnen prinzipiell vom Team getragen. Jedoch braucht es einer kollegialen Rückversicherung („mit Absprache"). Die Inszenierung von Gemeinsamkeit erscheint nicht nur aus pädagogischen Gründen, sondern auch mit Blick auf das institutionelle Gefüge sinnvoll: angesichts der Begrenztheit des Raumes, der wenigen Möglichkeiten, sich aus dem Wege zu gehen, der Erfordernisse, tagtäglich zusammen zu arbeiten und in Anbetracht der Enge des familienähnlichen Zusammenlebens. Das Team ist damit der Ort gleichzeitig gewachsener und inszenierter Gemeinsamkeit. Deutlich wird der Inszenierungsaspekt, wenn Ida Winter ergänzt:

ich hab eben hier festgestellt äh . dass wir . n relativ starkes Bild nach außen äh abgeben (…) indem wir uns eben einig sind und indem wir auch äh . ähm … uns wirklich immer auch als Team präsentieren (…) und deswegen äh ham wir denk ich auch n ganz (Stottern)hohes hohes(Stottern) Ansehen bei den Eltern ne dass wir äh dass die Eltern uns zutrauen unsere Teamarbeit zu entwickeln und sie ham Vertrauen zu uns in die pädagogische Arbeit[IW]

Die Gemeinsamkeit des Teams ist unabdingbare Voraussetzung für das eigenverantwortliche Arbeiten der Mitarbeiterinnen in einer Elterninitiative und für die Zusammenarbeit mit den Eltern auf Basis von Vertrauen. Die Einigkeit des Teams, das ‚starke Bild', muss nach außen stetig aktualisiert werden, z. B. über die Elternabende oder den Wochenplan:

Insbesondere zur Vorbereitung des ‚pädagogische' Elternabends lesen die Mitarbeiterinnen Fachliteratur und nehmen diese auch mit nach Hause. Dieses ist notwendig, weil sie sich auf die etwas prekäre Situation vorbereiten müssen, dass sie hier als Erzieherinnen mit pädagogisch und psychologisch vorgebildeten Eltern zu tun haben und sich fachlich versiert präsentieren müssen. Die Gemeinsamkeit des Teams als aktives Kollegium findet ihren Ausdruck ebenso in einem Wochenplan, der jede Woche an die Gruppentür gehängt wird. Hier werden verschiedene Aktivitäten der Kinder aufgelistet, die unmittelbar mitteilen, was die Mitarbeiterinnen in dieser Woche den Kindern angeboten haben.

- Rollenspiele: Mutter und Kind;
- Lieder, die gesungen wurden;
- Angebote, die stattgefunden haben (Schiffchen gebastelt);
- Kreisspiele, Fingerspiele;
- Geschichten/Bücher, die vorgelesen wurden;
- Geschichten, die Isa Bella erzählt hat (Hexengeschichte);
- Übungen des alltäglichen Lebens (sich selbstständig anziehen und ausziehen).[PKi]

---

schen Zusatzaufgaben. Natalie Breddemann kann als pädagogische Hilfskraft nicht allein in der Gruppe tätig sein.

Der wöchentlich von Isa Bella angefertigte und ausgehängte Plan informiert die Eltern über die Aktivitäten der jeweils vergangenen Woche. Er dient den Eltern als Informationsfenster über den Alltag der Kindertageseinrichtung, weil diese den Alltag immer nur partiell bei Elterndiensten erleben können. Bemerkenswert ist jedoch, dass der Plan einen Filter an das Geschehene anlegt. Es wird nur ein ganz spezifischer Bereich des Gruppenlebens präsentiert und abgebildet. Die wöchentliche Berichterstattung repräsentiert erstens den hohen Aktivitätsgrad der Mitarbeiterinnen, indem sie aufzeigt, dass das Team täglich unterschiedliche Angebotsformen mit den Kindern durchführt. Im Vordergrund des Berichts steht also das ‚Handeln' und nicht die dahinter liegenden Ziele und konzeptionellen Überlegungen. Diese werden als selbstverständlich vorausgesetzt. Zweitens wird hier die „Spielkiste" als pädagogisches Setting präsentiert, das die Kinder zu Lernprozessen aktiviert. Damit wird die „Spielkiste" durch die Mitarbeiterinnen gleichzeitig als Ort der Aktivität- und der Aktivierung vorgestellt und nebenher als Bildungsinstitution charakterisiert.

und das is natürlich Grund der Elterninitiative ähm (…) dass das alles äh sehr transparent is also es gibt hier keine Geheimnisse was wir hier machen wissen die Eltern und sollen das auch wissen .. und wenns geht was zu Hause läuft ähm . möchten wir auch wissen weil wir einfach an (?)bestimmten(?) Punkten können wir auf das Kind eingehen und können wir dem auch helfen wenn wir jetzt wissen zu Hause is das und das ne . und das is ja eben auch n wichtiger Punkt diese Transparenz . ähm . äh (Stottern) ich kenn das so ähm dass so die altmodische Erzieherin immer direkt äh Kontrolle (?)bedrängt werden(?) .. wenn Eltern zuviel Mitspracherechte haben und das war mir eigentlich immer fremd weil ich denke äh ich bin davon überzeucht dass wenn ich gute Arbeit leiste dass es auch jeder sehen kann ne das möchte ich gar nicht verstecken also . und das find ich auch wichtich ne, auch den Eltern zu vermitteln ne[IW]

Die Inszenierung von Gemeinsamkeit beinhaltet auch, Differenzen zu anderen Kindertageseinrichtungen zu produzieren. Vordergründig ersichtlich ist der Unterschied zu anderen Kindertageseinrichtungen durch eine weniger aufwändige Einrichtung, durch die Unterbringung in einem Wohnhaus, durch die Mitgestaltungsmöglichkeiten und -pflichten der Eltern und durch deren herausgehobene soziale Herkunft. Deutlich wird dies auch über einen spezifischen Umgang untereinander, bei dem zwischen Mitarbeiterinnen und Eltern die Grenzen zwischen Privatem und Beruflichem zuweilen verwischen. Tatsächlich sind die Unterschiede zu anderen Kindertageseinrichtungen nicht groß. Weder das Konzept der Einrichtung – wenn man von den Mitgestaltungsmöglichkeiten und -pflichten der Eltern und einer Passage zur Sexualerziehung absieht – markiert eine erhebliche Differenz zu einer modernen Kindertageseinrichtung. Noch vertreten die Mitarbeiterinnen ein divergierendes Erziehungsprogramm: Sie sind eher durch Zufall in einer Elterninitiative berufstätig geworden, ohne bewusste Entscheidung für die Arbeit im Rahmen eines alternativen Konzepts.

Die Abgrenzungen zu anderen Kindertageseinrichtungen markieren eher feine Unterschiede, die symbolisch nach außen getragen und durch distinktive Äußerungen der Mitarbeiterinnen bekräftigt werden. Eine Pädagogik, die den Eltern wenig Einblick in die pädagogische Arbeit gewährt und den neueren pädagogischen Entwicklungen nicht angeglichen wird, gilt z. B. bei Ida Winter als „blöde alte Tantn ähm einstellung"[IW], die beinhaltet: „hier wird nich kontrolliert hier wird nich offen rein gekuckt".[IW] Faktisch ist die Transparenz, die in der Elterninitiative durch die Mitarbeit und die Elterndienste erzeugt wird, das Mittel, die Nutzung der Mitspracherechte der Eltern möglichst klein zu halten. Solange das Team Aktivität, Gemeinsamkeit und Einigkeit inszeniert, bleibt das Bedürfnis der Eltern gering, in das pädagogische Geschehen einzugreifen. Zusätzlich ermöglicht die Transparenz – so Ida Winter – auf Seiten der Einrichtung auch eine Offenheit der Eltern gegenüber den ErzieherInnen, sodass diese einfacher die Möglichkeit haben, an Informationen über die Familien der Kinder zu gelangen. Diese Informationen benötigen sie dringend zur Minimierung ihres Wissensdefizits über das familiäre Leben der Kinder außerhalb der „Spielkiste".

5.6.2 Die Herstellung von Differenz

In der „Spielkiste" begleiten die Mitarbeiterinnen das Leben und die Entwicklung der Kinder über einen langen Zeitraum. Der grundlegende Wissensspeicher zur Absicherung des beruflichen Handelns ist das häufig über Jahre und mehrere ‚Geschwistergenerationen' hinweg angesammelte Wissen über die einzelnen Kinder. Dieses Wissen teilen die Mitarbeiterinnen der „Spielkiste" prinzipiell gemeinsam. Es kann jedoch auf unterschiedliche Weise reflektiert und präsentiert werden: Dies findet seinen Ausdruck in Ida Winters ausführlichen Fallbeschreibungen und Natalie Breddemanns kurzen Statements zu dem jeweiligen Charakter des Kindes. In der „Spielkiste" besteht das Problem, dass die Kinder den bedeutsameren Teil ihres Lebens im Elternhaus verbringen. Diesem Problem der Wissenslücke wird durch informelle Gespräche mit den Eltern, durch die stete unsystematische Beobachtung und durch kleine Befragungen der Kinder begegnet. Ida Winter zeigt sich hier als die Aktivste der vier Mitarbeiterinnen, als diejenige, die den Wissensspeicher immer wieder zu aktualisieren versucht.

Darüber hinaus sind die in den Berufsjahren gesammelten Erfahrungen über das pädagogische Handeln eine grundlegende Wissensdomäne. Dieses Wissen bleibt jedoch weitgehend im praktischen Vollzug ‚verborgen', weil sich in der „Spielkiste" kaum eine gemeinsame Kultur der Reflexion dieses Wissens herausgebildet hat. Alleine Ida Winter fühlt sich als Leiterin und Reflexionsinstanz der Einrichtung herausgefordert, die Kolleginnen in ihrem Handeln zu korrigieren. Fachspezifisches Wissen, das nicht im beruflichen Vollzug, sondern durch Fachliteratur erworben wurde, spielt fast ausschließlich bei Ida Winter eine gewisse, wenn auch eine eher kleine Rolle. Ein Austausch mit KollegInnen anderer Einrichtungen findet nur selten statt.

Eine weitere Wissensdomäne der vier Mitarbeiterinnen stellen die Erfahrungen aus der eigenen Kindheit dar. Dies wird insbesondere in den biografischen Interviews deutlich, wenn die Mitarbeiterinnen Kindheitsbilder entwerfen, die sie ihrem Handeln in der „Spielkiste" zugrunde legen. Diese von ihnen gemeinsam geteilte ‚romantische' Idee einer Kindheit auf der Straße mit vielen FreundInnen und Freiheiten steht im Kontrast zum Alltag der Kinder der „Spielkiste". Darüber hinaus erwachsen aus den spezifischen Interessen und Hobbys der einzelnen Mitarbeiterinnen bedeutsame Wissensquellen, wie aus Isa Bellas Interesse am Theater, Ida Winters Interesse an fremden Kulturen und Sprachen und Hatice Güls Verwobenheit mit der eigenen türkischen Kultur. Während Natalie Breddemann auf keine Ausbildung aufbauen kann und Isa Bella abstreitet, der Ausbildung zur Kinderkrankenschwester komme für ihre jetzige Tätigkeit noch eine Bedeutung zu, wechselt Ida Winter zwischen einer positiven und einer eher negativen Bilanz ihrer Ausbildung. Über den Zeitpunkt, an dem sie in der „Spielkiste" ihr Arbeitsverhältnis begonnen hat, berichtet sie:

Natalie fing ja dann auch mit mir an das war eben die Situation Natalie hatte überhaupt keine pädagogische Vorbildung (...) und die Kinderkrankenschwester hatte ja sowieso keine pädagogische äh Vorbildung sodass ich eigentlich hier mit meiner pädagogischen Einstellung und überhaupt mit meiner Ausbildung äh viel anfangen konnte[IW]

Während Ida Winter die Kompetenz der ErzieherInnenausbildung, sie auf die Berufspraxis vorzubereiten, durchaus skeptisch sieht und dazwischen schwankt, diese habe sie „nich richtich vorbereitet"[IW] oder „so Grundlagen beigebracht mit denen ich viel anfangen kann"[IW], werden ihr in der Zusammenarbeit mit ihren nicht einschlägig ausgebildeten Kolleginnen die Differenzen deutlich: Im direkten Vergleich stellt sie fest, sie habe mit ihrer „Ausbildung äh viel anfangen"[IW] können. Die Ausbildung scheint nicht nur Wissen und Können, sondern auch eine grundlegende pädagogische Haltung („mit meiner pädagogischen Einstellung") vermittelt zu haben, über die die Kolleginnen nicht verfügen. Ida Winter ist im Team damit die einzige, die nicht nur die Gemeinsamkeiten der Mitarbeiterinnen beschreibt, sondern auch im ‚gleichen Atemzug' ihre Differenzen betont.

Es sei keineswegs so gewesen, dass Isa Bella oder Natalie Breddemann (...) kein kleines Kind gehabt hätten. Im Prinzip würde jede jedes machen (müssen), aber wenn es nicht anders ginge (...) . Man würde sich das aufteilen. Über die Jahre hätten sich bestimmte Interessen herausgebildet. Sie charakterisiert die Mitarbeiterinnen. Natalie Breddemann sei eher die Ruhige, mütterlich Umsorgende und wenn etwas sei, dann würden die Kinder zu ihr kommen und sie, Ida Winter, wäre diejenige, die gerne Spiele/Tischspiele machen und basteln würde mit den Kindern. Sie möge auch gerne so offenere Formen, hinten im Wohnzimmer mit den Kinder Rollenspiele machen oder die Schulkinder betreuen. Die Unterschiede könnte man daran festmachen, dass sich in den Jahren persönliche Interessen herausgebildet haben, z. B. Interesse für bestimmte Altersgruppen. Der Unterschied könnte aber auch an der Qualifikation festgemacht werden.[PKi]

Die Leiterin führt hier Differenzierungen ein, die die anderen Mitarbeiterinnen nicht vornehmen. Ida Winter benennt zunächst das Prinzip, an dem sich die Aufgabenverteilung im Team orientiert: „Im Prinzip würde jede jedes machen (müssen)". Sie deutet aber auch darauf hin, dieses Prinzip könne im Alltag nicht immer eingehalten werden. Die Kluft zwischen dem generellen Prinzip und der ausgeübten Praxis kommt dann schließlich in der Formulierung „man würde sich das aufteilen" zum Ausdruck. Mit anderen Worten: Auch wenn der Anspruch und die Verpflichtung bestehe, dass alle Mitarbeiterinnen die gleichen Tätigkeiten verrichten, übernehmen sie im pädagogischen Alltag nicht die gleichen Aufgaben. Bemerkenswert ist schließlich die Begründung für die Aufgabenverteilung. Sie verweist auf die Unterschiede, die sich vornehmlich an drei Kriterien festmachen lassen:

- Erstens seien die Unterschiede durch unterschiedliche Interessen der einzelnen Mitarbeiterinnen bedingt, die sich auch an unterschiedlichen Aufgaben festmachen lassen, die die Mitarbeiterinnen übernehmen. Diese Interessen für spezifische Aufgaben, Kinder und Angebote hätten sich insbesondere in der langen Zusammenarbeit herausgebildet.
- Zweitens seien die Unterschiede an die jeweilige Persönlichkeit der Mitarbeiterin gebunden („Natalie Breddemann sei eher die Ruhige, mütterlich Umsorgende").
- Drittens schreibt sie in einer Art Nachwort zu ihren Ausführungen aber auch der jeweiligen formalen Qualifikation eine besondere Bedeutung für das Bestehen von Unterschieden zu, ohne dies näher zu erläutern.

Über diese Argumentationsfigur legitimiert Ida Winter die Arbeitsteilung im Team als eine Praxis, die sich „über die Jahre" der Zusammenarbeit und gemäß der Interessen der einzelnen Mitarbeiterinnen herausgebildet habe. Damit ist für sie die Arbeitsteilung nicht an hierarchische und formale Positionen im Team gebunden, auch wenn – wie sie argumentativ hinterherschiebt – eine Kongruenz zwischen den jeweiligen Interessen und der formalen Qualifikation bestehe. Vielmehr ist die Arbeitsteilung Ausdruck eines allmählichen Interessenabgleichs.

Teamarbeit äh das man sich (!)theoretisch(!) Gedanken macht ähm über die pädagogische Arbeit find ich total wichtig und hier im Team empfinde ich das sodass äh äh dass wir so die Impulsgeber sind und zwar gegenseitich also ich äh . schätz mich hier schon so ein dass ich hier die Impulse in die pädagogische Arbeit gebe aber bei den anderen äh is das eigentlich genauso dass wir uns gegenseitich eben ergänzen[IW]

Ida Winter fällt es schwer, gleichzeitig die Gemeinsamkeit des Teams und die Differenzen zwischen den Mitarbeiterinnen plausibel zu machen. Im Interview inszeniert sie zunächst Gemeinsamkeit. Die Widersprüchlichkeit der Aussage, sie gebe einerseits „die Impulse in die pädagogische Arbeit" und andererseits sei das „aber bei den anderen (...) eigentlich genauso", löst sich erst durch die abschließende Erläuterung auf – „dass wir uns gegenseitich eben ergänzen". Differenzen der Mitarbeiterinnen ergeben sich somit durch unterschiedlich zur Verfügung stehende Ressourcen und Kompetenzen, die zur Folge haben, dass die Mitarbeiterinnen jeweils verschiedene „Impulse" einbringen können: Dort wo unterschiedliche Ressourcen vorhanden sind, bedarf es einer Ergänzung durch das Team, das eine Art Ressourcenpool bereitstellt.

was ich auch noch übernehme is so son bisschen ähm die Übersicht zu haben über über das (!)Jahr(!) ähm so grob praktisch was Themen betrifft ne was wir gerne noch machen würden könnten (…) ich hab ähm eben son bisschen die Insgesamtübersicht dann ne[IW]

Ida Winter, die im Gespräch mit dem Ethnografen immer wieder ihre Reflexions- und Planungskompetenzen hervorhebt, sieht es auch als ihre Aufgabe an, die „Insgesamtübersicht" über das pädagogische Geschehen zu haben, eine Aufgabe, die mit ihrer Leitungsposition korrespondiert. Daneben fallen für sie jedoch noch weitere Aufgaben jenseits der direkten pädagogischen Arbeit an, die die anderen Mitarbeiterinnen nicht übernehmen: Sie benennt „Büroarbeit", „Schriftverkehr mit m Jugendamt", die finanzielle Koordination („dass ich ne Liste mache weil ich am Ende des Jahres immer gucke wieviel Geld ham wir ausgegeben"). Zusätzlich erledige sie „Hausmeistertätigkeiten". Obwohl ihre Kolleginnen dies auch im Blick hätten, stellt sie fest: „aber da fühle ich mich eher hier so richtig mit verantwortlich (…) da denk ich auch dass is so meine Pflicht als als äh Chefin hier zu kucken ähm dass es alles irgendwie gemacht wird die andern kucken da auch mit drauf aber ähm .. ich glaub ich hab da noch ne andere Verantwortung".[IW] Die Unterschiede zwischen dem generellen Ziel der gleichen Aufgabenverteilung und der Praxis der Arbeitsteilung werden noch einmal deutlich anhand der Arbeit mit den Kleinkindern:

also wie gesacht ich ähm hab mit Säuglingen kaum Erfahrungen gehabt hab auch nich so viele hier gesammelt (…) was vielleicht auch komisch klingt weil ich (unverständlich) seit sieben Jahren hier bin aber ich überlass das auch gerne den Kolleginnen die das gerne machen und die das können . und die . äh zeigen mir natürlich auch wie das geht aber wenns geht ähm mach ich lieber was anderes aber wenns nich geht mach ich das auch . genauso wie ich den Kollegen eben von (!)meinen(!) Schwerpunkten was mitgebe wenn zum Beispiel Natalie oder . äh Isa . mit denen Spiele machen oder Sachen machen die (!)ich(!) eigentlich mehr mache . und ich seh dann irgendwas worauf die noch achten könnten äh sag ich denen auch hör mal ähm (?)wenn du mit X das spielst(?) und du spielst dann achte mal auf die Sprache ne was du sagst was sie sagt dass das äh ähm . richtiger wird ne so .. aber im Grunde genommen machen wir alle . alles [IW]

Auch wenn die Leiterin am Ende der Interviewpassage erneut das die Unterschiede negierende *Deutungsmuster der gleichen Aufgabenverteilung* wiederholt („im Grunde genommen machen wir alle . alles"), verdeutlicht sie hier noch viel prägnanter, was die Mitarbeiterinnen voneinander unterscheidet. Ida Winter sieht es kaum als ihre Aufgabe an, die Säuglinge zu pflegen. Als Leiterin *und* Erzieherin übernimmt Ida Winter jedoch die Aufgabe, das Handeln der Mitarbeiterinnen anzuleiten und pädagogisch abzusichern („dass das äh ähm . richtiger wird"), auch wenn sie vordergründig reziproke Austauschverhältnisse präsentiert: So wie die Kolleginnen ihr die Säuglingspflege erklären, gibt sie ihnen Tipps für die Anleitung von Spielen und die Sprachförderung. Während sie jedoch in den letzten sieben Jahren Tätigkeit in der „Spielkiste" die Säuglingspflege kaum gelernt hat, verweist die Art, wie sie die Kolleginnen anleitet, auf eine Aufgabenhierarchie zwischen Säuglingspflege auf der einen und Spielanleitung sowie Sprachförderung auf der anderen Seite. Nach ihrer Position im Team befragt, antwortet Ida Winter:

> hm ganz stark (?)ich muss mal überlegen(?) ich weiß nich wie man das anders ausdrücken kann also ich glaub ich hab Einfluss und hier die Kollegen schätzen mich (...) so ... hm und ähm . wenn nötich kann ich ähm die Kollegen auch überzeugen (...) von meinen Sachen ... aber glaub nich das die mir so grün folgen würden (...) also ich hab komm mir hier nich so vor wie ein Leithammel oder so sondern eher als eine starke Persönlichkeit unter . Vieren[IW]

Während Ida Winter die Unterschiede im vorigem Abschnitt mit ihrer Position als ‚Chefin' belegt, argumentiert sie hier mit ihrer „Persönlichkeit". Bei ihrem Drahtseilakt zwischen der Betonung einer Differenz einerseits („starke Persönlichkeit") und dem Anspruch nach einer Angleichung des hierarchischen Gefälles im Team andererseits („eine unter Vieren"), gerät Ida Winter ein wenig ins Schwanken. Die Formel „ich hab Einfluss und hier die Kollegen schätzen mich" entzieht sich einer präzisen Beschreibung ihres Einflussgrades. Als „eine unter Vieren" weist sich die Erzieherin im Team eine starke Position zu, ohne jedoch die Rolle des „Leithammel[s]" einnehmen zu wollen. Mit der Ablehnung der Funktion eines „Leithammel[s]" wird prinzipiell eine einfache Funktionszuschreibung qua Rolle und eine richtungsbestimmende Führungsfunktion zurückgewiesen. Als starke „Persönlichkeit", die „geschätzt" wird und „überzeugen kann" hat sie keine Mitarbeiterinnen nötig, die ihr „grün folgen". Ihre Führungsposition bestimmt sich folglich inhaltlich durch Führungskraft und fachliche Autorität. Isa Bella, Hatice Gül und Natalie Breddemann verfügen jedoch im Team nicht über die Position, um sich in ähnlicher Weise von ihren Kolleginnen abgrenzen zu können. Die Betonung von Differenzen würde einer Deklassifizierung ihrer Position im Team gleichkommen. Folglich negieren sie die Differenzen in den unterschiedlichen Gesprächen und auch in den narrativen Interviews weitgehend.

> ja ich bin eigentlich oft für unser Team son ruhiger Ausgleich (...) also ich bin auch von Haus aus eigentlich sehr ruhig und äh ja . bin eigentlich ausgleichend[NB]

Auch Natalie Breddemann dient ihre ‚Persönlichkeit' als Hintergrundfolie zur Beschreibung von Differenzen und ihrer Position im Team. Auf die Frage, ob sie im Team Aufgaben übernimmt oder übernehmen muss, die andere nicht übernehmen, antwortet sie: „ne is hier nich . also ich bin für alles wie die andern auch (...) äh . unterscheidend jetz im Moment bin ich eben halt für die Jüngste zuständig da bin ich die Bezugsperson".[NB] Zunächst transportiert Natalie Breddemann wie Ida Winter das gemeinsame *Deutungsmuster der gleichen Aufgabenverteilung*. Die Aufgaben, die sie derzeitig übernehmen kann, sind durch ihr Funktion als Bezugsperson des jüngsten Kindes beschränkt. Aber auch hier hebt sie hervor, die Mitarbeiterinnen könnten sich bei der Betreuung dieses Kindes auch abwechseln, damit die Kinder „nich ganz fixiert sind auf die Bezugsperson". Trotzdem ist ihr Bewegungsradius eingeschränkt. Wenn sie sich jedoch nicht um die Kleinste kümmert, ist sie „eigentlich für alle Bereiche . also für die Kleinen für die Mittleren wo gerade Zeit is" zuständig.

ähm hab ich dann auch die anderen Kleinen (...) aber ich bin jetz nich für die Ecke zuständig (...) oder wird mir auch nich vorgeschrieben ne (...) Natalie du has heute zum Beispiel die Mittleren zu übernehmen ne also das geht eigentlich bei uns ohne viel Worte wir gucken wo kann ich wat machen wo kannst Du was machen (...) dat iss glaub ich hier unser starkes Team auch[NB]

Wie Natalie Breddemann betont, wird ihr der Zuständigkeitsbereich von den anderen nicht zugeteilt oder vorgeschrieben. Sie fügt jedoch hinzu, dass andere Mitarbeiterinnen „dann lieber eher mit den Größeren [arbeiten] (...) können mit den ganz Kleinen nich so viel anfangen". Pointiert formuliert weist sich Natalie Breddemann eine Funktion im Team zu, die dadurch bestimmt ist, dass sie erstens spezifische Aufgaben übernimmt, die andere nicht gerne übernehmen und zweitens, dass sie in der übrigen Zeit andere anfallende Aufgaben erledigt. Dies ist letztendlich nicht sehr entscheidend für die Markierung von Unterschieden, denn auch Ida Winter übernimmt Aufgaben, die andere weniger gerne machen, wie z. B. das Basteln mit den Kindern, das dem Interesse Isa Bellas nicht entspricht. Wesentlich erscheint hier jedoch erstens, *welche* Aufgaben Natalie Breddemann übernimmt und zweitens *wie* sie ihre berufliche Position im Team beschreibt.

Auch wenn Natalie Breddemann prinzipiell fast alle Aufgaben im Team übernehmen könnte, entsprechen ihre gewöhnlichen Tätigkeiten einem Spektrum, das den elterlichen Aufgaben näher ist als das von Ida Winter. Folgt man den Ergebnissen empirischer Untersuchungen zum beruflichen Verständnis von ErzieherInnen, dann spricht sich Ida Winter Aufgaben zu, von denen ErzieherInnen in der Regel meinen, sie seien schwieriger zu bewältigen und würden sie eher belasten als die direkte pädagogische Interaktion mit den Kindern (vgl. Fthenakis u. a. 1995; Dippelhofer-Stiem/Kahle 1995; Cloos 1999a). Natalie Breddemann jedoch übernimmt die Aufgaben, die den empirischen Befunden entsprechend weniger als Herausforderung angesehen werden.

Im Gegensatz zu Ida Winter, die diese Differenzen nicht nur konkret äußert, sondern auch durch ihre Handlungen ‚vormacht', inszeniert sich Natalie Breddemann nicht als Pädagogin – weder in der Phase der Feldteilnahme noch im Interview. Während Ida Winter pädagogische Ansprüche an das Team formuliert, ist Natalie Breddemanns beruflich-habituelle Positionierung eher defensiv. Ida Winter ist – wie bereits in der Phase des Feldeinstiegs beschrieben werden konnte – von Beginn an bemüht, fachliche Begründungen für die vorgefundenen institutionellen Gewohnheiten zu liefern, hingegen spricht Natalie Breddemann den Beobachter nur selten auf ‚pädagogische' Themen an. Wird sie von ihm auf spezifische Situationen angesprochen, antwortet sie nur knapp und stichwortartig. Ihre kurzen Statements bleiben deskriptiv und bestätigen zumeist die vorher gemachten Aussagen. Sie liefern keine Erklärungen zu dem jeweils Angefragten, zeigen keine Hintergründe auf, sondern ergänzen das Gesagte durch einfache Typisierungen. Auf ein Kind angesprochen antwortet sie z. B.: „Ja, ja, der Lord ist eben so".[PKi]

Isa Bella jedoch inszeniert ihre berufliche Position auf ganz andere Weise: Sie gibt nie direkt zu erkennen, dass sie über die formale Qualifikation einer Kinderkrankenschwester verfügt. Ihre spezifischen Kenntnisse, die sie während ihrer Ausbildung zur Kinderkrankenschwester erworben hat, erwähnt sie nicht. Vielmehr präsentiert sie sich als ‚praktizierende' Erzieherin. Auf die Frage, ob sie Aufgaben übernimmt, die andere im Team nicht als ihre Aufgabe ansehen, antwortet sie:

ja etwas was ich nie übernehme oder selten is Bastelarbeiten (:) hasse ich (…) mach ich nich gerne (…) hatt ich aber auch von vornherein schon gesagt dass das nich mein . Metier is und dass ich d-das nich gerne mache (…) .. übernehmen dann halt die andern (…) dafür lese ich halt sehr gerne oder erzähl Geschichten (…) oder so ne (…) .. aber ansonsten eigentlich .. eigentlich nich[IB]

Die Differenzen der Mitarbeiterinnen, die sich durch unterschiedliche Interessen, Qualifikationen und Kompetenzen ergeben, werden im Team durch ein gemeinsam geteiltes Deutungsmuster der gleichen Aufgabenverteilung negiert. Dieses Deutungsmuster hält prinzipiell die Möglichkeit offen, dass jede Mitarbeiterin jede beliebige Aufgabe übernehmen kann und verschleiert, dass die Mitarbeiterinnen tatsächlich entsprechend ihrer Funktion und Qualifikation ganz unterschiedliche Aufgaben verrichten. Stillschweigend wird jedoch gleichzeitig die Unterschiedlichkeit der Funktionen und Qualifikationen anerkannt, indem die Mitarbeiterinnen ihren Interessen und Stärken, ihrer Persönlichkeit und ihrer Funktion sowie ihrer Position im Team entsprechend das tun, was ihnen ‚liegt' *und* ihnen angetragen wird. Dabei wird die Arbeitsteilung nicht kritisch hinterfragt, sondern in die jeweiligen beruflichen Positionierungen und Deutungsmuster eingewoben. Bemerkenswert ist die Balance, die dadurch im Team geschaffen wird und die präzise den Bedürfnissen der Kinder und den Notwendigkeiten des Gruppenlebens entspricht.

Die Mitarbeiterinnen übernehmen ihrer Qualifikation, ihrer Anerkennung im Team, ihrer formalen Funktion im Team und ihren Interessen entsprechend tatsächlich unterschiedliche Aufgaben. Je nach Qualifikationsstand beinhaltet das Handeln deutlicher Aspekte diffuser Sozialbeziehungen oder eine eher spezifische und damit sozial distanziertere Beziehung zu den Kindern (vgl. Parsons 1939; Oevermann 1999).

Natalie Breddemann – ohne pädagogische Ausbildung – verkörpert den ruhenden Pol in der Rolle der Umsorgenden und übernimmt eher betreuende und pflegerische Aufgaben. Ida Winter – die Erzieherin – ist die Reflexionsinstanz und Impulsgeberin des Teams in der Rolle der Verantwortlichen. Sie favorisiert die gezielte

Förderung der Kinder. Hatice Gül hat in der Position der Außenseiterin und Anfängerin eine unterstützende Funktion. Isa Bella schließlich bekleidet eine Zwischenposition, indem sie sich gleichzeitig um die jüngsten Kinder kümmert und durch ihr spezifisches Interesse am Theaterspielen Impulse in das Team einbringt. Sie übernimmt sowohl pflegerische als auch pädagogische Aufgaben, ist aber weniger mit der Planung und Organisation des Angebots befasst.

Prekär wird dieses Gleichgewicht der Aufgabenteilung dann, wenn die Mitarbeiterinnen sich in ihre Rollen widerspruchslos einfügen und Ida Winter als Reflexionsinstanz immer wieder ihre Interpretationsfolien für das Geschehen in der Gruppe durchsetzt und als Gesamtplanerin die Ideen und Impulse der anderen Mitarbeiterinnen kontrolliert. Hierdurch wird gemeinsam das Machtgefüge unterschiedlicher Positionen reproduziert und eine gleichmäßige und unhierarchische Aufgabenverteilung verhindert. Das bestehende Positionsgefüge wird auch deshalb nicht aufgebrochen und hinterfragt, weil das Team dadurch auf der Basis eines gemeinsam geteilten konjunktiven Erfahrungsraums möglichst reibungslos in der Beengtheit des Raumes funktioniert und die Sicherheit gegeben ist, dass eingespielten Routinen weitergeführt werden können.

6. Die Inszenierung von Gemeinsamkeit und die Herstellung von Differenz

Ausgehend von der Analyse professionstheoretischer Modelle ist es wenig sinnvoll, die Professionalität der Kinder- und Jugendhilfe an vorliegenden merkmalsbezogenen Bestimmungen und idealtypischen Konstrukten zu messen. Angesichts der Schwierigkeiten, die mit dem Professionsbegriff verbunden sind, ist die Frage, ob eine Berufsgruppe (SozialpädagogInnen oder Ärzte), ein Handlungsfeld (Kinder- und Jugendarbeit oder Krankenhaus) oder ein Berufssystem (Soziale Arbeit oder Medizin) als Profession oder professionelles System gelten kann, empirisch kaum angemessen zu beantworten. Zur Bestimmung von beruflich-habituellen Unterschieden von MitarbeiterInnen mit unterschiedlichen Ausbildungsprofilen ist der Bezug auf Unterscheidungen, die ‚Professionen' von ‚Semiprofessionen' sowie von nicht professionellen Berufsgruppen abgrenzen, kaum sinnvoll. Auf der Suche nach einer Professionstheorie, die weder zu stark professions- und status*politisch* ausgerichtet ist, noch *professionalisierungs*theoretisch zur sehr die Bedingungen der Professionalisierbarkeit thematisiert, erfolgte die Anlehnung an eine symbolisch-interaktionistischen Bestimmung des Professionsbegriffs, der machttheoretische Fragen nicht ausklammert. Im Rahmen dieser Betrachtungsweise geraten die Binnenlogiken professionellen Handelns, also die konkreten beruflichen Praktiken in den Blick, über die im Rahmen der Arbeitsteilung in einem Berufssystem ausgehandelt wird, wie die professionellen Aufgaben zu erfüllen, welche Tätigkeitsmerkmale dominant, welche Methoden und Techniken vorzuziehen sind und wie und in welchem Maße überhaupt eine KlientInnenbeziehung eingegangen werden soll. Dabei wird nicht davon ausgegangen, dass Professionen in ihren Handlungsweisen und Wissensbeständen anderen Berufsgruppen grundsätzlich immer etwas voraus haben. Das Interesse richtet sich hier auf berufsethisch-normative, expertenhaft rationale und problematische Aspekte professionellen Handelns.

Insgesamt hat sich der professionsbezogene Blick in der Erziehungswissenschaft bzw. der Sozialen Arbeit entweder auf die gesellschaftlichen Bedingungen der Herausbildung von Professionen (als Berufsgruppen) oder auf die biografische Genese von Professionalität (einzelner Berufsangehöriger) konzentriert. Dabei blieb häufig unberücksichtigt, dass hier professionelles Handeln weitgehend in professionelle Organisationen eingebunden ist (vgl. Klatetzki 2005). Auf Basis dieser Überlegung bildete der Begriff der ‚Organisationskultur' einen zentralen theoretischen Bezugspunkt. Die Beschreibungen der Organisationskulturen der „Spielkiste" und der „Goldstraße" bildeten den Rahmen, über den erst die Entdeckung von beruflichhabituellen Unterschieden möglich wurde (vgl. Kap. 6.1). Um diese Unterschiede auch theoretisch fassen zu können, wurde sich auf das Habituskonstrukt bezogen, über das es möglich ist, Unterschiede entlang verschiedener Dimensionen zu erfassen (vgl. Kap. 6.2 und 6.3)

6.1 Organisationskultur

Angelehnt an die Debatte um die Semi-Professionalität Sozialer Arbeit wird im Rahmen der Professionalisierungsdiskussion immer wieder die These einer grundsätzlichen Unvereinbarkeit von professioneller und organisatorischer Handlungsrationalität stark gemacht. Dabei wird Organisation zumeist mit Bürokratie und Administration gleichgesetzt. In der Logik der Dichotomie von Profession und Organisation erscheint dann Bürokratie als Hemmnis für die Realisierung professioneller Autonomie. Dieser verengte Blick auf Organisationen berücksichtigt kaum, dass erstens die Professionellen zumeist selbst AkteurInnen von Verwaltung und Bürokratie sind. Zweitens wird in die Überlegungen kaum einbezogen, dass professionelle Arbeit zum großen Teil in professionellen Organisationen stattfindet. Aber auch Modelle professioneller Organisationen als flache und horizontale Gebilde mit einem egalitären, polykratischen Kollegium (Klatetzki 2005, S. 254) betrachten professionelles Handeln und bürokratische Rationalität weitgehend losgelöst voneinander. Eine differenzierte Beschreibung des Verhältnisses von formalen Organisationsstrukturen und dem Organisieren von Professionellen, von bürokratischen und professionellen Handlungsrationalitäten geschieht eher selten.

Das Verhältnis von Organisationsstruktur (vgl. Wollnik 1991) – gemeint ist hier die institutionelle Festlegung von Regeln, Zielen, Arbeitsteilung, Hierarchien etc. – und Organisationskultur ist komplex. Konzeptionen, Organigramme, bürokratische Vorgaben, formal festgelegte Zielbestimmungen etc. sagen nicht viel darüber aus, wie organisationskulturell tatsächlich gehandelt, entschieden und bewertet wird. Trotzdem kann nicht unterschlagen werden, dass Organisationsstrukturen auch eine Bedeutung im beruflichen Handeln erlangen. Die einfache Gegenüberstellung von Organisationsstruktur auf der einen Seite und beruflichem Handeln auf der anderen Seite kann durch die Verknüpfung von Habitustheorie und Organisationskulturtheorie aufgelöst werden: „Die soziale Praxis des Organisierens ist hier definiert als Ort der Dialektik ‚von objektivierten und einverleibten Ergebnissen der historischen Praxis, von Strukturen und Habitusformen' (Bourdieu 1987, S. 98)" (Franzpötter 1997, S. 62). In diesem Sinne erschöpfen sich Organisationsstrukturen nicht in formalen Vorgaben. Vielmehr variiert das Verhältnis von beruflichem Handeln und Organisationsstruktur in zwei Richtungen: Zum einen werden Organisationsstrukturen innerhalb der Organisation permanent neu verhandelt, festgelegt und modifiziert. Sie sind somit Anlass für ständige Aushandlungen um die richtigen Definitionen und Anlass für distinktive Kämpfe um Ortsbestimmungen im sozialen Raumgefüge der Organisationskultur und äußern sich in vielfältigen mikropolitischen Strategien (vgl. Küpper/Ortmann 1992a). Zum anderen reproduzieren sich Organisationsstrukturen durch habituell und organisationskulturell vermittelte Wahrnehmungs- Deutungs- und Handlungsschemata und folgen – dem praktischen Sinn entsprechend – organisationskulturellen Habitualisierungen von Gewohnheiten und Stilen. Entlang der bisherigen Erkenntnisse wird im Folgenden der Versuch unternommen, grundlegende Aspekte von Organisationskulturen in der Kinder- und Jugendhilfe zu beschreiben.

Die Herstellung von Ordnung und Gewissheit
Insgesamt können Organisationskulturen als raum-zeitliche Gefüge der Herstellung von Ordnung aufgefasst werden. Vieles, was in Organisationen in formalen Plänen, in Leitungsstrategien und ausgearbeiteten Konzepten über einfache Kausalketten plausibilisiert wird, erweist sich im alltäglichen Handeln als ein intuitives ‚Durchwursteln' aufgrund von Ungewissheiten, technologischen und methodischen Defiziten und fehlenden Wissensressourcen. Aus Perspektive der Professionstheorie befassen sich professionelle Organisationen mit nicht routinisierbaren und unbestimmten Arbeitsaufgaben (vgl. Klatetzki 2005, S. 253 f.). Aus Perspektive der Organisationstheorie und im Anschluss an die Kritik an zweckrationalen Ansätzen wurden das organisatorische Entscheidungsverhalten eher als ein „muddling through" (Bardmann 1994, S. 34) und Organisationen auch als „organisierte Anarchie" bezeichnet (Cohen/March/Olsen 1990). Ein großer Teil der Handlungen besteht in Organisationen dementsprechend aus Versuchen, organisationskulturell wieder Ordnung zu schaffen, eine Ordnung, die z. B. in Jugendhilfeeinrichtungen insbesondere durch die lebensweltlichen Gewohnheiten der AdressatInnen in Frage gestellt wird. In den dichten Beschreibungen der Kindertageseinrichtung „Spielkiste" und der Jugendwerkstatt „Goldstraße" konnten die vielfältigen Ordnungsversuche im Alltag des Organisierens deutlich aufgezeigt werden.

Da in Organisationen Menschen mit unterschiedlichen lebenslauf- und klassenspezifischen Hintergründen, unterschiedlichen Ausbildungen, Lebensstilen und geschmacklichen Präferenzen aufeinandertreffen, sind innerhalb einer Organisationskultur unterschiedliche habituelle Positionen vorzufinden, die miteinander konkurrieren und zu vielfältigen mikropolitischen Strategien führen[95] (vgl. Küpper/Ortmann 1992a). Damit Organisationen jedoch

---

95 Mikropolitik kann hier verstanden werden als „die Bemühungen, die systemeigenen materiellen und menschlichen Ressourcen zur Erreichung persönlicher Ziele, insbesondere des Aufstiegs im System selbst und in anderen Systemen, zu verwenden sowie zur Sicherung und Verbesserung der eigenen Existenzbedingungen" (Bosetzky 1992, S. 382).

arbeitsfähig bleiben, müssen die unterschiedlichen habituell bedingten Interpretationen und Interessen miteinander abgestimmt und die mikropolitischen Strategien in Bahnen gelenkt werden. Die Ordnung des zeit-räumlichen Organisationsgefüges wird ermöglicht durch die Kopplung des Habitus an vorgegebene und erhandelte (hierarchische) Positionen, an Prinzipien der Arbeits- und Aufgabenteilung und damit an Arbeitsbögen bzw. an raum-zeitliche, sequentiell geordnete Muster der Organisation von Arbeit.

Raum-zeitliche Ordnung entsteht in den hier beobachteten Organisationskulturen, indem sich das berufliche Handeln an spezifischen Arbeitsbögen ausrichtet. Als Arbeitsbögen wurden hier die „sequentiellen Prozessstrukturen der Arbeitsverrichtungen, die Verknüpfung der einzelnen Arbeitsschritte" im Rahmen von Arbeitsteilung gefasst (Schütze 1987, S. 541). Die Arbeitsteilung ist hier ein besonders bedeutsamer Versuch des Ordnens. Arbeitsbögen können sich auf mehr oder weniger ausgearbeitete Handlungspläne beziehen, die den AkteurInnen vermitteln, wer entsprechend seiner Position was zu welcher Zeit zu tun hat. Diese zeigen sich in den hier untersuchten Einrichtungen in den zeitlichen Vorgaben der Werkstattordnung der „Goldstraße" und dem engen Zeitkorsett der „Spielkiste".

Organisationskultur als Habitualisierung von Gewohnheiten
Ein wesentlicher Teil des Handelns ist jedoch in Organisationen weitgehend routinisiert und habitualisiert. Die MitarbeiterInnen handeln, ohne dass die Handlungen rational verfügbar oder zum Anlass für Nachfragen und Reflexionen genommen werden. Als soziale Praktiken sind sie organisationskulturell eingespielte Habitualisierungen von Handlungen (vgl. Reckwitz 2003) und geben dem Handeln Struktur und Sicherheit. In der Gewissheit, dass das habitualisierte Handeln unter Handlungsdruck notorische Fehlerpotentiale erzeugt (vgl. Schütze 1999), schaffen sich Organisationskulturen Formen der Nachbearbeitung und Vorausplanung, z. B. in Form von Teamsitzungen, Tür-und-Angelgesprächen, die den Fokus auf spezifische Problembereiche richten (vgl. Meier 1997). Im Dreierschritt der Anamnese, Diagnose und Evaluation von Fallarbeit (vgl. u. a. Müller 2006) wird hier das Vorausgegangene bearbeitet und das zukünftige Handeln geplant. Während das Reflektieren in der „Spielkiste" weitgehend die Aufgabe von Ida Winter ist und sich das Gesamtteam auf das Organisieren und Planen beschränkt, finden sich in der „Goldstraße" eine Kultur des permanenten Abgleichs von Wissen und institutionalisierte Formen von Fallbesprechungen. Hier ist der Alltag des Organisierens durchdrungen von permanenten Versuchen, das Geschehene reflexiv zu durchdringen. Dabei wird jedoch stets ein Filter an das Geschehen angelegt, der die Komplexität des Erlebten und des Falles reduziert und vor dem Hintergrund der Frage ordnet, welcher Arbeitsauftrag hier zu erfüllen ist. Notgedrungen jedoch erzeugen diese Versuche wieder neue Formen der Komplexitätsreduzierung komplexer sozialer Phänomene, indem Entscheidungen für die richtigen In-

terpretationen und Lösungen gefällt werden. Man kann hier also von Ketten der sich ständig wiederholenden Komplexitätsreduzierung (durch die Diagnose) und Versuchen der Einholung der vorhandenen Komplexität (durch die Anamnese) sprechen. Letztendlich dienen diese auch der organisationskulturellen Herstellung von Ordnung.

Organisationskulturen als berufliche Sozialisationsinstanzen
Organisationen können im Sinne von E. M. Hoerning und M. Corsten (1995) und Schütze (1981) als Instanzen verstanden werden, die durch die Institutionalisierung von Lebenslaufmustern und Sinnorientierungen „sequentielle Struktur(en) sozialer Ordnung" schaffen (Schütze 1981, S. 132), indem sie – so Hoerning/Corsten (1995, S. 16) – „beraten, evaluieren, kontrollieren oder stellvertretend und interessengeleitet Politik machen". Somit sind Organisationen Biografiegeneratoren und zwar für Organisationsmitglieder und AdressatInnen gleichermaßen (vgl. Alheit 2000). Durch Prozesse der Habitualisierung und Typisierung (vgl. Hoerning/Corsten 1995) halten Organisationen „,Skripte' zur Regulierung und Neujustizierung von Biografien bereit" (ebd., S. 22). Sie nehmen erheblichen Einfluss auf das derzeitige Leben und den zukünftigen Lebenslauf und fungieren als berufliche Sozialisationsinstanzen, indem sie berufliche Orientierungen habitualisieren.

Organisationskulturen als Aushandlungsarenen
Diese Habitualisierungsprozesse sind jedoch nicht einfach als simple Befolgung vorherrschender Organisationsstrukturen zu denken. Während Organisationsstrukturen eher das Ziel festlegen, wie gehandelt werden soll, und soziale Praktiken und Arbeitsbögen eher darauf hinweisen, dass latent festgelegt ist, wie gehandelt wird, verweist der Begriff der Aushandlungsarenen darauf, dass in Organisationskulturen das Handeln nicht deterministisch festgelegt ist. Vor dem Hintergrund der unterschiedlichen habituellen Positionen und Interessen der Organisationsmitglieder spannen sich Aushandlungsarenen um die jeweilige Arbeitsteilung, die Ausgestaltung von Arbeitsroutinen, Arbeitsbögen etc. Die in den Organisationskulturen hergestellte Ordnung ist stets riskant und steht ständig in der Gefahr, durch widerstreitende Interessen und Positionierungen von Ordnung in Unordnung überzugehen. Dies wird insbesondere auch durch die Konflikte verursacht, die sich einerseits aus den Versuchen der Organisationen ergeben, Biografien in institutionelle Ablaufmuster zu zwängen und andererseits durch die autonomen Gestaltungsinteressen der in Organisationen handelnden AkteurInnen. Folglich bildet sich in Organisationen auch niemals ein von allen Organisationsmitgliedern getragenes habituelles Muster heraus.

Die Herstellung von Differenz und Gemeinsamkeit in Organisationskulturen
Die Organisationstheorie hat für professionelle Organisationen das Modell des hierarchisch flachen Kollegiums idealtypisch hervorgehoben (vgl. u. a. Klatetzki 2005). Die hier untersuchten Einrichtungen zeichnen sich jedoch durch die Gleichzeitig von der Inszenierung von Gemeinsamkeit und der Herstellung von Differenz aus. Die Inszenierung der Gemeinsamkeit wird als distinktive Abgrenzung zur Organisationsumwelt und zu unterschiedlichen habituellen Positionen innerhalb der Organisationskultur verwendet. Sie dient der Identitätsbildung nach innen. Das Interesse an Gemeinsamkeit, an gemeinsamen Konzepten, Leitlinien und Einrichtungsideologien, entspringt einer beruflichen Haltung der Organisationsmitglieder, die wissen, dass ‚Gemeinsamkeit stark macht'.

Im Rahmen der Inszenierung von Gemeinsamkeit negieren die MitarbeiterInnen die tatsächliche Differenz der einzelnen habituellen Positionen der Teammitglieder. Diese Negierung von Unterschieden geht bei den MitarbeiterInnen mit einschlägiger Ausbildung insbesondere mit einer Abwertung des Nutzens der Ausbildung für das derzeitige berufliche Handeln einher. Dieses auch in anderen Studien zum sozialpädagogischen Handeln empirisch erfasste Deutungsmuster der Abwertung der Bedeutung der Ausbildung für das berufliche Handeln (vgl. u. a. Thole/Küster-Schapfl 1997; Cloos 1999a) wird angesichts der übergewichtigen organisationskulturellen Einsozialisation in den Beruf verständlich. Die damit verbundenen Arbeitsbögen, Aufgabenhierarchien und das handlungsstrukturierende Raum- und Zeitgefüge schaffen eine Wirklichkeit, die die Bedeutung der eigenen Ausbildung zumindest kognitiv ‚verblassen' lässt.

Gleichzeitig ist aber in den Einrichtungen zu beobachten, dass im Alltag des Organisierens ständig Differenzen zwischen MitarbeiterInnen reproduziert werden. Durch die Einsozialisation in die Organisationskultur werden einerseits die Kompetenzen der MitarbeiterInnen mit unterschiedlichen Qualifikationsprofilen den beruflichen Erfordernissen angepasst und ausgeweitet. Andererseits wird der Ausbau von Kompetenzen insbesondere für die MitarbeiterInnen begrenzt, die über keine einschlägige Ausbildung und einen geringeren Bildungsabschluss verfügen. Aufgabenhierarchien und Arbeitsbögen ermöglichen den MitarbeiterInnen mit einschlägiger Ausbildung im Gegensatz hierzu einen größeren Spielraum und einen höheren Grad an Eigenständigkeit. Zugleich verhindern sie, dass MitarbeiterInnen ohne einschlägige Ausbildung und mit einem geringeren Bildungsabschluss ein breiteres als das vorgesehene Aufgabenspektrum übernehmen.

Organisationskulturen als Kulturen des Organisierens
Zusammengefasst wird Organisationskultur als habituell vermittelte und getragene Struktur und Praxis innerhalb eines sozial, kulturell und zeitlich geprägten Raumgefüges gefasst. Berufliches Handeln ist eingelagert in Orga-

nisationskulturen, die einerseits Ungewissheit und Komplexität reduzieren sowie Sicherheit bieten. Andererseits evozieren sie ständig die Gefahr, die Eigenständigkeit des Handelns zu reduzieren und autonome Entscheidungsspielräume einzuschränken (vgl. Schütze 1999). Die Betonung der Differenz zwischen Autonomie und Organisationszwängen kommt jedoch einer unheilvollen Dichotomie gleich, die das Handeln im Spannungsfeld von Struktur und Praxis, Objektivismus und Subjektivismus verortet (vgl. Schwingel 1998, S. 37). Denn durch die Enkulturation der Organisationsmitglieder in die Organisationskultur werden die Handlungen routinisiert oder mit anderen Worten: habituell so stark eingelagert, dass sie kognitiv in hohem Maße nicht mehr verfügbar sind. Das, was die MitarbeiterInnen in den Interviews oder in Gesprächen benennen können, ist weitaus weniger als das, was sich an Unterschieden im organisationskulturellen Alltag zeigt: Unterschiedliche Bewegungsweisen, Aufgaben, Inszenierungen, Sprachstile, Teampositionen, Deutungen des beruflichen Alltags machen immer wieder Unterschiede deutlich. Hinzu kommt, dass die Inszenierung von Gemeinsamkeit – die mehr oder weniger gemeinsam geteilte Ideologie des Teamgeistes – zur teilweisen Negierung von Unterschieden führt. Organisationskulturen sind zu fassen als eine eingeübte und sich performativ realisierende Praxis von Wahrnehmungs-, Deutungs- und Handlungsmustern, die – gekoppelt an spezifische Dispositionen und Interessen – mehr oder weniger distinktiv oder integrativ Gemeinsamkeit und Differenz herstellen.

Auf Basis der Habitualisierung von Handlungsstilen bilden sich in den Einrichtungen der Kinder- und Jugendhilfe je unterschiedliche Kulturen des Organisierens heraus. Diese können jedoch nicht losgelöst von der Berufskultur einer spezifischen Berufsgruppe und der jeweiligen Kultur eines Arbeitsfeldes betrachtet werden. Hierbei kann nicht von einem linearen Bedingungsverhältnis ausgegangen werden, weil die Herausbildung beruflich-habitueller Profile und Organisationskulturen als ein komplexes Relationierungs- und Inkorporationsverhältnis entlang der hier genannten Bedingungsfaktoren gedacht wird.

Organisationskultur und Arbeitsfeldkultur
Die empirischen Rekonstruktionen haben große Differenzen zwischen den beiden untersuchten Einrichtungen aufgezeigt, die sich in hohem Maße durch eine Arbeitsfelderdifferenz erklären lassen. Die Organisationskulturen (und damit auch das berufliche Handeln) sind stark in die jeweiligen beruflichen Handlungsfelder eingebettet. Unterschiede zwischen den beiden Einrichtungen ergeben sich durch den jeweils anderen arbeitsfeldspezifische Auftrag. Das an die MitarbeiterInnen adressierte Mandat erfordert unterschiedliche Arbeitsbögen und bedingt verschiedene professionelle Herausforderungen. Dem je spezifischen praktischen Sinn entsprechend erscheinen bestimmte Wahrnehmungs-, Deutungs- und Handlungsschemata entlang der vorfindbaren feldspezifischen Regeln mehr oder weniger wahr-

scheinlich als andere. Die Ausformung beruflich-habitueller Unterschiede ist abhängig vom jeweiligen arbeitsfeldkulturellen Umgang mit den anstehenden Aufgaben. Der empirische Zuschnitt der Studie erlaubt hier jedoch keine Formulierung von abschließenden Ergebnissen, da die arbeitsfeldkulturellen Unterschiede nicht insgesamt, sondern nur aus der organisationskulturellen Perspektive rekonstruiert werden konnten.

Hier sollen nur beispielhaft wenige Differenzen genannt werden: So scheinen die feldspezifischen Gegebenheiten in der Organisationskultur der „Spielkiste" – unter der Maßgabe der hohen Zeitknappheit – keine Ausweitung der Kontakte zur organisationskulturellen Umwelt zu erfordern. Die Einbettung der Jugendwerkstatt in ein Hilfesystem erfordert im Gegensatz hierzu vielfältige Kontakte. Unterschiede ergeben sich dadurch in erheblichem Maße bezüglich der Geschlossenheit und Offenheit der jeweiligen Organisationskultur. Das Handeln der Mitarbeiterinnen in der „Spielkiste" orientiert sich zeitlich weitgehend an den rhythmischen Vorgaben der Kinder und ihren Bedürfnissen. In der Jugendwerkstatt orientiert sich das Handeln in hohem Maße an den feldspezifischen Vorgaben der Imitation von Werkstatt. Das Handeln richtet sich hier also weniger an den Jugendlichen aus, sondern zielt darauf ab, den Bedürfnissen der Jugendlichen stärker disziplinierend und fördernd zu begegnen. Deutliche Unterschiede werden auch sichtbar in den unterschiedlichen Kulturen des Informationsaustausches, der Wissensbeschaffung und der Deutung des beruflichen Alltags. Während die Mitarbeiterinnen der „Spielkiste" eher spontan und unregelmäßig zum kollegialen Austausch zusammentreffen und auch keine systematische Form der Deutung ihres Alltags z. B. in den Teamsitzungen entworfen haben, haben die MitarbeiterInnen in der Jugendwerkstatt ein ausgeklügeltes System der Beobachtung, Anamnese, Diagnose und Kontrolle der Entwicklungen der Jugendlichen erarbeitet, das sie zur Absicherung der ständigen Fallbesprechungen bei den wöchentlichen Teamsitzung gebrauchen und welches durch Supervision und Qualitätsentwicklung zusätzlich reflektiert wird.

Organisationskultur und Berufskultur
Ob und in welcher Form sich tatsächlich eigenständig getragene Berufskulturen einzelner Berufsgruppen innerhalb der Kinder- und Jugendhilfe herausbilden, kann hier empirisch nicht entschieden werden. Ungeklärt bleibt damit, ob sich abhängig vom Abschluss eines spezifischen Ausbildungsganges unterschiedliche Berufskulturen oder ein gemeinsamer Habitus von ErzieherInnen, SozialpädagogInnen und SozialarbeiterInnen oder WerkanleiterInnen herausbildet. Empirisch gezeigt hat sich jedoch – ausgehend von der Rekonstruktion unterschiedlicher beruflich-habitueller Profile in den beobachteten Organisationskulturen –, dass erhebliche Unterschiede zwischen einzelnen Berufsgruppen zu identifizieren sind, die sich entlang unterschiedlicher Wahrnehmungs-, Deutungs- und Handlungsschemata sowie an verschiedenen Formen der Positionierung, Symbolisierung und Inszenierung festmachen lassen. Diese habituellen Differenzen werden im Folgenden beschrieben.

6.2 Beruflicher Habitus und Biografie

Ausgehend von professionsbezogenen Studien, die sich auf den Habitusbegriff beziehen (vgl. u. a. Thole/Küster-Schapfl 1997; Ackermann/Seeck 1999; Giesecke 1999) wird im Folgenden der Versuch unternommen, den beruflichen Habitus für die Kinder- und Jugendhilfe näher zu bestimmen. Dieser Versuch ist insofern vorläufig, als er sich bislang aus der empirischen Beobachtung zweier Arbeitsfelder ergibt. Das Habituskonzept erweist sich als eine Schnittstelle, über das die Stellung der einzelnen Organisationsmitglieder, die Distinktionen zwischen den einzelnen Statusgruppen und Prozesse der Enkulturation in die Organisation durch die Inkorporation von „Wahrnehmungs-, Denk- und Handlungsschemata" bestimmt werden können (Bourdieu 1987, S. 101).

Pierre Bourdieus Ansatz rekurriert auf die für die Organisations(kultur)forschung bedeutsame Frage nach dem Verhältnis von Struktur und Praxis – also auf die Relation von vorgegebener bzw. vorfindbarer Organisationsstruktur und individuellem Handeln und Deuten. Bourdieus praxeologischer Ansatz versucht die „komplementären Einseitigkeiten" (Schwingel 1998, S. 43) von Objektivismus und Subjektivismus zu überwinden, akzeptiert nicht die „unheilvolle Spaltung" (Schwingel 1998, S. 37) von „Individuum und Gesellschaft, Lebenswelt und System, Interaktionismus und Funktionalismus" (Schwingel 1998, S. 36). Diese erkenntnislogische Haltung führt letztendlich zu der Formulierung einer Theorie der sozialen Felder und des Habitus. Im Habitus geht das auf, was Bourdieu an der bloßen Rekonstruktion des subjektiv gemeinten Sinns bemängelt: „Weil die Handelnden nie ganz genau wissen, was sie tun, hat ihr Handeln mehr Sinn, als sie selber wissen" (Bourdieu 1987, S. 127). Dem Habitus als Dispositionssystem entsprechend sind die Individuen als BesitzerInnen erworbener Kapitalsorten in gesellschaftlichen Feldern positioniert. Das soziale Feld als ein „relativ autonomes Universum spezifischer Beziehungen" (Bourdieu 1982, S. 68) ist somit nur denkbar, wenn die zeitlichen Faktoren der sozialen Positionierung, also die historisch-gesellschaftliche Entwicklung und soziale Laufbahn (vgl. ebd., S. 111) des Individuums mitgedacht werden.

Innerhalb der Felder klassifizieren die AkteurInnen als „Klassifizierende und Klassifizierte (...) gemäß (oder in Abhängigkeit von) ihrer Position innerhalb der Klassifizierungen" (Bourdieu/Wacquant 1996, S. 103): „Die sozialen Akteure sind das Produkt der Geschichte, der Geschichte des ganzen sozialen Feldes und der im Laufe eines bestimmten Lebenswegs in einem bestimmten Unterfeld akkumulierten Erfahrung" (ebd., S. 170). Bourdieu betont gleichzeitig, „dass sich die sozialen Akteure nur in dem Maße an eine Regel halten, wie ihr Interesse, sich an sie zu halten, größer ist als ihr Interesse, sich nicht an sie zu halten" (ebd., S. 147) und fügt hinzu: „Man kann sagen, dass die sozialen Akteure nur in dem Maße determiniert sind, in dem sie *sich selber* determinieren" (ebd., S. 170). Der Prozess der Inkorporation von gleichsam haltungsmäßigen Dispositionen (vgl. Bourdieu 1997, S. 64) und die Hervorbringung von Praxisformen geschieht größtenteils unbewusst Die inkorporierten „Wahrnehmungs-, Denk- und Handlungsschemata" (Bourdieu 1987, S. 101) sind „im Vollzug de Praxis unauflöslich miteinander verflochten und wirken immer zusammen. Gemeinsam ist ihnen, dass sie mehr oder weniger unbewusst[96] bzw. implizit sind und gewöhnlich nicht oder ‚nur höchst bruchstückhaft' (Bourdieu 1982, S. 283) die Ebene des diskursiven Bewusstseins erreichen – und dies im Sinne der praktischen Logik auch gar nicht müssen" (Schwingel 1998,S. 56 f.).[97] Diese praktische Logik nennt Bourdieu den praktischen Sinn.

Folgt man den bisherigen Überlegungen und empirischen Rekonstruktionen, dann kann der berufliche Habitus als ein Dispositionssystem der Inkorporation von Wissen, Können und Erfahrung verstanden werden, das im Laufe der (Berufs-)Biografie gebildet wird. Das berufliche Wissen und Können sowie die berufliche Erfahrung weisen dabei unterschiedliche Formen der Verfügbarkeit und Reflektierbarkeit auf. Sie sind unterschiedlich stark habitualisiert. Auf die Wissens- und Erfahrungsressourcen wird zum einem gewohnheitsmäßig, routinehaft, intuitiv und gefühlsmäßig im praktischen Vollzug zurückgegriffen. Zum anderen wird es bewusst, interessengeleitet, distinktiv und reflektierend zur Absicherung der eigenen beruflichen Position, zur sinn- und identitätsstiftenden Reproduktion und Erneuerung des eigenen habituellen Verständnisses, zur nachgängigen Durchdringung des vorgängigen Handelns oder auch zur regelgeleiteten Festlegung nachfolgender Handlungen, Deutungen und Wahrnehmungen eingesetzt.

Über die Rekonstruktion der biografisch-narrativen Interviews mit ausgewählten MitarbeiterInnen der untersuchten Einrichtungen konnte aufgezeigt werden, dass der berufliche Habitus nicht losgelöst von jenen (berufs-)biografischen Erfahrungsaufschichtungen und habituellen Dispositionen betrachtet werden kann, die vorberuflich und im Beruf erworben werden.

(1) Bedeutung erlangt hier insbesondere der kulturelle Hintergrund, in denen die habituellen Dispositionen eingelagert sind, sodass auf unterschiedliche Weise kulturelles Kapital akkumuliert wird. Entscheidend ist hier die gesamte Bildungsbiografie, insbesondere die Erfahrungen und Erlebnisse beim Durchlaufen der Bildungsinstitutionen. Somit wird insgesamt ein un-

---

96 Unbewusst wird hier nicht im psychoanalytischen Sinne verstanden, sondern schließt an die Theorie der Praxis an. Unbewusst meint hier, dass „ihre Genese, d. h. Geschichte vergessen wurde" (Schwingel 1998, S. 57).
97 Dies mündet jedoch nicht in einen reinen Determinismus ein. Da jedoch Bourdieu – wenn auch nur begrenzt und unter bestimmten Bedingungen – den Individuen durchaus Fähigkeiten zuspricht, sich von gesellschaftlich und lebenslaufspezifischen, zumeist unbewusst inkorporierten Vorgaben zu lösen, deutet sich hier durchaus eine Perspektive an, die dem Individuum potentiell die Emanzipation von gegebenen und verinnerlichten Machtverhältnissen ermöglicht.

terschiedlicher Grad an Bildung, an Sprach- und Reflexionskompetenzen und kulturellem Wissen habituell verankert. In Auseinandersetzung mit dem jeweiligen Herkunftsmilieu bilden sich unterschiedliche kulturelle Präferenzen und Interessen heraus, an die beruflich angeknüpft werden kann:

Bemerkenswert ist, dass die MitarbeiterInnen immer wieder im Zusammenhang mit ihrer Bildungsbiografie vom Scheitern berichten. Insbesondere Natalie Breddemann, Isa Bella, Carolin Weber, Hannes Klein und bedingt Ida Winter erzählen von Brüchen in ihren Bildungsbiografien beim Durchlaufen der Bildungsinstitutionen. Isa Bella kann als „sehr faule Schülerin"[IB] nicht die notwendige Qualifikation erlangen, eine Ausbildung zur Erzieherin zu beginnen. Der Besuch der Handelsschule und die Ausbildung zur Kinderkrankenschwester stellen für sie Fehlversuche dar, an die keine weiteren beruflichen Karrierepläne angeschlossen werden können. Natalie Breddemann durchläuft die Hauptschule zwar ohne besondere Probleme. Dass sie jedoch danach in die Fabrik wechselt und keine Ausbildung beginnt, wird retrospektiv als falsche Entscheidung beurteilt. Auch Ida Winter bereut, dass sie kein Abitur und damit auch keine Berechtigung zum Studium erlangt hat. Carolin Weber berichtet davon, nach Abschluss der zehnten Klasse die Realschule verlassen zu haben, obwohl sie eigentlich das Abitur erlangen wollte. In der sich anschließenden Erzählung werden immer wieder Verunsicherungen bezüglich der eigenen Wissens- und Könnensressourcen deutlich. Hannes Klein schließlich hatte auch durch den Umzug von Großbritannien nach Deutschland erhebliche schulische Probleme. Erst ein Wandlungsmuster führt zur Aufnahme einer Ausbildung.

Die Bildungsbiografien und Wege in die Ausbildung sind dabei zuweilen begleitet von anhaltenden Konflikten mit den Eltern, die andere Karrierepläne als die Befragten entwerfen. Insbesondere Paul Fröhling, Ida Winter, Hannes Klein und Isa Bella berichten von diesen Konflikten, die mehr oder weniger deutlich mit Wandlungsmustern der habituellen Ablösung vom elterlichen Herkunftsmilieu einhergehen. In Auseinandersetzung mit dem jeweiligen Herkunftsmilieu bilden sich unterschiedliche kulturelle Präferenzen und Interessen heraus, an die beruflich angekoppelt werden kann. Die Teams sind die Orte, an denen ständig die eigenen geschmacklichen Präferenzen distinktiv gegenüber anderen abgegrenzt und somit die feinen Unterschiede (vgl. Bourdieu 1982) markiert werden.

Ida Winter bringt ihr Interesse an Reisen, an anderen Kulturen und Sprache ein. Isa Bella kann ihr Interesse an Theater und Anja Schell, Martin Lange und Carolin Weber können ihr sportliches Engagement beruflich einbinden. Ernst Meister, Hannes Klein und Paul Fröhling haben schon früh ihr Interesse an dem Werkstoff Metall entdeckt, ihre Berufung zum Material und zum ‚Schrauben'. Andere Interessen können jedoch nicht beruflich eingebunden werden.

(2) Beruflich-habituelle Unterschiede ergeben sich durch unterschiedliche vorberufliche Erfahrungen, an die sich unterschiedliche beruflich-habituelle Orientierungen anschließen. Grundsätzlich können hier vier habituelle Orientierungen voneinander unterschieden werden:

- *Beruflicher Habitus „Ohne biografische Prägung"*
  Die BiografInnen können über keine besonderen vorberuflichen Erfahrungen berichten. Die (Berufs-)Biografie wird dementsprechend fast vollkommen losgelöst von der jetzigen Tätigkeit in der Kinder- und Jugendhilfe vorgestellt (Martin Lange, Natalie Breddemann).
- *Beruflicher Habitus „Frühe biografischer Prägung"*
  Im Gegensatz hierzu sind beruflich-habituelle Orientierungen mit einem frühen Interesse an einem sozialen Beruf zu erkennen. Hier werden aus Sicht der Interviewten zentrale Kompetenzen für den späteren Beruf angelegt – wie z. B. Kinder umsorgen oder ein Team leiten zu können (Ida Winter, Isa Bella). Isa Bellas frühe Berufung zum ErzieherInnenberuf wird abgeleitet aus der Selbstcharakterisierung als „viertes Kind", das schon früh andere Kinder „betüddeln" will.
- *Beruflicher Habitus „Jugendliches Wandlungsmuster"*
  Soziales Engagement und das Interesse an einem sozialen Beruf bilden sich mehr oder weniger als Kontrastfolie zum Herkunftsmilieu im Jugendalter heraus (Paul Fröhling, Carolin Weber).
- *Beruflicher Habitus „Biografische Nähe"*
  Die eigene Biografie gilt als Ausweis für eine biografische Nähe zu den Jugendlichen und als eine besondere Qualifikation für die Tätigkeit, weil z. B. Erfahrungen gewonnen wurden, die Jugendlichen auf ähnliche Weise gesammelt haben (Hannes Klein). Hannes Klein kann keine keine abgeschlossene sozialpädagogische Ausbildung aufweisen. Seine Erfahrungen als schlechter Schüler und ‚Schulschwänzer' stellen für ihn wichtige Qualifikation für seine Tätigkeit als Werkanleiter dar. Die biografische Nähe zu den Jugendlichen ist ihm wichtiger als das abgebrochene sozialpädagogische Studium.

(3) Neben kulturellen, bildungs- und berufsbiografischen Unterschieden werden habituell im Verlauf der Biografie spezifische persönliche Merkmale und Kompetenzen herausgebildet, die im Zusammenspiel mit dem bildungsbiografischen und kulturellen Hintergrund einen persönlichen habituellen Stil im Beruf ergeben.

Natalie Breddemanns Positionierung als „ruhender Pol" geht einher mit ihrer ruhigen Art, mit Kindern und KollegInnen umzugehen. Schon früh meint sie die Fähigkeit zum Zuhören erlangt zu haben. Im Gegensatz hierzu stellt Ida Winter fest, sie habe schon als Kind Leitungskompetenzen erworben. Anja Schells Positionierung als Sozialpädagogin mit ‚Biss' korrespondiert mit der direktiven Art ihres Umgangs mit Jugendlichen und KollegInnen. Martin Lange reflektiert als Jungenarbeiter – und verunsichert durch das Scheitern von Liebesbeziehungen – seine eigene Rolle als Mann. Ähnlich wie bei Natalie Breddemann ist sein persönlicher Stil und sein Umgang mit KollegInnen und Jugendlichen ruhig und bedächtig. Paul Fröhling hat in seiner Jugend das jugendkulturelle Interesse an einem freiheitlichen Leben entwickelt. Hiermit korrespondieren sein demokratischer Leitungsstil und seine chaotische, freche und (vor-)laute Art.

(4) Die MitarbeiterInnen mit sozialpädagogischer Ausbildung bewerten die Erfolge des Studiums oder der Ausbildung insgesamt sehr kritisch und zurückhaltend. Sie sprechen der Ausbildung bestenfalls eine rudimentäre Vermittlung von grundlegendem Wissen und Können zu. Insbesondere die SozialpädagogInnen beklagen, dass sie auf das spezifische Arbeitsfeld der Jugendberufshilfe nicht vorbereitet worden wären. Insgesamt wird den beruflichen Erfahrungen nach dem Studium und nach der Ausbildung weitaus mehr Bedeutung für das eigene Profil zugesprochen, weil hier konkrete praktische Erfahrungen gesammelt werden konnten. Angesichts dieser Erfahrungen erscheint den MitarbeiterInnen im Nachhinein das in der Ausbildung vermittelte Wissen als Theorie, die kaum erinnert und deren Bezug zur jetzigen Tätigkeit kaum mehr hergestellt werden kann.

Bemerkenswert ist bei den Werkanleitern einschließlich Paul Fröhling, dass der handwerklichen Ausbildung retrospektiv kaum eine Bedeutung für die jetzige Tätigkeit zugesprochen wird. Hier herrscht das Deutungsmuster vor, dass der größte Teil der Arbeit (sozial-)pädagogisch verankert sei. Das handwerkliche Können wird hier nur noch als Mittel zum Zweck angesehen, auch wenn tatsächlich der Großteil der Arbeit handwerklich ausgerichtet ist. Auch Isa Bella schreibt ihrer Ausbildung als Kinderkrankenschwester für ihre jetzige Tätigkeit kaum eine Bedeutung zu, obgleich sie betont, hier ein paar wenige pädagogische Grundlagen gelernt zu haben.

Bei den MitarbeiterInnen ohne sozialpädagogische Ausbildung spielen die Erfahrungen, die im Beruf gewonnen werden konnten, eine besondere Rolle, da durch das Nachahmen, Erkundigen und durch das Abarbeiten am jeweiligen Stil der KollegInnen, die über mehr Qualifikationen verfügen, die fehlenden formalen Qualifikationen erheblich kompensiert werden können.

(5) Bei fast allen MitarbeiterInnen sind keine ausgearbeiteten Karriere- und Weiterqualifizierungspläne zu entdecken, obwohl Fortbildungsveranstaltungen regelmäßig besucht werden. Insbesondere in der „Spielkiste" ist die thematische Auswahl und Zusammenstellung von Fortbildungsveranstaltungen eher beliebig. Die besuchten Fortbildungen liefern hauptsächlich konkrete Anleitungen für die Praxis. Die in der Kindertageseinrichtung gering ausgearbeiteten Karriere- und Weiterqualifizierungspläne erschienen angesichts des gewählten Sackgassenberufs problematisch. Deutlicher ausgeprägt sind die Karriere- und Weiterqualifizierungspläne in der „Goldstraße". Hier ist vor allem Paul Fröhling zu nennen, der als Leiter gezielt Coaching- und Sozialmanagement-Weiterbildungen besucht. Aber auch Carolin Weber will ihre Kompetenzen durch den Besuch einer Weiterbildung zur lösungsorientierten Gesprächsführung erweitern. Martin Lange, Hannes Klein und Evelyn Rühl wiederum konnten ihre sozialpädagogischen Kompetenzen und ihr Wissen durch eine Weiterbildung für WerkanleiterInnen ausbauen.

6.3 Beruflich-habituelle Unterschiede

Im Zuge der Feldforschungen stellte sich immer wieder die Frage, wie beruflich-habituelle Unterschiede beobachtet werden können. Im grundsätzlich offen angelegten Forschungsprozess wurden entlang des Erkenntnisprozesses jeweils unterschiedliche Forschungsperspektiven mit dem Ziel eingenommen, beruflich-habituelle Unterschiede möglichst dicht zu beschreiben. Dabei war die Dichte Beschreibung der im Feld vorgefundenen Organisationskulturen der Rahmen, vor dessen Hintergrund der Vergleich unterschiedlicher habitueller Profile erst möglich wurde. Die im Forschungsprozess entdeckten Perspektiven auf den Gegenstand ‚Beruflicher Habitus' werden im Folgenden vorgestellt.

Selbstcharakterisierungen und Positionierungen im Feld
Im Rahmen der narrativen Interviews nahmen die beruflichen AkteurInnen deutliche Positionierungen in Form von Selbstcharakterisierungen vor. Unter Selbstcharakterisierung wird hier ein zentrales narrationstheoretisches Element der Verdichtung biografischer Erfahrungsaufschichtung in Form einer Zuschreibung zentraler Eigenschaften verstanden, über welche die Interviewten in zentrale, beruflich bedeutsame biografische Rahmungen einführen. Selbstcharakterisierungen können als eine Form betrachtet werden, über die BiografInnen auf zentrale Lebensthemen hinweisen. In diesem Sinne dienen sie auch als Hilfsmittel zur Konstruktion der eigenen Lebens- und Berufsgeschichte und der beruflich-habituellen Positionierung und Distinktion gegenüber anderen beruflich Handelnden. Sie sind als identitätsstiftende inkorporierte Verortung im gegliederten Berufssystem anzusehen und Ausdruck von Deutungsschemata, die ausgehend vom praktischen Sinn (vgl. Bourdieu 1987) festlegen, was als gelingende und gute Berufspraxis zu gelten hat. Gleichzeitig stellen sie kondensierte Inszenierungsformen von beruflichem Wissen, Können und Erfahrungen dar (vgl. Pfadenhauer 1999). Insbesondere im Zuge der jeweiligen Feldeintritte des Forschers positionieren sich die beruflichen AkteurInnen jeweils mehr oder weniger deutlich im Feld – dies viel prägnanter als in den Interviews. Sie vermitteln dem Forscher ungefragt ihre jeweilige Position im beruflichen Gefüge der Einrichtung. Sie führen den Forscher auf unterschiedliche Weise in die Regeln des Feldes ein und inszenieren ihre beruflichen Kompetenzen und ihre berufliche Rolle als „alte Hasen" oder als „ruhender Pol". Während Ida Winter sich als Reflexionsinstanz der Einrichtung inszeniert, hält sich Natalie Breddemann, die über keine Ausbildung verfügt, mit Deutungen zum beruflichen Alltag gegenüber dem Forscher und ihrem Team zurück. Durch beruflich-habituelle Positionierungen inszenieren die MitarbeiterInnen Unterschiede zu ihren KollegInnen und legitimieren und sichern ihre berufliche Position im Team. Wie sich die untersuchten MitarbeiterInnen auf unterschiedliche Weise positionierten und die Einsozialisation des Forschers ins Feld begleiteten, galt es somit dicht zu beschreiben. Diese Dichte Be-

schreibung konnte jedoch nur über die Verschränkung von Ergebnissen erzielt werden, die im Rahmen der biografischen Interviews und der Teilnehmenden Beobachtungen gewonnen wurden.

Bewegungsmuster und Platzierungspraktiken
Über Teilnehmende Beobachtungen lässt sich im Gegensatz zu biografischen Verfahren untersuchen, welche raum-zeitliche Ordnung, welche sequentielle Ordnung an Arbeitsbögen in den jeweiligen Einrichtungen vorzufinden ist und welchem Rhythmus das Geschehen insgesamt folgt. Hierüber können unterschiedliche Bewegungsmuster und Platzierungspraktiken (vgl. Löw 2001) der jeweiligen MitarbeiterInnen rekonstruiert werden: In der Jugendwerkstatt „Goldstraße" kann beobachtet werden, wie in einer Einrichtung, die sich in obere und untere Arbeitsbereiche gliedert, an einem zentralen Ort an der Kaffeemaschine eine informelle Kontaktstelle eingerichtet ist, die es situativ ermöglicht, die an den separierten Orten unten und oben gesammelten Erfahrungen wieder zusammenzubinden. Bemerkenswert dabei ist, dass die einzelnen MitarbeiterInnen sich an dieser Kontaktstelle unterschiedlich platzieren, sie unterschiedlich häufig frequentieren und diese auch im Rahmen des Gesamtarbeitsbogens strategisch unterschiedlich einsetzen. Deutlich wird, dass sich die MitarbeiterInnen räumlich insgesamt sehr verschieden platzieren: Während die einen sich als „ruhende Pole" nah am Geschehen befinden, vollziehen die anderen unabhängig vom Bewegungsmuster der AdressatInnen einen Zick-Zack-Kurs durch die Einrichtung und behalten darüber einen Gesamtüberblick.

Aufgabenhierarchien und Arbeitsbögen
Im Rahmen der Teilnehmenden Beobachtungen gilt es zunächst, den Gesamtarbeitsbogen der Einrichtungen zu rekonstruieren, der sich in die jeweilige raum-zeitliche Ordnung einfügt. Während die MitarbeiterInnen beim Feldeintritt des Forschers versichern, sie würden prinzipiell alle die gleichen Aufgaben übernehmen, wurde beobachtet, welche Aufgaben die einzelnen beruflichen AkteurInnen entlang von Raum und Zeit tatsächlich übernehmen. In den biografischen Interviews können die beruflichen AkteurInnen immer nur partiell ihren beruflichen Alltag beschreiben, weil die dem Alltag zugrunde liegenden Praktiken größtenteils routinisiert abgewickelt werden und so selbstverständlich erscheinen, dass sie kaum mitgeteilt werden können. Im Rahmen der Teilnehmenden Beobachtungen stellt sich heraus, dass innerhalb von funktionsspezifischen Aufgabenverteilungen Aufgabenhierarchien entstehen, die ein spezifisches Gleichgewicht der Aufgaben- und Rollenverteilung schaffen. Hierüber werden z. B. eher diffuse Anteile von Sozialbeziehungen und spezifische Anteile von Rollenbeziehungen im Team verteilt (vgl. Oevermann 1999). Während die eine Mitarbeiterin stärker an der Grenze der organisationskulturellen Umwelt operiert, ist die andere für die Herstellung von Ordnung innerhalb der Einrichtung zuständig. Abgesichert wird das organisationskulturelle Gleichgewicht

dadurch, dass die MitarbeiterInnen von formalen und zertifizierten Qualifikationen abhängige und unabhängige Interessen einbringen, wie das qualifikationsabhängige Interesse Ida Winters an Sprachschulung und das qualifikationsunabhängige Interesse Isa Bellas am Theaterspielen. Das somit geschaffene Gleichgewicht und die hierdurch entstandene Ordnung sichern ab, dass die beruflichen Erfordernisse gemeinsam erfüllt werden können.

Berufliches Handeln als organisationskulturelles Handeln heißt dabei weitgehend Handeln in Orientierung an vorgegebenen Aufgabenhierarchien und Arbeitsbögen, die das Handeln räumlich und zeitlich strukturieren. Diese Arbeitsbögen, in die die Organisationsmitglieder einsozialisiert werden, machen Handlungen zum einen erwartbar und begrenzen Ungewissheit. Zum anderen erzeugen sie erhebliche Differenzen zwischen den MitarbeiterInnen. Die durch Arbeitsbögen und Aufgabenhierarchien hergestellte Ordnung ist somit in den untersuchten Einrichtungen immer wieder Anlass für distinktive Auseinandersetzungen. Im Rahmen des Kampfes um Aufgaben und Positionen werden die jeweils gegebenen beruflich-habituellen Unterschiede der einzelnen MitarbeiterInnen reproduziert.

Interaktions- und Sprachstile
Während der Teilnehmenden Beobachtungen zeigen sich in den unterschiedlichen Einrichtungen verschiedene Interaktionsmodi und Sprachstile, die für die Organisationen jeweils typisch sind und nur im praktischen Vollzug beobachtet werden konnten. Die Arbeit mit Kindern in einer Kindertageseinrichtung ist mit ganz anderen Interaktionserfordernissen verbunden als die Arbeit mit Jugendlichen im Rahmen von Jugendberufshilfe. Jedoch ebenfalls innerhalb der Einrichtungen variieren die Interaktions- und Sprachstile der einzelnen MitarbeiterInnen erheblich. Mitunter wird der Sprachstil verändert, wenn die MitarbeiterInnen den Raum und die InteraktionspartnerInnen wechseln. Die Interaktionsmodi variieren abhängig vom Maß an Reflexions- und Begründungsverpflichtung der einzelnen MitarbeiterInnen. Sie unterscheiden sich abhängig davon, an welchen Interaktionsrahmen sie ausgerichtet sind, ob sie z. B. eher beratend, belehrend, spielerisch oder intervenierend angelegt sind. Sie sind je nach Sprachstil eher kurz, bündig und befehlend oder verständnisvoll-empathisch und erklärend.

Wissensdomänen und Deutungshoheiten
Während klassische Modelle zum Wissen der Professionen von einer Anwendung wissenschaftlichen Regelwissens ausgehen und im Modell des hermeneutischen Fallverstehens von Ulrich Oevermann (vgl. 1999) dieses Regelwissen nur unter Beachtung des Fallbezugs angewendet werden kann, grenzt sich Thomas Klatetzki (1993, S. 56) von bipolaren Wissensmodellen ab: „Die Anwendung von Wissen, und das heißt professionelles Handeln, ist damit der Bewohnung oder dem Besuch verschiedener Stadtteile vergleichbar. Unterschiedliche Orte, die zu unterschiedlichen Zeiten aufge-

sucht werden, führen zu verschiedenen Handlungen". Im Zuge der Realisierung des Gesamtarbeitsbogens der jeweiligen Einrichtung werden sehr unterschiedliche Wissensdomänen miteinander verbunden oder gegeneinander ausgespielt, die mal mehr oder weniger auf biografisches, wissenschaftliches, fallbezogenes oder alltägliches Wissen bezogen werden.

Bei der Untersuchung habitueller Profile wird dementsprechend beobachtet, auf welches Wissen sich bezogen wird, welche Domänen des Wissens miteinander gekoppelt und auf welche Art und Weise dabei ‚Fälle' konstruiert werden. Insbesondere die Rekonstruktion der Teamsitzungen ermöglichte es, aufzuzeigen, dass den unterschiedlichen MitarbeiterInnen je andere Deutungshoheit darüber zugesprochen wird, wie ein Fall zu interpretieren ist oder welches pädagogische Angebot angemessen erscheint. Entsprechend der jeweiligen formalen Qualifikation und Stellung sowie abhängig von der jeweiligen Teamposition verfügen die Organisationsmitglieder damit über eine je unterschiedliche Definitionsmacht. In der Regel besitzen diejenigen, die einen fachlichen Ausbildungsabschluss und eine höhere formale Stellung vorweisen können, mehr Definitionsrechte.

Zusätzlich kann beobachtet werden, dass sich die Deutungen des Alltags bei den MitarbeiterInnen in ihrer Form in erheblichem Maße unterschieden. Je höher das Ausbildungs- und Bildungsniveau ist, desto höher ist auch der Komplexitätsgrad der beobachteten Deutungen. Die MitarbeiterInnen mit einschlägiger Ausbildung neigen eher dazu, bestehende Deutungen zu hinterfragen. Bei ihnen liegt insgesamt eine gesteigerte Reflexions- und Begründungsverpflichtung vor.

In Organisationskulturen bilden sich zentrale und kollektiv getragene Deutungen des Alltags heraus. Sie erzeugen bei den unterschiedlichen Teammitgliedern eine mehr oder weniger gemeinsam getragene Haltung, die – habituell vermittelt – das Ziel verfolgt, Komplexität zu reduzieren, Handlungsentlastung zu schaffen und Identität zu stiften. Dem Handeln in Ungewissheit wird durch ein fortlaufendes Einholen von Informationen begegnet. Der gemeinsam getragene, aus verschiedenen Domänen gespeiste Wissenskorpus bedarf ständiger Aktualisierungen aufgrund der steten Irritationen, die sich durch die geringen empirischen Absicherungen von Anamnese und Diagnose unter Zeitdruck ergeben.

Auch wenn der berufliche Alltag in der „Spielkiste" institutionalisierte und eingespielte Formen eines Arbeitsbogens der ständigen Informationsbeschaffung und der Deutung des jeweiligen Falles aufweist, entspricht dies kaum dem idealtypisch konstruierten Modell der stellvertretenden Deutung. Im Gegensatz zu diesem Modell stellt hier die Vermittlung (vgl. Oevermann 1999) bzw. Relationierung (vgl. Dewe/Otto 2001) des Fallwissens und des wissenschaftlichen Wissens keine Balance beider Wissensdomänen dar, denn der Rückgriff auf wissenschaftliches Regelwissen bei Fallbesprechungen und -berichten bleibt diffus, auch wenn höhersymbolische

Ausdrucksformen auf eine spezifische Fachsprache und „eine eigene Form der Rationalität" hinweisen (Wagner 1998, S. 90).

Ein erheblicher Teil der Arbeit in der Jugendwerkstatt widmet sich der Informationsbeschaffung durch Beobachtung, durch Informationsaustausch mit dem Hilfenetzwerk, durch Nachfragen bei den Jugendlichen und durch Gespräche mit den Eltern. Durch den kollegialen Austausch an Informationen entsteht ein ständiger Informationsfluss. „Die Situation beständiger Wissensdefizite erweckt die ‚professionelle Neugier'. Jede Situation wird ausgenutzt, um neue potentiell brauchbare Informationen zu erhalten" (Granosik 2000, S. 106). Mehr noch: „Das Wissen über den Klienten und sein gesellschaftliches Umfeld ist der grundsätzliche Schlüssel für die Handlungsorganisation der Sozialarbeit und eröffnet erst die Möglichkeit der Realisierung verschiedener Handlungsschemata" (ebd., S. 123). Bei den Fallbesprechungen erscheint den MitarbeiterInnen der Jugendwerkstatt allerdings nicht alles interessant, z. B. wenn die Informationen zur Erarbeitung von Interventionsmöglichkeiten und Problemlösungen im Rahmen des Auftrags, die Jugendlichen für den Arbeitsmarkt fit zu machen, aus ihrer Sicht nicht dienlich sind. Zum anderen erweist sich ein Großteil des gesammelten Wissens als zu unsicher, weil Hintergrundinformationen fehlen oder die Information bereits eine Deutung der Motive des Jugendlichen darstellt.

Organisationskulturell und habituell werden pragmatische Filter (vgl. ebd., S. 106)[98] an den Fall und das Fallwissen angelegt. Informationen werden durch den Filter gebrochen, der sich aus dem jeweiligen Arbeitsbogen der Fallbearbeitung ergibt. Zunächst ist hier das vom jeweiligen Arbeitsbogen abhängige Zeitproblem von Bedeutung, das zu erheblichen Verkürzungen der Informationssammlung und zur Aussortierung der nicht-brauchbaren Informationen führt. Zusammengefasst lassen sich erhebliche Differenzen zwischen den beiden untersuchten Einrichtungen bezüglich der Ausformung des Arbeitsbogens der stellvertretenden Deutung feststellen. Die Unterschiede sind zurückzuführen auf

- unterschiedliche organisationskulturelle Erfordernisse;
- unterschiedliche Blickwinkel bei der Fallbearbeitung;
- unterschiedliche Kompetenzen der Falldeutung;
- unterschiedliche zeitliche Ressourcen;
- die sich heraus ergebenden unterschiedlichen Arbeitsbögen der Fallbearbeitung
- und das unterschiedliche Maß an Wissensquellen, auf die sich die Deutungen beziehen.

---

98 Die pragmatischen Filter folgen dem praktischen Sinn, was vor dem Hintergrund der inkorporierten Wahrnehmungs-, Deutungs- und Handlungsschemata ökonomisch und praktikabel erscheint und den momentanen Zuständen und Erfordernissen entspricht (vgl. Schwingel 1998, S. 74).

Jenseits der organisationskulturellen Unterschiede sind erhebliche Differenzen zwischen den einzelnen MitarbeiterInnen festzustellen. Prinzipiell – wenn auch nicht durchgängig – sind bei steigender Qualifikation auch ein höheres Maß an „Begründungsverpflichtung" (Oevermann 1999, S. 124), weitreichendere Kompetenzen des Fallverstehens, ein größeres Interesse am Fallverstehen sowie ein geringeres Maß an (vor-)schnellen Typisierungen und Charakterisierungen vorzufinden. Darüber hinaus hängt die individuelle Ausformung des Arbeitsbogens der Falldeutung jedoch auch in erheblichem Maße mit anderen Aspekten zusammen: So ergeben sich Differenzen aus den unterschiedlichen Zuordnungen der MitarbeiterInnen zu verschiedenen Gruppen innerhalb des Teams: Da sich Anja Schell und Hannes Klein der Gruppe der MitarbeiterInnen mit ‚Biss' zuordnen, favorisieren sie im Gegensatz zu Carolin Weber und Martin Lange (vor-)schnelle Typisierungen und Entscheidungen.

Berufliches Mandat
Während den unterschiedlichen Arbeitsfeldern über den gesetzlichem Auftrag ein je unterschiedliches Mandat zugeschrieben wird, gestalten die einzelnen Einrichtungen dieses jeweils anders aus. Eingebunden in die Organisationskultur wird der jeweilige Arbeitsauftrag von den einzelnen MitarbeiterInnen unterschiedlich formuliert und in den Handlungspraxen performativ different hergestellt. Während die einen MitarbeiterInnen ihren Schwerpunkt darin sehen, die Kompetenzentwicklung der Kinder zu fördern oder ihnen fürsorglich zur Seite zu stehen, handeln andere als Lebensbegleiter oder als Vorbild von Jugendlichen. Dabei können sich pädagogische Ideale und Vorstellungen zum eigenen Arbeitsauftrag erheblich vom sich performativ in ihren Handlungspraxen realisierenden Mandat unterscheiden.

6.4 Biografie, Habitus und Organisationskultur: Ein Modell

Die Ausformung beruflich-habitueller Profile in der Kinder- und Jugendhilfe ist in hohem Maße davon abhängig,

- welche formale Stellung die MitarbeiterInnen innerhalb des Teams innehaben (z. B. als Leiterin);
- welche Position und Anerkennung ihnen darüber hinaus im Team zugesprochen wird (z. B. als ‚alter Hase');
- welche zertifizierten formalen Qualifikationen qua Ausbildung vorliegen (z. B. als Sozialpädagoge);
- über welche Dispositionen sie verfügen, das heißt welche Interessen sie einbringen und welche (berufs-)biografischen Erfahrungen sie mitbringen (z. B. als langjährige Mitarbeiterin).

Die formale Stellung der MitarbeiterInnen innerhalb eines Teams, d. h. die formal festgelegte hierarchische Zuordnung einer Position erzeugt Differenzen zwischen den MitarbeiterInnen. Hier ist z. B. entscheidend, ob die Leitungsposition oder die Position einer pädagogischen Hilfskraft eingenommen wird. Darüber hinaus ist für die Herausbildung beruflich-habitueller Differenzen entscheidend, welche Position und Anerkennung den MitarbeiterInnen im Team zugesprochen wird und welche Position sie sich selber zuschreiben. Ein weiterer bedeutsamer Faktor ist die jeweilige formale Qualifikation. Hiermit sind alle mehr oder weniger zertifizierten Ausbildungsabschlüsse und weitere formale Qualifikationen gemeint, die im Zusammenhang mit Weiterbildung erworben werden. Zentral ist hier auch die Frage, über welche Dispositionen die MitarbeiterInnen verfügen, d. h. welche Interessen sie einbringen und welche (berufs-)biografischen Erfahrungen sie mitbringen. Entlang dieser Dimensionen wird festgelegt, über welches beruflich-habituelle Kapital die MitarbeiterInnen verfügen und welche habituelle Position sie im organisationskulturellen Gefüge einnehmen.

Abbildung 13: Empirisches Modell zur Unterscheidung beruflich-habitueller Profile

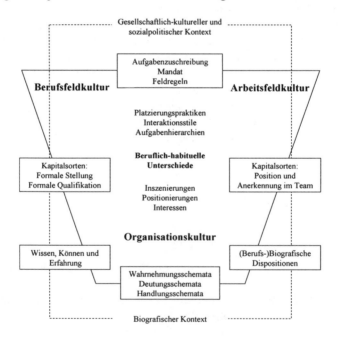

Die empirischen Befunde zeigen, dass sich im situativen und institutionellen Setting der Organisationskulturen entlang berufs-, arbeitsfeldbezogener und kulturell-gesellschaftlicher Rahmenbedingungen und Habitusformationen entscheidet,

- welche Aufgaben den MitarbeiterInnen zugeschrieben werden;
- welche Tätigkeiten sie in welcher Form tatsächlich entlang unterschiedlicher Arbeitsbögen ausüben;
- welchen Bewegungsmustern sie folgen und wie sie sich räumlich und zeitlich entlang verschiedener Aufgaben positionieren;
- wie sie insgesamt das an sie gerichtete Mandat habituell verankern;
- wie sie ihren beruflichen Alltag wahrnehmen und welche Deutungen sie vornehmen;
- über welche Deutungshoheiten sie verfügen und
- wie sie letztendlich ihre berufliche Position in Szene setzen und gegenüber anderen abgrenzen.

Diese Dimensionen ergeben insgesamt ein empirisches Modell, über das sich habituelle Differenzen in Einrichtungen der Kinder- und Jugendhilfe beobachten lassen. Dabei erweist sich die Ausbildung oder das Studium als nur ein Indikator neben anderen zur Bestimmung dieser Unterschiede. Es präzisiert sich die Erkenntnis, dass habituelle Differenzen von MitarbeiterInnen der Kinder- und Jugendhilfe „nun nicht schlichtweg durch eine institutionalisierte sowie fachlich spezialisierte Ausbildung auf wissenschaftlicher Grundlage allein zu erwerben" sind, „an deren Ende die Beherrschung eines Fachwissens samt dem dazugehörigen beruflichen Methodenrepertoire steht" (Dewe 1999, S. 743 f.). Beruflich-habituelle Differenzen sind auf der Basis unterschiedlicher Bildungs- und Ausbildungsbiografien, unterschiedlicher formaler Funktionen und Teampositionen das Resultat einer eingeübten und habituell strukturierten Praxis in Organisationskulturen und beruflichen Handlungsfeldern. Die Befunde legen nahe, dass abhängig von der formalen Stellung, der Teamposition und den (berufs-)biografischen Dispositionen ein höherer sozialpädagogischer Ausbildungsabschluss einhergeht mit:

- geringerem direkten Kontakt zu den Kindern und Jugendlichen;
- vermehrten Kontakten zur organisationskulturellen Umwelt;
- größeren Bewegungsspielräumen im raum-zeitlichen Gefüge der Organisationskulturen;
- größerem Interesse an ‚anspruchsvolleren' Aufgaben;
- häufigerer Beschäftigung mit Aufgaben der Berichterstellung, Reflexion und Planung;
- einem insgesamt vielfältigeren Aufgabenspektrum;
- mehr Eigenständigkeit bei der Ausformung eines eigenen beruflich-habituellen Profils im Gegensatz zu beruflich-habituellen Profilen, bei denen Nachmachen und Abgucken eine große Rolle spielt;
- etwas klarer formulierten Weiterqualifizierungskonzepten;
- der Übernahme von mehr Verantwortung;
- einer höheren Begründungs- und Reflexionsverpflichtung;
- komplexeren Deutungen des beruflichen Alltags;
- einem stärker ausgeprägten höhersymbolischen Sprachstil;

- einer höheren Komplexität der Wissensdomänen;
- präziser ausformulierten gesellschaftstheoretischen Ansprüchen und Vorstellungen sowie
- einer größeren Nähe zu berufsfeldspezifischen fachlichen und – in sehr eingeschränktem Maße – wissenschaftlichen Diskursen.

Im organisationskulturellen Gefüge trachten die MitarbeiterInnen danach, vorzufindende Unterschiede zwischen den formalen Positionen und Qualifikationen zu negieren. Gleichzeitig wird anhand der beruflich-habituellen Positionierungen der MitarbeiterInnen ein Streben nach Anerkennung der eigenen beruflichen Position deutlich. Durch die Positionierungen markieren die MitarbeiterInnen distinktiv Unterschiede zu ihren KollegInnen. Insbesondere die MitarbeiterInnen ohne formalen sozialpädagogischen Ausbildungsabschluss betonen diese Unterschiede in professionalistischer Absichten (vgl. Freidson 1979) mit dem Ziel, eine Positionsannäherung zu erreichen. Die MitarbeiterInnen, die eine genuin sozialpädagogische Qualifikation vorweisen können, verweisen erst nachrangig auf Kompetenzen, die sie aufgrund ihrer Qualifikation von den anderen MitarbeiterInnen unterscheiden. Dabei hegen sie den Wunsch, weder die Kompetenzen der eigenen KollegInnen noch die Bedeutung der Gemeinsamkeit des Teams abzuwerten. Die MitarbeiterInnen mit einschlägiger sozialpädagogischer Qualifikation stehen also vor dem Dilemma, einerseits Gemeinsamkeit inszenieren und Hierarchien verflachen zu müssen, damit das Team gemeinschaftlich funktioniert. Andererseits können sie ihre differente habituelle Position nicht verleugnen. Im beruflichen Alltag halten sie durch Aufgabenhierarchien ihren Status aufrecht und markieren ihre Kompetenzvorsprünge. Die Inszenierung der Gemeinsamkeit des Teams verdeckt dabei, wie stark sie ihren höheren Status im beruflichen Alltag immer wieder neu herstellen.

7. Literatur

Ackermann, F./Seek, D.: Der steinige Weg zur Fachlichkeit. Handlungskompetenz in der Sozialen Arbeit, Hildesheim u. a. 1999.
Agar, M. H.: The Professional Stranger. An Introduction to Ethnography, New York/London (Academic Press) 1980.
Alheit, P.: Biographie und „modernisierte Moderne". Überlegungen zum vorgeblichen „Zerfall" des Sozialen, in: Zeitschrift für qualitative Bildungs-, Beratungs- und Sozialforschung, 1. Jg. 2000, Heft 1, S. 151–165.
Alheit, P.: Erzählform und „soziales Gedächtnis", in: Alheit, P./Hoerning, E. M. (Hrsg.): Biographisches Wissen. Beiträge zu einer Theorie lebensgeschichtlicher Erfahrung, Frankfurt a. M./New York 1989, S. 123–147.
Amann, K./Hirschauer, St.: Die Befremdung der eigenen Kultur. Ein Programm, in: Hirschauer, St./Amann, K. (Hrsg.): Die Befremdung der eigenen Kultur. Zur ethnographischen Herausforderung soziologischer Empirie, Frankfurt a. M. 1997, S. 7–52.
Andermann, H./Dippelhofer-Stiem, B./Kahle, I.: Erzieherinnen vor dem Eintritt in das Berufsleben. Zu ihren beruflichen Orientierungen und zur Beurteilung ihrer Ausbildung an der Fachschule für Sozialpädagogik, Zeitschrift für Frauenforschung, 1996, Doppelheft 1/2; S. 138–151.
Bachmann, G.: Teilnehmende Beobachtung, in: Kühl, St./Stradtholz, P. (Hrsg.): Methoden der Organisationsforschung. Ein Handbuch, Reinbek bei Hamburg 2002, S. 323–361.
Bardmann, T. M.: Wenn aus Arbeit Abfall wird. Aufbau und Abbau organisatorischer Realitäten, Frankfurt a. M. 1994.
Bauer, K.-O.: Pädagogisches Handlungsrepertoire und professionelles Selbst von Lehrerinnen und Lehrern, in: Zeitschrift für Pädagogik, 44. Jg., 1998, Heft 3, S. 343–359.
Beck, U.: Risikogesellschaft. Auf dem Weg in eine andere Moderne, Frankfurt a. M. 1986.
Beck, U.: Wissen oder Nicht-Wissen. Zwei Perspektiven „reflexiver" Modernisierung, in: Beck, U./Giddens, A./Lash, S.: Reflexive Modernisierung. Eine Kontroverse, Frankfurt a. M. 1996, S. 289–314.
Beck, U./Bonß, W. (Hrsg.): Weder Sozialtechnologie noch Aufklärung, Frankfurt a. M. 1989.
Beck, U./Brater, M./Daheim, H.: Soziologie der Arbeit und der Berufe. Grundlagen, Problemfelder, Forschungsergebnisse, Reinbek bei Hamburg 1980.
Beck, U./Giddens, A./Lash, S.: Reflexive Modernisierung. Eine Kontroverse, Frankfurt a. M. 1996.
Becker, A./Küpper, W./Ortmann, G.: Revisionen der Rationalität, in: Küpper, W./Ortmann, G. (Hrsg.): Mikropolitik. Rationalität, Macht und Spiele in Organisationen, Opladen 1992, S. 89–113.
Beher, K./Gragert, N.: Aufgabenprofile und Qualifikationsanforderungen in den Arbeitsfeldern in der Kinder- und Jugendhilfe. Tageseinrichtungen für

Kinder, Hilfen zur Erziehung, Kinder- und Jugendarbeit, Jugendamt, Abschlussbericht, Dortmund/München 2004.

Beher, K./Knauer, D./Rauschenbach, Th.: ErzieherIn – ein Beruf im Wandel. Zur Lage der ErzieherInnen in Ausbildung und Arbeitsmarkt, Frankfurt a. M. 1995.

Blinkert, B. u. a.: Berufskrisen in der Sozialarbeit. Eine empirische Untersuchung über Verunsicherung, Anpassung und Professionalisierung von Sozialarbeitern, Weinheim 1979.

BMFSFJ (Bundesministerium für Familie, Senioren, Frauen und Jugend): Kinder- und Jugendhilfegesetz (SGB VIII), Berlin 2005.

Bock, K./Seelmeyer, U.: Kinder- und Jugendhilfe, in: Otto, H.-U./Thiersch, H. (Hrsg.): Handbuch Sozialarbeit/Sozialpädagogik, 2. völlig überarbeitete Auflage, Neuwied/Kriftel 2001, S. 985–1000.

Böhm, W./Mühlbach, M./Otto, H.-U.: Zur Rationalität der Wissensverwendung im Kontext behördlicher Sozialarbeit, in: Beck, U./Bonß, W. (Hrsg.): Weder Sozialtechnologie noch Aufklärung, Frankfurt a. M. 1989, S. 226–247.

Bohnsack, R.: Rekonstruktive Sozialforschung. Einführung in die Methodologie und Praxis qualitativer Sozialforschung, Opladen 1999.

Bommes, M./Scherr, A.: Soziologie der Sozialen Arbeit. Eine Einführung in Formen und Funktionen organisierter Hilfe, Weinheim/München 2000.

Bonß, W.: Die Einübung des Tatsachenblicks. Zur Struktur und Veränderung empirischer Sozialforschung, Frankfurt a. M. 1982.

Bosetzky, H.: Mikropolitik, Machiavellismus und Machtkumulation, in: Küpper, W./Ortmann, G. (Hrsg.): Mikropolitik. Rationalität, Macht und Spiele in Organisationen, Opladen 1992, S. 27–37.

Bourdieu, P.: Die feinen Unterschiede. Kritik der gesellschaftlichen Urteilskraft, Frankfurt a. M. 1982.

Bourdieu, P.: Sozialer Sinn. Kritik der theoretischen Vernunft, Frankfurt a. M. 1987.

Bourdieu, P.: Die verborgenen Mechanismen der Macht. Schriften zu Politik & Kultur 1 (herausgegeben von M. Steinbrücke), Hamburg 1992.

Bourdieu, P.: Soziologische Fragen, Frankfurt a. M. 1993.

Bourdieu, P.: Der Tote packt den Lebenden. Schriften zu Politik & Kultur 2 (herausgegeben von M. Steinbrücke), Hamburg 1997.

Bourdieu, P./Wacquant, L. J. D.: Reflexive Anthropologie, Frankfurt a. M. 1996.

Breidenstein, G.: Teilnahme am Unterricht. Ethnographische Studien zum Schülerjob, Wiesbaden 2006.

Cloos, P.: Ausbildung und beruflicher Habitus. Biographien von ErzieherInnen. Fallrekonstruktionen, unveröffentlichte Examensarbeit, Dortmund 1999 (a).

Cloos, P.: ErzieherInnen im Blickfeld von Forschung und Wissenschaft. Zum Stand der Forschung in den 90er Jahren, in: Der Pädagogische Blick, 7. Jg., 1999, Heft 3, S. 153–165 (b).

Cloos, P.: Ausbildung und beruflicher Habitus von ErzieherInnen, in: Hoffmann, H. (Hrsg.): Studien zur Qualitätsentwicklung von Tageseinrichtungen, Neuwied/Berlin 2001, S. 97–130.

Cloos, P.: Biografie und Habitus. Ethnografie sozialpädagogischer Organisationskulturen, CD-Veröffentlichung, Kassel 2004.

Cloos, P.: „Wir machen hier alle das Gleiche". Eine ethnografische Suche nach Qualifikationsunterschieden, in: Zühlke, E./Elsenblast, V. (Hrsg.): sozialpädagogisch bilden. Reflexionen und Perspektiven evangelischer ErzieherInnenausbildung, Münster 2006, S. 83–93.

Cloos, P./Küster, E.-U.: „Die Ausbildung war für mich wie ne Pizza ...". Einige Anmerkungen zur Qualifizierung von ErzieherInnen, in: Möller, M./Zühlke, E. (Hrsg.): ... zur Freiheit seid ihr berufen. Sozialpädagogische (ErzieherInnen-)Ausbildung gestern – heute – morgen, Kassel 2002, S. 120–138.

Cloos, P./Thole, W. (Hrsg.): Ethnografische Zugänge. Professions- und adresatInnenbezogene Forschung im Kontext der Pädagogik, Wiesbaden 2006.

Cloos, P./Züchner, I.: Das Personal der Sozialen Arbeit. Größe und Zusammensetzung eines schwer zu vermessenden Feldes, in: Thole, W. (Hrsg.): Grundriss Soziale Arbeit. Ein einführendes Handbuch. Opladen ^{2}2005, S. 711–730.

Cloos, P./Köngeter, S./Müller, B./Thole, W.: Pädagogik der Kinder- und Jugendarbeit, Wiesbaden 2007.

Cohen, M. D./March, J.G./Olsen, J. P.: Ein Papierkorb-Modell für organisatorisches Wahlverhalten, in: March, J. G. (Hrsg.): Entscheidung und Organisation. Kritische und konstruktive Beiträge, Entwicklungen und Perspektiven, Wiesbaden 1990, S. 272–330.

Combe, A./Helsper, W. (Hrsg.): Pädagogische Professionalität. Untersuchungen zum Typus pädagogischen Handelns, Frankfurt a. M. 1999.

Daheim, H.: Zum Stand der Professionssoziologie. Rekonstruktion machttheoretischer Modelle der Profession, in: Dewe, B./Ferchhoff, W./Radtke, O.-R. (Hrsg.): Erziehen als Profession. Zur Logik professionellen Handelns in pädagogischen Arbeitsfeldern, Opladen 1992, S. 21–35.

Dartsch, M.: Erzieherinnen in Beruf und Freizeit. Eine Regionalstudie zur Situation von Fachkräften in Tageseinrichtungen für Kinder, Opladen 2001.

Deutsches Jugendinstitut (DJI) (Hrsg.): Orte für Kinder. Auf der Suche nach neuen Wegen in der Kinderbetreuung, Weinheim/München 1994.

Dewe, B.: Das Professionswissen von Weiterbildnern: Klientenbezug – Fachbezug, in: Combe, A./Helsper, W. (Hrsg.): Pädagogische Professionalität. Untersuchungen zum Typus pädagogischen Handelns, Frankfurt a. M. 1999, S. 714–757.

Dewe, B./Otto, H.-U.: Profession, in: Otto, H.-U./Thiersch, H. (Hrsg.): Handbuch Sozialarbeit/Sozialpädagogik, 2. völlig überarbeitete Auflage, Neuwied/Kriftel 2001, S. 1399–1423.

Dewe, B./Otto, H.-U.: Reflexive Sozialpädagogik. Grundstrukturen eines Typs dienstleistungsorientierten Professionshandelns, in: Thole, W. (Hrsg.): Grundriss Soziale Arbeit. Ein einführendes Handbuch, Opladen 2002, S. 179–198.

Dewe, B./Kurtz, Th. (Hrsg.): Reflexionsbedarf und Forschungsperspektiven moderner Pädagogik. Fallstudien zur Relation zwischen Disziplin und Profession, Opladen 2000.

Dewe, B./Ferchhoff, W./Radtke, O.-R. (Hrsg.): Erziehen als Profession. Zur Logik professionellen Handelns in pädagogischen Arbeitsfeldern, Opladen 1992 (a).

Dewe, B./Ferchhoff, W./Radtke, O.-R.: Einleitung. Auf dem Weg zu einer aufgabenzentrierten Professionstheorie pädagogischen Handelns, in: Dewe,

B./Ferchhoff, W./Radtke, O.-R. (Hrsg.): Erziehen als Profession. Zur Logik professionellen Handelns in pädagogischen Arbeitsfeldern, Opladen 1992, S. 7–20 (b).

Dewe, B./Ferchhoff, W./Radtke, O.-R.: Das Professionswissen von Pädagogen. Ein wissenstheoretischer Rekonstruktionsversuch, in: Dewe, B./Ferchhoff, W./Radtke, O.-R. (Hrsg.): Erziehen als Profession. Zur Logik professionellen Handelns in pädagogischen Arbeitsfeldern, Opladen 1992, S. 71–91 (c).

Dippelhofer-Stiem, B.: Fachschulen für Sozialpädagogik aus der Sicht von Absolventinnen. Ergebnisse einer empirischen Studie, in: Thiersch, R./Höltershinken, D./Neumann, K. (Hrsg.): Die Ausbildung der ErzieherInnen. Entwicklungstendenzen und Reformansätze, Weinheim/München 1999, S. 80–92.

Dippelhofer-Stiem, B./Kahle, I.: Die Erzieherin im evangelischen Kindergarten. Empirische Analysen zum professionellen Selbstbild des pädagogischen Personals, zur Sicht der Kirche und zu den Erwartungen der Eltern, Bielefeld 1995.

Dörfler, M.: Der offene Kindergarten. Ideen zur Öffnung aus Theorie und Praxis, in: Deutsches Jugendinstitut (DJI) (Hrsg.): Orte für Kinder. Auf der Suche nach neuen Wegen in der Kinderbetreuung, Weinheim/München 1994, S. 105–127.

Dülfer, E. (Hrsg.): Organisationskultur. Phänomen – Philosophie – Technologie, Stuttgart 1991 (a).

Dülfer, E.: Organisationskultur: Phänomen – Philosophie – Technologie. Eine Einführung in die Diskussion, in: Dülfer, E. (Hrsg.): Organisationskultur. Phänomen – Philosophie – Technologie, Stuttgart 1991, S. 1–20 (b).

Ebers, M.: Organisationskultur – ein neues Forschungsprogramm? Wiesbaden 1985.

Ecarius, J.: Biographie, Lernen und Gesellschaft. Erziehungswissenschaftliche Überlegungen zu biographischem Lernen in sozialen Kontexten, in: Bohnsack, R./Marotzki, W. (Hrsg.): Biographieforschung und Kulturanalyse. Transdisziplinäre Zugänge qualitativer Forschung, Opladen 1998, S. 129–151.

Feldmann, U.: Teamarbeit, in: Deutscher Verein für öffentliche und private Fürsorge (Hrsg.): Fachlexikon der sozialen Arbeit. Frankfurt a. M. [5]2002, S. 965–966.

Fischer-Rosenthal, W./Rosenthal, G.: Narrationsanalyse biographischer Selbstpräsentation, in: Hitzler, R./Honer, A. (Hrsg.): Sozialwissenschaftliche Hermeneutik, Opladen 1997, S. 133–164.

Flick, U.: Entzauberung der Intuition. Systematische Perspektiven-Triangulation als Strategie der Geltungsbegründung qualitativer Daten und Interpretationen, in: Hoffmeyer-Zlotnik, J. H. P. (Hrsg.): Analyse verbaler Daten. Über den Umgang mit qualitativen Daten, Opladen 1992, S. 11–55.

Flick, U.: Triangulation in der qualitativen Forschung, in: Flick, U./von Kardorff, E./Steinke, I. (Hrsg.): Qualitative Forschung. Ein Handbuch, Reinbek bei Hamburg 2000, S. 309–318.

Flick, U./von Kardorff, E./Steinke, I. (Hrsg.): Qualitative Forschung. Ein Handbuch, Reinbek bei Hamburg 2000.

Flösser, G. u. a.: Jugendhilfeforschung. Beobachtungen zu einer wenig beobachteten Forschungslandschaft, in: Rauschenbach, Th./Thole, W. (Hrsg.):

Sozialpädagogische Forschung. Gegenstand und Funktionen, Bereiche und Methoden, Weinheim/München 1998, S. 226–261.

Frank, M.: Jugendwerkstätten, ein niedrigschwelliges Angebot, in: Fülbier, P./ Münchmeier, R. (Hrsg.): Handbuch Jugendsozialarbeit. Geschichte, Grundlagen, Konzepte, Handlungsfelder, Organisation, Band 1, Münster 2001, S. 605–612.

Franzpötter, R.: Organisationskultur. Begriffsverständnis und Analyse aus interpretativ-soziologischer Sicht, Baden-Baden 1997.

Freidson, E.: Der Ärztestand. Berufs- und wissenschaftssoziologische Durchleuchtung einer Profession, Stuttgart 1979.

Frey, A.: Aus- und Weiterbildung, in: Fried, L. u. a. (Hrsg.): Vorschulpädagogik, Baltmannsweiler 2003, S. 189–233.

Friebertshäuser, B.: Feldforschung und teilnehmende Beobachtung, in: Friebertshäuser, B./Prengel, A. (Hrsg.): Handbuch Qualitative Forschungsmethoden in der Erziehungswissenschaft, Weinheim/München 1997, S. 503–534.

Friebertshäuser, B.: Rituale im pädagogischen Alltag. Inszenierungen von Statuspassagen in Institutionen der öffentlichen Erziehung, in: Neue Praxis, 31. Jg., 2001, Heft 5, S. 491–506.

Fried, L. u. a.: Elementarbereich, in: Ingenkamp, K. u. a. (Hrsg.): Empirische Pädagogik 1970-1990, Weinheim 1992, S. 197–263.

Fthenakis, W. E. u. a.: Neue Konzepte für Kindertageseinrichtungen: eine empirische Studie zur Situations- und Problemdefinition der beteiligten Interessengruppen, Endbericht, 3 Bände, München 1995 (a-c).

Fthenakis, W. E./Textor, M. R. (Hrsg.): Qualität von Kinderbetreuung. Konzepte, Forschungsergebnisse, internationaler Vergleich, Weinheim/Basel 1998.

Gadamer, H.G.: Wahrheit und Methode, Tübingen 1965.

Galuske, M.: Das Orientierungsdilemma. Jugendberufshilfe, sozialpädagogische Selbstvergewisserung und die modernisierte Arbeitsgesellschaft, Bielefeld 1993.

Galuske, M.: Methoden der Sozialen Arbeit. Eine Einführung, Weinheim/München ^{7}2007.

Gängler, H./Rauschenbach, Th.: Sozialpädagogik in der Moderne. Vom Hilfe-Herrschafts-Problem zum Kolonialisierungstheorem, Bielefeld 1986, S. 169–203.

Garfinkel, H.: Studies in ethnomethodologie, Prentice-Hall, Englewood Cliffs, N.J. 1967.

Geertz, C.: Dichte Beschreibung. Beiträge zum Verstehen kultureller Systeme, Frankfurt a. M. 1983.

Geis, N.: „also wir hätten heute eh Teamsitzung gemacht". Beschreibung und Interpretation einer Teamsitzung. Unveröffentlichte Studienarbeit, Kassel 2005.

Gerdes, K. (Hrsg.): Explorative Sozialforschung, Stuttgart 1979.

Gerhardt, U.: Talcott Parsons, in: Kaesler, D./Vogt, L. (Hrsg.): Hauptwerke der Soziologie, Stuttgart 2000, S. 343–356.

Giddens, A.: Modernity and Self-Identity. Self and Society in the late Modernity, Stanford 1991.

Giebeler, C. u. a. (Hrsg.): Fallverstehen und Fallstudien. Interdisziplinäre Beiträge zur rekonstruktiven Sozialarbeitsforschung, Opladen 2007.

Giesecke, W.: Der Habitus von Erwachsenenbildnern. Pädagogische Professionalität oder plurale Beliebigkeit?, in: Combe, A./Helsper, W. (Hrsg.): Pädagogische Professionalität. Untersuchungen zum Typus pädagogischen Handelns, Frankfurt a. M. 1999, S. 678–713.

Gildemeister, R.: Neuere Aspekte der Professionalisierungsdebatte. Soziale Arbeit zwischen immanenten Kunstlehren des Fallverstehens und Strategien kollektiver Statusverbesserung, in: Neue Praxis, 22. Jg., 1992, Heft 2, S. 207–219.

Gildemeister, R./Robert, G.: „Ich geh da von einem bestimmten Fall aus ...". Professionalisierung und Fallbezug in der sozialen Arbeit, in: Jakob, G./ Wensierski, H.-J. v. (Hrsg.): Rekonstruktive Sozialpädagogik. Zum Verhältnis von qualitativer Sozialforschung und pädagogischem Handeln, Weinheim/München 1997, S. 23–38.

Girtler, R.: Methoden der Feldforschung, Wien u. a. ^{4}2001.

Glaser, B. G./Strauss, A. L.: Interaktion mit Sterbenden, Göttingen 1974.

Glaser, B. G./Strauss, A. L.: Die Entdeckung gegenstandsbezogener Theorie. Eine Grundstrategie qualitativer Sozialforschung, in: Hopf, G./Weingarten, E. (Hrsg.): Qualitative Sozialforschung, Stuttgart 1993, S. 107–117 (1979, S. 91–111).

Goffman, E.: Interaktionsrituale. Über Verhalten in direkter Kommunikation, Frankfurt a. M. 1971.

Goffman, E.: Asyle. Über die soziale Situation psychiatrischer Patienten und anderer Insassen, Frankfurt a. M. 1973.

Goffman, E.: Rahmen-Analyse. Ein Versuch über die Organisation von Alltagserfahrungen, Frankfurt a. M. 1977.

Goode, W. J.: Professionen und die Gesellschaft. Die Struktur ihrer Beziehungen, in: Luckmann, Th./Sprondel, W. M. (Hrsg.): Berufssoziologie, Köln 1972, S. 157–167.

Granosik, M.: Professionalität und Handlungsschemata der Sozialarbeit am Beispiel Polens, in: Zeitschrift für qualitative Bildungs-, Beratung- und Sozialforschung, 1. Jg. 2000, Heft 1, S. 97–130.

Hamburger, F.: Zeitdiagnose zur Theoriediskussion, in: Thiersch, H./Grunwald, K. (Hrsg.): Zeitdiagnose Soziale Arbeit, Weinheim/München 1995, S. 10–26.

Hanses, A. (Hrsg.): Biographie und Soziale Arbeit. Institutionelle und biographische Konstruktionen von Wirklichkeit, Baltmansweiler 2004.

Hartmann, H.: Arbeit, Beruf, Profession, in: Luckmann, Th./Sprondel, W. (Hrsg.): Berufssoziologie, Köln 1972, S. 36–52.

Heinemeier, S.: Sozialarbeit: Notnagel oder Sinnquelle? Zwischenergebnisse einer biographischen Studie zur Bedeutung von Studium und Berufsperspektive, in: Schatteburg, U. (Hrsg.): Aushandeln, Entscheiden, Gestalten. Soziale Arbeit, die Wissen schafft, Hannover 1994, S. 173–216.

Heiner, M.: Professionalität in der Sozialen Arbeit. Theoretische Konzepte, Modelle und empirische Perspektiven, Stuttgart 2004.

Heisig, U.: Professionalismus als Organisationsform und Strategie von Arbeit, in: Pfadenhauer, M. (Hrsg.): Professionelles Handeln, Wiesbaden 2005, S. 27–53.

Helfer, I.: Die tatsächlichen Berufsvollzüge der Sozialarbeiter. Daten und Einstellungen, herausgegeben vom Deutschen Verein für öffentliche und private Fürsorge, Frankfurt a. M. 1971.
Helsper, W.: Antinomien des Lehrerhandelns in modernisierten pädagogischen Kulturen. Paradoxe Verwendungsweisen von Autonomie und Selbstverantwortlichkeit, in: Combe, A./Helsper, W. (Hrsg.): Pädagogische Professionalität. Untersuchungen zum Typus pädagogischen Handelns, Frankfurt a. M. 1999, S. 521–569.
Hildenbrand, B.: Methodik der Einzelfallstudie. Theoretische Grundlagen, Erhebungs- und Auswertungsverfahren, vorgeführt an Fallbeispielen, Kurseinheit 1-3, Hagen 1984 (a-c).
Hirschauer, St.: Praktiken und ihre Körper. Über materielle Partizipanden des Tuns, in: Hörning, K. H./Reuter, J. (Hrsg.): Doing Culture. Neue Positionen zum Verhältnis von Kultur und sozialer Praxis, Bielefeld 2004, S. 73–91.
Hirschauer, St./Amann, K. (Hrsg.): Die Befremdung der eigenen Kultur. Zur ethnographischen Herausforderung soziologischer Empirie, Frankfurt a. M. 1997.
Hitzler, R.: Die Attitüde der künstlichen Dummheit, in: Sozialwissenschaftliche Informationen (SOWI), 1986, Heft 3, S. 53–59.
Hitzler, R.: Verstehen: Alltagspraxis und wissenschaftliches Programm, in: Jung, Th./Müller-Doohm, St. (Hrsg.): „Wirklichkeit" im Deutungsprozeß. Verstehen und Methoden in den Kultur- und Sozialwissenschaften, Frankfurt a. M. 1993, S. 223–239.
Hitzler, R.: Wissen und Wesen der Experten. Ein Annäherungsversuch – zur Einleitung, in: Hitzler, R./Honer, A./Maeder, C. (Hrsg.): Expertenwissen. Die institutionalisierte Kompetenz zu Konstruktion von Wirklichkeit, Opladen 1994, S. 13–30.
Hitzler, R.: Perspektivenwechsel. Über künstliche Dummheit, Lebensweltanalyse und Allgemeine Soziologie, in: Soziologie (Mitteilungsblatt der DGS), 1997, Heft 4, S. 5–18.
Hitzler, R./Honer, A.: Der lebensweltliche Forschungsansatz, in: Neue Praxis, 18. Jg., 1988, Heft 6, S. 496–501.
Hitzler, R./Honer, A./Maeder, C. (Hrsg.): Expertenwissen. Die institutionalisierte Kompetenz zu Konstruktion von Wirklichkeit, Opladen 1994.
Hitzler, R./Reichertz, J./Schröer, N. (Hrsg.): Hermeneutische Wissenssoziologie. Standpunkte zur Theorie der Interpretation, Konstanz 1999.
Hoerning, E. M./Corsten, M. (Hrsg.): Institution und Biographie, Pfaffenweiler 1995.
Hollstein, W.: Sozialarbeit im Kapitalismus. Themen und Probleme, in: Hollstein, W./Meinhold, M. (Hrsg.): Sozialarbeit unter kapitalistischen Produktionsbedingungen, Frankfurt a. M. 1973, S. 9–43.
Homfeldt, H.-G./Schulze-Krüdener, J. (Hrsg.): Wissen und Nichtwissen. Herausforderungen für Soziale Arbeit in der Wissensgesellschaft, Weinheim/München 2000.
Honer, A.: Einige Probleme lebensweltlicher Ethnographie. Zur Methodologie und Methodik einer interpretativen Sozialforschung, in: Schröer, N. (Hrsg.): Interpretative Sozialforschung. Auf dem Weg zu einer hermeneutischen Wissenssoziologie, Opladen 1994, S. 85–106.

Honig, M.-S./Joos, M./Schreiber, N.: Was ist ein guter Kindergarten? Theoretische und empirische Analysen zum Qualitätsbegriff in der Pädagogik, Weinheim/München 2004.

Hopf, C./Weingarten, E. (Hrsg.): Qualitative Sozialforschung, Stuttgart 1993.

Hoppe, J. R.: Polemische Anmerkungen zur Kindertagesstättenpraxis, ErzieherInnenausbildung, LehrerInnenfortbildung und zu Innovationsbestrebungen, in: Nachrichtendienst des deutschen Vereins für öffentliche und private Fürsorge, 73. Jg., 1993, Heft 3, S. 113–116.

Hradil, St.: System und Akteur. Eine empirische Kritik der soziologischen Kulturtheorie Pierre Bourdieus, in: Eder, K. (Hrsg.): Klassenlage, Lebensstil und kulturelle Praxis, Frankfurt a. M. 1989, S. 111–141.

Hughes, E. C.: The Soziological Eye. Selected Papers, New Brunswick (USA)/London 1984.

Illich, I.: Entmündigung durch Experten. Zur Kritik der Dienstleistungsberufe, Reinbek bei Hamburg 1979.

Jakob, G.: Das narrative Interview in der Biographieforschung, in: Friebertshäuser, B./Prengel, A. (Hrsg.): Handbuch Qualitative Forschungsmethoden in der Erziehungswissenschaft, Weinheim/München 1997, S. 445–457.

Jakob, G.: Forschendes lernen – lernendes Forschen. Rekonstruktive Forschungsmethoden und pädagogisches Handeln in der Ausbildung, in: Rauschenbach, Th./Thole, W. (Hrsg.): Sozialpädagogische Forschung. Gegenstand und Funktionen, Bereiche und Methoden, Weinheim/München 1998, S. 199–223.

Kalthoff, H.: Fremdenrepräsentation. Über ethnographisches Arbeiten in exklusiven Internatsschulen, in: Hirschauer, St./Amann, K. (Hrsg.): Die Befremdung der eigenen Kultur. Zur ethnographischen Herausforderung soziologischer Empirie, Frankfurt a. M. 1997, S. 240–266.

Karsten, M.-E.: Frauen-Berufsausbildungen im Erziehungs- und Sozialbereich: Aufwertung oder Umwertung durch Professionalisierung, in: Ötv-Dokumentation zur Reform der Erzieherinnen-Ausbildung 1998.

Kelle, H.: Ethnographische Methodologie und Probleme der Triangulation, in: ZSE, 21. Jg., 2001, Heft 2, S. 192–208.

Klatetzki, Th.: Wissen, was man tut. Professionalität als organisationsstrukturelles System. Eine ethnographische Interpretation, Bielefeld 1993.

Klatetzki, Th.: Skripts in Organisationen. Ein praxistheoretischer Bezugsrahmen für die Artikulation des kulturellen Repertoires sozialer Einrichtungen und Dienste, in: Schweppe, C. (Hrsg.): Qualitative Forschung in der Sozialpädagogik, Opladen 2003, S. 93–118.

Klatetzki, Th.: Professionelle Arbeit und kollegiale Organisation. Eine symbolisch-interpretative Perspektive, in: Klatetzki, Th./Tacke, V. (Hrsg.): Organisation und Profession, Wiesbaden 2005, S. 253–283.

Klatetzki, Th./Tacke, V. (Hrsg.): Organisation und Profession, Wiesbaden 2005.

Kleve, H.: Soziale Arbeit zwischen Inklusion und Exklusion, in: Neue Praxis, 27. Jg., 1997, Heft 5, S. 412–432.

Knieschewski, E.: Sozialarbeiter und Klient. Eine empirische Untersuchung, Weinheim/Basel 1978.

Knoblauch, H.: Kommunikative Lebenswelten. Zur Ethnographie einer geschwätzigen Gesellschaft, Konstanz 1996.

Knoblauch, H.: Fokussierte Ethnographie, in: Sozialer Sinn, 2001, Heft 1, S. 123–141.

Köckeis-Stangel, E.: Methoden der Sozialisationsforschung, in: Ulich, D./Hurrelmann, K. (Hrsg.): Handbuch der Sozialisationsforschung, Weinheim 1982, S. 321–370.

Kraul, M./Marotzki, W./Schweppe, C. (Hrsg.): Biographie und Profession, Bad Heilbrunn 2002.

Krüger, H.-H./Marotzki, W.(Hrsg.): Erziehungswissenschaftliche Biographieforschung, Opladen 1995.

Kühl, St./Strodtholz, P. (Hrsg.): Methoden der Organisationsforschung. Ein Handbuch, Reinbek bei Hamburg 2002.

Küpper, W./Ortmann, G. (Hrsg.): Mikropolitik. Rationalität, Macht und Spiele in Organisationen, Opladen 1992 (a).

Küpper, W./Ortmann, G.: Vorwort: Mikropolitik – Das Handeln der Akteure und die Zwänge des Systems, in: Küpper, W./Ortmann, G. (Hrsg.): Mikropolitik. Rationalität, Macht und Spiele in Organisationen, Opladen 1992, S. 7–9 (b).

Kurz-Adam, M.: Modernisierung von innen? Wie der gesellschaftliche Wandel die Beratungsarbeit erreicht, in: Kurz-Adam, M./Post, I. (Hrsg.): Erziehungsberatung und Wandel der Familie. Probleme, Neuansätze und Entwicklungslinien, Opladen 1995, S. 175–218.

Kurz-Adam, M.: Professionalität und Alltag in der Erziehungsberatung. Institutionelle Erziehungsberatung im Prozeß der Modernisierung, Opladen 1997.

Küster, E.-U.: Qualifizierung für die Soziale Arbeit. Auf der Suche nach Normalisierung, Anerkennung und dem Eigentlichen, in: Thole, W. (Hrsg.): Grundriss Soziale Arbeit. Ein einführendes Handbuch, Opladen 2002, S. 815–841.

Küster, E.-U.: Fremdheit und Anerkennung. Ethnographie eines Jugendhauses, Weinheim/Basel/Berlin 2003.

Lamnek, S.: Qualitative Sozialforschung, Band 1 und 2: Methodologie, München/Weinheim 1988.

Lamnek, S.: Qualitative Sozialforschung. Band 2: Methoden und Techniken, 3. korrigierte Auflage, Weinheim 1995.

Larson, M. S.: The rise of professionalism, London: U. Calif. P. 1977.

Legewie, H.: Feldforschung und teilnehmende Beobachtung, in: Flick u. a. (Hrsg.): Handbuch Qualitative Sozialforschung, München 1991, S. 189–192.

Lindner, W. (Hrsg.): Ethnographische Methoden in der Jugendarbeit. Zugänge, Anregungen und Praxisbeispiele, Opladen 2000.

Lingesleben, O.: Die Berufssituation der Sozialarbeiter, Köln/Opladen 1968.

Löw, M.: Raumsoziologie. Frankfurt a. M. 2001.

Löw, M.: Einführung in der Soziologie der Bildung und Erziehung, Opladen 2003.

Lofland, J.: Der Beobachter: inkompetent aber akzeptabel, in: Gerdes, K. (Hrsg.) Explorative Sozialforschung, Stuttgart 1979, S. 75–76 (i. O.: The Observer as Acceptable Incompetent, in: Analyzing social settings, Belmond 1971).

Lofland, J.: Feldnotizen, in: Gerdes, K. (Hrsg.) Explorative Sozialforschung, Stuttgart 1979, S. 110–120 (i. O.: Notes, in: Analyzing social settings, Belmond 1971).

Luckmann, Th./Sprondel, W. (Hrsg.): Berufssoziologie, Köln 1972.
Lüders, C.: Spurensuche. Ein Literaturüberblick zur Verwendungsforschung, in: Oelkers, J./Tenorth, H.-E. (Hrsg.): Pädagogisches Wissen, 27. Beiheft der Zeitschrift für Pädagogik, Weinheim Basel 1991, S. 415–437.
Lüders, C.: Between Stories, in: Sozialwissenschaftliche Literaturrundschau, 1996, Heft 19, S. 19–29.
Lüders, C.: Beobachten im Feld und Ethnographie, in: Flick, U./Kardorff, E. von/Steinke, I. (Hrsg.): Qualitative Forschung. Ein Handbuch, Reinbek bei Hamburg 2000, S. 384–401.
Ludewigt, I./Otto-Schindler, M.: „... und irgendwann wühlt man sich wieder ans Tageslicht". Ansprüche und Formen sozialpädagogischen Handelns von Heimerzieherinnen und Heimerziehern, Niedersächsische Beiträge zur Sozialpädagogik und Sozialarbeit, Band 8, Frankfurt a. M. u. a. 1992 (a).
Ludewigt, I./Otto-Schindler, M.: „Da fing diese Wurtschtelei eigentlich schon an". Zum sozialpädagogischen Handeln im „Heim-Alltag", in: Neue Sammlung, 23, 1992, S. 509–520 (b).
Lueger, M.: Grundlagen qualitativer Feldforschung. Methodologie, Organisierung, Materialanalyse, Wien 2000.
Luhmann, N.: Organisation, in: Küpper, W./Ortmann, G. (Hrsg.): Mikropolitik. Rationalität, Macht und Spiele in Organisationen, Opladen 1992, S. 165–185.
Luhmann, N./Schorr, K.-E.: Das Technologiedefizit in der Pädagogik, in: Luhmann, N./Schorr, K.-E. (Hrsg.): Zwischen Intransparenz und Verstehen, Frankfurt a. M. 1986, S. 11–40.
Marotzki, W.: Forschungsmethoden der erziehungswissenschaftlichen Biographieforschung, in: Krüger, H.-H./Marotzki, W.(Hrsg.): Erziehungswissenschaftliche Biographieforschung, Opladen 1995, S. 55–89.
Marzahn, C.: Partizipation, Selbsthilfe und sozialpädagogische Kompetenz, in: Müller, S. u. a. (Hrsg.): Handlungskompetenz in der Sozialarbeit/Sozialpädagogik I. Interventionsmuster und Praxisanalysen, Bielefeld 1982, S. 65–77.
May, Th.: Organisationskultur. Zur Rekonstruktion und Evaluation heterogener Ansätze in der Organisationstheorie, Opladen 1997.
Mayer-Vorfelder, H.: Redebeitrag auf dem Kreisparteitag in Schwäbisch-Gmünd 1982; zitiert von Metzinger, A.: Zur Geschichte der Erzieherausbildung. Quellen – Konzeptionen – Impulse – Innovationen, Frankfurt a. M. u. a. 1993, S. 194.
Meier, C.: Arbeitsbesprechungen. Interaktionsstruktur, Interaktionsdynamik und Konsequenzen einer sozialen Form, Opladen 1997.
Meinhold, M.: Zum Selbstbild und zur Funktion von Sozialarbeitern, in: Hollstein, W./Meinhold, M. (Hrsg.): Sozialarbeit unter kapitalistischen Produktionsbedingungen, Frankfurt a. M 1973, S. 208–225.
Merchel, J. (Hrsg.): Qualität in der Jugendhilfe. Kriterien und Bewertungsmöglichkeiten, Münster 1998.
Merkens, H.: Teilnehmende Beobachtung. Analyse von Protokollen teilnehmender Beobachter, in: Hoffmeyer-Zlotnik, J. H. P. (Hrsg.): Analyse verbaler Daten. Über den Umgang mit qualitativen Daten, Opladen 1992, S. 216–247.
Merten, R.: Autonomie Sozialer Arbeit. Zur Funktionsbestimmung als Disziplin und Profession, Weinheim/München 1997.

Merten, R./Olk, Th: Sozialpädagogik als Profession. Historische Entwicklung und zukünftige Perspektiven, in: Combe, A./Helsper (Hrsg.): Pädagogische Professionalität. Untersuchungen zum Typus pädagogischen Handelns, Frankfurt a. M. 1999, S. 570–613.
Mohn, E. (2002): Filming Culture. Spielarten des Dokumentierens nach der Repräsentationskrise, Stuttgart.
Müller, B.: Qualitätsprodukt Jugendhilfe. Kritische Thesen und praktische Vorschläge, Freiburg i. Br. 1998.
Müller, B.: Professionalisierung, in: Thole, W. (Hrsg.): Grundriss Soziale Arbeit. Ein einführendes Handbuch, Opladen 2002, S. 725–744.
Müller, B.: Sozialpädagogisches Können. Ein Lehrbuch zur multiperspektivischen Fallarbeit, Freiburg i. Br ^{4}2006.
Nadai, E. u. a. : Fürsorgliche Verstrickung. Soziale Arbeit zwischen Profession und Freiwilligenarbeit, Wiesbaden 2005.
Nagel, U.: Engagierte Rollendistanz, Opladen 1997.
Nagel, U.: Sozialpädagogische Forschung und rekonstruktive Theoriebildung, in: Rauschenbach, Th./Thole, W. (Hrsg.): Sozialpädagogische Forschung. Gegenstand und Funktionen, Bereiche und Methoden, Weinheim/München 1998, S. 180–198.
Netz, T.: Erzieherinnen auf dem Weg zur Professionalität. Studien zur Genese der beruflichen Identität, Frankfurt a. M. 1998.
Niemeyer, C.: Die mißlungene Deprofessionsalisierungsdiskussion in der Sozialarbeit/Sozialpädagogik, in: Neue Praxis, 14. Jg., 1984, S. 153–170.
Niemeyer, C.: Sozialpädagogik als Wissenschaft und Profession, in: Neue Praxis, 22. Jg., 1992, Heft 6, S. 455–484.
Niemeyer, C.: Klassiker der Sozialpädagogik, Weinheim/München 1998.
Niemeyer, C.: Theorie und Praxis der Sozialpädagogik, Münster 1999.
Nittel, D.: Professionalität ohne Profession?, in: Kraul, M./Marotzki, W./Schweppe, C. (Hrsg.): Biographie und Profession, Bad Heilbrunn 2002, S. 253–286.
Nölke, E.: Biografie und Profession in sozialarbeiterischen, rechtspflegerischen und künstlerischen Arbeitsfeldern, in: Zeitschrift für qualitative Bildungs-, Beratung- und Sozialforschung, 1. Jg., 2000, Heft 1, S. 21–48.
Norman, K.: Kindererziehung in einem deutschen Dorf. Erfahrungen einer schwedischen Ethnologin, Frankfurt a. M./New York 1997.
Oevermann, U.: Theoretische Skizze einer revidierten Theorie professionalisierten Handelns, in: Combe, A./Helsper, W. (Hrsg.): Pädagogische Professionalität, Frankfurt a. M. 1999, S. 70–181.
Olk, Th.: Abschied vom Experten. Sozialarbeit auf dem Weg zu einer alternativen Professionalität, Weinheim/München 1986.
Ortmann, F.: Öffentliche Verwaltung und Sozialarbeit. Lehrbuch zu Strukturen, bürokratischer Aufgabenbewältigung und sozialpädagogischem Handeln der Sozialverwaltung, Weinheim/München 1994.
Otto, H.-U.: Professionalisierung und gesellschaftliche Neuorientierung. Zur Transformation des beruflichen Handelns in der Sozialarbeit, in: Neue Praxis, 2. Jg., 1972, Heft 4, S. 416–426.
Otto, H.-U.: Sozialarbeit zwischen Routine und Innovation, Professionelles Handeln in Sozialadministrationen, Berlin/New York 1991.

Otto, H.-U./Utermann, K.: Sozialarbeit als Beruf. Auf dem Weg zur Professionalisierung? München 1991.
Otto, H.-U./Rauschenbach, Th./Vogel, P. (Hrsg.): Erziehungswissenschaft. Professionalität und Kompetenz, Opladen 2002.
Parsons, T.: Die akademischen Berufe und die Sozialstruktur (1939), in: Parsons, T.: Beiträge zur soziologischen Theorie (herausgegeben und eingeleitet von D. Rüschemeyer), Neuwied/Berlin 1964.
Parsons, T.: Illness and the role of the physician, in: American Journal of Orthopsychiatrie, Bd. 21, 1951.
Parsons, T.: Struktur und Funktion der modernen Medizin. Eine soziologische Analyse, in: König, R./Tönnesmann, M. (Hrsg.): Probleme der Medizin-Soziologie, Köln/Opladen 1961, S. 10–57.
Parsons, T.: Professions, in: International Encyclopedia of the Social Science, Bd. 12, 1968, S. 536–547.
Peters, H./Cremer-Schäfer, H.: Die sanften Kontrolleure. Wie Sozialarbeit mit Devianten umgeht, Stuttgart1975.
Pfadenhauer, M.: Das Problem zur Lösung. Inszenierung von Professionalität, in: Willems, H./Jurga, M. (Hrsg.): Inszenierungsgesellschaft, Opladen 1998, S. 291–304.
Pfadenhauer, M.: Rollenkompetenz. Träger, Spieler und Professionelle als Akteure für die hermeneutische Wissenssoziologie, in: Hitzler, R./Reichertz, J./Schröer, N. (Hrsg.): Hermeneutische Wissenssoziologie. Standpunkte zur Theorie der Interpretation, Konstanz 1999, S. 267–285.
Pfadenhauer, M.: Professionalität. Eine wissenssoziologische Rekonstruktion institutionalisierter Kompetenzdarstellungskompetenz, Opladen 2003.
Pfadenhauer, M. (Hrsg.): Professionelles Handeln, Wiesbaden 2005.
Preisendörfer, P.: Organisationssoziologie. Grundlagen, Theorien und Problemstellungen, Wiesbaden 2005.
Puchta, C./Wolff, S. (2004): Diskursanalysen institutioneller Gespräche. Das Beispiel von „Focus Groups", in: Keller, R. u. a. (Hrsg.): Handbuch sozialwissenschaftliche Diskursanalyse. Band 2: Forschungspraxis. Wiesbaden, S. 439–457.
Rabe-Kleberg, U./Krüger, H./von Derschau, D. (Hrsg.): Qualifikationen für Erzieherarbeit, Bd. 3, Beruf oder Privatarbeit – eine falsche Alternative, München 1986.
Rauschenbach, Th.: Das sozialpädagogische Jahrhundert. Analysen zur Entwicklung Sozialer Arbeit in der Moderne, Weinheim/München 1999.
Rauschenbach, Th./Schilling, M. (Hrsg.): Die Kinder- und Jugendhilfe und ihre Statistik. 2 Bände, Neuwied/Kriftel/Berlin 1997.
Rauschenbach, Th./Thole, W. (Hrsg.): Sozialpädagogische Forschung. Gegenstand und Funktionen, Bereiche und Methoden, Weinheim/München 1998.
Rauschenbach, Th./Züchner, I.: Theorie der Sozialen Arbeit, in: Thole, W. (Hrsg.): Grundriss Soziale Arbeit. Ein einführendes Handbuch. Opladen 2002, S. 139–160.
Rauschenbach, Th./Beher, K./Knauer, D.: Die Erzieherin. Ausbildung und Arbeitsmarkt, Weinheim/München 1996.
Reckwitz, A.: Grundelemente einer Theorie sozialer Praktiken. Eine sozialtheoretische Perspektive, in: Zeitschrift für Soziologie, 32. Jg., 2003, Heft 4, S. 282–301.

Reitemeier, U.: Zum interaktiven Umgang mit einbürgerungsrechtlichen Regelungen in der Aussiedlerberatung. Gesprächsanalytische Beobachtungen zu einem authentischen Fall, in: Zeitschrift für qualitative Bildungs-, Beratungs- und Sozialforschung, 1. Jg., 2000, Heft 2, S. 253–281.
Riemann, G.: Die Arbeit in der sozialpädagogischen Familienberatung. Interaktionsprozesse in einem Handlungsfeld der sozialen Arbeit, Weinheim/München 2000.
Rosenstiel, L. v.: Organisationsanalyse, in: Flick, U./von Kardorff, E./Steinke, I. (Hrsg.): Qualitative Forschung. Ein Handbuch, Reinbek bei Hamburg 2000, S. 224–238.
Roux, S.: Wie sehen Kinder ihren Kindergarten. Theoretische und empirische Befunde zur Qualität von Kindertageseinrichtungen, Weinheim/München 2002.
Ruppert, W.: Der moderne Künstler, Frankfurt a. M. 1998.
Sachße, C.: Mütterlichkeit als Beruf, Frankfurt a. M. 1986.
Sahle, R.: Gabe, Almosen, Hilfe, Opladen 1987.
Salomon, A.: Soziale Diagnose, Berlin 1926.
Schatzki, Th. R./Knorr-Cetina, K./Savigny, E. v. (eds.): The practice turn in contemporary theory, London/New York 2001.
Schatzmann, L./Strauss, A. L.: Strategie für den Eintritt in ein Feld, in: Gerdes, K. (Hrsg.): Explorative Sozialforschung, Stuttgart 1979, S. 77–93 (i. O.: Field Research. Stratgies of Natural Sociology, New Jersey 1973, p. 18–23).
Schein, E. H.: Organzational Culture and Leadership, San Francisco/Washington/London 1985.
Scheuerl, H.: Das Spiel, Weinheim/Basel 1954.
Schmidt, A.: Doing peer-group. Die interaktive Konstitution jugendlicher Gruppenpraxis, Frankfurt a. M. 2004.
Schumann, M.: Kernprobleme professionellen Handelns. Exemplarische Rekonstruktion einer Jugendarbeit vor Ort, in: Kiesel, D./Scherr, A./Thole, W. (Hrsg.): Standortbestimmung Jugendarbeit. Theoretische Orientierungen und empirische Befunde, Schwalbach/Ts. 1998, S. 179–198.
Schütze, F.: Prozeßstrukturen des Lebenslaufs., in: Mathes, J. u. a. (Hrsg.): Biographie in handlungswissenschaftlicher Perspektive, Nürnberg 1981, S. 67–156.
Schütze, F.: Biographieforschung und narratives Interview, in: Neue Praxis, 13. Jg., 1983, Heft 1, S. 283–293.
Schütze, F.: Kognitive Figuren des autobiografischen Stegreiferzählens, in: Kohli, M./Robert, G. (Hrsg.): Biographie und soziale Wirklichkeit. Neue Beiträge und Forschungsperspektiven, Stuttgart 1984, S. 78–117.
Schütze, F.: Symbolischer Interaktionismus, in: Ammon, U. (Hrsg.): Soziolinguistik. Ein internationales Handbuch zur Wissenschaft von Sprache und Gesellschaft, Berlin/New York 1987, S. 520–553.
Schütze, F.: Sozialarbeit als „bescheidene" Profession, in: Dewe, B./Ferchhoff, W./Radtke, F.-O. (Hrsg.): Erziehen als Profession, Opladen 1992, S. 132-170.
Schütze, F.: Ethnographie und sozialwissenschaftliche Methoden der Feldforschung. Eine mögliche methodische Orientierung in der Ausbildung und Praxis der Sozialen Arbeit?, in: Groddeck, N./Schumann, M. (Hrsg.): Mo-

dernisierung Sozialer Arbeit durch Methodenentwicklung und -reflexion, Freiburg i. Br. 1994, S. 189–297.

Schütze, F.: Verlaufskurven des Erleidens als Forschungsgegenstand der interpretativen Soziologie, in: Krüger, H.-H. u. a. (Hrsg.): Erziehungswissenschaftliche Biographieforschung, Opladen 1995, S. 116–157.

Schütze, F.: Organisationszwänge und hoheitsstaatliche Rahmenbedingungen im Sozialwesen. Ihre Auswirkungen auf die Paradoxien des professionellen Handelns, in: Combe, A./Helsper, W. (Hrsg.): Pädagogische Professionalität. Untersuchungen zum Typus pädagogischen Handelns, Frankfurt a. M. 1999, S. 183–275.

Schütze, F.: Schwierigkeiten bei der Arbeit und Paradoxien des professionellen Handelns, in: Zeitschrift für qualitative Bildungs-, Beratungs- und Sozialforschung, 1. Jg., 2000, Heft 1, S. 49–96.

Schütze, F.: Rätselhafte Stellen im narrativen Interview und ihre Analyse, in: Handlung Kultur Interpretation, Zeitschrift für Sozial- und Kulturwissenschaften, 10. Jg., 2001, Heft 1, S. 12–28.

Schweppe, C.: Biographie und Studium. Lebensgeschichten von Studierenden des Diplomstudiengangs Pädagogik/Studienrichtung Sozialpädagogik, in: Homfeldt, H.-G./Schulze-Krüdener, J. (Hrsg.): Wissen und Nichtwissen. Herausforderungen für Soziale Arbeit in der Wissensgesellschaft, Weinheim/München 2000, S. 111–125.

Schweppe, C.: Biographie, Studium und Professionalisierung. Das Beispiel Sozialpädagogik, in: Kraul, M./Marotzki, W./Schweppe, C. (Hrsg.): Biographie und Profession, Bad Heilbrunn 2002, S. 197–224.

Schweppe, C. (Hrsg.): Qualitative Forschung in der Sozialpädagogik, Opladen 2003.

Schwingel, M: Pierre Bourdieu zur Einführung, Hamburg 1998.

Skiba, E. G.: Der Sozialarbeiter in der gegenwärtigen Gesellschaft, Weinheim u. a. 1969.

Smircich, L.: Concepts of Culture and Organizational Analysis, in: Administrative Science Quarterly, 28, 1983, S. 339–358.

Soeffner, H.-G.: Auslegung des Alltags – Der Alltag der Auslegung. Zur wissenssoziologischen Konzeption einer sozialwissenschaftlichen Hermeneutik, Frankfurt a. M. 1989.

Stahmer, I.: Teamarbeit, in: Kreft, Dieter/Mielenz, Ingrid (Hrsg.): Wörterbuch Soziale Arbeit. Weinheim/Basel [4]1996, S. 612–614.

Statistisches Bundesamt: Einrichtungen und tätige Personen in der Jugendhilfe, Wiesbaden/Stuttgart, verschiedene Jahrgänge.

Steinke, I.: Gütekriterien qualitativer Forschung, in: Flick, U./von Kardorff, E. /Steinke, I. (Hrsg.): Qualitative Forschung. Ein Handbuch, Reinbek bei Hamburg 2000, S. 319–331.

Stichweh, R.: Professionalisierung, Ausdifferenzierung von Funktionssystemen, Inklusion, in: Stichweh, R.: Wissenschaft, Universität, Professionen. Soziologische Analysen, Frankfurt a. M. 1992, S.362–378.

Stichweh, R.: Professionen in einer funktional differenzierten Gesellschaft, in: Combe, A./Helsper, W. (Hrsg.): Pädagogische Professionalität. Untersuchungen zum Typus pädagogischen Handelns, Frankfurt a. M. 1999, S. 49–69.

Strätz, R.: Neue Konzepte für Kindertageseinrichtungen. Eine empirische Studie zur Situations- und Problemdefinition der beteiligten Interessengruppen, Köln 1998.

Strauss, A. L.: Grundlagen qualitativer Sozialforschung. Datenanalyse und Theoriebildung in der empirischen soziologischen Forschung, München 1994.

Südmersen, I.: Hilfe ich ersticke in Texten! Eine Anleitung zur Aufarbeitung narrativer Interviews, in: Neue Praxis, 13. Jg., 1983, Heft 3, S. 294–306.

Terhart, E.: Berufskultur und professionelles Handeln bei Lehrern, in: Combe, A./Helsper, W. (Hrsg.): Pädagogische Professionalität. Untersuchungen zum Typus pädagogischen Handelns, Frankfurt a. M. 1999, S. 448–471.

Thiersch, H.: Lebensweltorientierte Soziale Arbeit. Aufgaben der Praxis im sozialen Wandel, Weinheim/München 1992.

Thiersch, R./Höltershinken, D./Neumann, K. (Hrsg.): Die Ausbildung der ErzieherInnen. Entwicklungstendenzen und Reformansätze, Weinheim/München 1999.

Thole, W.: Familie, Szene, Jugendhaus. Alltag und Subjektivität einer Jugendclique, Opladen 1991.

Thole, W.: Soziale Arbeit als Profession und Disziplin. Das sozialpädagogische Projekt in Praxis, Theorie, Forschung und Ausbildung – Versuch einer Standortbestimmung, in: Thole, W. (Hrsg.): Grundriss Soziale Arbeit. Ein einführendes Handbuch, Opladen 2002, S. 13–59.

Thole, W./Cloos, P.: Soziale Arbeit als professionelle Dienstleistung. Zur „Transformation des beruflichen Handelns" zwischen Ökonomie und eigenständiger Fachkultur, in: Müller, S. u. a. (Hrsg.): Soziale Arbeit. Gesellschaftliche Bedingungen und professionelle Perspektiven (Hans-Uwe Otto zum 60. Geburtstag), Neuwied/Kriftel 2000, S. 547–567 (a)

Thole, W./Cloos, P.: Nimbus und Habitus. Überlegungen zum sozialpädagogischen Professionalisierungsprojekt, in: Homfeldt, H. G./Schulze-Krüdener, J. (Hrsg.): Wissen und Nichtwissen. Herausforderungen für Soziale Arbeit in der Wissensgesellschaft, Weinheim/München 2000, S. 277–295 (b).

Thole, W./Küster-Schapfl, E.-U.: Sozialpädagogische Profis. Beruflicher Habitus, Wissen und Können von PädagogInnen in der außerschulischen Kinder- und Jugendarbeit, Opladen 1997.

Thole, W./Galuske, M./Gängler, M.: KlassikerInnen der Sozialen Arbeit. Sozialpädagogische Texte aus zwei Jahrhunderten – ein Lesebuch, Neuwied 1998.

Thole, W./Cloos, P./Küster, E.-U.: Forschung „in eigener Sache". Anmerkungen zu den Ambivalenzen ethnografischen Forschens im Kontext sozialpädagogischen Handelns, in: Hörster, H./Küster, E.-U./Wolff, St. (Hrsg.): Orte der Verständigung. Beiträge zum sozialpädagogischen Argumentieren, Freiburg i. Br. 2004, S. 66–88.

Tietze, W. u. a.: Wie gut sind unsere Kindergärten. Eine Untersuchung zur pädagogischen Qualität in deutschen Kindergärten, Neuwied 1998.

Wagner, H.-J.: Eine Theorie pädagogischer Professionalität, Weinheim 1998.

Wagner-Willi, H.: Videointerpretation als mehrdimensionale Mikroanalyse am Beispiel schulischer Alltagsszenen, in: Zeitschrift für qualitative Bildungs-, Beratungs- und Sozialforschung, 5. Jg., 2004, Heft 1, S. 49–66.

Wagner-Willi, M: Kinder-Rituale zwischen Vorder- und Hinterbühne. Der Übergang von der Pause zum Unterricht, Wiesbaden 2005.
Wax, R. H.: Das erste und unangenehmste Stadium der Feldforschung, in: Gerdes, K. (Hrsg.): Explorative Sozialforschung, Stuttgart 1979, S. 68–74 (i. O.: The First and Most Uncomfortable Satge of Fieldwork, in: Doing Fieldwork: Warning and Advice, Chicago 1971).
Weber, G./Hillebrand, F.: Soziale Hilfe – Ein Teilsystem der Gesellschaft? Opladen 1999.
Weber, M.: Wirtschaft und Gesellschaft, Tübingen 1972 (i. O. 1922).
Weick, K. E.: Der Prozeß des Organisierens, Frankfurt a. M. 1995.
Wigger, A.: Was tun SozialpädagogInnen und was glauben sie, was sie tun, Opladen ²2007.
Wigger, L.: Das akademische Studium im Professionalisierungsdiskurs der Sozialpädagogik, in: Homfeldt, H.-G./Schulze-Krüdener, J. (Hrsg.): Wissen und Nichtwissen. Herausforderungen für Soziale Arbeit in der Wissensgesellschaft, Weinheim/München 2000, S. 297–311.
Wilensky, H. L.: Jeder Beruf eine Profession?, in: Luckmann, Th./Sprondel, W. M. (Hrsg.): Berufssoziologie, Köln 1972, S. 198–215 (im Original: The Professionalization of Everyone?, in: American Journal of Sociology, 1964, Heft 70, S. 137–158).
Wilke, H.: Organisierte Wissensarbeit, in: Zeitschrift für Soziologie, Jg. 27, 1998, S. 161–177.
Willems, H.: Rahmen und Habitus. Zum theoretischen und methodischen Ansatz Erving Goffmans: Vergleiche, Anschlüsse und Anwendungen, Frankfurt a. M. 1997.
Winkler, M.: Eine Theorie der Sozialpädagogik, Stuttgart 1988.
Wolf, K.: Machtprozesse in der Heimerziehung. Eine qualitative Studie über ein Setting in der Heimerziehung, Münster 1999.
Wolff, S.: Die Produktion von Fürsorglichkeit, Bielefeld 1983.
Wolff, S.: Rapport und Report. Über einige Probleme bei der Erstellung plausibler ethnographischer Texte, in: Ohe, W. von der (Hrsg.): Kulturanthropologie. Beiträge zum Neubeginn einer Disziplin, Berlin 1986, S. 333–364.
Wolff, S.: Wege ins Feld und ihre Varianten, in: Flick, U./von Kardorff, E./Steinke, I. (Hrsg.): Qualitative Forschung. Ein Handbuch, Reinbek bei Hamburg 2000, S. 334–349.
Wollnik, M: Das Verhältnis von Organisationsstruktur und Organisationskultur, in: Dülfer, E. (Hrsg.): Organisationskultur. Phänomen – Philosophie – Technologie, Stuttgart 1991, S. 65–92.
Zeiher, H. J./Zeiher, H.: Orte und Zeiten der Kinder. Soziales Leben im Alltag von Großstadtkindern, Weinheim/München 1994.
Zimmer, J.: (Hrsg.): Curriculumentwicklung im Vorschulbereich, 2 Bände, München 1973.
Zimmer, J. u. a.: Kindergärten auf dem Prüfstand. Dem Situationsansatz auf der Spur, Seelze–Velber 1997.
Zinnecker, J.: Pädagogische Ethnographie, in: Zeitschrift für Erziehungswissenschaft, 3. Jg., 2000, Heft 3, S. 381–400.

8. Anhang

Tabelle 6: Abkürzungen (Namen)

Abk.	Name	Einrichtung	Funktion/Qualifikation
AF	Anja Frede	„Spielkiste"	Köchin
AS	Anja Schell	„Goldstraße"	Erzieherin/Sozialpäd., stellv. Leiterin
CW	Carolin Weber	„Goldstraße"	Sozialpädagogin
EM	Ernst Meister	„Goldstraße"	Werkanleiter, Meister
ER	Evelyn Rühl	„Goldstraße"	Werkanleiterin, Ökotrophologin
GP	Gerd Pröß	„Goldstraße"	Berufsschullehrer
HG	Hatice Gül	„Spielkiste"	Vertretungskraft, Erzieherin
HK	Hannes Klein	„Goldstraße"	Werkanleiter, Meister
IB	Isa Bella	„Spielkiste"	Zweitkraft, Kinderkrankenschwester
IW	Ida Winter	„Spielkiste"	Leiterin, Erzieherin
JK	Joseph Kist*	JZ „Top"	Künstler, stellvertretender Leiter
KH	Kurt Hombach	„Goldstraße"	Leiter der Dachorganisation
ML	Martin Lange	„Goldstraße"	Werkanleiter, Meister
NB	Natalie Breddemann	„Spielkiste"	päd. Hilfskraft, keine Ausbildung
OK	Otto Krauß	„Goldstraße"	Verwaltungskraft
PF	Paul Fröhling	„Goldstraße"	Leiter, Sozialarbeiter, Meister
PM	Petra Mildes	„Goldstraße"	Lehrerin
RS	Ruby Schneider	„Spielkiste"	Zweitkraft, Erzieherin
SB	Silke Berg*	JZ „Top"	Erzieherin
TK	Thomas Krüger*	Heim „Ecke"	Lehrer

* Die Interviews mit Joseph Kist, Silke Berg und Thomas Krüger wurden als Kontrastfälle erhoben.

Ausschnitte aus Interviews, Teamsitzungen und von Protokollen teilnehmender Beobachtungen sind im Text in kleinerer Schriftgröße als der Fließtext wiedergegeben. Es wird am Ende jeweils gekennzeichnet, um welche Datenquelle es sich handelt (PJu = Protokoll Jugendwerkstatt).

Kursiv gesetzte Passagen basieren auf im Nachhinein erstellten Theoretischen Memos, Materialverdichtungen und thematischen Beschreibungen.

Tabelle 7: Abkürzungen (Daten)

Abkürzung	Erläuterung
HK, IB …	Interview mit Hannes Klein, Isa Bella …
Pki	Feldprotokoll Kindertageseinrichtung „Spielkiste"
Pju	Feldprotokoll Jugendwerkstatt „Goldstraße"
KiDok	Dokument Kindertageseinrichtung „Spielkiste"
JuDok	Dokument Jugendwerkstatt „Goldstraße"
TeamKi	Teamsitzung Kindertageseinrichtung „Spielkiste"
TeamJu	Teamsitzung Jugendwerkstatt „Goldstraße"

1   Aus Gründen der besseren Lesbarkeit wird in den jeweiligen Falldarstellungen der MitarbeiterInnen auf die Abkürzung des Namens verzichtet.

Tabelle 8: Transkriptionszeichen und -regeln

. = kurzer Pause (ca. 1 Sek)
.. = 2-Sekunden-Pause (usw. pro Sekunde ein Punkt)
(,) („) = Räuspern, Husten
(:) = Lachen
(uv) = unverständliches Wort
(3uv) = drei unverständliche Wörter
(?) = nicht eindeutig zu verstehende Wörter werden durch zwei Fragezeichen eingeklammert, also z.B.: „das hat mir (?)Endo(?) gesagt"
„höre mir (!)gut(!) zu" = Betonte Wörter oder Passagen werden eingeklammert
(flüstern) = Andere Auffälligkeiten werden ebenfalls in Klammern hinzugefügt (schnauben); (kichern); (zitternde Stimme)
(20 Sek.) = Pausen, die länger als 5 Sekunden dauern, werden durch Angabe der Sekunden markiert
(?)weiß nicht(?) = Wort oder Passage nicht präzise zu verstehen
(…) = Auslassungen werden durch (…) gekennzeichnet.
[ ] = Ergänzungen vom Autor werden in eckigen Klammern eingefügt.